Florian Kühnel

Kranke Ehre?

AF875116

Florian Kühnel

Kranke Ehre?

Adlige Selbsttötung im Übergang zur Moderne

Oldenbourg Verlag München 2013

Unterstützt durch das Exzellenzcluster „Religion und Politik in den Kulturen der Vormoderne und der Moderne“ der Westfälischen Wilhelms-Universität Münster.

Bibliografische Information der Deutschen Nationalbibliothek

Die Deutsche Nationalbibliothek verzeichnet diese Publikation in der Deutschen Nationalbibliografie; detaillierte bibliografische Daten sind im Internet über <http://dnb.d-nb.de> abrufbar.

© 2013 Oldenbourg Wissenschaftsverlag GmbH, München
Rosenheimer Straße 143, 81671 München
Internet: oldenbourg.de

Das Werk einschließlich aller Abbildungen ist urheberrechtlich geschützt. Jede Verwertung außerhalb der Grenzen des Urheberrechtsgesetzes ist ohne Zustimmung des Verlages unzulässig und strafbar. Dies gilt insbesondere für Vervielfältigungen, Übersetzungen, Mikroverfilmungen und die Einspeicherung und Bearbeitung in elektronischen Systemen.

Umschlaggestaltung: hauser lacour
Umschlagbild: Titelkupfer aus Anonym: Merckwürdige Staats=Assemblée in dem Reiche derer Todten, zwischen einem gantz besondern Klee=Blat; oder Dreyen unartigen Staats=Ministern, Nemlich: Dem Duc De Ripperda, dem Grafen von Hoymb und dem Juden Süß=Oppenheimer, Amsterdam 1738 (Detail); Foto: Universitäts- und Landesbibliothek Münster.

Satz: le-tex publishing services GmbH, Leipzig
Druck und Bindung: Memminger MedienCentrum, Memmingen

ISBN 978-3-486-72341-0
E-ISBN 978-3-486-73590-1

Inhaltsverzeichnis

Vorwort

Diese Arbeit wurde im April 2012 von der Philosophischen Fakultät der Westfälischen Wilhelms-Universität Münster als Dissertation angenommen. Für die Drucklegung wurde sie überarbeitet und um neu erschienene Literatur ergänzt.

Dass ein Buch ohne die Hilfe zahlreicher Menschen so nicht hätte geschrieben werden können, gehört zum rhetorischen Einmaleins eines jeden Vorworts. Erst jedoch wenn man selbst den Schreibprozess hinter sich hat, wird die Tragweite dieser Aussage deutlich. Auch dieses Buch wäre ohne fremde Hilfe ein ganz anderes – zweifellos ein sehr viel schlechteres – geworden. Zu außerordentlichem Dank verpflichtet bin ich meinen beiden Doktoreltern Barbara Stollberg-Rilinger und Peter Burschel, die sich mit großer intellektueller Offenheit für das Thema gewinnen ließen, mir stets mit Anregungen und Kritik zur Seite standen, gleichzeitig aber alle nötigen wissenschaftlichen Freiheiten gewährten. Daneben gilt mein Dank drei Personen ganz besonders: Mit meinem Büronachbarn Matthias Bähr habe ich alle kleineren und größeren Probleme diskutiert – nicht immer nur die wissenschaftlichen. Er hat das ganze Manuskript genauso gelesen und mit Verbesserungsvorschlägen versehen wie Thomas Kossert, auf dessen Hilfe ich mich immer absolut verlassen konnte. Schließlich hat der persönliche Einsatz von Stefanie Rüther weit über das beruflich von ihr Verlangte hinaus entscheidend zum Gelingen der Arbeit beigetragen. Großen Anteil daran hatten auch die vielen intensiven Diskussionsrunden mit meinen Münsteraner Kollegen – und mittlerweile guten Freunden – Lorenz Baibl, Megumi Hasegawa, Kristina Rzehak, Teresa Schröder, Merle Schütte, Maximilian Schuh und Kristina Thies. Für Hilfe und kritische Lektüre danke ich außerdem Alexander Kästner und Eva Seemann. Susanne tho Pesch hat nicht nur den Text von manchen stilistischen Verirrungen befreit und sich bereitwillig Geschichten über adlige Selbstmörder angehört, sondern mir auch in schwierigen Lebenssituationen beigestanden.

Den Mitarbeitern der staatlichen Archive und Bibliotheken danke ich für ihre Unterstützung und Hilfsbereitschaft genauso wie Heinrich von Spreti und Georg von Welser für die Möglichkeit zur Einsicht in ihre Familienarchive. Auch Peter Arnswald und Roland Lemke haben mir wertvolle Hinweise gegeben. Das Exzellenzcluster „Religion und Politik in den Kulturen der Vormoderne und der Moderne" hat sowohl intellektuelle als auch finanzielle Bedingungen geboten, wie man sie sich für eine Promotion nicht besser wünschen kann. Nicht zuletzt die Übernahme der Druckkosten hat zum raschen Erscheinen des Buchs beigetragen. Darüber hinaus danke ich der Fritz Thyssen Stiftung dafür, dass sie mir einen äußerst anregenden Aufenthalt an der Forschungsbibliothek in Gotha ermöglicht hat. Florian Hoppe vom Oldenbourg Verlag hat die Drucklegung sorgfältig und mit großem Engagement begleitet.

Mein tiefster Dank gilt schließlich meinen Freunden und meiner Familie, ohne deren Unterstützung und Rückhalt ich heute nicht dort wäre, wo ich bin.

Berlin, Januar 2013 Florian Kühnel

Einleitung

Am Abend des 29. September 1781 blieb der Hauptmann der Dresdner Leibgrenadiergarde Freiherr Gottlieb Georg Ernst von Arenswald länger wach als gewöhnlich. Seinen Bediensteten David Haendel schickte er zu Bett, da er noch einige Briefe schreiben wollte. Am nächsten Morgen, als Haendel seinen Herrn wecken wollte, fand er dessen Bett unbenutzt. Verwirrt durchsuchte Haendel die anderen Räume der Wohnung und fand den Hauptmann schließlich in der großen Stube, blutüberströmt in seiner gelben Uniform mit zwei Pistolen auf einem Feldbett liegend.[1]

Neben Arenswald, auf einer Schreibkommode, lagen mehrere Briefe und Päckchen, die an verschiedene Personen aus seinem Umfeld adressiert waren. Ein Jahr nach dem Tod des Hauptmanns wurden einige dieser Briefe „nebst der Geschichte seines Todes, mit Anmerkungen herausgegeben“.[2] In seinen abschließenden Betrachtungen über den Suizid bemerkt der anonyme Herausgeber:

> „Noch viel weniger kann ich der Meynung derjenigen seyn, welche dem unglücklichen Arenswald aus seinem Entschlusse, sich selbst das Leben zu nehmen, ein Verdienst machen, seiner heroischen Seele eine große Lobrede halten, und die Gründlichkeit seines Raisonnements über die Zuläßigkeit des Selbstmords bis in den Himmel erheben.“[3]

Das Zitat gibt einige Rätsel auf: Wie konnte es sein, dass die Selbsttötung des Hauptmanns von manchen Menschen geehrt wurde, wenn es sich dabei doch nach frühneuzeitlicher Wertung eigentlich um eine verabscheuungswürdige Straftat handelte? Schließlich verstieß der Suizid seit dem frühen Christentum als *Selbst-Mord* gegen das fünfte Gebot und war damit eine Todsünde.[4]

[1] HStA Dresden, 11326, Nr. 1748, Bl. 1–14^r, Bericht des Oberauditeurs Carl Christoph Friederici, Dresden 30.9.1781.

[2] ANONYM: Authentische Briefe des Hauptmanns von Arenswald der sich am 29sten Septembr. 1781. erschoß, nebst der Geschichte seines Todes, mit Anmerkungen herausgegeben, Frankfurt/Leipzig 1782.

[3] Ebd., S. 28f.

[4] Aus diesem Grund wird im Folgenden auf den Begriff *Selbstmord* – außer wenn damit bewusst die christliche pejorative Bedeutung akzentuiert werden soll – verzichtet. Stattdessen verwende ich die beiden Kunstwörter *Selbsttötung* und *Suizid*, die jenseits der alltäglichen Lebenswelt entstanden sind und die sich bewusst von diesem semantischen Kontext abgrenzen. Überdies hat Andreas Bähr darauf hingewiesen, dass es nicht möglich ist, ein Phänomen *Selbsttötung* „ontologisch-gegenständlich zu bestimmen“, vielmehr kann nur im Horizont der zu untersuchenden Zeit bestimmt werden, was als Selbsttötung zu definieren ist – die semantische Entscheidung kann immer nur in der jeweiligen Kultur selbst liegen. Dazu Andreas BÄHR: Der Richter im Ich. Die Semantik der Selbsttötung in der Aufklärung, Göttingen 2002 (Veröffentlichungen des Max-Planck-Instituts für Geschichte 180), S. 15f.; zu den begrifflichen Problemen siehe ebd., S. 12ff., 37ff.; außerdem David DAUBE:

Dass die *Tat*[5] nicht mehr bereut und gesühnt werden konnte, machte sie aus theologischer Sicht besonders sündhaft.[6] Seit dem Spätmittelalter wurde der Selbstmord von den weltlichen Gerichten als Verbrechen strafrechtlich verfolgt; als Strafe drohte ein sogenanntes Hunde- oder Eselsbegräbnis. Häufig versuchten die Angehörigen daher, einen Suizid zu vertuschen und wie einen gewöhnlichen Tod aussehen zu lassen – bzw. in den Fällen, in denen das nicht mehr möglich war, eine Bestrafung des Leichnams abzuwenden.[7] Wie aber passt das mit dem Zitat über Hauptmann von Arenswald zusammen, auf dessen „heroisch[e] Seele" einige Menschen angeblich „eine große Lobrede" gehalten haben sollen?

Eine mögliche Antwort hält die historische Suizidforschung[8] bereit: Vor allem die beiden Historiker Michael MacDonald und Terence R. Murphy haben die These vertreten, der englische Adel habe an der Wende vom 17. zum 18. Jahrhundert begonnen, den Suizid radikal umzudeuten. Der frühneuzeitliche Adel, der von der griechisch-römischen Antike fasziniert gewesen sei, habe sich verstärkt Beispielen römischer Helden zugewandt, die ihr Leben selbst beendet hatten. Infolgedessen habe er den Suizid selbst als eine ehrenvolle Handlung idealisiert.[9] „Gentlemen believed they could redeem their honour

The Linguistics of Suicide, in: Philosophy and Public Affairs 1, 1972, S. 387–437; Alexander Kästner: Tödliche Geschichte(n). Selbsttötungen in Kursachsen im Spannungsfeld von Normen und Praktiken (1547–1815), Konstanz 2012 (Konflikte und Kultur 24), S. 5–10.

[5] *Tat* wird im Folgenden als neutraler Terminus verwendet und nicht im frühneuzeitlich-strafrechtlichen Sinn, nach dem ein vorsätzlicher *Selbstmörder* als *Täter* für das Verbrechen *Selbstmord* bestraft und ein nicht zurechnungsfähiger als Opfer, etwa teuflischer Anfechtungen, angesehen wurde.

[6] In der Bibel selbst wird die Selbsttötung weder negativ noch positiv bewertet. Erst durch Laktanz, vor allem aber Augustinus wurde sie mit dem fünften Gebot in Verbindung gebracht. Dazu Dagmar Hofmann: Suizid in der Spätantike. Seine Bewertung in der lateinischen Literatur, Stuttgart 2007 (Altertumswissenschaftliches Kolloquium 18), bes. S. 42–51; Harald Neumeyer: Anomalien, Autonomien und das Unbewusste. Selbstmord in Wissenschaft und Literatur von 1700 bis 1800, Göttingen 2009, S. 51–61.

[7] Dazu jüngst Robert A. Houston: Punishing the Dead? Suicide, Lordship, and Community in Britain, 1500–1830, Oxford 2010, S. 204ff.

[8] Da es mittlerweile zahlreiche Überblicke über die Forschungsliteratur zur geschichtswissenschaftlichen Beschäftigung mit dem Phänomen Selbsttötung gibt, wird an dieser Stelle auf eine erneute Darstellung verzichtet. Zur historischen Suizidforschung für die Frühe Neuzeit siehe Róisín Healy: Suicide in Early Modern and Modern Europe, in: HJ 49, 2006, S. 903–919; David L. Lederer: Suicide in Early Modern Central Europe. A Historiographical Review, in: Bulletin of the German Historical Institute London 28/2, 2006, S. 33–46; Terri L. Snyder: What Historians Talk About When They Talk About Suicide: The View from Early Modern British North America, in: History Compass 5, 2007, S. 658–674; und zuletzt Kästner: Tödliche Geschichte(n), S. 10–24.

[9] Michael MacDonald/Terence R. Murphy: Sleepless Souls. Suicide in Early Modern England, Oxford 1990, S. 176, 179ff., 277ff. Schon durch die Rezeption klassischer griechischer und römischer Texte im Humanismus habe eine Auseinandersetzung mit antiken

by suicide", so die grundlegende These von MacDonald und Murphy.[10] Besonders Cato der Jüngere, der den eigenen Tod der Gnade Cäsars vorgezogen hatte, sei dabei zum Sinnbild für die Verteidigung adliger Ehre angesichts eigentlich auswegloser politischer Verhältnisse geworden. Sein Stoizismus, das heißt sein rationales und besonnenes Handeln in einer aussichtslosen Situation,[11] sei vom Adel als beispielhafte Geisteshaltung angesehen worden.[12] Durch dieses und andere antike Vorbilder beeinflusst, habe der selbstgewählte Tod fortan eine Möglichkeit dargestellt, im Falle eines Ehrverlusts die verletzte Ehre wieder herzustellen: „It could erase the stain of disgrace or forestall further dishonour by proving both the suicide's courage and his commitment to the ethics of his class."[13]

Vorstellungen gegenüber der Selbsttötung eingesetzt, diese habe aber nicht zu einer Rechtfertigung der Handlung geführt. Allerdings sei damit die Voraussetzung „for a more tolerant and secularized approach to suicide" im 18. Jahrhundert geschaffen worden (ebd., bes. S. 86–106). Zur Beschäftigung mit antiken Suiziden im 16. Jahrhundert siehe Curtis Brown WATSON: Shakespeare and the Renaissance Concept of Honor, Princeton 1960, bes. S. 115–123, 155–159; Gary B. FERNGREN: The Ethics of Suicide in the Renaissance and Reformation, in: Baruch A. BRODY (Hg.): Suicide and Euthanasia. Historical and Contemporary Themes, Dordrecht/Boston/London 1989, S. 155–181 (Philosophy and Medicine 35); und jetzt Eric LANGLEY: Narcissism and Suicide in Shakespeare and his Contemporaries, Oxford 2009.

10 MACDONALD/MURPHY: Sleepless Souls, S. 275.

11 Nach der antiken stoischen Philosophie war es nicht jedem Menschen gestattet sich zu töten, sondern nur dem Weisen. Da nur der Weise alle Konsequenzen seines Handelns absehen könne, könne auch nur er mit klarem Verstand über sein Leben entscheiden. Im Gegensatz zu gewöhnlichen Menschen sei sein Suizid daher auch als eine moralisch wertvolle Handlung anzusehen. Dazu Michael J. SEIDLER: Kant and the Stoics on Suicide, in: The Journal of the History of Ideas 44, 1983, S. 429–453, hier: bes. S. 430–438; Jon MILLER: Stoics and Spinoza on Suicide, in: Gábor BOROS (Hg.): Der Einfluss des Hellenismus auf die Philosophie der Frühen Neuzeit, Wiesbaden 2005, S. 107–135 (Wolfenbütteler Forschungen 108).

12 „Cato was the indisputable example of honourable suicide." MACDONALD/MURPHY: Sleepless Souls, S. 183. Zur Bewunderung Catos speziell zu Beginn des 18. Jahrhunderts siehe außerdem James W. JOHNSON: The Formation of English Neoclassical Thought, Princeton 1967, bes. S. 95–105; John MCMANNERS: Death and the Enlightenment. Changing Attitudes to Death Among Christians and Unbelievers in Eighteenth-Century France, Oxford 1981, S. 415ff.; Ian DONALDSON: The Rapes of Lucretia. A Myth and Its Transformations, Oxford 1982, S. 155ff.; Nathaniel WOLLOCH: Cato the Younger in the Enlightenment, in: Modern Philology 106, 2009, S. 60–82, hier: bes. S. 66–81.

13 MACDONALD/MURPHY: Sleepless Souls, S. 184; vgl. hierzu außerdem den Abschnitt zum Suizidmotivkomplex „Honour and Shame", ebd., S. 274–289. Schon 1938 war Henry R. FEDDEN davon ausgegangen, dass dem „noble suicide" – das heißt für Ehre oder Vaterland – im 18. Jahrhundert große Bewunderung entgegen gebracht und er ab und zu sogar praktiziert worden sei. Die Beispiele, die Fedden anführt, stützen seine Vermutung allerdings nicht. Entweder handelt es sich um Suizide aus Liebeskummer oder solche aufgrund von *Gewissensnöten*. Auch er führt als Beleg Theaterstücke an, in denen die Selbsttötungen

Diese Thesen wurden von der englischen Forschung verschiedentlich aufgenommen, etwa von Jeffrey W. Timmons und Catharine Edwards.[14] In seiner *Geschichte des Selbstmords* referiert Georges Minois sie ebenfalls und bestätigt sie für den französischen Adel.[15] Susan Morrissey wiederum geht davon aus, die in Westeuropa entwickelten Ideen seien im Rahmen einer „cultural westernization" auch nach Russland exportiert worden.[16] John H. Kautsky[17] und Justin Stagl[18] sehen es sogar als gewissermaßen kulturübergreifende Konstante des Adels an, dass er bereit war, sein Leben für seine Ehre eigenhändig zu beenden.

Die Frage, warum der Suizid des Hauptmanns von Arenswald verehrt wur-

antiker Helden – unter anderem Cato – dargestellt werden. DERS.: Suicide. A Social and Historical Study, New York 1972 [orig. 1938], S. 241ff.

14 Jeffrey W. TIMMONS: A „Fatal Remedy": Melancholy and Self-Murder in Eighteenth-Century England, in: The Age of Johnson 10, 1999, S. 259–284, hier: S. 263; Catharine EDWARDS: Modelling Roman Suicide? The Afterlife of Cato, in: Economy and Society 34, 2005, S. 200–222, hier: S. 216. Ein weiteres Beispiel ist das populärwissenschaftliche Buch von Howe George COLT: November of the Soul. The Enigma of Suicide, 2. Aufl., New York u. a. 2006, S. 233f.

15 Minois' Buch fußt allerdings auf sehr dünner Quellenbasis und bleibt daher nur an der Oberfläche. Zunächst referiert er die Forschungen von MacDonald und Murphy – allerdings ohne seine Quelle zu nennen. Anschließend geht er auch für Frankreich von einer ähnlichen Entwicklung aus und konstatiert hier für das 18. Jahrhundert, „der freiwillige Tod [sei] in Adelskreisen etwas ganz Alltägliches" gewesen und daher nicht bestraft worden. Dabei stützt er sich fast ausschließlich auf die sehr tendenziösen Memoiren des Herzogs von Saint-Simon, in denen dieser über sein Leben am Hof in Versailles berichtet. Georges MINOIS: Geschichte des Selbstmords, Düsseldorf/Zürich 1996. Vgl. bes. auch die beiden Abschnitte „Die englische Aristokratie und der Selbstmord" (S. 274–277) und „Die Selbstmorde in englischen Adelskreisen: Philosophie oder Spiel?" (S. 381–384); zu Frankreich S. 285–290.

16 So seien die russischen Eliten im 18. Jahrhundert mit europäischer Philosophie und antiken Schriften in Berührung gekommen, wodurch sie sich zu neuen Verhaltensformen gezwungen gesehen hätten. Vor allem junge Männer hätten in der Folge ihre Suizide als „public acts of self-expression" begangen. Und auch in Russland habe ein Kult um Cato eingesetzt. Susan MORRISSEY: Suicide and the Body Politic in Imperial Russia, Cambridge 2007 (Cambridge Social and Cultural Histories 9), bes. S. 47–60.

17 Der Ehrenkodex habe vom Adel verlangt, „zu töten oder Selbstmord zu begehen, aus Rache oder Sühne für ein Vergehen gegen die Ehre". John H. KAUTSKY: Funktionen und Werte des Adels, in: Peter Uwe HOHENDAHL/Paul Michael LÜTZELER (Hgg.): Legitimationskrisen des deutschen Adels 1200–1900, Stuttgart 1979, S. 1–16 (Literaturwissenschaft und Sozialwissenschaften 11), hier: S. 8; außerdem DERS.: The Politics of Aristocratic Empires, New Brunswick, NJ 1997, S. 171; allgemein zu den adligen Grundwerten „Service and Duty, Honor and Glory" ebd., S. 169–177.

18 Über den „Ehrenmann": „Sich selbst aufs Spiel zu setzen oder zu opfern, wenn es die Situation erfordert, in Zweikampf, Blutrache, Duell, rituellem Selbstmord oder Heldentod, ist immer als der letztgültige Prüfstein der Ehre angesehen worden." Justin STAGL: Die Ehre des Wissenschaftlers, in: Ludgera VOGT/Arnold ZINGERLE (Hgg.): Ehre. Archaische Momente in der Moderne, Frankfurt a. M. 1994, S. 35–56, hier: S. 38.

de, scheint also geklärt. Doch war es tatsächlich so, dass die Selbsttötung im 18. Jahrhundert zu einem Distinktionsritual wurde, mit dem ein wahrer Adliger seine Standeszugehörigkeit demonstrieren und seine Ehre retten konnte? Und was sagt die Wahrnehmung von adligen Suiziden über die Selbst- und Fremddeutung des Adels aus? Denn dass die Analyse von Selbsttötungen grundlegende Rückschlüsse auf das Selbstverständnis einer Gesellschaft ermöglicht, scheint offenkundig. Das gewaltsame Beenden des eigenen Lebens stellt eine existenzielle Handlung wie kaum eine andere dar und rührt gerade deswegen an die Grundfesten dessen, was gesellschaftlich als normativ verbindlich gilt. Was Menschen dazu bringt, ihrem Leben ein Ende zu setzen, ist deswegen in ganz besonderer Weise dazu geeignet, Aussagen über kollektive Normen und Wertvorstellungen zu treffen.[19]

Ein *Selbstmörder* handelt immer zeichenhaft, indem er – bewusst oder unbewusst – bei seiner Tat auf ganz bestimmte Gesten und Codes zurückgreift.[20] Im Gegenzug fordert sein Handeln seine Zeitgenossen zwangsläufig zur Bewältigung heraus. Es sind diese Konstruktionen von Sinn, die die Selbsttötung zu einem paradigmatischen Gegenstand historisch-anthropologisch orientierter Geschichtswissenschaft machen.[21] All dies ist allerdings nur unter der Voraussetzung möglich, dass man Selbsttötungen nicht von vornhinein auf psychische Störungen zurückführt und versucht, sie mithilfe moderner medizinischer Theorien zu erklären.[22] Abgesehen davon, dass fraglich ist, inwieweit

[19] Zu den historiographischen Erkenntnismöglichkeiten der historischen Suizidforschung siehe MacDonald/Murphy: Sleepless Souls, S. 259, 275, 298; Ursula Baumann: Überlegungen zur Geschichte des Suizids (letztes Drittel 18. Jahrhundert bis erste Hälfte 20. Jahrhundert), in: Gabriela Signori (Hg.): Trauer, Verzweiflung und Anfechtung. Selbstmord und Selbstmordversuche in mittelalterlichen und frühneuzeitlichen Gesellschaften, Tübingen 1994, S. 311–340 (Forum Psychohistorie 3); dies.: Vom Recht auf den eigenen Tod. Die Geschichte des Suizids vom 18. bis zum 20. Jahrhundert, Weimar 2001, S. 1–14; Jeffrey R. Watt: Introduction: Toward a History of Suicide in Early Modern Europe, in: ders. (Hg.): From Sin to Insanity. Suicide in Early Modern Europe, Ithaca, NY 2004, S. 1–8; John Weaver/David Wright: Introduction, in: dies. (Hgg.): Histories of Suicide. International Perspectives on Self-Destruction in the Modern World, Toronto/Buffalo/London 2008, S. 2–18.

[20] Vgl. Vera Lind: Selbstmord in der Frühen Neuzeit. Diskurs, Lebenswelt und kultureller Wandel am Beispiel der Herzogtümer Schleswig und Holstein, Göttingen 1999 (Veröffentlichungen des Max-Planck-Instituts für Geschichte 146), S. 284–314.

[21] Vgl. hier Peter Burschel: Männliche Tode – weibliche Tode. Zur Anthropologie des Martyriums in der frühen Neuzeit, in: Saeculum 50, 1999, S. 75–97, hier: S. 76; ders.: Sterben und Unsterblichkeit. Zur Kultur des Martyriums in der frühen Neuzeit, München 2004 (Ancien Régime. Aufklärung und Revolution 35), S. 3f.

[22] So wird zum Teil versucht, die Ursachenerklärungen der historischen Akteure zu relativieren und so hinter die *wahren* Ursachen zu gelangen. Einige Ansätze, in denen dies versucht wird, sind aufgeführt bei Kästner: Tödliche Geschichte(n), S. 90ff. Selbst in Arbeiten, in denen solche Ansätze explizit problematisiert werden, existiert unterschwellig häufig

man Suizide kulturübergreifend auf psychische oder physische Erkrankung zurückführen kann, würde eine solche *retrospektive Diagnose* jede historische Erkenntnis verstellen.[23]

Statt Suizidmotive retrospektiv zu diagnostizieren, werde ich daher im Folgenden den Selbstbeschreibungen und Deutungsversuchen adliger Suizidenten und ihrer Umwelt nachgehen. Ganz im Sinne einer Historischen Anthropologie, deren grundlegendes Ziel es ist, *den Menschen* radikal zu historisieren,[24] wird die Frage nach den Suizidmotiven also historisch gestellt. Medizinische Erklärungen spielen nur dann eine Rolle, wenn sie ebenfalls historisch sind, das heißt, wenn die Zeitgenossen selbst auf solche Argumente zurückgriffen.[25] Die Grundannahme lautet, dass sich aus Besonderheiten in den Wahrnehmungs- und Deutungsmustern allgemeine Rückschlüsse auf die gesellschaftlichen Verhältnisse ableiten lassen. Das Phänomen Selbsttötung,

die Vorstellung, dass es hinter den historischen Deutungen tieferliegende Wahrheiten gebe. Schwierigkeiten bei der Motivdiagnose werden dann meist mit einer unzureichenden Quellenüberlieferung begründet. So zum Beispiel ebd., S. 43ff., 61f.; Alexander Kästner: „Desertionen in das Jenseits". Ansätze und Desiderate einer militärhistorischen Suizidforschung für die Frühe Neuzeit, in: Militär und Gesellschaft in der Frühen Neuzeit 11, 2007, S. 85–112, hier: S. 98f.; Lind: Selbstmord in der Frühen Neuzeit, S. 153ff., 233ff.

23 Zum Problem der *retrospektiven Diagnose* Karl-Heinz Leven: Krankheiten: Historische Deutung versus retrospektive Diagnose, in: Norbert Paul/Thomas Schlich (Hgg.): Medizingeschichte: Aufgaben, Probleme, Perspektiven, Frankfurt a. M./New York 1998, S. 153–185; vgl. auch ders.: Krankheiten im Wandel, in: Damals 43/7, 2011, S. 40–44; Mary Lindemann: Medicine and Society in Early Modern Europe, 2. Aufl., Cambridge 2010, bes. S. 8f.; 31f., 56f., 83.

24 Zu diesem Verständnis von Historischer Anthropologie siehe grundlegend Jochen Martin: Der Wandel des Beständigen. Überlegungen zu einer historischen Anthropologie, in: Freiburger Universitätsblätter 126, 1994, S. 35–46; Hans Medick: Historische Anthropologie, in: Stefan Jordan (Hg.): Lexikon Geschichtswissenschaft. Hundert Grundbegriffe, Stuttgart 2002, S. 157–161; Jakob Tanner: Historische Anthropologie zur Einführung, Hamburg 2004; ders.: Historische Anthropologie, in: Eike Bohlken/Christian Thies (Hgg.): Handbuch Anthropologie. Der Mensch zwischen Natur, Kultur und Technik, Stuttgart 2009, S. 147–156; Aloys Winterling: Begriffe, Ansätze und Aussichten Historischer Anthropologie, in: ders. (Hg.): Historische Anthropologie, Stuttgart 2006, S. 9–29 (Basistexte 1); Armin Owzar: Menschen im Wandel. Historische Anthropologie, in: Silke Meyer/Armin Owzar (Hgg.): Disziplinen der Anthropologie, Münster 2011, S. 229–256; Peter Burschel: Wie Menschen möglich sind. 20 Jahrgänge „Historische Anthropologie", in: HA 20, 2012, S. 152–161.

25 Es ist wichtig, jede Krankheit in ihrem jeweiligen kulturellen Zusammenhang zu erklären. Dazu Leven: Krankheiten, S. 159f.; ders.: Von Ratten und Menschen – Pest, Geschichte und das Problem der retrospektiven Diagnose, in: Mischa Meier (Hg.): Pest. Die Geschichte eines Menschheitstraumas, Stuttgart 2005, S. 11–32, hier: S. 12, 26; ders.: Zur Problematik moderner Deutungsversuche historischer Krankheitsschilderungen, in: ders.: Die Geschichte der Infektionskrankheiten. Von der Antike bis ins 20. Jahrhundert, Landsberg 1997, S. 13–15 (Fortschritte in der Präventiv- und Arbeitsmedizin 6), hier: S. 14.

verstanden als „Medium der Selbst- und Fremdauslegung",[26] wird gewissermaßen als Vehikel genutzt, um vergangene soziale und kulturelle Figurationen zu erschließen – oder, um mit Clifford Geertz zu sprechen, als ein Mittel, „etwas über etwas auszusagen".[27] Lässt sich also beim Suizid eines Adligen ein spezifisch adliger Habitus feststellen, so die grundlegende These, dann ermöglicht die Dechiffrierung dieses Zeichensystems[28] einen wesentlichen Beitrag zum Verständnis der historischen Lebenswelt.[29]

Perspektiven

Was *den Adel* in der Frühen Neuzeit ausmachte, ist kaum an eindeutigen Kriterien festzumachen. Zwar genoss er in allen gesellschaftlichen Bereichen entscheidende Privilegien, weshalb er eine klare soziale Führungsposition einnahm. Allerdings kamen innerhalb des Standes zum Teil sehr unterschiedliche Lebensformen und -entwürfe vor, die nur schwer auf einen Nenner zu bringen sind.[30] Dies gilt für das 18. in noch sehr viel stärkerem Maße als

[26] Zum Martyrium BURSCHEL: Sterben und Unsterblichkeit, S. 10f.

[27] Clifford GEERTZ: „Deep Play": Bemerkungen zum balinesischen Hahnenkampf, in: DERS.: Dichte Beschreibung. Beiträge zum Verstehen kultureller Systeme, Frankfurt a. M. 1987 [orig. 1973], S. 202–260, hier: S. 253.

[28] Über die Fremdheitsperspektive in der Geschichtswissenschaft und die damit verbundene Notwendigkeit, historische Phänomene zu *entschlüsseln* siehe Hans MEDICK: „Missionare im Ruderboot"? Ethnologische Erkenntnisweisen als Herausforderung an die Sozialgeschichte, in: Alf LÜDTKE (Hg.): Alltagsgeschichte. Zur Rekonstruktion historischer Erfahrungen und Lebensweisen, Frankfurt a. M. 1989, S. 48–84, hier: bes. S. 59; Peter BURSCHEL: Das Eigene und das Fremde. Zur anthropologischen Entzifferung diplomatischer Texte, in: Alexander KOLLER (Hg.): Kurie und Politik. Stand und Perspektiven der Nuntiaturberichtsforschung, Tübingen 1998, S. 260–271 (Bibliothek des Deutschen Historischen Instituts in Rom 87). Allgemein zur kulturwissenschaftlichen Methodik der Entschlüsselung von kulturellen Zeichensystemen siehe Clifford GEERTZ: Dichte Beschreibung. Bemerkungen zu einer deutenden Theorie der Kultur, in: DERS.: Dichte Beschreibung, S. 7–43.

[29] Unter *Lebenswelt* verstehe ich mit Rudolf VIERHAUS die „wahrgenommene Wirklichkeit", „in der soziale Gruppen und Individuen sich verhalten und durch ihr Denken und Handeln wiederum Wirklichkeit produzieren". DERS.: Die Rekonstruktion historischer Lebenswelten. Probleme moderner Kulturgeschichtsschreibung, in: Hartmut LEHMANN (Hg.): Wege zu einer neuen Kulturgeschichte, Göttingen 1995, S. 7–28 (Göttinger Gespräche zur Geschichtswissenschaft 1), Zitat: S. 21.

[30] Zum Adel in der Frühen Neuzeit siehe folgende Überblicksdarstellungen Rudolf ENDRES: Adel in der frühen Neuzeit, München 1993 (EdG 18); Jonathan DEWALD: The European Nobility, 1400–1800, Cambridge u. a. 1996 (New Approaches to European History 9); Peter H. WILSON: The Nobility of the Early Modern Reich, 1495–1806, in: Hamish M. SCOTT (Hg.): The European Nobilities in the Seventeenth and Eigh-

für die vorangehenden Jahrhunderte – der Adel war hier „so heterogen wie nie zuvor".[31] Generell kann gesagt werden, dass zum Adelsstand gehörte, wessen Zugehörigkeit auf Dauer gesellschaftlich anerkannt wurde und wer deshalb bestimmte daraus erwachsene Privilegien für sich in Anspruch nehmen konnte. Gleichzeitig hing damit ein spezifisch ständisches Bewusstsein bzw. ein spezifisch ständischer Habitus zusammen. Durch die Berufung auf kollektive Normen und Werte sowie auf bestimmte Verhaltensweisen wurde Standesidentität konstruiert.[32]

In der zweiten Hälfte des 18. Jahrhunderts wurde die Kritik an der rechtlichen, sozialen und politischen Privilegierung des Adels immer lauter, was schließlich dazu führte, dass diese Privilegien nach und nach abgeschafft wurden.[33] Die tiefgreifenden gesellschaftlichen Umbrüche um 1800 – die Französische Revolution, die Auflösung des Alten Reiches, der Wiener Kongress – verlangten vom Adel dann endgültig, auf die veränderten Verhältnisse zu reagieren. Er war gezwungen, sich an die gesellschaftlichen Transformationsprozesse im Übergang von der Frühen Neuzeit zur *Moderne* – von der stratifizierten zur funktional differenzierten Gesellschaftsordnung – anzupassen.[34] Gerade diese Phase, die man mit den Konzepten der „Sattelzeit" oder

teenth Centuries, Bd. 2. Northern, Central and Eastern Europe, Basingstoke 2007, S. 74–117; Ronald G. Asch: Europäischer Adel in der Frühen Neuzeit. Eine Einführung, Köln/Weimar/Wien 2008; Michael Sikora: Der Adel in der Frühen Neuzeit, Darmstadt 2009; Leonhard Horowski: Historische Adelsforschung zur Frühen Neuzeit, in: Discussions 2, 2009, 11.06.2010 [URL: http://www.perspectivia.net/content/publikationen/discussions/2-2009/horowski_adelsforschung].

31 So Walter Demel: Der europäische Adel vor der Revolution: Sieben Thesen, in: Ronald G. Asch (Hg.): Der europäische Adel im Ancien Régime. Von der Krise der ständischen Monarchien bis zur Revolution (ca. 1600–1789), Köln/Weimar/Wien 2001, S. 409–433, hier: S. 412. Hierzu außerdem Ewald Frie: Adel und bürgerliche Werte, in: Hans-Werner Hahn/Dieter Hein (Hgg.): Bürgerliche Werte um 1800. Entwurf – Vermittlung – Rezeption, Köln/Weimar/Wien 2005, S. 393–414; Ronald G. Asch: Einführung: Adel in der Neuzeit, in: GG 33, 2007, S. 317–325, hier: bes. S. 319ff.; Martin Wrede: Vom Hochadel bis zum Halbadel. Formen adeliger Existenz in Deutschland und Europa im 18. Jahrhundert zwischen Ehre und Ökonomie, Fürstenstaat und Revolution, in: HJb 129, 2009, S. 351–385.

32 Monika Gussone: Standesdenken, in: EdN 12, 2010, Sp. 894–903. Vgl. hierzu außerdem die idealtypischen Charakterisierungen von Otto Gerhard Oexle: Aspekte der Geschichte des Adels im Mittelalter und in der Frühen Neuzeit, in: Hans-Ulrich Wehler (Hg.): Europäischer Adel 1750–1950, Göttingen 1990, S. 19–56 (Geschichte und Gesellschaft. Sonderhefte 13); Gerhard Dilcher: Der alteuropäische Adel – ein verfassungsgeschichtlicher Typus?, in: ebd., S. 57–86.

33 Asch: Europäischer Adel in der Frühen Neuzeit, S. 275–299. Vgl. außerdem allgemein zu den gesellschaftlichen Entwicklungen Barbara Stollberg-Rilinger: Die Aufklärung. Europa im 18. Jahrhundert, 2. Aufl., Stuttgart 2011.

34 Zu diesen Prozessen siehe aus systemtheoretischer Sicht Niklas Luhmann: Die Gesellschaft der Gesellschaft, Frankfurt a. M. 1998, S. 678–776. Siehe außerdem den sehr guten Überblick von Lothar Gall: Von der ständischen zur bürgerlichen Gesellschaft, 2. Aufl.,

der „Übergangsgesellschaft“ als eigene Epoche begreifen kann,[35] hat in der Adelsforschung der letzten Jahrzehnte verstärkte Aufmerksamkeit erfahren.[36]

Klassischerweise wurden die Einbindung in den frühmodernen Staat und der damit verbundene Verlust adliger Autonomie als eine „Krise des Adels“ beschrieben.[37] Gegen diese Sichtweise hat die Forschung dann jedoch betont, dass sich der Adel seit jeher in einem „Kampf ums Obenbleiben“ befunden habe und dass insofern die gesellschaftlichen Veränderungsprozesse am Ende des Ancien Régime nur eine weitere Herausforderung dargestellt hätten.[38] Diese habe der Adel jedoch sehr erfolgreich gemeistert: Obwohl es auf individueller Ebene immer Gewinner und Verlierer gab, so habe der Stand als Sozialformation doch das ganze 19. Jahrhundert hindurch einen gesellschaftlichen Führungs-

München 2012 (EdG 25). Zu den Problemen des Modernebegriffs vgl. Nina Degele/Christian Dries: Modernisierungstheorie, München 2005; Thomas Mergel: Modernisierung, in: Europäische Geschichte Online (EGO), hg. vom Institut für Europäische Geschichte (IEG), 27.4.2011 [URL: http://www.ieg-ego.eu/mergelt-2011-de].

35 Reinhard Koselleck: Einleitung, in: Geschichtliche Grundbegriffe 1, 1972, S. XV-XXVII; Christof Dipper: Übergangsgesellschaft. Die ländliche Sozialordnung in Mitteleuropa um 1800, in: ZHF 23, 1996, S. 57–87; Jürgen Osterhammel: Die europäische Übergangsgesellschaft im globalen Zusammenhang, in: Lutz Raphael/Ute Schneider (Hgg.): Dimensionen der Moderne. Festschrift für Christof Dipper, Frankfurt a. M. 2008, S. 707–723.

36 Auf den Epochencharakter dieser Zeit für die Adelsforschung weist besonders hin Ewald Frie: Adelige Lebensweise in entsicherter Ständegesellschaft. Erfahrungen der Brüder Alexander und Ludwig v. d. Marwitz, in: Eckart Conze/Monika Wienfort (Hgg.): Adel und Moderne. Deutschland im europäischen Vergleich im 19. und 20. Jahrhundert, Köln/Weimar/Wien 2004, S. 273–288, hier: bes. S. 275. An neueren Literaturüberblicken siehe außerdem ders.: Adelsgeschichte des 19. Jahrhunderts? Eine Skizze, in: GG 33, 2007, S. 398–415; Heinz Reif: Adel im 19. und 20. Jahrhundert, München 1999 (EdG 55); ders.: Der Adel im „langen 19. Jahrhundert“. Alte und neue Wege der Adelsforschung, in: Gabriele B. Clemens/Malte König/Marco Meriggi (Hgg.): Hochkultur als Herrschaftselement. Italienischer und deutscher Adel im langen 19. Jahrhundert, Berlin 2011, S. 19–37 (Reihe der Villa Vigoni 25); Silke Marburg/Josef Matzerath: Vom Stand zur Erinnerungsgruppe. Zur Adelsgeschichte des 18. und 19. Jahrhunderts, in: dies. (Hgg.): Der Schritt in die Moderne. Sächsischer Adel zwischen 1763 und 1918, Köln/Weimar/Wien 2001, S. 5–15; Josef Matzerath: Adelsprobe an der Moderne. Sächsischer Adel 1763 bis 1866. Entkonkretisierung einer traditionalen Sozialformation, Stuttgart 2006 (Vierteljahrschrift für Sozial- und Wirtschaftsgeschichte. Beihefte 183); Gerd van den Heuvel: Der Verlust sozialer Sicherheit. Umbruchserfahrungen des niedersächsischen Adels im Zeitalter der Französischen Revolution, in: Heike Düselder/Olga Weckenbrock/Siegrid Westphal (Hgg.): Adel und Umwelt. Horizonte adliger Existenz in der Frühen Neuzeit, Köln/Weimar/Wien 2008, S. 383–402. Siehe außerdem den Forschungsbericht von Heinz Duchhardt: Kontinuitäten oder revolutionärer Bruch? Eliten im Übergang vom Ancien Régime zur Moderne (1750–1850), Mainz 2000.

37 Hier beispielhaft Lawrence Stone: The Crisis of the Aristocracy. 1558–1641, Oxford 1965.

38 Rudolf Braun: Konzeptionelle Bemerkungen zum Obenbleiben. Adel im 19. Jahrhundert, in: Wehler: Europäischer Adel 1750–1950, S. 87–95.

anspruch behaupten können. „Die Fähigkeit des Adels, Krisen zu überleben und auch unter widrigen Umständen ‚oben zu bleiben', erscheint dabei als eine seiner hervorstechendsten Eigenschaften."[39] Zwar wird in dieser Sichtweise die *Krise des Adels* relativiert und die „beeindruckende Selbstbehauptung" bis ins frühe 20. Jahrhundert hervorgehoben, allerdings beschreibt sie die Entwicklung letztlich doch auch – so Heinz Reif ganz explizit – als die „Geschichte eines langen [...] Abstiegs", nämlich als einen „Abschied von Macht und Ehre".[40]

In den letzten Jahren wurde daher zunehmend ein Perspektivwechsel auf den Adel im Übergang zur Moderne gefordert, am prominentesten von Ewald Frie und Joseph Matzerath. Beide gehen davon aus, dass die Frage, wie sich die vormoderne Sozialformation Adel in der Moderne behaupten konnte bzw. inwieweit sie ihre Sonderstellung verteidigen konnte, im Grunde falsch gestellt ist. Statt den Erfolg *des Adels* in der Moderne zu untersuchen, müsse gefragt werden, was Adel in der nachständischen Gesellschaft überhaupt bedeutete. Es müsse also nach dem Wandel und der Anpassung des Adels an die veränderten gesellschaftlichen Strukturen gefragt werden und damit „nach den Bedingungen der Möglichkeit des Oben-Bleibens".[41] Und oben blieben eben nicht diejenigen Adligen, die besonders starr an der traditionellen Lebensweise festhielten, sondern die, „die sich auf die funktionale Differenzierung geschmeidig einstellten".[42] Adel und Moderne sind daher auch gar nicht als Antagonismus zu verstehen.[43] Adel konstituierte sich in der Moderne hauptsächlich durch die Berufung auf eine gemeinsame glorreiche Vergangenheit – er wurde zur „Erinnerungsgruppe".[44]

[39] Asch: Einführung: Adel in der Neuzeit, S. 319. Vgl. außerdem ders.: Ständische Stellung und Selbstverständnis des Adels im 17. und 18. Jahrhundert, in: ders.: Der europäische Adel im Ancien Régime, S. 3–46, hier: S. 8ff.; ders.: Zwischen defensiver Legitimation und kultureller Hegemonie: Strategien adliger Selbstbehauptung in der frühen Neuzeit, in: Zeitenblicke 4/2, 28.6.2005 [URL: http://www.zeitenblicke.de/2005/2/Asch; URN: urn:nbn:de:0009-9-1219]; Reif: Adel im 19. und 20. Jahrhundert; Gregory W. Pedlow: The Survival of the Hessian Nobility, 1770–1870, Princeton 1988.

[40] Heinz Reif: Einleitung, in: ders. (Hg.): Adel und Bürgertum in Deutschland, Bd. 1. Entwicklungslinien und Wendepunkte im 19. Jahrhundert, 2. Aufl., Berlin 2008, S. 7–27 (Elitenwandel in der Moderne 1).

[41] Ewald Frie: Ziegel, Bajonett und spitze Feder. Adelskultur in Brandenburg 1790–1830, in: Günther Schulz/Markus A. Denzel (Hg.): Deutscher Adel im 19. und 20. Jahrhundert. Büdinger Forschungen zur Sozialgeschichte 2002 und 2003, St. Katharinen 2004, S. 83–94 (Deutsche Führungsschichten in der Neuzeit 26), hier: S. 65f.

[42] Ders.: Adelsgeschichte des 19. Jahrhunderts?, S. 415. Ähnlich auch Gudrun Gersmann: Aufbruch in die Moderne?! Der rheinische Adel in der Sattelzeit. Überlegungen zu einem deutsch-französischen Forschungsprojekt, in: Rheinische Vierteljahrsblätter 73, 2009, S. 244–251, hier: S. 251.

[43] Marburg/Matzerath: Vom Stand zur Erinnerungsgruppe; Matzerath: Adelsprobe an der Moderne, S. 256.

[44] Ebd.; Frie: Adelsgeschichte des 19. Jahrhunderts?, S. 415; Barbara Stollberg-Rilinger:

Warum sich Adlige im Übergang zur Moderne das Leben nahmen, wird zeigen, wie die sozialen Veränderungen aus Sicht des Adels wahrgenommen wurden. Töteten sich einzelne Adlige, weil sie die Krise ihres Standes verzweifeln ließ, weil sie ihre adlige Autonomie angegriffen sahen und sich der Disziplinierung durch den expandierenden Staat zu entziehen versuchten? Die Forschungen von Dorinda Outram und anderen zum „heroic suicide“ in Frankreich am Ende des 18. Jahrhunderts weisen zumindest in diese Richtung.[45] Oder nahmen sie sich das Leben, weil sie zu den Verlierern im Kampf ums Obenbleiben gehörten, weil sie es nicht schafften, sich den veränderten Lebensverhältnissen anzupassen und von den Gewinnern überflügelt wurden? Diese Fragen weisen in das Zentrum des Selbstverständnisses des Adels[46]

Wenn man den Komplex der adligen Selbsttötung genauer betrachtet, erscheint es fraglich, ob die Verhältnisse so eindeutig waren, wie dies die Forschung bislang angenommen hat. Denn es lässt sich zeigen, dass die Vorstellung eines Ehrensuizids von ganz bestimmten epistemologischen Voraussetzungen ausgeht, die eine lange Tradition im westlichen Denken haben. So hat Émile Durkheim das vermeintlich in verschiedenen Kulturen zu findende Phänomen des ehrenvollen Suizids mit dem Konzept des „altruistischen Selbstmords“ zu fassen versucht. Weil diese Form der Selbsttötung gewisse Züge trage, „die wir nach alter Gewohnheit ehren, schätzen und sogar bewundern“, be-

Nur ein bloßes „Gedankending“? Der deutsche Adel in der Anpassungskrise um 1800, in: Werner Frese (Hg.): Zwischen Revolution und Reform. Der westfälische Adel um 1800, Münster 2005, S. 9–24 (Westfälische Quellen und Archivpublikationen 24), hier: bes. S. 23f.

45 Outram geht davon aus, die Entmachtung der alten Eliten, das heißt zum großen Teil des Adels, im Zuge der Französischen Revolution habe in Frankreich dazu geführt, dass für diese Eliten der heroische Suizid zu einem integralen Bestandteil der politischen Kultur geworden sei. Besonders in Gefangenschaft hätten sie sich an Cato und Seneca orientiert und mit der stoischen Gelassenheit im Angesicht des Todes ihre „class identity“ zu verteidigen versucht. Mit einem ehrenhaften, selbstgewählten Tod sei es so möglich gewesen, der Erniedrigung durch die Guillotine zu entgehen und soziale und politische Würde zu demonstrieren. Dorinda Outram: The Body and the French Revolution. Sex, Class and Political Culture, New Haven/London 1989, S. 90–105. Auch Patrice Higonnet stellt heraus, dass unmittelbar nach der Revolution allein der patriotische und heroische Suizid für das Vaterland akzeptiert worden wäre. Ders.: Joint Suicide in Eighteenth-Century French Literature and Revolutionary Politics, in: Bernadette Fort (Hg.): Fictions of the French Revolution, Evanston 1991, S. 87–110. Einige Beispiele nennt auch Michel Eude: Le „suicide héroique“ d’un Montagnard en prairial an III. Jacques-Philippe Rühl (1737–1795), in: Gilbert Romme (1750–1795) et son temps. Actes du colloque tenu à Riom et Clermont, les 10 et 11 juin 1965, Paris 1966, S. 183–186 (Publications de l’Institut d’Études du Massif Central 1).

46 Wie Eckart Conze und Monika Wienfort betonen, ist es notwendig, in Bezug auf die Wandlungsprozesse um 1800 stärker das Selbstverständnis des Adels in den Blick zu nehmen. Dies.: Einleitung. Themen und Perspektiven historischer Adelsforschung zum 19. und 20. Jahrhundert, in: dies.: Adel und Moderne, S. 1–16, hier: S. 6.

zeichnete er sie auch als „heroischen Selbstmord". Der Grund, warum ein Selbstmörder diesen Typs sich töte, besteht laut Durkheim darin, dass er sich von der Gemeinschaft „dazu verpflichtet" und andernfalls „der Schande ausgesetzt" sehe. Solche Selbsttötungen kämen daher auch nur in Gruppen vor, die „sehr stark integriert" seien und in denen das Individuum „fast ganz in der Gruppe aufgeht", das heißt vor allem in *primitiven*, außereuropäischen Gemeinschaften.[47] Wie Andreas Bähr jedoch betont hat, ist es wichtig, die in der Selbsttötungsforschung immer noch sehr wirkmächtigen „heuristischen Begriffskonstellationen von Altruismus und Egoismus" als zeitgebundene Konstrukte zu begreifen und zu kontextualisieren.[48] Dabei wäre dann zu prüfen, ob auch der frühneuzeitliche Adel, indem ihm eine solche *primitive* Haltung gegenüber der Selbsttötung unterstellt wird, von der Forschung als spezifisch vormodern und rückwärtsgewandt qualifiziert wird.[49]

Allerdings kann daran, dass das Verhalten des Adels in der Frühen Neuzeit stark von einem Ehrenkodex bestimmt war, kein Zweifel bestehen; ebenso wenig daran, dass mit dieser standesspezifischen Ehre ein ganz bestimmtes standesspezifisches Bewusstsein verbunden war.[50] Obwohl der frühneuzeitliche Adel – aus der mittelalterlichen Ordnung als Kriegerstand stammend – im 16. und 17. Jahrhundert im Zuge der Militärischen Revolution zunehmend an militärischer Bedeutung verlor, fußte sein Selbstbild zu einem ganz erheblichen Teil auf der „Imagination einer idealisierten ‚ritterlichen' Vergangenheit", wie Martin Wrede formuliert hat.[51] Ein ehrenvoller Tod auf dem Schlachtfeld

[47] Durkheim entwickelt das Konzept des altruistischen Selbstmords vorrangig an „primitiven", das heißt außereuropäischen, Gesellschaften, aber zum Beispiel auch am europäischen Militär. Dem „altruistischen" stellt er den „egoistischen Selbstmord" gegenüber, der im Gegensatz dazu aus gesellschaftlicher Desintegration resultiere. Zum „altruistischen Selbstmord" siehe Emile DURKHEIM: Der Selbstmord, Frankfurt a. M. 1983 [orig. 1897], S. 242–272.

[48] Andreas BÄHR: Zur Einführung: Selbsttötung und (Geschichts-)Wissenschaft, in: DERS./ Hans MEDICK (Hgg.): Sterben von eigener Hand. Selbsttötung als kulturelle Praxis, Köln/ Weimar/Wien 2005, S. 1–19, hier: S. 12ff.

[49] Zur gängigen Vorstellung in der historischen Forschung von der Rückwärtsgewandtheit des Adels siehe MATZERATH: Adelsprobe an der Moderne, S. 14–18.

[50] Unter der Fülle der Literatur vgl. hier nur beispielhaft ASCH: Ständische Stellung und Selbstverständnis des Adels, bes. S. 32ff.; DERS.: Einführung: Adel in der Neuzeit, bes. S. 321f.

[51] Martin WREDE: Code, Konzept und Konjunkturen des Rittertums in der französischen Hofkultur des 17. Jahrhunderts, in: GG 33, 2007, S. 350–374, hier: S. 355; DERS.: Ritter, Rittertum, in: EdN 10, 2010, Sp. 283–286; DERS.: Ohne Furcht und Tadel – Für König und Vaterland. Frühneuzeitlicher Hochadel zwischen Familienehre, Ritterideal und Fürstendienst, Ostfildern 2012 (Beihefte der Francia 75). Zum militärischen Bedeutungsverlust des Adels in der Frühen Neuzeit siehe Ronald G. ASCH: Staatsbildung und adlige Führungsschichten in der Frühen Neuzeit. Auf dem Weg zur Auflösung der ständischen Identität des Adels?, in: GG 33, 2007, S. 375–397; DERS.: Einführung: Adel in der Neuzeit, S. 324;

galt daher vielen als erstrebenswertes Finale eines heroischen und ruhmvollen Lebens. Bis weit in die Moderne hinein spielte dieses kriegerische Selbstverständnis eine zentrale Rolle.[52]

Der ritterliche Ehrenkodex war für den Adel in der Frühen Neuzeit jedoch nicht das einzige handlungsleitende Wertesystem. Als Gegenentwurf zum kriegerischen Selbstbild entwickelten sich spätestens seit dem 17. Jahrhundert zusätzliche Rollenmodelle, die ihre Legitimation etwa aus Bildung, diplomatischem Geschick oder gelebter Frömmigkeit bezogen.[53] Da zudem über Ehre meist im Medium der Gewalt[54] kommuniziert wurde, konnte der Ehrenkodex dem christlichen Normen- und Wertekanon widersprechen.[55] Mit der Idealisierung der Antike wurde außerdem explizit auf vorchristliche Werte Bezug genommen.[56] Wie religiös war also der Adel? Schon zeitgenössisch sah er sich jedenfalls der Kritik ausgesetzt, er praktiziere lediglich äußerliche Formen von Religiosität, ohne dabei von wahrer innerer Frömmigkeit erfüllt zu sein. Hinter der gläubigen Fassade – so der Verdacht – stünden in Wahrheit ganz andere Interessen.[57] Die historische Forschung hat diesen zeitgenössischen

DERS.: Europäischer Adel in der Frühen Neuzeit, S. 11f. Der Begriff der „Military Revolution" trägt den Veränderungen in Waffentechnik, Kampfformen und Heeresorganisationen und dem damit verbundenen Bedeutungszuwachs von nicht-adligen Soldaten Rechnung. Dazu Christopher STORRS/H.M. SCOTT: The Military Revolution and the European Nobility, c. 1600–1800, in: War in History 3, 1996, S. 1–41. Zur problematischen Unschärfe des Begriffs vgl. Markus MEUMANN: Militärische Revolution, in: EdN 8, 2008, Sp. 506–510.

52 Siehe dazu Mark GIROUARD: The Return to Camelot. Chivalry and the English Gentleman, New Haven/London 1981.

53 Vgl. hier ASCH: Ständische Stellung und Selbstverständnis des Adels, S. 31f.

54 Gewalt wird in der neueren kriminalitätsgeschichtlichen Forschung als ein „kommunikativer Code" interpretiert, mittels dessen über die ständische Ehre verhandelt wurde. Dazu André KRISCHER: Neue Forschungen zur Kriminalitätsgeschichte, in: ZHF 33, 2006, S. 387–415, hier: S. 392f. Vgl. außerdem Martin DINGES: Ehre ist ambivalenter, als sie bei der Wiederentdeckung erscheint, in: Ethik und Sozialwissenschaften 10, 1999, S. 345–347.

55 Zum Konflikt zwischen kirchlichen Normen und adligem Ethos Friedrich ZUNKEL: Ehre, Reputation, in: Geschichtliche Grundbegriffe 2, 1975, S. 1–63, hier: S. 5; Friedhelm GUTTANDIN: Das paradoxe Schicksal der Ehre. Zum Wandel der adeligen Ehre und zur Bedeutung von Duell und Ehre für den monarchischen Zentralstaat, Berlin 1993 (Schriften zur Kultursoziologie 13), S. 88f., 320f.; Ronald G. ASCH: Religiöse Selbstinszenierung im Zeitalter der Glaubenskriege. Adel und Konfession in Westeuropa, in: HJb 125, 2005, S. 67–100, hier: bes. S. 97f.; DERS.: Europäischer Adel in der Frühen Neuzeit, S. 181ff.; DEWALD: The European Nobility, S. 176–183; Roger B. MANNING: Swordsmen. The Martial Ethos in the three Kingdoms, Oxford u. a. 2003, S. 79.

56 Die Antike galt dem frühneuzeitlichen Adel als ein „ideales Goldenes Zeitalter politischer Größe, Tugend und Weisheit". Dazu Gerrit WALTHER: Adel und Antike. Zur politischen Bedeutung gelehrter Kultur für die Führungselite der Frühen Neuzeit, in: HZ 266, 1998, S. 359–385.

57 Gerade bei Konfessionswechseln wurde immer wieder der Vorwurf laut, die Glaubensentscheidung habe vorwiegend aus politischem Kalkül und weniger aus religiöser Überzeugung stattgefunden. Siehe hierzu in Kürze Lorenz BAIBL: Zwischen dynastischer

Vorwurf der konfessionellen Indifferenz häufig unkritisch fortgeschrieben.[58] Auch in der Suizidforschung wurde angenommen, der Adel habe sich über das christliche Selbsttötungsverbot hinweggesetzt, um seine Ehre zu verteidigen. In seinem Handeln sei er demnach allein auf das Diesseits ausgerichtet gewesen.[59] Anhand der letzten Begründungen von Adligen im Angesicht ihres bevorstehenden Todes soll daher auch das Verhältnis von religiöser Überzeugung und ständischer Ehre näher bestimmt werden.

Wenn aber die Selbsttötung eines Adligen im 18. Jahrhundert nicht als heroische Tat idealisiert wurde, wurde sie dann als Sünde oder Verbrechen angesehen? Allgemein ist für die Adelsforschung zu konstatieren, dass sie sich in erster Linie auf die erfolgreichen Adligen und ihren Kampf ums Obenbleiben fokussiert. Diejenigen, die ihren Status nicht verteidigen konnten, fallen in dieser Sichtweise häufig aus dem Stand heraus und sind deshalb – weil sie nicht mehr als Adlige gelten – uninteressant.[60] Wenn man jedoch nicht mehr die Selbstbehauptung *des Adels*, sondern dessen Wandel in den Blick nimmt, dann stellen auch die „Modernisierungsverlierer", „die an den neuen Strukturen zerbrachen",[61] einen ganz wesentlichen Teil des Adels dar.[62] Martin Wrede und Horst Carl haben jüngst darauf hingewiesen, dass sich die Adelsforschung zwar häufig mit Fragen der aristokratischen Ehre, dem Ehrverlust und der Ehrenrettung auseinandersetzt, kaum allerdings mit „Devianz und Unehrlichkeit". Verräter, Versager, Verlierer, also „Grenzübertreter und Systemverletzer" widersprachen dem Selbstverständnis des Adels, und so wurde in aller Regel versucht, sie aus der Memoria ihrer Familien auszuschließen. Gerade diesen „Brüchen" oder „Krisenmomenten" komme jedoch ein besonderer heuristischer Wert zu, da „Traditionsverband und Erinnerungsgemeinschaft ihre Regeln und ihr ei-

Einheit und konfessioneller Spaltung. Reichsgrafen in der Frühen Neuzeit, Diss. phil., Münster (mit weiterführender Literatur). Vgl. außerdem Thomas Winkelbauer: Karrieristen oder fromme Männer? Adelige Konvertiten in den böhmischen und österreichischen Ländern um 1600, in: Frühneuzeit-Info 10, 1999, S. 9–20.

58 Asch: Religiöse Selbstinszenierung im Zeitalter der Glaubenskriege, S. 69ff.; ders.: Rearistokratisierung statt Krise der Aristokratie? Neuere Forschungen zur Geschichte des Adels im 16. und 17. Jahrhundert, in: GG 30, 2004, S. 144–154, hier: S. 150; ders.: Europäischer Adel in der Frühen Neuzeit, S. 164ff.

59 MacDonald/Murphy: Sleepless Souls, S. 98f.; Edwards: Modelling Roman Suicide?, S. 216.

60 Vgl. hierzu insgesamt Matzerath: Adelsprobe an der Moderne, S. 15f.

61 Gudrun Gersmann: Gewinner und Verlierer. Der rheinische Adel in der „Sattelzeit" (1750–1850), Forschungsskizze der Fritz Thyssen Stiftung [URL: http://www.fritz-thyssen-stiftung.de/foerderung/gefoerderte-vorhaben/projekt/p/274/].

62 Darüber hinaus hat sich die Geschichtswissenschaft bisher nur selten mit Elitenkriminalität beschäftigt. Gerd Schwerhoff: Zur Sozialgeschichte der Kriminalität: Geschlecht – Alter – sozialer Status, Zusatztext 1 zu ders.: Historische Kriminalitätsforschung, Frankfurt/New York 2011 (Historische Einführungen 9) [URL: http://www.campus.de/sixcms/media.php/274/Schwerhoff_Zusatztext_1_Internet.pdf], S. 9.

gentliches Wesen doch am besten im Umgang mit dem [zeigten], was nicht in Tradition und Erinnerung passte".[63] Es wird daher zu prüfen sein, wie die Hinterbliebenen mit den *schwarzen Schafen* ihrer Familie bzw. ihres Standes umgingen.

Der Herausgeber der Abschiedsbriefe Arenswalds hatte sich in seinem Kommentar verständnislos darüber geäußert, dass einige seiner Zeitgenossen den Suizid des Hauptmanns als heroische Tat verehren würden. Dies macht einen ganz wichtigen Punkt noch einmal sehr deutlich: Selbsttötungen wurden gesellschaftlich keineswegs immer einheitlich bewertet. Wenn daher die Deutungen von adligen Selbsttötungen durch Menschen *gemeinen Standes* in den Blick genommen werden, dann besteht immer die Möglichkeit, dass Selbst- und Fremddeutung des Adels auseinanderfielen. Wie das Verhältnis genau aussah, wird Auskunft darüber geben, wie ständische Differenz im 18. und frühen 19. Jahrhundert wahrgenommen wurde.

Methoden und Quellen

Die Komplexität und Vielschichtigkeit der verschiedenen Deutungsebenen macht es erforderlich, eine sehr stark akteurszentrierte Perspektive einzunehmen und das Thema Selbsttötung im Adel unter dem Mikroskop zu betrachten. Das heißt, ich werde einzelne Fälle adliger Selbsttötungen untersuchen, kontextualisieren und zueinander in Beziehung setzen – und sie so gewissermaßen zu einer „Reihe von ineinandergreifenden Mikrogeschichten"[64] verweben. Eine solche Vorgehensweise sieht sich zwangsläufig der Frage nach der Repräsentativität des behandelten Quellenmaterials ausgesetzt.[65] Doch wie bereits gesagt bestimmt sich der heuristische Wert von Selbsttötungen vor allem dadurch, dass sie durch ihre Exzeptionalität die Zeitgenossen zur Auseinandersetzung herausfordern und deshalb grundlegende normative Vorstellungen zum Tragen kommen. Die im Folgenden untersuchten adligen Selbsttötungen können daher – ganz mikrohistorisch – als „normale Ausnahmefälle" gelten, die gerade

[63] Martin WREDE/Horst CARL: Einleitung: Adel zwischen Schande und Ehre, Tradition und Traditionsbruch, Erinnerung und Vergessen, in: DIES. (Hgg.): Zwischen Schande und Ehre. Erinnerungsbrüche und die Kontinuität des Hauses in der europäischen Adelskultur der frühen Neuzeit, Mainz 2007, S. 1–24 (Veröffentlichungen des Instituts für Europäische Geschichte Mainz. Beihefte 73).

[64] So beschreibt H.C. Erik MIDELFORT seinen Ansatz. DERS.: Verrückte Hoheit. Wahn und Kummer in deutschen Herrscherhäusern, Stuttgart 1996, S. 17.

[65] Zur Kritik an der Mikrogeschichte siehe die Zusammenfassung bei Otto ULBRICHT: Mikrogeschichte. Menschen und Konflikte in der Frühen Neuzeit, Frankfurt a. M. 2009, S. 48–60.

aufgrund ihres Sonderstatus den Blick auf die häufig verborgenen kollektiven Wahrnehmungs- und Deutungsmuster freigeben.[66] Ziel ist es also, in der *Dichten Beschreibung* von Extremfällen „über das Besondere zum Typischen zu gelangen".[67]

Auch in der Historischen Anthropologie hat die Frage nach dem Verhältnis von individuellem Handeln und überindividuellen sozialen Strukturen eine lange Tradition. Bereits Ende der 1970er Jahre hat Thomas Nipperdey die „Frage nach dem Zusammenhang der institutionalisierten Verhaltensmodelle mit der anthropologischen Struktur der Einzelperson innerhalb einer Kultur" als zentrales Erkenntnisinteresse der Historischen Anthropologie benannt.[68] Nipperdey hielt es für falsch, Mensch und Gesellschaft als voneinander getrennte Sphären gegenüberzustellen, weil die überindividuellen sozialen Strukturen wie kollektive Werte und Normen, Wahrnehmungs- und Deutungsschemata im Laufe der Sozialisation von den Menschen inkorporiert würden. Er sprach in diesem Zusammenhang von „Enkulturation". *Die Gesellschaft* ist demnach

[66] Das Konzept des „eccezionalmente normale" geht auf den italienischen Historiker Eduardo Grendi zurück und wurde zu einem der wichtigsten Paradigmen der Mikrogeschichte. Eduardo GRENDI: Micro-analisi e storia sociale, in: Quaderni Storici 35, 1977, S. 506–520. Zum *normalen Ausnahmefall* siehe außerdem Carlo GINZBURG: Der Käse und die Würmer. Die Welt eines Müllers um 1600, Frankfurt a. M. 1983, S. 16; DERS./Carlo PONI: Was ist Mikrogeschichte?, in: Geschichtswerkstatt 6, 1985, S. 48–52; Norbert SCHINDLER: Für eine Geschichte realer Möglichkeiten. Nachwort zur deutschen Ausgabe der Aufsätze von Natalie Zemon Davis, in: Natalie Zemon DAVIS: Humanismus, Narrenherrschaft und die Riten der Gewalt. Gesellschaft und Kultur im frühneuzeitlichen Frankreich, Frankfurt a. M. 1987, S. 328–349, hier: bes. S. 343f.; Hans MEDICK: Mikro-Historie, in: Winfried SCHULZE (Hg.): Sozialgeschichte, Alltagsgeschichte, Mikro-Historie. Eine Diskussion, Göttingen 1994, S. 40–53, hier: S. 46f.; DERS.: Entlegene Geschichte? Sozialgeschichte und Mikro-Historie im Blickfeld der Kulturanthropologie, in: Berliner Geschichtswerkstatt (Hg.): Alltagskultur, Subjektivität und Geschichte. Zur Theorie und Praxis von Alltagsgeschichte, Münster 1994, S. 94–109, hier: bes. S. 101ff.; ULBRICHT: Mikrogeschichte, S. 21, 54.

[67] Michel VOVELLE: Serielle Geschichte oder ‚case studies': ein wirkliches oder nur ein Schein-Dilemma?, in: Ulrich RAULFF (Hg.): Mentalitäten-Geschichte. Zur historischen Rekonstruktion geistiger Prozesse, Berlin 1987, S. 114–127, Zitat: S. 121. Vgl. hier auch GEERTZ: Dichte Beschreibung, S. 40: „Das Ziel dabei ist es, aus einzelnen, aber sehr dichten Tatsachen weitreichende Schlußfolgerungen zu ziehen und vermöge einer präzisen Charakterisierung dieser Tatsachen in ihrem jeweiligen Kontext zu generellen Einschätzungen der Rolle von Kultur im Gefüge des kollektiven Lebens zu gelangen." Siehe außerdem Giovanni LEVI: On Microhistory, in: Peter BURKE (Hg.): New Perspectives on Historical Writing, Cambridge 1991, S. 93–113; Carlo GINZBURG: Mikro-Historie. Zwei oder drei Dinge, die ich von ihr weiß, in: HA 1, 1993, S. 169–192.

[68] Thomas NIPPERDEY: Bemerkungen zum Problem einer historischen Anthropologie, in: Ernst OLDEMEYER (Hg.): Die Philosophie und die Wissenschaft. Festschrift für Simon Moser zum 65. Geburtstag, Meisenheim am Glan 1967, S. 350–370, Zitat: S. 365. Ähnlich auch sein Konzept eines „Dreiecksverhältnis[ses] von Gesellschaft, Kultur und Person", DERS.: Die anthropologische Dimension der Geschichtswissenschaft, in: Gerhard SCHULZ (Hg.): Geschichte heute. Positionen, Tendenzen und Probleme, Göttingen 1973, S. 225–255.

in die Menschen eingeschrieben und so selbst integraler Bestandteil *des Menschen*. „Es gibt keine von Kultur unabhängige menschliche Natur", so Clifford Geertz, und menschliches Handeln ist immer „Vollzug von Gesellschaft", wie man mit Niklas Luhmann sagen kann.[69]

Schon seit einigen Jahren wird in der Historischen Anthropologie daher gefordert, auf den Individuumsbegriff zu verzichten, weil er ein westlich-modernes Konzept als wesenhaft für *den Menschen* verabsolutiert. Stattdessen werden die komplexen Verflechtungen von *Personen* in sozial-kulturelle Beziehungsnetze betont.[70] Wenn man aus einer solchen historisch-anthropologischen Perspektive Menschen nicht als autonome Einzelwesen versteht,[71] dann stellt sich das Problem von Teil und Ganzem anders als in der klassischen neuzeitlichen Gegenüberstellung von Individuum und Gesellschaft. Denn dann lautet die Frage nicht mehr, inwiefern einzelne Individuen repräsentativ für überindividuelle Aussagen sind, sondern welche kulturellen Handlungsrepertoires historischen Akteuren zur Verfügung standen und wie sie sich diese aneigneten und dann wiederum prägten.[72]

„Historische Anthropologie in diesem Sinne zielt also auf Strukturen – natürlich auch auf solche des körperlichen Habitus –, die sich vielfach an einzelnen Menschen einer historischen Epoche zeigen, die gleichwohl überindividuell sind, indem sie in enger Beziehung zu

69 Clifford GEERTZ: Kulturbegriff und Menschenbild, in: Rebekka HABERMAS/Niels MINKMAR (Hgg.): Das Schwein des Häuptlings. Sechs Aufsätze zur Historischen Anthropologie, Berlin 1992 [orig. 1973], S. 56–82, hier: S. 75; LUHMANN: Die Gesellschaft der Gesellschaft, S. 812–826, bes. S. 813f.

70 So schon früh MEDICK: „Missionare im Ruderboot"?, S. 71f.; Natalie Zemon DAVIS: Bindung und Freiheit. Die Grenzen des Selbst im Frankreich des sechzehnten Jahrhunderts, in: DIES.: Frauen und Gesellschaft am Beginn der Neuzeit. Studien über Familie, Religion und die Wandlungsfähigkeit des sozialen Körpers, Berlin 1986, S. 7–18. Zur jüngeren Diskussion um die Konstruktivität von Personenkonzepten siehe Claudia ULBRICH/David SABEAN: Personenkonzepte in der frühen Neuzeit, in: Claudia von BRAUNMÜHL (Hg.): Etablierte Wissenschaft und feministische Theorie im Dialog, Berlin 2003, S. 99–111; Rotraud RIES: Individualisierung im Spannungsfeld differenter Kulturen. Positionsbestimmungen und experimentelle Neudefinitionen in der jüdischen Minderheit, in: Kaspar von GREYERZ (Hg.): Selbstzeugnisse in der Frühen Neuzeit. Individualisierungsweisen in interdisziplinärer Perspektive, München 2007, S. 79–112, hier: bes. S. 79ff.; Claudia ULBRICH/Hans MEDICK/Angelika SCHASER: Selbstzeugnis und Person. Transkulturelle Perspektiven, in: DIES. (Hgg.): Selbstzeugnis und Person. Transkulturelle Perspektiven, Köln/Weimar/Wien 2012, S. 1–19.

71 Vgl. hierzu MEDICK: Historische Anthropologie; TANNER: Historische Anthropologie zur Einführung; WINTERLING: Begriffe, Ansätze und Aussichten Historischer Anthropologie, bes. S. 28f. Konzeptionell grundlegend ist GEERTZ: Kulturbegriff und Menschenbild.

72 BURSCHEL: Wie Menschen möglich sind, bes. S. 160f.; Gabriele JANCKE/Claudia ULBRICH: Vom Individuum zur Person. Neue Konzepte im Spannungsfeld von Autobiographietheorie und Selbstzeugnisforschung, in: DIES. (Hgg.): Vom Individuum zur Person. Neue Konzepte im Spannungsfeld von Autobiographietheorie und Selbstzeugnisforschung, Göttingen 2005, S. 7–27, hier: bes. S. 27.

gesellschaftlichen und kulturellen Sachverhalten der jeweiligen Zeit und damit für diese Zeit ‚typisch' sind."[73]

Bezogen auf den Gegenstand Selbsttötung im Adel heißt das, dass die Akteure, sofern man sie nicht als psychisch krank abstempeln möchte, innerhalb der kulturellen Logik ihrer Zeit agierten, dass ihr Handeln daher grundsätzlich erklärbar ist und dass solche Erklärungen Erkenntnisse über die frühneuzeitliche Gesellschaft liefern können.

Dass sich Fälle adliger Selbsttötung in der hier vorgestellten Weise dicht beschreiben lassen, setzt natürlich eine entsprechend gute Quellenüberlieferung voraus. Die meisten bisherigen empirischen Arbeiten zum Suizid in der Frühen Neuzeit stützen sich auf die bei der Strafverfolgung angefallenen Kriminalakten. Oft sind lediglich wenige Details rekonstruierbar, wie der Name des Täters, der Tatzeitpunkt, die Methode oder das Urteil. Beim Adel stellt sich allerdings das Problem, dass er häufig einem gesonderten Gerichtsstand unterlag bzw., wo dies nicht der Fall war, zumindest rechtliche Privilegien genoss. Kriminalakten zu den Suiziden von Adligen sind daher nicht immer angefallen, was eine systematische Untersuchung adliger Selbsttötungen unmöglich macht.[74] Allerdings führte nicht zuletzt der gesellschaftliche Status der Beteiligten dazu, dass in vielen Fällen dennoch eine reiche Überlieferung ganz unterschiedlicher Quellen existiert. Dies ist glücklicherweise für den hier untersuchten Zeitraum des Übergangs zur Moderne häufig der Fall, wohingegen die Situation für die vorangehenden Jahrhunderte wesentlich schlechter aussieht.

Die mit Abstand größte Relevanz für die Rekonstruktion der Selbstdeutung adliger Suizidenten besitzen deren Abschiedsbriefe. Darüber hinaus ist aber auch die ganze übrige Bandbreite adliger Selbstzeugnisse von Bedeutung, wie Lebensbeschreibungen, Tagebücher, Korrespondenz, Testamente oder literarische Texte.[75] Im Sinne der neuen Selbstzeugnisforschung gehe ich jedoch nicht

[73] Aloys WINTERLING: Probleme historischer Biographie am Beispiel des Kaisers Caligula, in: HA 20, 2012, S. 186–199, hier: S. 194.

[74] Zu diesem Problem siehe Harry KÜHNEL: „... da erstach sich mit willn selbst...". Zum Selbstmord im Spätmittelalter und in der frühen Neuzeit, in: Karl HAUCK u. a. (Hgg.): Sprache und Recht. Beiträge zur Kulturgeschichte des Mittelalters. Festschrift für Ruth Schmidt-Wiegand zum 60. Geburtstag, Bd. 1, Berlin/New York 1986, S. 474–489, hier: S. 482; LIND: Selbstmord in der Frühen Neuzeit, S. 206f.; Maren LORENZ: Kriminelle Körper – Gestörte Gemüter. Die Normierung des Individuums in Gerichtsmedizin und Psychiatrie der Aufklärung, Hamburg 1999, S. 41f.; David L. LEDERER: Madness, Religion and the State in Early Modern Europe. A Bavarian Beacon, Cambridge u. a. 2006, S. 253. Allgemein zum Rechtsstand des Adels in der Frühen Neuzeit siehe ENDRES: Adel in der frühen Neuzeit, S. 3f., 26; ASCH: Europäischer Adel in der Frühen Neuzeit, S. 18f.; PEDLOW: The Survival of the Hessian Nobility, S. 27f.

[75] Für die verschiedenen Arten von Selbstzeugnissen im Adel siehe Maria RÖSSNER-RICHARZ: Selbstzeugnisse als Quellen adliger Lebenswelten in der Sattelzeit. Eine Bestandsaufnahme, in: Zeitenblicke 9/1, 10.6.2010 [URL: http://www.zeitenblicke.de/2010/1/

davon aus, dass die Texte einen ungefilterten Blick auf ein wie auch immer geartetes wahres Selbst liefern, sondern dass *das Selbst* im Schreibprozess jeweils erst entworfen wurde. Das heißt, auch Selbstzeugnisse sind narrative Quellen, die mit einer ganz bestimmten Intention verfasst wurden.[76] Dies mindert ihren Quellenwert jedoch keineswegs, da gerade in diesen Stilisierungen grundlegende gesellschaftliche Deutungsmuster hervortreten.[77] Es sind die Versuche der Selbstdarstellung, das Bestreben, ein letztes Mal Rechenschaft abzulegen und eigene Handlungen nachvollziehbar erscheinen zu lassen, die die Analyse dieser Selbstzeugnisse so wertvoll machen.

Neben der Innenperspektive der adligen Suizidenten wird es ganz wesentlich auch auf die Fremddeutung ihrer Tat durch die Zeitgenossen ankommen. Es wird zu prüfen sein, wie das Umfeld der Verstorbenen mit ihrer Selbsttötung umging, wie es sie deutete und kommunizierte. Bei diesem nächsten Umfeld handelte es sich meist um Familienangehörige und Freunde, in erster Linie also um Standesgenossen. Auch für diese Frage wird wieder das ganze Spektrum adliger Selbstzeugnisse in den Blick kommen. Darüber hinaus ist die klassische Gattung der Kriminalakten dort, wo dennoch ein Strafverfahren angestrengt wurde, von eminenter Bedeutung. Besondere Aufmerksamkeit wird schließlich der Frage gewidmet, wie die Fälle adliger Selbsttötung in der *Öffentlichkeit* verhandelt wurden, das heißt vor allem, wie die periodische Presse und andere Medien darüber berichteten.[78] Hierdurch wird es möglich, auch die nichtadlige Perspektive auf die adlige Selbsttötung nachzuvollziehen und mögliche Widersprüche aufzudecken.

Um die verschiedenen Einzelfälle angemessen kontextualisieren und in die sie umgebenden Diskurse einbetten zu können, werde ich außerdem zeitgenössische literarische und publizistische Quellen in die Analyse einbeziehen. Gerade die hier untersuchte Zeitspanne von der Mitte des 18. Jahrhunderts bis ins frühe 19. Jahrhundert war durch eine „extreme Popularisierung des The-

roessner-richarz/index_html, URN: urn:nbn:de:0009-9-21027]. Allgemein zum Konzept des Selbstzeugnisses Benigna von Krusenstjern: Was sind Selbstzeugnisse? Begriffskritische und quellenkundliche Überlegungen anhand von Beispielen aus dem 17. Jahrhundert, in: HA 3, 1994, S. 462–471; Wolfgang Behringer: Selbstzeugnisse, in: EdN 11, 2010, Sp. 1082–1086. Zum Komplex von Abschiedsbriefen als Selbstzeugnisse siehe Bähr: Der Richter im Ich, S. 26ff.

[76] Ulbrich/Medick/Schaser: Selbstzeugnis und Person, S. 11; Ulbrich/Sabean: Personenkonzepte in der frühen Neuzeit; Jancke/Ulbrich: Vom Individuum zur Person; Kaspar von Greyerz: Ego-Documents: The Last Word?, in: German History 28, 2010, S. 273–282.

[77] Zu den starken Selbststilisierungen des Adels in Selbstzeugnissen vgl. Asch: Einführung: Adel in der Neuzeit, S. 319.

[78] Vgl. zu diesem Aspekt – und auch zu den Problemen des Terminus *Öffentlichkeit* – Florian Kühnel: Selbsttötung in der ‚Öffentlichkeit'. Das Programm des sächsischen Kurfürsten gegen den Grafen Karl Heinrich von Hoym, in: NASG 80, 2009, S. 179–204.

mas Suizid“ gekennzeichnet.[79] Während die publizistische Auseinandersetzung über den Suizid vorher fast ausschließlich auf wissenschaftlicher Ebene – meist auf Latein – über theologische, juristische oder moralphilosophische Fragen stattgefunden hatte, wurde das Phänomen in der Aufklärung, besonders seit den 1770er Jahren, von ganz unterschiedlichen Disziplinen auf breiter Front verhandelt; die Zahl der deutschsprachigen Monographien und Zeitschriftenartikel stieg mit einem Mal sprungartig an. Besonders das Interesse der neu aufkommenden Humanwissenschaften führte zu einer Vervielfachung der Betrachtungsweisen, etwa durch medizinische oder seelenkundliche Aspekte.[80] Adressaten dieser Publikationen waren nicht mehr nur noch ausgewiesene Fachleute, sondern ganz allgemein die sich ausbildende „ausdifferenzierte, mediale Öffentlichkeit“[81]. Diese Konjunktur machte sich ganz deutlich auch in der Literatur bemerkbar, wo der Suizid verstärkt zum Gegenstand wurde – das berühmteste Beispiel hierfür ist wohl Goethes Werther.[82] All diese Texte können dabei helfen, das Thema *adlige Selbsttötung im Übergang zur Moderne* genauer zu fassen.

Dass ich ausschließlich die Suizide von männlichen Adligen in den Blick nehmen werde, hat sowohl forschungstheoretische wie forschungspraktische Gründe. Zum einen wird mit den skizzierten Erkenntniszielen eine vorrangig männliche Perspektive verfolgt. Gerade die Frage nach dem Zusammenhang von adligem Ehrenkodex und gewaltsamem Selbsttod ist eine Frage nach männlicher Ehre.[83] Der klassische weibliche Ehrensuizid in der abendländi-

[79] Siehe hierzu beispielhaft Julia SCHREINER: Jenseits vom Glück. Suizid, Melancholie und Hypochondrie in deutschsprachigen Texten des späten 18. Jahrhunderts, München 2003 (Ancien Régime. Aufklärung und Revolution 34), hier: S. 233.

[80] BAUMANN: Vom Recht auf den eigenen Tod, S. 43ff.; LIND: Selbstmord in der Frühen Neuzeit, S. 45–134; NEUMEYER: Anomalien, Autonomien und das Unbewusste, S. 9–149. In einigen anderen europäischen Ländern, besonders in England, setzte die Konjunktur des Suizids im öffentlichen Diskurs bereits in der ersten Hälfte des 18. Jahrhunderts ein. Dazu Lester CROCKER: The Discussion of Suicide in the Eighteenth Century, in: Journal of the History of Ideas 13, 1952, S. 47–59; MACDONALD/MURPHY: Sleepless Souls, bes. S. 144–175.

[81] Zu diesem Terminus vgl. Rudolf SCHLÖGL: Politik beobachten. Öffentlichkeit und Medien in der Frühen Neuzeit, in: ZHF 35, 2008, S. 581–616.

[82] Den Suizid in der Literatur behandeln etwa Heiko BUHR: „Sprich, soll denn die Natur der Tugend Eintrag tun?“. Studien zum Freitod im 17. und 18. Jahrhundert, Würzburg 1998 (Epistemata. Reihe Literaturwissenschaft 249), bes. S. 218–274; NEUMEYER: Anomalien, Autonomien und das Unbewusste.

[83] Zur Geschlechtsspezifik von Ehre in der Frühen Neuzeit vgl. Lyndal ROPER: Männlichkeit und männliche Ehre, in: Karin HAUSEN/Heide WUNDER (Hgg.): Frauengeschichte – Geschlechtergeschichte, Frankfurt a. M./New York 1992, S. 154–172 (Reihe Geschichte und Geschlechter 1); Martin DINGES: Ehre und Geschlecht in der Frühen Neuzeit, in: Sibylle BACKMANN u. a. (Hgg.): Ehrkonzepte in der Frühen Neuzeit. Identitäten und Abgrenzungen, Berlin 1998, S. 123–147 (Colloquia Augustana 8); Michael OTT: Das ungeschriebene

schen Tradition – der der Lucretia – verweist im Gegensatz dazu auf sexuelle Tugendhaftigkeit und Reinheit und ist insofern spezifisch weiblich.[84] Weibliche Ehre war und blieb in erster Linie Sexualehre und hing von Unbeflecktheit und sexueller Reinheit ab.[85]

Zum anderen finden sich kaum Fälle adliger Frauen, die in der Frühen Neuzeit ihr Leben selbst beendeten. Es ist unklar, inwieweit diese Unterrepräsentation die tatsächliche Verteilung widerspiegelt.[86] Zu vermuten ist jedoch, dass Suizide weiblicher Adliger insgesamt besser verheimlicht werden konnten als die ihrer männlichen Standesgenossen. Bei sozial niedergestellten Bevölkerungsschichten geht die Forschung zwar mittlerweile davon aus, dass Suizide von Frauen nicht häufiger vertuscht wurden und die Obrigkeiten die strafrechtlichen Untersuchungen unabhängig vom Geschlecht durchführten.[87] Beim Adel gestaltet sich die Sachlage allerdings anders, weil hier meist generell versucht wurde, eine Untersuchung zu verhindern. Dies wiederum war bei adligen Männern schwieriger, da sie in aller Regel in irgendeiner Form in die Institutionen des frühmodernen Territorialstaates eingebunden waren, entweder in der Verwaltung oder im Militär. Töteten sie sich, so sprach sich dies schnell herum und es bestand ein gewisses allgemeines Interesse an der Aufklärung der Ursachen und Motive. Auch ein strafrechtliches Verfahren

Gesetz. Ehre und Geschlechterdifferenz in der deutschen Literatur um 1800, Freiburg i. Br. 2001 (Rombach Wissenschaften. Reihe Litterae 81).

84 Lucretia tötete sich, weil sie nach der Vergewaltigung durch Sextus Tarquinius ihre weibliche Ehre verloren hatte. Mit ihrem Suizid stellte sie ihre Unschuld an der Tat unter Beweis und konnte so ihre Ehre zurückgewinnen. Lucretias Ehre war demnach Sexualehre, die mit dem Verlust ihrer Jungfräulichkeit und damit ihrer sexuellen Reinheit verloren war. In der Renaissance wurde das Lucretia-Bild als vorbildlicher Heldin der Tugendhaftigkeit sehr häufig aufgenommen, auch wenn Lucretia zunehmend ihre Eindeutigkeit als Tugendheldin verlor. Zum Wandel des Lucretia-Bildes seit dem Mittelalter, besonders durch den Einfluss der Lehre von Augustinus siehe Donaldson: The Rapes of Lucretia, S. 145–168; Alexander Murray: Suicide in the Middle Ages, 2 Bde., Oxford 1998 & 2000, hier: Bd. 2, S. 113–121; Christine Jäger: Lucretia – der Tod einer Tugendheldin? Zu den Selbstmorddarstellungen in der Sächsischen Weltchronik, in: Signori: Trauer, Verzweiflung und Anfechtung, S. 91–112. Im 16. und 17. Jahrhundert wurde der Tod der Lucretia zunehmend erotisiert, ja regelrecht pornographisiert. Burschel: Männliche Tode – weibliche Tode, S. 86ff. (mit Verweis auf Scribner); Linda C. Hults: Durer's „Lucretia": Speaking the Silence of Women, in: Signs 16, 1991, S. 205–233.

85 Hier mittlerweile schon klassisch: Susanna Burghartz: Zeiten der Reinheit – Orte der Unzucht. Ehe und Sexualität in Basel während der frühen Neuzeit, Paderborn 1999; siehe außerdem Dinges: Ehre und Geschlecht in der Frühen Neuzeit, bes. S. 133ff., 138ff.

86 Alle bisherigen Studien haben eine deutliche Überrepräsentation von männlichen Suizidenten aufgezeigt, das Verhältnis liegt zwischen 4:1 und 2:1. Bislang sind die Gründe hierfür jedoch ungeklärt. Siehe dazu die Überblicke bei Lind: Selbstmord in der Frühen Neuzeit, S. 190–204; Kästner: Tödliche Geschichte(n), S. 343–346.

87 So Lind: Selbstmord in der Frühen Neuzeit, S. 198; Kästner: Tödliche Geschichte(n), S. 344f.

ließ sich deshalb weniger leicht vermeiden. Zudem ergaben sich aus ihrem Tod oft herrschaftspraktische oder besitz- und erbrechtliche Probleme. All dies führte dazu, dass männliche adlige Suizidenten stärker im Fokus der Obrigkeiten standen als weibliche.[88] Auch das Interesse der Öffentlichkeit richtete sich naturgemäß vor allem auf überregional bekannte Personen, wie etwa Politiker.[89]

Die geschlechtsspezifische Quellenproblematik[90] ist an zwei weiblichen Beispielen deutlich zu sehen: Christiane Henriette von Lassberg, die sich am Abend des 16. Januar 1778 in der Ilm in Weimar ertränkt hatte, wurde bereits am folgenden Tag „[s]tandesgemäß bey Fackeln beerdiget".[91] Die Selbsttötung blieb in der Weimarer Presse unerwähnt und auch auf eine strafrechtliche Untersuchung wurde verzichtet. Ein Abschiedsbrief ist nicht überliefert. Neben einigen Tagebucheinträgen Johann Wolfgang von Goethes[92] ist nur bekannt, dass in Weimar Gerüchte kursierten, denen zufolge der Suizid auf ein unglückliches Liebesverhältnis zu einem livländischen Offizier von Wrangel zurückgeführt wurde.[93]

Etwas besser ist die Quellenlage im Fall der romantischen Schriftstellerin Karoline von Günderrode, die sich am 26. Juli 1806 in Winkel am Rhein mit einem Dolch das Leben nahm.[94] Zwar wurde bei ihr der ordnungsgemäße Rechts-

88 Ähnlich argumentieren MacDonald und Murphy für die allgemeine Überrepräsentation der Suizide von Männern in England. Diesen sei dort deswegen mehr Aufmerksamkeit geschenkt worden, weil sie in aller Regel über einen größeren Besitz verfügten und deswegen die Konfiskationsfrage von besonderer Bedeutung war. Dies.: Sleepless Souls, S. 248. Vgl. auch die Argumentation bei Lorenz: Kriminelle Körper, S. 363.

89 Paradigmatisch lässt sich dies am Fall Karl Heinrich von Hoyms nachvollziehen, dessen hohe gesellschaftliche Position dazu führte, dass sein Suizid eine breite öffentliche Diskussion erfuhr. Dazu Kühnel: Selbsttötung in der ‚Öffentlichkeit'.

90 Zum allgemeinen Problem des „Geschlecht[s] als Selektionskategorie" bei der Quellenüberlieferung vgl. Ulbrich/Medick/Schaser: Selbstzeugnis und Person, S. 13f.

91 Weimarische Wöchentliche Anzeigen, Nr. 6, 20.1.1778. Zu diesem Fall vgl. außerdem Johannes Wilkes: Mitschuldig am Suizid? Bewältigung von Trauer und Schuld durch Johann Wolfgang von Goethe, in: Psychotherapie, Psychosomatik, Medizinische Psychologie 48, 1998, S. 139–141.

92 Goethe vermerkte in seinem Tagebuch, er habe noch „[v]iel über der Christel Todt" und „ihre lezten Pfade" gesprochen bzw. ihr Suizid habe ihn „[i]n stiller Trauer einige Tage beschäfftigt". Außerdem legte er, wie er Charlotte von Stein in einem Brief mitteilte, im Hofgarten einen Gedenkort für sie an. Angelika Reimann/Robert Steiger: Goethes Leben von Tag zu Tag. Eine dokumentarische Chronik, 8 Bde., Zürich/München 1982–1996, hier: Bd. 2, S. 145f.

93 So etwa im Bericht von Carl Wilhelm Heinrich von Lyncker: Ich diente am Weimarer Hof. Aufzeichnungen aus der Goethezeit, hrsg. von Jürgen Lauchner, Köln/Weimar/Wien 1997. Siehe außerdem die angeführten Belege bei Martin Andree: Wenn Texte töten. Über Werther, Medienwirkung und Mediengewalt, Paderborn 2006, S. 177.

94 Karoline Friederike Louise Maximiliane von Günderrode war am 11. Februar 1780 als älteste Tochter Hektor Wilhelm von Günderrodes und seiner Frau Louise Sophie Victorine

weg eingehalten, allerdings sind die Akten in den Beständen des zuständigen herzoglich nassauischen Amts Rüdesheim nicht mehr erhalten.[95] Bereits 1864 wurden die Ereignisse durch die Befragung von Zeitzeugen rekonstruiert:[96] Die Amtleute, die man nach Winkel geschickt hatte, ließen umgehend eine Obduktion durchführen, bei der der zuständige Arzt eine „Milzkrankheit" feststellte, was die Suizidentin eindeutig als unzurechnungsfähig einstufte.[97] Der Leichnam wurde dann am folgenden Tag in einem feierlichen Begräbnis „mit Gesang & Gebet, begleitet von allen Nachbarn & der Schuljugend", auf dem Kirchhof von Winkel bestattet.[98]

Auguste in Karlsruhe geboren worden. Nach dem Tod des Vaters zog sie mit ihrer Mutter nach Hanau und kam in Frankfurt in Kontakt mit zahlreichen gebildeten Patriziertöchtern. Sie begann zu schreiben, vor allem Gedichte, und ihre Werke zu veröffentlichen, wenn auch unter Pseudonym. Auf einer Reise nach Heidelberg im Sommer 1804 lernte sie den dortigen Professor für Philologie und Alte Geschichte Georg Friedrich Creuzer kennen und verliebte sich in ihn. Zwar war dieser verheiratet, aber er versprach Karoline von Günderrode ein Jahr nach ihrem ersten Aufeinandertreffen, sich von seiner Frau scheiden zu lassen und sie zu heiraten. Wohl nicht zuletzt auf Druck einiger Freunde zögerte Creuzer die Scheidung allerdings hinaus und entschloss sich Mitte des Jahres 1806 schließlich dazu, die Beziehung zu Karoline zu beenden. Zu ihrer Biographie siehe Margarete LAZAROWICZ: Karoline von Günderrode, Portrait einer Fremden, Frankfurt a. M. u. a. 1986 (Europäische Hochschulschriften 1/923); Markus HILLE: Karoline von Günderrode, Reinbek bei Hamburg 1999; Dagmar von GERSDORFF: „Die Erde ist mir Heimat nicht geworden". Das Leben der Karoline von Günderrode, Frankfurt a. M./Leipzig 2006; Doris HOPP: Karoline von Günderrode, Frankfurt a. M. 2006.

95 Im Amtsprotokoll findet sich lediglich der Eintrag „Actum Winckel den 27ten Juli 1806. Die diesen morgen unterhalb Winckel am Rheinufer todt gefundene Catharina von Güntheroth von Franckfurt betr. Videatur protocollum speciale de hodierno", wobei der Name „Catharina" mit „Caroline" überschrieben wurde. Die angeführten Spezialprotokolle sind nicht mehr auffindbar. HStA Wiesbaden, Abt. 238, Nr. 768, S. 789 (schriftliche Auskunft des Hessischen Hauptstaatsarchivs vom 29.6.2011).

96 1864 begab sich Karl Schwarz zu Nachforschungen über den Tod Karoline von Günderrodes nach Winkel und ließ dort ein Protokoll über die Aussage Andreas Schumanns anfertigen, des Sohns des damaligen Oberschultheißen. Es ist abgedruckt bei Karl SCHWARZ: Günderrode (Karoline Friederike Louise Maximiliane von), in: Allgemeine Encyclopädie der Wissenschaften und Künste 1. Section, 97. Theil, 1878, S. 167–231, hier: S. 220.

97 In der humoralpathologischen Medizin wurde davon ausgegangen, dass eine erkrankte Milz zu einer Überproduktion an schwarzer Galle und damit zu einer Melancholie führte. Ein Suizident, bei dem eine solche geistige Erkrankung nachgewiesen wurde, galt als nicht zurechnungsfähig für seine Tat und auf eine Bestrafung seines Leichnams wurde verzichtet. Siehe dazu Kap. I. 2, I. 3, II. 4.

98 Zwar notierte Pfarrer Johann Michael im Kirchenbuch, die Verstorbene hätte sich „subita nece" getötet. Dieser aktive, gewaltsame Tod wurde jedoch später gestrichen und stattdessen durch ein passives „subitanea morte abrepta [...] est" ersetzt. SCHWARZ: Günderrode, S. 220.

Obwohl eine Vielzahl der Briefe Karoline von Günderrodes erhalten ist,[99] hat sie kein eigenes Deutungsangebot in Bezug auf ihren Suizid hinterlassen.[100] Die Motive wurden daher in der Forschung entweder aus ihren Lebensumständen und ihrer Persönlichkeit oder – meist von literaturwissenschaftlicher Seite – aus ihrem Werk rekonstruiert, ohne dass man dabei zu eindeutigen Ergebnissen gekommen wäre.[101] Auch zum Suizid Karoline von Günderrodes kursierten verschiedene Gerüchte und wie bei Henriette von Lassberg ging die „allgemeine Sage" von einer Selbsttötung aus unglücklicher Liebe aus.[102] Günderrodes unmittelbares Umfeld teilte diese Vermutung größtenteils,[103] genauso wie ihr Geliebter Friedrich Creuzer.[104] Nur vereinzelte Gegenstimmen glaubten, der Suizid sei in ihrem Wesen angelegt und daher früher oder später unvermeidbar gewesen.[105]

Inwiefern bei den Selbsttötungen Henriette von Lassbergs und Karoline von Günderrodes geschlechts- oder standesspezifische Deutungsmuster auftreten, ist aufgrund der dünnen Quellenlage schwer zu beurteilen. Um Lucretia-Sui-

99 Ihr Briefwechsel ist größtenteils ediert bei Birgit WEISSENBORN (Hg.): „Ich sende Dir ein zärtliches Pfand". Die Briefe der Karoline von Günderrode, Frankfurt a. M./Leipzig 1992.

100 Ein Brief an Friedrich Creuzer (ebd., S. 344), bei dem unklar ist, wann sie ihn geschrieben und abgeschickt hat, wird häufiger als Abschiedsbrief angeführt; so zum Beispiel von BÄHR: Der Richter im Ich, S. 338f.; HILLE: Karoline von Günderrode, S. 134. Abgesehen davon, dass er literarisch sehr stark überformt ist, handelt es sich wohl nicht um einen Abschiedsbrief; so etwa auch HOPP: Karoline von Günderrode, S. 43.

101 Siehe dazu die Überblicke Helga DORMANN: Die Karoline von Günderrode-Forschung 1945–1995. Ein Bericht, in: Athenäum 6, 1996, S. 227–248; Lucia Maria LICHER: Mein Leben in einer bleibenden Form aussprechen. Umrisse einer Ästhetik im Werk Karoline von Günderrodes (1780–1806), Heidelberg 1996 (Beiträge zur neueren Literaturgeschichte. Dritte Folge 150), bes. S. 347f.; Wiebke AMTHOR: Der Tod als Zitat. Eine motivische Betrachtung zum Selbstmord Karoline von Günderrodes, in: Internationales Jahrbuch der Bettina-von-Arnim-Gesellschaft 10, 1998, S. 49–72.

102 So die Mutter Günderrodes in einem Brief, zitiert bei GERSDORFF: „Die Erde ist mir Heimat nicht geworden", S. 251f. Von Gerüchten in Weimar berichtete Christoph Martin Wieland in einem Brief an Sophie von La Roche, Weimar 1.9.1806, in: Hans Werner SEIFFERT u. a. (Hgg.): Wielands Briefwechsel, 20 Bde., Berlin 1963–2007, hier: Bd. 17/1, S. 111f.

103 Vgl. dazu die Briefe von Clemens Brentano (WEISSENBORN: „Ich sende Dir ein zärtliches Pfand", S. 352f.), Sophie von La Roche (ebd., S. 346f.), Susanne von Heyden (ebd., S. 345f., 347f.) und Meline Brentano (ebd., S. 353f.).

104 Creuzers eigene Schuldgefühle sind daran zu erkennen, dass er seinen Cousin Leonhard bat, seine Briefe an Karoline von Günderrode auf Stellen zu prüfen, die ihn belasten könnten, und solche Schreiben zu verbrennen. Dabei sollte Leonhard ihm gegenüber „große Schonung" üben und ihm nicht „zürnen". Friedrich Creuzer an Leonhard Creuzer, Heidelberg 20.10.1806, in: ebd., S. 359–362, ähnl. der Brief Heidelberg 31.10.1806, in: ebd., S. 362–364.

105 So zum Beispiel die beiden späteren Eheleute Bettina Brentano und Achim von Arnim (ebd., S. 351f., 357–359) oder die Jugendfreundin Lisette Nees von Esenbeck (ebd., S. 350f.).

zide, das heißt solche aus Scham über eine Vergewaltigung, handelte es sich jedenfalls nicht.[106] Auch das von den Zeitgenossen unterstellte Suizidmotiv *unglückliche Liebe* scheint Ende des 18. Jahrhunderts und in der beginnenden Romantik nicht ausschließlich Frauen zugeschrieben worden zu sein.[107] Weitergehende Aussagen zum Suizid von adligen Frauen sind leider nicht möglich.

Im Folgenden wird es daher um die Selbsttötungen adliger Männer im 18. und frühen 19. Jahrhundert gehen. Es wird darum gehen, welche Gründe sie für ihre Tat angaben und wie sie diese Gründe vor sich und anderen rechtfertigten. Es wird darum gehen, wie die Zeitgenossen ihren Schritt deuteten und welche Motive sie den adligen Suizidenten zuschrieben. Es wird also darum gehen, die Selbst- und Fremddeutung des Adels, die Aushandlungsprozesse über Normen- und Wertesysteme – sowie deren Brüche – am Übergang zur Moderne sichtbar zu machen.

[106] Sie kamen wohl ohnehin in der Frühen Neuzeit nicht vor. MacDonald/Murphy: Sleepless Souls, S. 289.

[107] Zumindest auf literarischer Ebene wurde geschlechtsübergreifend ein sehr enger Konnex zwischen unglücklicher Liebe und Selbsttötung gezogen. Schreiner: Jenseits vom Glück, S. 253.

1. Die ehrliche Bestattung eines Unehrlichen: Karl Heinrich von Hoym

Am Morgen des 22. April 1736 um zehn Uhr öffnete ein Diener die Tür des Arrestraums seines Herrn, des Grafen Karl Heinrich von Hoym. Da die Fenster abgedunkelt waren, rief er in das finstere Zimmer hinein, ob der Herr seinen morgendlichen Tee wünsche – doch er bekam keine Antwort. Er schloss die Tür wieder. Gemeinsam mit anderen Bediensteten des Grafen rief er nach der Schildwache, die vor dem Zellentrakt auf ihrem Posten stand. Sie erklärten, dass ihr Herr auf wiederholtes Klopfen und Rufen keine Antwort gegeben habe, dass er ohnehin in den letzten Tagen einen kranken Eindruck gemacht habe und dass sie sich deshalb um sein Wohlergehen sorgten. Ein Hauptmann und ein Wachtmeister wurden geholt, um zu sehen, was es mit den Vermutungen der Dienerschaft auf sich hatte. Gemeinsam mit dem beunruhigten Personal öffneten sie die Tür zum Raum des Gefangenen. Der Hauptmann befahl einem Diener, im Bett nachzusehen, ob der Graf noch schlafe, doch das Laken war unbenutzt. Plötzlich fiel der Diener auf die Knie, schlug die Hände vor das Gesicht und fing an, jämmerlich zu wehklagen.

Es war immer noch stockfinster im Zimmer und nur ein kleiner Lichtstrahl fiel durch die offene Tür. Deshalb wies der Hauptmann die Umstehenden an, die Fenster zu öffnen. Jetzt endlich sahen sie den Grafen: An einem weißen Taschentuch, das um seinen Hals gelegt war, hing er an einem Haken von der Decke: barfuß, mit einem Nachthemd bekleidet und einer Nachtmütze auf dem Kopf. Die Arme hingen schlaff herunter, die linke Hand war zur Faust geballt, an ihr befand sich der Siegelring der Familie. Auf dem Boden, nicht weit entfernt, stand eine Kommode, darauf ein Stuhl; vor der Kommode der Nachtstuhl und auf diesem ein Kerzenleuchter. Die Kerzen waren herunter gebrannt.

Diese Details über das Auffinden der Leiche Karl Heinrich von Hoyms gehen aus den Berichten der darauf folgenden Untersuchungen hervor.[1] Der Graf hatte sich in der Nacht vom 21. auf den 22. April des Jahres 1736 das Leben genommen, während er auf der kursächsischen Garnisonsfestung Königstein bei Dresden in Haft saß. Sein tragisches Ende erregte bei den Zeitgenossen großes Aufsehen und blieb, besonders in Kursachsen, im gesellschaftlichen Bewusst-

[1] HStA Dresden, 10024, Loc. 7190/12, Bl. 7, Oberstleutnant Römer an die Kommission, Königstein 22.4.1736.; 10026, Loc. 955/6, Bl. 384f., Bericht des Oberstleutnants Römer, Königstein 22.4.1736.; ebd., Bl. 397–400, Kommandant Riedesel an Gouverneur Friesen, Königstein 26.4.1736.; ebd., Loc. 956/8, Bl. 210–214, Untersuchungsbericht des Gouvernements, Königstein 24.4.1736; ebd., Bl. 215f., Bericht des Kapitäns Wörmuth, Königstein 22.4.1736.

Abbildung 1: Seit Mitte des 19. Jahrhunderts flammte ein verstärktes Interesse an der Person des schon zu Lebzeiten berühmten kursächsischen Ministers Karl Heinrich von Hoym auf. Das ist neben diesem Kupferstich von Gustav Planer von 1872 an einer Vielzahl von Veröffentlichungen zu sehen, etwa auch der zweibändigen Biographie von Jérôme de Pichon (1880).

sein noch viele Jahre präsent. Dies lag nicht zuletzt auch daran, dass Hoym weit über die kursächsischen Landesgrenzen hinaus bekannt war und sein Suizid ein großes überregionales publizistisches Echo nach sich zog.

1.1 Die rituelle Unreinheit des Körpers

Noch am Tag als Graf Hoym in seinem Schlafgemach tot aufgefunden worden war, fragte der stellvertretende Kommandant der Festung Königstein Oberstleutnant Römer bei der Kommission in Dresden nach, was mit dem Körper zu geschehen habe.[2] Graf Joseph Anton von Wackerbarth, Mitglied der zuständigen Kommission, antwortete ihm, er habe bereits eine „subdelegierte Kommission" nach Königstein geschickt; Römer solle den Leichnam zunächst in ein „kühles und verwahrtes Gewölbe" bringen und dort bewachen lassen.[3] Als die

[2] Ebd., 10024, Loc. 7190/12, Bl. 7, Oberstleutnant Römer an die Kommission, Königstein 22.4.1736.

[3] Ebd., Bl. 8, Kabinettsminister Wackerbarth an Oberstleutnant Römer, Dresden 22.4.1736. Als sächsischer Schriftsasse unterstand Graf von Hoym der Gerichtsbarkeit des Lan-

Kommission allerdings am darauf folgenden Tag auf die Festung kam, war es ihr nicht möglich, diesen Befehl auszuführen.[4] Auf der gesamten Festung konnte sie niemanden ausfindig machen, der sich zur „Abnehmung" des Leichnams vom Strick bereit erklärt hätte. Auch die Bediensteten des Grafen weigerten sich standhaft, den toten Körper zu berühren. Nachdem sich auch den ganzen Tag über daran nichts änderte, reiste die Kommission am Abend unverrichteter Dinge wieder zurück nach Dresden. Die Kammer mit der darin hängenden Leiche wurde bis auf Weiteres versiegelt.[5]

Kurze Zeit später berichtete Oberstleutnant Römer, er habe nun endlich einen Mann gefunden, „der das Werck mit dem Grafen von Hoym [...] verrichten wolte". Weil das Zimmer nun jedoch versiegelt war, hatte er dies bisher noch nicht veranlassen können.[6] Zwei Wochen später begab sich die Kommission wieder nach Königstein, um den Körper, der während der ganzen Zeit „in statu quo" belassen worden war, endgültig begraben zu lassen. Allerdings gab es erneut Probleme: Der Mann, der sich zuvor bereit erklärt hatte, die Leiche abzunehmen und dafür auch schon bezahlt worden war,[7] weigerte sich nun, sie auch noch zu bestatten. Wieder wurde es äußerst schwierig, jemanden für diese Aufgabe zu finden. Bereits um neun Uhr morgens war die Kommission auf der Festung angekommen, doch erst um acht Uhr abends fand sich ein Ehepaar, das den Leichnam schließlich vom Strick nahm und außerhalb des Garnisonsfriedhofs begrub.[8]

Was hatte es mit dem toten Körper des Grafen Karl Heinrich von Hoym auf sich, das dazu führte, dass niemand ihn berühren wollte? Die Akten geben hierauf keine Antwort. Allerdings kann in der Frühen Neuzeit häufiger beobachtet werden, dass sich Menschen davor fürchteten, in Kontakt mit der Leiche eines *Selbstmörders* zu kommen. Grund dafür war die sogenannte *Unehrlichkeit* dieser Leichname. Sie waren mit Berührungstabus belegt und wirkten ansteckend, das heißt durch einen physischen Kontakt konnte die Unehrlichkeit auf die eigene Person übertragen werden.[9] Üblicherweise wurden diese toten Kör-

desherrn, also Kurfürst Friedrich August II. von Sachsen, und dessen landesherrlicher Vertretung – hier also der Kommission in Dresden, die die Untersuchung wiederum durch ihre *Subdelegaten* durchführen ließ.

[4] Ebd., 10026, Loc. 956/8, Bl. 210–214, Untersuchungsbericht des Gouvernements, Königstein 24.4.1736, hier: Bl. 214.

[5] Ebd., 10024, Loc. 7190/12, Bl. 12f., Bericht der Kommission, Dresden 23.4.1736.

[6] Ebd., 10026, Loc. 956/2, Bl. 184, Bericht der Kommission, Dresden 24.4.1736; 10024, Loc. 7190/12, Bl. 20v, Oberstleutnant Römer an die Kommission, Königstein 23.4.1736.

[7] Der Mann hatte für seine Arbeit im Voraus acht Groschen als Bezahlung erhalten. Ebd., 10026, Loc. 956/8, Bl. 210–214, Untersuchungsbericht des Gouvernements, Königstein 24.4.1736, hier: Bl. 214v.

[8] Ebd., Loc. 955/6, Bl. 415f., Bericht des Kommandanten von Königsstein Riedesel, Königstein 6.7.1736.

[9] Wolfgang Reinhard und Karsten Pfannkuchen bezeichnen diese Ängste anachronistisch als

Abbildung 2: Zeitgenössischer Kupferstich der kursächsischen Garnisonsfestung Königstein.

per nur von bestimmten, unehrlichen Berufsgruppen berührt – in aller Regel waren dies Scharfrichter oder Abdecker. Ansonsten wurde jeder Kontakt mit der Leiche soweit wie möglich vermieden. Darüber hinaus waren ebenfalls alle Dinge, mit denen der Suizid vollzogen worden war, Träger von Unehrlichkeit, so zum Beispiel bei Erhängten der Balken oder Baum, an dem der Strick befestigt war. Auch beim Abtransport konnte vom Körper eines Suizidenten eine ständige Gefahr ausgehen. So wurde er, wenn möglich, nicht durch die Tür aus dem Haus gebracht, sondern durch ein Loch in der Mauer, durch das Dach oder unter der Türschwelle hindurch gezogen.[10] Außerdem fürchtete man, ein

„irrational". Karsten Pfannkuchen: Selbstmord und Sanktionen. Eine rechtshistorische Betrachtung unter besonderer Berücksichtigung ostpreußischer Bestimmungen, Berlin 2008, S. 47ff.; Wolfgang Reinhard: Lebensformen Europas. Eine historische Kulturanthropologie, München 2004, S. 331. Ich stimme aber mit Kaspar von Greyerz darin überein, dass solche modernen Werturteile die historischen Erkenntnismöglichkeiten erheblich einschränken und nicht dazu in der Lage sind, alternative Glaubensvorstellungen zu erklären. Ders.: Religion und Kultur. Europa 1500–1800, Göttingen 2000, S. 13f.

10 Paul Geiger: Die Behandlung der Selbstmörder im deutschen Brauch, in: Schweizerisches Archiv für Volkskunde 26, 1926, S. 145–169, hier: bes. S. 150ff., 164ff.; ders.: Selbstmörder, in: HWDA 7, 1935/36, Sp. 1627–1633; Jürgen Dieselhorst: Die Bestrafung der Selbstmörder im Territorium der Reichsstadt Nürnberg, in: Mitteilungen des Vereins für Geschichte der Stadt Nürnberg 44, 1953, S. 58–230, hier: S. 64ff.; Lind: Selbstmord in der Frühen

Selbstmörder würde als Wiedergänger in die diesseitige Welt zurückkehren und sogar versuchen, die Lebenden zur gleichen Tat zu verleiten. Bei der Bestattung konnten daher verschiedene Abwehrhandlungen vollzogen werden, die den Verstorbenen an einer Rückkehr in Diesseits hindern sollten. Die Leichen wurden beispielsweise in Sümpfen und Flüssen versenkt, an Wegkreuzungen begraben, verbrannt, gepfählt, geköpft oder mit dem Gesicht nach unten in den Sarg gelegt.[11]

In der Forschung ist an verschiedenen Stellen die Vermutung geäußert worden, sozial höhergestellte Personen seien unter Umständen gegen Unehrlichkeit gefeit gewesen. Ihr Mehr an Ehre hätte sie vor dem Ehrverlust der Unehrlichkeit bewahren können, wodurch es ihnen durchaus möglich gewesen sei, unehrliche Gegenstände oder Körper zu berühren.[12] Vera Lind vertritt in ihrer Untersuchung zum Suizid in den Herzogtümern Schleswig und Holstein etwa die These, beim Umgang mit den Leichnamen adliger Suizidenten in der Frühen Neuzeit sei „eine gewisse Achtung vor dem Toten" festzustellen. Der Grund dafür, dass man den Leichen mit weniger Furcht begegnet sei, sei „in der würdevoll-ästhetischen Symbolik zu suchen, die sich auf die Beachtung der gesellschaftlichen Stellung gründete."[13]

Wie aber passt das mit dem Befund im Fall Hoym zusammen, bei dem der Suizidentenleiche eines Adligen offensichtlich mit Furcht und Abscheu begegnet wurde? Obwohl man sich intensiv um einen Freiwilligen bemühte, der den Leichnam Hoyms in ein kühles Gewölbe bringen sollte, fand sich hierzu in Königstein niemand. Warum, so lässt sich daher fragen, war die Leiche Hoyms unehrlich geworden und durfte nicht berührt werden, wenn Adlige doch – wie

Neuzeit, S. 36ff.; Sylvina Zander: „Durch die Hand geschändet". Der Körper als Grenze zwischen Ehrlichkeit und Unehrlichkeit, in: Martin Rheinheimer (Hg.): Grenzen in der Geschichte Schleswig-Holsteins und Dänemarks, Neumünster 2006, S. 219–235 (Studien zur Wirtschafts- und Sozialgeschichte Schleswig-Holsteins 42); Houston: Punishing the Dead?, S. 215–218; Murray: Suicide in the Middle Ages, Bd. 2, S. 18–32.

[11] Geiger: Die Behandlung der Selbstmörder, bes. S. 153–163; Dieselhorst: Die Bestrafung der Selbstmörder, S. 59ff., 62–64; Karl-Sigismund Kramer: Fortleben nach dem Tode, in: HRG 1, 1970, Sp. 1181–1183; Gabriela Signori: Rechtskonstruktionen und religiöse Fiktionen. Bemerkungen zur Selbstmordfrage im Mittelalter, in: dies.: Trauer, Verzweiflung und Anfechtung, S. 9–54, hier: S. 34–40; David L. Lederer: Aufruhr auf dem Friedhof. Pfarrer, Gemeinde und Selbstmord im frühneuzeitlichen Bayern, in: ebd., S. 189–209, hier: S. 205ff.; Murray: Suicide in the Middle Ages, Bd. 2, S. 32–53.

[12] Zum Beispiel Werner Danckert: Unehrliche Leute. Die verfemten Berufe, Bern/München 1963, S. 14, 40, 253; Guttandin: Das paradoxe Schicksal der Ehre, S. 60f.; Zander: „Durch die Hand geschändet", S. 231f., 234; Kathy Stuart: Unehrliche Berufe. Status und Stigma in der Frühen Neuzeit am Beispiel Augsburgs, Augsburg 2008 (Veröffentlichungen der Schwäbischen Forschungsgemeinschaft 1/Studien zur Geschichte des bayerischen Schwaben 36), S. 138, 259, 289.

[13] Lind: Selbstmord in der Frühen Neuzeit, S. 440f.

dies teilweise in der Forschung angenommen wird – durch ihre Ehre vor Unehrlichkeit geschützt waren?

Idealtypisch gesehen wurde die soziale Lage, die der Einzelne in der ständischen Gesellschaft der Frühen Neuzeit einnahm, primär durch die Ehre bestimmt, die ihm von der Gesellschaft zuerkannt wurde.[14] In den Worten Max Webers: durch seine „positive oder negative Privilegierung in der sozialen Schätzung".[15] Diese Ehre war jedoch keine endgültige Qualität einer Person, sie musste vielmehr permanent dargestellt und verteidigt werden. Es handelte sich um eine Art Code bzw. ein Medium, in dem über die Stellung innerhalb der soziokulturellen Ordnung verhandelt wurde.[16] Um einem Angriff auf die eigene Ehre entgegen zu treten, konnten dabei bestimmte ritualisierte Formen des Ehrhandels ebenso genutzt werden wie der Rechtsweg.[17] Gleichzeitig war es den Mitgliedern der verschiedenen Stände aber problemlos möglich miteinander zu interagieren, das heißt beispielsweise gemeinsam zu speisen oder ständeübergreifend Eheverbindungen einzugehen, ohne dass dies zu einer Exklusion aus der Gesellschaft geführt hätte.[18] Anders als etwa im indi-

[14] Vgl. hier das Kapitel „Stände und Schichten" in Paul MÜNCH: Lebensformen in der frühen Neuzeit, Frankfurt a. M. 1992, S. 65–124, bes. S. 75f. sowie das Kapitel „Schichtung und Mobilität" in REINHARD: Lebensformen Europas, S. 305–321; außerdem Petr MAT'A: Ständegesellschaft, in: EdN 12, 2010, Sp. 865–872. Zur Anwendung soziologischer Schichtungstheorien auf die Frühe Neuzeit siehe außerdem Ludgera VOGT/Arnold ZINGERLE: Einleitung: Zur Aktualität des Themas Ehre und zu seinem Stellenwert in der Theorie, in: DIES.: Ehre, S. 9–34, hier: bes. S. 19–27; Thomas WELLER: Soziale Ungleichheit und ständische Gesellschaft. Stand und Perspektiven der Forschung, in: Zeitsprünge 15, 2011, S. 3–23; Marian FÜSSEL: Die feinen Unterschiede in der Ständegesellschaft. Der praxeologische Ansatz Pierre Bourdieus, in: ebd., S. 24–46.

[15] Max WEBER: Wirtschaft und Gesellschaft, Tübingen 1972, S. 179.

[16] Zur diesem Verständnis von Ehre siehe STAGL: Die Ehre des Wissenschaftlers, S. 36–40; Gerd SCHWERHOFF: Devianz in der alteuropäischen Gesellschaft. Umrisse einer historischen Kriminalitätsforschung, in: ZHF 19, 1992, S. 385–414, hier: bes. S. 408; Klaus SCHREINER/Gerd SCHWERHOFF: Verletzte Ehre. Überlegungen zu einem Forschungskonzept, in: DIES. (Hgg.): Verletzte Ehre. Ehrkonflikte in Gesellschaften des Mittelalters und der Frühen Neuzeit, Köln/Weimar/Wien 1995, S. 1–28 (Norm und Struktur 5), hier: bes. S. 9ff.; Martin DINGES: Die Ehre als Thema der Historischen Anthropologie. Bemerkungen zur Wissenschaftsgeschichte und zur Konzeptualisierung, in: ebd., S. 29–62, hier: bes. S. 52f.

[17] Vgl. zum Beispiel Ralf-Peter FUCHS: Um die Ehre. Westfälische Beleidigungsprozesse vor dem Reichskammergericht 1525–1805, Paderborn 1999 (Forschungen zur Regionalgeschichte 28).

[18] Über Mesalliancen im Adel urteilt Michael SIKORA daher auch: „Eine solche Ehe hob weder die ständische Gesellschaft noch den Status einer adligen Familie auf einmal aus den Angeln." Zwar konnte es zu sozialen Sanktionen kommen, vor allem von Seiten der adligen Standesgenossen. Allerdings wurde das Problem – zumindest formal – meist dadurch gelöst, dass die unstandesgemäße Heiratspartnerin durch eine Standeserhöhung für ebenbürtig erklärt wurde. Dazu DERS.: Über den Umgang mit Ungleichheit. Bewältigungs-

schen Kastensystem stellten in der ständischen Gesellschaft eben nicht rituelle Schranken soziale Distanz her.[19] Obwohl ein Ehrverlust die gesellschaftliche Stellung des Einzelnen in Gefahr brachte, blieb der Betreffende immer Teil der Ordnung.

Auch wenn das ständische Prinzip der sozialen Schichtung nach Ehre die soziale Ordnung der Frühen Neuzeit lediglich idealtypisch beschreibt, erweist es sich zur schärferen Begriffsbildung doch als äußerst hilfreich.[20] Dies wird besonders im Zusammenhang mit der Unehrlichkeit deutlich: Denn im Gegensatz zur ständischen Ehre zeichnete sich die Unehrlichkeit gerade dadurch aus, dass sie durch einen physischen Kontakt übertragen wurde.[21] Ihre Träger konnten sowohl die Körper von Lebewesen sein als auch solche Gegenstände, die in Kontakt mit unehrlichen Körpern gekommen waren. Dies waren zum Beispiel die Werkzeuge des unehrlichen Gewerbes, wie das Abdeckermesser, oder die Orte des Strafvollzugs, wie Pranger und Galgen.[22] Genauso waren, wie gesagt, diejenigen Objekte unehrlich, mit denen ein *Selbstmörder* in Berührung gekommen war. Auch kann man nicht davon sprechen, dass Unehrlichkeit wie die Ehre graduell abgestuft war. Unehrlichkeit war eine absolute Kategorie – entweder man war unehrlich oder nicht.[23] Unehrliche Leute wie Abdecker oder Scharfrichter lassen sich damit kaum in das ständische Schichtenmodell inte-

strategien für Mesalliancen im deutschen Hochadel der Frühen Neuzeit – das Haus Anhalt als Beispiel, in: WREDE/CARL: Zwischen Schande und Ehre, S. 97–124, Zitat: S. 98.

19 Siehe hier die typologische Unterscheidung zwischen Stand und Kaste bei Roland MOUSNIER: Social Hierarchies. 1450 to the Present, London 1973, S. 23–33; außerdem Max WEBER: Gesammelte Aufsätze zur Religionssoziologie, Bd. 2. Hinduismus und Buddhismus, 6. Aufl., Tübingen 1978, besonders S. 31ff.; Louis M. DUMONT: Gesellschaft in Indien. Die Soziologie des Kastenwesens, Wien 1976.

20 So etwa Wolfgang REINHARD: Probleme deutscher Geschichte 1495–1806/Reichsreform und Reformation 1495–1555, Stuttgart 2001 (Gebhardt. Handbuch der deutschen Geschichte 9), S. 95. Ähnl. auch DERS.: Lebensformen Europas, S. 309f.

21 Allgemein Gisela WILBERTZ: „... daß ein jeder einem Abdecker geleistete Dienst Schande bringe ...". Reinheitsvorstellungen, Körperkonzepte und die Unehre der Wrasemeister, in: Sabine KLOCKE-DAFFA (Hg.): Tabu. Verdrängte Probleme und erlittene Wirklichkeit. Themen aus der lippischen Sozialgeschichte, Lemgo 2006, S. 117–191; ZANDER: „Durch die Hand geschändet", hier: bes. S. 221; STUART: Unehrliche Berufe, bes. S. 69, 216, 245.

22 Richard van DÜLMEN: Theater des Schreckens. Gerichtspraxis und Strafrituale in der frühen Neuzeit, 4. Aufl., München 1995; WILBERTZ: „... daß ein jeder einem Abdecker geleistete Dienst Schande bringe ...", bes. S. 146; STUART: Unehrliche Berufe, S. 90, 132ff.

23 Auch wenn Schreiner und Schwerhoff hervorheben, dass Ehrverletzungen „eher einer binären Logik" folgten, so konnten Angriffe auf die Ehre doch unterschiedlich schwer ausfallen. DIES.: Verletzte Ehre, S. 11.

grieren.[24] Sie standen nicht auf einer niedrigen Stufe der ständischen Ordnung, sondern befanden sich „außerhalb des Systems".[25]

Es zeigt sich demnach eindringlich, dass die frühneuzeitliche Unehrlichkeit nicht angemessen als „Ehrenarmut" oder „Ehrverlust" beschrieben werden kann, wie dies in der Forschung wiederholt geschehen ist.[26]

> „Eine durch Charisma oder Stigma fundierte Ehre oder Unehre ist nicht mit einer Ehre zu verwechseln, die als Resultat von Prestige, Anerkennung und Reputation gedacht wird. Denn bei Prestige, Anerkennung und Reputation geht es primär immer um graduelle Unterschiede, um ein Mehr oder Weniger an Ehre oder Unehre. Grundlegende qualitative Unterschiede können und sollen von diesen Konzepten nicht erfaßt werden."[27]

Bei einer *Infizierung* mit Unehrlichkeit griffen Mechanismen, die sich von denen der ständischen Ehre deutlich unterschieden. Wesentlich besser lässt sich die Spezifik von Unehrlichkeit daher als eine rituelle Verunreinigung fassen. Denn Vorstellungen von Reinheit und Unreinheit, wie sie besonders die Ethnologin Mary Douglas seit den 1960er Jahren untersucht hat, haben neben ihrer spirituellen immer auch eine physische Dimension.[28] Da der menschliche Körper das „mikroskopische Abbild der Gesellschaft" darstelle, könnten Reinheitsvorstellungen und -rituale als Symbolisierung sozialer Strukturen im Körper

[24] Siehe hierzu Wolfgang Hartung: Gesellschaftliche Randgruppen im Spätmittelalter. Phänomen und Begriff, in: Bernhard Kirchgässner/Fritz Reuter (Hgg.): Städtische Randgruppen und Minderheiten. 23. Arbeitstagung in Worms, 16.–18. November 1984, Sigmaringen 1986, S. 49–116 (Stadt in der Geschichte 13), hier: S. 113.

[25] So Reinhard: Lebensformen Europas, S. 309. Außerdem Danckert: Unehrliche Leute, bes. S. 11–16; Stuart: Unehrliche Berufe, S. 60f.; Robert von Friedeburg: Lebenswelt und Kultur der unterständischen Schichten in der Frühen Neuzeit, München 2002 (EdG 62), S. 3.

[26] Die Formulierung „Ehrenarmut" bzw. „Armut an Ehre" bei Jutta Nowosadtko: Umstrittene Standesgrenzen. Ehre und Unehrlichkeit der bayerischen Schergen, in: Schreiner/Schwerhoff: Verletzte Ehre, S. 166–182, hier: S. 166; dies.: Scharfrichter und Abdecker. Der Alltag zweier „unehrlicher Berufe" in der Frühen Neuzeit, Paderborn u. a. 1994, S. 306; „Ehrverlust" bei dies.: Betrachtungen über den Erwerb von Unehre. Vom Widerspruch ‚moderner' und ‚traditionaler' Ehren- und Unehrenkonzepte in der frühneuzeitlichen Ständegesellschaft, in: Vogt/Zingerle: Ehre, S. 230–248, hier: S. 234; dies.: Umstrittene Standesgrenzen, S. 172f.; Stuart: Unehrliche Berufe, S. 221; vgl. außerdem bes. ebd., S. 215–222.

[27] So Guttandin: Das paradoxe Schicksal der Ehre, S. 75. Zur „typologische[n] Unterscheidung zwischen Unehrenhaftigkeit und Unehrlichkeit" vgl. auch Schreiner/Schwerhoff: Verletzte Ehre, S. 16; Gerd Schwerhoff: Verordnete Schande? Spätmittelalterliche und frühneuzeitliche Ehrenstrafen zwischen Rechtsakt und sozialer Sanktion, in: Andreas Blauert/Gerd Schwerhoff (Hgg.): Mit den Waffen der Justiz. Zur Kriminalitätsgeschichte des späten Mittelalters und der Frühen Neuzeit, Frankfurt a. M. 1993, S. 158–188, hier: bes. S. 179ff.

[28] Mary Douglas: Reinheit und Gefährdung. Eine Studie zu Vorstellungen von Verunreinigung und Tabu, Berlin 1985 [orig. 1966].

interpretiert werden. Rituelle Schranken und Berührungstabus bildeten damit soziale Distanz physisch ab.[29]

Wie Mary Douglas außerdem hervorhebt, seien die Motive der beteiligten Menschen für eine rituelle Verunreinigung unerheblich. Sie könne „zwar absichtlich begangen werden, aber die Absicht ist für ihre Wirkung ohne Bedeutung – sie geschieht in der Regel versehentlich".[30] Eine rituelle Verunreinigung werde also allein durch ein ganz bestimmtes Verhalten ausgelöst, egal warum der Betreffende so handle.[31] Auch dieses Merkmal trifft auf die frühneuzeitliche Unehrlichkeit zu: Ob ein Mensch unehrlich wurde oder nicht, hing einzig davon ab, ob er eine bestimmte Handlung vollzog, also etwa einen Galgen, ein verendetes Tier oder einen unehrlichen Menschen berührte – oder einen Suizid beging. Seine Intention war dafür unerheblich. Wie immer bei einer rituellen Verunreinigung war nur entscheidend, „ob ein verbotener Kontakt stattgefunden hat oder nicht" – Reinheitsvorschriften sind typischerweise „unzweideutig".[32] Im Gegensatz dazu geschah ein Angriff auf die Ehre eines Menschen in der Frühen Neuzeit meist ganz bewusst und konnte von diesem verteidigt werden. Insofern war er verhandelbar.

Warum aber ging von bestimmten Körpern und Objekten in der Frühen Neuzeit Unehrlichkeit oder – wie man jetzt auch sagen könnte – rituelle Unreinheit aus? Nach Mary Douglas resultiert eine rituelle Verunreinigung immer daraus, dass etwas keinen eindeutigen Status besitzt bzw. in keine gängige Klassifikation passt und daher uneindeutig ist: „Reinheit ist der Feind aller Veränderungen, Mehrdeutigkeiten und Kompromisse."[33] Reinheitsvorstellungen und -rituale dienen dazu, so Douglas, „eine ihrem Wesen nach ungeordnete Erfahrung zu systematisieren" und „zu vereinheitlichen".[34] Gleichzeitig ist alles, was nicht in das so entstandene Ordnungsschema passt bzw. aus der Ordnung herausfällt, unrein. Schuhe auf einem Tisch wären beispielsweise deswegen unrein, weil sie sich an einem falschen, das heißt nicht für sie vorgesehenen Ort befänden.[35]

Betrachtet man nun die Gruppe derer, von denen die Unehrlichkeit in der Frühen Neuzeit ausging, so lässt sich ihre rituelle Unreinheit sehr plausibel mit diesem Argument erklären. Nicht die generelle Berührung menschlicher

[29] DOUGLAS: Reinheit und Gefährdung, bes. S. 151–169; siehe außerdem DIES.: Ritual, Tabu und Körpersymbolik. Sozialanthropologische Studien in Industriegesellschaft und Stammeskultur, 4. Aufl., Frankfurt a. M. 2004 [orig. 1970], bes. S. 99–123.

[30] DOUGLAS: Reinheit und Gefährdung, S. 150.

[31] Sie entstehe „ex opere operato", wie Douglas sich ausdrückt. Ebd., S. 142; DIES.: Ritual, Tabu und Körpersymbolik, S. 146.

[32] DOUGLAS: Reinheit und Gefährdung, S. 171.

[33] Ebd., S. 210, siehe auch 52ff., 207ff.

[34] Ebd., S. 12f., 15f.

[35] Ebd., S. 53.

Leichname war rituell verunreinigend, sondern nur solcher, die auf *unnatürliche* Weise aus dem Leben geschieden waren, wie die von Suizidenten und Hingerichteten.[36] In der Vorstellung der frühneuzeitlichen Zeitgenossen waren sie einen vorzeitigen und damit schlechten Tod gestorben. Ihr Leben war beendet, bevor sie die für sie von Gott verfügte Lebenszeit *fertig gelebt* hatten.[37] Außerdem hatten bei ihnen die zwingend notwendigen christlichen Sterberituale nicht korrekt ausgeführt werden können. Zwar legten die verschiedenen Konfessionen bei der Kunst zu sterben[38] jeweils unterschiedliche Schwerpunkte, allerdings maßen sie alle gleichermaßen dem richtigen Verhalten im Angesicht des Todes eine grundlegende Bedeutung bei. Ein vorzeitiger Tod, der einen Menschen unvorbereitet traf, gab daher konfessionsübergreifend Anlass

[36] Totengräber gehörten demnach deswegen nicht zu den unehrlichen Leuten, weil sie lediglich die Leichname *gewöhnlich* Verstorbener bestatteten. Zwar rechnen einige Forschungen auch den Totengräber zu den unehrlichen Leuten, zum Beispiel DANCKERT: Unehrliche Leute, S. 50ff. Dies war wohl aber nur dann der Fall, wenn zum Tätigkeitsbereich auch die Bestattung von Suizidenten und hingerichteten Verbrechern gehörte. Dazu STUART: Unehrliche Berufe, S. 112–114, 128.

[37] Siehe dazu mit weiterführender Literatur Irmgard WILHELM-SCHAFFER: Gottes Beamter und Spielmann des Teufels. Der Tod im Spätmittelalter und Früher Neuzeit, Köln/Weimar/Wien 1999, bes. S. 335–387; Jean-Claude SCHMITT: Bilder als Erinnerung und Vorstellung. Die Erscheinungen der Toten im Mittelalter, in: HA 1, 1993, S. 347–358, hier: bes. S. 349f.; Frank REXROTH: Der rechte und der unrechte Tod: Über die gesellschaftliche Deutung von Gewaltverbrechen in London, 1276–1340, in: Markus J. WENNINGER (Hg.): du guoter tôt. Sterben im Mittelalter – Ideal und Realität, Klagenfurt 1998, S. 51–80 (Schriftenreihe der Akademie Friesach 3); GEIGER: Die Behandlung der Selbstmörder, S. 152; SIGNORI: Rechtskonstruktionen und religiöse Fiktionen, S. 35ff.

[38] Um die „artes moriendi" bildete sich seit dem Spätmittelalter eine regelreche Wissenschaft aus, die vor allem praktische Hinweise für das richtige Verhalten im Angesichts des Todes bereit stellte und noch weit in die Frühe Neuzeit hineinwirkte. Siehe dazu die Beiträge in Harald WAGNER (Hg.): Ars moriendi. Erwägungen zur Kunst des Sterbens, Freiburg i. Br. 1989 (Quaestiones disputatae 118); außerdem Heike DÜSELDER: Ars moriendi, in: EdN 1, 2005, Sp. 678–681.

zu Befürchtungen.[39] „Richtig sterben", so lässt sich zuspitzen, war mindestens genauso wichtig wie „richtig leben".[40]

Im Fall des Abdeckers war es ebenfalls nicht der allgemeine Umgang mit toten Tierkörpern, der verunreinigte, sondern allein der mit Aas, also mit verendeten Tieren.[41] Auch sie waren vorzeitig verstorben und nicht ihrer eigentlichen Bestimmung nach durch den Menschen getötet worden. Sie befanden sich daher ebenfalls in einem uneindeutigen Stadium und waren rituell unrein.[42] Die Gefahr, die von der Berührung mit Tierkadavern ausging, war so groß, dass es allein dem Abdecker vorbehalten war, diese zu beseitigen.[43] Im Gegensatz dazu waren etwa Metzger, die ebenfalls mit toten Tieren in Berührung kamen, zünftisch organisiert und gehörten zu den angesehensten städtischen Handwerkern.[44] Schließlich waren die Tiere, die ein Metzger verarbeitete, nicht verendet,

39 Dazu Wilhelm-Schaffer: Gottes Beamter und Spielmann des Teufels, S. 169; Benigna von Krusenstjern: Seliges Sterben und böser Tod. Tod und Sterben in der Zeit des Dreißigjährigen Krieges, in: dies./Hans Medick (Hgg.): Zwischen Alltag und Katastrophe. Der Dreißigjährige Krieg aus der Nähe, Göttingen 1999, S. 469–496 (Veröffentlichungen des Max-Planck-Instituts für Geschichte 148), hier: bes. S. 479f.; Michael Kaiser: Zwischen „ars moriendi" und „ars mortem evitandi". Der Soldat und der Tod in der Frühen Neuzeit, in: ders./Stefan Kroll (Hgg.): Militär und Religiosität in der Frühen Neuzeit, Münster 2004, S. 323–343 (Herrschaft und soziale Systeme in der frühen Neuzeit 4); Sebastian Leutert: Geschichten vom Tod. Tod und Sterben in Deutschschweizer und oberdeutschen Selbstzeugnissen des 16. und 17. Jahrhunderts, Basel 2007 (Basler Beiträge zur Geschichtswissenschaft 178), bes. Kap. 6 „Guter Tod und Konstruktion von Erinnerung"; Kaspar von Greyerz: Der Tod, in: ders.: Passagen und Stationen. Lebensstufen zwischen Mittelalter und Moderne, Göttingen 2010, S. 213–230.

40 Vgl. Burschel: Sterben und Unsterblichkeit, S. 253.

41 Laut Aussage eines schwedischen Wirts von 1679 waren Abdecker in Schweden und Holland deshalb nicht unehrlich, weil die Bevölkerung dort selbst ihre verendeten Tiere entsorgte. Maren Lorenz: Das Rad der Gewalt. Militär und Zivilbevölkerung in Norddeutschland nach dem Dreißigjährigen Krieg (1650–1700), Köln/Weimar/Wien 2007, S. 265f. Auch ob ein Schäfer als unehrlich angesehen wurde, hing davon ab, ob er mit verendeten Tieren in Berührung kam. Hartung: Gesellschaftliche Randgruppen im Spätmittelalter, S. 85; Stuart: Unehrliche Berufe, S. 103ff.

42 Dasselbe Phänomen findet sich im Islam. Auch hier gelten verendete Tiere, also solche, die nicht durch den Menschen getötet wurden, als unrein und dürfen – je nach Auslegung des Korans – nicht verspeist oder anderweitig genutzt werden. Wie in der europäischen Frühen Neuzeit können die Häute dieser Tiere jedoch durch Gerben rein und dann ohne Probleme verwendet werden. Dazu Thomas Bauer: Die Kultur der Ambiguität. Eine andere Geschichte des Islams, Berlin 2011, S. 166–175. Zur reinigenden Wirkung des Gerbens in der Frühen Neuzeit siehe Gisela Wilbertz: Der Abdecker – oder: Die Magie des toten Körpers. Ein Beruf im Umgang mit Tier- und Menschenleichnamen, in: Markwart Herzog/Norbert Fischer (Hgg.): Totenfürsorge. Berufsgruppen zwischen Tabu und Faszination, Stuttgart 2003, S. 89–120, hier: S. 95–99, 115.

43 Wilbertz: Der Abdecker – oder: Die Magie des toten Körpers, S. 113ff.; dies.: „... daß ein jeder einem Abdecker geleistete Dienst Schande bringe ...".

44 Claudia Strieter: Metzger, in: EdN 8, 2008, Sp. 472–474.

sondern eigens zu diesem Zweck getötet worden und besaßen damit einen eindeutigen Status.

Die ethnologische Ritualforschung hat schon früh betont, dass der Übergang vom Leben zum Tod – wie andere *rites de passage* – in nahezu allen Gesellschaften einen höchst prekären Akt darstellt, von dem immer große Gefahr ausgeht und der deshalb besondere rituelle Vorsichtsmaßnahmen erfordert.[45] Zustandsveränderungen erfolgen zwangsläufig durch ein „Zwischenstadium der Statuslosigkeit", das heißt durch ein Stadium des *nicht-mehr* und *noch-nicht*.[46] In diesem Zustand der „Liminalität", des „betwixt and between",[47] wird die besondere Kraft freigesetzt, mit der die Zustandsveränderung möglich wird. Gleichzeitig birgt er aber, weil er „undefinierbar" ist, eine besondere Gefahr[48] – und diese Gefahr besteht unter anderem in ritueller Unreinheit: „The unclear is unclean".[49]

Auch in der Frühen Neuzeit konnten sich die vorzeitig Verstorbenen, wenn ihr Übergang misslungen war, in einem solchen undefinierbaren Zwischenstadium weder in der Welt der Lebenden noch in der der Toten befinden.[50] Weil sie die Grenze zum Tod nicht überschritten hatten, sondern sich dauerhaft genau auf dieser Grenze befanden, besaßen sie einen liminalen Status.[51] Darauf deutet ebenfalls die verbreitete Furcht hin, dass Menschen, die sich selbst getötet hat-

[45] Siehe hierzu die klassische Studie von Arnold van GENNEP: Übergangsriten, Frankfurt a. M./New York 2005 [orig. 1909]; zur Gefahr beim Übergang bes. S. 23, 176.

[46] Victor W. TURNER: Das Ritual. Struktur und Anti-Struktur, Frankfurt a. M. 2005 [orig. 1969], bes. S. 94–127, 159–193, Zitat: S. 97.

[47] DERS.: Betwixt and Between: The Liminal Period in the Rites de Passage, in: June HELM (Hg.): Symposium on New Approaches to the Study of Religion. Proceedings of the 1964 Annual Spring Meeting of the American Ethnological Society, 2. Aufl., Seattle/London 1971, S. 4–20.

[48] DOUGLAS: Reinheit und Gefährdung, S. 126: „Der Zustand des Übergangs ist schon allein deshalb gefährlich, weil er zwischen einem vorhergehenden und einem kommenden Zustand liegt – er ist undefinierbar."

[49] So TURNER, der sich hier auf Mary Douglas bezieht. DERS.: Betwixt and Between, S. 7; ähnl. auch DERS.: Das Ritual, S. 107.

[50] Dass die Wiederkehr der Toten aus dem Misslingen des Übergangsritus resultierte, betonen vor allem Jean DELUMEAU: Die Gespenster, in: DERS.: Angst im Abendland. Die Geschichte kollektiver Ängste im Europa des 14. bis 18. Jahrhunderts, Bd. 1, Reinbek bei Hamburg 1985, S. 108–125, hier: S. 123f.; Jean-Claude SCHMITT: Die Wiederkehr der Toten. Geistergeschichten im Mittelalter, Stuttgart 1995, bes. S. 14ff., 244; WILHELM-SCHAFFER: Gottes Beamter und Spielmann des Teufels, S. 338; GREYERZ: Der Tod, S. 220ff.

[51] Zum *liminalen Charakter* der symbolischen Grenze zwischen Leben und Tod in der Frühen Neuzeit siehe noch einmal besonders Robert W. SCRIBNER: Symbolising Boundaries: Defining Social Space in the Daily Life of Early Modern Germany, in: Gertrud BLASCHITZ u. a. (Hgg.): Symbole des Alltags, Alltag der Symbole. Festschrift für Harry Kühnel zum 65. Geburtstag, Graz 1992, S. 821–841, hier: bes. S. 829–836; DERS.: Wie wird man Außenseiter? Ein- und Ausgrenzung im frühneuzeitlichen Deutschland, in: Norbert FISCHER/ Marion KOBELT-GROCH (Hgg.): Außenseiter zwischen Mittelalter und Neuzeit. Festschrift

ten, nach ihrer Tat als Wiedergänger – also als lebende Leichname – in die Welt der Lebenden zurückkehrten, weil sie nicht endgültig in die Totenwelt eintreten konnten.[52] Diese Uneindeutigkeit oder Ambiguität ihres Zustands, jenseits der Kategorien tot und lebendig, ließ von ihren Körpern Gefahr ausgehen und verunreinigte diese rituell. So können beispielsweise auch die verschiedenen Möglichkeiten des Umgangs mit solchen Leichen, gerade in Verbindung mit Naturgewalten (zum Beispiel Verbrennen oder dem Wasser Übergeben) als Reinigungsrituale angesehen werden.[53]

Wenn also die Gefahr, die von Suizidentenleichen in der Frühen Neuzeit ausging, eine rituelle Verunreinigung im Sinne von Mary Douglas war, dann ist auch plausibel, warum Adlige nicht durch ihre Ehre davor geschützt waren. Reinheits- und Unreinheitsvorstellungen funktionierten anders als ständische Ehre und rituelle Schranken stellten auf andere Weise soziale Distanz her als ein Mehr oder Weniger in der gesellschaftlichen Schätzung bzw. dem gesellschaftlichen Ansehen. Resultierte der Zustand der Unehrlichkeit bei einer Selbsttötung außerdem aus einem uneindeutigen Status infolge eines *misslungenen Übergangs*, so mussten auch Adlige betroffen sein, da auch ihr Übergang vom Diesseits ins Jenseits misslingen konnte.

Als sich beispielsweise der pommersche Diplomat Jacob von Zitzewitz[54] im Jahr 1572 in seinem Haus mit einem Federmesser die Kehle durchgeschnitten hatte, wurde ihm zunächst von Herzog Johann Friedrich die „Gnade erwiesen" – wie es in den Quellen heißt –, „ehrlich" in der Marienkirche in Stettin bestattet zu werden. Allerdings soll sich „hernach an unterschiedlichen Orten [ein] Gespenst in seiner Gestalt haben sehen lassen, und großes Getümmel und Wesen gemacht" haben.[55] Wie andere Suizidenten war von Zitzewitz nach sei-

für Hans-Jürgen Goertz zum 60. Geburtstag, Leiden/New York/Köln 1997, S. 21–46 (Studies in Medieval and Reformation Thought 61), hier: bes. S. 37f.

52 Vgl. Günter WIEGELMANN: Der lebende Leichnam im Volksbrauch, in: ZfVK 62, 1966, S. 161–183; David L. LEDERER: Living with the Dead. Ghosts in Early Modern Bavaria, in: Kathryn A. EDWARDS (Hg.): Werewolves, Witches, and Wandering Spirits. Traditional Belief and Folklore in Early Modern Europe, Kirksville 2002, S. 25–53 (Sixteenth Century Essays & Studies 62), hier: S. 37–39. Zur Forschungsgeschichte des Konzepts des „lebenden Leichnams" siehe WILHELM-SCHAFFER: Gottes Beamter und Spielmann des Teufels, bes. 307ff. Zum Phänomen des Wiedergängertums siehe zum Beispiel GEIGER: Die Behandlung der Selbstmörder, S. 151f., 153ff.; DERS.: Wiedergänger, in: HWDA 9, 1938–41, Sp. 570–578; DIESELHORST: Die Bestrafung der Selbstmörder, hier: S. 59–64; KRAMER: Fortleben nach dem Tode; Claude LECOUTEUX: Wiedergänger, in: Lexikon des Mittelalters 9, 1998, Sp. 79f.

53 Vgl. SIGNORI: Rechtskonstruktionen und religiöse Fiktionen, S. 35; LIND: Selbstmord in der Frühen Neuzeit, S. 37; MURRAY: Suicide in the Middle Ages, Bd. 2, S. 450, vgl. außerdem ebd., S. 471–481. Auch bei Hinrichtungen wurden durch den Einsatz von Feuer oder Wasser *Reinigungsrituale* vollzogen. So DÜLMEN: Theater des Schreckens, S. 123ff.

54 Zu seiner Person siehe Max von STOJENTIN: Jacob von Zitzewitz, in: ADB 45, 1900, S. 379–381.

55 StadtA Stralsund, Rep. 13, 01.05.05, Nr. 0278, Selbstmord des Jakob Zitzewitz, Hofrat

ner Selbsttötung als Wiedergänger auf die Erde zurückgekehrt und hatte dort sein Unwesen getrieben.[56] Auch Martin Luther berichtete etwa in einem seiner Tischgespräche von verschiedenen Geschichten, die ihm erzählt worden waren, in denen Adlige nach ihrem Tod als Wiedergänger umherwandelten.[57] Bei Adligen konnte also der Übergang ins Jenseits ebenfalls misslingen, wodurch auch sie sich in einem undefinierbaren Stadium zwischen Leben und Tod befanden. Dies führte dazu – wenn man hier Mary Douglas folgt –, dass ihre Leichname rituell unrein wurden und sie einen Gefahrenherd für die frühneuzeitlichen Akteure darstellten.

Ständische Ehre, so lässt sich festhalten, konnte den adligen Körper nicht davor schützen, durch eine Selbsttötung die spezifische Qualität der Unehrlichkeit

und Hauptmann des Herzogs Johann Friedrich von Pommern (1542 bis 1600). Dieses Schriftstück ist eine Abschrift aus dem 18. Jahrhundert. Inwiefern es mit der teilweise gleichlautenden Stettiner Chronik zusammenhängt, die zum Beispiel auch das „Gespenste auffm Hofe" erwähnt, ist unklar. Paul FRIEDEBORN: Historische Beschreibung der Stadt Alten Stettin in Pommern / Sampt Einem Memorial vnnd Außzuge etlicher denckwürdigen Geschichten / Handlungen vnd Verträgen… / So dann auch Eine General Beschreibung des gantzen Pommerlandes: Fürstliche Stammlini der Hertzogen von Pommern / … Beschrieben vnd in drey Bücher verfasset, Stettin 1613, S. 89–93.

56 Der (unbekannte) Autor der Quelle deutet diese Berichte anders: Er geht davon aus, dass das Gespenst der „Teufel selbst gewesen" sei, da die Körper der Verstorbenen bis zum Jüngsten Tag von der Seele getrennt seien und verwesen würden. Gleichzeitig würden sich die Seelen aber nicht „ohne sonderbahre Gottes Verordnung" zeigen. StAStral, Rep. 13., 01.05.05, Nr. 0278. Auch FRIEDEBORN geht von einem Erscheinen des Teufels aus. DERS.: Historische Beschreibung der Stadt Alten Stettin, S. 92. Hierbei handelte es sich um eine gelehrte protestantische Position, die nur geringen Einfluss auf den Wiedergängerglauben in der Bevölkerung hatte. Nach protestantischer Lehre konnte zwischen Lebenden und Toten keine Kommunikation mehr stattfinden, die Verstorbenen befanden sich allein in der Gegenwart Christi. So konnte im protestantischen Bereich auch nicht mehr mit Gebeten Einfluss auf das Seelenheil der Toten genommen werden. Nach dieser Lesart konnten die Toten auch nicht mehr als Wiedergänger bzw. Gespenster in die Welt der Lebenden zurückkehren. Solche Erscheinungen waren nur noch als Eingreifen des Teufels denkbar. Allerdings zeigt sich, dass der Wiedergängerglaube auch in protestantischen Gebieten noch lange nach Einführung der Reformation wirkmächtig blieb. Dazu Natalie Zemon DAVIS: Die Geister der Verstorbenen, Verwandtschaftsgrade und die Sorge um die Nachkommen. Veränderungen des Familienlebens in der frühen Neuzeit, in: DIES.: Frauen und Gesellschaft am Beginn der Neuzeit, S. 19–51, hier: bes. S. 30ff.; Miriam RIEGER: Der Teufel im Pfarrhaus. Gespenster, Geisterglaube und Besessenheit im Luthertum der Frühen Neuzeit, Stuttgart 2011 (Friedenstein-Forschungen 9). Zur Theologie des Geisterglaubens in den verschiedenen Konfessionen vgl. Wolfgang NEUBER: Die Theologie der Geister in der Frühen Neuzeit, in: Moritz BASSLER/Bettina GRUBER/Martina WAGNER-EGELHAAF (Hgg.): Gespenster. Erscheinungen – Medien – Theorien, Würzburg 2005, S. 25–37.

57 Martin LUTHER: Tischreden, 6 Bde., Weimar 1912–1921 (Martin Luthers Werke. Kritische Gesamtausgabe, Abt. 2), hier: Bd. 3, Weimar 1914, Nr. 3676, S. 515–518. Auch Luther führte diese Erscheinungen auf das Wirken des Teufels zurück bzw. vermutete, bei den erschienenen Personen habe es sich um den Teufel gehandelt.

anzunehmen. Weil sich Graf Hoym das Leben genommen hatte, war sein Körper unehrlich bzw. unrein geworden. Das ist der Grund, warum die zuständige kurfürstliche Kommission nur mit größter Mühe und nach mehreren Wochen jemanden fand, der sich bereit erklärte, den Körper zu berühren und zu beerdigen. Der adlige Körper wurde in dieser Hinsicht nicht als kategorial verschieden wahrgenommen.

1.2 Die Frage der Zurechnungsfähigkeit: Vorsatz, Melancholie und Pathologisierung

Wenn auch die Motive Karl Heinrich von Hoyms für die Unehrlichkeit seines Körpers irrelevant waren, so gilt das nicht für die juristische Bewertung seiner Tat. Denn wie bei allen anderen Verbrechen, so stellte sich auch beim *Selbstmord* aus Sicht der Justiz die grundlegende Frage, ob der Angeklagte als zurechnungsfähig eingestuft wurde.[58] Bereits nach mittelalterlichem Kirchenrecht wurde nur solchen Menschen ein Begräbnis in geweihter Erde versagt, die sich mit klarem Verstand das Leben genommen hatten, wobei man sich schon hier der Problematik der Diagnose bewusst war.[59] Auch in der Frühen Neuzeit kann man trotz aller territorialen Unterschiede generell davon sprechen, dass die postmortale Bestrafung von Suizidenten immer vom Grad ihrer geistigen Zurechnungsfähigkeit abhing.[60] Und bemerkenswerterweise gibt es Reste dieser Vorstellung auch noch in unserer heutigen Gesetzeslage.[61]

Nach frühneuzeitlichem Verständnis konnte die Zurechnungsfähigkeit von

[58] Nach der Rezeption des römischen Rechts verminderte eine geistige Beeinträchtigung im gesamten frühneuzeitlichen Strafrecht die Zurechnungsfähigkeit eines Täters für ein Verbrechen. Die Kriterien, anhand derer eine solche Beeinträchtigung fest gemacht wurde, wurden jedoch von den Juristen jeweils unterschiedlich definiert. Dazu Lukas GSCHWEND: Zur Geschichte der Lehre von der Zurechnungsfähigkeit. Ein Beitrag insbesondere zur Regelung im Schweizerischen Strafrecht, Zürich 1996, bes. S. 111–184; Andreas ROTH: Unzurechnungsfähigkeit, in: HRG 5, 1998, Sp. 551–554.

[59] August Karl GEIGER: Der Selbstmord im Kirchenrecht, in: AKathKR 61, 1889, S. 225–232, hier: S. 227f.; LIND: Selbstmord in der Frühen Neuzeit, S. 27.

[60] Vgl. hier bes. PFANNKUCHEN: Selbstmord und Sanktionen, S. 157–163. Siehe außerdem Wolfgang BRÜCKNER: Leichenbestrafung, in: HRG 2, 1978, Sp. 1810–1814; Markus SCHÄR: Seelennöte der Untertanen. Selbstmord, Melancholie und Religion im Alten Zürich 1500–1800, Zürich 1985, S. 56f., 61, 90–125; LIND: Selbstmord in der Frühen Neuzeit, S. 35; KÄSTNER: Tödliche Geschichte(n), S. 172–179; Bernd REHBACH: Bemerkungen zur Geschichte der Selbstmordbestrafung. Einige rechtshistorische Aspekte der Sterbehilfe, in: Deutsche Richterzeitung 64, 1986, S. 241–247, hier: S. 244.

[61] So ist beispielsweise im aktuell gültigen Versicherungsvertragsgesetz (§ 161 Selbsttötung) „der Versicherer nicht zur Leistung verpflichtet, wenn die versicherte Person sich vor Ablauf von drei Jahren nach Abschluss des Versicherungsvertrags vorsätzlich selbst getötet

Suizidenten durch verschiedene Faktoren beeinträchtigt sein: Angriffe von Dämonen oder des Teufels sowie Erkrankungen von Seele und Körper. Häufig traten verschiedene Ursachen in Kombination auf und waren eng miteinander verflochten. So bestand eine gängige Argumentation darin, dass der Teufel den Körper von Suizidenten vor ihrer Tat geschwächt und so bei ihnen eine schwarzgallige Melancholie hervorgerufen hätte.[62] Doch auch wenn suizidale Handlungen noch im 18. Jahrhundert zum Teil auf Anfechtungen des Teufels zurückgeführt wurden, büßten diese Argumente doch zunehmend ihre Überzeugungskraft ein.[63] Immer verbreiteter wurde die pathologisierende Sicht auf den Suizid und immer häufiger wurden Geisteskrankheiten vor allem medizinisch erklärt.

Dennoch wird das Bild einer simplen Ablösung übernatürlicher durch medizinisch-rationale Erklärungen im Zuge der Aufklärung den komplizierten gesellschaftlichen Vorgängen sicher nicht gerecht.[64] Immer bestanden verschiedene und sich widersprechende Deutungsmuster parallel nebeneinander, und nie existierte eine einheitlich-verbindliche Sichtweise auf den Suizid. Gerade bei den diffusen Krankheitsbildern um Schwermut und Melancholie wurde in aller Regel eine Kombinationen verschiedener physischer, religiöser und moralischer Einflüsse angenommen.[65] Allerdings halte ich es für falsch, deswegen den Begriff der Pathologisierung insgesamt abzulehnen.[66] Dass sich soziale Verhältnisse und historischer Wandel immer vielschichtiger, komplexer und widersprüchlicher gestalten als dies analytische Begriffe oder Meistererzählungen beschreiben können, ist ein Grundproblem jeder sozialwissenschaftlichen Forschung. Darauf hat bereits Max Weber nachdrücklich

hat. Dies gilt nicht, wenn die Tat in einem die freie Willensbestimmung ausschließenden Zustand krankhafter Störung der Geistestätigkeit begangen worden ist." Argumentation und Wortlaut haben hier erstaunliche Ähnlichkeit mit frühneuzeitlichen Formulierungen.

62 Zur überkonfessionellen Bedeutung teuflischer Angriffe als Erklärung für Selbsttötungen in der Frühen Neuzeit MacDonald/Murphy: Sleepless Souls, S. 34–76; Lind: Selbstmord in der Frühen Neuzeit, S. 159–166; Kästner: Tödliche Geschichte(n), S. 103–161; Midelfort: Verrückte Hoheit, S. 183, 201ff.; ders.: The Devil and the German People. Reflections on the Popularity of Demon Possession in Sixteenth-Century Germany, in: Steven E. Ozment (Hg.): Religion and Culture in the Renaissance and Reformation, Kirksville 1989, S. 99–119 (Sixteenth Century Essays & Studies 11).

63 MacDonald/Murphy: Sleepless Souls, S. 210–214, 52; Lind: Selbstmord in der Frühen Neuzeit, S. 167–170; Schreiner: Jenseits vom Glück, S. 128–132; Lorenz: Kriminelle Körper, S. 315–371.

64 Dazu Patrick Vandermeersch: The Victory of Psychiatry over Demonology. The Origin of the Nineteenth Century Myth, in: History of Psychiatry 2, 1991, S. 351–363. Vgl. auch Wolfgang Uwe Eckart: Geschichte der Medizin. Fakten, Konzepte, Haltungen, 6., völlig neu bearb. Aufl., Heidelberg 2009, S. 169f.

65 Zu den verschiedenen Melancholietheorien vgl. Kap. II. 4.

66 Dafür plädieren Houston: Punishing the Dead?; Kästner: Tödliche Geschichte(n).

hingewiesen.[67] Doch trotz ihrer Konstruktivität können solche idealtypischen Begriffe ein brauchbares „heuristisches Mittel“ sein, um die Komplexität sozialer Phänomene zu reduzieren und so „die Eigenart von Kulturerscheinungen scharf zum Bewußtsein zu bringen“. Das gelte, so Weber, gerade auch für historische Entwicklungsprozesse.[68] Dem Forscher müsse dabei nur stets bewusst bleiben, „daß idealtypische Entwicklungskonstruktion und Geschichte zwei streng zu scheidende Dinge sind“.[69]

In diesem Bewusstsein werde ich im Folgenden am Begriff der Pathologisierung festhalten.[70] Es steht außer Frage, dass sich im Laufe des 18. Jahrhunderts grundlegende Deutungsmuster in Bezug auf die Selbsttötung in weiten Bereichen der Gesellschaft wandelten.[71] Immer häufiger wurde bei Selbsttötungen schon allein die Tat als sicherer Hinweis auf eine mentale Beeinträchtigung bzw. eine Melancholie gedeutet. Wie der Arzt Christian Gottfried Gruner 1790 schrieb, setze der Selbstmord „immer eine Seelenkrankheit voraus, in welcher der Mensch nicht fähig ist, die Moralität seiner Handlungen einzusehen“. Auch wenn es Anzeichen auf ein „deutliches Bewußtseyn, ein Wollen und Nichtwollen“ gebe, so gehe die Tat dennoch zwangsläufig zurück auf „den zerrütteten Verstand, welcher dem Drang und Sturm unüberwindlicher Nervenübel unterliegen muß“.[72] Der Vorsatz galt demnach ebenfalls als eine Einbildung eines kranken Geistes. Und gerade weil man Suizidenten per se für geistig krank hielt,

[67] Vgl. – immer noch absolut lesenswert – Max WEBER: Die „Objektivität“ sozialwissenschaftlicher und sozialpolitischer Erkenntnis, in: DERS.: Gesammelte Aufsätze zur Wissenschaftslehre, hrsg. von Johannes Winckelmann, 7. Aufl., Tübingen 1988 [orig. 1904], S. 146–214.

[68] „Auch Entwicklungen lassen sich nämlich als Idealtypen konstruieren, und diese Konstruktionen können ganz erheblichen heuristischen Wert haben.“ Ebd., S. 202f.

[69] Ebd., S. 203f. Vgl. außerdem S. 191: „In seiner begrifflichen Reinheit ist dieses Gedankenbild nirgends in der Wirklichkeit empirisch vorfindbar, es ist eine Utopie, und für die historische Arbeit erwächst die Aufgabe, in jedem einzelnen Falle festzustellen, wie nahe oder wie fern die Wirklichkeit jenem Idealbilde steht“.

[70] Vgl. auch den kritischen Beitrag von Wolfgang Uwe ECKART/Robert JÜTTE: Medikalisierung, in: DIES. (Hgg.): Medizingeschichte. Eine Einführung, Köln/Weimar/Wien 2007, S. 312–318.

[71] LIND: Selbstmord in der Frühen Neuzeit, S. 366f.; BAUMANN: Vom Recht auf den eigenen Tod, S. 47–63; BÄHR: Der Richter im Ich, bes. S. 83ff., 137ff., 145, 390ff.; DERS.: Die Paradoxie moralischer Ausweglosigkeit und die (Un-)Verfügbarkeit des eigenen Körpers, in: DERS. (Hg.): Grenzen der Aufklärung. Körperkonstruktionen und die Tötung des Körpers im Übergang zur Moderne, Hannover 2005, S. 47–69 (Aufklärung und Moderne 7), hier: S. 50f.; NEUMEYER: Anomalien, Autonomien und das Unbewusste, S. 14f., 60f., 112f., 302, 378ff.; Uwe HEBEKUS: „Practicus Indecori“. Die Zeichen der Melancholie in Aufklärung und Empfindsamkeit, in: Deutsche Vierteljahrsschrift für Literaturwissenschaft und Geistesgeschichte 72, 1998, S. 56–80, hier: bes. S. 63–68.

[72] Christian Gottfried GRUNER: Unehrlichkeit und unehrliches Begräbnis, in: Almanach für Aerzte und Nichtaerzte auf das Jahr 1790, Jena 1790, S. 96–121, hier: S. 115f., 118.

konnten sie sich ihrer Krankheit nicht bewusst sein: „Wer an Wirklichkeitsverlust litt, konnte nicht wissen, dass er an Wirklichkeitsverlust litt.“[73] Rationale Überlegungen, das eigene Leben zu beenden, wurden so gut wie niemandem zugestanden.[74] „Denn nur derjenige, der von einer die Wirklichkeit verzerrenden Einbildungskraft beherrscht wird, setzt seinem Leben ein Ende“, so hat Harald Neumeyer diese Sichtweise beschrieben.[75]

In jedem Fall war Melancholie – ob sie nun durch den Teufel, zu viel schwarze Galle, einen unmoralischen Lebenswandel oder andere Einflüsse hervorgerufen wurde – die ganze Frühe Neuzeit über eine Art Chiffre, mit der Unzurechnungsfähigkeit bei Selbsttötungen benannt werden konnte. Eine solche Melancholie führte dann dazu, dass der Angeklagte juristisch nicht oder nur vermindert schuldfähig war. So war etwa schon in der *Constitutio Criminalis Carolina* Kaiser Karls V. von 1532 ein Mensch nicht strafwürdig, der sich „auß kranckheyten des leibs melancolei, gebrechlicheyt jrer sinn oder ander dergleichen blödigkeyten selbst tödtet“.[76] Zedlers *Universallexicon* fasste Mitte des 18. Jahrhunderts diesen allgemeingültigen Rechtsgrundsatz zur „Beschaffenheit der Zurechnung“ einer Selbsttötung wie folgt zusammen:

„Denn es kommt darauf an, ob eine solche That mit Wissen und Willen geschiehet. Nimmt sich jemand das Leben, ist aber seines Verstandes nicht mächtig gewesen, indem er in der Raserey, oder in dem höchsten Grad der Melancholey gestanden, und also nicht wissen können, was er thut, so kan man ihn für keinen Selbst-Mörder ansehen. Thut er aber dieses vorsetzlich, mit Wissen und Willen, so wird ihm die That billig zugerechnet.“[77]

Die erste Aufgabe des Gerichts bestehe daher darin, den Geisteszustand des Angeklagten einwandfrei festzustellen:

„so ist alsdenn fernere Untersuchung zu halten, wie der Entleibte beschaffen gewesen, ob er mit Schwermüthigkeit, Raserey, Wahnwitz, u.s.w. beladen gewesen, oder ob er es aus blossem Verdruß und Verzweifelung zeitlicher Sachen halber, und also mit Wissen und Willen getahn habe.“[78]

[73] Bähr: Die Paradoxie moralischer Ausweglosigkeit, S. 58.

[74] Julia Schreiner: Zwischen Aufgeklärtheit und Moral, Zweckmäßigkeit und Pathologie. Wie preußische Juristen über den Selbstmord urteilten, in: Eckhart Hellmuth/Immo Meenken/Michael Trauth (Hgg.): Zeitenwende? Preußen um 1800, Stuttgart 1999, S. 207–228, hier: S. 226.

[75] Neumeyer: Anomalien, Autonomien und das Unbewusste, S. 16; siehe auch 302, 378ff.

[76] Friedrich-Christian Schroeder (Hg.): Die Peinliche Gerichtsordnung Kaiser Karls V. und des Heiligen Römischen Reichs von 1532 (Carolina), Stuttgart 2000, S. 84f. (§ 135, Straff eygner tödtung).

[77] „Selbst-Mord, Selbst Todtschlag, Selbstentleibung, Selbstertödtung, Selbstmordung“, in: Johann Heinrich Zedler (Hg.): Grosses vollständiges Universallexicon aller Wissenschaften und Künste, 64 Bde. und 4 Supplementbände, Leipzig/Halle 1732–1754, hier: Bd.36, Sp. 1595–1614, hier: Sp. 1597.

[78] Ebd, Sp. 1605.

Um den Geisteszustand eines Suizidenten zu beurteilen, prüften die frühneuzeitlichen Gerichte in aller Regel, ob es vor der Tat – auch kleinste – Anzeichen auf eine Beeinträchtigung gegeben hatte. Dazu befragte man einerseits Zeugen aus dem nächsten Umfeld des Verstorbenen, wobei Geistliche eine besondere Stellung als Experten einnahmen.[79] Andererseits rekonstruierte man den Lebensverlauf des Suizidenten und suchte nach weiteren Indizien, die Hinweise auf das Motiv und den Geisteszustand liefen konnten.

Im Leben Karl Heinrich von Hoyms deutete nichts auf eine melancholische Erkrankung hin. Er wurde am 18. Juni 1694 in Dresden als Sohn des Freiherrn Ludwig Gebhard von Hoym und dessen dritter Frau Johanna Christiana (geb. von Haugwitz) geboren.[80] Den Großteil seiner Jugend verbrachte er außerhalb Sachsens, vor allem an den Höfen in Lothringen und Hannover. 1711 wurde er zusammen mit seinen drei Stiefbrüdern Adolf Magnus, Carl Siegfried und Ludwig Gebhard II. in den Reichsgrafenstand erhoben. Nach einem Studium in Jena und einer anschließenden Kavalierstour durch Europa verbrachte Hoym eine längere Zeit in Paris. 1720 wurde er, als Nachfolger Burkhards von Suhm, neuer sächsischer Gesandter am Versailler Hof, 1723 wurde er zum Geheimen Rat, 1725 zum sächsischen Botschafter ernannt. In seiner Zeit am Pariser Hof, die sein Biograph Pichon als die glücklichste seines Lebens beschreibt,[81] orientierte sich Hoym stark an der Lebensart des französischen Adels. „Er hatte während seinem Auffenthalt in Franckreich alle Manieren, Eigenschafften und

[79] Lind: Selbstmord in der Frühen Neuzeit, S. 360–362; Alexander Kästner: Experten für ein gutes Leben. Zur Rolle von lutherischen Pfarrern in Untersuchungsverfahren nach Selbsttötungen (Kursachsen 1700–1815), in: ders./Sylvia Kesper-Biermann (Hgg.): Experten und Expertenwissen in der Strafjustiz von der Frühen Neuzeit bis zur Moderne, Leipzig 2008, S. 85–98 (Editionen + Dokumentationen 1); ders.: „Weder kann noch brauche ich zu urteilen". Zur Bewertung von Selbsttötungen in theologischen Gutachten des 16. und 17. Jahrhunderts, in: Traverse 15, 2008, S. 75–86, hier: S. 82; ders.: Tödliche Geschichte(n), S. 66–74, 141f., 258.

[80] Zum Leben Karl Heinrich von Hoyms siehe vor allem die zweibändige Biographie von Jérôme de Pichon: Vie de Charles-Henry Comte de Hoym. Ambassadeur de Saxe-Pologne en France et célèbre amateur de Livres, 1694–1736, 2 Bde., Paris 1880. Vgl. außerdem Friedrich Bülau: Die Grafen von Hoym, in: ders.: Geheime und Rätselhafte Menschen. Sammlung verborgener oder vergessener Merkwürdigkeiten, Bd. 2, Leipzig 1850, S. 324–332, hier: bes. S. 328–332; Carl Sahrer von Sahr: Ueber den Cabinets-Minister Grafen Carl Heinrich von Hoym, in: Archiv für die Sächsische Geschichte 3, 1865, S. 340–343; Friedrich Albert Voigt: Die Besitzer der Herrschaft Droyßig vom Anfang des 15. bis zu Ausgang des 19. Jahrhunderts. Die Familie von Hoym, in: Vierteljahrsschrift für Wappen-, Siegel- und Familienkunde 21, 1893, S. 378–422, hier: bes. S. 404ff. Eine guten zusammenfassenden Überblick bietet außerdem Virginie Spenlé: Hoym, Karl Heinrich Graf von, in: Sächsische Biografie Online, 15.5.2006 [URL: http://saebi.isgv.de/biografie/Karl_Heinrich_von_Hoym_(1694-1736)].

[81] Pichon: Vie de Charles-Henry Comte de Hoym, Bd. 1, S. 31.

Abbildung 3: Eindrücklich hat sich Karl Heinrich von Hoym in diesem Gemälde von Hyacinthe Rigaud von 1716 im Stil eines französischen Adligen inszenieren lassen.

Principia eines gebohrenen Frantzosens an sich genommen", so ein Urteil der Zeit.[82]

1727 nahm August der Starke Hoym in den Polnischen Weißen Adlerorden auf, ein Jahr später wurde er sächsischer Kabinettsminister und übernahm das Departement für innere Angelegenheiten in Dresden. Als Kunstkenner erwarb er außerdem im Auftrag seines Kurfürsten zahlreiche Stücke für die kurfürstlich-königlichen Sammlungen.[83] Nach seiner Ernennung zum Wirklichen Geheimen Rat 1729 übertrug man ihm außerdem die Leitung der Meißner Porzellanmanufaktur, im Jahr darauf schließlich auch den Vorsitz im Geheimen

[82] Anonym: Carolus Henricus, Graf von Hoym, in: Genealogisch-historische Nachrichten von den Allerneuesten Begebenheiten, welche sich an den Europäischen Höfen zugetragen, worinn zugleich Vieler Standes-Personen und anderer Berühmter Leute Lebens-Beschreibungen vorkommen, als eine Fortsetzung des Genealog. Hist. Archivarii., VIII Theil, Leipzig 1740, S. 691f.

[83] Virginie Spenlé: Karl Heinrich Graf von Hoym und die Gemäldegalerie Alte Meister, in: Dresdener Kunstblätter 45, 2001, S. 88–95; dies.: Karl Heinrich von Hoym, ambassadeur de Saxe à Paris et amateur d'art, in: Dresde ou le rêve des Princes. La Galerie de peintures au XVIIIe siècle, Musée des Beaux-Arts de Dijon 16 juin-1er octobre 2001, Paris 2001, S. 143–148; dies.: Sächsische Gesandte als Kunstagenten in der ersten Hälfte des 18. Jahrhunderts, in: Neues Archiv für sächsische Geschichte 82, 2011, S. 255–264.

Konsilium. All diese Ehrungen lassen deutlich erkennen, wie hoch Graf Hoym in der Gunst Augusts des Starken stand.

Im Jahr 1731 änderte sich das allerdings schlagartig: Weil sich die politische Lage verschoben hatte[84] und Hoym sich als Oberdirektor der Meißner Porzellanmanufaktur einige Unregelmäßigkeiten hatte zuschulden kommen lassen,[85] wurde er von allen seinen Ämtern abgesetzt. Hierfür waren wohl nicht zuletzt die Feinde verantwortlich, die er sich während seiner politischen Tätigkeit am Dresdner Hof gemacht hatte.[86] Um einer Anklage – unter anderem wegen Ungehorsams, Verrats, persönlicher Bereicherung und Änderung kurfürstlicher Befehle – zu entgehen, bekannte sich Hoym aller Vorwürfe schuldig und beeidete, sich fortan aus allen Regierungsgeschäften herauszuhalten.[87]

Zwar hatte Hoym wohl ursprünglich gute Beziehungen zum sächsischen Kurprinzen Friedrich August II., aber auch der Regierungswechsel durch den Tod Augusts des Starken im Jahr 1733 brachte keine Veränderung seiner Lage.[88] Unter dem Vorwand, Hoym habe seine verheiratete Nichte Erdmuthe

[84] Als Kabinettsminister versuchte Hoym, eine sächsische Allianz mit Frankreich und England als Opposition zu Wien und Preußen zu formieren und damit Sachsen als dritte Macht im Reich zu etablieren. Diese Bemühungen, die August der Starke ursprünglich wahrscheinlich noch unterstützte, führten schließlich dazu, dass Hoym am Hof in Ungnade fiel. Als sich Kaiser Karl VI. 1731 mit seinen ehemaligen Gegnern England, Frankreich, Spanien und den Niederlanden versöhnte, war die sächsische Hoffnung eines Oppositionsbündnisses hinfällig und August der Starke gezwungen, sich dem Wiener Hof anzunähern. Ein Minister, der in erklärter Feindschaft zu Wien und Berlin stand, war demnach untragbar. Ausführlich Eduart Vehse: Die beiden Cabinetsminister Hoym, Adolf, der frühere Gemahl der Cosel und der jüngere Graf Hoym, der sich auf dem Königstein entleibte, in: ders.: Geschichte der deutschen Höfe seit der Reformation, Bd. 32, 5. Abteilung: Geschichte des Hauses Sachsen, 5. Teil, Hamburg 1854, S. 345–359, hier: S. 350ff.; Karl Wilhelm Böttiger: Geschichte des Kurstaates und Königreiches Sachsen, Bd. 2, 2. Aufl., Gotha 1870, S. 366ff. Pichon: Vie de Charles-Henry Comte de Hoym, Bd. 1, S. 82ff.

[85] Gemeinsam mit dem französischen Kaufmann Rudolphe Lemaire ließ Hoym ungekennzeichnete Waren (ohne die Meißner Kurschwerter) nach ostasiatischem Vorbild herstellen, indem er Stücke aus der Privatsammlung August des Starken kopierte. In der Forschung herrscht Uneinigkeit darüber, ob er sich persönlich bereichern oder im Sinne der Manufaktur handeln wollte. Eine kurze Zusammenfassung bietet Maureen Cassidy-Geiger: Zurück zur „Hoym, Lemaire und Meissen", in: Keramos 146, 1994, S. 3–8.

[86] Dazu Pichon: Vie de Charles-Henry Comte de Hoym, Bd. 1, S. 81ff., 90f.; Carl Sahrer von Sahr: Aus den Überresten eines Lausitzer Gutsarchivs, in: Archiv für die Sächsische Geschichte 7, 1869, S. 249–263, hier: S. 257ff.

[87] Insgesamt beinhaltete Hoyms Eid sechs Punkte. Er versicherte, sich aus allen politischen Geschäften zurückzuziehen, sich nur noch auf seinen Gütern aufzuhalten, nie wieder nach Dresden oder an den kurfürstlichen Hof zu kommen und nur noch privaten Schriftverkehr zu führen. Außerdem zahlte er 100.000 Taler an August den Starken als Wiedergutmachung für seine Verfehlungen. Der Eid ist aufgeführt bei Pichon: Vie de Charles-Henry Comte de Hoym, Bd. 1, S. 108f.

[88] Hoym bemühte sich zunächst schriftlich beim neuen Kurfürsten um eine Verbesserung seiner Situation. Da Friedrich August II. jedoch sah, dass sein Konkurrent im Kampf um die

Friederike von Bünau (geb. von Hoym) geschwängert, wurde er am 29. Juni 1733 auf der Festung Sonnenstein erneut inhaftiert. Da die Untersuchung der eingesetzten Kommission allerdings keine Ergebnisse lieferte, wurde er bereits einen Monat später wieder in den Hausarrest nach Lichtenwalde, einem Gut seiner Schwester, entlassen.[89] Seinen 1731 geleisteten Eid musste er nochmals bekräftigen.

Offenbar unterhielt Hoym jedoch entgegen seiner Auflagen weiterhin politische Kontakte, vor allem mit dem preußischen Kronprinzen Friedrich,[90] mit dem er seit 1730 befreundet war.[91] Am 11. Dezember 1734 erging daher Befehl, Karl Heinrich von Hoym zu verhaften, seine Papiere sicher zu stellen und ihn auf der Festung Königstein in Arrest zu setzen. Eine Woche später kam Oberst von Natzmer mit einigen Soldaten nach Lichtenwalde, um die Festnahme durchzuführen. Nachdem Hoym von dem Befehl informiert worden war, ging er in einem unbemerkten Moment in sein Schlafgemach und verschloss hinter sich die Tür. Während Oberst von Natzmer versuchte sie aufzubrechen, fiel im Zimmer ein Schuss. Als die Soldaten schließlich in die Kammer kamen, fanden sie Hoym blutüberströmt auf seinem Bett liegen. Laut Pichon habe er gefragt „Großer Gott [...], was ist bloß mit mir geschehen?" und anschließend einen Pastor verlangt. Da die Kugel ihn jedoch nur gestreift hatte, war er transportfähig und konnte zwei Tage später nach Königstein überführt werden.[92]

Dort wurde erneut eine Untersuchung gegen ihn angesetzt, die jedoch wieder keine Beweise für von ihm begangene Verbrechen lieferte.[93] Nachdem die

polnische Thronfolge, Stanislaw Leszczynski, von Frankreich unterstützt wurde, wurde die Begnadigung des früheren französischen Botschafters Hoym unmöglich. Dazu Pichon: Vie de Charles-Henry Comte de Hoym, Bd. 1, S. 120ff.; Spenlé: Hoym. Zum Eingreifen Frankreichs in die polnische Thronfolge siehe Johannes Burkhardt: Vollendung und Neuorientierung des frühmodernen Reiches 1648–1793, Stuttgart 2006 (Gebhardt. Handbuch der deutschen Geschichte 11), S. 358f.

89 Sahrer von Sahr: Ueber den Cabinets-Minister Grafen Carl Heinrich von Hoym, S. 340f.; Pichon: Vie de Charles-Henry Comte de Hoym, Bd. 1, S. 122; Spenlé: Hoym.

90 Es war bekannt, dass Friedrich im Falle eines Todes seines Vaters den polnischen Gegenkönig Stanislaus Leszczynski unterstützen würde. Für diesen Fall hatte Hoym ihm auch seine Dienste zugesichert. Rudolf Beyrich: Kursachsen und die polnische Thronfolge 1733–1736, Leipzig 1913, S. 117ff.; Aladár von Boroviczény: Die preußische Gegenaktionen – Die Verhaftung Graf Hoyms, in: ders.: Graf von Brühl. Der Medici, Richelieu und Rothschild seiner Zeit, Zürich/Leipzig/Wien 1930, S. 183–188, hier: S. 183f.

91 Friedrich hatte Hoym im Juni 1730 im Zeithainer Lager in seinen Fluchtplan eingeweiht, was dieser jedoch immer verheimlicht hatte. Offenbar hatte Hoym den Kronprinzen hier an der Flucht gehindert, indem er die Herausgabe von Pferden verweigerte. Dazu ausführlich Kap. III. 1.

92 „Grand Dieu, dit-il, que m'est-il donc arrivé?" Pichon: Vie de Charles-Henry Comte de Hoym, Bd. 1, S. 124ff.

93 Ob Hoym diese, wenn es sie gab, in Lichtenwalde bereits vernichtete (Beyrich: Kursachsen und die polnische Thronfolge, S. 118f.) oder ob sie aus Rücksicht auf die Beziehungen

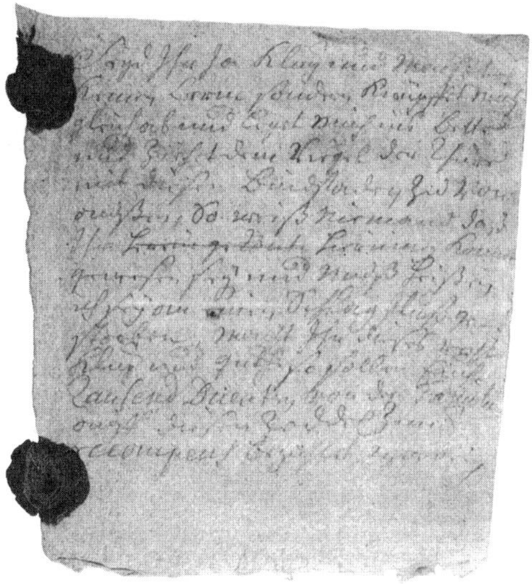

Abbildung 4: Zettel, den Karl Heinrich von Hoym unmittelbar vor seinem Suizid mit Bleistift für seine Bediensteten verfasst hat (12 x 10,5 cm).

zuständige Untersuchungskommission Hoym bereits im März 1736 einmal zu seinen Vergehen verhört hatte, kehrte sie im April nach Königstein zurück und setzte die Befragung fort. Vier Tage später erhängte sich Karl Heinrich von Hoym in seinem Schlafgemach an einem Taschentuch.

Hoym selbst hinterließ kein eigenes Deutungsangebot für seine Beweggründe. Der Zettel, den er für seine Bediensteten verfasste, ist relativ kurz und enthält lediglich eine Handlungsanweisung, so dass er eigentlich nicht als Abschiedsbrief bezeichnet werden kann:

„Seyd Ihr ja klug und machet keinen Lerm sondern knüpffet mich gleich ab und leget mich ins Bette und ziehet den Riegel der Thüre mit diesen Bindfaden, zu von aussen. So weiss niemand dass Ihr hierinnen könnet gewesen seyn und muss heissen ich sey an einem Schlagfluss gestorben, machet Ihr dieses recht klug und guth, so sollen euch tausend Ducaten, von der Familie auff diesen Zeddel zum Recompens bezahlet werden."[94]

Die Diener Hoyms sollten also den Suizid ihres Herrn verheimlichen und einen natürlichen Tod vortäuschen. Da sie jedoch gemeinsam mit Soldaten der Festung Königstein das Zimmer betraten, war die Selbsttötung offenkundig und es bestand keine Möglichkeit, den Plan des Grafen auszuführen. Bemerkenswerterweise ging Hoym selbst offenbar nicht davon aus, sich mit seinem Suizid

zu Preußen nicht publik gemacht wurden (Boroviczény: Die Verhaftung Graf Hoyms, S. 185), lässt sich schwer sagen.

94 HStA Dresden, 10026, Loc. 956/8, Bl. 13b, Abschiedsbrief Karl Heinrich von Hoyms.

rituell zu verunreinigen. Anders war dies bei seinen Untergebenen, die sich weigerten, den Körper zu berühren.

Gerade dieser Brief wurde von der Untersuchungskommission als sicherer Beleg angesehen, „daß die That recht vorsetzlicher Weise geschehen, und bey ihm schon längst beschlossen gewesen" sei.[95] So habe Hoym in den letzten Tagen vor seinem Suizid begonnen, eine Krankheit vorzutäuschen,[96] und damit seinen Plan vorbereitet, den beabsichtigten Suizid wie einen natürlichen Tod durch einen „Schlagfluß", das heißt einen Schlaganfall, aussehen zu lassen.[97] All dies sei Ausweis „des wohlbedachten Raths, und der Sangfroid, womit er den Vorsaz ausgeführet".[98] Eine körperliche Dysfunktion lag demzufolge nicht vor.[99]

Neben dem Abschiedsbrief deuteten aus Sicht der Untersuchungskommission weitere Anzeichen darauf hin, dass Hoym seinen Suizid wohlüberlegt und willentlich begangen hatte. Nach seiner Selbsttötung wurden alle „Bücher und Scripturen", die er während seiner Haft auf Königstein bei sich hatte, versiegelt und nach Dresden transportiert. Anschließend ließ der Kurfürst sie daraufhin untersuchen, „ob darunter etwas, so selbiger, vor der erfolgten Selbst-Entleibung, etwa notiret" und sich Hinweise für den Grund seines tragischen Endes fänden.[100] Hoym verfügte, für einen Adligen des 18. Jahrhunderts nicht ungewöhnlich, über eine sehr umfangreiche Bibliothek, mit deren Aufbau er in seiner Zeit am französischen Hof begonnen hatte.[101] Im zwei Jahre nach sei-

[95] Ebd., 10024, Loc. 7190/11, Bl. 11, Heinrich von Brühl an die Kommission, Warschau 29.4.1736.

[96] Hoym hatte geklagt, „bald Hitze bald Kälte" zu haben und daraufhin einen Arzt verlangt, der ihn zur Ader lassen sollte. Ebd., 10026, Loc. 955/6, Bl. 397–400, Untersuchungsbericht des Kommandanten von Königstein Riedesel, Königstein 26.4.1736, hier: Bl. 397v.

[97] So etwa in einem Rundschreiben, das Kurfürst Friedrich August II. kurz nach dem Tod Hoyms an die europäischen Höfe verschickte. Ebd., 10024, Loc. 7190/13, Zirkularschreiben zum Suizid Hoyms, Warschau 23.5.1736.

[98] Ebd. Auch dass er bereits 16 Monate zuvor einmal versucht hatte, sich zu erschießen, wurde als Beleg für seinen Vorsatz gedeutet. So zum Beispiel ebd., 10026, Loc. 956/8, Bl. 143–146, Kurfürstliche Order an die Kommission, Warschau 28.4.1736, hier: Bl. 143. Auch über die Verletzung, die Hoym sich bei diesem ersten Versuch zugezogen hatte, wurde schon vermutet, es handle sich dabei um eine „Blessur, so der Graff von Hoymb sich selbst vorsätzlicher Weise zugefüget". Ebd., Loc. 956/2, Bl. 120f., Kurfürstliche Order an Kommandant Riedesel, Warschau 28.12.1734.

[99] „Sangfroid" – also Kaltblütigkeit – bezeichnete in der Humoralmedizin das Gegenteil der heißen Galle („chaude colle"). Natalie Zemon Davis: Der Kopf in der Schlinge. Gnadengesuche und ihre Erzähler, Frankfurt a. M. 1991, S. 57.

[100] Die Aufforderung dazu erging am 28.4.1736 an die Kommission durch eine kurfürstliche Order: ebd., Loc. 956/8, Bl. 143–146.

[101] Zur Bedeutung von Bibliotheken für das Selbstverständnis des Adels siehe Asch: Ständische Stellung und Selbstverständnis des Adels, S. 20f.; ders.: Europäischer Adel in der Frühen Neuzeit, S. 140f.; Dewald: The European Nobility, S. 151–157; Eva Pleticha:

nem Tod gedruckten Katalog wurden insgesamt 4785 Werke aufgelistet.[102] Die Kommission konnte zwar nur einen Bruchteil der Bücher untersuchen, fand aber in einigen eindeutige Anmerkungen und Notizen.[103]

So hatte Hoym zum Beispiel in Flavius Josephus' *Geschichte des jüdischen Krieges* eine Passage markiert, in der Phasael, der Bruder Herodes des Großen, in Fesseln gelegt, seinen Kopf an einer Steinwand zerschmettert, um der Gefangenschaft zu entgehen. Auch eine andere Stelle desselben Werkes, in der allgemein gegen Selbsttötung argumentiert wird, hatte Hoym unterstrichen und daneben notiert: „Discours de Josèphe sur la mort volontaire". An einer weiteren Passage, in der die Bevorzugung des Todes gegenüber der Sklaverei gerühmt wird, hatte er vermerkt: „Beau discours sur la mort & l'immortalité". Neben Vermerken und Unterstreichungen in dieser klassisch-antiken Schrift hatte sich Hoym auch mit aktueller frühneuzeitlicher Suizidphilosophie beschäftigt. Verschiedene Stellen, zum Beispiel in Leibniz' *Theodizee* oder in den Werken der französischen Philosophen Hubert Gautier und Pierre Poiret, die sich mit Selbsttötung befassen, waren markiert. Ganz eindeutig hatte sich Hoym vor seinem Suizid also intensiv mit dem Themenkomplex „mort volontaire" auseinandergesetzt. Dabei hatte er sowohl antike wie zeitgenössische Vorstellungen gleichermaßen rezipiert.

Mit dieser theoretischen und literarischen Beschäftigung im Vorhinein besaß die Handlung Hoyms eine Reflexivität, durch die sie sich sicherlich von denen der meisten Suizidenten *gemeinen Standes* unterschied. Als gebildeter Adliger kannte er die literarischen Diskurse, so dass er mit den dort herrschenden Deutungsschemata vertraut war. Inwiefern sie sein eigenes Denken und Handeln beeinflussten, ist – ohne Selbstzeugnisse – kaum zu beantworten. Allerdings stützte dieser Umstand das Bild einer bewussten und rationalen Entscheidung, wie es dem Adel laut historischer Forschung im 18. Jahrhundert anhaftete. Nicht aufgrund einer krankhaften Melancholie, sondern nach gründlicher und theoretisch fundierter Überlegung, das heißt eben auch, frei von religiösen Beschränkungen, hatte dieser Sichtweise zufolge der Adlige Hoym seinem Leben ein Ende bereitet.

In einem Mandat ließ der Dresdner Hof dann die offizielle Deutung verbreiten, Hoym habe seinen Tod, „nach vorher dazu gemachten und befundenen

Adel und Buch. Studien zur Geisteswelt des fränkischen Adels am Beispiel seiner Bibliotheken vom 15. bis zum 18. Jahrhundert, Neustadt a.d. Aisch 1983 (Veröffentlichungen der Gesellschaft für fränkische Geschichte Reihe 9. Darstellungen aus der fränkischen Geschichte 33).

102 Gabriel Martin: Catalogus librorum bibliothecae illustrissimi viri Caroli Henrici Comitis de Hoym. Olim regis Poloniae Augusti II. apud regem Christianissimum legati extraordinarii, Paris 1738.

103 Der entsprechende Untersuchungsbericht der subdel. Kommission vom 23.7.1736 ist wiedergegeben bei Pichon: Vie de Charles-Henry Comte de Hoym, Bd. 1, S. 206f.

ungemeinen Vorbereitungen, mit wohlbedachten Rath, und ohne, dass auch nur die geringste Anzeige einer vorhandenen Melancholie an ihm zu spüren gewesen, endlich ins Werck gesetzet".[104] Auch die vom Hof unbeeinflussten Berichte in verschiedenen europäischen Zeitungen gingen überwiegend davon aus, „that his End was Premediated".[105]

Es existieren nur vereinzelte Gegenstimmen, die von einer Melancholie Hoyms sprechen. Zum einen gab seine Familie in einer Supplik an, sie könne nicht anders, als von einer „Melancholie und Troublierung seiner Sinnen" auszugehen, da es hierfür eindeutige Hinweise gebe. Schon länger sei ihr Verwandter betrübt gewesen, habe zudem in letzter Zeit nur wenig „Leibes Bewegung" gehabt und sei demnach Opfer „seines von Natur gehabten temperamenti melancholico-cholerici". Die Familie bat daher darum, den toten Körper zur Beerdigung an sie auszuliefern.[106] Diese Begründung war eine typische – ja fast schon topische – Argumentationsfigur in Suppliken, in denen Hinterbliebene eines Suizidenten versuchten, die Bestrafung des Leichnams abzuwenden. Da der Verweis auf eine melancholische Erkrankung des Verstorbenen die mit Abstand größten Erfolgsaussichten besaß, wurde sie in jedem Falle angeführt.[107] Auch die Familie Hoym war an die formalen Bedingungen solcher Suppliken gebunden. Aus ihrem Schreiben kann daher kein repräsentatives zeitgenössisches Deutungsmuster seines Suizids abgeleitet werden. Ob sie tatsächlich von einer melancholischen Erkrankung ihres Angehörigen ausging, ist anhand dieser Quellengattung nicht zu entscheiden.

Eine andere Melancholievermutung stammt von dem mit Hoym befreundeten Kronprinzen Friedrich von Preußen. In einem Brief, den dieser eine Woche nach dem Auffinden der Leiche des Grafen verfasste, schrieb er den Suizid dessen „complexion mélancolique" zu – einer Erkrankung, die sicherlich zum Teil daraus resultiere, dass seine Milz angeschwollen sei und er deshalb zu viel

[104] Alexander von Miltitz: Ihrer Königl. Maj. in Pohlen, u. als Chur-Fürstens zu Sachßen, u. u. Mandat, Carl Heinrichs, Grafens von Hoym, begangene Verbrechen auch Selbst-Mord, ingleichen Die Confiscation seines sämmtlichen Allodial-Vermögens, und was dem anhängig, betreffend, Ergangen De Dato Dreßden, den 23sten Februarii Ann. 1737. Zu diesem Mandat als Teil der kurfürstlichen *Propaganda* gegen Hoym siehe Kühnel: Selbsttötung in der ‚Öffentlichkeit'.

[105] Gentleman's Magazin, Vol. 6, 6.5.1736, S. 292. Auch andere Berichte gingen von einem bewussten Handeln Hoyms aus. Kühnel: Selbsttötung in der ‚Öffentlichkeit', S. 189f. Am 29. Mai 1736 wurde dann vom Kurfürstenhof eine Darstellung der Ereignisse gezielt in der Öffentlichkeit platziert, in der davon die Rede war, dass Hoym seine Tat „mit gutem Bedacht zu Werck gerichtet" habe (ebd., S. 190ff.).

[106] HStA Dresden, 10026, Loc. 956/8, Bl. 107f., Supplik der Familie Hoym an die Kommission, Dresden 27.4.1736; ähnlich auch ebd., Bl. 109f., Supplik der Familie Hoym an Friedrich August II., Dresden 26.4.1736; Kopien dieses Schreibens: 10026, Loc. 956/2, Bl. 194f.; 10026, Loc. 957/1, Bl. 184f.

[107] Kästner: Tödliche Geschichte(n), bes. S. 198ff.

schwarze Galle produziert habe. Daneben sei sicherlich auch der lange und zermürbende Haftaufenthalt für das traurige Ende verantwortlich.[108] Auch diese Ferndiagnose Friedrichs, in der er ein Übermaß an schwarzer Galle als verantwortlich für eine Melancholie und damit letztlich für den Suizid ansah, war ein klassisches Argument der humoralpathologischen Medizin, mit dem einem *Selbstmörder* die Verantwortung für sein Handeln abgesprochen wurde.[109] Friedrich bemühte sich daher auch in über zehn Briefen, die unehrliche Behandlung der Leiche seines Freundes abzuwenden.[110] Da er für seine Vermutungen einer physisch bedingten Melancholie keinerlei konkrete Hinweise besaß, resultierten sie wohl vor allem aus dem Wunsch, die Tat seines Freundes zu entschuldigen bzw. für sich selbst erklärbar zu machen. Auch aus dieser sehr persönlich motivierten Begründung ist es nicht möglich, ein allgemeines Deutungsmuster abzuleiten.

Neben der Klärung der Schuldfähigkeit interessierte die Zeitgenossen vor allem aber das konkrete Motiv Karl Heinrich von Hoyms. Und auch hier war die Meinung einhellig: Um seiner „wohlverdienten zeitlichen Strafe zu entgehen", habe der Graf seinem Leben ein Ende gesetzt.[111] Wäre Hoym in dem gegen ihn geführten Prozess seiner Verbrechen für schuldig erklärt und wegen Hochverrats verurteilt worden, so hätte dies unter anderem die Konfiskation

[108] Kronprinz Friedrich von Preußen an Manteuffel, Ruppin 29.4.1736, in: Johann David Erdmann Preuss (Hg.): Oeuvres de Frédéric le Grand, 31 Bde., Berlin 1846–1857, hier: Bd. 25, S. 506–509: „or sa rate, qui n'avait pas eu lieu de se gonfler beaucoup pendant que la fortune lui riait, et que tout lui succédait selon ses souhaits, venant à s'émouvoir par le chagrin, l'aura sans doute rendu morne et atrabilaire. Cela, avec l'ennui d'une longue prison, aura mis la dernière main à son humeur mélancolique, et lui aura fait perdre le peu de jugement qui lui restait."

[109] Zur Bedeutung der Milz für die *Schwarzgalligkeit* in der frühneuzeitlichen Humoralpathologie siehe Michael Kutzer: Anatomie des Wahnsinns. Geisteskrankheit im medizinischen Denken der frühen Neuzeit und die Anfänge der pathologischen Anatomie, Hürtgenwald 1998 (Schriften zur Wissenschaftsgeschichte 16), bes. S. 201–214; Thomas H. Jobe: Medical Theories of Melancholia in the Seventeenth and Early Eighteenth Centuries, in: Clio Medica 11, 1976, S. 217–231; Roland Lambrecht: Melancholie. Vom Leiden an der Welt und den Schmerzen der Reflexion, Reinbek bei Hamburg 1994, S. 13–34; Schreiner: Jenseits vom Glück, S. 42ff., 137ff.

[110] Dies gibt Friedrich zumindest kurz nach dem Tod Hoyms in einem Brief an. Die Briefe selber sind nicht mehr erhalten. Kronprinz Friedrich von Preußen an Manteuffel, Berlin 4.5.1736, in: Preuss: Oeuvres, Bd. 25, S. 509–516, hier: S. 514.

[111] HStA Dresden, 10026, Loc. 956/8, Bl. 143–146, Kurfürstliche Order an die Kommission, Warschau 28.4.1736. Ähnlich lautete das Urteil im Zirkularschreiben: Hoym habe, „da ihn vermuthlich die gewissens – Bisse gedrucket, und er sich getroffen gefunden, daß er seine Unternehmungen entdecket gesehen, den Entschluss gefasset, den Lauf der Gerechtigkeit abzukürzen, und sich selbst das Leben zu nehmen". Ebd., 10024, Loc. 7190/13. Auch in den Zeitungsberichten wurde diese Meinung geteilt. Zum Beispiel L'Avant – Coureur, ou nouvelles extraordinaires des diverses cours et autres lieux principaux de l'Europe, LXIX, Francfort 30.4.1736; Potsdammischer Staats- und gelehrter- Mercurius, No. LV, 8.5.1736.

seines Vermögens nach sich gezogen.[112] Hoym habe daher versucht, indem er einen plötzlichen Tod durch eine schwere Krankheit vortäuschte, diese Strafe abzuwenden. Sein nicht geringes Vermögen hätte demzufolge nicht konfisziert werden können und wäre, wie er es in seinem Testament verfügt hatte,[113] an seine Hinterbliebenen gefallen.[114] Insgesamt wurde also kein Zweifel daran gelassen, dass Hoym seinen eigenen Tod aus niederen Interessen heraus längere Zeit geplant und vorbereitet hatte und ihn dann vorsätzlich mit kühlem Verstand in die Tat umsetzte. Schon nach seinem ersten Suizidversuch, den er bei seiner Verhaftung im Jahr 1734 begangen hatte, war in einem Rundschreiben an die europäischen Höfe davon gesprochen worden, dass er „a dessein, et non pas par hazard" die Pistole gegen sich selbst gerichtet habe. Und auch dort wurde vermutet, dass die Verzweiflung über seine Verbrechen und die damit verbundenen Gewissensbisse ihn dazu getrieben hätten, sein Leben beenden zu wollen.[115]

Betrachtet man insgesamt Suizide von Untersuchungsgefangenen in der Frühen Neuzeit, so zeigt sich, dass Furcht vor Strafe immer die typische Motivzuweisung war. Aus rechtlicher Perspektive waren solche Selbsttötungen vorsätzlich ausgeführt worden und wurden daher meist ohne weitere rechtliche Prüfung mit besonders schweren Strafen belegt.[116] Suizide von Inquisiten waren in manchen Gebieten sogar bis weit ins 19. Jahrhundert hinein strafbar.[117]

[112] Zur Rechtslage bei Hochverrat siehe Rolf LIEBERWIRTH: Crimen laesae maiestatis (Majestätsverbrechen), in: HRG 1, 1971, Sp. 648–651, hier: Sp. 649f.; Klaus TIETZ: Perduellio und Maiestas. Eine rechtshistorische Untersuchung unter besonderer Berücksichtigung des Lebens und Wirkens Benedikt Carpzovs, Breslau 1936, S. 65ff.; Helga SCHNABEL-SCHÜLE: Das Majestätsverbrechen als Herrschaftsschutz und Herrschaftskritik, in: Dietmar WILLOWEIT (Hg.): Staatsschutz, Hamburg 1994, S. 29–47 (Aufklärung 7/2).

[113] Das Testament wurde am 15.8.1733 in Lichtenwalde abgefasst, es ist wiedergegeben bei PICHON: Vie de Charles-Henry Comte de Hoym, Bd. 2, S. 331–346.

[114] So habe er durch seinen „unmenschlichen hartnäckigten Vorsatz, sich selbst umzubringen", versucht, „der verwürckten Confiscation seines Vermögens, seiner Einbildung nach, zu entgehen". MILTITZ: Mandat, Carl Heinrichs, Grafens von Hoym, den 23sten Februarii Ann. 1737.

[115] HStA Dresden, 10026, Loc. 957/1, Bl. 245, Lettre Circulaire de Roy, aux Ministres au dehors, Warschau 15.1.1735.

[116] PFANNKUCHEN: Selbstmord und Sanktionen, bes. S. 115–143; KÄSTNER: Tödliche Geschichte(n), S. 264–269; LIND: Selbstmord in der Frühen Neuzeit, S. 261ff.; SCHÄR: Seelennöte der Untertanen, S. 61, 73, 83ff.; Jeffrey R. WATT: Choosing Death. Suicide and Calvinism in Early Modern Geneve, Kirksville, MD 2001, S. 192f.; MACDONALD/MURPHY: Sleepless Souls, S. 283ff.

[117] Falk BRETSCHNEIDER: Gefangene Gesellschaft. Eine Geschichte der Einsperrung in Sachsen im 18. und 19. Jahrhundert, Konstanz 2008 (Konflikte und Kultur 15), S. 435; Evelyne LUEF: … boshaftig den entsetzlichen selbstmord angethann. Selbsttötungen als strafrechtliches Delikt im frühneuzeitlichen Österreich, in: Andrea GRIESEBNER/Georg TSCHANNETT (Hgg.): Ermitteln, Fahnden und Strafen. Kriminalitätshistorische Studien vom 16. bis zum 19. Jahrhundert, Wien 2010, S. 165–190. Selbst in Preußen, wo seit 1751

Darüber hinaus galt die Selbsttötung in Haft in der Regel als Eingeständnis der Schuld für die zur Last gelegten Verbrechen, weswegen auch nach dem (Selbst-)Tod des Delinquenten ein Urteil gefällt werden konnte.[118]

Dies war beim Suizid Karl Heinrich von Hoyms nicht anders. Kurfürst Friedrich August II. versuchte zunächst die Hoym'schen Güter ohne eine Fortführung des Prozesses zu konfiszieren,[119] was sich jedoch als unmöglich erwies. Da die Güterkonfiskation nahezu überall im Alten Reich rechtlich an die Vortat geknüpft war und keine Strafe für den Suizid selbst darstellte,[120] war es nötig, Hoym post mortem des Hochverrats zu überführen.[121] Wenige Monate nach seinem Tod wurde der Prozess daher fortgesetzt und Hoym am Ende „pro perduelle" für schuldig erklärt.[122] Seine Güter konnten daraufhin einge-

alle Suizidenten gleichermaßen „still" bestattet wurden, wurde 1794 im *Allgemeinen Landrecht für die Preußischen Staaten* die Bestrafung von Untersuchungsgefangenen weiterhin festgeschrieben. Dazu PFANNKUCHEN: Selbstmord und Sanktionen, S. 139–143.

118 ZEDLER: Selbst-Mord, Sp. 1607: „Sonst gehet auch überhaupt die gemeine Meynung derer Rechtsgelehrten dahin aus, daß, wenn ein Beklagter eines von ihm begangenen Capital-Verbrechens wegen zu Recht bereits überwiesen worden, und er, seines bösen Gewissens halber, oder aus Furcht der bevorstehenden Straffe, ihm selbst das Leben genommen hätte, alsdenn dennoch diejenige Straffe, so er wegen seines verübten Verbrechens verdienet, an ihm, auch nach seinem Tode, andern zum Abscheu und Exempel, vollstrecket werden solle." Siehe hierzu Karl August GEIGER: Der Selbstmord im deutschen Recht, in: AKathKR 65, 1891, S. 3–36, hier: S. 16f; PFANNKUCHEN: Selbstmord und Sanktionen, S. 78–83; KÄSTNER: Tödliche Geschichte(n), S. 264, 268f.; David L. LEDERER: „... welches die Oberkeit bey Gott zuverantworten hat ...". Selbstmord von Untersuchungsgefangenen im Kerker während der frühen Neuzeit, in: Gerhard AMMERER/Falk BRETSCHNEIDER/Alfred Stefan WEISS (Hgg.): Gefängnis und Gesellschaft. Zur (Vor-)Geschichte der strafenden Einsperrung, Leipzig 2003, S. 177–188 (Comparativ 13/5), hier: S. 179. Vgl. allgemein außerdem Kristian KÜHL: Der Tod des Beschuldigten oder Angeklagten im laufenden Strafverfahren, in: Albin ESER u. a. (Hgg.): Strafverfahrensrecht in Theorie und Praxis. Festschrift für Lutz Meyer-Gossner zum 65. Geburtstag, München 2001, S. 715–731, hier: bes. S. 720–725.

119 Man wandte sich diesbezüglich sogar an den Kaiserhof. HStA Dresden, 10026, Loc. 956/8, Bl. 143–146, Kurfürstliche Order an die Kommission, Warschau 28.4.1736; ebd., 10024, Loc. 7190/11, Bl. 11, Heinrich von Brühl an die Kommission, Warschau 29.4.1736; ebd., Bl. 10, Kurfürstliche Order an die Kommission, Warschau 5.5.1736.

120 Dieser Rechtsgrundsatz galt bis auf wenige Ausnahmen überall im Alten Reich. Vgl. etwa LIND: Selbstmord in der Frühen Neuzeit, S. 33f., 340–347; PFANNKUCHEN: Selbstmord und Sanktionen, S. 57–114.

121 Es ist nicht klar, warum der Kurfürstenhof anfangs dennoch versuchte, die Güterkonfiskation ohne Fortsetzung des Prozesses vornehmen zu lassen. Freiherr von Zech musste seinem Kurfürsten jedoch mitteilen, dass der Suizid als alleiniger Grund für eine Vermögenseinziehung nicht ausreiche, „weil weder die Peinl[iche] Halßgerichts Ordnung, noch die Criminalisten der Meinung beyzupflichten scheinen, dass auf das Propricidium [= Selbsttötung, F. K.] die Confiscatio Bonorum folge, es sey denn, dass der Selbstmörder des Criminis Laesae Majestatis oder Perduellionis überzeuget werden können". HStA Dresden, 10024, Loc. 7190/11, Bl. 16f., Zech an Friedrich August II., Wien 15.5.1736.

122 Eine elfköpfige Kommission aus professionellen Juristen prüfte den Fall (ebd., 10026,

zogen werden.[123] Indem der Suizid als Schuldeingeständnis für den Hochverrat gewertet wurde, wurde noch einmal juristisch einwandfrei geklärt, dass nicht eine Melancholie Ursache des Suizids war, sondern Hoym allein unter Vorsatz gehandelt hatte.[124]

1.3 Das Begräbnis – eine Frage der Ehre

Zwar hing die Straffähigkeit eines Suizidenten überall im Alten Reich von dessen Geisteszustand ab, die konkrete Form der Bestrafung konnte jedoch höchst unterschiedlich aussehen. Wie bereits erwähnt stand nur in einigen wenigen Territorien die Konfiskation des Vermögens als Strafe auf den *Selbstmord*. Immer hingegen wurde eine vorsätzliche Tat auf irgendeine Weise am Leichnam bestraft. Grundsätzlich gab es zwei unterschiedliche Arten Suizidenten zu bestatten: Das stille Begräbnis und das Hunde- oder Eselsbegräbnis. Von diesen beiden Formen existierten dann wiederum regional höchst unterschiedliche Abstufungen und Unterarten.[125]

Das stille Begräbnis war keine Strafe im juristischen Sinn. Es war für Menschen vorgesehen, denen eine geistige Beeinträchtigung nachgewiesen werden

Loc. 957/2, Kurfürstliche Order zur Fortführung des Prozesses gegen Hoym, Warschau 23.10.1736). Die Untersuchung war Ende 1736 abgeschlossen (ebd., Loc. 955/9, Gutachten über die Anklagepunkte gegen Hoym, Dresden 13.12.1736). Von allen Arten des Hochverrats („crimen laesae majestatis") stellte das „crimen perduellionis" den schwersten Fall dar, da es ein mit dem „animus hostilis" begangenes Majestätsverbrechen war. Wurde es am Kaiser oder an einem Kurfürsten begangen, so wurde der Delinquent in aller Regel mit dem Tod und der Einziehung seiner Güter bestraft. Tietz: Perduellio und Maiestas, S. 61f.; Lieberwirth: Crimen laesae maiestatis, Sp. 650.

123 Die Vermögenskonfiskation führte Moritz von Sachsen durch, ein unehelicher Sohn Augusts des Starken und Stiefbruder des aktuellen Kurfürsten. Drei Viertel des Hoym'schen Besitzes fielen an ihn, das andere Viertel wurde Graf von Watzdorf zugesprochen, dem Ehemann einer Nichte Hoyms. Dieses Erbe war allerdings nur scheinbar ein Gewinn für Watzdorf, da gleichzeitig bestimmt wurde, dass er in Höhe dieses Anteils Schuldner Moritz' von Sachsen wurde. Pichon: Vie de Charles-Henry Comte de Hoym, Bd. 1, S. 139ff.; Boroviczény: Die Verhaftung Graf Hoyms, S. 185f.

124 So sei der „Selbst-Mord" Hoyms als ein „mittelst Uberzeugung seines bösen Gewißens gleichsam öffentlich wiederholte[s] Bekänntniß" anzusehen. Man bezog sich daher ausdrücklich auf § 135 der *Constitutio Criminalis Carolina* („Straff eygner tödtung"), nach dem die Güter nur von solchen Suizidenten eingezogen werden durften, die sich aus Furcht vor einer Konfiskation im Gefängnis das Leben genommen hatten. Miltitz: Mandat, Carl Heinrichs, Grafens von Hoym, den 23sten Februarii Ann. 1737; Schroeder: Die Peinliche Gerichtsordnung Kaiser Karls V., S. 84f.

125 Auf die regionalen Besonderheiten im Alten Reich kann hier nicht weiter eingegangen werden. Siehe hierzu mit weiterführender Literatur Pfannkuchen: Selbstmord und Sanktionen.

konnte und die daher als nicht voll zurechnungsfähig für ihre Tat galten. Der Leichnam wurde dann zwar meist auf dem Friedhof durch den Totengräber, allerdings ohne alle Festlichkeiten, beigesetzt. Das Hunde- oder Eselsbegräbnis hingegen war die Bestrafung für Menschen, die sich nach einhelliger Meinung unter Vorsatz das Leben genommen hatten. Eine unehrliche Person – meist der Abdecker – vollzog dann an der Leiche bestimmte unehrliche Handlungen. Eine solche Leichenbestrafung bestand beispielsweise darin, den Körper auf einer Kuhhaut durch das Dorf zu schleifen, ihn am Galgen aufzuhängen oder auf ein Rad zu flechten und ihn anschließend an einem unehrlichen Ort, etwa auf dem Schindanger, zu verscharren.[126] Zwar bedeutete auch die stille Beerdigung eine Ehrminderung, weil sie den Angehörigen keine Möglichkeit zur aufwendigen Begräbnismemoria erlaubte. Allerdings war sie ehrlich, weil sie nicht von Vertretern der unehrlichen Berufe durchgeführt wurde. Sie verunreinigte den Leichnam nicht rituell und unterschied sich damit kategorial vom Hunde- und Eselsbegräbnis.

Aus Perspektive des Strafrechts wurde der Suizident also erst mit der postmortalen Leichenbestrafung unehrlich, noch nicht durch die Tat an sich. Die „Unehrlichkeit im Rechtssinne" trat also erst mit dem Vollzug der Strafe ein. „Ehrlos macht eben noch nicht die Tat, sondern erst das Urteil über sie."[127] Die Obrigkeiten versuchten demnach, mit einem unehrlichen Begräbnis eine rituelle Verunreinigung gezielt als Strafe zuzuweisen, wie sie dies auch bei anderen Schand- und Ehrenstrafen taten.[128] Eine solche obrigkeitlich intendierte ritu-

[126] Vgl. hier Zedler: Selbst-Mord, Sp. 1605f.; Straffe (Schärffung oder Erhöhung der), in: ebd., Bd. 40, Sp. 591–594. Zu den möglichen Strafmaßnahmen siehe Geiger: Der Selbstmord im deutschen Recht, bes. S. 11ff; Dieselhorst: Die Bestrafung der Selbstmörder; Brückner: Leichenbestrafung; Mary Lindemann: Armen- und Eselbegräbnis in der europäischen Frühneuzeit, eine Methode sozialer Kontrolle, in: Paul Richard Blum (Hg.): Studien zur Thematik des Todes im 16. Jahrhundert, Wolfenbüttel 1983, S. 125–139 (Wolfenbütteler Forschungen 22); Sylvina Zander: Von ‚Schinderkuhlen' und ‚Elendenecken'. Das unehrliche Begräbnis vom 16. bis ins 19. Jahrhundert, in: Markwart Herzog/Norbert Fischer (Hgg.): Nekropolis. Der Friedhof als Ort der Toten und der Lebenden, Stuttgart 2005, S. 109–124 (Irseer Dialoge 10); Daniel Wojtucki: Bestattungen von Hingerichteten und Selbstmördern in Schlesien und in der Oberlausitz vom 16. bis zum 18. Jahrhundert, in: Jost Auler (Hg.): Richtstättenarchäologie, Dormagen 2008, S. 532–547; Petr Sokol: Suicide, Vampire and Delinquent. Burial Practice as a Form of Social Exclusion, in: Jost Auler (Hg.): Richtstättenarchäologie 2, Dormagen 2010, S. 148–170. Erste Hinweise auf die Bestrafung von *Selbstmörderleichen* stammen aus dem 13. Jahrhundert: Signori: Rechtskonstruktionen und religiöse Fiktionen, bes. S. 31ff.; Murray: Suicide in the Middle Ages, Bd. 2, bes. S. 10–53.

[127] Dieselhorst: Die Bestrafung der Selbstmörder, S. 64f. Auch wenn Dieselhorst dies hier richtig erkannt hat, kann er das Paradox zu der „Anschauung des Volkes", nach der der Suizident „bereits durch seine Tat [...] ehrlos geworden sei", nicht auflösen.

[128] Dies war immer dann der Fall, wenn die Strafe durch eine unehrliche Person und an einem unehrlichen Ort, also Pranger oder Galgen, ausgeführt wurde. Florian Kühnel: Die

elle Verunreinigung wirkte sich wiederum negativ auf die Ehre des Betroffenen aus. Das Suizidstrafrecht instrumentalisierte damit die im Zusammenhang mit Unehrlichkeit existierenden Vorstellungen für eigene Strafzwecke.[129]

Da Karl Heinrich von Hoym sich sein Leben in Haft und damit nach einhelliger Meinung unter Vorsatz genommen hatte, hätte ein Eselsbegräbnis die zwangsläufige Folge sein müssen. In Kursachsen war dieser allgemeine frühneuzeitliche Rechtsgrundsatz seit einem kurfürstlichen Befehl von 1719 rechtlich fixiert:

> „Dahingegen diejenigen Selbst-Mörder, welche ex conscientia delictorum und aus Furcht der ihnen bereits dictirten, oder doch noch zu gewarten habenden Lebens-Straffe, zumal in atrocioribus, ihnen selbst das Leben nehmen, ihre Cörper mit der Hinausschaffung auf dem Schind-Karren, oder Schleiffe, und der Verwirkung in die Erde unter den Galgen, oder auch öfters noch mit Galgen, Rad und Feuer gestraffet werden".[130]

Doch obwohl die Untersuchungskommission im Fall Hoym die Eindeutigkeit der Rechtslage mehrfach betonte, herrschte von Anfang an Unklarheit über die Art seiner Bestattung. Bereits beim ersten Besuch in Königstein war man sich unsicher, was Kurfürst Friedrich August II. in diesem speziellen Fall anordnen würde.[131] Kabinettsminister von Wackerbarth gab an, er könne keine Entscheidung treffen, da er mit den Rechtsverhältnissen in Kursachsen nicht vertraut

Ehre der Unehrlichen. Rituelle Verunreinigung und Ehrverlust in der Frühen Neuzeit, in: Peter Burschel/Christoph Marx (Hgg.): Reinheit, Köln/Weimar/Wien 2011, S. 271–301 (Veröffentlichungen des Instituts für Historische Anthropologie e. V. 12), hier: S. 285ff.

[129] Vgl. Lind: Selbstmord in der Frühen Neuzeit, S. 38; Pfannkuchen: Selbstmord und Sanktionen, S. 50.

[130] Ejusdem Befehl, Daß die Consistoria, wegen Beerdigung derer Selbst-Mörder, wo solches aus Melancholie geschehen, zu disponiren haben sollen, den 13. Martii An.1719, in: Johann Christian Lüning: Codex Augusteus Oder Neuvermehrtes Corpus Juris Saxonici…, Leipzig 1724, Sp. 1009f. Ausführlich zu diesem Befehl und dessen Entstehung siehe Kästner: Tödliche Geschichte(n), S. 225–239. Mit einem kurfürstlichen Befehl von 1723 trat ein konkurrierendes Gesetz hinzu. Danach sollten die Leichname aller Gefangenen, die sich getötet hatten, unabhängig vom sozialen Stand an die Anatomien der Universitäten Leipzig und Wittenberg ausgeliefert werden. Ebd., S. 257, 268f. Im Fall Hoym allerdings ist immer nur davon die Rede, dass er nach geltender Rechtslage eigentlich ein Eselsbegräbnis erhalten müsse.

[131] HStA Dresden, 10026, Loc. 956/2, Bl. 181f., Bericht der Subdelegaten, Königstein 23.4.1736; ebd., 10024, Loc. 7190/12, Bl. 12f., Bericht der Kommission, Dresden 23.4.1736.

sei: „[J]e ne suis point versé dans les droits et coutumes de ce pais".[132] Es wurde demnach von vornherein davon ausgegangen, dass das geltende Recht im Fall Hoym nicht voll zur Anwendung kommen würde. Stattdessen einigte man sich darauf, bis zum Eintreffen einer königlichen Order alles abzuwarten.[133] Da Kurfürst Friedrich August II. von Sachsen gleichzeitig König von Polen war und sich gerade in Warschau aufhielt, wurde der weitere Fortschritt des Verfahrens erheblich verzögert.[134] Erst am Abend des 3. Mai, also zwei Wochen nach Hoyms Tod, erreichte die kurfürstliche Order Dresden. Darin bestimmte Friedrich August II., „das Cadaver außerhalb des Kirchhofes in aller Stille, an einem besonderen Orth" beizusetzen.[135]

Dass man den toten Körper für zwei Wochen am Strang hängen ließ und auf eine Entscheidung des Kurfürsten wartete – und sicherlich auch noch länger gewartet hätte –, verwundert aus heutiger Sicht. Zwar reiste die Kommission anfangs mit dem Auftrag nach Königstein, den Leichnam in ein „kühles und verwahrtes Gewölbe" zu bringen, um den einsetzenden Verwesungsprozess zu verlangsamen. Nachdem ihn allerdings niemand berühren wollte und sich ohnehin kein passendes Gewölbe fand,[136] war dieser Aspekt im weiteren Verlauf des Verfahrens kaum noch von Interesse. Niemand der Beteiligten scheint die voranschreitende Verwesung als ein allzu drängendes Problem empfunden zu haben.[137] Generell war die Verwesung des Leichnams selten ein Argument, um ein Strafverfahren zu beschleunigen.[138] Auch bei anderen Suiziden in der

[132] Joseph Anton Gabaleon Graf von Wackerbarth-Salmour war geborener Turiner und kannte sich daher wohl nicht mit der sächsischen Rechtslage aus. Verzweifelt versuchte er im Fall Hoym die beiden anderen Kommissionsmitglieder, Freiherr von Zech und Graf von Hennicke, zu erreichen, da er „vor sich alleine nichts verfügen" wollte. Siehe dazu seine Schreiben in HStA Dresden, 10024, Loc. 7190/12. Zu seiner Biographie Judith Matzke: Wackerbarth-Salmour, Joseph Anton Gabaleon Graf von, in: Sächsische Biografie Online, 20.3.2006 [URL: http://saebi.isgv.de/biografie/Joseph_Anton_Gabaleon_von_Wackerbarth-Salmour_(1685-1761)].

[133] HStA Dresden, 10026, Loc. 955/6, Bl. 390–394, Gouvernement an Joh. Adolph II., Herzog zu Weißenfels, Dresden 27.4.1736.

[134] Post von Dresden nach Warschau war genau eine Woche unterwegs, so dass eine Antwort des Kurfürsten mindestens 14 Tage benötigte.

[135] Ebd., 10026, Loc. 956/8, Bl. 143–146.

[136] Ebd., 10024, Loc. 7190/12, Bl. 12f., Bericht der Kommission, Dresden 23.4.1736.

[137] Allein der Regimentsschultheiß des Gouvernements, Victor Schubbe, drängte zur Eile, da „bey jeziger Witterung der Cörper sich nicht lang halten" würde und daher eine „bevorstehende Faulniss" zu befürchten sei. Ebd., Bl. 22f., Bericht des Gouvernements Dresden, Dresden 24.4.1736; ebd., 10026, Loc. 955/6, Bl. 386f., Bericht des Regimentsschuldheiß Schubbe, Dresden 24.4.1736. An anderer Stelle hatte Graf von Wackerbarth die Bedenken geäußert, dass es zu „inconvenients" mit der Familie kommen könne, falls man den Körper bis zur Ankunft der kurfürstlichen Order verfaulen lassen würde. Ebd., 10024, Loc. 7190/12, Bl. 9–11, Wackerbarth an Zech und Hennicke, Dresden 24.4.1736, hier: Bl. 10.

[138] Bei einem zehn Tage dauernden Suizidverfahren in Kursachsen vier Jahre vor der Selbst-

Frühen Neuzeit spielte der sich entwickelnden Leichengestank gegenüber der Frage, wie mit dem toten Körper korrekt zu verfahren sei, nur eine untergeordnete Rolle.[139] Bis zu mehreren Wochen blieben die Leichen zum Teil unbestattet und wurden etwa solange in einem Fass aufbewahrt.[140] In einigen Regionen Europas wurden die Leichen mitunter einbalsamiert oder provisorisch beerdigt und für die Urteilsvollstreckung wieder exhumiert.[141] Die Rechtmäßigkeit der zu erfolgenden Begräbnisform hatte demnach immer Priorität vor allen anderen Überlegungen.[142]

Warum Unklarheiten über die Art der Behandlung einer Suizidentenleiche auftraten und sich der Prozess in die Länge zog, konnte ganz verschiedene Gründe haben. Relativ häufige waren Kompetenzstreitigkeiten verschiedener Gerichtsbarkeiten die Ursache.[143] Dies trifft jedoch nicht auf den Fall Hoym zu.[144] Bei ihm resultierten die Unklarheiten wohl in erster Linie aus seinem

tötung Hoyms hatte man etwa auch nicht deswegen für die Zukunft eine schnellere Entscheidungsfindung gefordert, weil man den Verwesungsprozess als problematisch angesehen hätte, sondern weil der Aufwand zu groß war, den Leichnam zu bewachen. KÄSTNER: Tödliche Geschichte(n), S. 241; weitere Beispiele ebd., S. 245ff.

139 Obwohl in Rechnung gestellt werden muss, dass sich die Geruchswahrnehmung gerade im Laufe des 18. Jahrhunderts zunehmend sensibilisiert hat, empfanden die Zeitgenossen Verwesungsgeruch auch vorher schon als äußerst störend. Dies zeigt sich beispielsweise bei anatomischen Theatern. Karin STUKENBROCK: Der sezierte Leichnam als Objekt der (Körper-)Erfahrung in der Frühen Neuzeit, in: Paul MÜNCH (Hg.): „Erfahrung" als Kategorie der Frühneuzeitgeschichte, München 2001, S. 73–88 (Historische Zeitschrift. Beihefte, N.F. 31), hier: bes. S. 84ff.

140 Beispiele etwa aus Zürich, Bayern oder Südmähren: SCHÄR: Seelennöte der Untertanen, S. 67; LEDERER: Madness, Religion and the State, S. 245–250; Daniela TINKOVÁ: The Suicide, his Body and his Soul in the Age of Reason. Remarks on the Transformation of the Conception of "Crime" and on the Process of "Depenalization", in: Václav BŮŽEK/ Dana ŠTEFANOVÁ (Hgg.): Menschen – Handlungen – Strukturen. Historisch-anthropologische Zugangsweisen in den Geschichtswissenschaften, České Budejovice 2001, S. 295–324 (Opera Historica 9), hier: S. 295f.

141 So beispielsweise zum Teil in Frankreich: August Karl GEIGER: Der Selbstmord im französischen Recht, in: AKathKR 62, 1889, S. 385–399, hier: S. 395; MCMANNERS: Death and the Enlightenment, S. 409. In Österreich und Böhmen war diese Praxis seit der *Constituio Criminalis Theresiana* von 1768 ebenfalls bei zu langer Wartezeit vorgesehen und fand teilweise auch in der Rechtspraxis in Ostpreußen und der Kurmark Anwendung. PFANNKUCHEN: Selbstmord und Sanktionen, S. 153.

142 Zu England vgl. hierzu außerdem HOUSTON: Punishing the Dead?, S. 209f.

143 Ebd., S. 8, 53f.; KÄSTNER: Tödliche Geschichte(n), S. 59ff., 310ff.

144 Zwar gab es auch hier Kompetenzstreitigkeiten zwischen der kurfürstlichen Kommission und dem Gouvernement in Dresden, diese verzögerten den Ablauf allerdings nicht. Da Königstein eine militärische Befestigungsanlage war, fühlte man sich im Gouvernement für den Fall zuständig und entsandte auch eigene Beamte. Kurfürst Friedrich August II. sprach in seiner Order vom 28.4.1736 die gerichtliche Zuständigkeit allerdings der Kommission zu, da Hoym „weder eine Militair-Persohn gewesen noch umb militarischer Verbrechen willen sich sothane Hafft zugezogen gehabt". HStA Dresden,

adligen Stand. Denn bereits bevor die kurfürstliche Order aus Warschau das stille Begräbnis angeordnet hatte, ging man von dieser Bestattungsart aus.[145] Statt dem nach geltendem Recht zu erwartenden Eselsbegräbnis wurde der Leichnam Karl Heinrich von Hoyms, wenn auch still, so doch immerhin ehrlich, das heißt nicht rituell verunreinigend, begraben. Obwohl das kursächsische Suizidrecht nicht nach ständischer Zugehörigkeit unterschied,[146] war in der Praxis offensichtlich doch eine Sonderbehandlung von Adligen die Regel.

Rechtlich fixiert war diese Rechtspraxis jedoch nicht, was wohl daran liegt, dass das Verfahren bei Selbsttötungen allgemein im Alten Reich nur wenig formalisiert war.[147] Anders war dies in Kursachsen – wie im Übrigen auch in Preußen[148] – beim Duell. Im Duellmandat von 1706 (erneuert 1712) hieß es:

> „So sollen die Cörper, derer im 1.§. bemerckten Personen [das heißt der Adligen, F. K.], ausserhalb des Kirchhoffs, oder an den Ort, wo die Missethäter hingelegt werden, durch den Todten-Gräber in der Stille begraben, derer andern aber, so darunter nicht begriffen, durch den Nach-Richter weggeschaffet, und an den Galgen gehencket werden."[149]

10026, Loc. 955/6, Bl. 408, Kurfürstliche Order an Friesen (Gouvernement), Warschau 28.4.1736; 10024, Loc. 7190/12, Bl. 26, Kommission an Kommandant Riedesel, Dresden 4.5.1736. Zu den vorangehenden Bemühungen des Gouvernements siehe ebd., Loc. 955/6, Bl. 374–376, Gouvernement an Joh. Adolph II., Herzog zu Weißenfels, Königsbrück 24.4.1736; Bl. 378f., Gouvernement an Oberstleutnant Römer, Dresden 23.4.1736; Bl. 382f., Instruktionen des Gouvernements für den Regimentsschuldheiß Schubbe, Dresden 23.4.1736; Bl. 386f., Bericht des Regimentsschuldheiß Schubbe, Dresden 24.4.1736; 10024, Loc. 7190/12, Bl. 22f., Bericht des Gouvernements Dresden, Dresden 24.4.1736; 10026, Loc. 956/8, Bl. 210–214, Untersuchungsbericht des Gouvernements, Königstein 24.4.1736.

145 Ebd., 10026, Loc. 956/2, Bl. 163–168, Hennicke an Wackerbarth, Dresden 25.4.1736.

146 Hier gilt eine Einschränkung: Laut eines kurfürstlichen Befehls von 1723 sollten ertrunkene oder andere tot aufgefundene Menschen an die Anatomie ausgeliefert werden, „worunter iedoch personae honoratiores nicht mit zu verstehen" seien. Bei diesen Menschen handelte sich um potentielle Suizidenten. Befehl Herrn Friederici Augusti, König in Polen u.Churf. zu Sachsen, daß nicht nur aus dem Chur- und Leipziger-, sondern auch aus denen mehrern Creysssen dero Landen die Cadavera der Enthaupteten, Gesäckten, Gehangenen, Ertrunckenen und desperaten Selbst-Mörder zur Anatomie; die Cörper der Verstorbenen in Hospitätlern und Krankenhäusern aber nur zur Section und Inspection an die Medicinischen Fakultäten zu Leipzig und Wittenberg, auf derselben Requisition und Kosten sollen abgeliefert werden, den 12. April. Anno 1723, in: Lüning: Codex Augusteus, Sp. 993–996, hier: Sp. 995.

147 So Alexander Kästner: Verlorene Seelen? Überlebende von Suizidversuchen in Kursachsen Ende des 18. Jahrhunderts, in: NASG 77, 2006, S. 67–96, hier: S. 82; ders.: Tödliche Geschichte(n), S. 55–66.

148 So in den Bestimmungen des Preußischen Landrechts von 1721. Dazu Pfannkuchen: Selbstmord und Sanktionen, S. 140f.

149 Ejusdem Erneuert und geschärfftes anderweit eröffnetes Mandat. Wider die Selbst-Rache, Injurien, Friedens-Stöhrungen und Duelle, den 2. Julii, Anno 1712, in: Lüning: Codex Augusteus, Sp. 1785–1804, hier: Sp. 1796.

Beim Duell war in Kursachsen also auch gesetzlich festgelegt, was beim Suizid offensichtlich zumindest in der Praxis üblich war: Während Adlige mit einem stillen Begräbnis beigesetzt wurden, sollten alle anderen Menschen beim selben Tatbestand durch den Nachrichter an den Galgen gehängt werden. Bemerkenswerterweise wurden Duell und Suizid in der Frühen Neuzeit auch in anderer Hinsicht als zwei eng verwandte Phänomene angesehen.[150]

Die Privilegierung von adligen *Selbstmördern* in der Rechtspraxis war allerdings keineswegs auf Kursachsen beschränkt, dies wird sich im weiteren Verlauf dieser Arbeit wiederholt zeigen.[151] In einem Zeitschriftenartikel über „Unehrlichkeit und unehrliches Begräbnis" kritisierte der Mediziner Christian Gottfried Gruner, dass es noch im Jahr 1790 üblich gewesen sei, *Selbstmörder* „[zu] entschuldigen und standesgemäß [zu] beerdigen, wenn sie vom Stande waren, hingegen [zu] verdammen, und ihre Leichname [zu] beschimpfen, wenn sie aus der niederen Volksklasse waren".[152] Auch noch Ende des 18. Jahrhunderts sah man also offensichtlich grundsätzlich davon ab, den adligen Suizidenten durch ein unehrliches Begräbnis rituell zu verunreinigen und damit seine Ehre zu beschädigen.

Trotz dünner Quellenlage scheint sich dieser Befund auch für Selbsttötungen von weiblichen Adligen zu bestätigen.[153] Dies ist neben den beiden bereits erwähnten Fälle der Henriette von Lassberg und der Karoline von Günderrode etwa in einer Szene in Shakespeares *Hamlet, Prince of Denmark* deutlich zu sehen: Nach dem Suizid der Ophelia unterhalten sich zwei Totengräber darüber, dass die Tote dem geltenden Recht nach eigentlich kein christliches Begräbnis erhalten dürfte, da sie ihr Leben „wilfully" bzw. „wittingly" beendet habe. Schließlich stellen sie fest: „If this had not been a gentlewoman, she should have been buried out of Christian burial."[154]

Ein Grund für die rechtliche Sonderbehandlung adliger Suizidenten könnte darin liegen, dass Adlige per se über ein besonders hohes Sozialkapital verfügten.[155] Allgemein hingen in der frühneuzeitlichen Rechtspraxis Art und Härte

[150] Siehe dazu Kap. II. 6.

[151] Vgl. außerdem Minois: Geschichte des Selbstmords, S. 285, 296; Donna T. Andrew: Debate. The Secularization of Suicide in England 1660–1800, in: P&P 119, 1988, S. 158–165, hier: S. 163f.; MacDonald/Murphy: Sleepless Souls, S. 126ff.; Lederer: Madness, Religion and the State, S. 253f.

[152] Gruner: Unehrlichkeit und unehrliches Begräbnis, S. 114.

[153] Wie bereits erwähnt, könnte gerade darin möglicherweise ein Grund für die fehlenden Quellen zu adligen Suizidentinnen liegen.

[154] William Shakespeare: Hamlet, hrsg. von George Richard Hibbard, Oxford 1987, S. 320ff. (5. Akt, 1. Szene).

[155] „Das Sozialkapital ist die Gesamtheit der aktuellen und potentiellen Ressourcen, die mit dem Besitz eines dauerhaften Netzes von mehr oder weniger institutionalisierten Beziehungen gegenseitigen Kennens oder Anerkennens verbunden sind; oder, anders ausgedrückt es handelt sich dabei um Ressourcen, die auf der Zugehörigkeit zu einer

von Strafen davon ab, wie gut ein Verbrecher gesellschaftlich integriert war. Delinquenten aus Randgruppen wurden generell zu härteren Strafen verurteilt als solche, die fest zu einer bestimmten Gemeinschaft gehörten.[156] Gerade der Adel profitierte besonders von diesem Grundsatz, da hier der Einzelne immer als Vertreter seines ganzen Standes gesehen wurde und daher über besonders viel soziales Kapital verfügte: „Der Adlige ist die zum Individuum gewordene Gruppe", wie dies Pierre Bourdieu pointiert formuliert hat.[157] Auch für den Suizid in der Frühen Neuzeit ist bekannt, dass die Form seiner Bestrafung ganz erheblich von der gesellschaftlichen Verflechtung des Täters abhing.[158]

Es verwundert daher nicht, dass Hoyms Familie nach seinem Suizid versuchte, von ihrem Sozialkapital Gebrauch zu machen und Einfluss auf die Art der Bestattung zu nehmen. Nachdem sie mit ihrer Bitte bei der Kommission in Dresden zunächst nichts ausrichten konnte,[159] wandte sie sich einige Tage später in einem Schreiben direkt an den Kurfürsten:[160] Man habe durch ein Gerücht erfahren, dass sich ihr Verwandter das Leben genommen habe, wisse aber nicht, „ob der Ruff un- oder gegründet sey". Falls es sich wirklich so verhalte, bitte man jedoch, gegen den Leichnam „nichts Deshonorables" zu verhängen

Gruppe beruhen." Pierre Bourdieu: Ökonomisches Kapital – Kulturelles Kapital – Soziales Kapital, in: ders.: Die verborgenen Mechanismen der Macht, Hamburg 1997, S. 49–79 (Schriften zu Politik und Kultur 1), hier: S. 63.

156 Gerd Schwerhoff: Aktenkundig und gerichtsnotorisch. Einführung in die Historische Kriminalitätsforschung, Tübingen 1999 (Historische Einführungen 3), S. 92–95; ders.: Devianz in der alteuropäischen Gesellschaft, S. 391; Karl Härter: Zum Verhältnis von „Rechtsquellen" und territorialen Rahmenbedingungen in der Strafgerichtsbarkeit des 18. Jahrhunderts. Vagabondage und Diebstahl in der Entscheidungspraxis der Kurmainzer Landesregierung, in: Harriet Rudolph/Helga Schnabel-Schüle (Hgg.): Justiz = Justice = Justicia? Rahmenbedingungen von Strafjustiz im frühneuzeitlichen Europa, Trier 2003, S. 433–465 (Trierer Historische Forschungen 48), hier: bes. S. 457f.; Joachim Eibach: Versprochene Gleichheit – verhandelte Ungleichheit. Zum sozialen Aspekt in der Strafjustiz der Frühen Neuzeit, in: GG 35, 2009, S. 488–533, hier: bes. S. 520f.

157 Bourdieu: Ökonomisches Kapital – Kulturelles Kapital – Soziales Kapital, S. 69.

158 Allgemein siehe Schär: Seelennöte der Untertanen, S. 64; MacDonald/Murphy: Sleepless Souls, S. 129f., 222–238; Michael Frank: Die fehlende Geduld Hiobs. Suizid und Gesellschaft in der Grafschaft Lippe (1600–1800), in: Signori: Trauer, Verzweiflung und Anfechtung, S. 152–188, hier: bes. S. 178ff., 186.

159 HStA Dresden, 10024, Loc. 7190/12, Bl. 15, Watzdorf an die Kommission, ohne Ort 23.4.1736. Die Kommission verweigerte darauf allerdings die Aussage, da sie meinte, „in schrifftliche correspondenz mit der familie sich einzulassen, halte man vor bedenklich, auch unnöthig", außer Friedrich August II. wolle der Familie den Leichnam für ein Begräbnis übergeben lassen. Ebd., 10024, Loc. 7190/12, Bl. 9–11, Wackerbarth an Zech und Hennicke, Dresden 24.4.1736; ebd., 10026, Loc. 956/2, Bl. 163–168, Hennicke an Wackerbarth, Dresden 25.4.1736.

160 Solche Suppliken waren ein übliches Mittel, mit dem Angehörige von Straftätern versuchten, ihr „soziales Eigenkapital" geltend zu machen und eine Begnadigung zu erwirken. Dazu Eibach: Versprochene Gleichheit, S. 522–526.

und ihn zur Beerdigung auszuliefern.[161] Außerdem bat die Familie die Kommission, auf weitere Schritte zu verzichten, bis die kurfürstliche Antwort aus Warschau angekommen sei.[162] Mit einer feierlichen Bestattung wurde offensichtlich von Anfang an nicht gerechnet, da die Familie allein darum ersuchte, dass der Leichnam „in der Stille durch seine hinterlassene Leuthe auff sein Guth gebracht und daselbst beerdigt werde".[163]

Mit ihren Bemühungen konnte die Familie allerdings keinen Einfluss auf die Art der Bestattung Karl Heinrich von Hoyms ausüben, da die Suppliken an den Kurfürsten nicht rechtzeitig verschickt worden waren.[164] Ohnehin lässt sich feststellen, dass die Einflussmöglichkeiten einer adligen Familie auf die Bestattungsart eines Suizidenten sehr begrenzt waren. Wurde beispielsweise um die Auslieferung der Leiche eines ihrer Untertanen ersucht, mussten immer weitere Faktoren hinzutreten, um ein positives Urteil zu erwirken. In aller Regel verwies man dann auf das melancholische Gemüt und den überaus christlichen Lebenswandel des Verstorbenen zu Lebzeiten.[165] Auch im Fall Hoym hatte die Familie ja auf eine Melancholie als Suizidursache hingewiesen. Diese Argumente waren jedoch nicht adelsspezifisch, sondern Bestandteil nahezu jeder Supplik, die bei einem Suizid gestellt wurde.

Über das Sozialkapital hinaus musste es also noch etwas geben, das den adligen Suizidenten vor einer schändlichen Behandlung seines Körpers bewahrte und das ihn von den Mitgliedern anderer sozialer Gruppen abhob. Mit einigem Recht kann vermutet werden, dass dies seine adlige Ehre bzw. sein Mehr an symbolischem Kapital war.[166] Denn faktisch war das frühneuzeitliche

[161] Diese Familienmitglieder waren Graf von Watzdorf, der Mann einer Nichte, Gisela Erdmuthe von Bothmar, eine Schwester und Johann Friedrich Viztum von Eckstädt, ein Neffe Hoyms. Ebd., 10026, Loc. 956/8, Bl. 109f., Supplik der Familie Hoym an Friedrich August II., Dresden 26.4.1736.

[162] Ebd., 10026, Loc. 956/8, Bl. 107f., Supplik der Familie Hoym an die Kommission, Dresden 27.4.1736. Gleichzeitig wandten sich außerdem die zweite Schwester Hoyms, Rahel Charlotte Viztum von Eckstädt, und sein Bruder, Ludwig Gebhard von Hoym, an den Kurfürsten und baten auch die Kommission, die kurfürstliche Antwort abzuwarten. Ebd., Bl. 112f., Supplik der Familie Hoym an die Kommission, Leipzig 27.4.1736.

[163] Ebd.

[164] Sie wurden erst am 26. bzw. 27.4. abgeschickt und konnten Friedrich August II. in Warschau daher erst erreicht haben, nachdem dieser bereits seine kurfürstliche Order zurück nach Dresden gesandt hatte.

[165] Kästner: Tödliche Geschichte(n), S. 198ff.

[166] Das „symbolische Kapital" ist bei Bourdieu theoretisch nicht sehr differenziert ausgearbeitet. Es werde „gemeinhin als Prestige, Renommee, usw. bezeichnet" und sei die „als wahrgenommene und als legitim anerkannte Form" der drei Kapitalsorten ökonomisches, kulturelles und soziales Kapital. Das soziale Kapital ist damit Teil des symbolischen Kapitals, geht aber in diesem nicht vollständig auf. Pierre Bourdieu: Sozialer Raum und „Klassen", in: ders.: Sozialer Raum und „Klassen". Leçon sur la leçon. Zwei Vorlesungen, Frankfurt a. M. 1985, S. 9–46, hier: bes. S. 10f.; ders.: Das symbolische Kapital, in: ders.:

Strafrecht standesspezifisch gegliedert.[167] Einem allgemeinen Rechtsgrundsatz folgend waren Adlige vor entehrenden Strafen prinzipiell zu verschonen und stattdessen mit Alternativstrafen zu belegen.[168] Weder inhaftierte man Adlige an unehrlichen Orten wie dem Gefängnis, noch überließ man ihre Bestrafung unehrlichen Leuten wie dem Abdecker.[169] Selbst bei Kapitalverbrechen wurden sie fast nie auf entehrende Weise hingerichtet, sondern in aller Regel ehrenhaft mit dem Schwert enthauptet.[170] Sogar bei besonders schändlichen Vergehen wie der Sodomie fiel das Urteil weniger schwer aus und wurde, um die Ehre des Delinquenten zu schützen, zusätzlich häufig im Geheimen vollstreckt.[171]

Sozialer Sinn. Kritik der theoretischen Vernunft, Frankfurt a. M. 1993, S. 205–221. Zur geschichtswissenschaftlichen Konzeption der ständischen Ehre als „symbolisches Kapital" siehe außerdem SCHREINER/SCHWERHOFF: Verletzte Ehre, S. 10f.; VOGT/ZINGERLE: Zur Aktualität des Themas Ehre, S. 24–27; Ludgera VOGT: Ehre in traditionalen und modernen Gesellschaften. Eine soziologische Analyse des „Imaginären" am Beispiel zweier literarischer Texte, in: DIES./ZINGERLE: Ehre, S. 291–314, hier: S. 293–305; FÜSSEL: Die feinen Unterschiede in der Ständegesellschaft.

167 Vgl. hierzu allgemein Ernst SCHUBERT: Räuber, Henker, arme Sünder. Verbrechen und Strafe im Mittelalter, Darmstadt 2007, S. 102–107; Helmut COING: Die Bedeutung des Rechts in der neueren Geschichte Europas, in: Wolfgang FIKENTSCHER/Herbert FRANKE/Oskar KÖHLER (Hgg.): Entstehung und Wandel rechtlicher Traditionen, Freiburg i. Br./München 1980, S. 755–783 (Veröffentlichungen des Instituts für Historische Anthropologie e. V. 2), hier: bes. S. 756ff.

168 Heinrich GWINNER: Der Einfluss des Standes im gemeinen Strafrecht, Breslau-Neukirch 1934 (Strafrechtliche Abhandlungen 345), S. 86ff.; Satu LIDMAN: Zum Spektakel und Abscheu. Schand- und Ehrenstrafen als Mittel öffentlicher Disziplinierung in München um 1600, Frankfurt a. M. 2008 (Strafrecht und Rechtsphilosophie in Geschichte und Gegenwart 4), S. 129ff. So war es beispielsweise noch bis weit in das 19. Jahrhundert hinein üblich, Adlige von der sehr entehrenden Strafe der körperlichen Züchtigung auszunehmen, während sie für niedere Schichten allgemein üblich und weit verbreitet war. Kai Detlev SIEVERS: Prügelstrafe als Zeichen ständischer Ungleichheit, in: DERS./Konrad KÖSTLIN (Hgg.): Das Recht der kleinen Leute. Beiträge zur Rechtlichen Volkskunde. Festschrift für Karl-Sigismund Kramer zum 60. Geburtstag, Berlin 1976, S. 195–206.

169 Speziell zu Kursachsen MATZERATH: Adelsprobe an der Moderne, S. 51f. Allgemein siehe GWINNER: Der Einfluss des Standes im gemeinen Strafrecht, S. 112ff., 133; EIBACH: Versprochene Gleichheit, S. 505ff.; DÜLMEN: Theater des Schreckens, S. 22f.; LIDMAN: Zum Spektakel und Abscheu, S. 142. Zur Unehrlichkeit des Zuchthauses siehe ebd., S. 131f.; STUART: Unehrliche Berufe, S. 157ff.

170 DÜLMEN: Theater des Schreckens, S. 109, 133ff.; Jürgen MARTSCHUKAT: Inszeniertes Töten. Eine Geschichte der Todesstrafe vom 17. bis zum 19. Jahrhundert, Köln/Weimar/Wien 2000; Richard J. EVANS: Rituale der Vergeltung. Die Todesstrafe in der deutschen Geschichte, 1532–1987, Berlin 2001, S. 79, 84; ASCH: Europäischer Adel in der Frühen Neuzeit, S. 18f.

171 Helmut PUFF: Sodomie und Herrschaft – eine Problemskizze: Das Verfahren Pappenheim contra Pappenheim (1649–1651), in: Ingrid BAUER/Christa HÄMMERLE/Gabriella HAUCH (Hgg.): Liebe und Widerstand. Ambivalenzen historischer Geschlechterbeziehungen, Köln/Weimar/Wien 2005, S. 175–193 (L'homme Schriften 10), hier: bes. S. 188f. Überhaupt wurden Adlige zum Schutz ihrer Ehre häufig ohne Publikum hingerich-

Der Grund dafür, dass man einen Adligen nicht an seiner Ehre strafen wollte, bestand nach frühneuzeitlichem Verständnis darin, dass Adlige über mehr Ehre verfügten und daher auch mehr Ehre verlieren konnten. Eine Ehren- oder Schandstrafe hätte sie damit ungleich härter getroffen als Menschen *gemeinen Standes*. Da die gesellschaftliche Position des Einzelnen in der ständischen Gesellschaft von seiner Ehre abhing, hätte ein Ehrverlust einen Adligen gewissermaßen seiner Existenzgrundlage beraubt.[172] Ungleiches musste dieser Logik zufolge auch juristisch ungleich behandelt werden.[173] In einer Abhandlung zum Einfluss des Stands auf die Bestrafung vom Ende des 18. Jahrhunderts heißt es dazu:

> Die „infamierenden Strafen [...] sind [...] für den Verbrecher von Stande, der dadurch seine Ehre, und mit ihr alles verliert, den Lebensstrafen beinahe gleich, oder vielleicht noch empfindlicher, wie Lebensstrafen. Dahingegen der gemeine Verbrecher, der weniger, oft auch gar keine Ehre zu verlieren hat, und dem der Verlust der Ehre weit weniger Nachtheil bringt, alle diese Strafen in einem ungleich geringeren Grade empfindet".[174]

Ehren- und Schandstrafen würden einen Adligen demnach gravierender treffen als andere Menschen.[175] Daher – so betonte der Jurist Benedict Carpzov – sollte auch die Bestrafung eines Suizids davon abhängen, über wie viel Ehre der Delinquent verfügte.[176] „Wer mehr Ehre besaß, konnte zwar potentiell tiefer fallen, hatte aber auch die Möglichkeit, mittelst dieses Ehrvermögens drohende Unehre abzuwenden".[177] Das Mehr an symbolischem Kapital bewahrte den Adel also davor, an seiner Ehre gestraft zu werden.[178]

tet. SCHUBERT: Räuber, Henker, arme Sünder, S. 107. Zur nicht-öffentlichen Bestrafung von „Elitendevianz" siehe außerdem KRISCHER: Neue Forschungen zur Kriminalitätsgeschichte, S. 398.

172 Sylvia KESPER-BIERMANN: „Nothwendige Gleichheit bei Strafen bey aller Verschiedenheit der Stände im Staat"? (Un)gleichheit im Kriminalrecht der ersten Hälfte des 19. Jahrhunderts, in: GG 35, 2009, S. 603–628, hier: bes. S. 611.

173 Gerd KLEINHEYER: Aspekte der Gleichheit in den Aufklärungskodifikationen und den Konstitutionen des Vormärz, in: Helmut QUARITSCH (Hg.): Von der ständischen Gesellschaft zur bürgerlichen Gleichheit, Berlin 1980, S. 7–31 (Der Staat. Beihefte 4), hier: S. 15. Speziell zu dieser Logik in Bezug auf das Strafrecht siehe grundlegend Martin REULECKE: Gleichheit und Strafrecht im deutschen Naturrecht des 18. und 19. Jahrhunderts, Tübingen 2007 (Grundlagen der Rechtswissenschaft 9), bes. S. 176–184.

174 Georg Jacob Friedrich MEISTER: Abhandlung, über den Einfluß, welcher der Stand des Verbrechers auf die Strafen und das Verfahren in Strafsachen hat; nach den Grundsätzen des allgemeinen Criminalrechts verfasset, und aus dem Römisch-Teutschen Criminalrechte erläutert, Göttingen 1784, hier: S. 2.

175 So auch der Artikel Straffe (Milderung der), in: ZEDLER: Grosses vollständiges Universallexicon, Bd. 40, Sp. 564–583, hier: Sp. 579f.

176 KÄSTNER: Tödliche Geschichte(n), S. 176, zum Suizidrecht nach Carpzov siehe ebd., S. 172–179.

177 SCHWERHOFF: Verordnete Schande?, S. 187.

178 Vgl. ebd., S. 175; Jutta NOWOSADTKO: Die Ehre, die Unehre und das Staatsinteresse.

Hinzu kam, dass adlige Ehre im Wesentlichen Familienehre war, das symbolische Kapital also über Jahrhunderte innerhalb der Familie akkumuliert worden war.[179] Der Ehrverlust des Einzelnen schädigte demnach immer zugleich auch die kollektive Ehre der ganzen Gruppe.[180] Daher wäre bei einem Adligen mit einer Ehrenstrafe auch die adlige Familie unverhältnismäßig härter getroffen worden als *gewöhnliche* Familien. Nicht zuletzt deshalb wurde auf solche Strafen verzichtet.[181] Der Versuch der Verwandten, mögliche Ehrenstrafen abzuwenden, war demnach weniger ein Akt der Nächstenliebe als vielmehr das Bestreben, das eigene Ansehen und den eigenen Ruf zu retten und vor dem Stigma der Ehrlosigkeit zu schützen. [182]

Auch von den Hinterbliebenen Karl Heinrich von Hoyms wurde die Bewahrung der adligen Familienehre gegenüber dem Kurfürsten als ein Argument gebraucht, mit dem die unehrliche „Sepultur“ verhindert werden sollte. Zwar gaben sie in ihrer Supplik an, „aus christlicher Liebe“ zu hoffen, dass die Gerüchte über den Suizid ihres Angehörigen nicht der Wahrheit entsprächen, baten allerdings doch, „in Betracht der vorhandenen über dieses erbarmens würdige Nachricht äußerst betrübte und daran ganz unschuldige Familie“, auf alle schändlichen Maßnahmen zu verzichten.[183] Mit seinem Suizid hatte Graf Hoym neben seiner eigenen vor allem der kollektiven Ehre seiner Familie erheblichen Schaden zugefügt, den diese „Erinnerungsgruppe“ irgendwie in ihre Memoria integrieren musste.[184] An einer zusätzlichen Ehrschädigung der adligen Familie durch eine entehrende Bestrafung des Leichnams, davon gingen die Verwandten zu Recht aus, konnte dem Kurfürsten nicht gelegen sein. Der Verweis auf die eigene Schuldlosigkeit war demnach ein legitimes Argument für die Nichtanwendung des geltenden Rechts. Dies war jedoch ein explizit adliges

Konzepte und Funktionen von „Unehrlichkeit“ im historischen Wandel am Beispiel des Kurfürstentums Bayern, in: Geschichte in Wissenschaft und Unterricht 44, 1993, S. 362–381, hier: S. 364; Dülmen: Theater des Schreckens, S. 39, 184; Lidman: Zum Spektakel und Abscheu, S. 129.

179 Stollberg-Rilinger: Nur ein bloßes „Gedankending“?, S. 15f.; Walter Demel: Die Spezifika des europäischen Adels. Erste Überlegungen zu einem globalhistorischen Thema, in: Zeitenblicke 4/3, 13.12.2005 [URL: http://www.zeitenblicke.de/2005/3/Demel/index_html; URN: urn:nbn:de:0009-9-2440], Abschnitt 8.

180 Stagl: Die Ehre des Wissenschaftlers, S. 37f.; Wrede/Carl: Adel zwischen Schande und Ehre.

181 Diese Argumentation begegnet bei Meister: Abhandlung, über den Einfluß, welcher der Stand des Verbrechers auf die Strafen und das Verfahren in Strafsachen hat, S. 3, 6.

182 Schwerhoff: Verordnete Schande?, S. 175f.

183 HStA Dresden, 10026, Loc. 956/8, Bl. 109f., Supplik der Familie Hoym an Friedrich August II., Dresden 26.4.1736.

184 Siehe zu dieser Perspektive vor allem Wrede/Carl: Adel zwischen Schande und Ehre. Besonders Oexle betont die konstitutive Funktion von Erinnerung und Memoria für den Adel als Gruppe. Oexle: Aspekte der Geschichte des Adels, bes. S. 25f.

Argument, da die Ehre der Familie in anderen Suppliken nur selten angeführt wurde, ja sogar kontraproduktiv sein konnte.[185] Kurfürst Friedrich August II. begründete im Nachhinein seine Entscheidung öffentlich mit Nachdruck damit, dass er der Familie eine Gnade habe erweisen wollen.[186]

Auch wenn dies später anders kommuniziert wurde, so war die ehrliche Bestattung Hoyms doch nicht auf die Intervention seiner Familie zurückzuführen.[187] Von vornherein war davon ausgegangen worden, dass er nicht an seiner Ehre gestraft werden würde, auch wenn dies das geltende Recht vorsah. Ein stilles Begräbnis schien von Beginn an am wahrscheinlichsten und die in diesem Fall standesgemäße Regelung. Sein Mehr an symbolischem Kapital bewahrte den adligen Suizidenten (und dessen Familie) davor, durch ein Eselsbegräbnis zusätzlich symbolisches Kapital zu verlieren.

1.4 Kulturelle Ambiguität und Normenkonkurrenz

Mit seinem Suizid war der Körper Karl Heinrich von Hoyms unehrlich geworden und niemand unter den Anwesenden wollte ihn berühren. Kurfürst Friedrich August II. entschied auf ein stilles Begräbnis – Hoym wurde also ehrlich bestattet. War sein Leichnam nun ehrlich oder unehrlich? Diese Frage lässt

[185] Gerade bei einer obrigkeitlich intendierten Ehrenstrafe konnte der Verweis auf einen möglichen Ehrverlust „ein taktisch ungeschicktes Manöver für eine Gnadenbitte" darstellen. So zumindest für Brandenburg-Preußen am Ende des 18. Jahrhunderts Birgit Rehse: Die Supplikations- und Gnadenpraxis in Brandenburg-Preußen. Eine Untersuchung am Beispiel der Kurmark unter Friedrich Wilhelm II. (1786–1797), Berlin 2008 (Quellen und Forschungen zur Brandenburgischen und Preußischen Geschichte 35), S. 366–368. Zwar wiesen auch Nicht-Adlige in einigen Fällen auf eine Schädigung ihrer Familienehre hin, überwiegend kam dieses Argument aber von adliger Seite. Dazu Ulrike Ludwig: Das Herz der Justitia. Gestaltungspotentiale territorialer Herrschaft in der Strafrechts- und Gnadenpraxis am Beispiel Kursachsens 1548–1648, Konstanz 2008 (Konflikte und Kultur – Historische Perspektiven 16), S. 205–208. Auch Härter gibt an, dass Suppliken äußerst selten Ehrenstrafen abzuwenden versuchten und in aller Regel anders (etwa mit der wirtschaftlichen Nützlichkeit des Täters) argumentierten. Karl Härter: Policey und Strafjustiz in Kurmainz. Gesetzgebung, Normdurchsetzung und Sozialkontrolle im frühneuzeitlichen Territorialstaat, Frankfurt a. M. 2005 (Studien zur europäischen Rechtsgeschichte 190), S. 508ff. Normalerweise kam es vor allem auf den Nachweis der sozialen Integration des Täters und damit der „Wirksamkeit zukünftiger Sozialkontrolle" an. So Eibach: Versprochene Gleichheit, S. 522–526, Zitat: S. 523.

[186] Mit Nachdruck bestand der Kurfürst darauf, dies über die Grenzen Kursachsens hinaus bekannt zu machen. Dazu Kühnel: Selbsttötung in der ‚Öffentlichkeit', bes. S. 184f.

[187] So gab beispielsweise Kurfürst Friedrich August II. im Rundschreiben an die auswärtigen Höfe an, der Leichnam sei, „nachdem die Familie des Entleibten den König angeflehet", ehrlich bestattet worden. HStA Dresden, 10024, Loc. 7190/13, Zirkularschreiben zum Suizid Hoyms, 1736.

sich nicht eindeutig beantworten, was daran liegt, dass der Gegenstand selbst höchst mehrdeutig ist – es handelt sich dabei um einen klassischen Fall von kultureller Ambiguität.

> „Ein Phänomen kultureller Ambiguität liegt vor, wenn über einen längeren Zeitraum hinweg einem Begriff, einer Handlungsweise oder einem Objekt gleichzeitig zwei gegensätzliche oder mindestens zwei konkurrierende, deutlich voneinander abweichende Bedeutungen zugeordnet sind, wenn eine soziale Gruppe Normen und Sinnzuweisungen für einzelne Lebensbereiche gleichzeitig aus gegensätzlichen oder stark voneinander abweichenden Diskursen bezieht oder wenn gleichzeitig innerhalb einer Gruppe unterschiedliche Deutungen eines Phänomens akzeptiert werden, wobei keine dieser Deutungen ausschließliche Geltung beanspruchen kann.“[188]

Dem Islamwissenschaftler Thomas Bauer kommt das Verdienst zu, das Konzept der kulturellen Ambiguität in die historische Forschung eingeführt zu haben. Er versteht darunter das gleichberechtigte Nebeneinander verschiedener Diskurse oder Deutungen, die, obwohl sie sich sogar widersprechen können, gleichzeitig Geltung beanspruchen können. „Entscheidend ist, daß dieses Nebeneinander von vielen akzeptiert wird“.[189] Ambiguität bezeichnet damit nicht die Ungenauigkeit oder Vagheit eines Phänomens, sondern die Gleichzeitigkeit verschiedener Wahrheiten.[190]

Auch rituelle Unreinheit und sozialer Ehrverlust standen in der Frühen Neuzeit als zwei unterschiedliche Deutungssysteme nebeneinander, und beide beanspruchten zur selben Zeit Geltung. Lange akzeptierte ein Großteil der Menschen dieses Nebeneinader konkurrierender Wahrheiten wie ganz selbstverständlich und wies somit ein hohes Maß an „Ambiguitätstoleranz“[191] auf. „Vom Henker sich curieren lassen, und under seiner Hand bei der scharfen Frag sein, sei ein anders“ – so heißt es etwa lapidar in einer Augsburger Akte aus dem Jahr 1668.[192] Im Fall Hoym ist die Ambiguität seines Zustandes ebenfalls deutlich zu sehen. Sein Körper war, wie zu sehen war, schon allein durch die Suizidhandlung rituell unrein geworden. Diese Unreinheit hatte jedoch erst einmal nichts mit ständischer Ehre zu tun und entstand daher bei einem Adligen genauso wie bei einem Menschen *gemeinen Standes*. Andererseits hing eine Bestrafung durch die weltlichen Obrigkeiten sehr wohl vom Stand bzw. der Ehre des Delinquenten ab. Aus Perspektive des Strafrechts setzte die

188 Bauer: Die Kultur der Ambiguität, S. 27.

189 Ebd., S. 42.

190 Hierzu außerdem Wolfgang Ullrich: Grundrisse einer philosophischen Begriffsgeschichte von Ambiguität, in: Archiv für Begriffsgeschichte 32, 1989, S. 121–169.

191 Mit dem aus der Psychologie entlehnten Konzept der „Ambiguitätstoleranz“ beschreibt Bauer den Umstand, dass es Gesellschaften gibt, in denen Ambiguität in hohem Maße akzeptiert ist, ja, in denen Mehrdeutigkeiten sogar als etwas sehr Positives angesehen werden können. Ders.: Die Kultur der Ambiguität, S. 12f.

192 Zitiert nach Stuart: Unehrliche Berufe, S. 164.

Verunreinigung erst mit dem unehrlichen Begräbnis ein. Auch aus Sicht der gelehrten Medizin wurde ein Mensch durch eine Selbsttötung in aller Regel nicht unehrlich. Ärzte und Anatomen, die von Berufs wegen häufig professionellen Umgang mit toten Körpern hatten, zeigten gegenüber den Leichen von Suizidenten meist keine Skrupel.[193]

Mit Hillard von Thiessen kann man das Nebeneinander verschiedener Deutungssysteme auch als für die Frühe Neuzeit typische „Normenkonkurrenz" bezeichnen.[194] Er geht davon aus, dass seit Ende des Spätmittelalters von ganz unterschiedlichen Instanzen verstärkt spezifisch eigene Normen ausgebildet wurden, etwa von den Konfessionskirchen, weltlichen Obrigkeiten oder sozialen Gruppen. Da diese verschiedenen Normen zur selben Zeit im selben „Handlungsfeld" in Konkurrenz zu einander treten konnten, sei es nicht selten zu Widersprüchen gekommen. Die Frühe Neuzeit könne daher als Hochzeit von Normenkonkurrenz angesehen werden. Gleichzeitig betont auch von Thiessen, wie selbstverständlich die frühneuzeitlichen Menschen mit dieser „Alltagsanforderung" umgingen – wie tolerant sie also gegenüber normativen Widersprüchen waren.[195]

Es ist nicht immer eindeutig zu sagen, wann und warum Vorstellungen von der Unehrlichkeit von Suizidentenleichnamen in der Frühen Neuzeit auftraten.[196] Allerdings scheint doch fraglich, ob die Trennlinie so klar zwischen *einfachem Volk* und *gebildeten Eliten* verlief, wie dies in der Forschung häufig angenommen wird.[197] Auch beim Suizid des Grafen Hoym kamen Unehrlichkeitsvorstellungen auf, obwohl die meisten Beteiligten eine relativ hohe gesellschaftliche Stellung einnahmen.[198] Die Aufklärungsbewegung definierte sich ganz wesentlich über ihren Kampf gegen die als Aberglauben abqualifi-

193 Dazu Kästner: Tödliche Geschichte(n), S. 301, 335. Vgl. etwa auch die Obduktion bei Franz Sales von Spreti, Kap. VI. 2.

194 Hillard von Thiessen: Das Sterbebett als normative Schwelle. Der Mensch in der Frühen Neuzeit zwischen irdischer Normenkonkurrenz und göttlichem Gericht, in: HZ 295, 2012, S. 625-659.

195 Wobei er hervorhebt, dass die Normenkonkurrenz ebenfalls zu einer „Zuspitzung normativer Konflikte" geführt habe und dass die entstandene „Handlungsfreiheit" deswegen für die Menschen „prekär" sein konnte, „weil Normen jeweils über Handlungserwartungen von Seiten der Umwelt an das Individuum herangetragen" wurden. Ebd., bes. S. 627, 635.

196 So auch Wilbertz: Der Abdecker – oder: Die Magie des toten Körpers, bes. S. 111.

197 Zum Beispiel Dieselhorst: Die Bestrafung der Selbstmörder, S. 66; Schär: Seelennöte der Untertanen, S. 69f.; Frank: Die fehlende Geduld Hiobs, S. 186; Lorenz: Kriminelle Körper, S. 335ff. Pfannkuchen spricht beispielsweise von den „irrationalen Ängsten der Bevölkerung", ders.: Selbstmord und Sanktionen, S. 47, 49. Diese Trennlinie wird von der Forschung auch bei der Furcht vor der Unehrlichkeit der unehrlichen Leute gezogen. Siehe dazu die genannten Beispiele bei Kühnel: Die Ehre der Unehrlichen, S. 290.

198 Mit Blick auf das 16. und 17. Jahrhundert weist David Lederer mit Nachdruck darauf hin, dass sich etwa die Furcht vor Geistern und Wiedergängern ebenso bei den geistigen und politischen Eliten fand. Ders.: Living with the Dead.

zierten Vorstellungen, denen sie das Postulat der Vernunft entgegensetzte.[199] Mit Thomas Bauer kann man diesen Prozess auch als „Disambiguierung" verstehen, der nach der Beseitigung aller – im christlichen Europa ohnehin schon seltenen[200] – Mehrdeutigkeiten strebte. Die Vorstellung gleichberechtigt nebeneinander existierender Wahrheiten widersprach dem aufklärerischen Denken fundamental, und so konnte es nur eine – und zwar die rationale – Wahrheit geben.[201] Genauso betont Hillard von Thiessen „das Bestreben der Aufklärung nach normativer Eindeutigkeit". „Die Toleranz gegenüber Überlappung von Normensystemen schwand."[202]

Es zeigt sich allerdings, dass auch die Vorstellungen der sich selbst als aufgeklärt verstehenden Menschen nicht immer so eindeutig und rational waren wie diese vorgaben. Ein wesentliches Merkmal von Ambiguität ist es, dass konkurrierende Deutungen und Diskurse nicht auf unterschiedliche Menschen verteilt sind, sondern dass sie auch „in ein und demselben Individuum beieinanderwohnen" können.[203] Für die ambiguitätsfeindliche Aufklärung war ein solcher Zustand unerträglich und wurde als innere Zerrissenheit interpretiert. Die Frontlinie des Kampfes gegen den Aberglauben verlief daher weniger entlang einzelner Gruppen von Individuen[204] als vielmehr quer durch die Köpfe der Menschen selbst.[205] Die dabei entstandenen Widersprüche und Selbstzweifel versuchte man wiederum mit besonders scharfer Kritik an den abergläubischen Vorstellungen der einfachen Bevölkerung zu kompensieren. Der Topos des abergläubischen Volks war also wesentlich ein zeitgenössischer Abgrenzungsversuch der gebildeten Eliten.[206]

[199] Hermann Bausinger: Aufklärung und Aberglaube, in: Deutsche Vierteljahrsschrift für Literaturwissenschaft und Geistesgeschichte 37, 1963, S. 345–362; Martin Pott: Aufklärung und Aberglaube. Die deutsche Frühaufklärung im Spiegel ihrer Aberglaubenskritik, Tübingen 1992; Cornelia Bogen: Die Zone der Unbestimmtheit. Melancholiediskurs zwischen Wissen und Nichtwissen, in: Hans Adler/Rainer Godel (Hgg.): Formen des Nichtwissens der Aufklärung, Paderborn 2010, S. 293–309 (Laboratorium Aufklärung 4).

[200] Im abendländischen, aber auch schon im antiken Denken wurde Ambiguität in aller Regel als negativ und „als Resultat eines menschlichen Fehlers oder Unwissenheit" angesehen. Ullrich: Grundrisse einer philosophischen Begriffsgeschichte von Ambiguität, S. 142. Besonders im Vergleich zum ambiguitätstoleranten klassischen Islam tritt die Ambiguitätsfeindlichkeit des christlichen Europas deutlich hervor. Bauer: Die Kultur der Ambiguität, hier: bes. S. 31f.

[201] Bauer: Die Kultur der Ambiguität, S. 32–35, 55–61.

[202] Thiessen: Das Sterbebett als normative Schwelle, S. 640.

[203] Bauer: Die Kultur der Ambiguität, S. 12f.

[204] Zur Argumentation gegen das Individuumskonzept siehe die Einleitung.

[205] Christian Begemann: Furcht und Angst im Prozeß der Aufklärung. Zu Literatur und Bewußtseinsgeschichte des 18. Jahrhunderts, Frankfurt a. M. 1987, S. 273. Zum Kampf der Aufklärung gegen den Aberglauben ebd., S. 78f.

[206] Ebd., S. 273–290. Laut Begemann habe sich erst durch die Fokussierung auf die Vernunft im Zuge der Aufklärung „im Innern des vernünftigen Subjekts ein ausgedehnter Bereich

Konnte Hoyms Stand seinen Körper also auch nicht davor bewahren, durch einen Suizid unehrlich, das heißt rituell unrein, zu werden, so verhinderte er doch immerhin ein unehrliches Begräbnis und damit einen gravierenden Ehrverlust für ihn und seine Familie. Der Umgang mit seinem Leichnam war folglich mehrdeutig – es war die ehrliche Bestattung eines Unehrlichen.

1.5 „eine ehrliche obwohl in der Stille zu verrichtende Begräbnüß" – Franz Anton Rabe von Pappenheim

Ambiguität und Normenkonkurrenz in Bezug auf den Leichnam zeigen sich ebenfalls bei der Selbsttötung eines anderen Adligen sehr deutlich. Freiherr Franz Anton von Pappenheim erhängte sich am 23. September 1750 im Zuchthaus in Kassel im Alter von 46 Jahren – wie Hoym also in Gefangenschaft.[207] Dass Gefängnisinsassen sich das Leben nahmen, wurde generell von den frühneuzeitlichen Obrigkeiten als Problem angesehen, da sie dann nach zeitgenössischem Verständnis ihre Aufsichtspflicht für die in Haft befindlichen

der Widervernunft konturiert, in dem der irrationale Glaube an eine zweite Wirklichkeit und überhaupt an das, was die Vernunft für nichtig erklärt hat, fortlebt und Phantasmen produziert werden. [...] Das Individuum, das sich als Vernunftwesen begreift, reagiert mit Bestürzung und Beunruhigung über sich selbst auf die Erkenntnis der Grenzen der Vernunft und ihrer Macht im Dunkel der Seele." Ebd., S. 275. Ähnlich argumentiert Ulrich Stadler, der von der „Dialektik von Entzauberung und neuerlicher Mystifikation" in der Aufklärung spricht. So sei nicht zuletzt der Kampf der Aufklärer gegen den Gespensterglauben für diesen Glauben selbst verantwortlich gewesen. Ders.: Gespenst und Gespenster-Diskurs im 18. Jahrhundert, in: Bassler/Gruber/Wagner-Egelhaaf: Gespenster, S. 127–139. Vgl. hier außerdem Johanna Geyer-Kordesch: Whose Enlightenment? Medicine, Witchcraft, Melancholia, and Pathology, in: Roy Porter (Hg.): Medicine in the Enlightenment, Amsterdam/Atlanta 1995, S. 113–127 (Clio Medica 29), hier: bes. S. 122f.

207 Im Gegensatz zu Hoym ist über Pappenheims Leben nur wenig bekannt. Er stammte aus der zur althessischen Ritterschaft gehörenden Familie Rabe von Pappenheim, die nicht mit dem in Süddeutschland ansässigen Grafengeschlecht Pappenheim verwandt war, aus dem der berühmte Feldherr der Katholischen Liga im Dreißigjährigen Krieg stammte. Pappenheim wurde am 14. November 1704 in Liebenau als Sohn von Christoph Georg Rabe von Pappenheim und Charlotte Elisabeth (geb. von Hoym-Rhoden) geboren. Als Leutnant trat er in preußische Dienste. Eine erste Ehe mit Marie Josette Susanne von Feilner, aus der zwei Kinder hervorgegangen waren, wurde geschieden. Rudolf von Buttlar-Elberberg: Stammbuch der Althessischen Ritterschaft, enthaltend die Stammtafeln der im ehemaligen Kurfürstenthum Hessen ansässigen zur Althessischen Ritterschaft gehörigen Geschlechter, Kassel 1888, Nr. 25, Taf. II. Nach seiner Scheidung vermählte er sich ein zweites Mal, diesmal unstandesgemäß mit Anna Mette aus Karlshafen, mit der er ein Kind hatte (dies ist seinen Briefen an sie zu entnehmen. StA Marburg, 17 d, Nr. 15).

Delinquenten verletzt hatten.[208] Speziell in Hessen-Kassel war 1748 in einer Peinlichen Gerichtsordnung ausdrücklich festgelegt worden, dass der Gefangenwärter alle „Maleficanten" vor Antritt ihrer Haftstrafe „genau visitiren und durchsuchen" solle, um ihnen alles abzunehmen, womit sie ihr Leben „verkürzen" könnten.[209] Pappenheim erhängte sich daher mit seinen Leinenstrümpfen an den Gitterstäben seines Zellenfensters.[210]

Es ist nicht ganz klar, aus welchem Grund sich Pappenheim zum Zeitpunkt seiner Selbsttötung in Haft befand. Im Protokollbuch des Kasseler Zuchthauses, in dem alle Ein- und Ausgänge verzeichnet sind, ist neben seinem Suizid lediglich vermerkt, dass er am 10. September 1750 aufgrund des „von ihm begange[nen] und groben Verbrechens" inhaftiert worden war.[211] Aus seinen hinterlassenen Papieren geht jedoch hervor, dass dies im Zusammenhang mit Blasphemie gestanden haben könnte. Pappenheim hatte kurz vor seinem Tod – wahrscheinlich aus dem Gedächtnis – eine Art Vernehmungsprotokoll von einem Verhör angefertigt, das man mit ihm geführt hatte.[212] Fragen und Antworten sind jedoch äußerst wirr und es ist nur ansatzweise möglich, sie genauer zu verstehen. Offenbar wurde ihm vorgeworfen, gesagt zu haben, er „schisse auff den heyligen Geist" und „auff den lieben Gott". Außerdem habe er verlauten lassen, mit „unserem Hern Gott noch keine Canne Bier gedruncken" zu haben. Schließlich wurde ihm angeblich vorgeworfen, er habe sich gewünscht, „die Mäusse [wären] alle im Himmel" und „die Regirungs Räthe breuneten alle in der Hölle".

Ob es diese Äußerungen allein waren, die Pappenheim eine Verwahrung im Kasseler Zuchthaus eingebracht hatten, ist fraglich. Seit Beginn des 18. Jahrhunderts wurde das Verbrechen Gotteslästerung nur noch selten strafrechtlich verfolgt.[213] Da sich Pappenheim zudem noch keine zwei Wochen im Gefängnis befand, ist zu vermuten, dass er in Untersuchungshaft saß und ein rechtskräftiges Urteil gegen ihn noch nicht gesprochen worden war. Möglicherweise spielte auch die aus seinen Briefen aufscheinende geistige Verwirrung

208 LEDERER: Selbstmord von Untersuchungsgefangenen, S. 179f.; DÜLMEN: Theater des Schreckens, S. 34f.

209 Peinliche Gerichts-Ordnung vom 23sten April 1748, in: Elard Johannes KULENKAMP (Hg.): Neue Sammlung der Landes-Ordnungen, Ausschreiben und anderer allgemeinen Verfügungen, welche bis zum Ende des Oktobers 1806 für die älteren Gebietstheile Kurhessens ergangen sind, 4 Bde., Kassel 1828–1893, hier: Bd. 2, S. 421–550, hier: S. 435.

210 Dies schrieb er an seine Frau, die ihm die Leinenstrümpfe mitgebracht hatte. StA Marburg, 17 d, Nr. 15, Abschiedsbrief Pappenheims an seine Frau, Kassel 24.9.1750.

211 Ebd., 251, Nr. 41, Bl. 10 (Eintrag Nr. 73).

212 Ebd., Punkte worüber ich von dem Herrn Oberambtman von der Malsburg und dem Oberschultzen bin den 8. September 1750 befragett worden.

213 Gerd SCHWERHOFF: Zungen wie Schwerter. Blasphemie in alteuropäischen Gesellschaften 1200–1650, Konstanz 2005 (Konflikte und Kultur 12), S. 312ff.; DERS.: Historische Kriminalitätsforschung, Frankfurt a. M./New York 2011 (Historische Einführungen 9), S. 169f.

für seinen Gefängnisaufenthalt eine Rolle. Denn neben der Inhaftierung von angeklagten und verurteilten Straftätern dienten Zuchthäuser in der Frühen Neuzeit vor allem auch der Verwahrung anderer unliebsamer Personen, wie Bettlern, Vaganten, Kranken, Behinderten und Prostituierten.[214] Um Unruhestiftungen unter den Haftinsassen zu vermeiden, ging man in Kassel allerdings schon seit Beginn des 18. Jahrhunderts dazu über, als geisteskrank geltende und gotteslästernde Inquisiten vom Zuchthaus in die städtischen Hospitäler zu verlegen.[215]

Wie bei Karl Heinrich von Hoym, so waren sich die Beteiligten auch bei Franz Anton von Pappenheim von Anfang an unsicher, wie mit der Leiche zu verfahren sei, obwohl auch hier die Rechtslage eindeutig war. Auf eine Selbsttötung in Haft hätte nach geltendem Recht ein Esels- oder Hundebegräbnis folgen müssen. Doch schon in seinen Briefen hatte Pappenheim darum gebeten, „[s]einen armen Leib doch ehrlich begraben zu lassen", wenn auch „ganz stille".[216] Und wie bereits gezeigt, hatte er als Adliger mit dieser Bitte einige Aussicht auf Erfolg. Regierungsrat von Rieß ging zwar davon aus, dass die Berührung des Körpers „allenfalß durch die unehrliche Gefangene wird geschehen können", fragte aber dennoch bei der Regierung in Kassel nach, was darüber hinaus zu geschehen habe.[217] Diese stellte fest, „in dergleichen Fällen" sehe das Recht normalerweise eine „Sepultura Canina", also ein Hundebegräbnis, vor.[218] Dennoch fragte der Kammerpräsident Friedrich Wilhelm von Borcke bei Landgraf Friedrich I. nach, „was mit dem Cörper anzufangen" sei. Dabei schlug er

[214] Es handelte sich also um „multifunktionale Einrichtungen". SCHWERHOFF: Historische Kriminalitätsforschung, S. 102. Siehe außerdem HÄRTER: Policey und Strafjustiz in Kurmainz, S. 680–686; BRETSCHNEIDER: Gefangene Gesellschaft, bes. S. 113–125, 248–251. In Hessen-Kassel waren dies konkret etwa Jugendliche, „welche unter währendem Gottesdienst des Brandeweinssauffens, Würffelns und Cartenspielens sich gelüsten", außerdem „so wohl die einheimisch- alß die frembde sich einschleichende Huren". Ordnung, das in der Residentz-Stadt Cassel neu angelegte Zuchthaus betreffend. Vom 1ten Septembr. 1720, in: Christoph Ludwig KLEINSCHMIDT (Hg.): Sammlung kurhessischer Landes-Ordnungen und Ausschreiben nebst dahin gehörigen Erläuterungs- und anderen Rescripten, Resolutionen, Abschieden, gemeinen Bescheiden und dergleichen, 8 Bde., Kassel 1767–1816, hier: Bd. 3, S. 833–836, hier: S. 834.

[215] Christina VANJA: Institutionen aufgeklärter Wohlfahrt und mittelalterlicher Karitas, in: Heide WUNDER/Christina VANJA/Karl-Hermann WEGNER (Hgg.): Kassel im 18. Jahrhundert. Residenz und Stadt, Kassel 2000, S. 104–142, hier: S. 118.

[216] StA Marburg, 17 d, Nr. 15, Pappenheim an Landgraf Friedrich I., Kassel ohne Dat.; außerdem im Brief an seine Frau (ebd.).

[217] Ebd., Regierungsrat von Rieß an die Regierung Kassel, Kassel 23.9.1750.

[218] Ebd., Regierungsprotokoll, Kassel 23.9.1750.

vor, statt eines Hundebegräbnisses auf eine stille Bestattung zu entscheiden.[219] Diesem Vorschlag stimmte der Landgraf am 3. Oktober zu.[220]

Auch bei Pappenheim waren zwischen Suizid und Beerdigung über zehn Tage vergangen, während derer er in seiner Zelle hängen blieb. Erneut zeigt sich hier die außerordentliche Bedeutung, die die frühneuzeitlichen Akteure der Frage nach der korrekten Bestattungsart beimaßen. Da ein unehrliches Begräbnis einen irreversiblen Schaden verursachte, konnte die Beerdigung erst stattfinden, nachdem eine endgültige Entscheidung getroffen worden war. Zugleich zeigt sich aber auch erneut, dass der adlige Suizident durch sein symbolisches Kapital vor einer Ehrenstrafe wie dem Hunde- oder Eselsbegräbnis bewahrt wurde. Obwohl die Rechtslage eindeutig war, schlug die Regierung in Kassel dem Landgrafen ein stilles Begräbnis vor, der dem Vorschlag dann ohne weitere Nachfrage zustimmte. Auf eine rituelle Verunreinigung als Folge einer Strafe sollte verzichtet werden. Gleichzeitig wurde die Leiche des Freiherrn Pappenheim nur durch „unehrliche Gefangene" von seinem Strick abgenommen und anschließend beerdigt. Niemandem sonst sollte offenbar zugemutet werden, eine solche rituell verunreinigende Tätigkeit auszuführen.

Im Zuchthaus in Kassel, in dem Pappenheim sein Leben beendete, waren ausschließlich ehrliche Gefangene inhaftiert.[221] Damit das Zuchthaus „mit Ehr und respect behandhabet werde", wurden „infame oder Ehrenlose und so unter des Nachrichters Hand geweßen" in einem anderen Gebäude verwahrt.[222] Rituell unreine Verbrecher wurden somit von gewöhnlichen Gefangenen getrennt, damit sie ihre Unreinheit nicht auch auf diese übertrugen. Sie hatten sich aufgrund einer Berührung mit dem Nachrichter verunreinigt, möglicherweise im Rahmen einer peinlichen Befragung oder einer Schand- und Ehrenstrafe.[223]

[219] Die Beerdigung würde dann am folgenden Tag durch die Gefangenen auf dem Gefangenenfriedhof in der Dämmerung geschehen. Ebd., Minister Borcke an Landgraf Friedrich I., Kassel 26.9.1750. Im Gegensatz dazu hätte ein Hundebegräbnis bedeutet, „dass der Cörper des delinquenten von dem Wasenknecht aus dem gefängnis geholet, auff einer schleiffe mit Zudeckung des angesichts, unter den galgen gebracht undt alda begraben" worden wäre, wie eine Anweisung bei einem 1728 im Marburger Stockhaus verstorbenen Verbrecher lautete. Petra Pechaček: Scharfrichter und Wasenmeister in der Landgrafschaft Hessen-Kassel in der Frühen Neuzeit, Frankfurt a. M. 2004 (Europäische Hochschulschriften, Reihe 3. Geschichte und ihre Hilfswissenschaften 953), S. 175.

[220] StA Marburg, 17 d, Nr. 15, Landgraf Friedrich I. an Minister Borcke, Philippsruhe 3.10.1750.

[221] Zu diesem Zuchthaus siehe Vanja: Institutionen aufgeklärter Wohlfahrt und mittelalterlicher Karitas; Heinrich Balthasar Wagnitz: Zuchthaus in Cassel, in: ders.: Historische Nachrichten und Bemerkungen über die merkwürdigsten Zuchthäuser in Deutschland, Bd. 2.1, Halle 1792, S. 59–67.

[222] Ordnung, das [...] neu angelegte Zuchthaus betreffend (1.9.1720), S. 834.

[223] Dass der Kontakt mit dem Scharfrichter während einer Folter oder Ehrenstrafe auch in Hessen-Kassel unehrlich machte, bestätigt Pechaček: Scharfrichter und Wasenmeister in der Landgrafschaft Hessen-Kassel, S. 84, 295–304.

Ganz eindeutig ging die Unehrlichkeit damit von einem physischen Kontakt mit einer unehrlichen Person aus. Das bedeutet aber auch, dass Franz Anton von Pappenheim bis zu seinem Suizid ehrlich gewesen war und seine rituelle Unreinheit erst durch Tat die erfolgte. Er war im ehrlichen Zuchthaus inhaftiert und erst nachdem er sich an den Gitterstäben seines Zellenfensters erhängt hatte, war sein Körper mit einem Berührungstabu belegt und durfte nur noch von unehrlichen Gefangenen berührt werden. Auch ihn schützte seine ständische Ehre nicht vor einer Befleckung mit Unehrlichkeit, wie sie aus einer Selbsttötung folgte.

Der Ort, der in Kassel für die unehrlichen Straftäter vorgesehen war, war das sogenannte „Stockhaus".[224] Hier wurden die „Eisengefangenen" eingesperrt, das heißt diejenigen, die wegen besonders schwerer Verbrechen häufig lebenslang in Ketten gelegt wurden. Unter ihnen bildeten die unehrlichen Gefangenen noch einmal eine eigene „Klasse". Sie waren „durch Urtheil und Recht für würklich infam erkläret", das heißt durch die schwere Kettenstrafe rituell verunreinigt worden, und „folglich von der Gesellschaft anderer Leute abzusondern".[225] Auch von den ehrlichen Häftlingen der zweiten Klasse innerhalb des Stockhauses sollten sie streng getrennt bleiben, da diese sonst mit Unehrlichkeit quasi infiziert würden und „der ehrliche Name dadurch verlohren gehet".[226] Als äußeres Erkennungszeichen waren die unehrlichen Gefangenen „mit weißen Röcken und einem schwarzen Ermel am rechten Arm" gekennzeichnet.[227] Da sich Franz Anton von Pappenheim durch seinen Suizid rituell verunreinigt hatte, waren es diese *Schwarzärmel*, die in das Kasseler Zuchthaus beordert wurden und seinen Körper berührten.[228] Indem sie eine solche unehrliche Abdeckertätigkeit verrichten mussten, wurde darüber hinaus auch ihre Unehrlichkeit noch einmal gesellschaftlich bestätigt.[229]

Die adlige Ehre des Freiherrn Pappenheim hatte keinen Einfluss auf die Unehrlichkeit seines Körpers – allerdings führte sie doch dazu, dass diesem Körper „eine ehrliche obwohl in der Stille zu verrichtende Begräbnüß auf den Todten-

[224] Dazu WAGNITZ: Zuchthaus in Cassel, S. 65ff.

[225] Laut Verordnung war der Ursprung ihrer rituellen Unreinheit die Kettenstrafe: So wurden die „durch die Eisen infam gewordenen Delinquenten erster Classe" von denen „durch die Eisen keineswegs infam gemacht[en]" der zweiten Klasse unterschieden. Die Gefangenen zweiter Klasse wurden „etwas gelinder eingeschmiedet". Verordnung vom 12ten Mai 1747, die Eisengefangenen betreffend, in: KULENKAMP: Neue Sammlung der Landes-Ordnungen, Bd. 2, S. 405–412.

[226] Ebd., S. 407, 409.

[227] Ebd., S. 409.

[228] Es war angeordnet worden, Pappenheim „durch die Schwartzermel von den eisernen Fensterstäben abnehmen zu lassen und dem Peinlichen Gericht zu übergeben". StA Marburg, 17 d, Nr. 15, Minister Borcke an Landgraf Friedrich I., Kassel 26.9.1750.

[229] Zu diesem Mechanismus siehe, mit starkem Bezug auf den labelling approach, HARTUNG: Gesellschaftliche Randgruppen im Spätmittelalter, S. 90.

Hof zugestanden“ wurde.[230] Auch bei Pappenheim handelte es sich somit um die ehrliche Bestattung eines Unehrlichen.

Der adlige Körper konnte durch einen Suizid unehrlich bzw. rituell unrein werden – ganz so, wie dies bei den Leichnamen *gewöhnlicher* Suizidenten der Fall war. Das haben die beiden Fälle des Grafen Karl Heinrich von Hoym und des Freiherrn Franz Anton von Pappenheim eindeutig gezeigt. Diese Verunreinigung resultierte daraus, dass bei einem Suizident der Übergang vom Diesseits ins Jenseits misslungen war und er sich deshalb in einem undefinierbaren Zwischenstadium befand. Der adlige Körper besaß demnach, zumindest in dieser Hinsicht, keine spezifische Qualität. Verantwortlich hierfür war, so jedenfalls die These, dass die Ehre keinen Einfluss auf eine rituelle Verunreinigung hatte – ja auch nicht haben konnte. In Bezug auf den rechtlichen Umgang mit dem Körper zeigt sich hingegen eine klare standesspezifische Besonderheit. Die Leichname adliger Suizidenten waren, offenbar prinzipiell, von der Ehrenstrafe des Hunde- oder Eselsbegräbnisses ausgenommen. Dies galt sogar für solche *Selbstmörder*, die sich nach vorherrschender Deutung auf besonders schändliche Weise, weil unter klarem Vorsatz, das Leben genommen hatten. Über das hohe Sozialkapital dieser Delinquenten hinaus schützte sie vor einer solchen Bestrafung vor allem aber ihre adlige Ehre bzw. ihr hohes symbolisches Kapital.

[230] So beschrieb eine Verordnung aus dem Jahr 1753 das stille Begräbnis und grenzte es von der „Einscharrung außer dem Todten-Hof“ ab, bei der der Leichnam „durch den Schinderknecht hinaus geschafft und an einen abgelegenen Ort oder unter das Gericht vergraben“ wurde. Verordnung, wie es mit Begrabung der ehrlichen und unehrlichen, auch anderer für anrüchig gehalten werdenden Personen zu halten. Vom 30ten April 1753, in: Kleinschmidt: Sammlung kurhessischer Landes-Ordnungen und Ausschreiben, Bd. 5, S. 74–76, hier: S. 74. Obwohl die Beerdigung von den unehrlichen Gefangenen vorgenommen wurde, war sie also ein ehrliches Begräbnis. Denn auch bei Selbsttötungen, bei denen aufgrund einer Melancholie ein ehrliches Begräbnis verordnet wurde, wurden die Gefangenen zur Beerdigung herangezogen. Pechaček: Scharfrichter und Wasenmeister in der Landgrafschaft Hessen-Kassel, S. 179.

2. Der heroische Suizid eines Hauptmanns: Gottlieb Georg Ernst von Arenswald

Der Suizid des Dresdner Hauptmanns Gottlieb Georg Ernst Freiherr von Arenswald bildet den Ausgangspunkt der vorliegenden Arbeit. Er hatte sich in der Nacht vom 29. auf den 30. September des Jahres 1781 in seiner Wohnung in der Wilsdruffer Gasse in Dresden erschossen. Über seine Biographie ist nur wenig bekannt. Er wurde als Sohn von Carl Gottlieb Siegmund von Arenswald und dessen zweiter Frau Friederike Elisabeth Charlotte (geb. von Reibnitz) am 25. Oktober 1743 in Freiburg im Breisgau geboren, wo sein Vater Oberst auf dem oberen Schloss in Freiburg-Haslach war. Am 26. Oktober wurde er in Freiburg auf den lutherischen Glauben getauft.[1] Er trat in die sächsische Armee ein und durchlief schnell den militärischen Karriereweg: 1762 wurde er Leutnant, dann Oberleutnant in der Leibgrenadiergarde in Dresden. Seit 1775 war er dort Hauptmann.[2]

2.1 Das „Menagement seines Standes"

Die Hintergründe seiner Tat lassen sich aus den Akten einigermaßen genau rekonstruieren: Hauptmann von Arenswald hatte offenbar acht Jahre vor seinem Tod eine größere Summe Geldes, circa 3000 Reichstaler,[3] an den mit ihm befreundeten Leutnant Carl Alexander Erdmann von Kalckreuth verliehen, damit dieser seine Schulden bezahlen konnte. Noch im selben Jahr 1773 nahm Leutnant von Kalckreuth aus unbekannten Gründen seinen Abschied aus der Leibgrenadiergarde.[4] Der Betrag war dann im Laufe der Zeit auf insgesamt

[1] ELAK, F 716, Mischbuch Haslach 1738–1808, Bl. 30.

[2] Heinrich August VERLOHREN: Stammregister und Chronik der Kur- und Königlich Sächsischen Armee. Von 1670 bis zum Beginn des zwanzigsten Jahrhunderts, Neustadt a.d. Aisch 1983 [Nachdr. der Ausg. Leipzig 1910] (Bibliothek familiengeschichtlicher Quellen 28), S. 113.

[3] Diese ungefähre Summe nannte der Bedienstete Arenswalds David Haendel bei einer späteren Befragung, ohne allerdings die exakte Höhe angeben zu können. HStA Dresden, 11326, Nr. 1748, Bl. 126–135, Bericht des Oberauditeurs Carl Christoph Friederici, Dresden 26.10.1781.

[4] Er war 1765 Fahnenjunker, ein Jahr später Leutnant geworden. Am 28.6.1773 erhielt er „den erbetenen Abschied". Albert Philipp Wilhelm von KALCKREUTH: Historisch-Genealogische Beiträge zur Geschichte der Herren, Freiherren und Grafen von Kalckreuth nach Urkunden zusammengestellt, Potsdam 1904, S. 271; VERLOHREN: Stammregister und Chronik der Kur- und Königlich Sächsischen Armee, S. 294.

über 11.000 Reichstaler angewachsen, wobei die Gründe hierfür nicht ganz klar sind. Offensichtlich hatte sich Arenswald von verschiedenen Bekannten immer wieder höhere Summen geliehen und außerdem versucht, mit Lotteriespielen seinen Schuldenberg zu verkleinern.[5] Drei Mal hatte Arenswald seinen Bediensteten David Haendel auf das Kalckreuth'sche Gut Schermeisel in Polen geschickt, um wenigstens Teile seines Geldes wiederzubekommen, doch ohne Erfolg. Wie Haendel später angab, befand sich das Gut in einem schlechten Zustand und machte einen äußerst verarmten Eindruck.[6] Seine Verschuldung, die er immer erfolgreich zu verheimlichen gewusst hatte, drohte am Michaelistag des Jahres 1781 – dem Tag seiner Selbsttötung – herauszukommen, da er an diesem Tag einen Teil seiner Schulden (1000 Reichstaler) hätte zurückzahlen müssen. „Seit 3 Tagen hätte sein Dienstherr abends nicht gegessen", so gab der Bedienstete David Haendel zu Protokoll.[7] Nachdem Arenswald am Abend des 29. September 1781 noch Besuch von seinen beiden Freunden, Hauptmann Friedrich Ernst von Dreßler und Scharffenstein und Premierleutnant Karl Wilhelm von Brunow, erhalten hatte, schickte er seinen Bediensteten gegen halb elf zu Bett.

Als Haendel seinen Herrn am nächsten Morgen um sechs Uhr wecken wollte, fand er dessen Bett unbenutzt. Er durchsuchte daraufhin die Wohnung und fand ihn schließlich im Alkoven der großen Stube in seiner Uniform auf einem Feldbett liegend. Bei ihm befanden sich zwei Pistolen, die beide ohne Kugeln und nur mit Schießpulver abgefeuert worden waren. Eine lag ebenfalls auf dem Feldbett, eine zweite auf dem Boden davor. Der Schuss in den Mund hatte das Nasenbein und den oberen Teil des Kopfes zerschmettert, so dass das Blut vom Bett auf den Boden rann. Haendel verließ umgehend die Wohnung, verschloss sie und informierte einen Feldwebel der Leibgrenadiergarde, der dann das nötige Verfahren einleitete.[8]

[5] Die Gesamtschuldensumme belief sich auf 11 209 Reichstaler. Insgesamt meldeten sich 23 Gläubiger nach dem Tod Arenswalds beim Oberkriegsgericht in Dresden, um Ansprüche auf den Nachlass geltend zu machen (dazu hatte es Ende Mai/Anfang Juni 1782 mehrere Aufrufe in Dresdner, Leipziger und Berliner Zeitungen gegeben). Auf diese Gläubiger wurden die rund 1300 Reichstaler aufgeteilt, die die Versteigerung des Arenswald'schen Nachlasses erbrachte. Exemplare der Zeitungen, Schuld- und Lotteriescheine, ein Auktionskatalog sowie die ausführliche Aufschlüsselung aller Daten durch das Kriegsgericht sind vorhanden in HStA Dresden, 11326, Nr. 1756, Schulden des Kapitäns Gottlieb Georg Ernst von Arenswald, 1781. Der gedruckte Auktionskatalog und eine Aufschlüsselung, welche Gegenstände welchen Preis erzielten (insgesamt kamen 720 Reichstaler zusammen), sind vorhanden in ebd., Nr. 1748, Verlassenschaft des Kapitäns Gottlieb Georg Ernst von Arenswald, 1781–1783.

[6] Ebd., Nr. 1748, Bl. 126–135, Bericht des Oberauditeurs Carl Christoph Friederici, Dresden 26.10.1781.

[7] Ebd., Bl. 1–14^{r}, Bericht des Oberauditeurs Carl Christoph Friederici, Dresden 30.9.1781.

[8] Ebd.

Prinzipiell galt im sächsischen Militärrecht des 18. Jahrhunderts[9] das Gleiche wie im nichtmilitärischen Bereich: Ein wegen Geisteskrankheit bzw. Melancholie begangener Suizid entschuldete den Täter, wohingegen ein aus Vorsatz oder *Boshaftigkeit* begangener strafbar war.[10] Dabei war gerade das Militär durch spezielle Erlasse dazu aufgefordert, die Leichen von Soldaten, die sich aus „Verzweyfelung und Ruchlosigkeit“ getötet hatten, an die universitären Anatomien abzuliefern.[11] Wie alle anatomischen Theater in der Frühen Neuzeit litten auch die kursächsischen stets unter chronischem Leichenmangel.[12] Die endgültige Entscheidung über die Art eines Suizidentenbegräbnisses fällte dabei im Normalfall als oberste Militärjustizinstanz das Generalkriegsgericht in Dresden, das ohnehin bei allen Delikten zuständig war, die bei einer Verurteilung eine Strafe an Leib, Leben oder Ehre nach sich gezogen hätten.[13] Die Untersuchung leitete wiederum im Regelfall als Gerichtsherr der Oberst des jeweiligen Regiments,[14] im Fall Arenswald also der Oberst der

[9] Allgemein zur Militärjustiz im 18. Jahrhunderts siehe mit weiterführender Literatur Jutta NOWOSADTKO: Militärjustiz im 17. und 18. Jahrhundert am Beispiel des Fürstbistums Münster, in: Sylvia KESPER-BIERMANN/Diethelm KIPPEL (Hgg.): Kriminalität in Mittelalter und Früher Neuzeit. Soziale, rechtliche, philosophische und literarische Aspekte, Wiesbaden 2007, S. 115–140 (Wolfenbütteler Forschungen 114); Werner HÜLLE: Militärstrafverfahren, in: HRG 3, 1984, Sp. 562–566.

[10] Dazu KÄSTNER: „Desertionen in das Jenseits“, S. 94f.; Stefan KROLL: Soldaten im 18. Jahrhundert zwischen Friedensalltag und Kriegserfahrung. Lebenswelten und Kultur in der kursächsischen Armee 1728–1796, Paderborn 2006 (Krieg in der Geschichte 26), S. 567f.

[11] So KÄSTNER: Tödliche Geschichte(n), S. 357, der allerdings keinen dieser Erlasse zitiert. Generell folgte man hier dem kurfürstlichen Befehl von 1723, der für „Leuthe, die aus Verzweyfelung und Ruchlosigkeit, nicht aber aus Melancholie, sich selbst entleiben“, die Ablieferung an die Anatomien vorsah. Befehl …, daß … die Cadavera der … desperaten Selbst-Mörder zur Anatomie … sollen abgeliefert werden, den 12. April. Anno 1723.

[12] Zum Problem des *Leichenmangels* für die frühneuzeitlichen Anatomien siehe KÄSTNER: Tödliche Geschichte(n), S. 290–343.; LINDEMANN: Armen- und Eselbegräbnis in der europäischen Frühneuzeit, S. 131; SCHREINER: Jenseits vom Glück, S. 37ff.; Karin STUKENBROCK: „Der zerstückte Cörper“. Zur Sozialgeschichte der anatomischen Sektionen in der frühen Neuzeit (1650–1800), Stuttgart 2001 (Medizin, Gesellschaft und Geschichte. Beiheft 16). Klagen über Leichenmangel gab es durchgehend bis ins 20. Jahrhundert. BAUMANN: Vom Recht auf den eigenen Tod, S. 162ff.

[13] KROLL: Soldaten im 18. Jahrhundert, S. 568; VERLOHREN: Stammregister und Chronik der Kur- und Königlich Sächsischen Armee, S. 10; Bernhard WOLF: Skizzen von der ehemaligen kursächsischen Armee, in: Archiv für Kulturgeschichte 4, 1906, S. 403–434 & 5, 1907, S. 83–112, 187–215, hier: S. 188f. Generell mussten in den Heeren des 18. Jahrhunderts solche Urteile noch einmal durch den Kriegs- oder Landesherren bestätigt werden. NOWOSADTKO: Militärjustiz im 17. und 18. Jahrhundert, S. 127.

[14] Zum Gerichtswesen im kursächsischen Militär siehe VERLOHREN: Stammregister und Chronik der Kur- und Königlich Sächsischen Armee, S. 10–12; WOLF: Skizzen von der ehemaligen kursächsischen Armee, S. 187–215; KROLL: Soldaten im 18. Jahrhundert, S. 307–326.

Leibgrenadiergarde Peter Franz de Gondé.[15] Dieser schickte umgehend eine Kommission unter Führung des Oberauditeurs Carl Christoph Friederici in die Arenswald'sche Wohnung, die die persönlichen Sachen des Hauptmanns durchsuchte und verschiedene Zeugen, in der Hauptsache den Bediensteten Haendel, befragte.[16]

Wegen einer „Unbässlichkeit" des Oberst de Gondé leitete die weitere Untersuchung der Oberstleutnant der Leibgrenadiergarde Graf Christoph d'Alton.[17] Nach Rechtslage hätte dieser eigentlich die Ergebnisse dem Generalkriegsgericht in Dresden als Bericht vorlegen müssen, das dann nach Lage der Akten entschieden hätte.[18] Diesen Weg umging d'Alton jedoch, indem er direkt beim Kurfürsten darum ersuchte, den Leichnam Arenswalds in der Stille auf dem Kirchhof bestatten lassen zu dürfen.[19] Wie bei anderen Fällen üblich, versuchte er die räumliche Nähe in Dresden zu nutzen, um ein langes Kriegsgerichtsverfahren zu vermeiden und eine schnelle Entscheidung herbei zu führen.[20]

Nach geltendem Recht hätte Arenswald an die Anatomie ausgeliefert werden müssen, da sich bei ihm keine Anzeichen einer Melancholie fanden. Das heißt, die Sektion wäre aufgrund seines vorsätzlichen Suizids vorgenommen worden. Die Öffnung seines Körpers hätte also nicht der gerichtsmedizinischen Feststellung seines Geisteszustands gedient, sondern der universitären Ausbildung von Medizinern.[21] Auch wenn die Obrigkeiten die Ablieferung von Leichen

[15] Er war seit 1775 Oberst der Leibgrenadiergarde in Dresden. VERLOHREN: Stammregister und Chronik der Kur- und Königlich Sächsischen Armee, S. 48; Ludwig BACHENSCHWANZ: Allerneuester Zustand der Churfürstlich Saechsischen Armée auf das Jahr 1781, Starnberg 1986 [Neudr. der Ausgabe Dresden 1802], S. 122.

[16] HStA Dresden,11326, Nr. 1748, Bl. 1–14^{r}, Bericht des Oberauditeurs Carl Christoph Friederici, Dresden 30.9.1781.

[17] Ebd., hier: Bl. 7^{v}f. D'Alton wurde nach dem Tod Gondés 1782 Oberst der Leib-Grenadier-Garde. VERLOHREN: Stammregister und Chronik der Kur- und Königlich Sächsischen Armee, S. 48; BACHENSCHWANZ: Allerneuester Zustand der Churfürstlich Saechsischen Armée, S. 122.

[18] KROLL: Soldaten im 18. Jahrhundert, S. 569.

[19] HStA Dresden, 11326, Nr. 1748, Bl. 1–14^{r}, Bericht des Oberauditeurs Carl Christoph Friederici, Dresden 30.9.1781.

[20] Auch bei anderen Vergehen innerhalb des Militärs wurde der kurze Dienstweg in Dresden zur Beschleunigung des Verfahrensablaufs genutzt. Meist wurde dabei um die Genehmigung ersucht, Soldaten mit Spießrutenlaufen zu bestrafen. KROLL: Soldaten im 18. Jahrhundert, S. 310.

[21] Alexander KÄSTNER geht davon aus, dass in Kursachsen bei Suiziden nur selten Obduktionen zur Klärung der Suizidursache eingesetzt wurden. Die Leichen wurden jedoch zur Ausbildung der Ärzte an die Universitäten abgeliefert. DERS.: Tödliche Geschichte(n), S. 62f., 369. Allerdings bestand doch ein latentes „Konkurrenzverhältnis" zwischen den universitären anatomischen Theatern und der neuenstehenden Gerichtsmedizin, wobei „der gerichtsmedizinischen Untersuchung vor Ort, in welcher Form auch immer, der Vorrang gegeben wurde". So STUKENBROCK: „Der zerstückte Cörper", S. 145–149.

an die anatomischen Theater nicht als Bestrafung des Toten konzipiert hatten, sondern in erster Linie die medizinische Ausbildung sicherstellen wollten, so wurden Sektionen doch in aller Regel von den Hinterbliebenen als Ehrenstrafe empfunden.[22]

Kurfürst Friedrich August III. bestimmte jedoch, der Körper solle weder an die Anatomie geliefert noch auf dem Kirchhof begraben, sondern vielmehr „an einen anderen Ort in der Stille beerdigt werden“.[23] Auch bei Gottlieb Georg Ernst von Arenswald führte sein adliger Stand demnach dazu, dass sein Leichnam eine Sonderbehandlung erhielt und ehrlich beigesetzt wurde. Obwohl das sächsische Militärrecht zwar standesunabhängig die Ablieferung von Suizidentenleichen zur Sektion vorsah, wurde in der Praxis bei Adligen prinzipiell darauf verzichtet.[24] In einem Brief an den Cousin Arenswalds Major Paul von Bergener entschuldigte sich d'Alton dennoch für die wenig ehrenvolle Art der Bestattung. Gleichzeitig versicherte er aber auch, Arenswald sei mit dem „möglichem Menagement seines Standes beerdiget worden“.[25] Wieder bewahrte die adlige Ehre den Suizidenten also vor einer als unehrlich empfundenen Behandlung der Leiche. Der Stand des Täters wurde sogar explizit als Ursache für die Abmilderung der Strafe angegeben.

Nachdem man Arenswald die tödlichen Verletzungen am Kopf verbunden hatte, wurde der Leichnam des Hauptmanns am 1. Oktober 1781 in einen einfachen Sarg gelegt und hinter dem Lazarettkrankenhaus an einer Ecke nachts um halb zwölf begraben. Seine beiden guten Freunde bei der Leibgrenadiergarde,

[22] Dazu siehe STUKENBROCK: Der sezierte Leichnam, bes. S. 76; PFANNKUCHEN: Selbstmord und Sanktionen, S. 118f.; KÄSTNER: Tödliche Geschichte(n), S. 279–371, bes. S. 299f.; Dominik GROSS/Gereon SCHÄFER: Die klinische Sektion und ihre gesellschaftliche Wahrnehmung. Die medizinhistorische Perspektive, in: Dominik GROSS u. a. (Hgg.): Tod und toter Körper. Der Umgang mit dem Tod und der menschlichen Leiche am Beispiel der klinischen Obduktion, Kassel 2007, S. 59–82, hier: bes. S. 63ff. Sehr wohl von einem juristischen Strafzweck geht aus SCHREINER: Jenseits vom Glück, S. 31–55, auch wenn sie einräumt, dass im Laufe des 18. Jahrhunderts die „Straffunktion der Sektion in den Hintergrund“ trat (ebd., S. 35); ähnlich auch STUKENBROCK: „Der zerstückte Cörper“, S. 225–239.

[23] HStA Dresden, 11326, Nr. 1748, Bl. 1–14^{r}, Bericht des Oberauditeurs Carl Christoph Friederici, Dresden 30.9.1781.

[24] So auch KÄSTNER: Tödliche Geschichte(n), S. 357f. Vgl. zum Einfluss des Stands auf die Ablieferung an die Anatomien (der nur selten rechtlich fixiert war) STUKENBROCK: „Der zerstückte Cörper“, S. 228–235; Dominik GROSS: Die historische Entwicklung der äußeren und inneren Leichenschau in Deutschland unter Berücksichtigung ethischer Fragen, Diss. med., Ulm 2001, S. 22f.

[25] HStA Dresden, 11326, Nr. 1748, Bl. 73v-75r, Brief Graf d'Alton an Bergener (Abschrift), Dresden 6.10.1781. Paul von Bergener war königlich-preußischer Major, später Oberstleutnant im Regiment Graf zu Anhalt. Gothaisches genealogisches Taschenbuch der briefadeligen Häuser, Bd. 12, Gotha 1918, S. 34f.; Leopold von ZEDLITZ-NEUKIRCH: Neues preussisches Adels-Lexicon, 4 Bde., Leipzig 1836–1837, hier: Bd. 1, S. 215.

Hauptmann Dreßler und Premierleutnant Brunow, waren bei der Beerdigung anwesend.[26]

Unehrlichkeits- bzw. Unreinheitsvorstellungen im Zusammenhang mit dem Leichnam Arenswalds werden in den Quellen nicht deutlich. Bei der ersten Begutachtung des Tatorts ließ die zuständige Kommission den Bediensteten Haendel die Taschen des Toten durchsuchen. Anschließend schaffte man das Feldbett mit der darauf liegenden Leiche aus dem Alkoven in die Stube. Furcht vor der Unehrlichkeit des toten Körpers hatte offensichtlich keiner der Beteiligten. Unmittelbar vor der Beerdigung wurden die Taschen nochmals durchsucht, ohne dass es auch hier zu Problemen gekommen wäre.[27] Allein die acht Tagelöhner, die für die Beerdigung angeheuert wurden, ließen sich nur „auf vieles Bitten" und durch eine deutliche Erhöhung ihrer Bezahlung zu „dergleichen Beschäftigung" überreden – wobei auch hier der Grund für ihr Zögern nicht ganz klar wird.[28] Wie bereits erwähnt, treten Unehrlichkeitsvorstellungen allgemein in den Quellen sehr unregelmäßig hervor. Gerade bei Angehörigen des Militärs scheinen sie eher selten vorgeherrscht zu haben.[29] Die These von der rituellen Verunreinigung adliger Suizidentenleichname, wie sie im vorangehenden Kapitel entwickelt wurde, kann durch das Fehlen solcher Vorstellungen demnach nicht prinzipiell widerlegt werden.

2.2 „Authenticität" und Fiktion – Die Überlieferung der Abschiedsbriefe

Im Bericht des Oberauditeurs der Leibgrenadiergarde Carl Christoph Friederici werden elf Briefe aufgelistet, die Arenswald auf seiner Schreibkommode hinterlassen hatte, insgesamt waren es aber wohl zwölf.[30] Zwei fanden im Original,

26 HStA Dresden, 11326, Nr. 1748, Bl. 14^{v}-16, Bericht des Oberauditeurs Carl Christoph Friederici, Dresden 1.10.1781.

27 Siehe hier den Bericht des Oberauditeurs Friederici vom 30.9.1781, ebd., Bl. 1–14^{r}.

28 Aufgebracht habe sie überdies, dass die Aushebung des Grabes „viele Arbeit" gemacht hätte. Ebd., Bl. 14^{v}-16, Bericht des Oberauditeurs Carl Christoph Friederici, Dresden 1.10.1781.

29 So Kästner: „Desertionen in das Jenseits", S. 91f.

30 HStA Dresden, 11326, Nr. 1748. Den zwölften Brief (an einen Herrn von Burkersroda) erwähnt Arenswald selbst in seinem Abschiedsbrief an seinen Bediensteten David Haendel (ebd., Bl. 17). Adolf Samson von Burkersroda war seit 1777 Leutnant der Leib-Grenadier-Garde in Dresden. Verlohren: Stammregister und Chronik der Kur- und Königlich Sächsischen Armee, S. 165; Bachenschwanz: Allerneuester Zustand der Churfürstlich Saechsischen Armée, S. 125.

vier weitere in Abschrift Eingang in die Akten.[31] Daneben wurden einige Briefe in gedruckter Form veröffentlicht, einmal selbstständig und kommentiert als „Authentische Briefe des Hauptmanns von Arenswald“ von einem anonymen Herausgeber, einmal in einer „Sammlung freundschaftlicher Originalbriefe, zur Bildung des Geschmacks für Frauenzimmer“[32] von Dorothea Henriette von Runckel. Offensichtlich kursierten Abschriften der Briefe, die dann in die Hände der Herausgeber gelangten.[33] Zwar bürgten beide Herausgeber – ganz im Geiste der Zeit[34] – für die „Authenticität“ der abgedruckten Briefe.[35] Zieht man allerdings die in den Akten überlieferten Abschiedsbriefe zum Vergleich heran, so zeigt sich, dass die abgedruckten teilweise erheblich von ihren Originalen abweichen.[36]

Einen Glücksfall stellt eine Ausgabe der anonym herausgegebenen *Authentischen Briefe* dar, die sich heute in der Universitäts- und Landesbibliothek Sachsen-Anhalt in Halle befindet.[37] Diese wurde wohl unmittelbar nach Erscheinen mit ausführlichen handschriftlichen Anmerkungen versehen und mit anderen Versionen der Briefe, die in Umlauf waren, verglichen. Die Anmerkungen betreffen meist nur einzelne Formulierungen, können aber auch so weit gehen, dass ein ganzer Abschiedsbrief komplett in einer anderen Version eingefügt ist. Diese Randbemerkungen ähneln wiederum sehr häufig denjenigen aus Runckels Sammlung. Da sich also sowohl die Briefe der Drucke als

[31] Originale: an seinen Bediensteten David Haendel und den Oberst seines Regiments de Gondé; Abschriften an Freiherr von Vockel, Major von Bergener, Pastor Wagner und Leutnant von Kalckreuth. HStA Dresden, 11326, Nr. 1748, Bl. 17–23.

[32] Anonym: Authentische Briefe; Dorothea Henriette von Runckel (Hg.): Sammlung freundschaftlicher Originalbriefe, zur Bildung des Geschmacks für Frauenzimmer, 3. Teil, Stendal 1782, S. 161–183.

[33] Zumindest der anonyme Herausgeber rechtfertigte sich in seinem Vorwort dafür, die Briefe öffentlich zu machen. Ihren ursprünglichen Empfängern gab er „die meiste Schuld“, da diese erst zugelassen hätten, „daß so häufige Abschrift davon gemacht und [sie] fast in alle Städte Sachsens ja sogar nach Berlin, Braunschweig und Prag versendet wurden“. Anonym: Authentische Briefe, S. 5.

[34] Im 18. Jahrhundert wurden die Echtheit und Natürlichkeit von Briefen zu immer wichtiger werdenden Idealen. Dazu Annette C. Anton: Authentizität als Fiktion. Briefkultur im 18. und 19. Jahrhundert, Stuttgart 1995.

[35] Anonym: Authentische Briefe, S. 16. Auch Frau von Runckel betonte im Vorbericht des ersten Bands ihrer „Sammlung von Originalbriefen“, dass es sich bei ihren Sammlungen um „authentische Aufsätze“ handle. Runckel: Sammlung freundschaftlicher Originalbriefe, 1. Teil, Dresden 1777, in: Angelika Ebrecht/Regina Nörtemann/Herta Schwarz (Hgg.): Brieftheorie des 18. Jahrhunderts. Texte, Kommentare, Essays, Stuttgart 1990, S. 137f.

[36] So sind zwar die Brief an den Oberst der Leib-Grenadier-Garde Gondé und der an den Freiherrn Vockel fast wortgetreu abgedruckt. Der Brief an Pfarrer Wagner wurde aber im Gegensatz zur Version in den Akten stark verändert, wobei er in den beiden Drucken wiederum fast identisch ist.

[37] Sie ist digitalisiert und online zugänglich unter http://digitale.bibliothek.uni-halle.de/vd18/content/titleinfo/1657109.

auch die Einfügungen insgesamt sehr stark gleichen, liegt die Vermutung nahe, dass die verschiedenen kursierenden Abschriften jeweils von einem Vorbild abstammten, das bereits vom Original abwich.

Abschiedsbriefe sind Rechtfertigungsschreiben. Der Suizident versucht in ihnen, den Hinterbliebenen die Gründe für seinen Entschluss offenzulegen.[38] Das heißt allerdings keineswegs, dass die Leser der Briefe die in ihnen angegebenen Erklärungen und Motive im Sinne des Verstorbenen verstehen müssen. Prinzipiell ist es immer möglich, dass Selbst- und Fremddeutung auseinander fallen. Da die Briefe des Hauptmanns von Arenswald eine große publizistische Aufmerksamkeit erfahren haben, eignen sie sich hervorragend dazu, das Verhältnis von Selbst- und Fremddeutung auszuloten. Arenswalds eigene Deutung wird erst in einem zweiten Schritt in den Blick genommen; zunächst wird zu sehen sein, welche Motive ihm von seinen Zeitgenossen zugeschrieben wurden.

2.3 Selbstmord als Ehrenrettung – Fremddeutung I

Der anonyme Herausgeber der *authentischen Briefe* führte in seinen Erläuterungen den Suizid des Hauptmanns auf folgende Ursache zurück: „Er hatte das Unglück, kein Christ zu seyn.“[39] An späterer Stelle fuhr er fort: „Als ein aufgeklärter Christ würde er den Selbstmord als eine Beleidigung der Gottheit, als ein Verbrechen gegen den Staat, und als ein Vergehen gegen sich selbst mit Abscheu verworfen haben.“[40]

Doch der Autor ging in seinen Vermutungen noch weiter: Nicht allein mangelnder Glaube habe dazu geführt, dass Arenswald sich seiner misslichen Lage durch eine Selbsttötung zu entziehen suchte. Die fehlende Religiosität sei darüber hinaus mit einem sehr starken Ehrgefühl einhergegangen:

„wenn ein solcher Mann die eigenthümlichen Lehren der christlichen Religion von der Bestimmung des Menschen, von der Sünde, der Erlösung, dem Glauben, der Heiligung, dem Gerichte, und dem Zustande nach dem Tode nicht kennet, oder nicht aus Ueberzeugung für Wahrheit hält, so wird er dann in einer so kritischen Lage nicht nur unterliegen, wo ein Christ obgesieget hätte, sondern sich auch aus seiner Niederlage wohl noch ein Verdienst machen, und den Selbstmord als Heroismus einer starken Seele bewundert wissen wollen.“[41]

Nicht als christliche Todsünde, sondern als Heroismus habe Arenswald seine

[38] Zu dieser typischen Funktion von Abschiedsbriefen NEUMEYER: Anomalien, Autonomien und das Unbewusste, S. 374f.

[39] ANONYM: Authentische Briefe, S. 8.

[40] Ebd., S. 35.

[41] Ebd., S. 45.

Selbsttötung also angesehen, und er habe gehofft, „durch den Selbstmord seiner peinlichen Lage ein Ende zu machen".[42]

Für den Herausgeber jedoch war der Suizid unter keinen Umständen zu rechtfertigen: „Nach den Grundsätzen der christlichen Religion läßt sich kein Fall denken, in welchem der Selbstmord erlaubt wäre."[43] Seine ablehnende Haltung wird verständlich, wenn man seinen biographischen Hintergrund betrachtet. Zwar kommentierte er die Abschiedsbriefe anonym, allerdings lässt er sich als ein gewisser Karl Gottfried Küttner identifizieren.[44] Küttner stammte aus einer Pfarrersfamilie und war, als er die Abschiedsbriefe Arenswalds herausgab, selbst Pfarrer in Ottendorf. Später wurde er Superintendent zunächst in Seyda, ein Jahr später in Pirna. Neben seiner Tätigkeit als Pfarrer verfasste er verschiedene Gedichte und Kirchenlieder sowie einzelne geistliche Traktate.[45] Als Geistlicher konnte er nicht anders, als die Selbsttötung des Freiherrn Arenswald als eine Versündigung an Gott zu bewerten. Denn nur Gott selbst habe das Recht, über Anfang und Ende des Lebens zu entscheiden. Der Mensch müsse sein Schicksal in vollem Vertrauen auf Jesus Christus ertragen, egal wie schwer ihm sein Los auch scheinen möge. Er gleiche damit einer „Schildwache, die ihren Posten nicht verlassen darf", so Küttners klassisches Argument in seinem Kommentar.[46] Arenswald konnte seinen Suizid demnach nur begehen, weil er andere Werte höher schätzte als die christliche Religion.

Der Vorwurf von Irreligiosität und mangelnden christlichen Glaubensüberzeugungen, wie er hier an Gottlieb Georg Ernst von Arenswald gerichtet wurde, gehörte zum gängigen Kanon zeitgenössischer Adelskritik. Mit dieser Kritik einher ging die Behauptung, das Verhalten des Adels habe sich statt an christlichen Werten einzig an der Einhaltung des adligen Ehrenkodex orientiert. „In short, the code of honour was the moral code of the often irreligious man of fa-

[42] Ebd., S. 14.

[43] Ebd., S. 28.

[44] Michael HOLZMANN/Hanns BOHATTA: Deutsches Anonymen-Lexikon, 7 Bde., Hildesheim 1961 [Nachdr. der Ausg. Weimar 1902], hier: Bd. 1, S. 271 (Nr. 7898); Johann Georg MEUSEL: Küttner (Karl Gottfried), in: DERS.: Lexikon der vom Jahr 1750 bis 1800 verstorbenen teutschen Schriftsteller, Bd. 7, Leipzig 1808, S. 420f.

[45] Er starb in Pirna am 13.3.1789 im Alter von 50 Jahren. Vgl. Gottfried Lebrecht RICHTER: Küttner, M. Karl Gottfried, in: DERS.: Allgemeines Biographisches Lexikon alter und neuer geistlicher Liederdichter, Leipzig 1804, S. 181–183; Karl Heinrich JÖRDENS: Karl Gottfried Küttner, in: DERS.: Lexikon deutscher Dichter und Prosaisten, Bd. 6. Supplemente, Leipzig 1811, S. 454–456.

[46] ANONYM: Authentische Briefe, S. 35. Diese Schildwachen-Metapher geht auf Platon zurück und findet sich etwa auch bei Pufendorf oder Kant. SCHREINER: Jenseits vom Glück, S. 160; Hector WITTWER: Über Kants Verbot der Selbsttötung, in: Kant-Studien 92, 2001, S. 180–209, hier: S. 182f.

shion."[47] Auch bei Arenswald führte der Herausgeber der Abschiedsbriefe die Selbsttötung auf sein Ehrgefühl und den damit verbundenen Versuch zurück, Schande abzuwenden: „Von den Gesetzen der Ehre hatte er so strenge Begriffe, daß er den Tod der Schande vorzog."[48] Es war diese vermeintliche Fixierung des Adels auf die Ehre, gegen die Küttner sich wandte.

Allerdings, so Küttner, sei das Verständnis von Ehre bei Arenswald selbst für einen Adligen über das normale Maß gesteigert gewesen. Denn „seine Begriffe von Ehre waren beynahe überspannt".[49] Und weiter: „Seine Begriffe von Ehre waren nicht nur sehr strenge, sondern auch beynahe überspannt und gränzten ans schwärmerische."[50] Er sah die Fixierung Arenswalds auf seine Ehre als so übersteigert an, dass die eigentlich positiven Regulierungseffekte von Ehre außer Kraft gesetzt worden seien. Das unbedingte Streben nach einer unversehrten Ehre, wie es Küttner Arenswald zuschrieb, war mithin nicht normal, sondern geradezu pathologisch. Arenswald litt gewissermaßen an einem unregulierten und krankhaft veränderten Ehrgefühl.[51] Folge waren laut Küttner „irrige Religionsbegriffe" und der „Wahn", ein Suizid würde unter diesen Umständen kein Verbrechen darstellen.[52]

Um seine These vom Suizid aus krankhaftem Ehrgefühl zu belegen, hatte Küttner hauptsächlich die Briefe Arenswalds an seine Freunde aus dem Militär wiedergegeben und diese mit einem längeren Kommentar versehen.[53] Eine andere Intention verfolgte Dorothea Henriette von Runckel mit ihrer „Sammlung freundschaftlicher Originalbriefe". Sie veröffentlichte ihre Briefauswahl unkommentiert und ihr vorrangiges Ziel bestand darin, ihrer weiblichen Leserschaft eine Hilfe für das Verfassen stilistisch guter und einfühlsamer Briefe an die Hand zu geben.[54] Daher wählte sie fast ausschließlich Briefe aus, in

[47] Donna T. Andrew: The Code of Honour and its Critics: The Opposition to Duelling in England, 1700–1850, in: Social History 5, 1980, S. 409–434, hier: S. 415.

[48] Anonym: Authentische Briefe, S. 13f.

[49] Ebd., S. 7.

[50] Ebd., S. 43.

[51] Zu dieser Argumentation vgl. hier die literaturwissenschaftliche Analyse zu Brentanos „Geschichte vom braven Kasperl und dem schönen Annerl" von Neumeyer: Anomalien, Autonomien und das Unbewusste, S. 401–464, bes. 408f., 415f., 441.

[52] Anonym: Authentische Briefe, S. 14.

[53] Auch wenn er dabei die Namen ungenannt ließ, lässt sich rekonstruieren, dass sie allesamt aus dem Militär stammten: so Oberst de Gondé, General von Vockel, Hauptmann von Dreßler, Leutnant von Brunow und Leutnant von Burkersroda. Der Brief an Major von Bergener war von Küttner nicht abgedruckt worden.

[54] Siehe dazu Runckel: Vorbericht. Solche Anleitungen zum Briefeschreiben für Frauen kamen bereits im späten 17. und frühen 18. Jahrhundert auf, hatten dann aber vor allem ab der 2. Hälfte des 18. Jahrhunderts Konjunktur. Briefe galten dabei als klassisches Medium, in dem Frauen sich literarisch ausdrücken konnten. Dazu Anton: Authentizität als Fiktion, S. 19ff.

denen sich Arenswald an befreundete Frauen gerichtet hatte[55] und aus denen ein besonderes Naheverhältnis hervortrat.[56] Eine Ausnahme stellt jedoch ein Brief dar, der nicht von Arenswald stammte und dessen Argumentation in dieselbe Richtung ging wie diejenige Küttners. Der ungenannte Verfasser gab darin an, ein Freund Arenswalds gewesen zu sein und ihn noch am Tag seines Todes gesprochen zu haben.[57] Er berichtete vom Schicksal Arenswalds, von dessen Geldhilfe für Kalckreuth und der immer größer werdenden Schuldenlast. Schließlich schilderte er die letzten Stunden und den Suizid bzw. die Auffindung der Leiche durch den Bediensteten David Haendel. In diesen Brief wiederum hatte Frau von Runkel offensichtlich eine längere Passage eingefügt, in der sie vor den Gefahren der Arenswald'schen Gedanken warnte.[58] Offensichtlich sah sie sich zu diesem Schritt gezwungen, um ein Missverständnis der Abschiedsbriefe zu verhindern – eine am Ende des 18. Jahrhunderts nicht ungewöhnliche Praxis.[59]

Wie Küttner so verlangte auch Runckel, die öffentliche Bewunderung Arenswalds als „Held" zu bekämpfen. Fälschlicherweise sei er davon ausgegangen,

[55] Runckel: Sammlung freundschaftlicher Originalbriefe, S. 173–183. Obwohl die Namen der Adressaten nicht genannt wurden, lassen sie sich rekonstruieren. Es handelte sich um einen Brief an eine Freifrau von Scheiding, einen an das Ehepaar von der Heyde sowie einen an deren Tochter Friedmuthe. Wahrscheinlich war der letzte Brief (ebd., S. 177–183) derjenige an Friedmuthe von der Heyde, da er in der kommentierten Ausgabe von Küttners *Authentischen Briefen* der „tochter, wie es scheinet, des gegenwärtigen Herrn Obristen von der Heyde beym Carlsburgischen Regiment" zugeordnet wird. Im Umkehrschluss wäre der Brief S. 173f. derjenige an Freifrau von Scheiding. Herr von der Heyde wäre demnach Oberst Siegmund Friedrich August von der Heyde, bis 1778 Major bei der Leib-Grenadier-Garde. Verlohren: Stammregister und Chronik der Kur- und Königlich Sächsischen Armee, S. 278; Bachenschwanz: Allerneuester Zustand der Churfürstlich Saechsischen Armée, S. 203.

[56] Arenswald bedankt sich „für alle Liebe und Freundschaft", die sie mit ihm verbinden. Seinen ehemaligen Vorgesetzten Oberst Siegmund Friedrich August von der Heyde spricht er mit „würdigster Vater und Freund" an, dessen Frau mit „beste" und „liebste Freundin", die Tochter Friedmuthe mit „liebste beste Schwester". Er entschuldigt sich für das Leid, das ihnen mit seinem Suizid zugefügt werde, und beteuert außerdem „bey Gott", dass das Schicksal ihm nicht erlaube, noch länger am Leben zu bleiben. Runckel: Sammlung freundschaftlicher Originalbriefe, S. 173–183.

[57] Ebd., S. 161–172.

[58] Der Brief ist ebenfalls handschriftlich in der kommentierten Ausgabe der *Authentischen Briefe* Küttners der Universitäts- und Landesbibliothek Halle eingefügt – allerdings fehlt hier die betreffende Passage. Da hier die Veröffentlichung der Abschiedsbriefe begründet wird, ist es sehr wahrscheinlich, dass der Abschnitt von der Herausgeberin zur Selbstrechtfertigung eingefügt wurde.

[59] So war es zu dieser Zeit für Herausgeber von Briefen üblich, Brief in dieser Weise für die Drucklegung redaktionell zu überarbeiten bzw. solche fiktiven Passagen einzufügen, um die eigene Sichtweise zum Ausdruck zu bringen. Barbara Becker-Cantarino: Schriftstellerinnen der Romantik. Epoche – Werke – Wirkung, München 2000, S. 162–183.

sich mit seinem Suizid aus seiner schändlichen Lage befreien und seine Ehre retten zu können. Stattdessen habe er sich „durch die Verkürzung seines Lebens wenig Ehre gemacht". Er wäre ein „ehrlicher Mann" geblieben, wenn er sich seinem Schicksal öffentlich gestellt hätte, so habe er sich aber „auf die schlechteste Art aus der Sache" gezogen: „Von der wahren Ehrliebe hat ein solcher Selbstmörder einen falschen Begrif, und von der Religion gar keinen." Hier kommt also dieselbe Deutung zum Ausdruck, wie sie auch Küttner in seinem Kommentar vertreten hatte. Statt christlichen Werten sei Arenswald in seinem Handeln allein dem adligen Ehrenkodex gefolgt und habe versucht, eine heroische Tat zu begehen und als „Held" zu sterben. Dies alles sei aus seinem falschen, weil krankhaften, Begriff von Ehre resultiert.

Als Küttner und Runckel die Briefe Arenswalds herausgaben, war das allgemeine gesellschaftliche Interesse am Thema Suizid außerordentlich groß. Dies schlug sich in einer enormen Zunahme der Publizistik nieder.[60] Gerade Abschiedsbriefe wurden regelmäßig abgedruckt, weil sich die Perspektive im Zuge der Sentimentalisierung[61] immer stärker auf die „Innen-Sicht" der Betroffenen verschob. Der *Selbstmörder* wurde gewissermaßen vom Objekt zum Subjekt der Betrachtung.[62] Beide – Küttner und Runckel – fürchteten allerdings, ihre Leser könnten sich zu stark mit den Briefen Arenswalds identifizieren. In jedem Fall wollten sie vermeiden, mit ihren Publikationen ein *Arenswaldfieber* auszulösen, das heißt wie Goethes Roman für eine Welle von Nachahmungstaten verantwortlich zu sein. Aus ihrer Sicht bestand die Gefahr darin, dass sie den Ehrensuizid, den sie eigentlich mit ihren Veröffentlichungen bekämpfen wollten, bei ihren Lesern selbst hervorriefen. Ihr Ziel bestand daher darin, „dem Schaden vorzubauen, den sie [das heißt die Briefe, F. K.] bey einer gewissen Classe von Menschen anrichten könnten"[63] bzw. die Selbsttötung in ihrer „entehrenden schimpflichen Gestalt" darzustellen.[64]

Für die Herausgeber war Arenswald das Sinnbild einer gefährlichen gesellschaftlichen Strömung, die sich unter seinen Zeitgenossen immer stärker auszubreiten begann. Sein übertriebenes Ehrgefühl war gewissermaßen Ausdruck einer allgemeinen Erkrankung der Gesellschaft, in der die althergebrachten christlichen Werte zunehmend ihre Verbindlichkeit verlören. Dass der *Selbstmord* immer stärker um sich greife und also das Suizidverbot sei-

60 Siehe dazu die Einleitung.

61 Wie John Brewer betont, seien Menschen zunehmend als „creatures of feeling" wahrgenommen worden. Mit anderen Menschen Mitleid zu empfinden und ihre Leiden nachvollziehen zu können, sei im Zuge dessen zum erklärten Ziel erhoben worden. Ders.: Sentimental Murder. Love and Madness in the Eighteenth Century, London 2004, bes. S. 58ff.

62 Vgl. Neumeyer: Anomalien, Autonomien und das Unbewusste, S. 353.

63 Anonym: Authentische Briefe, S. 30.

64 Runckel: Sammlung freundschaftlicher Originalbriefe, S. 167.

ne Unhintergehbarkeit einbüße, sei eindeutiger Ausdruck für diesen Umstand. Küttner und Runckel vertraten damit eine Sicht, die sie mit vielen ihrer Zeitgenossen teilten. Vor allem viele sich als fromm verstehende Menschen hatten Ende des 18. Jahrhunderts den Eindruck in einer Zeit zunehmenden Glaubensverfalls zu leben. Immer weiter werde der christliche Glaube zurückgedrängt und immer stärker lösten sich die bestehenden gesellschaftlichen Bindungen auf.[65] Allerdings unterschied sich dieses Empfinden einer sich ausbreitenden gesellschaftlichen Irreligiosität von den Atheismusdebatten des späten 17. und frühen 18. Jahrhunderts. Zwar wurde auch bereits hier der Unglaube als Gefahr für die Gesellschaft angesehen, die im schlimmsten Fall deren Zusammenbruch zur Folge haben konnte.[66] Allerdings wurde diese Diskussion nahezu ausschließlich auf akademischer Ebene in Form von wissenschaftlichen Publikationen ausgetragen.[67] Ab der Mitte des 18. Jahrhunderts wurde der gelehrt-theologische Atheismusdiskurs dann jedoch zunehmend von einem Freigeisterdiskurs abgelöst. Vor allem die protestantische Apologetik, Küttner ist hier ein typisches Beispiel, wandte sich mit hohem publizistischem Aufwand gegen die mangelnde Religiosität innerhalb der eigenen Glaubensgemeinschaft.[68] Als Ursache für den negativen gesellschaftlichen Wandel sah man in erster Linie die Ausbreitung aufklärerischen Gedankenguts an, wie sie in Presse und Literatur zum Ausdruck kam. Lesen galt als Hauptgefahr für die Förderung von sogenannten *Freigeistern*.[69] Und dass diese Menschen nicht einmal vor einer Selbsttötung zurückschreckten, galt ebenfalls als sicher.[70]

Auch Küttner machte neben dem Selbstmord aus Ehrgefühl die zeitgenös-

[65] Vgl. dazu Georges Minois: Geschichte des Atheismus. Von den Anfängen bis zur Gegenwart, Köln/Weimar/Wien 2000, S. 307–450; Christopher Voigt: Freigeistiges Publikum und protestantische Apologetik im 18. Jahrhundert, in: Hans-Edwin Friedrich/Wilhelm Haefs/Christian Soboth (Hgg.): Literatur und Theologie im 18. Jahrhundert. Konfrontationen – Kontroversen – Konkurrenzen, Berlin u. a. 2011, S. 161–175 (Hallesche Beiträge zur Europäischen Aufklärung 41), hier: bes. S. 169ff.

[66] Hans Martin Barth: Atheismus und Orthodoxie. Analyse und Modelle christlicher Apologetik im 17. Jahrhundert, Göttingen 1971 (Forschungen zur systematischen und ökumenischen Theologie 26), S. 137–144.

[67] Siehe dazu ebd., bes. S. 25–29; Winfried Schröder: Ursprünge des Atheismus. Untersuchungen zur Metaphysik- und Religionskritik des 17. und 18. Jahrhunderts, Stuttgart, Bad Cannstatt 1998 (Questiones 11).

[68] Voigt: Freigeistiges Publikum und protestantische Apologetik; Lucian Hölscher: Geschichte der protestantischen Frömmigkeit in Deutschland, München 2005, bes. S. 140ff.

[69] Voigt: Freigeistiges Publikum und protestantische Apologetik, S. 161ff., 164; vgl. auch Schwerhoff: Zungen wie Schwerter, S. 316f.

[70] Baumann: Vom Recht auf den eigenen Tod, S. 47–63. In England wurde schon ab den 1730er Jahren eine große Neigung von Freigeistern zum Suizid angenommen. Siehe dazu mit zahlreichen edierten Quellenbeispielen Kelly McGuire: Suicide and Free Thought, in: Paul Seaver u. a. (Hgg.): The History of Suicide in England, 1650–1850, Part I, 4 Bde., London u. a. 2012, hier: Bd. 4, 123–156.

sischen Einflüsse dafür verantwortlich, „daß der Selbstmord so sehr überhand nimmt". Er unterstellte Arenswald ebenfalls, seinen Geist durch „allzu häufige Lectüre eines Voltaire, Rousseau, und Helvetius" auf Irrwege gebracht zu haben.[71] Außerdem habe Arenswald Goethes Werther, also den Inbegriff gefährlicher unchristlicher Literatur, „als eines seiner Lieblingsbücher" angesehen.[72] Schließlich warf Küttner ihm vor, Freimaurer gewesen zu sein, und untermauerte so das Bild des irreligiösen Freigeistes.[73] Bemerkenswerterweise lässt sich bei Arenswald nachweisen, dass er wirklich ein Freigeist in diesem Sinne gewesen ist. Denn wie sich aus einem sehr detaillierten Verzeichnis über seinen Besitzstand ersehen lässt,[74] besaß er eine umfangreiche Bibliothek von ungefähr 200 Werken, die verschiedene antike Schriften, wissenschaftliche Publikationen, sowie neuzeitliche Literatur und Philosophie enthielt – darunter Voltaire, Locke, Rousseau, Wolff und Mendelssohn. Eine Ausgabe von Goethes Werther enthielt die Bibliothek dagegen offenbar nicht, dafür aber ein „Taschenbuch für Freymäurer" – und eine Bibel.[75]

Georg Gottlieb Ernst von Arenswald stellte für die Herausgeber seiner Briefe das Symptom einer erkrankten Gesellschaft dar, das sie mit der Veröffentlichung zu bekämpfen versuchten. Die Kritik, die beide an seinem heroischen Suizid übten, wurde im 18. Jahrhundert wiederholt geäußert. Immer wieder wandten sich sowohl Theologen wie Literaten gegen die vermeintliche Verherrlichung und Nachahmung antiker Helden wie Cato oder Lucretia.[76] Es

[71] Anonym: Authentische Briefe, S. 8.

[72] Ebd., S. 47ff. Auf die Furcht vor den Folgen der Wertherlektüre kann in diesem Zusammenhang nicht weiter eingegangen werden. Sie wurde bereits auch intensiv beschrieben. An neueren Arbeiten siehe Bähr: Der Richter im Ich, S. 223–258; Schreiner: Jenseits vom Glück, bes. S. 269–278; Andree: Wenn Texte töten; Neumeyer: Anomalien, Autonomien und das Unbewusste, S. 32–39; Kästner: Tödliche Geschichte(n), S. 468–480.

[73] Anonym: Authentische Briefe, S. 11f. Obwohl Assoziationen wie Freimaurer oder Illuminaten sich ganz wesentlich über ihren christlichen Glauben definierten, wurden sie von Beginn an mit dem Atheismus-Vorwurf belegt. Minois: Geschichte des Atheismus, S. 418ff.

[74] Bei dem Verzeichnis handelt es sich um einen Auktionskatalog, der vor der Versteigerung des Arenswald'schen Besitzes im Januar 1782 gedruckt worden war. Der Erlös wurde anschließend unter seinen Gläubiger verteilt. Der Auktionskatalog ist vorhanden in HStA Dresden, 11326, Nr. 1748, Bl. 158–173.

[75] Ebd. Arenswald besaß wissenschaftliche Werke aus ganz unterschiedlichen Gebieten: zur Geschichte, Geographie, Genealogie, Biologie, Physik und Pädagogik. Außerdem verfügte er über einige militärtheoretische Schriften sowie etwas Reise- und Theaterliteratur. Zu seiner antiken Literatur gehörten Homer, Ovid, Cäsar, Cicero und Juvenal, zu seiner neuzeitlichen Wieland, Klopstock und Pope.

[76] Donaldson: The Rapes of Lucretia, bes. S. 149–166; MacDonald/Murphy: Sleepless Souls, S. 186–190. Zur Kritik am Suizid Catos in der deutschen Literatur Buhr: „Sprich, soll denn die Natur der Tugend Eintrag tun?", bes. S. 80–97; Neumeyer: Anomalien, Autonomien und das Unbewusste, S. 75f., 81ff.

erscheint zunächst paradox, dass die Herausgeber zu diesem Zweck mit ihren Publikationen selbst zur Verbreitung dieser Gedanken beitrugen. Sie handelten damit jedoch in einer für ihre Zeit typischen pädagogischen Absicht, die nicht auf Verbot und Zensur setzte, sondern die mit der Aufklärung neu entstehende Leserschaft durch die richtige Art der Mediennutzung erziehen wollte.[77] Gerade auch von Seiten protestantischer Theologen wurde diese Sichtweise vertreten, weil sie davon ausgingen, dass gerade im freien Denken die Wahrheit des Christentums besonders evident werde. Es lag ihrer Meinung nach im Interesse der Religion selbst, sie rational zu hinterfragen.[78] So wurden etwa fremdsprachige heterodoxe bzw. freigeistige Texte ins Deutsche übersetzt, um dann direkt theologisch widerlegt werden zu können.[79] Arenswald, der selber ein Opfer seines krankhaften Ehrgefühls geworden war, sollte somit als ein Negativbeispiel dafür dienen, was passieren konnte, wenn man den Glauben an Gott aufgab: das Zugrundegehen an einer kranken Ehre.

2.4 Kranke Ehre und Melancholie – Fremddeutung II

Führte aber Arenswalds Erkrankung an übersteigerten Ehrvorstellungen dazu, dass er als unzurechnungsfähig eingestuft wurde und sein Handeln deshalb zu entschuldigen war? Denn wenn er nicht Herr seiner Sinne war, so hätte er seine Tat im Grunde nicht vorsätzlich ausführen können und wäre demnach schuldlos gewesen. Doch bemerkenswerterweise ließ Küttner keinen Zweifel daran,

[77] Anhand der differenzierten Darstellung des Schicksals einzelner Verbrecher wurde zum Beispiel versucht, beim Leser Mitleid zu erregen und diesen so zum selbstständigen Nachdenken über moralische Fragen und soziale Missstände anzuregen. Dabei war die – wenn auch fiktive – Authentizität des Erzählten von entscheidender Bedeutung. Vgl. dazu Holger Dainat: Räuber im Oktavformat: Über die printmediale Aufbereitung von Kriminalität im 18. Jahrhundert, in: Rebekka Habermas/Gerd Schwerhoff (Hgg.): Verbrechen im Blick. Perspektiven der neuzeitlichen Kriminalitätsgeschichte, Frankfurt a. M. 2009, S. 339–366.

[78] Einer der ersten Theologen, die in Deutschland diese Forderungen vertraten, war Johann Lorenz Schmidt (1702–1749), der Verfasser der *Wertheimer Bibel*. Zensur war für ihn ein Merkmal des Katholizismus und beförderte den dortigen Aberglauben. Mit seinen Schriften stieß er auf zum Teil heftige Kritik von anderen protestantischen Theologen, die Denkfreiheit als Gefahr für die christliche Religion ansahen. Winfried Schröder: Aporien des theologischen Liberalismus. Johann Lorenz Schmidts Plädoyer für „eine allgemeine Religions- und Gewissensfreyheit", in: Lothar Kreimendahl (Hg.): Aufklärung und Skepsis. Studien zur Philosophie- und Geistesgeschichte des 17. und 18. Jahrhunderts, Stuttgart, Bad Cannstatt 1995, S. 221–237 (Quaestiones 8).

[79] Ebd., S. 225; Voigt: Freigeistiges Publikum und protestantische Apologetik, bes. S. 164–169.

dass Arenswald vernünftig und gründlich über alle Konsequenzen nachgedacht hatte und schließlich zu einem „festen und lange durchdachten Entschluß" gekommen war:[80]

> „Allem Vermuthen nach war die Ruhe, die Arenswald in seinen letzten Stunden bewies, nicht erkünstelt oder erlogen, sondern das Resultat seines Charakters und der Festigkeit seiner Grundsätze. Aber sie beweißt nichts für die Wahrheit seines Systems, sie beweißt nur, daß er von der Richtigkeit desselben fest überzeugt war. Man kann sich für den Irrthum so gut als für die Wahrheit tod schlagen lassen."[81]

Zwar urteilte Küttner, Arenswald sei bei seinen Überlegungen zum falschen Schluss gekommen, die Fähigkeit zu vernunftbegabtem Denken sprach er ihm aber nicht generell ab. Dies ist insofern ungewöhnlich, als Ende des 18. Jahrhunderts die pathologisierende Sichtweise auf die Selbsttötung in weiten Gesellschaftsteilen Verbreitung gefunden hatte. Die Außenstehenden gingen meist auch dann von einer geistigen Erkrankung bzw. Melancholie aus, wenn ein Suizident seinen Tod in seinen Abschiedsbriefen als gut durchdachte und bewusste Entscheidung begründet hatte.[82]

Dabei war den Zeitgenossen des 18. Jahrhunderts alles andere als klar, was genau unter Melancholie zu verstehen war. Melancholie bezeichnete nach der antiken Säftelehre ein Übermaß an schwarzer Galle, die in der Milz produziert werde. Doch schon in der Antike stellte dies nur den kleinsten gemeinsamen Nenner aller unter Melancholie gefassten Krankheitsbilder dar. Von Beginn an existierte eine Vielzahl an Theorien zu den Ursachen, Symptomen und Behandlungsmethoden. Dies blieb in der Folge so, wobei immer neue Bedeutungen aufkamen, die jedoch die alten nicht verdrängten, sondern in die bestehenden Denktraditionen integriert wurden.[83] Im 18. Jahrhundert gab es ebenfalls kein

[80] ANONYM: Authentische Briefe, S. 14.
[81] Ebd., S. 45.
[82] Siehe hierzu Kap. I. 2.
[83] Die Entwicklung der Melancholie bis ins 18. Jahrhundert kann hier nicht im Einzelnen nachvollzogen werden und ist ohnehin schon häufig beschrieben worden. Klassisch und immer noch absolut lesenswert, vor allem für die Entwicklungen von der Antike bis zur Renaissance, ist Raymond KLIBANSKY/Erwin PANOFSKY/Fritz SAXL: Saturn und Melancholie. Studien zur Geschichte der Naturphilosophie und Medizin, der Religion und der Kunst, Frankfurt a. M. 1990 [orig. 1964]. Einige gute historische Überblicksdarstellungen sind außerdem Esther FISCHER-HOMBERGER: Hypochondrie. Melancholie bis Neurose. Krankheiten und Zustandsbilder, Bern/Stuttgart/Wien 1970; Stanley W. JACKSON: Melancholia and Depression. From Hippocratic Times to Modern Times, New Haven/London 1986; DERS.: A History of Melancholia and Depression, in: Edwin R. WALLACE/John GACH (Hgg.): History of Psychiatry and Medical Psychology. With an Epilogue on Psychiatry and the Mind-Body Relation, New York 2008, S. 443–460; Martina WAGNER-EGELHAAF: Die Melancholie der Literatur. Diskursgeschichte und Textfiguration, Stuttgart/Weimar 1997, hier: bes. S. 32–214. Für die Frühe Neuzeit siehe mit weiterführender Literatur Angus GOWLAND: The Problem of Early Modern Melancholy, in: P&P 191, 2006, S. 77–120;

eindeutiges Krankheitsbild der Melancholie, sondern es existierten verschiedene Deutungen parallel und ganz unterschiedliche wissenschaftliche Disziplinen nahmen am Diskurs teil. Und auch hier wurden weniger neue Konzepte entwickelt, als vielmehr die seit der Antike bestehenden Modelle neubesetzt und weiter systematisiert.[84] So wurde zwar etwa in der gelehrten Medizin die Nervenlehre bei der medizinisch-physischen Bestimmung der Melancholie immer wichtiger, die humoralpathologische Betonung der schwarzen Galle blieb jedoch bis in 19. Jahrhundert eines der wichtigsten Deutungsmuster – vor allem wohl bei den medizinischen Praktikern.[85]

Auch die Grenzen der Melancholie zu verwandten Krankheiten wie der Hypochondrie oder der Manie waren fließend, es herrschte geradezu eine „Verwahrlosung des Begriffs".[86] So konnte unter Hypochondrie sowohl das Gleiche wie unter Melancholie verstanden werden wie auch eine schwächere Vorform oder eine ganz eigenständige Krankheit.[87] Daneben verbanden sich in der Diskussion häufig somatische mit moralischen Erklärungen.[88] Die körperliche Erkrankung, die eine Schwächung des Verstands und damit die Abwesenheit von Vernunft bewirkte, wurde dann auf einen unmoralischen Lebenswandel zurückgeführt. Ein solcher negativer Lebenswandel zeichnete sich vor allem dadurch aus, dass er in Opposition zu den Verhaltensidealen der Aufklärung von Vernunft, Mäßigung und Selbstkontrolle stand.[89] Hierzu gehörten besonders Luxuskonsum, Glücksspiel, Onanie und sexuelle Aus-

Jeremy Schmidt: Melancholy and the Care of the Soul. Religion, Moral Philosophy and Madness in Early Modern England, Aldershot 2007.

84 Wagner-Egelhaaf: Die Melancholie der Literatur, S. 137, zum uneinheitlichen Krankheitsbild S. 146; Bähr: Der Richter im Ich, S. 77; Gudrun Piller: Private Körper. Spuren des Leibes in Selbstzeugnissen des 18. Jahrhunderts, Köln/Weimar/Wien 2007 (Selbstzeugnisse der Neuzeit 17), S. 43.

85 Eckart: Geschichte der Medizin, S. 170. Zum Nebeneinander von Nervenlehre und Humoralpathologie siehe Fischer-Homberger: Hypochondrie, S. 29ff.; Hans-Jürgen Schings: Melancholie und Aufklärung. Melancholiker und ihre Kritiker in der Erfahrungsseelenkunde und Literatur des 18. Jahrhunderts, Stuttgart 1977, S. 45–72; Jobe: Medical Theories of Melancholia; Kutzer: Anatomie des Wahnsinns, S. 79; Schreiner: Jenseits vom Glück, S. 42ff., 137ff.; Piller: Private Körper, S. 44f.; Bogen: Die Zone der Unbestimmtheit, bes. S. 295ff.

86 Fischer-Homberger: Hypochondrie, S. 81.

87 Wagner-Egelhaaf: Die Melancholie der Literatur, S. 144ff.; Schings: Melancholie und Aufklärung, S. 70. Zu den Symptomen, Grenzen und Definitionen der verschiedenen medizinischen Formen der Geisteskrankheiten siehe Kutzer: Anatomie des Wahnsinns, S. 86–111.

88 Vgl. Lorenz: Kriminelle Körper, S. 321.

89 Gabriele Ricke: Schwarze Phantasie und trauriges Wissen. Beobachtungen über Melancholie und Denken im 18. Jahrhundert, Hildesheim 1981, bes. S. 31–35.

schweifungen.[90] Indem die moralischen Ursachen den physischen vorgelagert und insofern selbstverschuldet waren, war auch der Melancholiker in letzter Konsequenz selbst für seine Erkrankung verantwortlich.[91] Dies galt dann ebenfalls für melancholisch bedingte Selbsttötungen.[92] Gerade Menschen, die eine eher schwächliche physische Konstitution besaßen, waren daher angewiesen, ihren Körper nicht noch weiter durch lasterhaftes Verhalten zu schädigen.[93]

Obwohl die Menschen im 18. Jahrhundert in aller Regel kein konkretes Bild davon hatten, was sie als Melancholie bezeichneten, glaubten sie, ein sprunghaftes Umsichgreifen dieses Phänomens festzustellen.[94] Und wie erwähnt, wurde auch bei Selbsttötungen in aller Regel davon ausgegangen, dass sie auf eine melancholische Erkrankung und somit auf eine geistige Verwirrung zurückzuführen seien. Doch warum war dies beim Suizid des Hauptmans Gottlieb Georg Ernst Freiherr von Arenswald anders? Bei ihm wurde zu keiner Zeit angenommen, er habe unter einer Melancholie gelitten. Spielte hierfür möglicherweise sein Stand eine Rolle?

Zumindest in der historischen Suizidforschung wird davon ausgegangen, dass sich Adlige in der Frühen Neuzeit antike Stoiker zum Vorbild nahmen und ihren Suizid als einen „act of cool resolution, a deed of calm reason rather than passionate impulse“ begingen.[95] Dieser Vorstellung nach widersprach eine Selbsttötung aus Melancholie also dem adligen Selbstverständnis. In seinem Buch „Melancholie und Gesellschaft“ hat Wolf Lepenies 1969 die These vertreten, Melancholie sei im 18. Jahrhundert ein Signum des Bürgertums gewesen, das sich aus Verzweiflung über seine politische Ohnmacht in eine kollektive Innerlichkeit geflüchtet habe. Die unfreiwillige soziale Passivität sei mit der Idealisierung individueller Empfindsamkeit kompensiert worden.[96] Daraus ließe sich also erklären, warum Arenswald als Adliger nicht zur Melancholie neigte. Schon früh allerdings wurde Lepenies' These widersprochen, und sie kann mittlerweile als widerlegt gelten. So konnte etwa Hans-Jürgen Schings zeigen, dass es gerade die Aufklärungsbewegung war, die in Opposition zur Melancholie trat. Für die Vertreter der Vernunft war jegliche Verklärung des Geistes und Abhängigkeit von den Gefühlen verabscheuungswürdig und musste bekämpft

[90] Baumann: Vom Recht auf den eigenen Tod, S. 101ff.; Schreiner: Jenseits vom Glück, S. 178ff., 263f.; Neumeyer: Anomalien, Autonomien und das Unbewusste, S. 91–105, 376ff.

[91] Pott: Aufklärung und Aberglaube, bes. S. 337–356; Bähr: Der Richter im Ich, S. 79, 162.

[92] Bähr: Der Richter im Ich, S. 23; Neumeyer: Anomalien, Autonomien und das Unbewusste, S. 247.

[93] Schreiner: Jenseits vom Glück, S. 71f.

[94] Ebd., bes. S. 184–188.

[95] MacDonald/Murphy: Sleepless Souls, S. 185.

[96] Wolf Lepenies: Melancholie und Gesellschaft, Frankfurt a. M. 1969, zum Beispiel S. 86ff., 198f.

werden.[97] Ähnlich wie über die Abgrenzung zum Aberglauben[98] definierte sich die Aufklärung gerade auch über die Abgrenzung zur Melancholie.[99]

Wenn also Melancholie auch kein bürgerliches Spezifikum war, so lässt sich vielleicht doch vermuten, warum Arenswald als Adligem keine Melancholie zugeschrieben wurde. Wie bereits mehrfach erwähnt, wurde dem Adel in der Frühen Neuzeit, so auch Arenswald, typischerweise unterstellt, nicht sehr fromm zu sein. Seit der Reformation, besonders aber seit Beginn des 17. Jahrhunderts wurde jedoch gerade eine besondere Religiosität als eine der wichtigsten Ursachen der Melancholie angesehen. Nach protestantischer Lehre gehörte zu einem frommen Leben die permanente Auseinandersetzung mit immer wiederkehrenden Anfechtungen; denn ein wahrer Christ könne nur durch solche Prüfungen seinen Glauben unter Beweis stellen. Allen Versuchungen in vollem Vertrauen auf Gott erfolgreich Widerstand zu leisten, wurde als ein deutliches Zeichen göttlicher Gnade aufgefasst. Schwermütige bzw. melancholische Gedanken wurden sogar zu einem „Bestandteil der evangelischen Identität".[100]

Dieses zunächst durch Luther prominent gemachte Argument erlangte besonders in der reformierten Theologie grundlegende Bedeutung.[101] Aber auch im lutherischen Pietismus herrschte ein regelrechtes „Trauergebot", demzufolge Trauer und innere Zweifel als Ausdruck göttlicher Gnade angesehen wurden.[102]

97 Schings: Melancholie und Aufklärung, bes. S. 3ff., 47ff., 142, 223ff.

98 Siehe hierzu Kap. I. 4.

99 Vgl. zu dieser Debatte auch Wolfram Mauser: Melancholieforschung des 18. Jahrhunderts zwischen Ikonographie und Ideologiekritik. Auseinandersetzung mit den bisherigen Ergebnissen und Thesen zu einem Neuansatz, in: Lessing Yearbook 13, 1981, S. 253–277, hier: bes. S. 264ff.; Wagner-Egelhaaf: Die Melancholie der Literatur, S. 138ff.; Schreiner: Jenseits vom Glück, S. 191ff.

100 H.C. Erik Midelfort: Selbstmord im Urteil von Reformation und Gegenreformation, in: Wolfgang Reinhard/Heinz Schilling (Hgg.): Die katholische Konfessionalisierung. Wissenschaftliches Symposion der Gesellschaft zur Herausgabe des Corpus Catholicorum und des Vereins für Reformationsgeschichte 1993, Gütersloh 1995, S. 296–310 (Schriften des Vereins für Reformationsgeschichte 198), hier: S. 309. Siehe außerdem Gerhard Krause: Luthers Stellung zum Selbstmord. Ein Kapitel seiner Lehre und Praxis der Seelsorge, in: Luther 36, 1965, S. 50–71, hier: S. 52ff.; Ernst Koch: Die höchste Gabe in der Christenheit. Der Umgang mit Schwermut in der geistlich-seelsorgerischen Literatur des Luthertums im 16. und 17. Jahrhundert, in: Monika Hagenmaier/Sabine Holtz (Hgg.): Krisenbewusstsein und Krisenbewältigung in der Frühen Neuzeit, Frankfurt a. M. 1992, S. 231–243, hier: bes. S. 233ff.

101 Wolfgang Weber: Im Kampf mit Saturn. Zur Bedeutung der Melancholie im anthropologischen Modernisierungsprozeß des 16. und 17. Jahrhunderts, in: ZHF 17, 1990, S. 155–192, hier: S. 164–167; Schmidt: Melancholy and the Care of the Soul, S. 49–64, bes. 57ff.

102 Dies zeigt Schings am Werk Johann Arndts, dem *Vater des lutherischen Pietismus*. Ders.: Melancholie und Aufklärung, S. 73–81. Vgl. auch Lind: Selbstmord in der Frühen Neuzeit, 172f. Zur „Frömmigkeitswende" zu Beginn des 17. Jahrhunderts und zur inhaltlichen

Schon früh geriet das „Sünden- und Elendsbewußtsein“ der Pietisten in die Kritik, nicht zuletzt, weil es als eine „Brutstätte für Selbstmörder“ angesehen wurde.[103] Der anti-melancholischen Aufklärung erschien diese Form der religiösen Melancholie dann endgültig als Feindbild, da sie dem Bild der Vernunftreligion grundlegend widersprach.[104] Indem man ihre Schwermut erneut auf ein Übermaß an schwarzer Galle zurückführte, wurden die religiösen Melancholiker zunehmend pathologisiert.[105] Eine übertriebene, das heißt krankhafte, Religiosität blieb als Ursache für Melancholie im gesellschaftlichen Bewusstsein bis ins 19. Jahrhundert hinein virulent. Sie wurde durch die Figur des religiösen „Schwärmers“ verkörpert.[106]

Betrachtet man unter diesen Gesichtspunkten den Suizid des Hauptmanns Gottlieb Georg Ernst Freiherr von Arenswald, so ist offensichtlich, warum ihm eine solche Melancholie nicht zugeschrieben wurde. Bei ihm ging man von einem adligen Ehrensuizid aus und sprach ihm damit jegliche Religiosität ab. Gerade dieser mangelhafte Glaube bewirkte Pfarrer Küttner zufolge, dass Arenswald glaubte, frei über seinen Tod entscheiden zu können. Führte zu viel Religiosität in die Melancholie, so bestand bei Abwesenheit von Religion die Gefahr, dass sich die Betroffenen unchristlichen Werten wie der Standesehre zuwandten. Wenn also auch Melancholie keine spezifisch bürgerliche Empfindlichkeit war, wie dies Wolf Lepenies angenommen hat, so wäre doch zu prüfen, ob Adligen womöglich seltener eine melancholische Erkrankung zugeschrieben wurde als Nicht-Adligen. Sofern ihnen ein Ehrensuizid unterstellt wurde, schloss dies jedenfalls das Vorhandensein von Melancholie aus.

Aus Küttners Sicht beeinträchtigte das übersteigerte Ehrgefühl nicht Arenswalds Fähigkeit, nach den Regeln der Vernunft zu denken und zu handeln. Allerdings, so Küttner, agierte Arenswald innerhalb der „Wahrheit seines Systems“, wodurch er, obwohl er zu vernunftgemäßem Denken in der Lage war, zwangsläufig zu den falschen Ergebnissen kommen musste. Da sein Ehrgefühl krankhaft verändert war, hatten sich bei ihm offensichtlich die Kriterien, die bei einem gesunden Ehrsystem zum richtigen Verhalten geführt hätten, ver-

Nähe von Calvinismus und Pietismus siehe Johannes Wallmann: Der Pietismus, 2. Aufl., Göttingen 2005, bes. S. 28–65.

103 Zu dieser anti-pietistischen Kritik siehe Schings: Melancholie und Aufklärung, S. 82–90.

104 Ebd., S. 127. Allerdings weist Schings darauf hin, dass es sich hierbei keineswegs um einen geradlinigen Prozess gehandelt hat, sondern vielmehr um einen „mit zunehmender Grundsätzlichkeit geführte[n] Kampf gegen bestimmte Formen und Strömungen in Religion und Theologie, der die Melancholie in ein immer schwärzeres Licht taucht“ (ebd., S. 142).

105 Ebd., S. 127; Lind: Selbstmord in der Frühen Neuzeit, S. 171; Bogen: Die Zone der Unbestimmtheit, S. 303.

106 „So tritt an die Seite des hypochondrischen Religionisten als ebenfalls durchgängige Gegenfigur der Aufklärung der schwarzgallige Schwärmer“. Schings: Melancholie und Aufklärung, S. 148; zur Kritik am Schwärmertum in der Spätaufklärung ebd., S. 143–150.

schoben. In Anlehnung an die frühneuzeitliche Vermögenspsychologie könnte man also sagen, dass nur das Wahrnehmungsvermögen Arenswalds, nicht aber sein Denkvermögen gestört war.[107] Er fällte somit trotz der „Gründlichkeit seines Raisonnements über die Zuläßigkeit des Selbstmords“[108] keine autonome Entscheidung. Arenswald war durch sein krankhaftes Ehrgefühl verblendet[109] – und damit im Grunde für seine Tat nicht voll schuldfähig, auch wenn er seinen Tod unter Vorsatz herbeigeführt hatte. Aus Küttners Sicht war Arenswald ein Opfer – ein Opfer des übersteigerten adligen Ehrenkodex. Nur weil dieser Kodex die christlichen Werte gering schätzte, brachte er Menschen wie Arenswald dazu, sich zu töten. Mit seiner Kritik hatte Küttner also nicht Arenswald als Person im Blick, sondern den ganzen Adel als Stand – es handelte sich um allgemeine Adelskritik. Im Gegenzug war Arenswald daher in den Augen Küttners ein unglücklicher Mann,[110] der nur begrenzt für sein Handeln verantwortlich war.

Mit seiner Deutung war Küttner ein außerordentlicher Erfolg weit über den deutschsprachigen Raum hinaus beschieden. Ein Jahr, nachdem der deutsche Druck erschienen war, wurden die Briefe und ein Teil des Kommentars ins Englische übersetzt und in London, später auch in den USA veröffentlicht.[111]

[107] Die Lehre der mentalen Seelenvermögen wurde in der Antike, besonders durch Aristoteles und Galen, entwickelt. Sie besagte, dass die Seele verschiedene *Vermögen* („facultates“) umfasse, die unabhängig voneinander Schaden nehmen konnten. In der Frühen Neuzeit bemühte sich die Medizin dann vor allem darum, die einzelnen Seelenvermögen im Gehirn zu lokalisieren. Dazu Gerburg Treusch-Dieter: Metamorphose und Struktur. Die Seele bei Platon und Aristoteles, in: Gerd Jüttemann/Michael Sonntag/Christoph Wulf (Hgg.): Die Seele. Ihre Geschichte im Abendland, Weinheim 1991, S. 16–42; Michael Kutzer: Tradition, Anatomie und Psychiatrie: Die mentalen Vermögen und ihre Gehirnlokalisation in der frühen Neuzeit, in: Medizinhistorisches Journal 28, 1993, S. 199–228; ders.: Anatomie des Wahnsinns, S. 64–71. Zur Vermögenspsychologie im 18. Jahrhunderts siehe Stefan Hessbrüggen-Walter: Die Seele und ihre Vermögen. Kants Metaphysik des Mentalen in der „Kritik der reinen Vernunft“, Paderborn 2004, bes. S. 55–125; Lothar & Helga Sprung: Eine kurze Geschichte der Psychologie und ihrer Methoden, München/Wien 2010, S. 93–100.

[108] Anonym: Authentische Briefe, S. 29.

[109] Küttner bewertete die Tat als den „Selbstmord eines verblendeten unglücklichen, sonst aber liebenswürdigen ehrlichen und rechtschaffenen Mannes“. Ebd., S. 3.

[110] Ebd., S. 4.

[111] Anonym: Original Letters of Captain Von Arenswald, who killed himself the 29th of Sept. 1781; with an Account of the Manner of his Death and Remarks; in German, Frankfurt/Leipzig 1782, in: Henry Maty (Hg.): A New Review; with Literary Curiosities, and Literary intelligence, for the Year 1783, Vol. IV, London 1783, S. 276–287. Ein Teil des übersetzten Kommentars wurde veröffentlicht unter „A Remarkable Act of Suicide“ in: Westminster Magazine, Nov. 1783, S. 587f. Dieser Text ist auch in Philadelphia (USA) unter diesem Titel erschienen: in: Ladies Museum 1,6 (12.4.1800), abgedruckt in: Edward W.R. Pitcher/D. Sean Hartigan (Hgg.): Sensationalist Literature and Popular Culture in the Early American Republic. An Anthology of Exotic Nonfiction, Wonder Tales and

Charles Moore nahm sie 1790 in sein berühmtes Werk *A full Inquiry into the Subject of Suicide* auf. Auch er urteilte, Arenswald habe in den Briefe versucht, die Zulässigkeit seiner Selbsttötung zu beweisen.[112] Allerdings, so wandte Moore ein, nur weil jemand etwas nach reiflicher Überlegung vor sich selbst rechtfertige, bedeute dies noch lange nicht, dass eine Handlung oder ein System richtig seien.[113] Gerade „men of fair characters and good morals" würden in einer Notlage häufig in Kummer und Mutlosigkeit geraten und an der Ungerechtigkeit der Welt verzweifeln: „an honest heart has little to do in a dishonest world". Wenn die Betreffenden dann noch christliche Werte vernachlässigten, kämen ihre besonnenen Überlegungen zwangsläufig zu einem falschen Schluss.[114]

In seinem Buch *Leben und Ende merkwürdiger Selbstmörder* referierte Heinrich Gottlieb Tzschirner 1805 den Fall Arenswald unter dem Titel „Selbstmord, veranlaßt durch aufopfernde Freundschaft und bewirkt durch Furcht vor Schande."[115] Er bezog sich dabei auf die Aussagen Küttners, spitzte dessen Deutung aber noch einmal besonders zu. So diagnostizierte auch er einen „Mangel an Religiosität" und „ein überspanntes, durch die Verhältnisse seines Standes genährtes Ehrgefühl" als Ursache des Suizids.[116] Auch bei ihm führte das krankhafte adlige Ehrgefühl bei Arenswald aber nicht dazu, dass diesem die Fähigkeit zu rationalem Denken abgesprochen wurde. Wieder waren allein die Voraussetzungen, unter denen dieses Denken stattfand, fehlerhaft. So gehöre Arenswald zu der Art Suizidenten, die ihre Tat „in fehlerhaften Beschaffenheiten ihres Charakters oder in irrigen Grundsätzen" ausführten:

> „Betrachtete er gleich den Selbstmord aus einem falschen Gesichtspunkte, so hatte er doch über den Schritt, den er thun wollte, nachgedacht, so hielt er ihn doch aus Gründen für zuläßig [...], und warf sich nicht, wie ein gemeiner Selbstmörder, blindlings dem Tode in die Arme."[117]

Anders als ein „gemeiner Selbstmörder" konnte ein Adliger vernünftig über seine Selbsttötung nachdenken, auch wenn aufgrund „irriger Grundsätze" sein

Whoppers, Lewiston/Queenston/Lampeter 2000 (Studies in British and American Magazines 10), S. 152f.

112 Charles Moore: A Full Inquiry Into the Subject of Suicide. To Which Are Added (as Being Closely Connected with the Subject) Two Treatises on Duelling and Gaming, Bd. 2, London 1790, S. 164–184., Zitat: S. 165.

113 Ebd., S. 179f.

114 Ebd., S. 180ff.

115 Heinrich Gottlieb Tzschirner: Selbstmord, veranlaßt durch aufopfernde Freundschaft und bewirkt durch Furcht vor Schande, in: ders. (Hg.): Leben und Ende merkwürdiger Selbstmörder. Nebst einigen den Selbstmord betreffenden Abhandlungen, Weißenfels/Leipzig 1805, S. 75–81.

116 Ebd., S. 80.

117 Ebd., S. 80f.

Wahrnehmungsvermögen gestört war und er damit zwangsläufig zu den falschen Schlussfolgerungen kommen musste.

Wie sehr sich die allgemeine pathologische Sichtauf die Selbsttötung bis zur Mitte des 19. Jahrhunderts durchgesetzt hatte, wird in einer medizinischen Abhandlung aus dem Jahr 1838 besonders deutlich. Der Arzt Joseph Schaible hielt ohne Ausnahme jeden Suizid für pathologisch. „[S]elbst der raffinirte, mit allem Vorbedacht ausgeführte“ sei ein Zeichen für „eine Gemüthskrankheit, eine Geisteskrankheit, respective ein Wahnsinn mit Lebensüberdruss“. Auch wenn der Körper ansonsten gesund sei, gebe es immer einen „Punkt“, der dazu führe, dass ein Mensch „aller freien Wahl beraubt“ werde.[118] So gebe es beispielsweise den „Selbstmord aus falschem Ehrgefühl, wie der bekannte Hauptmann Arenswald aus Dresden“.[119] Auch aus dieser medizinischen Sicht resultierte die Selbsttötung also aus einem krankhaften Ehrgefühl, das dem Betroffenen keine andere Wahl als den Tod ließ. Eine Ursache für die Zunahme von Suiziden sah Schaible zudem in der sich ausbreitenden mangelnden „Religiösität“. Überhaupt sei zu kritisieren, dass *Selbstmördern* häufig ein „Ehrentempel“ errichtet würde, nur weil die Menschen „verkehrten, irregeleiteten, in der Regel irreligiösen oder falsch verstandenen, mystisch-religiösen Grundsätzen“ anhingen.[120] Während also der Ehrensuizid als Folge krankhafter Ehrvorstellungen des Suizidenten gedeutet wurde, resultierte dessen Verehrung durch die Gesellschaft vor allem aus mangelnden religiösen Glaubensüberzeugungen.

2.5 Selbstmord als Mord – Selbstdeutung

Hauptmann von Arenswald wurde von seinen Zeitgenossen – zumindest von einem Teil – unterstellt, er habe seinen „Selbstmord als Heroismus einer starken Seele bewundert wissen wollen“. Ist er aber als ein Beispiel eines ehrenhaften aristokratischen Suizids anzusehen, wie er in der Forschung beschrieben worden ist? Um sich dieser Frage zu nähern, wird im Folgenden die Selbstdeutung Arenswalds analysiert, wie sie in seinen Abschiedsbriefen zum Ausdruck kommt. Aus quellenkritischen Gründen wird dabei denjenigen Briefen, die sich in den Akten befinden, der größte Aussagewert beigemessen. Da bei den meisten gedruckten Briefen nicht klar ist, inwieweit sie ergänzt und verändert wurden, ist hier besondere Vorsicht geboten. Bei ihrer Interpretation sind die

[118] Joseph Schaible: Ueber Selbstmord, und die grössere Hinneigung unserer Zeit zu demselben. Eine medizinisch-polizeiliche und philantropische (sic!) Rhapsodie, in: Annalen der Staatsarzneikunde 3, 1838, S. 137–163, hier: S. 140f.

[119] Ebd., S. 142.

[120] Ebd., S. 143f.

Motive der Herausgeber stets mitzudenken, wobei besonders den Brechungen zwischen Selbstdeutung und zugeschriebener Selbstdeutung ein heuristischer Wert zukommt.

Die Zeitgenossen warfen Arenswald Irreligiosität vor. Er habe sich getötet, weil er statt der Gebote Gottes allein die des adligen Ehrenkodex befolgt habe. Und wenn man die Abschiedsbriefe betrachtet, fällt in der Tat auf, dass er in vielen von ihnen keinen Bezug auf Gott nahm. Dies liegt aber wohl vor allem auch daran, dass es sich meist nicht um Abschiedsbriefe im Sinne von Rechtfertigungsschreiben handelt. Stattdessen versuchte Arenswald darin vor allem finanzielle Angelegenheiten zu regeln und ihm offenbar besonders wichtige Schuldner noch zu ihrem Geld kommen zu lassen.[121]

Etwas anders gestaltet sich die Sache in seinem Schreiben an den befreundeten Pastor Wagner in Hermsdorf.[122] Hier rechtfertigt sich Arenswald ausführlich für seinen sündhaften Tod, versichert aber, trotz eifrigstem Bemühen keine andere Wahl gehabt zu haben. Gott wisse, so betont er mit Nachdruck, dass er immer versucht habe, ein rechtschaffener Mensch zu sein. Deshalb plage ihn auch keine Furcht vor der Zukunft: „also fürchte ich die Zukunft nicht. Wir sehen einander wieder Freund, in glücklichern Gegenden als die hiesigen seyn."[123] Anders, als ihm dies die Herausgeber seiner Abschiedsbriefe unterstellten, setzte sich Arenswald also sehr wohl mit religiösen Fragen auseinander – auch wenn diese ihn nicht verzweifeln ließen. Ein solch expliziter Gottesbezug fand ebenfalls in den gedruckten Briefen statt.[124] In mehreren rief er etwa Gott direkt an.[125] Die Herausgeber bescheinigten Arenswald also, ohne reli-

[121] So beispielsweise in den Briefen an seinen Cousin Paul von Bergener oder seinen Freund Friedrich Siegmund von Vockel. HStA Dresden, 11326, Nr. 1748, Bl. 20^r, 22^{v}f. Der Brief nennt nur den Nachnamen „Vockel". Mit großer Wahrscheinlichkeit handelte es sich um Friedrich Siegmund von Vockel. Er war General, später bis zu seinem Tod dann Hessen-Darmstädtischer Gesandter am Kaiserhof in Wien. Sein Sohn, auch Friedrich Siegmund, erbte 1795 von ihm das Lehengut Manschatz (dieses steht als Adresse auf dem Brief Arenswalds). Dazu Constantin von WURZBACH: Biographisches Lexikon des Kaiserthums Österreich. Enthaltend die Lebensskizzen der denkwürdigen Personen, welche 1750 bis 1850 im Kaiserstaate und in seinen Kronländern gelebt haben, 60 Bde., Wien 1856–1891, hier: Bd. 51, S. 120–123, hier: S. 120.

[122] Der Brief in den Akten ist an einen „Monsieur Wagner, Ministre de la parole de Dieu à Hermsdorff" adressiert. HStA Dresden, 11326, Nr. 1748, Bl. 21^v-22^v. Wagner lässt sich allerdings nicht genauer identifizieren.

[123] Ebd.

[124] So etwa in dem stark veränderten Brief an Pastor Wagner: „Gott urtheilt nach dem Willen und nach den Absichten des Herzens, nicht aber nach dem Vollbringen." ANONYM: Authentische Briefe, S. 18f. Bzw. „Gott urtheil nach dem Willen, nach den Kräften." RUNCKEL: Sammlung freundschaftlicher Originalbriefe, S. 169f. Auch hier ging Arenswald in beiden Versionen von einem Wiedersehen im Jenseits aus.

[125] „Doch lieber Gott! Ich habe es nicht anders machen können, ich habe alles Mögliche gethan". Brief an Friedrich Ernst von Dreßler und Scharffenstein, ANONYM: Authentische

giöses Bewusstsein gehandelt zu haben, obwohl dies durch seine eigenen Briefe widerlegt wird. Eine Bezugnahme auf Gott kam selbst in den veröffentlichten Briefen vor, obwohl die Herausgeber damit eigentlich das genaue Gegenteil zeigen wollten. Dieser Widerspruch resultierte daraus, dass sie die Selbsttötung Arenswalds als einen adligen Ehrensuizid deuteten, der die Religiosität des Täters per se ausschloss.

Wenn aber Hauptmann von Arenswald in seinem Handeln nicht jenseits christlicher Werte agierte, so stellt sich im Gegenzug die Frage, warum sein Gewissen dann nicht von religiösen Schuldgefühlen geplagt wurde. Warum fürchtete er die Zukunft nicht? Immerhin beging er mit seinem *Selbstmord* eine Todsünde. Die Antwort auf diese Frage wird in nahezu allen Briefen deutlich, in einem aber ganz besonders: demjenigen an seinen früheren Freund Carl Alexander Erdmann von Kalckreuth, dem er acht Jahre zuvor Geld geliehen hatte. Vordergründig bat Arenswald in diesem Schreiben Kalckreuth um eine Anstellung für seinen Bediensteten David Haendel für die Zeit nach seinem Tod. Tatsächlich aber versuchte er, Kalckreuth noch ein letztes Mal seine Schuld vor Augen zu führen.[126] Der Brief beginnt mit einer Anklage:

> „Endlich ist das Werk Ihrer Hände vollendet[.] Ihre Schulden die ich übernahm haben mich nach und nach in ein gränzenloses Elend gebracht, und zwingen mich endlich nach acht Jahren unbeschreiblichen Verdruß[,] daß ich durch einen Schuß Pulver mir dieses unerträgliche Leben selbst verkürtzen muß."[127]

Die Argumentation ist eindeutig: Nicht Gottlieb Georg Ernst von Arenswald selbst entschied, sein Leben vorzeitig zu beenden, da er überhaupt keine Entscheidung traf. Es war allein das Handeln Kalckreuths, das ihn zu diesem Schritt zwang. Da er sich völlig unverschuldet in seiner Situation befand und insofern ein reines Gewissen hatte, trug er auch keine Schuld an den Konsequenzen seines Todes. Die Beendigung seines Lebens war – so könnte man pointiert sagen – nicht Selbstmord, sondern Mord. Er beging keine Tat, sondern war das Opfer einer solchen.

Diese Passivität war auch der Grund dafür, dass Arenswald sein Heil nicht gefährdet sah. Ganz im Gegenteil: Da er sich keines religiös-moralischen Vergehens schuldig gemacht hatte, besaß er ein reines Gewissen und brauchte demnach auch keine „Furcht vor der Zukunft" zu haben. Dass er im Angesicht

Briefe, S. 19–22; weitere Beispiele bei Runckel: Sammlung freundschaftlicher Originalbriefe, S. 175, 177.

[126] HStA Dresden, 11326, Nr. 1748, Bl. 20^{v}f. „Ich schreibe nicht in der Absicht um Ihnen Vorwurfe zu machen; haben Sie noch ein Gefühl von Menschheit, so seyn Sie so unglücklich daß ich Sie aufrichtig zu bedauern im Stande bin, haben Sie aber auch dieses Gefühl verlohren so sind Sie unter meinen Vorwürfen. Ich schreibe bloß wegen Haendeln an Sie."

[127] Ebd.

des Todes auf dieses wichtigste christliche Trostmotiv zurückgriff,[128] unterstreicht im Übrigen noch einmal, wie stark auch er in christlich-religiösen Deutungsmustern dachte. Im weiteren Verlauf des Briefes forderte Arenswald sein Gegenüber dann auf, den durch seine Hände mittellos gewordenen Bediensteten David Haendel einzustellen und diesem so ein Auskommen zu ermöglichen, damit Kalckreuth „nicht auch endlich ihn und alsdann auch sein Kind umbringen“ würde. Arenswald sprach hier also ausdrücklich davon, dass Kalckreuth ihn *umgebracht* habe.

Wie in diesem Brief deutete Arenswald auch in seinen anderen Briefen seine Selbsttötung nicht als Selbst-Mord, sondern als Mord. In allen stellte er mit Nachdruck heraus, wie völlig schuldlos er in seine verzweifelte Lage geraten sei. Nicht er selbst habe sich in seine „Noth“ gestürzt:[129] Die „überhäufte[n] Unglücksfälle“, mit denen er zurechtkommen musste, habe er sich „wahrhaftig nicht selbst zugezogen“.[130] So habe er sich in einem „Labyrinth von Unglücksfällen“ befunden, in das er „gewiss ohne [s]ein Verschulden gerathen“ war.[131] Doch obwohl er sich nicht selbst in seine missliche Lage gebracht habe, habe er immer versucht, „ein rechtschaffener Mann“[132] zu sein und „rechtschaffen zu handeln“[133]. Mit aller „ersinlichen Mühe“[134] habe er „die Sache von allen Seiten würklich schon Jahre lang überlegt“, doch dabei keinen Ausweg gefunden. Die „Gerechtigkeit“ könne deshalb nicht mehr von ihm verlangen, als in seinen Kräften stehe.[135] Seinem Bediensteten Haendel schärfte er ein, nicht auf das Geschwätz mancher „Schurken“ zu hören, da er ja um seine ehrliche Gesinnung wisse.[136] Auch hier betonte er seine Alternativlosigkeit: Er sei „gezwungen die-

[128] Die große Bedeutung der Aussicht auf ein Wiedersehen im Jenseits als Trostmittel ist besonders aus Leichenpredigten bekannt. Dazu Rudolf Mohr: Protestantische Theologie und Frömmigkeit im Angesicht des Todes während des Barockzeitalters. Hauptsächlich auf Grund hessischer Leichenpredigten, Marburg 1962, S. 421; ders.: Der unverhoffte Tod. Theologie- und kulturgeschichtliche Untersuchungen zu außergewöhnlichen Todesfällen in Leichenpredigten, Marburg 1982 (Marburger Personalschriften-Forschungen 5), S. 159.

[129] Vgl. HStA Dresden, 11326, Nr. 1748, Bl. 17r-18r, Brief an den Bediensteten Haendel, ohne Dat.

[130] Ebd., Bl. 19r, Brief an Oberst de Gondé, 24.9.1781.

[131] Ebd., Bl. 21v-22v, Brief an Pfarrer Wagner, 24.9.1781.

[132] Ebd., Bl. 17r-18r, Brief an den Bediensteten Haendel, ohne Dat.; Bl. 19r, Brief an Oberst de Gondé, 24.9.1781.

[133] Ebd., Bl. 21v-22v, Brief an Pfarrer Wagner, 24.9.1781.

[134] Ebd., Bl. 19r, Brief an Oberst de Gondé, 24.9.1781 bzw. „erdenkliche Mühe“, Bl. 17r-18r, Brief an den Bediensteten Haendel, ohne Dat.

[135] Ebd., Bl. 21v-22v, Brief an Pfarrer Wagner, 24.9.1781.

[136] Ebd., Bl. 17r-18r, Brief an den Bediensteten Haendel, ohne Dat.

sen Ausgang zu nehmen" bzw. „müße [...] diesen Schritt ergreifen".[137] „Mein Tod ist nothwendig"[138]!

Die Selbstdeutung Arenswalds als Opfer fremden Handelns widerspricht grundlegend dem Vorwurf, er habe mit seinem Suizid seine Ehre zu retten versucht. Es wäre daher anzunehmen, dass diese Deutung in den gedruckten Briefen fehlt. Allerdings ist das Gegenteil der Fall. Auch in den von Küttner herausgegebenen Briefen findet sich die typische Arenswald'sche Rechtfertigung: „Eine zu unvorsichtige Gutherzigkeit" sei die „Quelle" seines Todes gewesen. „Alles nachfolgende waren Folgen, die nicht mehr von mir abhingen, bis auch jetzt auf meinen Tod" – er spricht von der „traurigen Nothwendigkeit" seines Todes.[139] Dasselbe gilt für Runckels *Sammlung freundschaftlicher Originalbriefe*, wo er wie folgt zitiert wird: „Allein ich bin so wenig Herr über mich, daß alle meine Handlungen blos unwilkührliche Folgen einer einzigen seyn, daß also beynahe gar nichts in meinem Willen steht."[140]

In den gedruckten Briefen kommt die Deutung des Suizids als nicht-autonome Handlung, als ihm von außen auferlegte Zwangsläufigkeit, also ebenfalls klar zum Ausdruck. Gegen diese Selbstdeutung unterstelle ihm Küttner jedoch, dass er frei über seinen Tod nachgedacht habe und dabei aufgrund seiner Ehrfixierung zum falschen Entschluss gekommen sei. Zwar hatte auch Arenswald selbst in den gedruckten Abschiedsbriefen mit Nachdruck betont, wie viele Jahre er schon über seine Lage nachdenke.[141] Allerdings verfolgte er damit ein anderes Ziel als ihm Küttner bescheinigte. Arenswald ging es allein darum, zu zeigen, wie intensiv – wenn auch vergeblich – er jahrelang nach einem „andern Ausgang" aus seiner Not gesucht hatte. Er versuchte also, seine Rechtschaffenheit zu bezeugen.

Wie die Irreligiosität, die die Herausgeber Arenswald vorwarfen, so kann auch sein angebliches Suizidmotiv der Ehrenrettung aus den von ihnen herausgegebenen Briefen selbst widerlegt werden. An keiner Stelle ging er davon aus, dass man seinen Suizid verehren werde; ganz im Gegenteil bat er, ihn weder mit „Haß noch Verachtung" zu strafen. An anderer Stelle äußerte er die Hoffnung,

137 Ebd.

138 Ebd., Bl. 22^{v}f., Brief an Freiherrn von Vockel, 26.9.1781.

139 Immer habe er versucht, „rechtschaffen zu seyn" und habe „alles Mögliche gethan", um einen „andern Ausgang" aus seiner Situation zu finden. Er wisse, „daß man diesen Weg aus allen Kräften vermeiden müsse", dies sei ihm jedoch „nicht möglich" ANONYM: Authentische Briefe, S. 17–28.

140 Er sei zu diesem Schritt „gezwungen" worden, da er „den einzigen Ausweg" darstelle bzw. der einzige sei, der ihm „übrig bleibt". RUNCKEL: Sammlung freundschaftlicher Originalbriefe, S. 173–183.

141 „Ich habe lange und viel darüber nachgedacht". „Ich habe alles lange und reiflich erwogen". „Der Schritt ist nicht übereilt, den ich thue. Er reift Jahre lang in meinem Kopfe; [...] Auch jezt ist es noch keine übereilte Verzweiflung". ANONYM: Authentische Briefe, S. 19, 27, 20, ähnl. 24.

dass seine Selbsttötung ihn nicht für immer „unwürdig“ machen werde.[142] Gegen seine Selbstdeutung sahen die Zeitgenossen in Arenswald ein Beispiel für einen heroischen adligen Selbstmörder. Weil die damit implizierten Vorwürfe der Irreligiosität und der Ehrfixierung klassische Argumente der Adelskritik waren, waren sie besonders anschlussfähig und überdeckten die von Arenswald selbst angegebenen Gründe.

Wenn Gottlieb Georg Ernst von Arenswald aber nicht, wie ihm unterstellt wurde, mit seinem Suizid seine Ehre retten wollte, so ist umgekehrt zu fragen, aus welchen Motiven er dann sein Leben beendete. Worin bestand die Zwangsläufigkeit, die den Suizid in der Selbstdeutung Arenswalds zum Mord werden ließ? In seinem anklagenden Brief an Kalckreuth führte er als Grund für seine aussichtslose Lage die „Schulden“ an, die er von ihm übernommen habe und die ihn „nach und nach in ein gränzenloses Elend gebracht“ hätten. Das Leben sei ihm dadurch so „unerträglich“ geworden, dass nur noch die Selbsttötung möglich sei.[143] An seinen Freund Friedrich Siegmund von Vockel schrieb er, sein Tod sei „nothwendig“, weil er keine Hoffnung mehr habe, in seinem Leben noch jemals „was Gutes [...] zu stiften“. Würde er weiterleben, so nur, um „die Noth die [er] seit acht Jahren ausstehe, noch länger auszustehen“.[144] Daher, so schrieb er an Oberst de Gondé, ziehe er „den Todt einem solchen Leben vor“.[145]

Der große Schuldenberg hatte Arenswald das Leben unerträglich gemacht, so dass er seinen Tod für unausweichlich hielt. Was Arenswald bei seinem Handeln antrieb, war aber wohl weniger die Furcht vor Armut und wirtschaftlicher Not. Immerhin lebte er schon viele Jahre mit dieser Hypothek, und die adligen Netzwerke hätten ihn gewiss auch künftig aufgefangen. Überhaupt ist umstritten, ob wirtschaftliche Nöte in nennenswertem Maß für Suizide in der Frühen Neuzeit verantwortlich waren.[146] Wahrscheinlicher ist vielmehr, dass Arenswald nicht glaubte, mit der bei Bekanntwerden seiner Schulden zu erwartenden Schmach leben zu können. Dies war offenbar mit seinem Selbstbild unvereinbar. Ehrvorstellungen spielten demnach für die Zwangsläufigkeit seines Suizids eine große Rolle, obwohl Ehre oder eine zu befürchtende Schande in seiner Selbstdeutung nicht explizit genannt wurde.

Hier bietet sich ein Vergleich mit dem sehr ähnlich gelagerten Fall Gotthold Friedrich Stäudlins an, den Andreas Bähr ausführlich analysiert hat.[147] Stäudlin hatte sich 1796 in der Ill ertränkt. Auch er befand sich in enormer Schuldennot, aus der er keinen Ausweg fand. Als er keine Möglichkeit mehr sah, den

[142] Ebd., S. 26, 24.
[143] HStA Dresden, 11326, Nr. 1748, Bl. 20^{v}f, Brief an Kalckreuth, 26.9.1781.
[144] Ebd., Bl. 22^{v}f., Brief an Freiherrn von Vockel, 26.9.1781.
[145] Ebd., Bl. 19^{r}, Brief an Oberst de Gondé, 24.9.1781.
[146] Siehe hierzu die Diskussion bei Lind: Selbstmord in der Frühen Neuzeit, S. 238–243.
[147] Bähr: Der Richter im Ich, S. 145–192.

dadurch für sich und vor allem für seine Familie entstandenen Ehrverlust rückgängig zu machen, fühlte auch er sich zur Selbsttötung gezwungen. Allerdings, und hier liegt ein entscheidender Unterschied zum Fall Arenswald, gab sich Stäudlin selbst die Schuld an seinem „Schicksal", in das er sich eigenhändig hinein manövriert hatte. Bährs Interpretation nach konnte das Schicksal erst im Bewusstsein „um die eigene Verantwortung" für seine Lage so übermächtig werden, dass Stäudlin ihm nicht länger Widerstand leisten konnte.[148] Dass er in letzter Konsequenz doch die Schuld an seiner aussichtslosen Situation trug, habe ihn in die „moralische Ausweglosigkeit" geführt, wie sie Bähr als konstitutiv für die Selbsttötung der Aufklärung ansieht. Solange sich ein Mensch seiner Rechtschaffenheit bewusst war, habe das Schicksal für ihn nicht übermächtig werden können.[149]

Anders bei Arenswald: Seine Ausweglosigkeit resultierte sehr wohl aus der „Macht eines ‚äußeren' Schicksals" und war damit alles andere als moralisch.[150] Er tötete sich nicht, weil sein Gewissen am Bewusstsein seiner Schuldhaftigkeit zugrunde ging. In seiner Selbstzuschreibung wurde er sogar getötet und war damit selbst völlig unschuldig. Die Selbstdeutung Arenswalds widerspricht damit der These Bährs. Obwohl Arenswald sich nicht für seine Situation verantwortlich machte, „[erlag] er der Macht des widrigen Schicksals".[151]

Der Grund für die Zwangsläufigkeit, mit der Arenswald seinen eigenen Suizid deutete, kann demnach mit einiger Wahrscheinlichkeit in einem zu befürchtenden Ehrverlust infolge seiner Schulden ausgemacht werden. Wie der Fall Stäudlin jedoch deutlich gezeigt hat, konnten „Ehrverlust und Schuldennot" auch bei Nicht-Adligen „in semantische Nähe zur Ausweglosigkeit" geraten und damit zur Selbsttötung führen.[152] Zudem wollte Arenswalds mit seiner Handlung nicht den „Heroismus einer starken Seele" unter Beweis stellen, wie ihm dies Küttner vorwarf.[153] Seine Tat kann damit nicht als ein adliger Ehrensuizid angesehen werden, wie er in der Forschung beschrieben worden ist. Aus Arenswalds Sicht konnte eine Selbsttötung seine verlorene Ehre nicht wieder

148 Ebd., bes. S. 162ff., 209ff.

149 Siehe dazu bes. die Einführung in ebd., S. 9–25. Ähnlich argumentiert Werner Trossbach für die Wahrnehmung des Wahnsinns. Dieser sei im 16. Jahrhundert als „eine religiös zu erklärende Anfechtung", im 17. Jahrhundert als „ein unerklärlicher Schicksalsschlag" und dann in der Aufklärung als das „Resultat persönlichen Verhaltens und moralischen Versagens" gedeutet worden. Ders.: „Klee-Skrupel". Melancholie und Ökonomie in der deutschen Spätaufklärung, in: Karl Eibl (Hg.): Die Kehrseite des Schönen, Hamburg 1994, S. 91–120 (Aufklärung 8/1), hier: bes. S. 96f.

150 Bähr geht davon aus, dass Ausweglosigkeit „nicht aus der Macht eines ‚äußeren' Schicksals [resultierte], sondern aus der subjektiven Einsicht in die moralische Bedeutung dieser Schicksalsmacht." Ders.: Der Richter im Ich, S. 190.

151 Vgl. ebd., bes. S. 158ff.

152 Ebd., S. 156.

153 Anonym: Authentische Briefe, S. 45.

herstellen. Er tötete sich (wie auch Stäudlin[154]), weil er es nicht ertragen konnte, seine Schande mit anzusehen. Da Arenswald aber seinen bevorstehenden Ehrverlust nicht explizit als Motiv angab, wird nun der Fall des kursächsischen Leutnants Johann Wilhelm von der Pforte als Vergleichsfolie hinzugezogen, der seinen Suizid ausdrücklich mit seiner verlorenen Ehre begründete.

2.6 Selbstmord als Duellersatz? Johann Wilhelm von der Pforte

„Was ist einem lieber als Ehre"? Mit dieser Frage begann Johann Wilhelm von der Pforte, Leutnant beim fünften königlich-sächsischen Infanterieregiment, einen der letzten Briefe seines Lebens.[155] Als er seine zwei Abschiedsbriefe am 19. Oktober 1729 verfasste, befand er sich gerade auf der sächsischen Garnisonsfestung Torgau in Haft. In einem Brief richtete sich Pforte an den Generalauditeur Johann Christian Kreyl, in einem zweiten an den kommandierenden General der sächsischen Armee Christoph August von Wackerbarth.[156] Als Offizier der kursächsischen Armee konnte er sich sicher sein, dass die Untersuchung seines Suizids vor das Generalkriegsgericht kommen und er daher mit seinen Briefen die beiden adressierten Personen erreichen würde.[157]

Mit zwei „letzte[n] Bitten" wandte sich Pforte an Kreyl und Wackerbarth: Erstens ersuchte er darum, dass sein „hinterbliebener Leichnam nur nicht aus Regardt [s]eines adlichen Standtes unter Henckers Handt gerathen möge". Auch er führte also seinen Stand explizit als Argument für eine Sonderbehandlung bei der Beerdigung in der Hoffnung auf ein ehrliches Begräbnis an. Zweitens – und dies war der eigentliche Anlass seiner Briefe – rief er das Gericht an,

[154] Bähr spricht in diesem Zusammenhang von der „Unmöglichkeit der Ehrenrettung". Ders.: Der Richter im Ich, S. 155.

[155] Die von der Pforte waren ein altes sächsisches Adelsgeschlecht, aus dem im 18. Jahrhundert mehrere Mitglieder im kursächsischen Militärdienst standen. Über Johann Wilhelm von der Pforte ist allerdings nichts weiter bekannt. Vgl. Ernst Heinrich Kneschke: Neues allgemeines Deutsches Adels-Lexicon, 9 Bde., Leipzig 1859–1870, hier: Bd. 7, S. 134f.

[156] HStA Dresden, 11321, Nr. 11870, Bl. 1–3, Brief Pforte an Kreyl, Torgau 19.10.1729; Bl. 4–5, Brief Pforte an Wackerbarth, Torgau 19.10.1729.

[157] Kreyl war seit 1710 Geheimer Kriegsrat und Generalauditeur, Wackerbarth seit 1728 kommandierender General der sächsischen Armee. Verlohren: Stammregister und Chronik der Kur- und Königlich Sächsischen Armee, S. 69, 534. General und Generalauditeur bildeten (mit wechselnden Beisitzern) das Generalkriegsgericht. Dazu Wolf: Skizzen von der ehemaligen kursächsischen Armee, S. 187f. Zum Rechtsverfahren bei Selbsttötungen im kursächsischen Militär siehe Kap. II. 1.

sein „um Raache schreyentes Blut zur Satisfaction zu helffen".[158] Denn keines der Verbrechen, wegen derer er in Haft sitze, habe er begangen. Vielmehr sei er von einem Hauptmann Zanthier „zu dießen Händteln provocirt und forcirt wordten". Dieser trage also die tatsächliche Schuld und verdiene es, in Haft gesetzt zu werden. Stattdessen aber habe Hauptmann Zanthier sich über ihn lustig gemacht und mit verschiedenen „Finessen" erreicht, dass ihm selbst „nicht das geringste gethan" werde.[159] Um seine Anschuldigungen zu belegen, hatte Pforte jedem Brief noch eine mehrseitige „Denuntiation" beigelegt, in der er ausführlich über den Verlauf der Ereignisse Auskunft gab.[160]

Pforte gab an, schon seit vielen Jahren „stetigen Vertruß" mit Hauptmann Ludolf Karl von Zanthier[161] zu haben, da dieser ihn wiederholt mit verschiedenen „Schickans" traktiert habe. 1726, als er selbst noch Fähnrich war, habe Hauptmann Zanthier versucht, ihn los zu werden und in eine andere Kompanie versetzen zu lassen. Dem dortigen Hauptmann Hans Melchior von Wittern[162] habe er dafür 50 Reichstaler geboten, und Pforte also „gleich einem Pferdte" zu verkaufen versucht. Nachdem Wittern auf diesen Tausch nicht eingehen wollte, sei Pforte durch seine Kameraden mit den Worten verspottet worden: „Du must doch zu nichts nutz seyn: Daß dich dein Capitain gegen 50 Reichstaler an Capitain Wittern vertauschen, auch dießer den Tausch nicht acceptiren wollen". Eine solche Beleidigung konnte Pforte nicht auf sich sitzen lassen und fühlte sich zum Handeln gezwungen. Zur Wiederherstellung seiner Ehre wählte er den Rechtsweg und zeigte seine Beleidiger beim Regiment an. Denn laut dem kursächsischen Duellmandat von 1712 war allein schon eine schwere Beleidigung, die als Aufforderung zu einem Duell angesehen werden konnte, strafbar.[163] Die Klage habe jedoch nichts ausgerichtet und die „Satisfaction" sei ihm verwehrt geblieben. Da er nichts weiter habe tun können, habe er „es alles mit Gedult leidten und verschmertzen" müssen.

Im Jahr darauf, so berichtete Pforte weiter, hätten er selbst, Hauptmann Zanthier und ein Premierleutnant Gebeltzig in einem Weinkeller in Zittau gemeinsam Karten gespielt und Wein getrunken – eine typische Freizeitbe-

[158] HStA Dresden, 11321, Nr. 11870, Bl. 1–3, Brief Pforte an Kreyl, Torgau 19.10.1729. Ähnl. auch im Brief an Wackerbarth (ebd., Bl. 4–5): „mein um Raache schreyenten Blute Satisfaction verschaffen".

[159] Ebd.

[160] Die Denunziation, die dem Schreiben an Kreyl beilegt war, befindet sich ebd., Bl. 6–13, diejenige, die dem Schreiben an Wackerbarth beilegt war, ebd., Bl. 14–20. Die Zitate werden im Folgenden nicht jeweils einzeln aufgeführt.

[161] Seit 1718 als Fähnrich beim Regiment, seit 1721 als Hauptmann. Verlohren: Stammregister und Chronik der Kur- und Königlich Sächsischen Armee, S. 568.

[162] Seit 1710 Hauptmann beim Regiment, 1729 wurde er Major. Ebd., S. 554.

[163] Ejusdem Erneuert und geschärfftes anderweit eröffnetes Mandat. Wider die Selbst-Rache, Injurien, Friedens-Stöhrungen und Duelle, Sp. 1790. Zum Duell im sächsischen Militär siehe Wolf: Skizzen von der ehemaligen kursächsischen Armee, S. 211–214.

schäftigung unter Angehörigen des Militärs. Typisch war auch, dass es bei solchen Zusammenkünften, nicht zuletzt aufgrund des Alkoholkonsums, zu Auseinandersetzungen zwischen den Beteiligten kam.[164] Und dass in solchen Situationen die militärischen Rangunterschiede verwischten, kam ebenfalls häufiger vor[165] – so auch hier: Nachdem Pforte sein Geld zunächst an Zanthier verloren hatte, lieh ihm dieser acht Dukaten. Daraufhin gewann er plötzlich mehrere Runden, so dass ihm nun wiederum Zanthier Geld schuldete. Als Pforte nun das Spiel beenden wollte, entwickelte sich ein Streit, in dem es zu einem „harten Wortwechßel" kam. Anschließend gingen alle wieder in ihre Quartiere zurück.

Am nächsten Tag jedoch erschien Gebeltzig bei Pforte und forderte diesen im Namen des Hauptmanns zum Duell, welches noch am selben Tag stattfand. Sie trafen sich nachmittags um vier Uhr und fochten sieben Gänge, ohne dass einer der beiden verletzt wurde. Dies habe, wie Pforte berichtete, in der Hauptsache an der defensiven Kampfweise Zanthiers gelegen. Dessen „Schlagen" sei sehr „schlecht beschaffen" gewesen und er habe in den entscheidenden Momenten immer zurückgezogen. Der Verlauf des Duells stellte Pforte nicht zufrieden. Zwar reichte in vielen Fällen allein schon der Umstand, dass überhaupt ein Duell stattgefunden hatte, für die Wiederherstellung der Ehre aus. Eine Verletzung – oder gar der Tod – des Gegners waren nicht immer zwingend erforderlich, ja im Laufe des 18. Jahrhunderts wurden sie zunehmend als Unfälle angesehen.[166] Allerdings, so Pforte, könne er den Hauptmann nach einem solchen Duell noch nicht „vor honet erkennen", dafür habe ihn dieser zu stark „affrontirt" und „tuschirt". Er müsse auch weiterhin auf die „rechte Satisfaction" bestehen. Sie einigten sich, ihren Zweikampf zu einem späteren Zeitpunkt fortzusetzen. Zanthier würde Pforte dann wieder durch Premierleutnant Gebeltzig Bescheid geben lassen. Zu diesem zweiten Aufeinandertreffen der beiden kam es aber aus verschiedenen Gründen zwei Jahre lang nicht mehr.[167]

Am 21. Juni des Jahres 1729 ordnete der Kurfürstenhof in Dresden die

[164] Dazu siehe Kroll: Soldaten im 18. Jahrhundert, S. 272f.; Michael Sikora: Disziplin und Desertion. Strukturprobleme militärischer Organisation im 18. Jahrhundert, Berlin 1996 (Historische Forschungen 57), S. 197f.; Jutta Nowosadtko: Stehendes Heer im Ständestaat. Das Zusammenleben von Militär- und Zivilbevölkerung im Fürstbistum Münster 1650–1803, Paderborn 2011 (Forschungen zur Regionalgeschichte 59), S. 155f.

[165] Lorenz: Das Rad der Gewalt, S. 233. Allgemein zum Alkoholkonsum im frühneuzeitlichen Militär siehe ebd., S. 291–296.

[166] Victor G. Kiernan: The Duel in European History. Honour and the Reign of Aristocracy, Oxford u. a. 1988, S. 143f.; Ute Frevert: Ehrenmänner. Das Duell in der bürgerlichen Gesellschaft, München 1991, S. 29f.; dies.: Duell, in: EdN 2, 2005, Sp. 1165–1168, hier: S. 1167; Manning: Swordsmen, S. 196; Robert B. Shoemaker: The Taming of the Duel: Masculinity, Honour and Ritual Violence in London, 1660–1800, in: HJ 45, 2002, S. 525–545; Guttandin: Das paradoxe Schicksal der Ehre, S. 286ff.

[167] An Gründen gab Pforte vor allem die häufige Abwesenheit Zanthiers von der Truppe an.

landesweite Aushebung von insgesamt 4000 Landrekruten an. Dabei war es die Aufgabe der einzelnen Herrschaftsträger, dem Militär eine bestimmte, vorher festgesetzte Zahl dienstfähiger Männer zur Verfügung zu stellen.[168] Leutnant von der Pforte berichtete nun in seiner Denunziation von einigen Unregelmäßigkeiten, die sich Hauptmann Zanthier bei der Truppenwerbung habe zu Schulden kommen lassen. So habe dieser mehr Rekruten als benötigt angefordert und außerdem von einigen Gemeinden statt der Rekruten Geld angenommen. Die Dörfer Gräfendorf, Strößen und Rockendorf im Amt Lauchstädt hätten statt zwei Männern 260 Reichstaler, das Dorf Schotterey statt einem Mann 130 Reichstaler an ihn entrichtet. An ihrer Stelle habe er Musketiere einstellen wollen, die schon längst bei der Kompanie waren. Außerdem habe Zanthier für eine Zahlung von 50 Reichstalern einen Rekruten aufgenommen, der das eigentlich festgesetzte Maß von 72 Zoll um zwei Zoll unterschritt.[169] Schließlich habe er zwei Musketiere in den Kompanielisten geführt und auch den Sold für sie aus der Kriegskasse eingezogen, die überhaupt nicht bei der Kompanie waren. Als ihn Pforte darauf ansprach, habe Zanthier zur Antwort gegeben, die beiden wären beurlaubt und würden sich auf seinem Gut Salzfurth aufhalten, könnten aber jederzeit zurück beordert werden. Mit dieser nachvollziehbaren Erklärung[170] gab sich Pforte zunächst zufrieden.

Als jedoch Hauptmann Zanthier daraufhin die beiden Musketiere aus der Liste entfernen lassen wollte, desertierten sie, woraufhin einer von ihnen als tot geführt wurde. Dies erfuhr Pforte und meldete es beim Regiment, „weil dieße Betrügerey zu verschweigen, wiedter [s]eine Pflicht lieffe". Wie er weiter angab, habe Oberst du Caila allerdings nichts von seinen Anschuldigungen gegen den Hauptmann wissen wollen. Stattdessen habe ihn seine eigene Frau „als ein Revolten macher gescholten".

Zur selben Zeit bereitete Zanthier Pforte weitere „Schykans": Allgemein war es in der Kompanie üblich, Offizieren dienstfreie Musketiere als Dienstpersonal

Außerdem seien sie nach Dresden marschiert, wo er „aus hohen Respect vor der Königlichen Residentz" Zanthier nicht erneut gefordert hätte.

168 Unter den in einem Amt, einer Stadt oder einem Rittergut infrage kommenden Kandidaten wurden die Landrekruten für das Heer per Losverfahren ausgewählt. Kroll: Soldaten im 18. Jahrhundert, S. 112–125. Zur Aushebung von 1729 siehe ebd., S. 115ff.; Walter Thum: Die Rekrutierung der sächsischen Armee unter August dem Starken (1694–1733), Leipzig 1912, S. 81ff.

169 1729 war für neue Rekruten eine Mindestgröße von 72 Zoll festgelegt worden (ca. 1,70m). Die Folge waren erhebliche Probleme und Verzögerungen bei der Aushebung. Kroll: Soldaten im 18. Jahrhundert, S. 115; Thum: Die Rekrutierung der sächsischen Armee unter August dem Starken, S. 84f.

170 Soldaten in Friedenszeiten zu beurlauben, damit diese als Arbeitskräfte in der Landwirtschaft aushelfen konnten, war durchaus üblich. Der jeweilige Hauptmann erhielt dann einen Teil ihrer Besoldung aus der Kriegskasse. Kroll: Soldaten im 18. Jahrhundert, S. 298–307.

zuzuteilen. Auch Hauptmann Zanthier selbst habe vier Jahre lang zwei Soldaten, einen als Kutscher, den anderen als Lakaien in Anspruch genommen, obwohl diese „königlich und zur Fahne geschworene Leute" waren. Als Pforte ebenfalls um ein solches, allen seinen Offizierskollegen gewährtes Privileg ersuchte, blieb es ihm verwehrt. Dies empfand er als erneute schwere Beleidigung. „In Zorn" verfasste er deshalb einen Brief an Zanthier, in dem er diesen an ihr noch ausstehendes Duell erinnerte. Damit aber hatte er einen entscheidenden Fehler begangen. Denn mit diesem Brief war es nun dem Hauptmann möglich, den langjährigen Störenfried ein für alle Mal aus der Kompanie zu entfernen. Zanthier zeigte Pforte beim Regiment wegen des Verstoßes gegen das Duellmandat an, wobei der Brief als ein „Cartel" ausgelegt wurde, also als eine schriftliche Aufforderung zu einem Duell.[171] Da in diesem Fall auch noch ein Untergebener einen Vorgesetzten vermeintlich herausgefordert hatte, sah das Duellmandat – für den Adel – vier Jahre Haft vor.[172] Pforte wurde auf die Hauptwache in Torgau beordert und, sobald er sich dort gemeldet hatte, „in Ketten und Bandten gelegt". Seine schriftliche Gegendarstellung blieb wirkungslos. Hauptmann Zanthier, der sich nach Aussage Pfortes „in gleicher Culpa" befand, eigentlich sogar „noch mehr gethan" habe als er selbst, sei hingegen nicht belangt worden.

Mehr noch: Die eigentliche Schuld Zanthiers wäre sogar vom ganzen Regiment kollektiv vertuscht worden. So habe man Pforte in der Haft „heimlich" angetragen, ein Memorial zu verfassen und darin anzugeben, dass er, als er die Anzeige gemacht hatte, eine „hitzige Krankheit" gehabt und deshalb „von nichts bewust" gehandelt habe. Er habe außerdem angeben sollen, „in der Raserey den Capitain provociert" zu haben. Seiner Frau habe man dafür auch 100 Dukaten geboten. Obwohl dies im Duellmandat nicht explizit vorgesehen war, war auch hier, wie überall im Recht, nur derjenige Täter für sein Handeln verantwortlich, der im Vollbesitz seiner geistigen Kräfte war und unter Vorsatz handelte.[173]

Um nicht „trotzig" zu sein, so Pforte, habe er alles wie verlangt niedergeschrieben. Als man ihn aber darüber hinaus noch aufforderte, einen

171 Siehe hierzu den Artikel „Cartel" im Zedler: „Dieses Wort pflegte sonst so unter Soldaten als Studenten gebraucht zu werden für einen Tagezeddel, welchen man dem, so man, um sich mit einem zu rauffen, ausforderte, zuschickte" ZEDLER: Grosses vollständiges Universallexicon, Bd. 5, 1733, Sp. 1151.

172 Ein adliger „Provocant" solle bei einer Duellforderung an „seinen vorgesetzten Herrn" „zu keiner Charge wieder gelassen werden, keinen Abtrag zu gewarten haben, und an statt der im vorhergehenden §. geordneten Zwey Jahr, Vier Jahr mit Gefängniß, auf obige Art beleget, und die Zeit über niemand derer Seinigen oder Bekandten, ohne Beyseyn iemandes derer Gerichten, zu ihm gelassen werden". Ejusdem Erneuert und geschärfftes anderweit eröffnetes Mandat. Wider die Selbst-Rache, Injurien, Friedens-Stöhrungen und Duelle, Sp. 1793f..

173 Vgl. GSCHWEND: Zur Geschichte der Lehre von der Zurechnungsfähigkeit.

persönlichen Brief an Hauptmann Zanthier zu verfassen und sich bei diesem zu entschuldigen, habe er sich jedoch standhaft geweigert. Man versicherte ihm, Zanthier würde dann seine Klage zurücknehmen und er „auf freyen Fuß gestelt". Doch erst als man ihm wiederholt das „große Unglük" und die zu erwartende Strafe vorgehalten habe, habe er eingelenkt. Er schrieb einen ihm vorgelegten Musterbrief ab und entschuldigte sich darin für seine Fehler, die er „in der grösten Hitze des Fiebers, [und] also aus Unwißenheit" begangen habe und bat Zanthier, seine Klage zurückzunehmen.[174] An seiner Lage änderte dies jedoch nichts. Pforte vermutete hinter alledem eine „Hinterlist" des Hauptmanns, mit der dieser seinen Kopf aus der Schlinge gezogen habe, er selbst aber „hingegen desto gefährlicher und tieffer nein kommen" sei.

Am Ende seiner Denunziation versicherte Pforte, alle Vorwürfe, die er vorgebracht habe, befänden sich auf dem „Grundt der Wahrheit" und er habe alles „mit gutem Verstand und Betacht" niedergeschrieben. Er „ruffe Gott deswegen noch darüber zum Zeugen an".[175] Um seine verschiedenen Anklagepunkte zu erhärten, legte er den Schreiben außerdem verschiedene Beweismittel bei: So die Kompanieliste aus der Zeit zwischen dem 21. Dezember 1728 und dem 6. Januar 1729, in der die beiden Musketiere geführt wurden, die nach den Angaben Pfortes niemals bei der Kompanie gestanden hätten;[176] außerdem den Bericht des Furiers Erhard Gottlieb Bertram, in dem dieser die Unregelmäßigkeiten bei der Aushebung der Landrekruten bestätigte.[177] Die Indizien reichten dem Generalkriegsgericht für ein Verfahren aus. Da Pforte seine Anklage mit klarem Verstand abgefasst, Gott als Zeugen angerufen, verschiedene Dokumente als Beweise eingereicht und weitere Zeugen genannt habe, sollten die Vorwürfe genauer geprüft werden. Am 1. November 1729 erging daher Order, den Sachverhalt aufzuklären.[178]

Johann Wilhelm von der Pforte war zu diesem Zeitpunkt etwa zehn Tage tot. Auch über seine Suizidmotive gab er in seinen Briefen und den Denunziationen Auskunft. So habe er die ehrlose Behandlung in „Ketten und Bandten" nicht mehr ertragen können.[179] Denn anders als bei Offizieren eigentlich üblich, hat-

[174] Siehe dazu die Originalvorlage, HStA Dresden, 11321, Nr. 11870, Bl. 21.

[175] Ähnl. auch in den beiden Briefen an Kreyl und Wackerbarth (ebd., Bl. 1–5).

[176] Ebd., Bl. 21.

[177] Ebd., Bl. 23–24. Bertram berichtete hier, dass drei Rekruten von der Kompanie angeworben worden waren, ohne in der Monatsliste aufzutauchen. Außerdem hätten die Dörfer Gräfendorf, Strößen und Rockendorf 200 Gulden gezahlt.

[178] Um „Partheylichkeit" zu verhindern, solle die Untersuchung durch den Oberst von Hackeborn durchgeführt werden (ebd., Bl. 26–31). Hackeborn war Oberst beim vierten Kürassierregiment. VERLOHREN: Stammregister und Chronik der Kur- und Königlich Sächsischen Armee, S. 34.

[179] Eine Gefängnisstrafe konnte verschärft werden, indem der Delinquent mit *Eisen und Banden* angeschlossen wurde. Dazu NOWOSADTKO: Militärjustiz im 17. und 18. Jahrhundert, S. 118f.

te man ihn „schließen" und „scharff bewachen laßen".[180] Aus seiner Sicht wurde er damit genauso „schmählich" behandelt wie gewöhnliche Verbrecher, die wegen „Spitzbüberey" in Arrest saßen: Ununterbrochen habe er eine Wache bei sich, Holz und Licht müsse er selber zahlen und außerdem wäre seine Zelle voll von Ungeziefer, das ihn Tag und Nacht quäle. Schließlich hatte er offenbar gehört, dass er Ende des Monats „geschloßen", das heißt in Ketten gelegt, nach Leipzig marschieren sollte, um dort „noch schmählichern Arrest" zu erhalten.

Dass Johann Wilhelm von der Pforte seine Ehre durch solch eine Behandlung massiv verletzt sah, ist nicht verwunderlich. Generell bedeutete es für Adlige immer einen schweren Ehrverlust, wenn man sie gemeinsam mit gewöhnlichen Verbrechern im selben Gefängnis inhaftierte.[181] Auch nach sächsischem Militärrecht sollten Adlige eigentlich gesonderte Haftbedingungen erhalten und etwa nur in Ausnahmefällen *geschlossen* werden.[182] Für Leutnant von der Pforte machte der Ehrverlust infolge des unstandesgemäßen Gefängnisaufenthalts dann sogar ein Weiterleben unmöglich. Der Arrest sei ihm so „unerträglich" geworden, „daß [er] habe einen Selbst Mördter abgeben müßen". Seine Verzweiflung resultierte nicht aus dem Unrecht, das ihm im Laufe der Jahre in seiner Kompanie widerfahren war, sondern aus seinem „jammervollen Zustand" im Arrest, der für ihn „schmähliger als der bittre Todt" war. Im Wissen, welch „tyrannische Aufführung und schmähliges Tractament" ihn erwarten würden, hatte er seine Pistolen mit in seine Zelle genommen.

Darüber hinaus befürchtete Pforte, die „erbare Welt" werde aufgrund seiner schändlichen Inhaftierung zu der Vermutung veranlasst, er habe „den König betrogen, Fylu Streiche gethan, geraubt, [und] gestohlen". Weil er aber ein „Chevallier von Geburth" sei und aus einer vornehmen Familie stamme, habe ihm dies „sehr wehe gethan" und es ihn daher auch „nicht länger zu leben verlanget".[183] Die Verzweiflung des Leutnants besaß demnach zwei Dimensionen: Erstens hatte er durch seine unstandesgemäße Behandlung seine Ehre verloren und die Aussicht, an diesem Zustand auch in Zukunft nichts ändern zu können, machte ihm ein Weiterleben unmöglich. Ein Dasein, das seinem adligen Selbstbild so diametral entgegenstand, stellte für ihn keine Alternative dar. Zweitens ging er davon aus, dass die *ehrbare Welt*, das heißt seine adligen Standesgenossen, bei einer solchen Art der Inhaftierung ihn ihm einen Hochverräter sehen würden. Auch dies musste wiederum den Verlust seiner Ehre bedeuten.

Der Ehrverlust, den sein Arrest zur Folge hatte, war in seiner Selbstzuschrei-

180 So sei sogar ein gemeiner Soldat aus der Zanthierschen Kompanie, ein gewisser Gottlieb Berger, der wegen „Spitzbüberey" in Haft sitze, „nicht geschlossen" worden.

181 Dazu Kap. I. 3.

182 Wolf: Skizzen von der ehemaligen kursächsischen Armee, S. 189f.

183 HStA Dresden, 11321, Nr. 11870, Bl. 4–5, Brief an General Wackerbarth, Torgau 19.10.1729.

bung endgültig und durch nichts wieder gut zu machen. Unwiderruflich war seine „Ehre laediert". Wie Gottlieb Georg Ernst von Arenswald nannte auch Pforte seine Situation ein „Laborinth", aus dem er kein Entkommen sah.[184] Was Leutnant von der Pforte mit seiner Denunziation beabsichtigte, war daher auch gar keine Ehrenrettung bzw. Wiederherstellung seiner Ehre. Stattdessen appellierte er an das Generalkriegsgericht, die an ihm „begangene Gewalt und Unrecht [zu] untersuchen und [zu] bestraffen". Die Vorstellung, nur er selbst würde in Haft sitzen, während Hauptmann Zanthier trotz all seiner Taten unbehelligt fortleben könne, erschien ihm unerträglich. Es dürfe nicht geschehen, dass nach seiner Selbsttötung, „dem Capitain zum Besten alles vertuscht" werden würde. Pforte wollte nicht seine Ehre retten, sondern seinem „um Raache schreienten Blute durch dero Gerichten Satisfaction" verschaffen.

Mit seiner Selbsttötung glaubte er, auf seine Situation aufmerksam machen zu können. Denn Zanthier habe, so Pforte, viele „große und vornehme Freündte" hinter sich, wohingegen er selbst „Niemandten hette". Er begründete die Aussichtslosigkeit seiner Lage also explizit mit dem Ungleichgewicht an sozialem Kapital, über das er und sein Kontrahent verfügten. Er versuchte daher, seinen Suizid als letztes Mittel zu nutzen, der Ohnmacht seiner Situation zu entkommen.[185] Mit der Eröffnung eines Rechtsverfahrens war ihm somit ein erster Erfolg beschieden.

Allerdings kam es in der Folge zu keiner Verurteilung. Nachdem bei der Voruntersuchung die befragten Zeugen die meisten Vorwürfe an Hauptmann Zanthier bestätigten – von den Duellen wusste jedoch niemand etwas –, ordnete General Wackerbarth die Vernehmung Zanthiers und einiger anderer Militärangehöriger an.[186] In seinem Verhör versuchte Zanthier die Unregelmäßigkeiten bei der Rekrutenwerbung zu entkräften,[187] was ihm aber nicht gelang. Verschiedene Erklärungen der Amtleute aus den Dörfern und der angeworbenen Rekruten belasteten ihn schwer.[188] Wackerbarth ordnete daher

[184] Arenswald: Kap. II. 5.

[185] Ähnliche Funktionen von Suiziden beschreiben auch MACDONALD/MURPHY: Sleepless Souls, S. 329; LIND: Selbstmord in der Frühen Neuzeit, S. 270ff.

[186] HStA Dresden, 11326, Nr. 635, Bl. 1f, Order General Wackerbarth an Oberst Caila, Dresden 29.12.1729.

[187] So gab er beispielsweise an, die betreffenden Dörfer des Amts Lauchstädt hätten keine Rekruten stellen können und daher das Geld angeboten, um dafür an anderen Orten Rekruten zu werben. Außerdem habe er sich niemals für die Aufnahme untauglicher Soldaten bestechen lassen und immer nur taugliche Rekruten in die Armee aufgenommen. Die Zeugen, die ihn belasteten, besonders der Torschreiber von Merseburg, seien unredliche Leute, deren Aussage nichts wert sei. Ebd., Bl. 3–12, Verhörprotokoll mit Hauptmann Zanthier, Leipzig 21.1.1730.

[188] So die Auskunft der Amtmänner von Lauchstädt und Merseburg (ebd., Bl. 13 & 14) sowie die des Amtsinspektors von Merseburg (Bl. 15) und des Schulzens von Schotterey (Bl. 32–

im April 1730 aufgrund des abschließenden Untersuchungsberichts an,[189] Zanthier zu inhaftieren und eine „Special-Inquisition" gegen ihn zu eröffnen.[190] Dies hatte jedoch offenbar keine Konsequenzen:[191] Ludolf Karl von Zanthier machte in seinem Regiment noch weiter Karriere und wurde im Jahr 1742 sogar zum Major befördert.[192]

Wie Gottlieb Georg Ernst von Arenswald tötete sich auch Johann Wilhelm von der Pforte wegen eines Ehrverlusts, der ihm ein Weiterleben unmöglich machte. Dabei bleibt zu fragen, inwiefern der Umstand, dass er dem Militär angehörte, dabei eine Rolle spielte. Wiederholt ist in der Forschung vermutet worden, der Suizid sei im 18. Jahrhundert in der Armee sehr viel häufiger vorgekommen als in anderen sozialen Gruppen.[193] Dabei wird meist auf eine Schrift des Berliner Arztes Johann Carl Wilhelm Moehsen aus dem Jahr 1787 Bezug genommen, in der dieser eine solche erhöhte Suizidrate unter den Berliner Soldaten festgestellt hatte.[194] Ob das Militär in der Frühen Neuzeit aber wirklich eine deutlich erhöhte Suizidalität aufwies, muss doch ernsthaft bezweifelt werden. Zum einen ist es nicht möglich, überhaupt verlässliche Aussagen zu Suizidzahlen in der Frühen Neuzeit zu treffen.[195] Zum anderen gehörte Moehsen zu jener militärreformerischen Strömung, die in Preußen Ende des 18. Jahrhunderts zunehmend Kritik am übermäßigen Drill der Soldaten übte.[196] Mit der hohen Suizidrate wollte er, wie Alexander Kästner zuletzt noch einmal betont hat, die Missstände innerhalb der Armeen seiner Zeit bildhaft vor Augen führen.[197]

37); außerdem die Aussagen der drei Musketiere Gottfried Eichler, Christoph Groß und August Weißhahn (Bl. 28–30).

189 Ebd., Abschließender Untersuchungsbericht des Oberst Caila, Leipzig 15.3.1730 (keine Folierung).

190 Ebd., Order General Wackerbarth an Oberst Caila, Dresden 12.4.1730 (keine Folierung).

191 Die Akten zu dieser „Special-Inquisition" sind leider nicht mehr erhalten.

192 Verlohren: Stammregister und Chronik der Kur- und Königlich Sächsischen Armee, S. 568.

193 Sikora: Disziplin und Desertion, S. 66f.; Lind: Selbstmord in der Frühen Neuzeit, S. 207f.; Kroll: Soldaten im 18. Jahrhundert, S. 565ff.; Lorenz: Das Rad der Gewalt, S. 261f.

194 Betrachtungen über die Berlinischen Selbstmörder, in: Berlinische Monatsschrift 12, 1788, S. 200–223. Dieser Aufsatz basierte auf einem umfangreicheren Vortragsmanuskript, das ediert vorliegt: Johann Carl Wilhelm Moehsen: Betrachtungen über die Berlinischen Selbstmörder unter den Soldaten. Nach dem Manuskript aus den Materialien der Berliner Mittwochsgesellschaft herausgegeben von Hans-Uwe Lammel, Hannover-Laatzen 2004.

195 Die Geschichte der Suizidstatistik sei daher eine „history of illusions", MacDonald/Murphy: Sleepless Souls, S. 3ff., 220f., 238–247, Zitat: S. 247; Schär: Seelennöte der Untertanen, S. 24, 33–45; Kästner: Tödliche Geschichte(n), S. 474–480.

196 Dazu vgl. Michael Sikora: Massenhaft Soldaten, in: Bernd Sösemann/Gregor Vogt-Spira (Hgg.): Friedrich der Große in Europa. Geschichte einer wechselvollen Beziehung, 2 Bde., Stuttgart 2012, hier: Bd. 2, S. 216–232, hier: S. 227.

197 Kästner: „Desertionen in das Jenseits", S. 85ff.; vgl. außerdem Baumann: Vom Recht auf den eigenen Tod, S. 106–127.

Dies fällt ganz besonders auf, wenn man die Argumentation seiner Schrift betrachtet. Nicht moralische Verfehlungen oder mangelnde Religiosität seien die Ursache dafür, dass „der Militairstand häufiger als der Civilstand in Selbstmord verfält".[198] Stattdessen würde die brutale Willkür, mit der die Soldaten von ihren Vorgesetzten behandelt würden, sie ihres „mühseligen elenden Lebens müde" werden lassen. Der Suizid sei dann die einzige Möglichkeit für sie, aus allen ihren „Verlegenheiten und Drangsalen mit einem mahle zu kommen".[199] Grund für die hohe Suizidalität im Militär sei damit der starke Drill und das Ausgeliefertsein gegenüber der Willkür der Offiziere. Zwangsläufig kommt hier der berühmte Ausspruch Friedrich des Großen ins Gedächtnis, nach dem im Heer nur dann „Disciplin" herrschen könne, wenn „der gemeine Soldat vor dem Officiere mehr Furcht als vor dem Feinde" habe.[200]

Auch für Leutnant Johann Wilhelm von der Pforte machte das Gefühl, seinen Vorgesetzten ausgeliefert zu sein, eine Dimension seines Handelns aus, da er seinen Suizid dazu nutzte, seiner Ohnmacht zu entkommen. Allerdings war dies in seiner Selbstzuschreibung nicht die Ursache seiner Selbsttötung. Ursache war allein der erlittene Ehrverlust und die Unmöglichkeit, ein Leben in Schande zu führen. Diese Deutung unterschied sich jedoch deutlich von derjenigen, mit der Moehsen die Überrepräsentation von Suiziden im Militär begründete.

Eine Erklärung für diese verschiedenartigen Motivzuweisungen bieten die Vorstellungen der standesspezifischen Qualität von Soldaten und Offizieren. Im militärischen Diskurs des 18. Jahrhunderts sollten die primären Tugenden des einfachen Soldaten der Gehorsam und die Disziplin sein. Soldaten sollten vor allem durch häufiges Exerzieren die notwendigen Bewegungsabläufe internalisieren, um dann in der Schlacht als Einheit unter ihrem Kommandanten perfekt zu funktionieren.[201] Dagegen galt der Offiziersdienst als explizite Möglichkeit für den Adel, ein Leben nach den Regeln des standesinternen Ehrenkodex zu führen bzw. adlige Ehre zu erlangen.[202] Dies änderte sich grundlegend erst um

[198] Die meisten Soldaten seien fromm und würden zusätzlich von den Feldpredigern zu „Sittlichkeit und Tugend ermahnet"; „Laster und Ausschweifungen" seien ihnen verboten und würden daher auch nicht stattfinden. Moehsen: Betrachtungen über die Berlinischen Selbstmörder unter den Soldaten, S. 16f.

[199] Ebd., S. 21.

[200] Instruction für die Commandeurs der Cavallerie-Regimenter, wie sich solche wegen des kleinen Dienstes in den Garnisonen, der Mannszucht des gemeinen Mannes, der scharfen Disciplin, des Exercirens der Regimenter, guten Aufsicht und Zucht der Officiere und wegen der Oekonomie zu verhalten haben, Potsdam 11.5.1763, in: Preuss: Oeuvres, Bd. 30, S. 297–314, hier: S. 302.

[201] Vgl. Sikora: Massenhaft Soldaten, S. 225.

[202] Vgl. Sikora: Disziplin und Desertion, S. 334–343. Wobei auch vereinzelt Vorstellungen individueller Ehre unter den Soldaten sichtbar werden.

1800, als die reformerischen Stimmen, die ein Ende der „ständischen Ehrendifferenz“ im Militär forderten, immer lauter wurden.[203]

Mitte des Jahrhunderts aber war der Unterschied zwischen adligem Offizier und einfachem Soldaten in Bezug auf Ehre – zumindest diskursiv – noch eine Tatsache, an der kaum zu rütteln war:[204] „Die Ehre ist auch gantz allein der Bewegungs-Grund des Officiers, die Belohnung und die Strafe aber der Sporn und der Zaum des Soldaten“, wie sich das Dienstreglement für die königlich-sächsischen Infanterieregimenter aus dem Jahr 1753 ausdrückte.[205] Und es fuhr weiter fort: Da der adlige Offizier in seinem ganzen Handeln allein durch seine Ehre bestimmt werde, sei „folglich seine gröste Strafe die Entehrung“.[206] Mit seiner Ehre würde er gewissermaßen seiner kompletten Existenzgrundlage beraubt. Neben der „Gloire des Landes-Herren“ müsse er daher auch „seine eigene Ehre vor alles, das Leben selbst vor nichts halten.“[207] Die Ehre sollte dem Offizier also mehr bedeuten als sein eigenes Leben. Im Umkehrschluss, so ließe sich formulieren, wog ein Ehrverlust schwerer als der Tod. Die Selbstdeutung Johann Wilhelm von der Pfortes in Bezug auf seine Selbsttötung fügt sich nahtlos in diese Argumentation ein. Auch für ihn war ein Weiterleben in Schande keine Option und so sah er sich gezwungen, das eigene Leben zu beenden.

Ein anderes Mittel, mit dem Offiziere einer Verletzung ihrer Ehre, zum Beispiel durch erlittene Zurücksetzung oder Strafen, begegneten, war die Desertion.[208] Der Suizid Pfortes kann damit gewissermaßen als eine *Desertion in das*

203 Ott: Das ungeschriebene Gesetz, S. 313ff.

204 Wie sich an Selbstzeugnissen aus dem Siebenjährigen Krieg zeigt, ähnelte der soldatische Ehrbegriff zwar auch schon weit vor 1800 demjenigen adliger Offiziere, vor allem in Bezug auf Tapferkeit und militärischen Erfolg. Im Gegensatz zu den Offizieren spielte „Ehre als Motivation“ allerdings etwa gegenüber der Bedeutung von Religion und Patriotismus eine eher untergeordnete Rolle. Dazu Jutta Nowosadtko/Sascha Möbius: Schule der Helden. Ehrvorstellungen adliger Offiziere des Regiments Alt-Anhalt in der Zeit des Siegenjährigen Krieges, in: Eva Labouvie (Hg.): Adel in Sachsen-Anhalt. Höfische Kultur zwischen Repräsentation, Unternehmertum und Familie, Köln/Weimar/Wien 2007, S. 155–177. Vgl. außerdem Nowosadtko: Stehendes Heer im Ständestaat, S. 90–103; Sascha Möbius: Mehr Angst vor dem Offizier als vor dem Feind? Eine mentalitätsgeschichtliche Studie zur preußischen Taktik im Siebenjährigen Krieg, Saarbrücken 2007.

205 Ihro Königl. Majestät in Pohlen und Chur-Fürstl. Durchl. zu Sachsen etc. allergnädigst approbirtes Dienst-Reglement im Lande und im Felde, vor Dero Infanterie-Regimenter, Dresden 1753, S. 2. Auch Pforte war Leutnant in einem der königlich-sächsischen Infanterieregimenter.

206 Oder aber die „Cassation“, das heißt die Entlassung aus der Armee. Ebd., S. 3–5. Auch die Entlassung traf den Offizier nur deswegen so hart, weil sie eine empfindliche Ehrschädigung bedeutete. Sikora: Disziplin und Desertion, S. 348.

207 Dienst-Reglement im Lande und im Felde, vor Dero Infanterie-Regimenter, S. 44.

208 Wobei gesagt werden muss, dass Desertionen unter Offizieren weit seltener vorkamen als unter normalen Soldaten. Sikora: Disziplin und Desertion, S. 348f.

Jenseits angesehen werden – ein Terminus, mit dem allgemein Selbsttötungen unter Militärangehörigen bezeichnet wurden.[209]

Die Frage, ob bei den Motivationen seines Suizids ein spezifischer militärischer Ehrenkodex eine Rolle spielte, muss daher insgesamt verneint werden. Denn nicht die militärischen Werte- und Verhaltensnormen der Armee spielten so sehr für den Adel eine Rolle, als vielmehr umgekehrt die adligen Werte- und Verhaltensnormen für das Militär.[210] Der Offiziersdienst war einer der wenigen Orte, die dem Adel die Möglichkeiten einer standesgemäßen Lebensführung boten. Diese Lebensführung war eben in erster Linie am Erhalt und der Vermehrung von Ehre orientiert. Verlor ein Adliger seine Ehre für immer, so konnte in seinen Augen ein Weiterleben unmöglich werden. Dies war bei Pforte der Fall. Denn, so schrieb er in seinem Brief an General von Wackerbarth: „Ehre verlohren, alles verlohren"; und ähnlich an Kreyl: „Beßer todt, als auf so eine Art leben."

Ein Punkt, der schließlich noch zu klären wäre, ist der des Verhältnisses von Selbsttötung und Duell. Leutnant von der Pforte hatte mehrfach versucht, seine Ehre im Duell wiederherzustellen. Da das Duell mit Hauptmann Zanthier ohne eine Verletzung eines der beiden Teilnehmer geblieben war, fand Pforte in ihm nicht die rechte „Satisfaction". Als er schriftlich auf eine Wiederholung bestand, führte dies zu seiner Inhaftierung. Zusätzlich bekannte er in seiner Denunziation im Jahr 1723, schon einmal zwei Duelle gefochten zu haben.[211] Eine besondere Affinität des Leutnants zum adligen Ehrenkodex im Hinblick auf das Duell ist offenkundig.

Ist sein Suizid aber als ein Duellersatz anzusehen? Zumindest in der Forschung wurden Selbsttötung und Duell häufig als zwei äquivalente Phänomene beschrieben, von denen das eine das jeweils andere ersetzen konnte. Beide hätten für den einzelnen Adligen die Funktion erfüllen können, einen erlittenen Ehrverlust zu beseitigen und das Gesicht vor den Standesgenossen zu retten.[212]

209 KÄSTNER: „Desertionen in das Jenseits"; SCHREINER: Jenseits vom Glück, S. 160.

210 Vgl. dazu Jürgen LUH: Kriegskunst in Europa 1650–1800, Köln/Weimar/Wien 2004, S. 208–216. Es kam daher häufig auch zu Konflikten, wenn die geburtsständische Rangordnung nicht der militärischen entsprach. NOWOSADTKO: Stehendes Heer im Ständestaat, S. 84–90.

211 Das erste habe mit Leutnant Bresky stattgefunden, weil dieser ihn auf der Hauptwache „tuschierte". Sie hätten sechs Gänge getan, wobei er Leutnant Bresky am Halsknochen verwundet habe. Das zweite Duell habe er mit Premierleutnant Gebeltzig geführt, der ihm „auf öffentlicher Gaße eine Maulschelle" gegeben habe. Hier verletzte Pforte seinen Kontrahenten im vierten Gang an Arm und Hand.

212 MACDONALD/MURPHY: Sleepless Souls, S. 183f. Victor KIERNAN spricht daher von einer „affinity between duel and suicide". DERS.: The Duel in European History, S. 117. Ähnl. formuliert auch François BILLACOIS: Le duel dans la société française des XVIe–XVIIe siècles. Essai de psychosociologie historique, Paris 1986 (Civilisations et sociétés 73), S. 389: „le duel, qui est suicide". MINOIS sieht im Duell einen „Ersatz für den Selbstmord",

Dabei sei der Suizid vor allem in solchen Situationen gewählt worden, in denen es nicht mehr möglich gewesen sei, Satisfaktion in einem Duell zu erlangen.[213] Friedrich Nietzsche hatte diesen Sachverhalt etwas süffisant wie folgt formuliert: „Das Duell ist der letzte übriggebliebene, völlig ehrenvolle Weg zum Selbstmord, leider ein Umschweif, und nicht einmal ein ganz sicherer."[214]

Zeitgenössisch wurde dieser Zusammenhang hauptsächlich von den Gegnern aristokratischer Lebensformen erhoben, die sowohl im Duell wie in der Selbsttötung eine unchristliche Handlung und ein Vergehen an Gott sahen.[215] Charles Moores bereits erwähntes berühmtes Buch über den Suizid von 1790 vertrat schon im Titel die These, dass beide Phänomene „closely connected" seien, und auch viele andere, vor allem englische, Autoren behandelten die beiden Phänomene gemeinsam. Dabei waren es stets die aristokratischen Verirrungen, die man kritisierte.[216] Schließlich fasste Zedlers Lexikon das Duell als eine Unterform des „subtilen Selbstmords": „wenn Duellanten in dem Duell bleiben, man sie nicht anders, als Selbst Mörder ansehen kan".[217]

mit dem „eine elegante und edlere Art, sich das Leben zu nehmen", möglich gewesen sei. DERS.: Geschichte des Selbstmords, S. 228f., ähnl. auch S. 322. Susan MORRISSEY geht davon aus, der Suizid habe in Russland am Ende des 18. Jahrhunderts ebenfalls als ein „ersatz" für das Duell gedient. DIES.: Suicide and the Body Politic in Imperial Russia, S. 55. So auch für den Beginn des 19. Jahrhunderts Irina REYFMAN: Ritualized Violence Russian Style. The Duel in Russian Culture and Literature, Stanford 1999, S. 16f.

213 MACDONALD/MURPHY: Sleepless Souls, S. 276. So auch EDWARDS: Modelling Roman Suicide?, S. 216, die aber vor allem MacDonald und Murphy rezipiert.

214 Friedrich NIETZSCHE: Morgenröte. Gedanken über die moralischen Vorurteile, München 1960 [orig. 1881], S. 224.

215 Dazu KIERNAN: The Duel in European History, S. 181f.; MACDONALD/MURPHY: Sleepless Souls, S. 186. Kelly MCGUIRE: Duelling, Suicide and the 'Code of Honour', in: SEAVER: The History of Suicide in England, Bd. 4, S. 217–219. In den USA verbanden zu Beginn des 19. Jahrhunderts die Kritiker das Duell argumentativ mit dem Suizid, um auf breiter publizistischer Front gegen die Duellpraxis vorzugehen. Richard BELL: The Double Guilt of Dueling. The Stain of Suicide in Anti-Dueling Rhetoric in the Early Republic, in: Journal of the Early Republic 29, 2009, S. 383–410.

216 MOORE: A full Inquiry into the Subject of Suicide; ANONYM: Rationalist, Duelling and Suicide Repugnant to Revelation, Reason and Common Sense, London 1774; Nathanael WHALEY: Of Murther Particulary Duelling and Self-Murther [1698], in: SEAVER: The History of Suicide in England, Bd. 2, S. 375–387; ANONYM: Self-Murther the Effect of Cowardice and Atheism [1728], in: ebd., Bd. 4, S. 221–247; James FOSTER: Of Duels and Self-Murther [1744], in: ebd., S. 249–260.

217 ZEDLER: Selbst-Mord, Sp. 1600f. Generell wird zwischen „groben" und „subtilem Selbstmord" unterschieden. Um den ersten Fall handle es sich, „wenn jemand vorsetzlich gewaltthätige Hand an sich legt", um den zweiten, wenn ein Mensch „nicht selbst Hand an sich leget; noch die Absicht hat, sich um das Leben zu bringen; gleichwohl aber Anlaß giebet, daß die Gesundheit verderbet und das Leben verkürtzet wird". Wie die gesamte Unterscheidung so ist auch das Zitat zum Duell wörtlich folgendem Lexikonartikel aus dem Jahr 1726 entnommen: Johann Georg WALCH: Selbst-Mord, in: DERS.: Philosophisches Lexicon, Darinnen Die in allen Theilen der Philosophie … fürkommenden

Am Fall Johann Wilhelms von der Pforte sind die unterschiedlichen Funktionen von Selbsttötung und Duell allerdings deutlich zu sehen. Wenn es im Duell der Frühen Neuzeit auch nicht um die Vermehrung von Ehre ging, so doch zumindest um deren Bewahrung und öffentliche Darstellung.[218] In einem Duell begegnete ein Adliger einem Angriff auf seine Ehre mit dem Ziel, diesen Angriff abzuwehren und die Ehre wieder herzustellen. Es ging somit „um die Regeneration einer durch Beleidigung beschädigten Symbolik“ durch den „Nachweis der Tapferkeit“ und „Opferbereitschaft“.[219] Seine Ehre verlor der Adlige erst, wenn er sich der Herausforderung nicht stellte. Demonstrierte er hingegen öffentlich, dass sie ihm mehr bedeutete als sein eigenes Leben, so wurde sie von seinen Standesgenossen meist nicht länger infrage gestellt. Pforte war gezwungen, von Hauptmann Zanthier „Satisfaction“ für die Ehrkränkung zu verlangen, aus adliger Perspektive blieb ihm keine andere Wahl.

Im Gegensatz dazu bot ihm sein Suizid keine Möglichkeit, seine Ehre zu retten. Sein Ehrverlust infolge der unstandesgemäßen Inhaftierung und der damit verbundenen Rufschädigung war in seinen Augen endgültig und nicht zu revidieren. Zwar sah er sich auch hier zu einem ganz bestimmten Handeln gezwungen, da ein Weiterleben in Schande für ihn keine Alternative darstellte. Allerdings kann man nicht davon sprechen, dass seine Selbsttötung ein *Ersatz* für das nicht stattgefundene Duell mit Hauptmann Zanthier gewesen sei. Pforte tötete sich, weil er alle Ehre auf immer verloren hatte. Dies allein war der Grund für die von ihm so empfundene Aussichtslosigkeit. Die Gründe, die ihn zum Suizid zwangen, hatten demnach nichts mit denen, die ihn zum Duell gezwungen hatten, gemein. Dass beide bei ihm handlungsleitend wurden, war reiner Zufall. Suizid und Duell hatten eben nicht dieselbe Funktion, wie dies in der Forschung angenommen wurde. Der Suizid war niemals dazu in der Lage, den „Makel der Schande auszulöschen“.[220]

2.7 Die „Ehre auf immer geraubt“ – Franz Ludwig Heinrich von Breitenbauch

Ein weiterer Fall, der den Zusammenhang von Duell, Ehrverlust und Selbsttötung verdeutlichen kann, ist der des Freiherrn Franz Ludwig Heinrich von

Materien und Kunst-Wörter erkläret und aus der Historie erläutert; … und alles nach Alphabetischer Ordnung vorgestellt werden, Leipzig 1726, Sp. 2351–2361, hier: Sp. 2358.

218 Frevert: Duell, Sp. 1167; Manning: Swordsmen, S. 196.

219 Guttandin: Das paradoxe Schicksal der Ehre, S. 25f., 149f., 281–299.

220 Gegenteilig etwa bei MacDonald/Murphy, die über den Suizid im frühneuzeitlichen Adel sagen: „It could erase the stain of disgrace“. Sleepless Souls, S. 184.

Breitenbauch. Breitenbauch war Fähnrich beim Ersten Bataillon Garde der hessen-kasselschen Armee, als er sich am 26. Juni 1781 im Alter von 16 Jahren mit einer Pistole das Leben nahm.[221] Auch er gab in seinem Abschiedsbrief als Grund für den Suizid an, „von [s]einer Ehre auf immer beraubt" worden zu sein und deshalb „auf dieser Welt nichts mehr zuschaffen" zu haben.[222]

Wie er weiter ausführte, habe er sich einige Zeit vor seinem Suizid „nur aus Spaß ein bisgen – aber ja nicht scharf" mit einem befreundeten Leutnant Hanstein vom dritten Bataillon „schlagen" wollen. Dabei habe er Hanstein aus Versehen an der Hand verletzt, sich aber umgehend entschuldigt, so dass sie sich als „gute Freunde" wieder getrennt hätten. Sie wollten vorgeben, sich ernsthaft duelliert zu haben, ohne dafür jedoch einen Grund zu nennen. Die Vereinbarung habe Hanstein gebrochen, indem er eine für Breitenbauch „Schande bringende Ursache angeführet" habe. Dies habe er zunächst stillschweigend ertragen. Dann jedoch habe Hanstein zusätzlich verbreitet, Breitenbauch habe sich mit dem „Zittronen Jungen"[223] geschlagen und sich also mit einem nicht-satisfaktionsfähigen Gegner auf eine Stufe gestellt.[224] Aus der Sicht Breitenbauchs war durch diese Lüge seine Schande vollkommen und die Selbsttötung unausweichlich: „Dieses ist die draurige Geschichte, die mir meine Ehre auf immer geraubt und mich zwingt mein Leben zu enden."

Auch für Franz Ludwig Heinrich von Breitenbauch war seine Ehre endgültig verloren, auch er sah seinen Suizid nicht als eine ehrenrettende Tat an. So bat er auch in seinem Brief seinen Freund, den Fähnrich von Buttlar, seinen Eltern gegenüber „die Art [s]eines Todes" mit allen Mitteln zu verheimlichen, um sie nicht „äusserst unglücklich [zu] machen". Gleichzeitig wird aber ebenfalls deutlich, dass Breitenbauch sich nicht selbst die Schuld an seinem Elend gab. Leutnant Hanstein hatte durch seine Lügen und Verleumdungen bewirkt, dass Breitenbauch seine Ehre verloren zu haben glaubte. Wer ihn also aufgrund seiner Selbsttötung für einen „niederträchtigen Menschen" halte, sei im „Irrthum". Er habe sich nichts vorzuwerfen und daher auch ein reines Gewissen. Dies widerspricht erneut der These Andreas Bährs, dass das Gefühl von Aus-

221 Vgl. August Wilhelm Bernhardt von Uechtritz: Diplomatische Nachrichten adelicher Familien, 7 Bde., Leipzig 1790–1795, hier: Bd. 2, S. 16; zur Familie von Breitenbauch: S. 8–24. Der 26. Juni 1781 als Todesdatum wird genannt in StA Marburg, 15, Nr. 596, Bericht Oberst von Stuckradt an Friedrich II. von Hessen-Kassel, Kassel 4.7.1781.

222 Der Abschiedsbrief an den mit Breitenbauch befreundeten Fähnrich von Buttlar ist in einer Abschrift erhalten in StA Marburg, 15, Nr. 596.

223 Anscheinend war der „Zittronen Junge" ein Händler, dem Breitenbauch regelmäßig „viel abkaufte" (ebd.).

224 Das Duell war ein „wichtiges Zeichen der Zugehörigkeit zum Adel überhaupt", Asch: Ständische Stellung und Selbstverständnis des Adels, S. 32; bzw. ein „Zeichen gesellschaftlicher Zugehörigkeit und geselliger Gleichrangigkeit innerhalb der Aristokratie", Guttandin: Das paradoxe Schicksal der Ehre, S. 314. Vgl. dazu außerdem Kiernan: The Duel in European History, S. 153f.; Frevert: Duell.

weglosigkeit in der Aufklärung nur dann in eine Selbsttötung münden konnte, wenn diese Ausweglosigkeit moralisch war, das heißt aus selbstverschuldetem Elend resultierte. Breitenbauch war seine Ehre durch einen anderen Menschen genommen worden – und dennoch zwang ihn dieser Ehrverlust zum Suizid.

Sein Vater, der preußische Kammerpräsident in Minden und führende Freimaurer, Freiherr Franz Traugott Friedrich Wilhelm von Breitenbauch,[225] folgte der Deutung seines Sohnes. In einem Schreiben an den Landgrafen von Hessen-Kassel Friedrich II. betonte er mit Nachdruck, „Haß, Mißgunst, und boshafte Verläumdung“ seien „die Ursachen“ für den Suizid des Sohns gewesen – „Blut fordert Blut“. Daher müsse der Tod „nach der strengsten Gerechtigkeit an seinen Feinden“ gesühnt werden.[226] Auch Franz Traugott sah in seinem Sohn ein Opfer, das von einem anderen Menschen getötet worden sei – und ein solcher Mord musste strafrechtlich verfolgt werden. Leutnant Hanstein wurde daraufhin in Arrest gesetzt und verhört.[227] Obwohl über den Fortgang des Verfahrens nichts bekannt ist, sind ihm offensichtlich keine weiteren Konsequenzen daraus erwachsen. Landgraf Friedrich II., der sich gerade in Paris aufhielt, ging etwa davon aus, dass neben den im Abschiedsbrief „angegebenen, im Grunde nicht erheblich seyenden Ursachen, noch andere irgendwo verborgen liegen“ müssten,[228] so vielleicht „eine besondere Schwermuth“.[229] Ihn überzeugte die Selbstdeutung Breitenbauchs nicht und er verlegte sich stattdessen auf eine pathologische Erklärung. Auch der Oberst des Regiments schätzte die Schande, die seinem Fähnrich durch die Falschaussage des Leutnants Hanstein entstanden war, als eher gering ein. So hätte diese „vermeinte Verletzung seiner Ehre [...] sehr leicht gehoben werden können“, wenn sich Breitenbauch nur einem anderen Menschen anvertraut hätte.[230] Prinzipiell konnte der Verlust der Ehre als Motiv für einen Suizid nachvollzogen werden. Allein im Fall Breitenbauch

[225] Seit 1771 war er Chefpräsident der Kriegs- und Domänenkammer von Minden, Ravensberg, Tecklenburg und Lingen. Mit anderen hatte er 1780 gemeinsam die Freimaurerloge „Wittekind zur westfälischen Pforte“ gegründet und wurde später deren *Meister vom Stuhl*. Zu ihm siehe Karlheinz GERLACH: Die Freimaurer im Alten Preußen 1738–1806. Die Logen zwischen mittlerer Oder und Niederrhein, Innsbruck/Wien/Bozen 2007 (Quellen und Darstellungen zur europäischen Freimaurerei 8), S. 759, 742–753; UECHTRITZ: Diplomatische Nachrichten adelicher Familien, S. 16.

[226] StA Marburg, 15, Nr. 596, Franz Traugott von Breitenbauch an Friedrich II. von Hessen-Kassel, Minden 5.7.1781. Schon eine Woche zuvor hatte der Vater an den Landgrafen geschrieben, ihm seinen „außererdentlichen Kummer“ mitgeteilt und gebeten, „die Ursachen dieses schreklichen Vorfalls [...] auf das Genaueste untersuchen zu laßen“. Ebd., Minden 28.6.1781.

[227] Ebd., Bericht Oberst von Stuckradt an Friedrich II. von Hessen-Kassel, Kassel 4.7.1781.

[228] Ebd., Friedrich II. von Hessen-Kassel an Franz Traugott von Breitenbauch, Paris 2.8.1781.

[229] Ebd., Friedrich II. von Hessen-Kassel an Oberst von Stuckradt, Paris 2.8.1781.

[230] Ebd., Bericht Oberst von Stuckradt an Friedrich II. von Hessen-Kassel, Kassel 4.7.1781.

wurde dieser Verlust von den Beteiligten – mit Ausnahme des Vaters – nicht als schwerwiegend genug angesehen, um eine Selbsttötung nach sich zu ziehen.

Doch die Motive des Fähnrichs von Breitenbauch spielten ohnehin für seine strafrechtliche Behandlung keine Rolle. Schon am Tag nach seiner Selbsttötung war der Leichnam „nach Zapfenstreich“ von einem „Unteroffizier und sechs Mann, in Gegenwart des Adjustanten“ begraben worden.[231] Obwohl Breitenbauch selbst seinen erlittenen Ehrverlust als Motiv angegeben hatte, er seinen Suizid also nach frühneuzeitlichem Verständnis unter Vorsatz begangen hatte, wurde er ohne weitere Prüfung der Rechtslage ehrlich bestattet. Deutlich zeigt sich hier erneut die rechtliche Privilegierung adliger Suizidenten.

Der Körper eines adligen Suizidenten erfuhr in der Frühen Neuzeit prinzipiell eine gesonderte Behandlung. Wie bei Franz Ludwig Heinrich von Breitenbauch ist dies auch bei den beiden Offizieren der kursächsischen Armee Gottlieb Georg Ernst von Arenswald und Johann Wilhelm von der Pforte deutlich zu sehen. Mit allem nur „möglichem Menagement seines Standes“ wurde der Leichnam Arenswalds behandelt und nicht, wie sonst üblich, an die Anatomie ausgeliefert. Pforte bat, „aus Regardt [s]eines adlichen Standtes“ seine sterblichen Überreste nicht dem Henker zu übergeben, sondern ihn standesgemäß zu bestatten. Das Motiv der Verstorbenen spielte für den Umgang mit ihren Körpern dabei keine Rolle und wurde daher auch nicht zu diesem Zweck eruiert. Die Leiche eines Adligen, der sich das Leben genommen hatte, wurde nicht unehrlich bestattet – davor wurde sie durch das Mehr an symbolischem Kapital des Adels bewahrt.

Im Hinblick auf die Suizidmotive wird deutlich, dass ein (auch zu erwartender) Ehrverlust einen Adligen sehr wohl zur Selbsttötung zwingen konnte. Ein Leben in Schande konnte ein Weiterleben unmöglich werden lassen und bot daher keine Alternative zum Suizid. Dabei konnte ein solcher Ehrverlust aus ganz verschiedenen Gründen eintreten. So war dies bei Arenswald eine erdrückende Schuldenlast, bei Pforte die schändliche und unstandesgemäße Inhaftierung, bei Breitenbauch angeblich unehrenhaftes Duellverhalten. Alle gaben sich nicht selbst die Schuld an ihrem Schicksal, weshalb zumindest Arenswald aus seiner Sicht auch keine Sünde beging und daher nicht um sein Seelenheil fürchten musste. Sowohl Arenswald als auch Pforte sahen sich in einem „Labyrinth“ gefangen, aus dem es kein Entkommen gab. Ihr Suizid bot in ihrer Selbstdeutung keine Möglichkeit eines Auswegs. Ihre Ehre war „auf immer geraubt“, so Breitenbauch, daran änderte auch ihre Tat nichts. „Beßer todt, als auf so eine Art leben“, so begründete Pforte seinen Entschluss. Genauso argumentierte Arenswald, indem er bekannte, er ziehe „den Todt einem solchen Leben vor“.

Den Zeitgenossen war die Begründung eines Suizids mit einem Ehrverlust

[231] Ebd.

unmittelbar einleuchtend – wenn sie einen solchen Suizid auch klar verurteilten. Ihre Kritik richtete sich gegen einen falschen adligen Ehrbegriff, der christliche Werte unbeachtet ließ. Die positiven Regulierungseffekte von wahrer Ehre lehnten auch sie nicht ab. Eine ähnliche Argumentation existierte beim Duell, an dem gerade auch aus den Kreisen des Adels häufig heftige Kritik geübt wurde.[232] So hätte sich das folgende Zitat Johann Michael von Loens[233] ebenso auf den Suizid aus verlorener Ehre beziehen können:

„Der tolle Wahn bleibet noch immer, daß der Frevel wider die Gesetze zu handeln, und der so strengen Macht der Regenten Hohn zu sprechen, eine besondere Ehre sey. [...] Es komt hier vornehmlich auf den falschen Begrif an, den man sich von der Ehre macht. Die wahre Ehre ist ein würdiger Vorwurf edler Gemüther: die falsche aber ein Tyrann der Thoren: Jene beherrschet die Vernunft; diese aber Wahnwitz; Jene macht die Menschen nach ihren Pflichten handeln; diese hingegen verleitet sie zum Frevel und zu Schandthaten."[234]

Semantisch entspricht diese Kritik derjenigen, die an der Haltung Gottlieb Georg Ernst von Arenswalds geübt wurde. Denn obwohl er seinen Suizid selbst eindeutig nicht als heroisch deutete, ja stattdessen sogar passiv als einen an ihm begangenen Mord, wurde ihm von außen eine solche Haltung zugeschrieben. Aufgrund mangelnder religiöser Überzeugungen sei er dem „Wahn" verfallen, so die einhellige Meinung, mit seiner Selbsttötung den „Heroismus einer starken Seele" unter Beweis zu stellen und seine Ehre zu retten. Die krankhafte Fixierung auf seine adlige Standesehre störte sein Wahrnehmungsvermögen, wodurch er zu den falschen Schlüssen kommen musste. Dennoch wurde ihm vernunftbegabtes Räsonieren über sein eigenes Leben und dessen freiwilliges Ende zugestanden – ein Umstand, der ihn deutlich von *gemeinen Selbstmördern* unterschied. Diese Deutung Arenswalds als eines heroischen adligen Suizidenten vertrat zum ersten Mal der Herausgeber seiner Abschiedsbriefe Pfarrer Karl Gottfried Küttner. Von dort aus wurde der Fall in der Folge immer wieder aufgegriffen und geisterte bis weit ins 19. Jahrhundert als Prototyp eines heroischen Suizids durch die Weltliteratur.

232 Siehe dazu etwa die Traktate James FOSTER: Of Duels and Self-Murther [1744], in: SEAVER: The History of Suicide in England, Bd. 4, S. 249–260, und Hercules VINEGAR: The Champion; or, The Evening Advertiser [1741], in: ebd., S. 261–270. Vgl. außerdem SHOEMAKER: The Taming of the Duel, S. 539f.; ANDREW: The Code of Honour and its Critics, bes. S. 417–420; Joachim SCHMITT-SASSE: J. M. v. Loen und Adolph Freiherr von Knigge. Bürgerliche Ideale in den Schriften deutscher Adliger, in: ZdtPhil 106, 1987, S. 169–183, bes. S. 171–174.

233 Loen selbst war nicht adliger Abstammung, sondern stammte aus einer niederländischen Kaufmannsfamilie.

234 Johann Michael von LOEN: Der Soldat oder der Kriegsstand, betrachtet als der Stand der Ehre, Frankfurt/Leipzig 1744, S. 173f.

3. Selbsttötung als Topos: Friedrich II. von Preußen

Als Kronprinz Friedrich von Preußen[1] im April 1736 die Nachricht vom Suizid Karl Heinrich von Hoyms erreichte, war er tief getroffen. Wie er in einem Brief bekannte, fühle er mit dem Schicksal Hoyms und könne sich sehr gut an dessen Stelle versetzen.[2] Auch er selbst habe das Unglück, regelmäßig von „attaques d'hypocondrie" heimgesucht zu werden, außerdem wisse er sehr genau um die Drangsale eines harten Arrests. In einer solchen Situation müsse man sich „mit der größtmöglichen Standhaftigkeit wappnen, um den Kummer, die Einsamkeit und die fürchterlichen Gedanken des Freiheitsentzugs zu ertragen".[3] Woran Friedrich die Selbsttötung Hoyms während dessen Festungshaft hier wohl erinnerte, war seine Zeit in Küstrin, wo er im Jahr 1730 mehrere Monate in Haft gesessen hatte und die ihn offensichtlich immer noch nicht los ließ.

3.1 Die „Todessehnsucht" Friedrichs II.

Auch in der Forschung ist häufig die Vermutung geäußert worden, die Erlebnisse in Küstrin hätten Friedrich so tief traumatisiert, dass sie für sein weiteres Leben bestimmend geworden seien. So geht etwa der Friedrich-Biograph Johannes Kunisch davon aus, das „Grauen" seiner Jugendzeit und die „traumatischen Erinnerungen" an seine Haft in Küstrin hätten Friedrich in

[1] Die Literatur zu Friedrich II. ist uferlos. Relativ neu und mit umfangreichen Verweisen sind Johannes KUNISCH: Friedrich der Große. Der König und seine Zeit, München 2009; Wilhelm BRINGMANN: Friedrich der Große. Ein Porträt, München 2006; Tillmann BENDIKOWSKI: Friedrich der Große, München 2011; Jürgen LUH: Der Große. Friedrich II. von Preußen, München 2011; Ewald FRIE: Friedrich II., Reinbeck bei Hamburg 2012. Unverzichtbar sind immer noch Theodor SCHIEDER: Friedrich der Große. Ein Königtum der Widersprüche, Frankfurt a. M./Berlin/Wien 1983 und vor allem Reinhold KOSER: Geschichte Friedrichs des Grossen, 4 Bde., Darmstadt 1963 [Nachdr. der 6. und 7. Aufl., Stuttgart/Berlin 1921]. Die gesamte Forschungsliteratur vor 1986 ist systematisch aufgelistet bei Herzeleide und Eckart HENNING: Bibliographie Friedrich der Große. 1786–1986. Das Schrifttum des deutschen Sprachraums und die Übersetzungen aus Fremdsprachen, Berlin u. a. 1988.

[2] Kronprinz Friedrich an Grumbkow, Ruppin 28.4.1736, in: Reinhold KOSER (Hg.): Briefwechsel Friedrichs des Großen mit Grumbkow und Maupertuis (1731–1759), Leipzig 1898 (Publicationen aus den königlich-preußischen Staatsarchiven 72), S. 128f.

[3] „[I]l faut s'armer de toute la constance possible pour résister à l'ennui, à la solitude, et à la terrible pensée de la privation de la liberté", Kronprinz Friedrich an Manteuffel, Ruppin 29.4.1736, in: PREUSS: Oeuvres, Bd. 25, S. 506–509, hier: S. 508.

den folgenden Jahren mehrfach wieder eingeholt und in seinem Handeln angetrieben.[4] Vor allem die noch stärker psychohistorisch orientierte Forschung sah in der Jugend Friedrichs den Grundstein für seine späteren Depressionen und den immer wiederkehrenden „Wunsch zu sterben".[5] Lebenslange „Selbstmordgedanken" seien die Folge gewesen – ja Friedrich habe sogar eine regelrechte „Todessehnsucht" ausgebildet.[6] Der Einmarsch in Schlesien im Jahr 1740, überhaupt das ganze militärische Handeln des Königs, sei als „die grandiose projektive Externalisation eines ursprünglich verinnerlichten traumatischen Konflikts" und als Ergebnis eines damit zusammenhängenden selbstzerstörerischen Zwangs anzusehen.[7] Ähnlich diagnostiziert Wolfgang Burgdorf in seiner soeben erschienenen Biographie bei Friedrich eine „immer wieder aufflackernde Todessehnsucht". Der Tod sei ihm ein Leben lang „als Flucht- und Sehnsuchtsort" erschienen – ja sein Leben sei von der „Kontinuität der Heilssuche im Tod" bestimmt gewesen.[8]

Das grundlegende Postulat der Psychohistorie bzw. der historischen Psychoanalyse lautet, dass sich trotz aller kulturellen Überformung in allen menschlichen Gesellschaften die „immer gleichen menschlichen Wünsche, Befriedigungen und Enttäuschungen" finden. Diesen könne man anhand moderner medizinisch-psychischer Methoden nachspüren.[9] In aller Regel wird dabei der Eltern-Kind-Beziehung historischer Akteure eine besondere Rolle beigemessen.[10] So auch bei Friedrich II. und seinem Vater Friedrich Wilhelm I., von deren Verhältnis bekannt ist, dass es von großen Spannungen geprägt war, die sich im Laufe der Zeit weiter auswuchsen.[11] Immer häufiger

4 Kunisch: Friedrich der Große, S. 56ff.

5 Ernst Lewy: Die Verwandlung Friedrichs des Großen. Eine psychoanalytische Untersuchung, in: Psyche 49, 1995, S. 727–804 [orig. 1967], hier: bes. S. 774f.

6 Ernst Lürssen: Reinszenierung eines massiven Traumas. Leitmotive im Leben Friedrichs des Großen, in: Jutta Gutwinski-Jeggle/Johann Michael Rotmann (Hgg.): „Die klugen Sinne pflegend". Psychoanalytische und kulturkritische Beiträge, Tübingen 1993, S. 414–433, hier: bes. S. 429f.

7 Ebd., S. 425.

8 Allerdings bezieht sich Wolfgang Burgdorf hier vor allem auf die Zeit des Siebenjährigen Krieges. Ders.: Friedrich der Große. Ein biographisches Portrait, Freiburg i. Br. 2011, S. 10f.

9 Programmatisch hier Peter Gay: Freud für Historiker, Tübingen 1994 (Forum Psychohistorie 2), bes. S. 101ff.

10 Klassisch: Lloyd DeMause: Evolution der Kindheit, in: ders. (Hg.): Hört ihr die Kinder weinen. Eine psychogenetische Geschichte der Kindheit, Frankfurt a. M. 1989, S. 12–111. Kürzlich außerdem Ralph Frenken: „Da fing ich an zu erinnern …". Die Psychohistorie der Eltern-Kind-Beziehung in den frühesten deutschen Autobiographien (1200–1700), Gießen 2003, der trotz aller Einschränkungen insgesamt einen ahistorischen Ansatz verfolgt.

11 Zum Folgenden vgl. hier nur eine Auswahl ausführlicher Darstellungen: Koser: Geschichte Friedrichs des Grossen, Bd. 1, bes. S. 28–62; Detlef Merten: Der Katte-Prozeß. Vortrag gehalten vor der Berliner Juristischen Gesellschaft am 14. Februar 1979, Berlin/New York

kam es dazu, dass der König seinen Sohn – auch in aller Öffentlichkeit – schlug oder auf andere Weise demütigte. Friedrich spielte daher schon seit längerem, wahrscheinlich spätestens seit Anfang 1730, mit dem Gedanken, sich mit einer Flucht dem Einfluss des Vaters zu entziehen.[12] Mitte des Jahres dann begleitete Friedrich den König zu einem Besuch August des Starken, dem sogenannten Zeithainer Lager. Dort kam es erneut zu einer heftigen Auseinandersetzung, bei der der Vater seinem Sohn an den Kopf warf, er selbst hätte sich erschossen, wenn er von seinem eigenen Vater so behandelt worden wäre; Friedrich sei dazu aber wohl zu feige.[13] Der Kronprinz versuchte daraufhin, seinen Fluchtplan in die Tat umzusetzen. Dabei machte er auch zum ersten Mal die Bekanntschaft des Grafen Karl Heinrich von Hoym.

Im Zeithainer Lager war es nur mit Befehl Hoyms möglich, im Posthaus Pferde zu erhalten. Daher sprachen sowohl Friedrich als auch dessen Vertrauter Leutnant Hans Hermann von Katte mehrfach bei ihm vor. Sie gaben vor, die Pferde für zwei Offiziere zu benötigen, „die gerne incognito nach Leipzig wollten". Diesen Plan durchschaute Hoym allerdings, denn er habe, wie Katte später zu Protokoll gab, gelacht und erklärt: „Ich kann ohngefähr wohl merken, was es bedeutet."[14] Die Pferde erhielten sie daher nicht und der Fluchtplan blieb unausgeführt.[15]

Im Herbst 1730 begleitete Friedrich dann seinen Vater erneut auf eine Reise an verschiedene süd- und westdeutsche Höfe. Der erneute Fluchtversuch

1980 (Schriftenreihe der Juristischen Gesellschaft e. V. 62); Peter Baumgart: Kronprinzenopposition. Zum Verhältnis Friedrichs zu seinem Vater Friedrich Wilhelm I., in: Heinz Duchardt (Hg.): Friedrich der Große, Franken und das Reich, Köln/Wien 1986, S. 5–23 (Bayreuther Historische Kolloquien 1); Kunisch: Friedrich der Große, bes. S. 11–72. Zum aktuellen Stand der Forschung siehe (mit weiterführender Literatur) Jürgen Kloosterhuis: Katte. Ordre und Kriegsartikel. Aktenanalytische und militärhistorische Aspekte einer „facheusen" Geschichte, Berlin 2006; Uwe A. Oster: Sein Leben war das traurigste der Welt. Friedrich II. und der Kampf mit seinem Vater, München 2011.

12 Wie seine Schwester Wilhelmine in ihren Memoiren angibt, habe Friedrich sie im Februar 1730 von seinem Fluchtplan in Kenntnis gesetzt. Wilhelmine von Bayreuth: Memoiren einer preußischen Königstochter. Übersetzung, Anmerkungen und Nachwort von Günter Berger, Bayreuth 2007, S. 108ff.

13 Koser: Geschichte Friedrichs des Grossen, Bd. 1, S. 27, 34.

14 So Katte in einer Aussage vom 28.8.1730. Ergänzende Aussagen zur „Species facti", in: Carl Hinrichs (Hg.): Der Kronprinzenprozeß. Friedrich und Katte, Hamburg 1936, S. 55–65, hier: S. 58f. Siehe dazu außerdem die schriftliche Erklärung Kattes und das Verhörprotokoll mit Friedrich: Species facti, so der Arrestant von Katte eigenhändig aufgesetzt und übergeben, Berlin 27./28.8.1370, in: ebd., S. 44–55, hier: S. 47ff.; Verhör des Kronprinzen ad articulos, Küstrin 16.9.1730, in: ebd., S. 90–107, hier: S. 95ff.

15 Koser: Geschichte Friedrichs des Grossen, Bd. 1, S. 34f.; Beyrich: Kursachsen und die polnische Thronfolge, S. 118f.; Hans Beschorner: Das Zeithainer Lager von 1730, in: Neues Archiv für sächsische Geschichte und Altertumskunde 28, 1907, S. 50–113, 200–252, hier: bes. S. 82.

misslang, und Friedrich wurde, nachdem sein Vater von dem Versuch erfahren hatte, festgenommen und unter Arrest gestellt. Anschließend brachte man ihn zurück in brandenburgisches Territorium auf die Festung Küstrin. Sein Vertrauter Hans Hermann von Katte, der sich zwar zu dieser Zeit in Berlin aufhielt, aber dennoch über alle Schritte informiert war, wurde ebenfalls festgenommen. Gegen beide eröffnete das Generalkriegsgericht ein Verfahren.[16]

Im Fall Katte war sich das Gericht zunächst uneins, ob er zum Tode oder „zum ewigen Festungsarrest“ verurteilt werden sollte. Der Vorsitzende entschied zunächst auf Festungshaft.[17] Ein erster Einspruch des Königs, das Gericht solle ein anderes Urteil sprechen, brachte keine Veränderung.[18] Daraufhin wies der König als oberster preußischer Gerichtsherr selbst das Todesurteil wegen Majestätsbeleidigung (crimen laesae maiestatis). Nicht zuletzt aufgrund dieses Urteils im Fall Katte gilt Friedrich Wilhelm I. in seiner Kabinettsjustiz bis heute als besonders gnadenlos.[19]

Im weiteren Verlauf des Verfahrens zeigt sich die Privilegierung des Adels vor Gericht erneut sehr deutlich. Wie König Friedrich Wilhelm I. in seiner Order erklärte, hätte Katte dem Recht nach eigentlich verdient, „mit glüenden Zangen gerißen und aufgehänget zu werden“. „[I]n Consideration seiner Familie“ aber solle er standesgemäß „mit dem Schwert vom Leben zum Tode gebracht werden“.[20] Als Kattes Großvater Generalfeldmarschall von Wartensleben daraufhin um eine Begnadigung ersuchte, führte er als Argument an, dass bei einer Verurteilung die Familie „durch die Schmach die Missetat des unglücklichen Menschen unverschuldet mittragen“ müsse. Er bat daher, die Strafe „in Ansehung der Angehörigen zu mildern“.[21] Diese Bitte lehnte der König ab und verwies auf die bereits erfolgte Strafmilderung.[22]

[16] Zu diesem kriegsgerichtlichen Verfahren siehe MERTEN: Der Katte-Prozeß, S. 31–39.

[17] Siehe dazu die Voten des Kriegsgerichts, Köpenick, 27./28.10.1730, in: HINRICHS: Der Kronprinzenprozeß, S. 117–130; sowie den Immediatbericht des Generalleutnants von der Schulenburg, Köpenick 29.8.1730, in: ebd., S. 131f.

[18] Randbemerkung Friedrich Wilhelms auf dem Immediatbericht (ebd.); Protokoll des Kriegsgerichts, Köpenick 31.10.1730, in: ebd., S. 133f.

[19] Friedrich Wilhelm hatte in Strafsachen ein umfassendes Bestätigungsrecht durch das Kabinett durchgesetzt und nutzte dieses Recht bei verschiedenen Prozessen, um strafrichterlich auf die Urteile einzuwirken. Zur Kabinettsjustiz unter Friedrich Wilhelm I. siehe Jürgen REGGE: Kabinettsjustiz in Brandenburg-Preußen. Eine Studie zur Geschichte des landesherrlichen Bestätigungsrechts in der Strafrechtspflege des 17. und 18. Jahrhunderts, Berlin 1977 (Strafrechtliche Abhandlungen, N.F. 30), bes. S. 147–156.

[20] Kabinettsorder an das Kriegsgericht, Wusterhausen 1.11.1730, in: HINRICHS: Der Kronprinzenprozeß, S. 135–137.

[21] Gnadengesuch des Großvaters Kattes, des Generalfeldmarschalls von Wartensleben, Berlin 2.11.1730, in: ebd., S. 141f.

[22] Kabinettsorder an den Generalfeldmarschall Graf von Wartensleben, Wusterhausen, 3.11.1730, in: ebd., S. 142f.

Allerdings befahl er dennoch, den Delinquenten ehrlich, wenn auch still zu bestatten. Dabei sollten keine unehrlichen Scharfrichtergehilfen, sondern „hübsche Bürger [...] den Körper in ein Sarg legen, und vor das Thor auf den Armen-Kirchhof in der Stille einsenken".[23] Doch auch diese Bestimmung wurde nachträglich noch einmal abgemildert. Gut eine Woche nach Exekution und Begräbnis wandte sich der Vater Kattes in einem Schreiben an den König. Das Ende seines Sohnes habe bewirkt, dass er sich „schäme, jemanden anzusehen". Er bitte daher, „um das Raisonniren meiner Nachbauren und Freunde zu evitiren", den Leichnam „in aller Stille" auf sein Gut verlegen zu dürfen. Friedrich Wilhelm I. entsprach dieser Bitte.[24]

Der rechtliche Umgang mit dem Kronprinzen stellte das Generalkriegsgerichts allerdings vor schwerere Probleme. König Friedrich Wilhelm I. ging zunächst von einer Verschwörung gegen ihn aus, weshalb er die schonungslose Aufklärung aller Hintergründe des Fluchtversuchs anordnete. Notfalls, so wies er das Gericht an, müsse man den Kronprinzen der Folter unterziehen, um die „Wahrheit" aus ihm heraus zu bekommen.[25] Das Generalkriegsgericht erklärte jedoch einstimmig, dass man sich „viel zu schwach" finde, über diese „delicate Sache" ein Urteil fällen zu können, zumal es sich um einen Familienkonflikt zwischen Vater und Sohn handle und daher ohnehin nur der König selbst eine Entscheidung treffen könne.[26] Nachdem der König die Leitung des Prozesses übernommen hatte, entschied er, den Kronprinzen dazu zu zwingen, bei der Hinrichtung Kattes anwesend zu sein und ihm so den Ernst seiner Situation deutlich vor Augen zu führen.[27] Damit hatte er offenbar Erfolg, denn in den

[23] Kabinettsorder an den Generalmajor von Lepel und den Obristen von Reichmann, Wusterhausen 3.11.1730, in: ebd., S. 143f. Hinterher wurde berichtet: „Sein Sarg, worin er geleget worden, ist von Eichen-Holz mit schwarzen Leisten und 6 verzinneten Handgriffen gewesen, mit welscher Leinwand inwendig ausgeschlagen, wie er durch hübsche Bürgerleute eingeleget worden, ist er mit einem von derselben Leinwand gemachten Sterbekittel bedecket, und bei dem Kinn herum festgemachet worden, nachgehends ist er durch die 12 Bürgersleute auf einer Totenbahre, mit schwarz Tuch behangen nach dem Armenkirchhof getragen, und daselbst begraben worden, allwo bereits mehrere Offiziere der Garnison liegen, so daselbst gestorben", Bericht des Majors von Schack von den Gensdarmes an den Generalleutnant von Katte, Berlin 2.12.1730.

[24] Immediatgesuch des Generalleutnants von Katte, Königsberg, 14.11.1730, in: ebd., S. 168; Randentscheid des Königs ebd.

[25] Kabinettsorder an die Untersuchungskommission, Potsdam 13.9.1730, in: ebd., S. 88f. Dies hatte er auch seinem Sohn mitgeteilt. Kabinettsorder an den Kronprinzen, 1.9.1730, in: ebd., S. 76f.

[26] „Angesehen diese vorgenommene Retirade eine Staats- und Familien-Sache ist zwischen einem großen Könige und dessen Sohne, welches ersteren väterliche Zucht und potestät über seinen Sohn kein Kriegsrecht oder ander weltlicher Richter jemalen sich erkühnen dürfen, zu beurteilen." Die Voten des Kriegsgerichts, Köpenick, 27./28.10.1730, in: ebd., S. 117–130, hier: S. 126.

[27] Kabinettsorder an den Generalmajor von Lepel und den Obristen von Reichmann, Wus-

darauf folgenden Tagen wurde Friedrich von der Furcht geplagt, dass auch ihm eine Exekution bevorstehe.[28]

Insgesamt ist schwer zu beurteilen, wie stark der Eindruck war, den die Inhaftierung und der anschließende Strafprozess auf den Kronprinzen hinterlassen haben. Dazu gehört auch die Frage, ob er während seines Haftaufenthaltes von Suizidgedanken heimgesucht worden ist, wie er selbst später verschiedentlich angedeutet hat. Selbstdeutungen Friedrichs aus dieser Zeit sind äußerst rar, was daran liegt, dass ihm so gut wie jeder Briefkontakt verboten war.[29] Zwar sagte er in einer Vernehmung aus, er empfinde den „langwierigen Arrest" als eine „unerträgliche Sache", wollte damit allerdings wohl nur auf eine Erleichterung der Haftbedingungen hinwirken.[30] Zumindest sein Vater Friedrich Wilhelm I. scheint einen Suizid seines Sohnes für möglich gehalten zu haben. Eine andere Erklärung für die Order des Königs vom 22. September, Friedrich sein Essen klein geschnitten und ohne Messer und Gabel vorzusetzen, ist kaum denkbar.[31] Auch in der Instruktion für die Hafterleichterung Mitte November bestimmte der König, dass sich „sowohl bei Tag wie Nacht" jemand bei Friedrich aufhalte „und auf Selbigen acht gebe".[32]

Aus historisch-anthropologischer Perspektive, besonders vor dem Hintergrund der Einschränkungen einer retrospektiven Diagnose, kann der Versuch, Friedrich II. auf die psychohistorische Couch zu legen, allerdings nur sinnlos erscheinen. Der Historischen Anthropologie geht es gerade um die Historisierung *des Menschen*, weshalb auch die menschliche Psyche nicht als ahistorische Entität begriffen wird.[33] Dies hat in letzter Zeit besonders die Selbstzeugnisforschung betont.[34] Moderne psychologische Theorien sind aus dieser Perspekti-

terhausen 3.11.1730, in: ebd., S. 143f.; Kabinettsorder an den Feldprediger Johann Ernst Müller vom Regiment Gensdarmes, Wusterhausen 3.11.1730, in: ebd., S. 144. Vgl. außerdem Kunisch: Friedrich der Große, S. 40ff.

28 Der Kronprinz und die Hinrichtung Kattes, 6.11.1730, in: Hinrichs: Der Kronprinzenprozeß, S. 158–160; Immediatbericht des Feldpredigers Müller, Küstrin 8.11. & 10.11.1730, in: ebd., S. 161–167.

29 Mit königlicher Order vom 14. November wurde bestimmt, der Kronprinz dürfe alle drei Monate jeweils einen Brief an seine beiden Eltern schreiben. Instruktion für den Geheimen Rat v. Wolden und die Kammerjunker v. Natzmer und v. Rohwedel, Wusterhausen 14.11.1730, in: ebd., S. 169–176, hier: S. 171.

30 Verhör des Kronprinzen, Küstrin 11.10.1730, in: ebd., S. 113–115.

31 Kabinettsorder an den Generalmajor von Lepel und den Obristen von Reichmann, Wusterhausen 22.9.1730, in: ebd., S. 111f.

32 Instruktion für den Geheimen Rat v. Wolden und die Kammerjunker v. Natzmer und v. Rohwedel, Wusterhausen 14.11.1730, in: ebd., S. 169–176, hier: S. 170f.

33 So zum Beispiel August Nitschke: Die Voraussetzungen für eine Historische Psychologie, in: Gerd Jüttemann (Hg.): Die Geschichtlichkeit des Seelischen. Der historische Zugang zum Gegenstand der Psyche, Weinheim 1986, S. 31–45. Seinem dort entworfenen Programm einer „Historischen Psychologie" stehe ich allerdings kritisch gegenüber.

34 Gerade die neuere Selbstzeugnisforschung insistiert mit Nachdruck darauf, dass es nicht

ve kaum dazu in der Lage, das Verhalten historischer Akteure ausreichend zu erklären. Stattdessen verstellen sie viel eher den Blick auf zeitgenössische Deutungen, indem sie die empirischen Befunde in ihr Modell zwingen.[35]

Auch im Fall Friedrichs des Großen reicht die Indizienlage kaum aus, seriös von suizidalen Gedanken während der Küstriner Zeit auszugehen. Die vertraulichen Aussagen aus dem nächsten Umfeld des Kronprinzen erwecken vielmehr einen ganz anderen Eindruck. Bereits Ende des Jahres 1730 meldete Kammerdirektor Christoph Werner Hille: „Se. Kgl. Hoheit sind lustig wie ein Buchfink.“ Die Hoffnung auf ein Ende seiner Haft beschere ihm eine „schöne gute Laune“.[36] Diese habe, wie Hille später berichtete, in den folgenden Wochen weiter angehalten.[37] Im Februar 1731 sagte Hofmarschall Gerhard Heinrich von Wolden über Friedrich aus: „Inzwischen geht es ihm ausgezeichnet; er sieht wirklich wohl aus“, im August: „in Küstrin atmet alles nur noch Freude und Vergnügen“.[38] Von melancholischen Gedanken und dem Wunsch zu sterben berichteten die Gesellschafter des Kronprinzen hingegen nicht, obwohl beide täglichen Umgang mit ihm hatten.

Die einzigen Aussagen Friedrichs, die auf suizidale Gedanken hindeuten und die daher auch von der Forschung als Belege angeführt werden, sind einige Briefe vom Beginn des Jahres 1732 an seinen väterlichen Freund, den Feldmarschall und Minister Friedrich Wilhelm von Grumbkow. Grumbkow war Mitglied der Untersuchungskommission, die den Kriegsgerichtsprozess nach dem gescheiterten Fluchtversuch geführt hatte. In den Folgejahren wurde er zu einer Art Vermittler zwischen Friedrich und seinem Vater, wobei sein intensiver Briefwechsel mit dem Kronprinzen dauerhaft vor dem König geheim gehalten wurde.[39] In einem ersten Schreiben aus dem Januar 1732 äußerte sich Friedrich besorgt über die Gefahren, die am königlichen Hof lauerten. Ständig müsse man darauf bedacht sein, dass nicht persönliche Feinde das Vertrauen des Königs missbrauchten und man durch deren Intrigen in Ungnade falle. Daher wolle er lieber sterben, als sich in dieser Umgebung aufzuhalten – und wenn

möglich ist, aus den Quellen ein wie auch immer geartetes inneres *Ich* herauszuschälen, das als Kern im Menschen schlummert, sondern dass es sich beim *Selbst* immer um historische Konstruktionen handelt. Siehe dazu die Einleitung.

35 Hier nochmal: Leven: Krankheiten, bes. S. 154f., 180.

36 Hille an Grumbkow, Küstrin 18.12.1730, in: Gustav Berthold Volz (Hg.): Friedrich der Große im Spiegel seiner Zeit, Bd. 1. Jugend und Schlesische Kriege bis 1756, Berlin 1926/27, S. 12–14, hier: S. 14.

37 Hille an Grumbkow, Küstrin 13.1.1731, in: ebd., S. 20f.

38 Wolden an Grumbkow, Küstrin 10.2.1731, in: ebd., S. 26f. & Küstrin 21.8.1731, S. 40–42.

39 Zu seiner Person siehe Koser: Briefwechsel, S. IX-XXXII; ADB 10, 1879, S. 22–25; NDB 7, 1966, S. 213f.

der Tod ihm nicht zur „Hilfe komme“, werde seine „Verzweiflung“ ihn dazu zwingen sich zu töten.[40]

Weitere Äußerungen dieser Art folgten, nachdem Friedrich Wilhelm I. seinem Sohn Anfang Februar dessen kommende Verheiratung mit Elisabeth Christine von Braunschweig-Bevern, einer Nichte der Kaiserin, mitgeteilt hatte. Mit großem Nachdruck versuchte Friedrich, eine Hochzeit abzuwenden, da er keinerlei Gefühle für die Braut empfinde. Lieber wolle er sterben, so schrieb er an Grumbkow, als gegen seinen Willen zu heiraten und damit in eine „perdition éternelle“ gestürzt zu werden.[41] Am nächsten Tag bekräftigte der Kronprinz gegenüber Grumbkow seine Aussage. Falls er die Prinzessin von Bevern heiraten müsse, bleibe ihm als letztes Mittel nur noch ein Pistolenschuss, um sich „von seinen Leiden zu befreien“. „Ich vergehe“, so betonte er nochmals, „in melancholischen Gedanken“.[42]

In diesen Aussagen sah Grumbkow genau das, was sie waren: Topoi, mit denen Friedrich seinen Widerwillen gegen eine Heirat möglichst plastisch untermauern wollte. Friedrich versuchte, Grumbkow dazu zu bewegen, dem König die Eheverbindung auszureden. Wenn er aus diesem Grund schon an Selbstmord denke, so fragte Grumbkow den Kronprinzen im Gegenzug, wie wolle er dann erst bei „wirklichen und schwerwiegenden Unglücksfällen“ reagieren?[43] Auch Hofmarschall von Wolden gegenüber drückte er sein Unverständnis für dieses Gerede aus, das es ihm erschwere, sich für Friedrich einzusetzen.[44]

Zwar können kaum Zweifel daran bestehen, dass etwa das konfliktreiche Verhältnis zu seinem Vater, das sich bis zu dessen Tod 1739 fortsetzen sollte, die Haftzeit oder die Anwesenheit bei der Hinrichtung Kattes Friedrich tief bewegt haben. Für melancholische Gedanken oder gar ernsthafte Suizidabsichten existieren allerdings keine hinreichenden Quellenbelege. Auch die Briefe des Kronprinzen aus seiner Zeit in Küstrin wurden bereits von den Zeitgenossen als topisch wahrgenommen. Nur unter dem Primat der Psychohistorie, eine fehlgeleitete Eltern-Kind-Beziehung führe zwangsläufig in eine schwere Traumatisierung, konnte bei Friedrich eine gewisse Suizidneigung diagnostiziert werden. Wie verhält es sich aber mit den in seinem späteren Leben angeblich immer wiederkehrenden depressiven Rückfällen und suizidalen Gedanken?

[40] „J'aimerais mieux mourir, et si la mort ne venait à mon secours, mon désespoir me la ferait trouver.“ Kronprinz Friedrich an Grumbkow, Küstrin Januar 1732, in: Koser: Briefwechsel, S. 16f.

[41] Kronprinz Friedrich an Grumbkow, Küstrin 18.2.1732, in: ebd., S. 31f.

[42] „J'ai encore des ressources, et un coup de pistolet peut me délivrer de mes changrins et de ma vie; [...] Je me consume dans des idées mélancoliques“. Kronprinz Friedrich an Grumbkow, Küstrin 19.2.1732, in: ebd., S. 32–34.

[43] „Que fera-t-il donc, si le bon Dieu l'afflige par des malheurs réels et sensibles?“ Grumbkow an Kronprinz Friedrich, Potsdam 21.2.1732, in: ebd., S. 37–39.

[44] Grumbkow an Wolden, Potsdam 21.2.1732, in: ebd., S. 39–41.

3.2 Otho- und Cato-Motiv

In der Schlacht bei Hochkirch am 14. Oktober 1758 erlitt die preußische Armee eine schwere und verlustreiche Niederlage. Fünf Generäle und gut ein Drittel der Soldaten fielen, der König selbst entging nur knapp dem Tod. Nachdem sich die Armee zurückgezogen und in Doberschütz ihr Lager errichtet hatte, ließ König Friedrich II. am Abend seinen Gesellschafter Alexandre Henri de Catt zu sich rufen, wie dieser später in seinen Memoiren berichtete.[45] Bei diesem Treffen habe der König unter seinem Hemd eine kleine goldene Dose hervorgeholt, darauf gezeigt und erklärt, darin sei alles Nötige, „um der Tragödie ein Ende zu bereiten". In der Dose befänden sich 18 Opiumpillen, die dazu ausreichen würden, ihn „zu jenen düsteren Gestaden zu bringen, von denen man nicht mehr zurückkehrt".[46] Auch wenn dieser Schritt den „maximes calvinistes"[47] de Catts widerspreche, sei er notwendig, um nicht die Demütigung einer Gefangennahme und den Niedergang des eigenen Vaterlandes erleben zu müssen. In diesem Fall, so habe der König bekannt, werde er sich der „Bürde" seines „lästigen Lebens" entledigen.[48] Schließlich habe er noch einen Vers Voltaires zitiert: Wenn alles verloren sei und es keine Hoffnung mehr gebe, dann sei das Leben eine Schande und der Tod eine Pflicht: „Quand on a tout perdu, quand on n'a plus d'espoire, / La vie est un opprobre et la mort un devoir."[49]

Auch in einem Gespräch am folgenden Tag, so fährt de Catt in seinem Bericht fort, sei Friedrich auf seine Giftdose zu sprechen gekommen. Dass er sie

[45] Heinrich de CATT: Unterhaltungen mit Friedrich dem Großen. Memoiren und Tagebücher, hrsg. von Reinhold Koser, Leipzig 1884 (Publikationen aus den königlich-preußischen Staatsarchiven 22). Einige der folgenden Quellen sind ebenfalls aufgeführt bei Gustav Berthold VOLZ: Die Giftpillen Friedrichs des Großen, in: Mitteilungen des Vereins für die Geschichte Berlins 46, 1929, S. 67–70.

[46] „Il défait son col, tire de dessous sa chemise un ruban, auquel tenait une petite boîte d'or ovale qui reposait sur sa poitrine. ‚Voilà, mon ami, tout ce qu'il faut pour mettre fin à la tragédie.' Il ouvre la petite boîte, où étaient dix-huit pillules, que nous comptâmes. ‚Ces pillules', dit-il, ‚sont d'opium, la dose est très suffisante pour s'en aller vers ces sombres bords d'òu l'on ne revient plus.' Après l'exhibition d'une telle pièce, il la suspendit à son col, et la fit tomber sur sa poitrine." CATT: Unterhaltungen mit Friedrich dem Großen, S. 190.

[47] Eine spezifisch calvinistische Einstellung zum Problem des Suizids gab es nicht. Wie andere Reformatoren auch verurteilte Calvin die Selbsttötung auf ganzer Linie und hielt keinen denkbaren Fall für akzeptabel. Dabei bezog er sich weniger auf die Bibel als vielmehr auf die Lehre Augustinus'. Friedrich verwendete die „maximes calvinistes" an dieser Stelle daher auch wohl nur als Chiffre für allgemeine christliche Überzeugungen in Bezug auf den Suizid. Zur Haltung Calvins siehe WATT: Choosing Death, S. 67–80; DERS.: Calvin on Suicide, in: Church History 66, 1997, S. 463–476.

[48] „[J]e me déchargerais alors du fardeau d'une vie importune" CATT: Unterhaltungen mit Friedrich dem Großen, S. 191.

[49] Ebd. Der Vers stammt aus Voltaires Drama „Métrope".

ständig bei sich trage, beruhige ihn sehr – gerade wegen der entsetzlichen Vorstellung, im Falle einer Gefangennahme der Gnade seiner Feinde ausgeliefert zu sein. Seine Seele sei nicht geschaffen für solche „déshonneur" und „avanies". Allerdings, so habe er versichert, werde er alles Menschenmögliche tun, um das Glück zu erzwingen.[50] Dennoch blieb das Gift Friedrichs ständiger Begleiter. Der König habe, so de Catt, wochenlang von nichts anderem gesprochen.[51]

Henri de Catt war seit März 1758 Vorleser Friedrichs und in dieser Funktion einer seiner engsten Vertrauten. Der Quellenwert seiner Memoiren ist in der Forschung umstritten. Er verfasste sie wahrscheinlich erst nach dem Tod des Königs 1786 auf der Grundlage seiner Tagebücher, wobei er den Text nach stilistischen und kompositorischen Gesichtspunkten neu ordnete.[52] Bemerkenswerterweise versicherte de Catt allerdings gerade in Bezug auf die Suizidgedanken Friedrichs II. deren besondere Authentizität. Weil er „eine möglichst genaue Vorstellung von der Seele und dem Herzen dieses so außergewöhnlichen Fürsten erhalten wollte", habe er seinerzeit den Gesprächsverlauf wortgetreu notiert. Und genauso exakt wolle er ihn auch an seine Leser weitergeben.[53] Zumindest die Notizen in seinen Tagebüchern sind allerdings eher stichwortartig: Nach der Schlacht bei Hochkirch habe der König erklärt, er könne die Tragödie seines Lebens beenden, wann immer er wolle und auch in den folgenden Tagen habe er immer wieder suizidale Gedanken geäußert.[54] So notierte er, Friedrich

[50] Ebd., S. 192f.

[51] Ebd., S. 201; siehe außerdem 196f., 212.

[52] Im Sinne eines Privatsekretärs beantwortete er die unpolitische Korrespondenz des Königs und redigierte dessen französischsprachigen Briefe und Gedichte. Vor allem aber trafen sich die beiden fast täglich und sprachen über Literatur, Philosophie, Theologie und andere schöngeistige Themen. Von Beginn an wurde de Catt von seinem Arbeitgeber über alle Sorgen und Empfindungen ins Vertrauen gezogen. Dabei billigte der König ausdrücklich, dass sich sein Gesprächspartner von den gemeinsamen Unterhaltungen nahezu wortgetreue Notizen machte. Zum Quellenwert der Memoiren sowie zur Biographie de Catts siehe die Einleitung von Reinhold Koser in ebd., S. V-XXXII; Johannes Kunisch: Henri de Catt, Vorleser und Gesprächspartner Friedrich des Großen. Versuch einer Typologie, in: Hellmuth/Meenken/Trauth: Zeitenwende?, S. 229–250; ders.: Friedrich der Große, S. 310–312.

[53] „Je les ai tracés fidèlement pour moi qui voulais avoir une idée nette de l'âme et du coeur de ce prince si extraordinaire, et je les rapporte avec la même fidélité pour ceux qui seront curieux de le connaître dans les différentes situations pénibles où il s'est trouvé." Catt: Unterhaltungen mit Friedrich dem Großen, S. 196.

[54] De Catt berichtet die Episode nicht für den Abend der Schlacht, sondern erst für den Folgetag. In der französisch-lateinisch-griechischen *Geheimschrift*, mit der de Catt wörtliche Zitate Friedrichs verschlüsselte: „Mais possum finire tragoediam quand je volam." Ebd., S. 374. Zu dieser Geheimschrift siehe Koser, ebd., S. XVII. Zwei Tage später habe er den König traurig und mit Tränen in den Augen vorgefunden. Friedrich habe ihm ein selbstverfasstes Gedicht für seinen Vertrauten, den Marquis d'Argens, zu lesen gegeben, in dem er über die Legitimität der Selbsttötung räsonierte.

habe wiederholt über seine „résolution“, seine „idée“ oder „de ses plans et de sa douleur“ gesprochen.[55]

Über den April 1760, also nahezu zwei Jahre nach der Schlacht von Hochkirch, berichtet de Catt in seinen Memoiren nochmals von einem Gespräch mit dem König über dessen „consolatrice“, seine Giftdose. Seit Friedrich de Catt das erste Mal davon erzählt habe, habe sich seine Einstellung nicht geändert. Noch immer erscheine ihm die Vorstellung unerträglich, seine „ruine totale“ mit ansehen zu müssen. Doch leide er weniger um seiner selbst als vielmehr um seines Vaterlands willen, auf das er großes Unheil hereinbrechen sehe.[56] Wieder habe er das Voltaire-Zitat angeführt, dass der Tod zur Pflicht werde, wenn alles verloren sei, und angefügt, er selbst werde seine Pflicht erfüllen.[57] Auch mündlich verbreitete de Catt in späteren Jahren die Gespräche mit dem König über dessen Suizidabsichten.[58]

Laut dem Bericht de Catts habe sich Friedrich also gezwungen gesehen, sein Leben zu beenden, sobald ihm seine Situation ausweglos erschien. Zwar beteuerte er, alles in seiner Macht Stehende zu tun, um einen Ausweg aus dieser Lage zu finden.[59] Falls ihm dies aber nicht gelinge, werde das Weiterleben unmöglich. Unter keinen Umständen wolle er den Sieg seiner Gegner überleben und die Zerstörung seines Vaterlandes mit ansehen müssen. Dabei habe er nicht Cato zum Vorbild, wie Friedrich gegenüber de Catt betonte. Denn nicht wegen der „gloire“, sondern allein des Staates wegen sei er zum Letzten bereit.[60] Die Alternativlosigkeit der Selbsttötung bestand in dieser Argumentation nicht in dem Verlust persönlicher Ehre, sondern darin, dass ein Herrscher den Niedergang seines Landes nicht ertragen kann.

Gestützt wird der Bericht de Catts durch eine zweite Person aus dem näheren Umfeld des Königs. Dabei handelt es sich um Viktor Amadeus Graf Henckel von Donnersmarck, den Adjutanten und Vertrauten des Prinzen Heinrich von Preußen, des Bruders Friedrichs II.[61] Donnersmarck schildert in seinem Tage-

[55] CATT: Unterhaltungen mit Friedrich dem Großen, S. 375f., 377.

[56] „[C]'est moins pour moi, mon cher, soyez-en très sûr, que je souffre et que je trouve ma position cruelle, c'est pour les malheurs que je vois prêts à fondre sur la patrie, je vous l'avoue, cette funeste idée qui se présente sans cesse à mon esprit, ébranle tout à fait ma constance.“ Ebd., S. 307.

[57] Ebd., S. 306.

[58] So berichtet zumindest Friedrich August von RETZOW, er habe einen solchen Bericht „aus dem Munde des verstorbenen Katte gehört“. DERS.: Charakteristik der wichtigsten Ereignisse des siebenjährigen Krieges, in Rücksicht auf Ursachen und Wirkungen, 2 Bde., Berlin 1802, hier: Bd. 1, S. 363f.

[59] So beispielsweise auch nochmal am 19.11.1758: „je suis prêt à tout, ma boîte est toujours avec moi; avant de m'en servir, comptez que je n'épargnerai ni soins, ni travaux, ni ma vie.“ CATT: Unterhaltungen mit Friedrich dem Großen, S. 212.

[60] Ebd., S. 191.

[61] Viktor Amadeus HENCKEL VON DONNERSMARCK: Militärischer Nachlaß, 1. Teil, 2. Abt.

buch eine Begebenheit, die sich am Abend des 17. September 1757 im Feldlager des Königs zugetragen haben soll, also etwa ein Jahr vor den Schilderungen de Catts. In Folge der Schlacht bei Kolin befand sich die preußische Armee zum ersten Mal im Siebenjährigen Krieg in einer äußerst schlechten Lage.[62] In dieser Situation, so berichtet Donnersmarck, habe der König das „Bedürfniß, sich auszusprechen", verspürt, deswegen seinen Bruder Heinrich zu sich rufen lassen und sich ausgiebig mit ihm ausgetauscht. Zwar erzählte der Prinz seinem Adjutanten Donnersmarck anschließend von dem Gespräch nichts Konkretes, wirkte aber tief bewegt. Niemals zuvor habe sich sein Bruder ihm gegenüber so offen gezeigt. Außerdem habe er „ihm etwas gezeigt, was er als die beste Arznei gegen alle Unglücksfälle gerühmt habe".[63]

Einige Tage später, so berichtet Donnersmarck weiter, habe Friedrich eine „Epistel" an den Marquis d'Argens[64] fertiggestellt und anschließend gesagt, es handle sich dabei vielleicht um die letzten Verse seines Lebens. Als der König das Gedicht daraufhin auch seinem Bruder Heinrich zu lesen gegeben habe, habe dieser sich erneut große Sorgen gemacht. Er habe versuchen wollen, dem König „seine tragischen Waffen entreißen" zu lassen, dabei aber erfahren, „das Mittel, dessen sich der König bedienen wolle, sei längst gegen ein unschädliches ausgetauscht".[65] Erst als am 24. September die Falschmeldung vom Tod der Zarin Elisabeth im preußischen Feldlager ankam,[66] habe Friedrich erklärt, jetzt sei alles anders und ein Suizid nicht mehr notwendig.[67] Doch im Oktober verschlechterte sich die Lage erneut. Friedrich habe seinem Bruder daher anvertraut, sein „Entschluß" sei nun gefasst, er wolle sich „noch vor [s]einer Ankunft in Leipzig den Tod geben". Da der ganze Krieg nur noch aus „persönliche[m] Haß" seiner Feinde so erbittert geführt werde, werde er sich zum „Wohle [s]einer Staaten opfern" und Heinrich mit seinem Tod das Kommando übertragen.

Wieder gab Friedrich als Motiv die Sorge um sein Land an, für dessen Wohl-

Enthaltend die Feldzüge von 1756 und 1757, hrsg. von Karl Zabeler, Zerbst 1846. Zu seiner Person siehe ADB 11, 1880, S. 732f.

62 Vgl. zu den äußeren Umständen im Herbst 1757 Koser: Geschichte Friedrichs des Grossen, Bd. 2, S. 491–530; Kunisch: Friedrich der Große, S. 369ff.

63 Henckel von Donnersmarck: Militärischer Nachlaß, S. 301.

64 Jean-Baptiste de Boyer, Marquis d'Argens, studierte in seiner Heimatstadt Aix-en-Provence am dortigen Jesuitenkolleg. Kurz nach der Thronbesteigung wurde er von Friedrich II. als Kammerherr in seine Dienste genommen. Besonders während des Siebenjährigen Kriegs verband die beiden ein enges Vertrauensverhältnis. Vgl. ADB, 1875, S. 521–524.

65 Henckel von Donnersmarck: Militärischer Nachlaß, S. 307f.

66 Zarin Elisabeth starb zwar erst 1762, am 24. September 1757 war allerdings im Lager das Gerücht von ihrem Tod angelangt. Seit 1756 hatte sie mehrere Schlaganfälle erlitten. Koser: Geschichte Friedrichs des Grossen, Bd. 2, S. 526; Bringmann: Friedrich der Große, S. 180.

67 Henckel von Donnersmarck: Militärischer Nachlaß, S. 309.

ergehen er sich ohne Zögern zu opfern bereit sei. Um seinen Staat zu retten, werde er sein persönliches Schicksal zurückstellen und seinem Leben freiwillig ein Ende bereiten. Daher war es ihm auch wichtig, sich explizit von Cato zu distanzieren – dem historischen Beispiel eines heroischen Suizids. Friedrich wollte den Eindruck verhindern, ihm gehe es mit seinen Suizidabsichten um das Streben nach persönlicher adliger Ehre.

Diese Argumentation, die hier zunächst aus den Erzählungen Dritter rekonstruiert wurde, findet sich ebenfalls in verschiedenen Selbstzeugnissen Friedrichs aus derselben Zeit. So versicherte er etwa in einem Schreiben im Herbst 1759 dem Marquis d'Argens, dass er zwar den Untergang seines Vaterlandes nicht überleben werde, dabei jedoch keinesfalls Cato zum Vorbild habe: „Ich denke nicht an den Ruhm, sondern an den Staat."[68] Auch in verschiedenen anderen Schreiben während des Siebenjährigen Krieges betonte Friedrich seine Opferbereitschaft für den Staat. „Solange, wie ich meine Augen offen habe, werde ich dem Staat beistehen, so wie es meine Pflicht ist", schrieb er an seinen Bruder Heinrich.[69] Im März 1757 schrieb er zum Beispiel an seine Schwester Anna Amalie, es sei sein „premier devoir", das Vaterland zu verteidigen. Falls er oder einer seiner Brüder im Kampf fallen sollten, so solle sie Gott dafür danken. Wie jeder andere auf der Welt, so wollten sie alle ihr Leben für den Staat opfern.[70] Seinem Bruder August Wilhelm versicherte Friedrich, er denke an nichts anderes als an das Vaterland – und er sei jederzeit bereit, sich für seinen Staat zu opfern.[71] In einem Brief an seine Schwester Wilhelmine vom 13. September 1757, also gut drei Monate nach der Niederlage in der Schlacht bei Kolin, führte er schließlich das selbe Argument an, wie es auch de Catt überliefert hatte: Seine eigene Person spiele keine Rolle – der „grand point" seines Handelns bestehe allein in der Pflicht, für das Wohlergehen seiner Untertanen Sorge zu tragen.[72]

Mit der patriotischen Ethik, die Friedrich hier in seinen Schreiben zum Aus-

[68] „[J]e n'imite ni Sertorius, ni Caton; je ne pense point à la gloire, mais à l'État", Friedrich II. an d'Argens, Fürstenwalde 20.8.1759, in: PREUSS: Oeuvres, Bd. 19, S. 91f. Ähnliche Äußerungen gegenüber d'Argens : „Je tente et j'entreprends l'impossible pour sauver l'État", Torgau 15.11.1757 (ebd., S. 51f.) oder: „Je […] ne pense qu'à sauver l'État", Rohnstock 27.3.1759 (ebd., S. 67f.).

[69] „[C]omptez que tant que j'aurai les yeux ouverts, je soutiendrai l'État comme c'est mon devoir", Friedrich II. an Heinrich von Preußen, Lebus 16.8.1759, in: Reinhold KOSER u. a. (Hgg.): Politische Correspondenz Friedrich's des Großen, 47 Bde., Berlin 1879–1939, hier: Bd. 18, S. 488.

[70] Friedrich II. an Anna Amalie von Preußen, Lockwitz 25.3.1757, in: ebd., Bd. 14, S. 412.

[71] Friedrich II. an August Wilhelm von Preußen, Prag 11.5.1757, in: ebd., Bd. 15, S. 28f.

[72] „[S]i cela ne regardait que mon personnel, mon âme ne serait pas altérée; mais je dois veiller au salut et au bonheur d'un peuple qui m'est confié. Voilà le grand point", Friedrich II. an Wilhelmine von Bayreuth, Leitmeritz 13.7.1757, in: KOSER u. a.: Politische Correspondenz, Bd. 15, S. 242–244.

druck brachte, befand er sich argumentativ auf der Höhe der Zeit. Vor allem in Preußen intensivierte sich der Vaterlandsdiskurs mit dem Siebenjährigen Krieg massiv, was in einer regelrechten Publikationsflut zum Ausdruck kam.[73] Zahlreiche Autoren versuchten, den preußischen Untertanen in ihren Schriften ein Pflichtgefühl für ihren Staat einzuschärfen. Dazu radikalisierten sie diese Pflicht häufig mit der Forderung nach der Bereitschaft zum „Tode für das Vaterland" – mit einigem Erfolg, wie sich in Selbstzeugnissen preußischer Soldaten zeigt.[74] Besonders einflussreich war die gleichnamige Schrift von Thomas Abbt aus dem Jahr 1761.[75] Das aus der Antike stammende Motiv der Todesbereitschaft wurde gewissermaßen sogar „zum legitimatorischen Testfall des wahren Patriotismus", wie Reinhart Koselleck formuliert hat.[76]

[73] Rudolf VIERHAUS: „Patriotismus" – Begriff und Realität einer moralisch-politischen Haltung, in: DERS.: Deutschland im 18. Jahrhundert. Politische Verfassung, soziales Gefüge, geistige Bewegung, Göttingen 1987, S. 96–109; Heinrich BOSSE: Patriotismus und Öffentlichkeit, in: Ulrich HERRMANN (Hg.): Volk – Nation – Vaterland, Hamburg 1996, S. 67–88 (Studien zum 18. Jahrhundert 18); Hans-Martin BLITZ: Aus Liebe zum Vaterland. Die deutsche Nation im 18. Jahrhundert, Hamburg 2000, bes. S. 145–280; Christoph PRIGNITZ: Vaterlandsliebe und Freiheit. Deutscher Patriotismus von 1750 bis 1850, Wiesbaden 1981, bes. S. 7–38; DERS.: Patriotismus, Nationalgefühl, in: Helmut REINALTER (Hg.): Lexikon zum Aufgeklärten Absolutismus in Europa. Herrscher – Denker – Sachbegriffe, Köln/Weimar/Wien 2005, S. 462–468.

[74] Zu diesen Äußerungen in Tagebüchern und Briefen preußischer Soldaten vgl. NOWOSADTKO/MÖBIUS: Schule der Helden, bes. S. 161ff. Allerdings finden sich in den Briefen der einfachen Soldaten weniger abstrakte Patriotismusvorstellungen als vielmehr ein unbestimmter Bezug auf Gott und das Vaterland. Ein patriotischer Diskurs wurde eher von den gebildeten Eliten geführt. Klaus LATZEL: Vom Sterben im Krieg. Wandlungen in der Einstellung zum Soldatentod vom Siebenjährigen Krieg bis zum II. Weltkrieg, Warendorf 1988, S. 20–30; Ute FREVERT: „Herr über die Herzen"? Friedrich II. im Zeitalter der Empfindsamkeit, in: SÖSEMANN/VOGT-SPIRA: Friedrich der Große in Europa, Bd. 1, S. 36–51, hier: S. 47f.

[75] Eckhart HELLMUTH: Die „Wiedergeburt" Friedrichs des Großen und der „Tod fürs Vaterland". Zum patriotischen Selbstverständnis in Preußen in der zweiten Hälfte des 18. Jahrhunderts, in: DERS./Reinhard STAUBER (Hgg.): Nationalismus vor dem Nationalismus?, Hamburg 1998, S. 23–54 (Aufklärung 10/2), hier: bes. S. 43ff.; Hans Peter HERRMANN: Individuum und Staatsmacht. Preußisch-deutscher Nationalismus in Texten zum Siebenjährigen Krieg, in: DERS./Hans-Martin BLITZ/Susanna MOSSMANN: Machtphantasie Deutschland. Nationalismus, Männlichkeit und Fremdenhaß im Vaterlandsdiskurs deutscher Schriftsteller des 18. Jahrhunderts, Frankfurt a. M. 1996, S. 66–79, hier: bes. S. 76f.; Klaus BOHNEN: Von den Anfängen des „Nationalsinns". Zur literarischen Patriotismus-Debatte im Umfeld des Siebenjährigen Kriegs, in: Helmut SCHEUER (Hg.): Dichter und ihre Nation, Frankfurt a. M. 1993, S. 121–137, hier: bes. S. 131ff.; Eva PIIRIMÄE: Dying for the Fatherland: Thomas Abbt's Theory of Aesthetic Patriotism, in: History of European Ideas 35, 2009, S. 194–208; PRIGNITZ: Vaterlandsliebe und Freiheit, S. 21–24. Zahlreiche Beispiele werden auch genannt bei Georg SCHMIDT: Geschichte des alten Reiches. Staat und Nation in der Frühen Neuzeit. 1495–1806, München 1999, S. 279ff.

[76] Reinhart KOSELLECK: Patriotismus. Gründe und Grenzen eines neuzeitlichen Begriffs, in: Robert von FRIEDEBURG (Hg.): ‚Patria' und ‚Patrioten' vor dem Patriotismus.

Auch König Friedrich versuchte, sich im Sinne dieser Ethik zu inszenieren, weshalb er an seiner Opferbereitschaft keinen Zweifel ließ. Als erster Diener seines Staates hatte er dieselben Pflichten wie jeder seiner Untertanen – ja, seinem Selbstverständnis als Herrscher nach stand er sogar stärker als jeder andere in dieser Pflicht.[77] Mit der Chiffre des Suizids versuchte er diesem Selbstverständnis ultimativen Ausdruck zu verleihen: Nichts dürfe dem guten Herrscher mehr bedeuten als sein Staat – nicht einmal sein eigenes Leben. Patriotismus, so hat Rudolf Vierhaus festgestellt, „gehörte zur Selbstdarstellung und zur politischen Pädagogik aufgeklärter Fürsten wie auch solcher, die gern dafür angesehen zu werden wünschten".[78] Und wenn Friedrich auch nicht aufgeklärt regierte, so wollte er doch zumindest für aufgeklärt gehalten werden.[79]

Die Verbindung von Selbsttötung und Patriotismus war dabei ein klassisches Argument der aufklärerischen Philosophie.[80] So propagierte etwa der preußische Kriegsdichter Johann Wilhelm Ludwig Gleim in seinem Trauerspiel *Philotas* explizit den Suizid aus Patriotismus als heroische Tat.[81] Auch Voltaire vertrat die Meinung, eine Selbsttötung zum Wohl des Vaterlandes sei eine zu ehrende Handlung, was er – wie Friedrich – mit Verweisen auf antike Vorbilder belegte.[82]

Ende des Jahres 1761 verfasste Friedrich eine fiktive Rede des Kaisers Otho, in der dieser sich nach der Niederlage von Bedriacum[83] an seine

Pflichten, Rechte, Glauben und die Rekonfigurierung europäischer Gemeinwesen im 17. Jahrhundert, Wiesbaden 2005, S. 535–552 (Wolfenbütteler Arbeiten zur Barockforschung 41), hier: S. 543ff.

77 Vgl. hierzu Schieder: Friedrich der Große, S. 382; Jürgen Ziechmann: Friedrich II. (der Große) von Preußen, in: Reinalter: Lexikon zum Aufgeklärten Absolutismus, S. 242–246.

78 Vierhaus: „Patriotismus", S. 100. Friedrich, so Vierhaus, habe in seinem Patriotismusverständnis „eine am römischen Vorbild gebildete, durch die Aufklärungsphilosophie geformte und von der Staatsräson geleitete Gesinnung" gezeigt (ebd.).

79 Vgl. Burkhardt: Vollendung und Neuorientierung des frühmodernen Reiches, S. 252f.

80 Ausführlich dazu Kap. IV. 2.

81 Buhr: „Sprich, soll denn die Natur der Tugend Eintrag tun?", S. 161–164. Für die Ausbreitung des Patriotismus in Preußen waren allerdings vor allem seine „Preußische Kriegslieder in den Feldzügen 1756 und 1757 von einem Grenadier" bedeutend. Herrmann: Individuum und Staatsmacht, bes. S. 69ff.; Marian Füssel: Der Siebenjährige Krieg. Ein Weltkrieg im 18. Jahrhundert, München 2010, S. 95f.

82 Wilhelm Alff: Voltaires Kommentar zu Beccarias Buch über Verbrechen und Strafen, in: Gerhard Deimling (Hg.): Cesare Beccaria. Die Anfänge moderner Strafrechtspflege in Europa, Heidelberg 1989, S. 79–97 (Kriminologische Schriftenreihe der Deutschen Kriminologischen Gesellschaft e. V. 100), hier: S. 93f.

83 Anfang des Jahres 69 n. Chr. war Marcus Salvius Otho von den in Rom stehenden Truppen zum Kaiser erhoben worden und hatte Kaiser Galba gestürzt. Gleichzeitig war jedoch auch der Statthalter der Provinz Germania Inferior Aulus Vitellius von seinen Truppen zum Kaiser ausgerufen worden und marschierte auf Rom. In Oberitalien bei Bedriacum kam es am 14. April zur Entscheidungsschlacht, in der zum ersten Mal seit fast 100 Jahren wieder römische Legionen gegeneinander kämpften. Die Armee Othos unterlag und er

Truppen wandte. Abermals verarbeitete er darin das Motiv des Suizids aus Vaterlandsliebe, das heißt als Bereitschaft zur Aufopferung für den Staat.[84] Otho werde sich selbst töten, um den Bürgerkrieg zu beenden – „so kann ich Euch wenigstens dieses eine Mal nützlich sein", bekundete er gegenüber seinen Anhängern.[85] Wenn sich schon einfache Bürger für den Staat opferten, so argumentierte Otho weiter, müsse man dies von einem Kaiser erst recht verlangen.[86] Da er den Staat untergehen sehe, „habe er sich entschieden zu sterben, um ihn zu retten".[87]

Nicht Cato, sondern erster Diener seines Staates, und dies bis in den Tod – Friedrichs Briefe entsprechen in diesem Punkt vollkommen den Aussagen aus seinem direkten Umfeld. Umso erstaunlicher ist daher ein zweiter Argumentationsstrang, in dem der König etwas völlig anderes propagierte: Am Abend, von dem Donnersmarck berichtet, Friedrich habe seinen Bruder Heinrich zum ersten Mal in seine Suizidabsichten eingeweiht, verfasste der König einen langen Brief an seine Schwester Wilhelmine, einen zweiten dann gut zehn Tage später.[88] Für den Fall einer Niederlage, so teilte Friedrich mit, hätte er keine andere Wahl, als sich selbst das Leben zu nehmen. Als ein „homme d'honneur" habe er sein ganzes Leben genauso gedacht wie Cato und wolle daher auch auf die gleiche Art sterben wie dieser. Einem Fürsten im 18. Jahrhundert bedeute Freiheit auch nicht weniger als römischen Patriziern. Er werde nichts überstürzen und alles in seiner Macht Stehende tun, um gegen das nahende Unglück anzukämpfen. Gleichzeitig werde er aber auch nicht „[s]eine Schmach und die Schande [s]eines Hauses unterzeichnen".[89] Niemals werde er sich seinen Feinden zu Füßen werfen und die „ignominie" einer Gefangennahme ertragen. Aufgrund der Übermacht seiner Feinde sei voraussehbar, dass sein Leben ein „tissu de peines" bleiben werde. Die Welt erscheine ihm „insupportable", täglich ster-

selbst nahm sich zwei Tage später das Leben. Dazu Egon Flaig: Den Kaiser herausfordern. Die Usurpation im Römischen Reich, Frankfurt a. M. u. a. 1992 (Historische Studien 7), bes. S. 300–320.

84 Discours de l'empereur Othon à ses amis, après la perte de la bataille de Bédriac, geschrieben in Strehlen 1.12.1761, in: Preuss: Oeuvres, Bd. 12, S. 237–241.

85 „Ma mort terminera la discorde civile; / Au moins à cette fois je puis vous être utile" (ebd., S. 238).

86 „Un simple citoyen eut l'âme assez hardie / Pour dévouer ses jours au bien de la patrie; / Si Décius fournit un tel trait de grandeur, / Que n'attends-tu donc pas, Rome, d'un empereur? / C'est lui qui pour l'État doit présenter sa tête, / Pour conjurer l'orage et calmer la tempête; / Othon, né citoyen, doit ses jours à l'État, / Il vous les doit à vous, s'il n'a le cœur ingrat." Ebd., S. 239.

87 „[V]oyant l'État près de périr, / Othon pour le sauver consentit à mourir" (ebd., S. 240).

88 Friedrich II. an Wilhelmine von Bayreuth, Erfurt 17.9.1757, in: Koser u. a.: Politische Correspondenz, Bd. 15, S. 350–353 & Buttelstädt 28.9.1757, in: ebd., S. 381–383.

89 „Je suis trés résolu de lutter encore contre l'infortune: mais en même temps suis-je aussi résolu de ne pas signer ma honte et l'opprobre de ma maison." Ebd., S. 352.

be er tausend Tode und nur ein einziger Schritt könne ihn „von allen Leiden erlösen".[90] Unter den gegebenen Umständen sei die Selbsttötung daher eine „action louable et nécessaire". Explizit wandte sich Friedrich darüber hinaus gegen das christliche Selbsttötungsverbot. Stattdessen nahm er für sich in Anspruch, mit völliger Gelassenheit und einem „fonds de stoïcisme" sein Leben nach den Grundsätzen der Vernunft beenden zu können.[91] Denn, so hob er gegenüber seiner anderen Schwester, Königin Luise Ulrike von Schweden, hervor: „Das Leben ist nur gut, wenn es von Ehre und Wohlergehen begleitet wird; der Tod aber ist der Unterdrückung und der Schande vorzuziehen."[92]

Anders als bei der ersten Argumentationsstrategie lag Friedrichs Hauptaugenmerk hier auf seiner persönlichen Ehre. Er sei nicht bereit, die Schande einer Gefangennahme durch seine Feinde in Kauf zu nehmen. Lieber werde er, wie dies Cato getan hatte, mit seinem Suizid seine Freiheit bewahren und so seine Ehre retten. Ganz klar galt die Selbsttötung dieser Deutung nach als eine heroische Tat und damit als ein Mittel, mit dem die Ehre gerettet werden konnte. So erklärte er beispielsweise gegenüber Voltaire: „Ich habe Ehre für zehn"; „es bleibt mir nichts mehr als die Ehre; ich werde sie bis auf mein Blut verteidigen."[93]

Bemerkenswerterweise verfasste Friedrich eine Woche nach der fiktiven Patriotismus-Rede Kaiser Othos eine zweite Rede, in der diesmal das Motiv der persönlichen adligen Ehrenrettung dominierte.[94] Cato wird darin unmittelbar vor seinem Suizid von seinen Anhängern aufgefordert, er solle den „séjour détesté" beenden, „wo unerhörte Taten die Freiheit zerstören".[95] Cato stimmt ihnen daraufhin zu und wendet sich an Cäsar: „Ein edles Dahinscheiden wird mein Leben krönen; / Als wahrer Römer, frei und Herr über mich selbst / Ziehe ich den Tod einem Leben unter Deiner Herrschaft vor."[96] Und schließlich wie-

[90] „[J]e souffre mille morts par jour, et une seule peut me délivrer de toutes mes souffrances" (ebd., S. 381).

[91] „Je sais que le parti que je prends, est bien éloigné de la religion chrétienne, et vous le dirai-je? je l'en aime d'autant mieux" (ebd., S. 382).

[92] „[L]a vie n'est bonne que lorsqu'elle est accompagnée d'honneur et de bien-être; mais la mort est préférable à l'oppression et à l'ignominie." Friedrich II. an Luise Ulrike von Schweden, Leitmeritz 7.7.1757, in: ebd., S. 219.

[93] „[J]'ai de L'honneur pour dix"; „il ne me reste que L'honneur; Je le conserverai au prix de mon sang." Friedrich II. an Voltaire, ohne Ort 22.9.1759, in: Theodore Besterman u. a. (Hgg.): The Complete Works of Voltaire – Les Oeuvres Completès de Voltaire, über 200 Bde., Genf/Oxford 1968–2018, hier: Bd. 104, S. 365f.

[94] Discours de Caton d'Utique a son fils et à ses amis, avant de se tuer, geschrieben in Strehlen 8.12.1761, in: Preuss: Oeuvres, Bd. 12, S. 242–245.

[95] „Quitte, quitte, Caton, ce séjour détesté / Où le crime insolent détruit la liberté" (ebd., S. 243).

[96] „Un illustre trépas va couronner ma vie; / Véritable Romain, libre, et maître de moi, / Je préfère la mort à vivre sous ta loi." Ebd., S. 244.

der an seine Anhänger: „Denkt viel edler. / [...] Rühmt meine Tat, hütet Euch, mich zu bedauern / Wenn man sein Vaterland und seine Freunde untergehen sieht, / Kann es ein Feigling überleben, ein Held aber muss sterben."[97]

Im Reden Friedrichs II. über den Suizid lassen sich demnach zwei verschiedene Argumentationsstränge herauspräparieren. Einerseits nutzte er den Verweis auf seine Bereitschaft zum Tod fürs Vaterland, um Zeugnis für seinen Patriotismus abzulegen – man könnte hier vom Otho-Motiv sprechen. Ganz im Sinne der Aufklärung galt Friedrichs Pflichtgefühl als dessen *premier serviteur* allein dem Staat. Seine eigene Person und persönlicher Nachruhm waren für sein Handeln irrelevant. Auf der anderen Seite propagierte er die Selbsttötung zur Rettung und Bewahrung seiner eigenen Freiheit und seiner persönlichen adligen Ehre – in diesem Sinne wäre dann vom Cato-Motiv zu sprechen.

Obwohl sich diese Argumentationen analytisch voneinander trennen lassen, sind die Texte König Friedrichs zum Suizid jedoch meist von Elementen beider Motive durchzogen, wodurch es immer wieder zu Widersprüchen kommt. So ist in aller Regel sowohl von der Gefahr persönlicher Schande durch eine Gefangennahme als auch der Pflicht gegenüber dem Vaterland die Rede. In seinen Überlegungen über die „militärischen Talente" König Karls XII. gab Friedrich etwa an, Herrscher sollten eine Gefangennahme nicht aus persönlichen Gründen vermeiden, sondern „wegen der unheilvollen Konsequenzen, die daraus für ihre Staaten resultierten". Einen Abschnitt weiter bedauerte er allerdings allein, dass der „Held" Karl sich bei seinem Arrest in Konstantinopel zum „courtisan" des Sultans „erniedrigt" und um Geld gebettelt habe.[98] Und in einem späteren Brief an d'Argens unterstrich Friedrich nochmals, dass Karl sich eigentlich aus persönlichen Ehrgründen hätte töten müssen.[99] In dieser Argumentation war die Gefangennahme dann doch eine persönliche Schmach, die der Herrscher verhindern musste.[100]

In der schon erwähnten Epistel an den Marquis d'Argens, die zu Friedrichs

97 „[P]ensez plus noblement. [...] / Louez mon action, gardez-vous de me plaindre: / Quand on voit sa patrie et ses amis périr, / Un lâche y peut survivre, un héros doit mourir." Ebd., S. 244f.

98 „Les souverains doivent sans doute mépriser les dangers; mais leur caractère les oblige en même temps d'éviter soigneusement d'être faits prisonniers, non pour leur personnel, mais pour les conséquences funestes qui en résulteraient pour leurs États. [...] Je m'afflige de voir ce héros, en Turquie, s'avilir à faire le courtisan du Grand Seigneur, et mendier ces mille bourses." Friedrich II.: Réflexions sur les talents militaires et sur le caractère de Charles XII, roi de Suède, in: Preuss: Oeuvres, Bd. 7, S. 79–101, hier: S. 98. Zum historischen Hintergrund und zum osmanischen Exil Karls XII. siehe Burkhardt: Vollendung und Neuorientierung des frühmodernen Reiches, S. 314–326.

99 Friedrich II. an d'Argens, Kemberg 28.10.1760, in: Preuss: Oeuvres, Bd. 19, S. 226–228.

100 Laut Frie wollte Friedrich in dieser Schrift „die Differenz zwischen dem persönlich heroischen, für sein Land aber desaströs wirkenden Schwedenkönig und ihm selbst [ausmessen]". Ders.: Friedrich II., S. 11.

ersten Äußerungen über einen geplanten Suizid zählt, dominiert das Cato-Motiv, das heißt der Suizid zur Abwendung persönlicher Schande. Nach mehreren Strophen über seine unglückliche und „finstere" Lage kommt Friedrich[101] auf seine „Pflichten" zu sprechen. Diese seien ihm einstmals heilig gewesen, nun aber überflüssig geworden, weil es keine Hoffnung auf Besserung mehr gebe. In diesen schweren Zeiten erschienen ihm Cato und Brutus, diese „Helden der Freiheit", als Vorbilder, deren antike Tugenden ihm „den rechten Weg weisen" würden. Unter der „tyrannischen Gewalt neuer politischer Monster" sei „das Weiterleben ein Verbrechen und der Tod eine Pflicht" – schon hier führte er also das Voltaire-Zitat ins Feld.[102] Um seine Leiden zu beenden, habe er daher den „noble effort" gefasst, seine „elenden Fesseln zu zerschlagen". Viel zu lange schon sei „seine Seele an seinen von Kummer ausgezehrten Körper gebunden"

[101] Obwohl mir bewusst ist, dass hier ein lyrisches Ich spricht, lese ich dieses Gedicht als Selbstzeugnis Friedrichs, aus dem dessen Deutung des *heroischen Suizids* rekonstruiert werden kann.

[102] Épitre au Marquis d'Argens, Erfurt 23.9.1757, in: Preuss: Oeuvres, Bd. 12, S. 56–63, hier: S. 59f.:
„Vous, de la liberté héros que je révère,
O mânes de Caton! ô mânes de Brutus!
C'est votre exemple qui m'éclaire
Parmi l'erreur et les abus;
C'est votre flambeau funéraire
Qui m'instruit du chemin, peu connu du vulgaire,
Qu'ont aux mortels tracé vos antiques vertus.
Tes simples citoyens, Rome, en des temps sublimes,
Étaient-ils donc plus magnanimes
Qu'en ce siècle les plus grands rois?
Il en est encore un qui, jaloux de ses droits,
Fermement résolu à vivre et mourir libre,
De lâches préjugés osant braver les lois,
Imite les vertus du Tibre.
Ah! pour qui doit ramper, abattu sans espoir,
Sous le tyrannique pouvoir
De nouveaux monstres politiques,
De triumvirs ingrats, superbes, despotiques,
Vivre devient un crime, et mourir un devoir."

gewesen.[103] Aus diesen Versen, so beschließt er das Gedicht, könne d'Argens den Grund für sein Dahinscheiden ersehen.[104]

Friedrich verkaufte sein Gedicht also ganz eindeutig als Rechtfertigungsschreiben für seinen unmittelbar bevorstehenden Suizid und damit gewissermaßen als Abschiedsbrief.[105] Dabei vertrat er exakt den Typus einer ehrenhaften Selbsttötung, wie er in der Forschung als charakteristisch für den Adel im 18. Jahrhundert beschrieben wurde. Er rekurrierte auf das antike Vorbild Catos[106] und nahm auch für sich selbst eine stoische Gelassenheit gegenüber dem Tod in Anspruch. Ruhig, besonnen und ohne Übereilung denke er über die Möglichkeit sein Leben zu beenden nach, so hob er immer wieder hervor. Solange ein ehrenhaftes Leben möglich war, galt es, alles daran zu setzen, dass es auch so bleibe. Doch sobald eine Zukunft in Schande für ihn unausweichlich bevorstehe, werde er sich töten und seine Ehre damit bewahren.

Warum aber konnte Friedrich in Bezug auf den Suizid Ansichten vertreten, die allen gängigen Deutungen seiner Zeit diametral entgegen standen? Denn im vorangehenden Kapitel konnte gezeigt werden, dass der Suizid nicht als Möglichkeit gesehen wurde, drohende Schande abzuwenden und die eigene Ehre zu retten – weder von den Suizidenten selbst noch von deren Umfeld. Immer galt die Selbsttötung als ein Mord an sich selbst und damit als verdammenswerte Versündigung sowohl an Gott als auch an der Gesellschaft. Die Antwort ist einfach: Friedrich II. hat sich nicht getötet! Die Gründe, die er für seinen bevorstehenden Suizid angab, konnten einen Menschen der Aufklärung auch gar nicht dazu bringen, diesen Schritt wirklich zu vollziehen. Obwohl es diskursiv den Topos *ehrenhafte Selbsttötung* gab, war die Ehrenrettung kein legitimes Motiv, das zu einem Suizid hätte führen können.

Was Friedrich daher mit dem Reden über den Suizid bezwecken wollte, war auch nicht, seine eigene Selbsttötung vor sich und anderen zu rechtfertigen.

[103] Ebd., S. 62:
„Ainsi, pour terminer mes peines,
Comme ces malheureux, au fond de leurs cachots,
Las d'un destin barbare, et trompant leurs bourreaux,
D'un noble effort brisent leurs chaînes,
Sans m'embarrasser des moyens,
Je romps les funestes liens
Dont la subtile et fine trame
A ce corps rongé de chagrins
Trop longtemps attacha mon âme."

[104] „Adieu, d'Argens; dans ce tableau / De mon trépas tu vois la cause" (ebd.).

[105] Auf die Funktion von Abschiedsbriefen als *Rechtfertigungsschreiben* wurde bereits hingewiesen. Kap. II. 2.

[106] Zum Rekurs Friedrichs II. auf Cato vgl. auch Ullrich SACHSE: Cäsar in Sanssouci. Die Politik Friedrichs des Großen und die Antike, München 2008, S. 214ff.

Vielmehr nutzte er dieses Metaphernfeld[107], um sich als besonders feinsinniger und würdiger Herrscher darzustellen. Aus seinem ganzen Denken und Handeln sollte seine Herrscherwürde erkennbar sein: „Als König denken, leben und sterben", wie sein berühmter Leitsatz aus einem Gedicht für Voltaire aus genau dieser Zeit lautet.[108] Wie andere Aussagen, so besaßen auch Friedrichs heroische Suizidgedanken – in einem antiken Sinn – eine ganz bestimmte „rhetorische Funktion".[109] Mit dem expliziten Bezug auf die Antike, inszenierte er sich als Philosophenkönig und somit als legitimer geistiger Nachfolger des von ihm so verehrten Philosophenkaisers Marc Aurel.[110] Die Ablehnung christlicher Grundwerte im Angesicht eines baldigen Todes untermauerte Friedrichs Herrscherwürde dabei noch einmal besonders deutlich.[111] Schon bei seinem

[107] Auch Karoline von Günderrode und ihr Geliebter Friedrich Creuzer nutzten in ihren gegenseitigen Briefen das Sprechen über den Suizid, um ganz verschiedene Vorstellungen zu transportieren. Dabei rekurrierten sie auf ein zeittypisches romantisches „Metaphernfeld", mit dem sie etwa ihre unsterbliche Liebe bzw. ein Liebesbund auf Leben und Tod inszenierten. Nicht nur die beiden Partner selbst, auch ihr näheres Umfeld nutzte den Todesgestus, um „die sich als Todessehnsucht formulierende Liebe zum Absoluten bzw. Vereinigungssehnsucht in ewiger Liebe [...] auszudrücken". LICHER: Mein Leben in einer bleibenden Form aussprechen, S. 359f.; zu den entsprechenden Stellen in den Briefen siehe ebd., S. 351–358. Wie Karl Heinz BOHRER hervorhebt, ging Creuzer daher auch nur „im literarisierenden Spiel" auf den „philosophisch-literarischen Todesdiskurs der Epoche" ein. DERS.: Der romantische Brief. Die Entstehung ästhetischer Subjektivität, München/Wien 1989, S. 188; allgemein zum romantischen Todeskult um 1800 siehe ebd., S. 184ff.

[108] „Pour moi, menacé du naufrage, / Je dois, en affrontant l'orage, / Penser, vivre et mourir en roi." Friedrich II. an Voltaire, ohne Ort 9.10.1757, in: BESTERMAN u. a.: The Complete Works of Voltaire, Bd. 102, S. 198f.

[109] Andreas PEČAR: Friedrich der Große als Autor. Plädoyer für eine adressatenorientierte Lektüre seiner Schriften, in: Friedrich300 – Colloquien, Friedrich der Große – eine perspektivische Bestandsaufnahme, 15.02.2012 [URL: http://www.perspectivia.net/content/publikationen/friedrich300-colloquien/friedrich-bestandsaufnahme/pecar_autor]; siehe außerdem KUNISCH: Friedrich der Große, S. 173.

[110] Zur „Vorbildhaftigkeit" Marc Aurels für Friedrich II. siehe Eduard SPRANGLER: Der Philosoph von Sanssouci, Heidelberg 1962; SCHIEDER: Friedrich der Große, S. 374–385; Andreas PEČAR: Friedrich der Große als Roi Philosophe. Rom und Paris als Bezugspunkte für das königliche Herrscherbild, in: Friedrich300 – Colloquien, Friedrich der Große: Politik und Kulturtransfer im europäischen Kontext, 14.02.2012 [URL: http://www.perspectivia.net/content/publikationen/friedrich300-colloquien/friedrich-kulturtransfer/pecar_roi-philosophe]. Zum Antikenbezug Friedrichs siehe KUNISCH: Friedrich der Große, S. 101f., 313; SACHSE: Cäsar in Sanssouci; Hans-Joachim GEHRKE: Klassische Studien. Paradoxien zwischen Antike und Aufklärung, in: SÖSEMANN/VOGT-SPIRA: Friedrich der Große in Europa, Bd. 1, S. 112–127; Gregor VOGT-SPIRA: Das antike Rom im geistigen Haushalt eines Königs, in: ebd., S. 128–143.

[111] Genauso interpretiert auch Ullrich SACHSE Friedrichs Testament von 1741, demzufolge sein Leichnam nach seinem Tod verbrannt werden sollte. DERS.: Groß im Tod sein. Friedrichs des Großen erste Verfügung zur Inszenierung seines Nachlebens, in: Friedrich300 – Colloquien, Friedrich und die historische Größe,

ersten Einfall in Schlesien im Jahr 1740 hatte er sich mit Cäsar beim Überschreiten des Rubikon gleichgesetzt und so in die Tradition antiker Herrscher gestellt.[112]

In diesem Sinne können auch seine ständigen Verweise auf seinen Stoizismus gedeutet werden. Mit Hochachtung hatte er beim Tod seines Vaters Friedrich Wilhelm davon gesprochen, dass dieser „in seinen Ängsten den Stoizismus Catos gezeigt hatte".[113] Während des Siebenjährigen Kriegs empfahl er seiner Schwester Wilhelmine dann Stoikerin zu werden, da dies die einzige Möglichkeit in ihrer aussichtslosen Lage sei.[114] Gegenüber d'Argens betonte Friedrich mehrfach, er betrachte den Tod wie ein Stoiker.[115] Die gegenwärtigen Zeiten erforderten „die unerschütterliche Stirn eines Philosophen und die Gelassenheit der Stoiker".[116] Friedrich selbst befinde sich daher „plus stoïcien que jamais, et en compagnie de Marc-Aurèle". Dieser allein sei seine einzige Stütze.[117] Ohne Zweifel diente ihm diese „Attitüde stoischer Todesergebenheit"[118] dazu, sich selbst in seinem ganzen Handeln als Philosoph zu inszenieren.

3.3 Die Rezeption von Friedrichs Suizidrhetorik

Wenn man den Umgang Friedrichs mit seinen Suizidgedanken betrachtet, so wird besonders deutlich, dass es ihm vor allem um Selbstinszenierung ging. Wie bei den Beschreibungen seiner körperlichen Gebrechen ästhetisierte Friedrich seine angebliche Suizidneigung gezielt gegenüber seinen Gesprächspartnern, etwa indem er seine Gedanken in Versform verfasste, und versuchte so, ein Na-

14.12.2012 [URL: http://www.perspectivia.net/content/publikationen/friedrich300-colloquien/friedrich-groesse/sachse_tod].

112 Sachse: Cäsar in Sanssouci, S. 202ff.; Vogt-Spira: Das antike Rom im geistigen Haushalt eines Königs, 137–139.

113 „[I]l a témoigné le stoïcisme de Caton dans ses angoisses." Friedrich II. an Voltaire, Charlottenburg 27.6.1740, in: Besterman u. a.: The Complete Works of Voltaire, Bd. 91, S. 221–224.

114 Friedrich II. an Wilhelmine von Bayreuth, Breslau 16.2.1758, in: Koser u. a.: Politische Correspondenz, Bd. 16, S. 249.

115 So etwa in den beiden Briefen Kemberg 28.10.1760 & Kunzendorf 11.6.1761, in: Preuss: Oeuvres, Bd. 19, S. 226–228 & 262–264.

116 „C'est dans ces conjonctures que vous devez montrer le front inébranlable d'un philosophe et l'impassibilité des stoïciens." Friedrich an d'Argens, Wahlstatt 18.8.1761, in: ebd., S. 278–280.

117 Friedrich II. an d'Argens, Strehlen 11.11.1761, in: ebd., S. 294f.

118 Kunisch: Friedrich der Große, S. 534f.; zur „stoischen Lebensauffassung" siehe ebd., S. 374.

heverhältnis herzustellen.[119] So gab er seine Epistel über den heroischen Suizid über mehrere Jahre hinweg immer wieder verschiedenen Personen zu lesen, mit denen er geistigen Austausch pflegte und deren Urteil über seine Person ihm wichtig war. Neben d'Argens zeigte er das Gedicht mindestens auch seiner Schwester Wilhelmine, seinem Bruder Heinrich, Voltaire sowie seinen Vorlesern, dem Abbé Jean Martin de Prades und später Henri de Catt. Doch auch über seinen engeren Vertrautenkreis hinaus kündigte er seine bevorstehende Selbsttötung in verschiedenen Briefen an, so etwa gegenüber dem Minister Karl Wilhelm Finck von Finckenstein[120] oder dem Generalfeldmarschall Ferdinand von Braunschweig.[121] Ohnehin war die briefliche Korrespondenz des Königs alles andere als privat oder gar intim und Friedrich konnte mit Recht davon ausgehen, dass sich die Inhalte rasch verbreiten würden.[122]

An der Reaktion Voltaires[123] auf die Äußerungen seines Freundes über die Selbsttötung ist deutlich zu erkennen, dass er deren rhetorische Funktion verstand. Schon auf einen frühen Brief[124] hatte Voltaire dem König versichert, der Ruhm sei ihm in jedem Falle sicher, gleichgültig welchen Ausgang der Krieg nehme.[125] Außerdem sei seine Situation nicht mit derjenigen Catos und Othos

119 So Hans-Uwe Lammel über die Krankheitsbeschreibungen Friedrichs, deren „Ästhetisierungen Teil eines Programms waren, zu dem die sprachliche Umsetzung körperlicher Empfindungen gehörte". Ders.: Philosophen, Leibärzte, Charlatane. Von königlichen Hämorrhoiden und anderen Malaisen, in: Sösemann/Vogt-Spira: Friedrich der Große in Europa, Bd. 1, S. 52–67, Zitat: S. 57. Zur Selbststilisierung Friedrichs in seinen Briefen und Schriften gegenüber seinem persönlichen Umfeld vgl. Frie: Friedrich II., S. 48–52.

120 Zum Beispiel am Abend der Schlacht bei Kunersdorf: „Mon malheur est de vivre encore. [...] C'est un cruel revers, je n'y survivrai pas. [...] Je ne survivrai point à la perte de ma patrie." Friedrich II. an Finck von Finckenstein, Ötscher 12.8.1759, in: Preuss: Oeuvres, Bd. 25, S. 340f.

121 Friedrich II. an Ferdinand von Braunschweig, Dobritz 29.7.1760, in: Koser u. a.: Politische Correspondenz, Bd. 19, S. 474f.: „Mes circonstances sont aussi malignes qu'il ne me reste qu'à prendre un parti désespéré, et, si je craignais que vous sauriez peut-être bientôt apprendre de fâcheuses nouvelles de moi, je n'y serais pas trop mal fondé."

122 Pečar: Friedrich der Große als Roi Philosophe.

123 Zum engen Vertrauensverhältnis zwischen Friedrich II. und Voltaire siehe Schieder: Friedrich der Große, S. 437–465; Kunisch: Friedrich der Große, bes. S. 93–99 (vgl. vor allem auch die dort aufgeführte Literatur).

124 Friedrich hatte nach der Schlacht bei Kolin einen Brief an Voltaire geschrieben, in dem er einmal mehr dessen Vers zitierte, dass der Tod zur Pflicht werde, wenn alles verloren und ein Leben in Schande zu befürchten sei. Cato und Kaiser Otho könne er nicht verdammen, zumal für Otho der Suizid der schönste Moment seines Lebens gewesen sei. Denn „man muss für sein Vaterland kämpfen und untergehen, falls man es retten kann; und falls nicht, so ist es schändlich es zu überleben". „[I]l faut Combatre pour sa patrie et périr pour Elle si on la peut sauvér, et si on ne le peut pas il est honteux de Luy survivre". Friedrich II. an Voltaire, ohne Ort 9.9.1757, in: Besterman u. a.: The Complete Works of Voltaire, Bd. 102, S. 152f.

125 Voltaire an Friedrich II., ohne Ort 25.9.1757, in: ebd., S. 180–182.

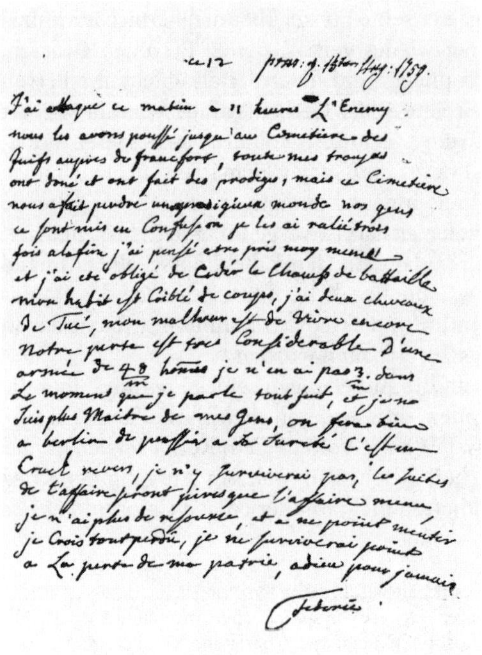
ce 12 praes: d. 14ten Aug: 1759.
J'ai attaqué ce matin a 11 heures L'Ennemy nous les avons poussé jusqu'au Cemetiere des Juifs auprès de francfort, toute mes troupes ont doné et ont fait des prodiges, mais ce Cimetiere nous a fait perdre un prodigieux monde nos gens se sont mis en Confusion je les ai ralié trois fois a la fin j'ai pensé etre pris moy meme et j'ai eté obligé de Ceder le Champ de battaille mon habit est Criblé de coups, j'ai deux chevaux de Tué, mon malheur est de vivre encore Notre perte est tres Considerable d'une armée de 48 m hommes je n'en ai pas 3. dans Le moment que je parle tout fuit, et je ne suis plus Maitre de mes Gens, on fera bien a berlin de penser a sa sureté C'est un Cruel revers, je n'y survivrai pas, les suites de l'affaire seront pires que l'affaire meme je n'ai plus de resource, et a ne point mentir je Crois tout perdu, je ne survivrai point a La perte de ma patrie, adieu pour jamais
Federic.

Abbildung 5: In diesem Brief Friedrichs an Minister Karl Wilhelm Finck von Finckenstein dominiert das Otho-Motiv: Friedrichs „Unglück" bestehe darin, nach der verlorenen Schlacht bei Kunersdorf „noch zu leben". Keinesfalls, so versichert er, werde er den „Untergang [s]eines Vaterlandes überleben".

zu vergleichen, weil sein Leben gebraucht werde und seine Lage keinesfalls aussichtslos sei. Sein Hauptargument aber lautete – und damit argumentierte er ganz konsequent in der Ehrsemantik Friedrichs –, dass der König seine Ehre mit seinem Suizid nicht retten könne, weil die unkultivierte Öffentlichkeit diesen Schritt nicht verstehen werde. Eine solche „extrémité héroïque" wurde zwar „in vergangenen Jahrhunderten geachtet, wird heute jedoch nicht mehr befürwortet". Der Preis für diese Tat sei daher hoch: „Eure Anhänger werden sie verdammen, und Eure Feinde darüber triumphieren. Denkt außerdem an die Verunglimpfungen, die die fanatische Nation der Frömmler Eurem Andenken zu Teil werden lässt".[126]

Das Argument, dass die Welt Friedrich nicht für seine „action généreuse" ehren werde, so wie er es sich erhoffe, wiederholte Voltaire in den Briefen der folgenden Monate und Jahre noch mehrfach.[127] Auch etwa in Bezug auf die

[126] „[S]i votre courage dans ces circomstances malheureuses que je ne veux pas prévoir, s'emportait à une extrémité héroïque, honorée dans les siècles passez, cette résolution ne serait pas aprouvée aujourdui. Vos partisans la condamneraient, et vos ennemis en triompheraient. Songez encore aux outrages que la nation fanatique des bigots ferait à votre mémoire. Voylà tout le prix que votre nom receuillerait d'une mort volontaire" (ebd.).

[127] So etwa Voltaire an Friedrich II., ohne Ort 15.10.1757, in: ebd., S. 205–207. In einem Brief

Epistel schrieb Voltaire an Friedrich, die Verse seien zwar wahrlich „admirables et touchants“ und außerdem ein „monument d'une grande âme et d'un grand génie“. Allerdings werde die Öffentlichkeit den Suizid nicht ehren, weil der „Zeitgeist“ dem entgegen stehe. Friedrich sei im Irrtum, wenn er sich als Philosoph und „grand homme“ am Beispiel bedeutender Männer der Antike orientiere: „Sie lieben den Ruhm, Sie setzen ihn heute dazu ein, auf eine Weise zu sterben, die andere selten wählen, und die kein einziger Herrscher Europas seit dem Niedergang des Römischen Reiches je erwogen hat.“[128] Nicht die Vorstellung Friedrichs eines Ehrensuizids sei falsch, - so Voltaire - allein das Ziel der Ehrenrettung scheitere am Unverständnis der Menschen. Selbst die Philosophen unter ihnen „hätten die größte Mühe, einen freiwilligen Tod vor dem Publikum zu rechtfertigen, gegen den sich alle Vorurteile richten“.[129]

Voltaire versicherte Friedrich also, einen für seine Zeit einzigartigen antiken Herrschergeist zu besitzen[130] – so einzigartig allerdings, dass keiner seiner Zeitgenossen sein Handeln nachvollziehen könne. Er erkannte demnach die Suizidrhetorik als Distinktionsversuch Friedrichs, mit dem dieser sich von allen anderen europäischen Herrschern abheben wollte. Dafür spricht auch die Einschätzung, die er im folgenden Jahr in seinen Memoiren äußerte:[131] Friedrich habe gewollt, „dass man über ihn sage, er habe alle Geistesgegenwart und gedankliche Freiheit in einem Moment bewahrt, in dem dies kaum jemand tue“.[132] Daher, so Voltaire weiter, habe er auch „keine Mühe gehabt, ihn zum Weiterleben zu überreden“. Trotz seiner Suizidabsichtsbekundungen sei Friedrich „glücklicher gewesen, als er es sagte und als er es glaubte“.[133] Voltaire sah

Mitte November 1757 beschwor er nochmals die Gefahr der Ungerechtigkeiten, mit der viele Menschen das Andenken Friedrichs im Falle einer Selbsttötung entwerten würden. Voltaire an Friedrich II., ohne Ort 13.11.1757, in: ebd., S. 248–250.

128 „[C]omme philosophe et comme grand homme vous ne voyez que les exemples des grands hommes de l'antiquité. Vous aimez la gloire, vous la mettez aujourdui à mourir d'une manière que les autres hommes choisissent rarement, et qu'aucun des souverains d'Europe n'a jamais imaginé depuis la chutte de l'empire romain.“ Voltaire an Friedrich II., ohne Ort 15.10.1757, in: ebd., S. 205–207.

129 Les philosophes „auraient croiez moy baucoup de peine à justifier devant le public une mort volontaire contre laquelle tous les préjugéz s'élèveraient“. Voltaire an Friedrich II., ohne Ort 13.11.1757, in: ebd., S. 248–250.

130 So lobte er den König etwa im Herbst 1759, zwei Monate nach der Schlacht bei Kunersdorf, indem er sagte, er schreibe wie sein „patron“ Marc Aurel. Voltaire an Friedrich II., ohne Ort 15.10.1759, in: ebd., Bd. 104, S. 404–406.

131 Voltaire: Mémoires pour servir à la vie de Monsieur de Voltaire, écrits par lui-même. Critical Edition by Jonathan Mallinson, in: ebd., Bd. 45c, S. 253–447. Zur Zeit der Abfassung siehe ebd., S. 255ff.

132 „Il voulait qu'on dît qu'il avait conservé toute la présence, et toute la liberté de son esprit, dans un moment où les hommes n'en ont guère.“ Ebd., S. 414.

133 „[J]e n'eus pas de peine à le déterminer à vivre. [...] En marchant aux Français et aux

demnach in den Bekundungen des Königs in erster Linie den Versuch einer Selbstinszenierung als würdiger Herrscher.

Genau wie Voltaire hegte auch der Bruder Friedrichs, Prinz Heinrich, offenbar erhebliche Zweifel an den Suizidabsichten seines Bruders. Wie Graf Henckel von Donnersmarck berichtet, habe Heinrich nicht gewusst,

> „ob er den Entschließungen des Königs Glauben schenken sollte, und da er überdieß das Herz des Königs, so wie seine leicht erregbare Einbildungskraft nur zu gut kannte, so beredete er sich leicht, das [sic!] Alles wohl nicht so ernstlich gemeint sein möchte."[134]

Inwieweit die engste Vertraute des Königs, seine Schwester Wilhelmine, die Selbsttötungsbekundungen ernst nahm, ist schwer zu sagen. Auf der einen Seite machte sie sich offenbar wirklich Sorgen um das Leben ihres Bruders und suchte in diesem Zusammenhang Rat bei dem gemeinsamen Freund Voltaire. Ihr Zustand sei schlimmer als der Tod und sie verstehe nicht, wie Friedrich eine solche „affreuse extrémité" überhaupt in Erwägung ziehen könne.[135] Immer bete sie, dass er von dieser „résolution violente" absehe.[136] Auf der anderen Seite sprach auch sie in ihren Antwortschreiben an Friedrich in der Semantik von Schande und Ehrenrettung. Falls Friedrich sein Leben selbst beenden sollte, so wolle sie es ihm gleich tun. Sein „Schicksal" werde das ihre sein, und sie werde weder seine „infortunes" noch die ihres Hauses überleben.[137] In den folgenden Wochen bestürmte sie ihn in weiteren Schreiben, von seinem Vorhaben abzurücken.[138] Nachdem sie einige Zeit nichts mehr von ihm gehört hatte, wiederholte sie ihre Ankündigung, dass sein Schicksal auch das ihre sein werde.[139] Schon gegenüber Voltaire hatte sie bekannt, ihr einziger Trost sei, dass sie weder die Zerstörung ihres Hauses noch die ihrer Familie überleben werde.[140] Darüber hinaus war auch Wilhelmine mit dem literarischen Selbsttötungstopos vertraut. Wie ihr Bruder widmete sie sich in eigenen Dichtungen antiken Stoffen und dem Motivkomplex Suizid und Melancholie. Und auch sie bemühte

Impériaux, il écrivit à Mme la margrave de Bareith sa soeur qu'il se ferait tuer. Mais il fut plus heureux qu'il ne le disait, et qu'il ne le croyait." Ebd., S. 414f.

134 Henckel von Donnersmarck: Militärischer Nachlaß, S. 319f.

135 Wilhelmine von Bayreuth an Voltaire, ohne Ort 12.9.1757, in: Besterman u. a.: The Complete Works of Voltaire, Bd. 102, S. S. 158f.

136 Wilhelmine von Bayreuth an Voltaire, ohne Ort 28.10.1757, in: ebd., S. 226–228.

137 „Votre sort décidera du mien; je ne survivrai ni à vos infortunes, ni à celles de ma maison. Vous pouvez compter que c'est ma ferme résolution." Wilhelmine von Bayreuth an Friedrich II., ohne Ort 15.9.1757, in: Preuss: Oeuvres, Bd. 27/1, S. 341f.

138 Wilhelmine von Bayreuth an Friedrich II., ohne Ort 21.9.1757 & Anfang Oktober 1757, in: Gustav Berthold Volz (Hg.): Friedrich der Große und Wilhelmine von Bayreuth, Bd. 2. Briefe der Königszeit 1740–1758, Berlin/Leipzig 1926, S. 383f. & 392f.

139 Wilhelmine von Bayreuth an Friedrich II., ohne Ort 15.10.1757, in: Preuss: Oeuvres, Bd. 27/1, S. 348f.

140 Wilhelmine von Bayreuth an Voltaire, ohne Ort 19.8.1757, in: Besterman u. a.: The Complete Works of Voltaire, Bd. 102, S. 134f.

sich, in dieser Thematik die Anforderungen an einen guten Herrscher auszuloten und sich selbst zu inszenieren.[141]

Schließlich fand die Suizidneigung Friedrichs schon bald über das nähere Umfeld des Königs hinaus Einzug in das kollektive preußische Gedächtnis.[142] Aus diesem Grund sah sich beispielsweise der reformierte Theologe Carl Daniel Küster, der im Siebenjährigen Krieg Feldprediger im Generalstab gewesen war, gezwungen, die Aussagen Friedrichs II. theologisch zu entkräften.[143] Eigentlich hätte er sie gerne „mit Stillschweigen ganz übergangen". „Da aber hierüber zum Nachtheil des Königs sehr viel geschrieben und gesprochen worden" sei, so habe er es für unumgänglich gehalten, dazu Stellung zu nehmen.[144] In seiner Schrift gab Küster an, zum ersten Mal im Juli 1757 nach der Schlacht bei Kolin von den Suizidgedanken Friedrichs erfahren zu haben,[145] also genau zu der Zeit, aus der die ersten Aussagen Friedrichs stammen. Schnell habe sich danach die Kunde von der „Besorgniß" des Königs in seiner Armee verbreitet.[146]

Küster referierte zunächst die allgemein bekannten Fakten. Das erste Mal habe der König während seiner Haft in Küstrin den Suizid in Erwägung gezogen. Im ersten Schlesischen Krieg habe er dann damit begonnen, „ein schnell tödtendes aus Frankreich gekommenes Pulver" bei sich zu tragen, um sich in einer Notsituation das Leben nehmen zu können. Dies habe er im Siebenjährigen Krieg beibehalten.[147] Entscheidend für die Haltung des Königs, so Küster dem zeittypischen Freigeisterdiskurs folgend weiter, sei jedoch dessen Umgang

[141] Die Musikwissenschaftlerin Ruth Müller-Lindenberg kommt in ihrer Analyse zu keinen klaren Ergebnissen. Sie gibt an, Wilhelmine hätte „den Diskurs über die Legitimation des guten Herrschers in der Schwebe" gehalten und damit „einen sehr individuellen, überaus skeptischen Kommentar zum Thema der Selbststilisierung" abgegeben. Dies.: Melancholie, Suizid und Herrschaft. Quellen und Kontexte zu einigen Libretti der Wilhelmine von Bayreuth, in: Günter Berger (Hg.): Wilhelmine von Bayreuth heute. Das kulturelle Erbe der Markgräfin, Bayreuth 2009, S. 173–185 (Archiv für Geschichte von Oberfranken. Sonderband 2009), bes. S. 181, 184f.

[142] Schon Voltaire hatte Friedrich gewarnt, dass seine Epistel in der Öffentlichkeit ein schlechtes Licht auf ihn werfen werde. Voltaire an Friedrich II., ohne Ort 15.10.1757, in: Besterman u. a.: The Complete Works of Voltaire, Bd. 102, S. 205–207.

[143] Carl Daniel Küster: Die Lebensrettungen Friedrichs des Zweyten im siebenjährigen Kriege und besonders der Hochverrath des Barons von Warkotsch, Berlin 1792, hier: bes. der sechste Abschnitt „Friedrich der Große, als Muster eines Helden, der sich nicht selbst das Leben verkürzet", S. 145–176. Zu seiner Person und seinen Schriften siehe Heinrich Döring: Die gelehrten Theologen Deutschlands im achtzehnten und neunzehnten Jahrhunderte nach ihrem Leben und Wirken, 4 Bde., Neustadt a. d. Orla 1831–1835, hier: Bd. 2, S. 217–220.

[144] Küster: Die Lebensrettungen Friedrichs des Zweyten, S. 148.

[145] Ihm sei „unter dem Siegel der höchsten Verschwiegenheit dieses schreckliche Geheimniß durch einen hohen Vertrauten des Königs eröffnet worden" (ebd., S. 154).

[146] Man habe sich davon „einander ins Ohr" gesagt (ebd., S. 169f.).

[147] Ebd., S. 166ff.

mit unreligiösen Menschen gewesen.[148] Vor allem Voltaire, „ein Mann von verabscheuungswürdigstem, bösestem Herzen", und d'Argens, „als Katholik ein Freygeist", hätten Friedrich vom rechten Pfad der Religion abzubringen versucht.[149] Vor dem Hintergrund „der rauhen stoischen Philosophie, welche die Selbstentleibung als eine heroische That rühmt", sei Friedrich der Suizid „in der ehrwürdigen holden Figur einer hohen Edelthat" erschienen. Bemerkenswerterweise unterschied auch Küster die beiden Argumentationen von Cato- und Otho-Motiv. Denn bei Friedrich, so sein Urteil, hätten sich „Vaterlandsliebe und Ehre gemischet", so dass er den Suizid immer stärker als Auswegmöglichkeit in Betracht gezogen hätte.[150]

Küsters Anliegen bestand nun darin, die angebliche Irreligiosität des preußischen Königs zu widerlegen und ihn als einen außerordentlich gläubigen Menschen zu würdigen. Zu diesem Zweck bediente er sich des klassischen protestantischen Arguments, dass ein schwerer Kampf mit Anfechtungen der Ausweis besonderer Frömmigkeit war:[151] „Der ist der Stärkste, welcher immer Seelenkraft genug besitzt, wenn er am heftigsten bestürmt wird."[152] Gerade dass Friedrich das „schädliche Mordmittel" seit frühester Jugend besessen, es aber nie gebraucht habe, vergrößere „die Ehre der Geistesstärke des Königs".[153] Obwohl er sich mit lauter Ungläubigen umgeben habe, sei in seiner Seele ein so großes „Uebergewicht von wichtigen, richtigen Religionsgrundsätzen übrig geblieben", dass er der Versuchung einer Selbsttötung niemals erlegen sei.[154] „Unter Gottes Leitung war Friedrich in den Zeitpunkten als Weltweiser, Regent und Feldherr der unübertreffbare Held, als er seine Existenz nicht willkürlich endete. Es ist rühmlich für ihn, nützlich für Moral und Menschenwohl".[155] In der Deutung Küsters wurde Friedrich so zum Inbegriff eines gläubigen Calvinisten – zu jemandem, dessen Glauben Vorbild für andere sein sollte: „Möchten doch alle Dulder, welche unter der drückenden Last von Selbstmord gekrümmt gehen, so wie Friedrich, Kämpfer und Triumphirer auf dieser Heldenbahn werden."[156]

[148] Zum Zusammenhang von Selbsttötung und Freigeisterdiskurs im 18. Jahrhundert siehe den Abschnitt bei Arenswald (Kap. II. 3).
[149] Küster: Die Lebensrettungen Friedrichs des Zweyten, S. 164ff.
[150] Ebd., S. 153f.
[151] Zu diesem Argument siehe Kap. II. 4.
[152] Küster: Die Lebensrettungen Friedrichs des Zweyten, S. 145.
[153] Ebd., S. 166f.
[154] Ebd., S. 166, ähnl. 164.
[155] Ebd., S. 175.
[156] Ebd., S. 176.

3.4 Selbsttötung und Selbstbild bei Friedrich II.

Im Rahmen seiner Suizidrhetorik nutzte Friedrich II. zwei verschiedene Argumentationsstrategien – Otho- und Cato-Motiv – zeitgleich als Mittel der Selbstinszenierung. Er stellte sich mit dieser Metaphorik in eine Reihe mit den Helden der Antike und inszenierte sich als Philosophenkönig, als Marc Aurel seiner Zeit. Zur selben Zeit betonte Friedrich im einen Fall, dass nicht Cato sein Vorbild sei, da nicht persönliches Ruhmstreben, sondern die Sorge um den Staat ihn antreibe; im anderen Fall hingegen, dass er immer genauso gedacht habe wie Cato und er daher auf dieselbe Art sterben wolle wie er. In beiden Fällen nutzte Friedrich das Reden über den Suizid als Mittel, um sein eigenes Herrscherverständnis zu bestimmen. Dabei wird es schon vielen seiner Zeitgenossen ähnlich gegangen sein wie Voltaire, der in seinen Memoiren angab, Friedrichs Aussagen über den Suizid seien „incohérentes".[157] Sie überzeugten ihn daher genauso wenig wie den Bruder des Königs.

Woraus aber resultierten die Widersprüche im Denken Friedrichs? Die Antwort dürfte in konkurrierenden Selbstbildern des Königs liegen. Denn seinem eigenen Verständnis nach war er eben sowohl ruhmreicher Herrscher wie auch erster Diener seines Staates.[158] Einerseits verstand er sich als „Roi-Connétable" und war damit „in den zutiefst höfisch-aristokratischen Vorstellungen von Ehre, Ruhm und Reputation" verankert.[159] Das heißt: Einem traditionellen adligen Kriegerethos zufolge definierte sich Friedrich durch seinen militärischen Erfolg als Feldherr.[160] Und dieser Erfolg war abhängig von der Freiheit seines Staates bzw. seines Vaterlandes. Andererseits verstand sich Friedrich als aufgeklärter Herrscher, wodurch seine persönlichen Interessen weniger Bedeutung verdienten. Im Zuge der Aufklärung büßte die Legitimität des absoluten Monarchen zunehmend an Überzeugungskraft ein und ein Souverän war ge-

[157] Voltaire: Mémoires, S. 414.

[158] Zur „inneren Zusammengehörigkeit" der verschiedenen „Züge" in der Persönlichkeit Friedrichs II. vgl. Martin Fontius: Der Ort des „Roi philosophe" in der Aufklärung, in: ders. (Hg.): Friedrich II. und die europäische Aufklärung, Berlin 1999, S. 9–27 (Forschungen zur brandenburgischen und preußischen Geschichte. Beihefte 4).

[159] Kunisch: Friedrich der Große, S. 221; ähnl. S. 408. Vgl. Schieder: Friedrich der Große, S. 107, 136f., 341–364; Marian Füssel: Der „roi connétable" und die Öffentlichkeit, in: Sösemann/Vogt-Spira: Friedrich der Große in Europa, Bd. 2, S. 199–215; Katrin Kohl: Publizistische Inszenierung von Größe: Friedrichs Schriften als Medium des Ruhms, in: Friedrich300 – Colloquien, Friedrich und die historische Größe, 12.11.2012 [URL: http://www.perspectivia.net/content/publikationen/friedrich300-colloquien/friedrich-groesse/kohl_inszenierung]; Frie: Friedrich II., S. 56f. Zum Ruhmstreben Friedrichs siehe auch Gehrke: Klassische Studien, S. 123f.

[160] Kunisch: Friedrich der Große, S. 65–70, 130, 167–173; Bringmann: Friedrich der Große, S. 125ff., 153–161.

zwungen, sein Handeln in das Interesse der Gemeinschaft zu stellen, wollte er nicht als Tyrann gelten.[161] Das Vaterland wurde gewissermaßen „entvatert".[162]

Gleichzeitig aber blieb der gute Herrscher aus Friedrichs Sicht für die Gesellschaft von grundlegender Bedeutung, da nur durch seine Anleitung das Allgemeinwohl des Staates erreicht werden konnte und er auch die Pflicht hatte, seine Untertanen zum Patriotismus zu erziehen. Gerade aus der Pflicht zur Sorge für das Vaterland leitete Friedrich seinen absoluten Herrschaftsanspruch ab.[163] Dem zeitgenössischen Staatsverständnis nach konnte nur durch die Anleitung eines weisen und einsichtigen Regenten das oberste Ziel, die Glückseligkeit des Staates, erreicht werden. Aufklärung und Absolutismus sind in dieser Logik kein Gegensatzpaar, sondern aufgeklärte Rationalisierung ist überhaupt nur in einer Monarchie voll umsetzbar.[164] Friedrich verstand sich eben nicht als irgendein, sondern *erster* und eigentlich sogar *einziger* Diener seines Staates[165]

[161] „Im Dienst des Fürsten am Staate manifestierte sich für Friedrich die Einheit der Interessen zwischen dem Herrscher und den Untertanen. Es ist die Pflicht des Fürsten, sich dem Staatszweck zu unterwerfen." In diesem Sinne war es eine der „wesentlichen Tendenzen" des aufgeklärten Absolutismus, dass alle „gesellschaftlichen Kräfte durch den Staat und für den Staat" gleichermaßen in Anspruch genommen werden sollten. Volker SELLIN: Friedrich der Große und der aufgeklärte Absolutismus. Ein Beitrag zur Klärung eines umstrittenen Begriffs, in: Ulrich ENGELHARDT/Volker SELLIN/Horst STUKE (Hgg.): Soziale Bewegungen und politische Verfassung. Beiträge zur Geschichte der modernen Welt. Werner Conze zum 65. Geburtstag, Stuttgart 1976, S. 83–112, Zitate: S. 99, 111. Vgl. außerdem PRIGNITZ: Vaterlandsliebe und Freiheit, S. 2ff.; Günter BIRTSCH: Der Idealtyp des aufgeklärten Herrschers. Friedrich der Große, Karl Friedrich von Baden und Joseph II. im Vergleich, in: DERS. (Hg.): Der Idealtyp des aufgeklärten Herrschers, Hamburg 1987, S. 9–47 (Aufklärung 2/1), hier: bes. 13–21.

[162] So KOSELLECK: Patriotismus, S. 537f.; siehe außerdem SCHIEDER: Friedrich der Große, S. 284–307; Ulrich SCHEUNER: Die Staatszwecke und die Entwicklung der Verwaltung im deutschen Staat des 18. Jahrhunderts, in: Gerd KLEINHEYER/Paul MIKAT (Hgg.): Beiträge zur Rechtsgeschichte. Gedächtnisschrift für Herrmann Conrad, Paderborn u. a. 1979, S. 467–489 (Rechts- und Staatswissenschaftliche Veröffentlichungen der Görres-Gesellschaft, N.F. 34), hier: bes. S. 478ff.; BOHNEN: Von den Anfängen des „Nationalsinns"; PIIRIMÄE: Dying for the Fatherland, bes. S. 198f.

[163] Er hing damit einem älteren Naturrecht an, das sich in erster Linie auf die Interessen der Fürsten bezog und also ein Fürstenrecht bzw. eine Fürstenethik war. Der Herrscher unterlag demzufolge keinerlei rechtlichen, sondern allein moralischen Beschränkungen. Dieses Naturrecht geriet im Laufe des 18. Jahrhunderts zunehmend in die Kritik. Diethelm KLIPPEL: Von der Aufklärung der Herrscher zur Herrschaft der Aufklärung, in: ZHF 17, 1990, S. 193–210; ähnl. Helmut REINALTER: Herrscherverständnis, in: DERS.: Lexikon zum Aufgeklärten Absolutismus, S. 303f.; DERS.: Staat, Staatstheorien, in: ebd., S. 586–589.

[164] Barbara STOLLBERG-RILINGER: Der Staat als Maschine. Zur politischen Metaphorik des absoluten Fürstenstaats, Berlin 1986 (Historische Forschungen 30), bes. S. 65–187. Siehe außerdem den Forschungsüberblick bei Angela BORGSTEDT: Das Zeitalter der Aufklärung, Darmstadt 2004, S. 18–34.

[165] So mit Verweis auf Wolfgang Reinhard BORGSTEDT: Das Zeitalter der Aufklärung, S. 19.

– und mit seiner Suizidbereitschaft zum Wohl des Vaterlands versuchte er zu beweisen, dass er ein in diesem Sinne weiser und einsichtiger Regent war.

Das Spannungsverhältnis[166] zwischen dem persönlichem Ehrstreben und dem aufgeklärtem Ideal des Patriotismus thematisierte auch Friedrich selbst:[167] Gegenüber d'Argens bezeichnete Friedrich den Siebenjährigen Krieg beispielsweise als „sottises héroïques".[168] Es gebe verschiedene Arten des Muts, so schrieb er an Voltaire: des Soldaten, des Offiziers, des Landeskinds und eben des großen Feldherren, der seinen Ursprung im „fanatisme de la gloire" hat.[169] Trotz besseren Wissens könne er daher nicht aus seiner Haut. Denn obwohl er alle Argumente für einen Frieden nachvollziehen könne, sei er in seinem Handeln einfach in seiner adligen Herrscherrolle gefangen.[170] Voltaire erwiderte, er glaube ebenfalls, „ohne den Heroismus und den Thron" wäre Friedrich „der liebenswerteste Mensch der Gesellschaft" geworden.[171] Doch auch Voltaire fühlte sich bei aller kritischen Distanz zur Ruhmessucht seines Freundes mitunter stark vom militärischen Glanz und Ruhm des Königs angezogen.[172] Zu stark hatten sich die Jahrhunderte alten Vorstellungen in das kollektive gesellschaftliche Gedächtnis eingebrannt, um von heute auf morgen ihre Wirkung zu verlieren.[173]

Am Beispiel von Herrscherdenkmälern hat Thomas Nipperdey gezeigt, wie im 18. Jahrhundert im Zuge der „Patriotisierung" die „Paradoxie" zwischen

166 Johannes Kunisch hat für Friedrich II. in diesem Zusammenhang vom „Spannungsverhältnis [...] zwischen der die Adelswelt Alteuropas blendenden Ruhmbegierde und der neuzeitlichen Staatsräson" gesprochen. Ders.: La guerre – c'est moi! Zum Problem der Staatenkonflikte im Zeitalter des Absolutismus, in: ders.: Fürst, Gesellschaft, Krieg. Studien zur bellizistischen Disposition des absoluten Fürstenstaates, Köln/Weimar/Wien 1992, S. 1–41, hier: S. 33. Schieder bezeichnete die „Unvereinbarkeit und das Dilemma" dieser beiden Positionen als „das Grundproblem der Persönlichkeit Friedrichs". Ders.: Friedrich der Große, S. 102; vgl. dazu außerdem ebd., S. 102–126, 284–307. Vgl. auch Kohl: Publizistische Inszenierung von Größe, Abschnitt 4.

167 So vertritt Schieder beispielsweise die These, Friedrich habe aus diesem „innere[n] Widerspruch [...] einen fruchtbaren Antagonismus gemacht, durch den er ständig angetrieben wurde, Reflexionen über sein Handeln anzustellen." Seine Macht als Herrscher sei für ihn daher „immer auch ein Problem des Denkens gewesen". Ders.: Friedrich der Große, S. 307.

168 Friedrich II. an d'Argens, Reich-Hennersdorf 28.5.1759, in: Preuss: Oeuvres, Bd. 19, S. 82f.

169 Friedrich II. an Voltaire, Landshut 28.4.1759, in: Besterman u. a.: The Complete Works of Voltaire, Bd. 104, S. 134–136.

170 „Si j'étais né particulier je cèderais tout pour L'amour de la paix, mais il faut prendre L'esprit de son état." Friedrich II. an Voltaire, ohne Ort 22.9.1759, in: ebd., S. 365f.

171 „[S]ans l'héroïsme et le trône vous auriez été le plus aimable des hommes dans la société", Voltaire an Friedrich II., ohne Ort 19.5.1759, in: ebd., S. 176f.

172 Kunisch: La guerre – c'est moi!, S. 29ff.

173 Vgl. dazu ebd., S. 32f.

dem Ruhm des Fürsten und des „in ihm repräsentierten überindividuellen Zusammenhangs“, das heißt „des Staates, des Vaterlandes, der Nation“, virulent wurde. Dies zeigte sich vor allem auch in der Diskussion um ein Denkmal für Friedrich II. nach dessen Tod.[174] Die persönliche Ehre des Fürsten verband sich mit der kollektiven Ehre seines Staates. Der aufgeklärte Herrscher wurde so zum Vorbild und zum Garanten der Staatsräson,[175] bzw. er repräsentierte „das Gesamtinteresse der zum Staat gewordenen Gesellschaft“.[176]

Auch bei Friedrich verband sich die persönliche Ehre mit der des Staates,[177] wodurch die Gründe für einen Suizid häufig verschwammen: „Wie kann ein Fürst seinen Staat, den Ruhm seiner Nation und seine eigene Reputation überleben?“, so fragt er in einem Schreiben seine Schwester Wilhelmine.[178] Er versuchte, sein Ruhmstreben mit dem Engagement für das Gemeinwohl zu verknüpfen, so dass sein persönliches Interesse mit dem seiner Untertanen zusammenfiel. „Friedrich macht damit die antike Tradition des Ruhmestopos für eine Politik fruchtbar, die den Werten der Aufklärung Rechnung trägt.“[179] Auch in Bezug auf den Suizid brachte er das patriotische Argument der Pflicht gegenüber seinem Staat mit seiner persönlichen Ehre in Einklang. So schrieb er an seine Schwester, wenn er alles in seiner Macht Stehende getan habe, es

[174] Es ist symptomatisch, dass dabei besonders die Frage interessierte, ob das Denkmal Friedrichs ein antikes oder ein modernes „Kostüm“ tragen solle. Thomas NIPPERDEY: Nationalidee und Nationaldenkmal in Deutschland im 19. Jahrhundert, in: HZ 206, 1968, S. 529–585, hier: S. 534ff.

[175] PIIRIMÄE: Dying for the Fatherland; DIES.: Thomas Abbt's Vom Tode für das Vaterland (1761) and the French Debates on Monarchical Patriotism, in: Trames 9, 2005, S. 326–347, hier: bes. S. 340ff. Dies war auch in der Selbstdeutung Friedrichs so. Dazu SCHIEDER: Friedrich der Große, S. 105ff., 286ff.; STOLLBERG-RILINGER: Der Staat als Maschine, bes. S. 62–75; FONTIUS: Der Ort des „Roi philosophe“ in der Aufklärung, S. 19f.

[176] Winfried SCHULZE: Gerhard Oestreichs Begriff „Sozialdisziplinierung in der Frühen Neuzeit“, in: ZHF 14, 1984, S. 265–302, hier: S. 294.

[177] SCHIEDER sagt dazu: „Ehre verstand er wohl in erster Linie als Standesethos des Fürsten. Er verschmolz dieses aber mit dem Staatswohl und tat damit einen für die Geschichte des politischen Denkens wichtigen Schritt. [...] Das Ich des Königs wurde also nicht einfach mit dem Staat identifiziert, wie es dem Absolutismus Ludwigs XIV. und seiner Zeit entsprach, sondern es wurde herausgefordert, im Falle äußerster Not alle Entbehrungen auf sich zu nehmen, um den Staat aus seiner Existenzbedrohung zu retten. Aufgeklärt war der Absolutismus bei Friedrich nicht in erster Linie deshalb, weil er humanitäre Absichten oder Vernunftziele verfolgte und sie in seinem inneren Staatshandeln, wenn auch unvollkommen, verwirklichte, sondern weil er den Staat nicht seinen persönlichen Zwecken dienstbar machte, sondern umgekehrt der Staat ihn in seinen Dienst nahm. So entsprach es wenigstens dem eigenen Selbstverständnis seines Herrscherberufs.“ DERS.: Friedrich der Große, S. 123. Vgl. hier außerdem SACHSE: Cäsar in Sanssouci, S. 211ff.

[178] „Comment un prince peut-il survivre à son État, à la gloire de sa nation, à sa propre réputation?“ Friedrich II. an Wilhelmine von Bayreuth, Erfurt 17.9.1757, in: KOSER u. a.: Politische Correspondenz, Bd. 15, S. 350–353.

[179] KOHL: Publizistische Inszenierung von Größe, Abschnitt 25f.

aber dennoch keine Hoffnung auf Rettung gebe, dann sei er von seiner Pflicht entbunden. Weil er seinem Vaterland dann nicht mehr weiterhelfen könne, sei er „inutile“[180] und daher von aller Verantwortung befreit. In diesem Fall könne er seinem persönlichen Ehrstreben nachgeben. So schrieb er beispielsweise an d’Argens:

„Es ist nicht, glaube ich, Mangel an Standhaftigkeit. Ich könnte für die Ereignisse nicht bürgen. Wenn ich mehr als ein Leben hätte, würde ich es für mein Vaterland opfern; doch falls mir dieser Schlag misslingt, glaube ich, ihm gegenüber [das heißt dem Vaterland, F. K.] genug getan zu haben, und ich denke, dass es mir [dann] erlaubt sein wird, an mich selbst zu denken. Für alles gibt es Grenzen. Ich ertrage mein Unglück, ohne den Mut zu verlieren. Aber ich bin fest entschlossen, mir nach diesem Schlag, falls er mir misslingen sollte, ein Ende zu bereiten, um fortan nicht mehr Spielball irgendeiner Art des Zufalls zu sein.“[181]

In seinen Antwortbriefen reagierte d’Argens auf dieses Argument des Königs und versicherte Friedrich nachdrücklich, dass sein Staat bzw. sein Vaterland ohne ihn verloren sei und er deshalb weiterleben müsse.[182]

Friedrich bewertete die Selbsttötung nicht als Versündigung an Gott, sondern allein als ein Vergehen an der Gesellschaft bzw. am Staat. Er argumentierte daher, dass er, da er nichts mehr für seinen Staat tun könne, auch nicht mehr in der Pflicht stehe und mit seinem Suizid niemandem schaden würde.[183] Daher dürfe er frei über sein Leben verfügen und an sich selbst denken, was hieß, an seine persönliche Ehre. Vaterlandsliebe und Ruhmstreben wurden so miteinander vereinbar. Mit dem Bezug auf die Gesellschaft begründete Friedrich das Recht zur Selbsttötung ganz im Sinne der Aufklärung. Dieselbe Argumentation findet sich etwa auch in David Humes Essay „On Suicide“:

„Ich bin nicht verpflichtet, der Gesellschaft etwas geringfügig Gutes auf Kosten eines großen Schmerzes zu tun; warum sollte ich ein elendes Dasein wegen irgendeines unwichtigen Nut-

[180] Friedrich II. an Wilhelmine von Bayreuth, Buttelstädt 28.9.1757, in: Koser u. a.: Politische Correspondenz, Bd. 15, S. 381–383.

[181] „Ce n’est pas, je pense, manquer de constance. Je ne saurais répondre de l’événement. Si j’avais plus d’une vie, je la sacrifierais pour ma patrie; mais, si ce coup me manque, je me crois quitte envers elle, et je pense qu’il me sera permis de songer à moi-même. Il y a des bornes à tout. Je soutiens mon infortune, sans qu’elle m’abatte le courage. Mais je suis très-résolu, après ce coup-ci, s’il me manque, de me faire une issue pour ne plus être désormais le jouet d’aucune sorte de hasard.“ Friedrich II. an d’Argens, Madlitz 16.8.1759, in: Preuss: Oeuvres, Bd. 19, S. 88f.

[182] So etwa in zwei Briefen vom 4. und 18. August 1759: „Quel est votre but? De défendre votre État; et, si vous venez à manquera cet État, il est perdu à jamais et sans ressource“ bzw. „dès que vous voudrez conserver votre personne si précieuse à l’État, tôt ou tard les choses, quelque fâcheuses qu’elles paraissent, tourneront heureusement.“ Ebd., S. 89–91.

[183] So auch in einem Brief an d’Argens, Reußendorf 18.9.1760: „Vous devriez bien savoir qu’il n’est pas nécessaire que je vive, mais bien que je fasse mon devoir, et que je combatte pour ma patrie, pour la sauver, s’il y a moyen encore.“ Ebd., S. 217f. Vgl. zu diesem Argument Bähr: Die Paradoxie moralischer Ausweglosigkeit, S. 54f.

zens verlängern, den die Gesellschaft eventuell von mir erhalten könnte? [...] Warum sollte ich nicht mit einem Mal diese Leiden durch eine Handlung beenden, die der Gesellschaft nicht mehr länger schadet?"[184]

Was Friedrich zur Selbsttötung zwang, war also nicht die Verantwortung gegenüber der Gesellschaft,[185] sondern die Furcht vor Schande. In diesem Sinne interpretierte er wohl auch das häufig von ihm vorgebrachte Voltaire-Zitat, dass, wenn alles verloren sei, der Tod zur Pflicht werde, indem er diese Pflicht nicht als eine gesellschaftlich-moralische, sondern als eine des persönlichen Ehrenkodex ansah.[186]

Die beiden unterschiedlichen Deutungsebenen im Selbstverständnis Friedrichs II., wie sie exemplarisch zwischen Otho- und Cato-Motiv deutlich werden, weisen jedoch über seine Person hinaus. Allgemein kann der Siebenjährige Krieg als „Initialzündung" für die Herausbildung des Patriotismus in Preußen angesehen werden.[187] Im Reden König Friedrichs II. über die Selbsttötung und dem Bezug auf antike Vorbilder[188] zeigt sich deutlich das Nebeneinander von traditioneller adliger Herrscherrolle und veränderter Herrscherlegitimation. „Es ist meine unverletzliche Treue gegenüber meinem Vaterland, es ist die Ehre, die mich alles versuchen lässt", so charakterisierte er im Jahr 1759 gegenüber d'Argens seine innersten Beweggründe.[189]

[184] „I am not obliged to do a small good to society at the expence of a great harm to myself; why then should I prolong a miserable existence, because of some frivolous advantage which the public may perhaps receive from me? [...] why may I not cut short these miseries at once by an action which is no more prejudicial to society?" David HUME: On Suicide, in: DERS.: Essays on Suicide, and the Immortality of the Soul, Ascribed to the Late David Hume, Esq. Never Before Published, London 1783, S. 1–22, hier: S. 18f.

[185] Obwohl diese Argumentation in der Aufklärung weitverbreitet war, etwa auch bei David Hume. Vgl. Kap. IV. 2.

[186] Wie Theodor SCHIEDER betont, habe sich Friedrich in seinem Pflichtverständnis an Cicero orientiert. Er habe sein Handeln daher nicht – wie etwa Kant – an einem abstrakten Allgemeinwohl, sondern an ganz konkreten Zielen, wie etwa dem Wohl des Vaterlandes, ausgerichtet. Sein Pflichtbegriff sei somit eher „eine Lehre von den staatsbürgerlichen Tugenden" gewesen. DERS.: Friedrich der Große, S. 381f. Zu Friedrichs Rezeption von Ciceros Pflichtenlehre siehe außerdem GEHRKE: Klassische Studien, S. 114f.

[187] So HELLMUTH: Die „Wiedergeburt" Friedrichs des Großen, bes. S. 41ff.; vgl. auch HERRMANN: Individuum und Staatsmacht, bes. S. 70; BOHNEN: Von den Anfängen des „Nationalsinns"; ähnl. FÜSSEL: Der Siebenjährige Krieg, S. 95f.

[188] Zur Vorbildhaftigkeit antiker *Helden* für das Staatsverständnis im 18. Jahrhundert vgl. August BUCK: Das heroische und das sentimentale Antike-Bild in der französischen Literatur des 18. Jahrhunderts, in: Germanisch-Romanische Monatsschrift 44 (N.F. 13), 1963, S. 164–179; Walther REHM: Römisch-französischer Barockheroismus und seine Umgestaltung in Deutschland, in: DERS.: Götterstille und Göttertrauer. Aufsätze zur deutsch-antiken Begegnung, München 1951, S. 11–61, bes. S. 40ff.

[189] „C'est ma fidélité inviolable pour ma patrie, c'est l'honneur qui me fait tout entreprendre", Friedrich II. an d'Argens, Fürstenwalde 22.8.1759, in: PREUSS: Oeuvres, Bd. 19, S. 95f.

Möglicherweise wird hier, in der Situation des Siebenjährigen Krieges, sogar ein Umschwung in der Selbstdeutung Friedrichs II. erkennbar bzw. eine Schwerpunktverlagerung von der sehr starken Ehrfokussierung seiner Jugendjahre hin zu den stärker aufgeklärten Idealen von Staatsräson. Nach Ende des Krieges äußerte sich Friedrich etwa wiederholt skeptisch über die militärische Ehre des Feldherrn.[190] Auf semantischer Ebene verlor der „Ruhm" in seiner Selbstbeschreibung an Bedeutung und Begriffe wie „Pflicht", „Ehre und Wohl des Staates" erlangten ein stärkeres Gewicht.[191]

König Friedrich II. von Preußen sei zeitlebens von Suizidgedanken heimgesucht worden, die immer dann besonders stark aufbrachen, wenn er sich in einer persönlichen Krisensituation befand – so eine häufig vertretene Forschungsmeinung. Gerade die psychohistorisch orientierte Geschichtsschreibung hat die Ursachen hierfür in der gestörten Beziehung Friedrichs zu seinem Vater und den traumatischen Hafterfahrungen seiner Jugendzeit gesehen. Wie gezeigt werden konnte, ist diese Sichtweise quellenmäßig jedoch nicht belegbar, sondern wird allein durch die spezifischen klinisch-psychologischen Vorannahmen diktiert. Schon hier nutzte Friedrich das Sprechen über den Suizid, um rhetorisch seinen Widerwillen gegen eine Heirat mit Elisabeth Christine von Braunschweig-Bevern zum Ausdruck zu bringen.

Auch aus dem Reden des Königs über den Suizid während des Siebenjährigen Krieges kann nicht ohne Weiteres auf eine Absicht zur Selbsttötung geschlossen werden. Vielmehr diente Friedrich das topische Sprechen über den Suizid dazu, sein Selbstverständnis als Herrscher zu bestimmen: Durch das Otho-Motiv inszenierte sich der König als erster Diener seines Staates, dem es im Sinne einer neu aufkommenden patriotischen Ethik allein um Sorge und Pflicht gegenüber seinem Vaterland ging; auch das eigene Leben musste sich dem unterordnen. Mit dem Cato-Motiv hingegen rekurrierte Friedrich auf das althergebrachte Adelsethos von persönlichem Streben nach Ruhm und Anerkennung. In dieser Logik sollte der Suizid dazu dienen, bevorstehende Schande abzuwenden und die eigene Ehre vor dem Urteil der Weltgeschichte zu retten. Dass sich beide Argumentationsstränge in gewisser Weise widersprachen, führte zwar zu Unstimmigkeiten in der Argumentation der Schriften; dennoch behielt Friedrich beide bis zum Ende des Krieges bei. Die Widersprüche verweisen außerdem auf ein generelles Spannungsverhältnis in der Selbstdeutung des Königs zwischen traditionellen adligen Grundwerten und durch die Aufklärung neu aufkommenden Idealen.

Schon allein der Umgang Friedrichs mit seinen Suizidgedanken zeigt deutlich, dass es ihm vorrangig um Selbstinszenierung ging. Offenherzig teilte er

[190] Kunisch: Friedrich der Große, S. 443f.
[191] Schieder: Friedrich der Große, S. 123.

sie seinem nächsten Umfeld in Briefen und persönlichen Gesprächen mit – und mit Recht ging er davon aus, dass diese Aussagen in die breite Öffentlichkeit gelangen würden. Gleichzeitig verarbeitete er sie literarisch, indem er verschiedene fiktive Reden und Gedichte verfasste.[192] Dabei machte es in der Argumentation keinen Unterschied, in welchem Medium er sich ausdrückte, ob in Briefen oder literarischen Werken. Es lässt sich also sagen, dass Friedrichs Suizidgedanken, wie andere Aussagen von ihm, den „Charakter spielerischer Selbstdarstellung" trugen.[193] Es handelte sich um Gedankenspiele, bei denen er auf antike Stoffe und Motive zurückgriff und sich damit in eine Reihe mit den Helden der Antike stellte.

Friedrichs Selbstinszenierung in einem antiken Ethos – als Cato, der den Suizid als ehrenvolle Handlung vollzog – verbreitete sich schon zu seinen Lebzeiten in der Öffentlichkeit und forderte deshalb diejenigen heraus, die sein Andenken ehren wollten. Gegen Friedrichs Selbstdeutung machte der Theologe Küster aus dem König sogar einen besonders frommen Menschen, der anderen ein Vorbild sein sollte. Wie Voltaire Friedrich vorausgesagt hatte, konnte eine heroische Selbsttötung keinen positiven Widerhall finden, weder bei seinen Gegnern noch bei seinen Anhängern. Eine Selbsttötung war unter keinen Umständen dazu in der Lage, drohende Schande abzuwenden und die eigene Ehre zu retten. Die persönliche Ehrenrettung konnte nach den Vorstellungen der Zeit auch gar kein hinreichendes Motiv sein, das wirklich einen Suizid nach sich zog. Stattdessen können die Aussagen Friedrichs als rhetorische Mittel der Selbststilisierung gewertet werden, die in dieselbe Richtung weisen wie andere Aussagen des Königs auch. Hin und her gerissen zwischen klassischem adligen Ruhmstreben und neu aufkommender Herrscherlegitimation versuchte er seine Stellung zu definieren.

192 So neben den bereits analysierten etwa auch in der Epistel an Lord Marischal, in der Friedrich die Motive Ehrenrettung und Patriotismus beide anführt, wodurch die Argumentation wieder etwas widersprüchlich wird. À Mylord Marischal, sur la mort des son frère, in: Preuss: Oeuvres, Bd. 12, S. 108–116, bes. S. 115f.

193 Vgl. Kunisch: Friedrich der Große, S. 176.

4. Scheitern im Staatsdienst – Heroismus vs. Patriotismus: Alexander Friedrich Georg von der Schulenburg

Als Graf Alexander Friedrich Georg von der Schulenburg-Blumberg seinem Leben am Abend des 16. Mai 1790 mit einem Pistolenschuss ein Ende setzte, drang dies zunächst nicht an die Öffentlichkeit. Verschiedene Zeitungen innerhalb und außerhalb Preußens meldeten umgehend, der Kriegsminister Schulenburg sei „plötzlich an einem Schlagflusse" verstorben.[1] Wenige Tage später wurde weiterhin berichtet, König Friedrich Wilhelm II. habe der Witwe sein Beileid ausrichten lassen und ihr versichert, dass er „dem Diensteifer, der Treue und der Rechtschaffenheit des Verstorbenen völlige Gerechtigkeit" widerfahren lasse.[2] Zu diesen Bemühungen, das Gedenken an Graf von der Schulenburg in Ehren zu halten, kann die Verheimlichung des Suizids gerechnet werden. Friedrich Wilhelm II. hatte offensichtlich kein Interesse an einer Rufschädigung bzw. einer Ehrminderung des Verstorbenen und seiner Familie.

4.1 Suizid und Beerdigung

Alexander Friedrich Georg von der Schulenburg war zu Beginn der Regierungszeit König Friedrich Wilhelms II. einer der bedeutendsten Minister Preußens. Nachdem er zunächst einige kurmärkische Ämter bekleidet hatte,[3] wurde er am 2. Oktober 1786 in den erblichen preußischen Grafenstand

[1] Der Wortlaut der Meldungen war immer identisch. Berlinische Nachrichten von Staats- und gelehrten Sachen, No. 59. Dienstags, den 18. May 1790; Königl. privilegierte Berlinische Zeitung. Von Staats- und gelehrten Sachen, 59stes Stück, Dienstags, den 18ten Mai 1790; Staats- und Gelehrtenzeitung des Hamburgischen unpartheyischen Correspondenten, Num. 81, Anno 1790 (Am Freytage, den 21 May).

[2] Berlinische Nachrichten von Staats- und gelehrten Sachen, No. 61. Sonnabends, den 22. May 1790; Königl. privilegierte Berlinische Zeitung. Von Staats- und gelehrten Sachen, 61stes Stück, Sonnabends, den 22ten Mai 1790; Staats- und Gelehrtenzeitung des Hamburgischen unpartheyischen Correspondenten, Num. 83, Anno 1790 (Am Dienstage, den 25 May).

[3] 1773 wurde er kurmärkischer Geheimer Rat, 1776 Landrat und Direktor der Feuersozietät des Nieder-Barnimschen Kreises, außerdem Direktor der Witwen-Verpflegungsanstalt. Im Jahr darauf leitete er als Direktor das kurmärkische ritterschaftliche Kreditwesen und 1784 wurde er Generaldirektor der kurmärkischen Landfeuersozietät.

erhoben, gleichzeitig wurde er Mitglied des Schwarzen Adlerordens.[4] Als Friedrich Wilhelm II. nach seinem Regierungsantritt 1786 begann, das Generaldirektorium neu zu ordnen,[5] wurde Schulenburg schließlich einer der sieben dirigierenden Etatsminister. Dabei übernahm er unter anderem die Leitung der königlichen Bank und der Seehandlung.[6] Schulenburg begann die wirtschaftlichen Reformvorstellungen Friedrich Wilhelms II. umzusetzen und den Handel, besonders jenen mit Getreide, zu liberalisieren. Dabei musste er sich gegen die Anhänger des unter Friedrich II. etablierten Prohibitivsystems durchsetzen, die den Handel weiterhin stark staatlich kontrollieren wollten. Dies bereitete ihm erhebliche Probleme, wie er in einem Brief bekannte:

> „Hier bin ich aber leider wie der Prediger in der Wüste, und von allen Seiten erschallet das: Steinige, steinige diesen Irrlehrer! Hätte mich der Himmel nicht mit einer eisernen Beharrlichkeit begabt, schon längst hätte ich unterliegen müssen – denn ich will lieber meinem Posten als meinen Grundsätze entsagen!“[7]

Als die Getreidepreise trotz seiner Bemühungen nicht sanken, befahl der König ihm 1789 erneut, den Kornhandel staatlich zu lenken und Korn aus den staatseigenen Magazinen zu verkaufen.[8]

4 Zu seiner Biographie siehe Johann Friedrich Danneil: Das Geschlecht von der Schulenburg, Bd. 2, Salzwedel 1847, S. 570f.; Georg Schmidt: Das Geschlecht von der Schulenburg, Bd. 2, Beetzendorf/Berlin 1899, S. 590f.; Dietrich Werner von der Schulenburg/Hans Wätjen: Geschichte des Geschlechts von der Schulenburg 1237 bis 1983, Wolfsburg 1984, bes. S. 252f.; Rolf Straubel: Biographisches Handbuch der preußischen Verwaltungs- und Justizbeamten 1740–1806/15, München 2009 (Einzelveröffentlichungen der Historischen Kommission zu Berlin 85/Einzelveröffentlichung des Brandenburgischen Landeshauptarchivs 7), S. 918f.

5 Dazu Edith Ruppel: Das Generaldirektorium unter der Regierung Friedrich Wilhelms II. Mit Berücksichtigung der interimistischen Instruktion von 1789, Würzburg 1937 (Berliner Studien zur neueren Geschichte 2).

6 Außerdem übernahm er die Witwenverpflegungsanstalt und -kasse, die Tabacksadministration und zusammen mit Minister von Arnim die Nutzholzadministration. Zusätzlich war er für die Provinzen Magdeburg, Halberstadt, das Stift Quedlinburg und die Grafschaft Hohenstein zuständig.

7 Schulenburg-Blumberg an den Publizisten Domhardt, Berlin 4.11.1789, zitiert nach Wilhelm Bringmann: Preußen unter Friedrich Wilhelm II. (1786–1797), Frankfurt a. M. u. a. 2001, S. 188f. Die ablehnende Haltung der adligen Beamtenschaft gegenüber der Liberalisierung des Getreidehandels resultierte wohl vor allem daraus, dass diese Adligen als Rittergutsbesitzer erheblich von der friderizianischen Wirtschaftspolitik profitierten. In Fachkreisen waren ihre volkswirtschaftlichen Nachteile allgemein anerkannt (ebd., S. 184). Zum *Prohibitivsystem* Friedrichs II. vgl. auch Walter Demel: Reich, Reformen und sozialer Wandel 1763–1806, Stuttgart 2005 (Gebhardt. Handbuch der deutschen Geschichte 12), S. 244f.

8 Brigitte Meier: Friedrich Wilhelm II. König von Preußen (1744–1797). Ein Leben zwischen Rokoko und Revolution, Regensburg 2007, S. 142f.; Curt Jany: Geschichte der Preußischen Armee vom 15. Jahrhundert bis 1914, Bd. 3. 1763–1807, Osnabrück 1967, S. 225f. Friedrich Wilhelm II. ging es im Gegensatz zu seinen Ministern um eine mög-

Abbildung 6: Alexander Friedrich Georg von der Schulenburg-Blumberg.

Seit Ende 1788 gehörte Schulenburg der Mobilmachungskomission an, ein Jahr später wurde er deren Leiter und war damit für die Versorgung des Heeres zuständig. Als im April 1790 ein Krieg gegen Österreich unmittelbar bevorzustehen schien, wurde er zusätzlich Chef sämtlicher Mobilmachungs- und Kommissariatsgeschäfte.[9] Dabei zeigte sich, dass die Kriegsmagazine im Fall eines Krieges für die Versorgung der Armee nicht mehr rechtzeitig aufgefüllt werden konnten.[10] Zum Teil auch auf Betreiben des einflussreichen Staatsministers Johann Christoph von Woellner sank der Minister schließlich in der Gunst des Königs.[11] Alexander Friedrich Georg von der Schulenburg erschoss sich daraufhin am 16. Mai 1790.

Trotz der Geheimhaltungsversuche des Königshofs lassen sich einige zeit-

lichst kurzzeitige Preissenkung, hauptsächlich wohl, weil er die größeren ökonomischen Zusammenhänge verkannte. BRINGMANN: Preußen unter Friedrich Wilhelm II., S. 185ff.

9 Am 20. Februar war Kaiser Joseph II. gestorben. König Friedrich Wilhelm II. glaubte, diesen vermeintlichen Moment der Schwäche Österreichs nutzen zu können und zog 150 000–160 000 Soldaten an der böhmischen Grenze zusammen. Dazu DEMEL: Reich, Reformen und sozialer Wandel, S. 278ff.; BRINGMANN: Preußen unter Friedrich Wilhelm II., S. 274–331; JANY: Geschichte der Preußischen Armee, S. 181–184, 216–231.

10 BRINGMANN: Preußen unter Friedrich Wilhelm II., S. 189.

11 Dazu Martin PHILIPPSON: Geschichte des Preußischen Staatswesens vom Tode Friedrich des Großen bis zu den Freiheitskriegen, Bd. 1, Leipzig 1880, bes. S. 381ff. Zu Woellner siehe außerdem BRINGMANN: Preußen unter Friedrich Wilhelm II., bes. S. 196–203.

genössische Vermutungen über das Suizidmotiv finden. Eine stammt dabei aus dem unmittelbaren Umfeld Schulenburgs und zwar von dem Berliner Hochschullehrer und Kant-Schüler Johann Gottfried Carl Christian Kiesewetter.[12] Kiesewetter war neben seiner Tätigkeit als Privatlehrer der drei Kinder des Königs auch Gesellschafter des 17-jährigen Sohns Schulenburgs, Christian Alexander. Seit März 1790 wohnte er gemeinsam mit der Familie in deren Haus in Berlin. In einem Brief an Kant vom 20. April lobte er Schulenburg in den höchsten Tönen. Dieser sei „ein vortrefflicher Mann" und besitze „keinen Ministerstolz".[13] Bereits in seinem nächsten Brief im folgenden Monat musste er allerdings vom Tod des Grafen berichten – „diesem Vorfall, der gewiß aller Aufmerksamkeit auf sich gezogen hat" und durch den Kiesewetter selbst „einen Freund verloren" habe. Vielleicht habe Kant ja schon gerüchteweise erfahren, dass Schulenburg nicht an einem Schlagfluss gestorben sei, wie dies die Zeitungen berichteten, sondern sich selbst erschossen habe.[14] Den Versuchen des Königshofes, die Selbsttötung geheim zu halten, war also offensichtlich nur wenig Erfolg beschieden. Das Gerücht einer Selbsttötung hatte sich schnell verbreitet. Auch Kants Berliner Verleger François Théodore Lagarde war „der schreckliche Vorfall in dem Schulburgschen Hause" bereits, kurz nachdem er sich ereignet hatte, zu Ohren gekommen.[15]

In seinem Brief vermutete Kiesewetter nun als Grund für die Selbsttötung die Probleme Schulenburgs in seinem Amt als Minister:

> „Plötzlich ward die Vermuthung des Ausrückens der Regimenter Gewisheit, und nun ging die Noth des Ministers an. Die Cassen waren erschöpft, die Schatzkammer zum Theil leer, Wiederspruch fand sich an allen Orten, es herrschte Mangel an Getreide und Fourage und dis brachte den Minister zu den gewaltsamen Entschluß."[16]

Diesen Entschluss habe Schulenburg bereits fünf Wochen zuvor gefasst, den konkreten Zeitpunkt nun aber „augenblicklich" gewählt.[17] Für Kiesewetter stand demnach außer Zweifel, dass Graf Schulenburg an den in sein Amt gesetzten Erwartungen gescheitert und an diesem Erwartungsdruck verzweifelt

[12] Kiesewetter lehrte ab dem Wintersemester 1789/90 zunächst als Privatlehrer, ab 1793 als Professor in Berlin über Kant und trug damit ganz erheblich zur Verbreitung von dessen Lehren bei. Mit seinem Mentor verband ihn eine enge Freundschaft. Dazu Steffen Dietzsch: Die Aufnahme des Kantianismus in Berlin, in: Wolfgang Förster (Hg.): Aufklärung in Berlin, Berlin 1989, S. 363–375. Siehe außerdem ADB 15, 1882, S. 730; NDB 11, 1977, S. 597.

[13] Kiesewetter an Kant, Berlin 20.4.1790, in: Immanuel Kant: Briefwechsel, hrsg. von der Königlich Preußischen Akademie der Wissenschaften, 4 Bde., Berlin 1900–1922 (Kant's gesammelte Schriften 10–13), hier: Bd. 2, S. 153–157, bes. S. 153.

[14] Kiesewetter an Kant, Berlin Mai 1790, in: ebd., S. 160–164, hier: S. 161.

[15] Lagarde an Kant, Berlin 20.5.1790, in: ebd., S. 171–173, hier: S. 173.

[16] Kiesewetter an Kant, Berlin Mai 1790, in: ebd., S. 160–164, hier: S. 161f.

[17] Ebd., S. 163.

war. Zu viele „Fehler“ habe er begangen, als dass er sein Amt weiterhin hätte ausfüllen können.[18] Ihm sei daher nur noch der Suizid als einzige Konsequenz geblieben. Ganz ähnlich deutete Graf Ewald Friedrich von Hertzberg, preußischer Minister für das Auswärtige Departement, den Suizid. Auch er vermutete, Graf Schulenburg habe sich wegen seiner Fehler bei der Heeresversorgung erschossen – „comme un fou“, so lautete sein Urteil.[19]

Dem familiären Umfeld war die Tatsache des Suizids ohnehin bekannt. Noch am Tag der Selbsttötung wandte sich die Witwe des Grafen, Elisabeth Amalie Charlotte von der Schulenburg, in einem Schreiben an den König. Sie brachte darin ihre Bestürzung und Fassungslosigkeit zum Ausdruck und bat den König um Unterstützung für sich und ihren Sohn.[20] Bereits am 19. Mai, also nur drei Tage nach dem Suizid, wurde Alexander Friedrich Georg von der Schulenburg morgens mit allen herrschaftlichen Ehren in Blumberg beigesetzt. Dem dortigen Pfarrer war der Suizid ebenfalls bekannt, denn er erwähnte im Kirchenbuch explizit, dass Schulenburg sein Leben selbst „endigte“.[21] Auch das ehrenvolle Begräbnis Schulenburgs stellte eine rechtliche Sonderbehandlung dar, da seit einem berühmt gewordenen *Rescript* Friedrichs II. eigentlich alle Suizidenten in Preußen gleichermaßen „heimlich, jedoch auf eine ehrliche Art begraben“ werden sollten.[22] Ein solches stilles Begräbnis hätte jedoch dem Bestreben des Königshofs widersprochen, die tatsächlichen Todesumstände zu verheimlichen.

In ihrem Schreiben gab Gräfin Schulenburg außerdem an, sie wisse nicht, weshalb sich ihr Mann getötet habe. Sie könne nicht begreifen, was ihn zu dieser „extremité“ veranlasst habe, auch der Abschiedsbrief könne ihr dies nicht verständlich machen.[23] Möglicherweise wollte die Witwe hier vom Suizidmotiv

[18] Er listete Kant gegenüber die „Fehler“ alle einzeln auf (ebd., S. 162f.).

[19] „Le Ministre Comte de Schulenbourg s'est brûlé la cervelle comme un fou pour expier ses fautes et pour prouver qu'il ne peut pas faire marcher ni subsister l'armée, après avoir négligé d'acheter l'automne passé le blé qu'il pouvait avoir en Prusse, et pour lequel le Comte Bl. (Blumenthal) lui avait payé un demi-million.“ Zitiert nach Jany: Geschichte der Preußischen Armee, S. 226. Zu von Hertzberg siehe mit weiterführender Literatur Straubel: Biographisches Handbuch der preußischen Verwaltungs- und Justizbeamten, S. 415.

[20] GStA PK, I. HA, Rep 96, Nr. 223 E, Bl. 5, Elisabeth A. C. von der Schulenburg an Friedrich Wilhelm II., Berlin 16.5.1790. Allgemein kamen solche Suppliken aus dem Adel eher selten vor. Rehse: Die Supplikations- und Gnadenpraxis in Brandenburg-Preußen, S. 590.

[21] ELAB, Nr. 8927, Gesamtkirchenbuch Blumberg und Eiche, Kkr. Weißensee, 1779–1804, Bl. 5v.

[22] Rescript wegen der Körper der Selbst-Mörder und deren Beerdigung. De dato Berlin den 6. Dec. 1751, in: Samuel von Coccejus (Hg.): Novum Corpus Constitutionum Prussico-Brandenburgensium Praecipue Marchicarum, 12 Bde., Berlin 1753–1822, hier: Bd. 3. Supplementum, Sp. 1203f. Zur Bedeutung dieses Rescripts siehe Pfannkuchen: Selbstmord und Sanktionen, S. 167–185.

[23] GStA PK, I. HA, Rep 96, Nr. 223 E, Bl. 5, Elisabeth A.C. von der Schulenburg an Friedrich Wilhelm II., Berlin 16.5.1790.

Scheitern im Staatsdienst ablenken und ihren Mann so entschuldigen. Dieses Motiv hätte nämlich einen Suizid unter Vorsatz bedeutet bzw. aus Verzweiflung, und nicht aus Geisteskrankheit oder Melancholie heraus. Schulenburg selbst jedenfalls legte seine Motive in seinem Abschiedsbrief ganz unmissverständlich offen:

„Ich habe mein Schiksal so lange ertragen als es mir möglich gewesen ist, allein meine Krafte sind erschöpft und ich vermag meine quälende Lage nicht länger zu ertragen. Ich habe zu viel übernommen und befinde mich in dem Ausführung unvermögend. Es ist unbeschreiblich was ich gelitten habe und was ich in diesem Augenblik erleyte. Ein jeder nehme Beyspiel an meinem Exempel und verlasse sich nie auf einen unternehmenden Geist, der nur auf Abwege leitet, wie es mir ergangen ist. Mein ganzes Anstreben, mein Wunsch war nuzlich zu seyn. Mein übertriebener Eyfer hatt mich verleitet, mehr zu übernehmen, als ich nach meinen Kräften vermochte. Nun ich diese auf die Probe stelle und abwage und mich überzeuge, wie unzureichend sie sind, will ich lieber von dannen scheiden, als dem Elend beyzuwohnen, welches ich zu deutlich entstehen sehe und dem ich nicht abzuhelfen vermag. Grosser Gott. Sey meiner armen Seele gnädig und rechne meine Missethat den meinigen und meiner armen wurdigen Frau nicht zu.“[24]

Zwei Ebenen lassen sich in diesem Brief unterscheiden: Auf einer abstrakten Ebene begründete Schulenburg seine Handlung mit seiner eigenen Schwäche gegenüber einem übermächtigen Schicksal. Er empfand sich als unfähig, das herannahende Unglück – das er selbst verursacht zu haben glaubte – abzuwenden, und es war ihm nicht länger möglich, seine Pflichten für die Gesellschaft zu erfüllen. Auf einer konkreten Ebene begründete er seinen Suizid, wie sein Umfeld auch, mit seinem Scheitern im Staatsdienst: Die in ihn gesetzten Erwartungen hatte er enttäuscht und durch falsche Entscheidungen als Minister seinem Land und seinem König schwer geschadet. Möglicherweise glaubte er mit seinem Verhalten sogar den Untergang Preußens verschuldet zu haben. Dass es letztendlich nicht zum Krieg kam, war vor seinem Suizid noch nicht abzusehen.

4.2 Die nützliche Selbsttötung in der Aufklärung

Mit seinem Versagen als Minister hatte Schulenburg gegen die vertragstheoretische Ethik verstoßen, die im Zuge der Aufklärung den gesellschaftspolitischen Diskurs immer stärker dominierte. Jeder Bürger, auch der Adlige, sollte sein Handeln dem Allgemeinwohl bzw. der Glückseligkeit der Gesellschaft unterordnen. Er hatte die Pflicht, seine persönlichen Interessen hintanzustellen und

[24] Ebd., Bl. 6, Abschiedsbrief Alexander Friedrich Georg von der Schulenburgs.

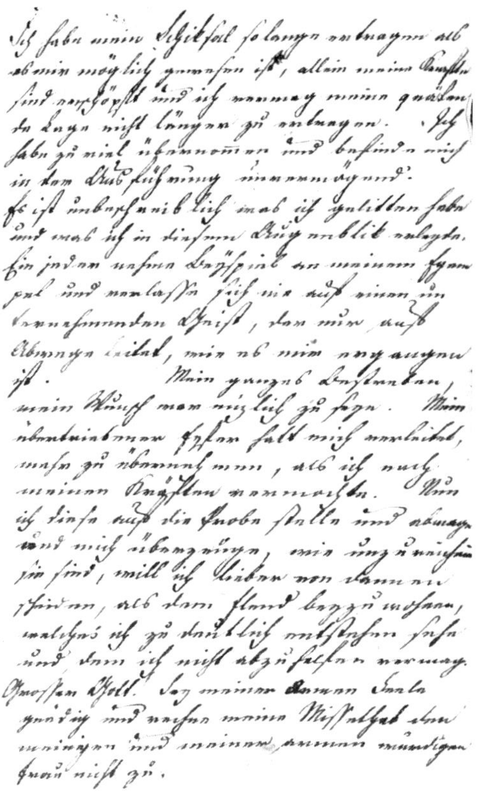

Abbildung 7: Abschiedsbrief Alexander Friedrich Georg von der Schulenburgs (12 x 19 cm).

der Gemeinschaft zu dienen und zu nutzen.[25] Die *Nützlichkeit* oder der *gesellschaftliche Nutzen* wurden geradezu „Schlüsselbegriffe der Aufklärung".[26] Vor

[25] Zu dieser Staatszwecklehre vgl. Helga WESSEL: Zweckmäßigkeit als Handlungsprinzip in der deutschen Regierungs- und Verwaltungslehre der frühen Neuzeit, Berlin 1978 (Schriften zur Verfassungsgeschichte 28), bes. S. 135–150; Wolfgang MARTENS: Der patriotische Minister. Fürstendiener in der Literatur der Aufklärungszeit, Köln/Weimar/Wien 1996 (Kontext 1), S. 10–15; SCHEUNER: Die Staatszwecke und die Entwicklung der Verwaltung, bes. S. 475–486; Martin FUHRMANN/Diethelm KLIPPEL: Der Staat und die Staatstheorie des aufgeklärten Absolutismus, in: Helmut REINALTER/Harm KLUETING (Hgg.): Der aufgeklärte Absolutismus im europäischen Vergleich, Köln/Weimar/Wien 2002, S. 223–243, hier: bes. S. 229–233; Helmut REINALTER: Staat, Staatstheorien, in: DERS.: Lexikon zum Aufgeklärten Absolutismus, S. 586–589; Eckhart HELLMUTH: Der Staat – Starker Leviathan oder Koloss auf tönernen Füßen?, in: SÖSEMANN/VOGT-SPIRA: Friedrich der Große in Europa, Bd. 2, S. 20–32, hier: bes. S. 24f.

[26] Heinz DUCHHARDT: Barock und Aufklärung, 4. Aufl., München 2007 (Oldenbourg Grundriss der Geschichte 11), S. 131. Siehe außerdem Otfried HÖFFE: Nutzen/Nützlichkeit, in:

allem die Kameralwissenschaften richteten ihr Programm grundlegend am Paradigma der Nützlichkeit und den dazu gehörenden Pflichten des Einzelnen aus.[27] So war auch eines der Hauptargumente gegen den Suizid in diesem Diskurs, dass die Tat die Gemeinschaft schwächen und ihr damit schaden würde.[28] Genau über dieses Argument macht sich etwa Karoline von Günderrode in einem ihrer Briefe lustig, als sie an ihren Geliebten Friedrich Creuzer schrieb: „[I]ch könnte ja noch irgend nützlich in der Welt werden, da wäre es doch schade, wenn Sie die Ursache meines frühen Todes sein sollten".[29]

Auch Schulenburg hatte in seinem Abschiedsbrief betont, sein „ganzes Anstreben" wäre immer gewesen, „nuzlich zu seyn". Wenn er also auch in seinem Handeln als Staatsdiener Fehler begangen hatte, wie er damit hervorzuheben versuchte, so war er dennoch stets von rechtschaffenen Absichten angetrieben worden. Gleichzeitig bescheinigte er sich aber im Umkehrschluss, nun, weil er nichts mehr zur Abwendung des herannahenden Unglücks beitragen konnte, *unnütz* geworden zu sein.

Das aufklärerische Nützlichkeitsgebot konnte sich somit bis auf die Sichtweise auf den Suizid erstrecken. Auch viele Philosophen der Aufklärung erklärten die Beendigung des eigenen Lebens für den Fall legitim, dass ein Mensch der Gesellschaft nicht weiterhin nutzen konnte. Das Argument wurde sogar soweit ausgebaut, dass die Selbsttötung zur Pflicht werden konnte, wenn jemand mit seinem Weiterleben der Gesellschaft geschadet hätte. Der Suizid hätte in diesem Fall also gerade zum Gemeinwohl bzw. zur allgemeinen Glückseligkeit der Gesellschaft beigetragen. So formulierte etwa David Hume[30] in seinem bereits erwähnten Essay:

„Aber angenommen, dass ich das Interesse der Gesellschaft nicht länger fördern kann; angenommen, dass ich ihr eine Last bin; angenommen, dass mein Leben irgendjemanden daran

HWPh 6, 1984, Sp. 992–1008, hier: bes. Sp. 1002f.; Norbert HORN: Utilitarismus im aufgeklärten Naturrecht von Thomasius und Wolff. Historische und aktuelle Aspekte, in: Hans-Peter HAFERKAMP (Hg.): Usus modernus pandectarum. Römisches Recht, Deutsches Recht und Naturrecht in der Frühen Neuzeit. Klaus Luig zum 70. Geburtstag, Köln/Weimar/Wien 2007, S. 45–62 (Rechtsgeschichtliche Schriften 24); Georg ECKERT/Andreas Urs SOMMER: Utilitarismus, in: EdN 13, 2011, Sp. 1154–1160, hier: bes. Sp. 1157f.

27 STOLLBERG-RILINGER: Der Staat als Maschine, S. 76; Ulrich ENGELHARDT: Zum Begriff der Glückseligkeit in der kameralistischen Staatslehre des 18. Jahrhunderts (J. H. G. v. Justi), in: ZHF 8, 1981, S. 37–79.

28 NEUMEYER: Anomalien, Autonomien und das Unbewusste, S. 125–127.

29 Karoline von Günderrode an Friedrich Creuzer, Frankfurt 22.3.1805, in: WEISSENBORN: „Ich sende Dir ein zärtliches Pfand", S. 205–207.

30 Zu Humes Sicht der Selbsttötung siehe BAUMANN: Vom Recht auf den eigenen Tod, S. 127–132; Tom L. BEAUCHAMP: An Analysis of Hume's Essay „On Suicide", in: The Review of Metaphysics 30, 1976, S. 73–95; Kenneth R. MERRILL: Hume on Suicide, in: History of Philosophy Quarterly 16, 1999, S. 395–412; Thomas HOLDEN: Religion and Moral Prohibition in Hume's "Of Suicide", in: Hume Studies 31, 2005, S. 189–210.

hindert, der Gesellschaft sehr viel nützlicher zu sein. In diesen Fällen muss mein Verzicht auf das Leben nicht nur schuldlos, sondern [sogar] löblich sein."[31]

Dass der Suizid zur Pflicht wurde, sobald ein Mensch der Gesellschaft zur Last fiel, hob Hume noch an einer weiteren Stelle hervor:

„sowohl Klugheit wie Mut sollten uns dazu anhalten, uns mit einem Mal von unserem Dasein zu befreien, wenn es eine Last wird. Das ist der einzige Weg, wie wir der Gesellschaft dann nützlich sein können."[32]

Wie im vorangehenden Kapitel gezeigt, hielten neben Hume auch Voltaire und Friedrich II. von Preußen den Suizid für gerechtfertigt, wenn er einem höheren Ziel diente.[33] Vergleichbare Gedanken äußerten darüber hinaus Rousseau, Montesquieu oder d'Holbach.[34] Etwas schwieriger ist die Lage bei Immanuel Kant. Kant wandte sich in seinen Schriften an verschiedenen Stellen gegen den „Selbstmord", den er aufgrund der Pflicht des Menschen gegenüber Gott und der Gesellschaft durchweg für ein schweres Verbrechen hielt.[35] Allerdings, und hier liegt der entscheidende Punkt in seiner Sicht, sah Kant nicht jedes Beenden des eigenen Lebens als „Selbstmord" an. „Selbstmord" – also die verdammenswürdige Form der Selbsttötung – bezeichnete für Kant nur solche Handlungen, deren Ziel der eigene Tod war, die also gegen die „Pflicht gegen sich selbst" verstießen.[36] Denn andererseits betonte er: „Es giebt Pflichten, die weit höher

[31] „But suppose that it is no longer in my power to promote the interest of society, suppose that I am a burden to it, suppose that my life hinders some person from being much more useful to society. In such cases, my resignation of life must not only be innocent, but laudable." HUME: On Suicide, S. 19.

[32] „[B]oth prudence and courage should engage us to rid ourselves at once of existence, when it becomes a burthen. 'Tis the only way that we can then be useful to society." Ebd., S. 21.

[33] Kap. III. 4.

[34] BÄHR: Der Richter im Ich, S. 324–330.

[35] Zum Suizid bei Kant siehe WITTWER: Über Kants Verbot der Selbsttötung; Tom L. BEAUCHAMP: Suicide in the Age of Reason, in: BRODY: Suicide and Euthanasia, S. 183–219, hier: S. 206–215; SEIDLER: Kant and the Stoics on Suicide; Gerald HARTUNG: Über den Selbstmord. Eine Grenzbestimmung des anthropologischen Diskurses im 18. Jahrhundert, in: Hans-Jürgen SCHINGS (Hg.): Der ganze Mensch. Anthropologie und Literatur im 18. Jahrhundert, Stuttgart/Weimar 1994, S. 33–53 (Berichtsbände/Germanistische Symposien 15), hier: S. 48–53; BÄHR: Der Richter im Ich, S. 261–268, 300–304; NEUMEYER: Anomalien, Autonomien und das Unbewusste, S. 135–140.

[36] „Die Intention, sich selbst zu destruieren, macht den Selbstmord aus". Immanuel KANT: Vom Selbstmord, in: DERS.: Vorlesungen, Bd. 4. Vorlesungen über Moralphilosophie, hrsg. von der Akademie der Wissenschaften zu Göttingen, Berlin 1974 (Kant's gesammelte Schriften 27), S. 369–375, hier: S. 370f. Siehe dazu Thomas E. HILL: Self-Regarding Suicide: A Modified Kantian View, in: Suicide and Life-Threatening Behavior 13, 1983, S. 254–275; David N. JAMES: Suicide and Stoic Ethics in the Doctrine of Virtue, in: Kant-Studien 90, 1999, S. 40–58; Thomas D. HARTER: Reconsidering Kant on Suicide, in: The Philosophical Forum 42, 2011, S. 167–185. Vgl. hier außerdem auch Peter MÖSGEN: Das Phänomen des Suizides aus christlich-philosophischer Sicht, Eichstätt 1999, S. 49–52. Dagegen geht etwa

sind als das Leben, und die oft mit Aufopferung des Lebens müssen ausgeübt werden."[37]

Ob Kant die Selbsttötung zu einem höheren Ziel für legitim hielt oder ob er durch seine Pflichtenlehre in unauflösliche Aporien geriet,[38] ist nicht zu entscheiden. In jedem Fall problematisierte er in der *Metaphysik der Sitten* mit seinen „kasuistischen Fragen" die Selbsttötung zu einem höheren Zweck.[39] Kant fragte zum Beispiel, ob es sich überhaupt um einen „Selbstmord" handle, wenn sich ein Mensch „für das Heil des Menschengeschlechts" töte oder auch „um das Vaterland zu retten". Er kam also explizit auf den Suizid aus Patriotismus zu sprechen. Es verwundert daher nicht, dass er in diesem Zusammenhang auch Friedrich den Großen anführte:

> „Kann man es einem großen unlängst verstorbenen Monarchen zum verbrecherischen Vorhaben anrechnen, daß er ein behend wirkendes Gift bei sich führte, vermuthlich damit, wenn er in dem Kriege, den er persönlich führte, gefangen würde, er nicht etwa genöthigt sei, Bedingungen der Auslösung einzugehn, die seinem Staate nachtheilig sein könnten; denn diese Absicht kann man ihm unterlegen, ohne daß man nötig hat, hierunter einen bloßen Stolz zu vermuthen?"[40]

Wie alle seine „kasuistischen Fragen", so ließ Kant auch diese unbeantwortet, deutete damit aber zumindest an, dass es legitime Formen der Selbsttötung geben könnte.[41] So wollte er Friedrich an anderer Stelle etwa auch einen gewissen „Muth" nicht absprechen.[42] Indem er jedoch infrage stellte, dass eine Aufopferung für das Vaterland überhaupt ein „Selbstmord" sei, konnte er an seiner

Yvonne Unna davon aus, dass Kant ausnahmslos jede Form der Selbsttötung verdammte. Dies.: Kant's Answers to the Casuistical Questions Concerning Self-Disembodiment, in: Kant-Studien 94, 2003, S. 454–473.

[37] Immanuel Kant: Von der Sorge für sein Leben, in: ders.: Vorlesungen über Moralphilosophie, S. 375–378, hier: S. 375. Ähnlich formulierte er an selber Stelle: „Es giebt also Pflichten, unter denen das Leben weit unten an steht, und um diese zu erfüllen, müssen wir keine Feigheit in Ansehung unseres Lebens blicken lassen."

[38] Bähr: Der Richter im Ich, bes. S. 268f.; Harter: Reconsidering Kant on Suicide, S. 181ff.

[39] Immanuel Kant: Von der Selbstentleibung, in: ders.: Die Metaphysik der Sitten, Berlin 1968 (Kants Werke. Akademie-Textausgabe 6), S. 422–424.

[40] Ebd., S. 423.

[41] Vgl. dazu etwa Wittwer: Über Kants Verbot der Selbsttötung, S. 209; D. R. Cooley: Crimina Carnis and Morally Obligatory Suicide, in: Ethical Theory and Moral Practice 9, 2006, S. 327–357. Bähr geht davon aus, dass Kant diese Fragen „im Rahmen seiner Philosophie gar nicht beantworten konnte". Ders.: Der Richter im Ich, S. 265. Unna glaubt, Kant würde die Fragen durchweg negativ beantworten, weil er keine Form der Selbsttötung für legitim ansehe. Dies.: Kant's Answers to the Casuistical Questions, bes. S. 473.

[42] „Die Art der Vollführung des Selbstmordes giebt diesen Unterschied der Gemüthsstimmung gewissermaßen zu erkennen. Wenn das dazu gewählte Mittel plötzlich und ohne mögliche Rettung tödtend ist; wie z. B. der Pistolenschuß oder (wie es ein großer Monarch auf den Fall, daß er in Gefangenschaft geriethe, im Kriege bei sich führte) ein geschärftes Sublimat, oder tiefes Wasser und mit Steinen angefüllte Taschen: so kann man dem Selbstmörder den Muth nicht streiten." Immanuel Kant: Von der Furchtsamkeit und der

grundsätzlichen Verdammung festhalten. „Denn das Leben gegen seine Feinde zu wagen, um die Pflicht gegen sich selbst zu beobachten, ja auch sein Leben aufzuopfern, ist kein Selbstmord."[43]

Wenn also Kant auch den Suizid aus Nutzen für die Gemeinheit nicht explizit als eine notwendige Pflicht benannte, dann konnte diese Sichtweise doch trotzdem aus seiner Pflichtenlehre abgeleitet werden. Dies taten dann auch einige seiner Zeitgenossen wie etwa Karl August Bischof in seinem *Versuch über den freywilligen Tod* oder die von Bernhard Georg herausgegebene Schrift *Vorbereitungen eines Unglücklichen zum freiwilligen Tode.*[44] Indem sie vom „freiwilligen Tod" sprachen, sonderten sie die Selbsttötung aus Pflicht für die Gemeinschaft semantisch vom Verbrechen des „Selbstmords" ab, wodurch sie nichts Grundsätzliches an dessen Verdammung ändern mussten.[45] Wenn das Ziel der Selbsttötung – ganz im Sinne Kants – nicht der eigene Tod, sondern der Nutzen für die Allgemeinheit war, dann war es möglich, darin eine moralisch besonders erhabene Handlung zu sehen.

Mit dem aufklärerischen Nützlichkeitsparadigma konnte demnach eine Pflicht zur Selbsttötung begründet werden, wenn die Gesellschaft dadurch von einer Last befreit wurde. Der Suizid wurde dann zu einem „Akt der biopolitischen Reinigung"[46]: „Betrachtete sich ein Mensch selbst als unnütz, dann musste es ihm geboten sein, den Staat von dem ‚ungesunden Gliede' zu befreien."[47] Oder in den Worten Humes: Ein solcher „freiwilliger Tod ist der Gesellschaft durch die Befreiung von einem schädlichen Mitglied gleich nützlich".[48] Und wie am Fall Alexander Friedrich Georg von der Schulenburgs zu sehen ist, war dies keineswegs allein eine abstrakt philosophische Position. Auch Schulenburg begründete seinen Suizid mit seiner Nutzlosigkeit und auch

Tapferkeit, in: DERS.: Anthropologie in pragmatischer Hinsicht, Berlin 1968 (Kants Werke. Akademie-Textausgabe 7), S. 256–259, hier: S. 258.

43 KANT: Vom Selbstmord, S. 371.

44 Karl August BISCHOF: Versuch über den freywilligen Tod, Nürnberg 1797; Yvonne UNNA (Hg.): Vorbereitungen eines Unglücklichen zum freywilligen Tode. Aus des Verfassers Papieren hrsg. von Bernhard Georg, Hildesheim/Zürich/New York 2000 [Nachdr. der Ausg. Königsberg 1800] (Studien und Materialien zur Geschichte der Philosophie 55).

45 LIND: Selbstmord in der Frühen Neuzeit, S. 122–124; BAUMANN: Vom Recht auf den eigenen Tod, S. 137–142; BÄHR: Der Richter im Ich, S. 259–261, 269–300; DERS.: Selbsttötung und Selbsterhaltung. Die Semantik moralischer Ausweglosigkeit in der Aufklärung, in: Das achtzehnte Jahrhundert 28, 2004, S. 65–82, hier: bes. S. 79ff.; DERS.: Die Paradoxie moralischer Ausweglosigkeit, S. 60ff.

46 NEUMEYER: Anomalien, Autonomien und das Unbewusste, S. 363–374, bes. 370ff.

47 BÄHR: Der Richter im Ich, S. 217.; ähnl. NEUMEYER: Anomalien, Autonomien und das Unbewusste, S. 147f.

48 „[A]nd his voluntary death is equally advantageous to society, by ridding it of a pernicious member." HUME: On Suicide, S. 20.

sein Gewissen[49] zwang die Aussicht, der Gesellschaft zukünftig zu schaden, dazu, seinem Leben ein Ende zu setzen.

Zwar war Schulenburg selbst Urheber seines Schicksals, da, wie er selbst einräumte, sein „übertriebener Eyfer" ihn in diese aussichtslose Lage manövriert hatte. In letzter Konsequenz war er damit verantwortlich für die Alternativlosigkeit seines Suizids, und insofern traf ihn eine Schuld. Dass er allerdings alles versucht hatte, das Elend so lange wie möglich zu ertragen, seine Kräfte aber schließlich „unvermögend" und „unzureichend" waren, minderte diese Schuld an seinem eigenen *Selbstmord*. Indem er seine menschliche Schwäche ins Feld führte, konnte er sogar auf die Erlangung göttlicher Gnade hoffen. „Wer aus ‚Schwäche' den ‚Leiden' des ‚Schicksals' erlag," so hat Andreas Bähr formuliert, der „[konnte] der göttlichen Gnade gewiss sein".[50]

Wie präsent das Nützlichkeitsargument in Bezug auf den Suizid im gesellschaftlichen Bewusstsein in der zweiten Hälfte des 18. Jahrhunderts war, ist auch bei den gedruckten Abschiedsbriefen des Hauptmanns von Arenswald zu sehen. In einem der Briefe bat Arenswald darum, dass nach seinem Tod dem Anatomen Lehmann Folgendes ausgerichtet werde:

> „wenn er mich unter sein anatomisches Messer bekommt, so soll er ja recht Acht geben, ob er etwa zum Besten der Menschheit etwas Nützliches entdecken kann. Da ich in meinem Leben leider! zu nicht vielem Nutz war, so sollte es mich freuen, wenn ich es wenigstens nach meinem Tode seyn könnte".[51]

Arenswald wollte demnach von seinen persönlichen Bedürfnissen absehen und den eigenen Körper nach dem Suizid in den Dienst der Menschheit stellen. Ob es sich jedoch wirklich um eine Passage aus einem der Briefe Arenswalds handelt und dieser einer als äußerst schändlich wahrgenommenen Obduktion gleichmütig entgegen sah, ist mehr als fraglich.[52] Wahrscheinlicher ist wohl,

[49] Wie Andreas Bähr betont, war es das Gewissen des Einzelnen, das über Nutzen oder Schaden eines Menschen für die Gesellschaft entschied. Auch die Aussicht darauf, zukünftig nicht ohne Sünden leben zu können, zwang daher zur Selbsttötung und machte die Tat so zur letzten Möglichkeit moralisch zu handeln. Ders.: Der Richter im Ich, S. 322, 276; ders.: Selbsttötung und Selbsterhaltung; ders.: Die Paradoxie moralischer Ausweglosigkeit, S. 56f. Vgl. hierzu auch Neumeyer: Anomalien, Autonomien und das Unbewusste, S. 373, 384f.; Wittwer: Über Kants Verbot der Selbsttötung, S. 201; Harter: Reconsidering Kant on Suicide, S. 184f.

[50] Bähr: Der Richter im Ich, S. 174.

[51] Anonym: Authentische Briefe, S. 22. In der kommentierten Version dieser Schrift aus der ULB Halle wird diese Passage ebenfalls in dem Brief des anonymen Absenders, der ganz am Schluss eingefügt ist, zitiert. Sie kursierte damit offenbar auch in den verschiedenen Abschriften der Briefe.

[52] Immerhin lassen sich vereinzelt Fälle finden, in denen Hinterbliebene die unliebsame Leiche eines Angehörigen freiwillig zur Sektion ausliefern ließen und dies als günstige *Entsorgungsmöglichkeit* nutzten. Kästner: Tödliche Geschichte(n), S. 353f. Allerdings ist auch hier fraglich, ob sie damit im Sinne des Toten entschieden.

dass dieser Topos[53] während des wiederholten Kopierens seiner Briefe eingefügt wurde, um sie mit neuen philosophischen Geisteshaltungen zu würzen und ihnen so zusätzliche Aktualität zu verleihen. So äußerte zur selben Zeit auch der bayerische Illuminat Franz Xaver von Zwack in seinem fiktiven Testament den Wunsch, mit der Sektion seines Körpers der Gesellschaft zu nutzen. Doch auch bei ihm handelte es sich dabei um eine literarische Spielerei, mit der er sich als besonders aufgeklärt zu inszenieren versuchte.[54]

4.3 Exkurs: Zurück zu Hoym – Gespräch im Reich der Toten

Aus seiner Sicht musste sich Alexander Friedrich Georg von der Schulenburg das Leben nehmen, weil es nutzlos bzw. der Gesellschaft zur Last geworden war. Dies war jedoch eine sehr abstrakte Ursache. Auf einer konkreten Ebene begründete Schulenburg seinen Suizid, wie sein Umfeld auch, mit seinem Scheitern im Staatsdienst. Die in ihn gesetzten Erwartungen hatte er nicht erfüllen können. Durch falsche Entscheidungen als Minister hatte er sein Land und seinen König ins „Elend" gestürzt, „welches ich zu deutlich entstehen sehe und dem ich nicht abzuhelfen vermag".[55]

Schulenburg begründete seine Selbsttötung also damit, dass er im Staatsdienst gescheitert war. Was genau trieb ihn aber an diesem Umstand in den Suizid? Um dies zu verdeutlichen, ist ein Rückgriff auf den Fall des kursächsischen Grafen Karl Heinrich von Hoym sinnvoll, der ebenfalls als Staatsminister gescheitert war. Zwar hat Hoym, wie erwähnt, keine Aussagen in Bezug auf seine Motive hinterlassen; allerdings wurde ihm zumindest von außen sein Scheitern

[53] Der allgemeine Nutzen von Leichensektionen für die Gesellschaft wurde in der Publizistik Ende des 18. Jahrhunderts oft beschworen. Normalerweise galt das Augenmerk dabei aber vor allem verarmten Toten, da diese durch ihnen zuvor geleistete Hilfe noch in der Schuld der Gesellschaft stünden. Zu diesem „Prinzip der Tauschgerechtigkeit" siehe Baumann: Vom Recht auf den eigenen Tod, S. 162; Schreiner: Jenseits vom Glück, S. 35f.; Kästner: Tödliche Geschichte(n), S. 302f.

[54] Zwack wollte damit zeigen, dass er nicht dem Aberglauben der einfachen Leute anhing, die in der Sektion eine entehrende Strafe sahen, sondern sich im Geist der Aufklärung voll und ganz am Wohl der Allgemeinheit orientierte. Siehe das Testament in: Einige Originalschriften des Illuminatenordens, welche bey dem gewesenen Regierungsrath Zwack durch vorgenommene Hausvisitation zu Landshut den 11. und 12. Oktob. 1786 vorgefunden worden, München 1787, S. 115–117. Auf das Argument der „Orientierung am gesellschaftlichen Nutzen" bei Zwack weist auch hin Bähr: Der Richter im Ich, S. 241. Zu Zwack und dessen fiktiver Rechtfertigung des Suizids siehe Kap. VI. 1.

[55] GStA PK, I. HA, Rep 96, Nr. 223 E, Bl. 6, Abschiedsbrief Alexander Friedrich Georg von der Schulenburgs.

im Amt als Beweggrund unterstellt. Zwei Jahre nach seinem Suizid erschien ein sogenanntes *Totengespräch*, in dem der Sturz von Staatsmännern problematisiert wurde.[56] Die Literaturform des Totengesprächs war in der ersten Hälfte des 18. Jahrhunderts sehr beliebt. In der Regel trafen dabei zwei bedeutende verstorbene Persönlichkeiten, die eine wie auch immer geartete Gemeinsamkeit einte, im Totenreich aufeinander. Auf der Grundlage dieser Gemeinsamkeit entwickelte sich dann der Dialog.[57] Bis auf wenige Abweichungen handelt es sich bei dem vorliegenden Fall um ein typisches Beispiel dieser Gattung.[58]

Hoym kommt im Totenreich mit zwei weiteren „unartigen Staats-Ministern" zusammen, dem niederländischen Abenteurer Johan Willem van Ripperda und dem berühmten Kaufmann Joseph Süß Oppenheimer. Am „Steigen und Fallen" dieser Personen soll „die Caprice des Glückes sowohl, als dessen Tücke" deutlich werden. Gerade politische Themen wie der Aufstieg und Fall von Staatsmännern,[59] aber auch im weitesten Sinne religiöse Fragen, wie die Selbsttötungsproblematik, wurden in den Totengesprächen häufig verhandelt. Um den Reiz der Schriften – und die Verkaufszahlen – zu erhöhen, wählte man zusätzlich als Protagonisten oft über die Landesgrenzen hinaus bekannte Verbrecher.[60]

[56] Anonym: Merckwürdige Staats-Assemblée in dem Reiche derer Todten, zwischen einem gantz besondern Klee-Blat; oder Dreyen unartigen Staats-Ministern, Nemlich: Dem Duc De Ripperda, dem Grafen von Hoymb und dem Juden Süß-Oppenheimer, Amsterdam 1738.

[57] Allgemein zu dieser Literaturform, deren bekanntester Autor David Fassmann zwischen 1718 und 1739 monatlich die Zeitschrift „Die Gespräche in dem Reiche derer Todten" herausbrachte, siehe Käthe Kaschmieder: David Faßmanns „Gespräche im Reiche der Todten" (1718–1740). Ein Beitrag zur deutschen Geistes- und Kulturgeschichte des achtzehnten Jahrhunderts, Breslau 1934; Ludwig Lindenberg: Leben und Schriften David Fassmanns (1683–1766) mit besonderer Berücksichtigung seiner Totengespräche, Berlin 1937 (Historische Abhandlungen 8); Justyna M. Krauze: David Fassmanns Gespräche im Reiche derer Todten. Kultur- und literaturgeschichtliche Form und Wirkung, in: Studia Niemcoznawcze 22, 2001, S. 259–275.

[58] Im „Vorbericht" wird ausdrücklich auf das Vorbild David Fassmann hingewiesen. Zwar gibt es hier drei, statt normalerweise zwei Gesprächsteilnehmer, allerdings bleibt die klassische Form insoweit beibehalten, als immer nur zwei der Partner gleichzeitig miteinander sprechen. Möglicherweise hat der anonyme Autor „den Juden" Süß Oppenheimer noch während der Niederschrift nach dessen spektakulärer Hinrichtung am 4.2.1738 in das Werk integriert. Er tritt erst auf, als das Gespräch zwischen Hoym und Ripperda beendet ist. Dies bewirkt auch die ungewöhnlich Länge des Werkes (fast 200 statt normalerweise ca. 80 Seiten).

[59] Dazu Martens: Der patriotische Minister, S. 83–91.

[60] John Rutledge: The Dialogue of the Dead in Eighteenth-Century Germany, Bern/Frankfurt a. M. 1974, S. 32ff.; Hansjörg Schelle: Totengespräch, in: Klaus Kanzog (Hg.): Reallexikon der deutschen Literaturgeschichte, Bd.4, Berlin/New York 1984, S. 475–513, hier: S. 487, 506; Nils Eckhardt: Arzt, Medizin und Tod im Spiegel der von David Faßmann (1683–1744) in den Jahren 1718 bis 1739 herausgegebenen Zeitschrift „Gespräche

Das Totengespräch beginnt damit, dass Duc de Ripperda und Graf Hoym sich in einer Gegend der Unterwelt treffen, „wo sehr viele hoch in der Welt gestiegene, aber auch von dem Gipffel der Glückseligkeit wieder herabgestürtzte Staats-Minister ihren Aufenthalt zu haben pflegen".[61] Als sich ein Gespräch entwickelt, tauschen sie neben einigen Ansichten über das Wesen eines guten Staatsmanns auch einige Gedanken über den „Selbst Mord" aus. Hierbei werden verschiedene Aspekte deutlich, die bereits bei der Fremddeutung des Adels im Fall Arenswald zu sehen waren.

Als Hoym von seiner Tat berichtet, zeigt Ripperda Verständnis für sein Handeln: „Ja ich bekenne, mein lieber Hoymb! Wie ich manchmal selber an dem gewesen, daß ich mir das Leben, mit meiner eigenen Hand, habe nehmen wollen". Hoym allerdings bereut seine Entscheidung und äußert den Wunsch, statt durch seine eigene „durch des Henckers Hand gestorben" zu sein. Denn, so klagt er weiter, „[w]eit schändlicher aber bin ich, [...] weil ich das Unglück und Elend, in welches ich durch mein eigenes Verschulden gerathen, nicht mit Gedult und Standhafftigkeit ertragen, [...] sondern selber Hand an mich geleget, und mich erhencket habe".[62]

Zustimmend gibt Ripperda zu bedenken, dass ein Suizid zwar in der Tat schändlich sei, Hoym mit seiner Haltung allerdings nicht alleine stehe und sich in der Geschichte eine Vielzahl „von lauter solchen vornehmen Leuten" das Leben genommen habe.

> „Der Unterschied ist nur dieser, daß dergleichen Leute, die solches gethan, von denen Christen verfluchet werden, an statt daß sie, bey denen alten Heyden, in dem Ansehen gestanden, ob wären es die tapfersten und trefflichsten Gemüther, die man deswegen geehret, gerühmet und gelobet. [...] Mit gleichen Augen wird bey denen heutigen Heydnischen Nationen ein Mann angesehen, der die Courage hat, sich selber das Leben zu nehmen."[63]

in dem Reiche derer Todten", Düsseldorf 1987; Holger Dainat: Gespräche im Reiche der Toten unter den Spitzbuben. Literarische Bilder krimineller Karrieren im frühen 18. Jahrhundert, in: Karl Härter/Gerhard Sälter/Eva Wiebel (Hgg.): Repräsentationen von Kriminalität und öffentlicher Sicherheit. Bilder, Vorstellungen und Diskurse vom 16. bis zum 20. Jahrhundert, Frankfurt a. M. 2010, S. 309–340.

[61] Anonym: Merckwürdige Staats-Assemblée in dem Reiche derer Todten, S. 1.

[62] Ebd., S. 2f.

[63] Ebd., S. 3f.

Abbildung 8: Titelkupfer aus dem Totengespräch. Im mittleren Bildhintergrund ist der am Strang hängende Graf Karl Heinrich von Hoym zu sehen, vorne rechts Duc de Ripperda und im Galgenkäfig oben rechts der Jude Süß Oppenheimer. In der Bildmitte künden musizierende Dämonen vom Reich der Toten.

Auch in Japan beispielsweise werde ein Mensch, der sich in einer ausweglosen Notlage das Leben nehme, „von einem jedweden gerühmet und hochgehalten, auch unter die Zahl derer wahrhafftig Seligen gerechnet".[64] Das Totengespräch rekurriert also explizit auf die Vorstellung eines ehrenrettenden Suizids, der in aussichtsloser Lage als Ausdruck von „Courage" bewundert werde. Hoym wird auch genau diese Haltung zugeschrieben, indem er eingesteht: „Mit dergleichen Principiis war auch ich angefüllet, seit dem ich in Ungnade gefallen." Nun jedoch, „mit der Autorität der Toten",[65] habe er erkannt, dass ein solcher vorsätzlicher Suizid eine schwere Sünde darstelle, „dafür man ewig büssen muß". Denn ausnahmslos jeder Christ habe die Pflicht, sein Schicksal bis zu seinem Tod standhaft zu ertragen. „Bedencke ich dieses recht, so weiß ich nicht, wo ich Trauer-Schleyer genug nehmen solle, meine Schande zu bedecken."[66]

Der Autor des Totengesprächs unterstellte Hoym demnach, er habe sein Leben beendet, weil er den falschen „Principiis" angehangen habe – mit dem Ziel, „von einem jedweden gerühmet und hochgehalten" zu werden. Genauso wie Arenswald wurde auch Hoym zugeschrieben, allein auf seine Ehre fixiert gewesen zu sein und alle christlichen Werte außer Acht gelassen zu haben. Ihn traf hierbei ebenfalls der adelstypische Vorwurf der „Gottlosigkeit".[67] Indem Hoym in der Welt der Toten seine falschen Überzeugungen dann aber plötzlich klar werden, deutete der Autor dessen Vorstellungen eindeutig als geistige Verirrung. Nur weil sie übersteigert war, konnte die Orientierung am adligen Ehrenkodex in den Suizid münden. So erkennt Ripperda – immerhin ein Herzog[68] – den heroischen Suizid Hoyms auch nicht als standesgemäß an und verdammt ihn wie jeden anderen „Selbst-Mord". Denn, so sagt seine Figur: „Man vergreiffet sich ja auf die erschrecklichste Art und Weise an seinem Schöpffer, Erlöser und Heiligmacher, über welche Beleidigung alle Engel und Heilige im Himmel weinen müssen, eben so sehr, als sich die Teuffel in der Hölle darüber erfreuen."[69] Anstatt sein Ansehen und das seiner Familie zu verteidigen, habe Hoym

[64] Ebd.

[65] Es war üblich, dass Verbrecher in den Totengesprächen in ihrer Argumentation die Seiten wechselten, um dann „ganz im Sinne der Ordnung" zu sprechen. Dazu DAINAT: Gespräche im Reiche der Toten unter den Spitzbuben, S. 331.

[66] ANONYM: Merckwürdige Staats-Assemblée in dem Reiche derer Todten, S. 4.

[67] Ebd.

[68] Zu seiner Person siehe Joop W. KOOPMANS: Die politische Haltung von Johan Willem Ripperda (1682–1737), in: Dick E. H. de BOER/Gudrun GLEBA/Rudolf HOLBACH (Hgg.): „... in guete freuntlichen nachbarlichen verwantnus und hantierung ...". Wanderung von Personen, Verbreitung von Ideen, Austausch von Waren in den niederländischen und deutschen Küstenregionen vom 13.–18. Jahrhundert, Oldenburg 2001, S. 163–204 (Oldenburger Schriften zur Geschichtswissenschaft 6).

[69] ANONYM: Merckwürdige Staats-Assemblée in dem Reiche derer Todten, S. 135.

sich „des Namens und der Verwandschafft eines so berümhten und vornehmen Hauses, aus dem er ernsprossen, völlig verlustig und unwürdig“ gemacht.[70]

Wie beim Hauptmann Gottlieb Georg Ernst von Arenswald so war auch bei Karl Heinrich von Hoym die Unterstellung eines Ehrensuizids ein Mittel, um Adelskritik zu äußern. So wurde Hoym ebenfalls eine krankhafte Ehrfixierung und mangelnde Religiosität vorgeworfen. Doch bemerkenswerterweise rief der Autor des Totengesprächs mit dieser Kritik nun selbst wiederum Kritik hervor. In einer zeitgenössischen genealogischen Zeitschrift wurde er beschuldigt, sich mit der Adelskritik persönlich bereichern zu wollen: Er müsse „ein hungeriger Bruder seyn, daß er in Verunglimpffung hoher Standes-Personen einen Gewinn suchet“.[71]

Bei Arenswald konnte gezeigt werden, dass die Zuschreibung von außen seiner Selbstdeutung widersprach und er keineswegs mit seinem Suizid seine Ehre zu retten glaubte. Wenn man im Fall Hoym aus Mangel einer Selbstdeutung auf Aussagen aus seinem Umfeld zurückgreift, zeigt sich auch bei ihm, dass von einer Ehrung der Selbsttötung keine Rede sein kann. Bei der Untersuchung der Dresdener Kommission gab es trotz des rein aristokratischen Umfelds an keiner Stelle Tendenzen, den Suizid Hoyms in irgendeiner Weise sozial zu achten oder gar zu fordern. Zwar war der Dresdner Hof darum bemüht, jeglichen Verdacht einer Mitschuld an der Selbsttötung Hoyms im Keim zu ersticken,[72] weshalb es nicht weiter verwunderlich ist, dass er hier nicht als Märtyrer stilisiert wurde. Allerdings findet sich auch an keiner Stelle die Vorstellung, Hoym habe zu Recht die Konsequenzen aus seinem verräterischen Handeln gezogen und so wenigstens noch ein angemessenes Ende gefunden. Man bezeichnete den Suizid als einen „unglücklichen Fall“[73] bzw. eine „unglückliche Vorfallenheit“[74], und Kurfürst Friedrich August II. sah im Tod, den Hoym „sich selbsten angethan“[75], gar eine „abscheulich[e] That“ bzw. einen „unmenschlichen Selbst-

[70] Ebd., S. 1.

[71] Anonym: Nachricht von dem Hochgräfl. Hoymischen Geschlechte, und denen jüngst daraus verstorbenen dreyen Grafen, in: Der Genealogisch-Historische Archivarius, Welcher alles, was sich unter den ietztlebenden Hohen Personen in der Welt an Geburten, Vermählungen, Avancements und Todes-Fällen veränderliches zuträgt, Mit Einrückung vieler Lebens-Beschreibungen, sorgfältig anmercket 8, 1738, S. 107–129, hier: S. 107.

[72] Alexander Kästner/Florian Kühnel: Am Leben scheitern. ‚Selbstmörder‘ als Verlierer und Verlorene der frühneuzeitlichen Gesellschaft?, in: Marian Nebelin/Sabine Graul (Hgg.): Verlierer der Geschichte. Von der Antike bis zur Moderne, Berlin 2008, S. 229–258 (Chemnitzer Beiträge zur Politik und Geschichte 4), hier: bes. S. 238ff.; Kühnel: Selbsttötung in der ‚Öffentlichkeit‘, bes. S. 200ff.

[73] HStA Dresden, 10026, Loc. 955/6, Bl. 380f., Oberstleutnant Römer an das Gouvernement Dresden, Königstein 23.4.1736.

[74] Ebd., Bl. 378f., Gouvernement an Oberstleutnant Römer, Dresden 23.4.1736.

[75] Ebd., Bl. 402–405, Kurfürstliche Order an den Herzog von Weißenfels, Warschau 28.4.1736.

Mord“[76]. Von einer wie auch immer gearteten Würdigung eines ehrenhaften Handelns findet sich keine Spur.

Auch das persönliche Umfeld Hoyms sah den Suizid als etwas Schändliches an. Kronprinz Friedrich von Preußen nannte ihn ein „mahlheur“ bzw. ein „fin tragique“.[77] Für die Angehörigen bedeutete die Selbsttötung ihres Verwandten einen Makel, den sie durch ihren persönlichen Einsatz beim Kurfürsten so gering wie möglich zu halten versuchten. Sie empfanden es etwa auch als äußerst ehrschädigend, dass der Kurfürstenhof die genauen Umstände der Tat in einem Mandat veröffentlichte und im ganzen Land anschlagen ließ. Gräfin Gisela Erdmuthe von Bothmar, eine Schwester Hoyms, bat den Kurfürsten gut zweieinhalb Monate nach Erscheinen des Mandats, es in ihren eigenen Gütern nicht anschlagen zu müssen. Als eine alte Frau würde sie dadurch in lebensbedrohliche „Gemüths-Bewegung“ geraten, außerdem würden ihre Untertanen so „zu mehrerer Bosheit und Verachtung“ gegen sie verleitet werden.[78] Kurfürst Friedrich August II. war allerdings sehr daran gelegen, die Informationen auch unter den Hoym'schen Untertanen zu verbreiten. Er ließ deshalb seinen zuständigen Oberamtshauptmann dafür Sorge tragen, dass alle Mitglieder der Familie das Mandat auf ihren Gütern vorschriftsmäßig, das heißt vor allem in ausreichender Zahl, anschlagen ließen.[79] Karl Heinrich von Hoym hatte seinem Namen mit seinem Suizid also keine Ehre gemacht, sondern dem Ansehen seiner Familie geschadet.

Graf Hoym war auch der Protagonist eines weiteren Totengesprächs, das sich stark auf das erste bezog und 1743 in London gedruckt wurde.[80] Darin gelangt der französische Kardinal André-Hercule de Fleury in die Welt der Toten und trifft dort auf die ins Gespräch vertieften ehemaligen Minister Hoym, Ripperda und Süß Oppenheimer. Nachdem sie gemeinsam einige allgemeine Probleme diskutiert haben, begleiten Hoym und Süß Oppenheimer den Kardinal auf seinem Weg durch die Unterwelt zum Tribunal von Minos, wo Fleury wegen seiner irdischen Verbrechen angeklagt und verurteilt wird. Zum Thema Selbsttötung werden kaum Aussagen gemacht, allein beim ersten Aufeinandertreffen der beteiligten Personen gibt Hoym als Motiv für seinen Suizid an, er

[76] Ebd., Loc. 956/8, Bl. 143–146, Kurfürstliche Order an die Kommission, Warschau 28.4.1736.

[77] Kronprinz Friedrich von Preußen an Manteuffel, Ruppin 29.4.1736, in: Preuss: Oeuvres, Bd. 25, S. 506–509, hier: S. 507.

[78] Ebd., 10024, Loc. 7190/15, Bl. 2f., Gräfin Bothmar an Friedrich August II., Radeburg 7.5.1737.

[79] Siehe dazu Kühnel: Selbsttötung in der ‚Öffentlichkeit', S. 196ff.

[80] Don Quevedo: A particular Account of Cardinal Fleury's Journey to the other World, and his Tryal at the Tribunal of Minos. Wherein several Secret Transactions Relating to the Affairs of Europe, During his Administration, Are brought to Light, and canvased. With a Curious Description of the Infernal Regions and their Inhabitants, London 1743.

habe sich erhängt, „to prevent a worse Fate".[81] Auch in diesem Totengespräch wurden Hoym also heroische Suizidmotive zugeschrieben.

Die Bedeutung von Ehre für den Adel wird im deutschen Totengespräch an einer weiteren Stelle noch einmal behandelt. Als besonders gravierend für einen Adligen wird hier ein Scheitern im Staatsdienst beschrieben. Das grundlegende Problem, so Ripperda, wenn ein „in der höchsten Gnade stehender Ministre fället", bestehe nämlich darin, „daß er nichts mehr ist, und weiter nichts bedeutet". Jeder, selbst der „geringste und ärmste Edelmann", fühle sich ihm überlegen, weshalb er ihn nur noch verachte und verspotte. Und während der gefallene Minister „bey Hofe nicht mehr angesehen" sei, stünden dem „ärmsten und schlechtesten Edelmann die Pforten und Thüren bey Hofe alle Tage offen".[82] Wer einem gestern noch die „tieffste Reverentz" erwiesen habe, so Graf Hoym, der tue nach dem Sturz so, „als wann er mich nicht siehet, oder gar nicht kennet".[83]

Als entscheidend für ein Scheitern im Staatsdienst wurde also der Verlust der persönlichen Ehre angesehen: Da Adlige am Hof „zu Gefässen derer Ehren" gemacht würden, so das Totengespräch weiter, könnten sie auch „leichtlich zerbrochen, und wieder zu nichts gemacht werden". Einen solchen Ehrverlust könne das menschliche Herz nicht verkraften und er führe daher dazu, dass der Betroffene „in die tiefeste Melancholie, oder in die gröste Verzweiffelung" gerate. Besonders die Aussicht auf einen langwierigen Gefängnisaufenthalt bringe einen gefallenen Minister schnell „in Schwermuth und Verzweiffelung".[84] Der Grund für suizidale Gedanken bei im Staatsdienst gescheiterten Adligen bestand nach dieser Sichtweise folglich darin, dass sie den Verlust an Ehre, den ihr Sturz zur Folge hatte und der sie hinter alle ihre Standesgenossen zurückstufte, nicht verkraften könnten. Als zerbrochene *Ehrgefäße* hätten sie alles verloren, worauf es am Hof ankomme.

Wie verbreitet diese Deutung zu dieser Zeit war, wird ebenfalls im nahezu zeitgleich erschienenen Artikel „Hof" in Zedlers *Universallexikon* deutlich (1735). Wie das Totengespräch entstammt auch dieser Artikel einem bürgerlichen Kontext und besitzt insgesamt einen hofkritischen Impetus. Vorgeblich eine Anweisung, wie man am Hof sein Glück finden kann, werden alle klassischen Topoi der Hofkritik als unabdingbare Eigenschaften von Hofleuten ange-

[81] Ebd., S. 5.
[82] Anonym: Merckwürdige Staats-Assemblée in dem Reiche derer Todten, S. 5f.
[83] Ebd.
[84] Ebd., S. 7, 10.

führt: Gottlosigkeit, Intrigen, Verstellung, Heuchelei.[85] Schließlich kommt der Autor auf den „Fall" von Staatsmännern zu sprechen:

> „Der Weg ist bey Hofe zu schlüpffrich. Wenn es am meisten um einen gläntzet, so gleitet man, oder fällt wohl gar, so, daß man nicht wieder aufzustehen vermag. [...] Vielleicht ist iemand da, der sich über unsere Leiche den Weg in des Fürsten Gnade bahnen will."[86]

Der Ehrverlust eines Ministers, so ließe sich nach der „Ökonomie der Ehre" formulieren, hatte also den sozialen Tod zur Folge.[87]

4.4 Bürokratischer Patriotismus

Vergleicht man die Deutung, die im Totengespräch in Bezug auf das Scheitern von Adligen im Staatsdienst vertreten wird, mit der Selbst- und Fremddeutung des Suizids im Fall Schulenburg, dann werden deutliche Unterschiede sichtbar. Schulenburg sah sich zur Selbsttötung gezwungen, weil er das von ihm selbst verschuldete „Elend" nicht mehr abwenden konnte. Sein Tod war aus seiner Sicht notwendig geworden, weil er sein Vaterland ins Unglück gestürzt hatte – man könnte daher sagen, er tötete sich aufgrund seines Patriotismus. Im Kapitel zu Friedrich dem Großen wurde gezeigt, wie das Ideal des Patriotismus in Preußen im Zuge des Siebenjährigen Krieges aufkam. Damit verbunden war die Forderung, jederzeit den Tod fürs Vaterland in Kauf zu nehmen, wenn dem preußischen Staat damit geholfen werden könne. Friedrich inszenierte sich in seinen Schriften und Briefen mit dem Otho-Motiv in diesem Sinne, indem er angab, einen Suizid für sein Vaterland begehen zu wollen.

Als sich Alexander Friedrich Georg von der Schulenburg am 16. Mai 1790 tötete, lag das Ende des Siebenjährigen Kriegs fast 30 Jahre zurück. Dass für seinen Suizid jedoch sein Patriotismus handlungsleitend wurde, zeigt, wie sehr sich der anfangs – etwa durch Thomas Abbt oder Johann Wilhelm Ludwig Gleim – stark programmatisch geführte Diskurs[88] mittlerweile ins preußische Bewusstsein gegraben hatte. In diesem aufgeklärten Patriotismus war das grundlegende

[85] Zu dieser Kritik im Zedler-Lexikon siehe MARTENS: Der preußische Minister, S. 99–105. Allgemein zu den klassischen „hofkritischen Topoi" siehe Helmuth KIESEL: „Bei Hof, bei Höll". Untersuchungen zur literarischen Hofkritik von Sebastian Brant bis Friedrich Schiller, Tübingen 1979 (Studien zur deutschen Literatur 60), bes. S. 5ff.

[86] Hof, in: ZEDLER: Grosses vollständiges Universallexicon, Bd. 13, Sp. 405–412, hier: Sp. 407.

[87] Vgl. hier Pierre BOURDIEU: Für einen anderen Begriff von Ökonomie, in: DERS.: Der Tote packt die Lebenden, Hamburg 1997, S. 79–100 (Schriften zu Politik und Kultur 2), hier: S. 81.

[88] So nimmt Ute FREVERT an, die patriotischen Schriften, Lieder und Gedichte hätten zunächst nur wenig Einfluss auf „den Denk- und Fühlhorizont seiner [das heißt Friedrichs] Zeitgenossen" gehabt. DIES.: „Herr über die Herzen"?, S. 47.

Motiv die Orientierung am Allgemeinwohl bzw. am gesellschaftlichen Nutzen – nur dass sich diese nicht auf ein allgemeines Menschenwohl, sondern auf den preußischen Staat und dessen Dynastie bezog.[89] Indem dieser Landes- oder Staatspatriotismus die absolute Unterordnung des Einzelnen unter das höhere Ziel – sogar bis in den Tod – forderte, kann man in gewisser Weise zu Recht davon sprechen, dass er „aggressiver" war als der ungleich ältere Reichspatriotismus.[90] In der Forschung wird zum Teil sogar von „Territorialnationalismus" gesprochen, um die radikalisierenden Tendenzen und die inhaltliche Nähe zum modernen Nationalismus zu betonen.[91] Für die europäische Großmacht Preußen spielte der Reichspatriotismus in der zweiten Hälfte des 18. Jahrhunderts nur noch eine marginale Rolle.[92]

Patriotismus und allgemeiner Nutzen waren Werte, nach denen der Einzelne sein Handeln nicht auf seine Interessen, sondern auf die der Allgemeinheit ausrichten sollte. Dies schloss gerade die Staatsbeamten mit ein.[93] Besonders

[89] Hierzu Günter Birtsch: Erscheinungsformen des Patriotismus, in: ders. (Hg.): Patriotismus, Hamburg 1989, S. 3–5 (Aufklärung 4/2); Demel: Reich, Reformen und sozialer Wandel, S. 179–186.

[90] So Schmidt: Geschichte des alten Reiches, S. 281f., der jedoch einräumt, dass auch der Reichspatriotismus „militante und fremdenfeindliche Züge" aufwies. Siehe hierzu außerdem Heinrich August Winkler: Der lange Weg nach Westen, Bd. 1, München 2000, S. 33–39; Walter Demel: Landespatriotismus und Nationalbewusstsein im Zeitalter der Aufklärung und Reformen, in: Archivalische Zeitschrift 88, 2006, S. 79–97.

[91] Damit soll unter anderem die verharmlosende Unterscheidung zwischen einem positiven frühneuzeitlichen Patriotismus und einem negativ-radikalen modernen Nationalismus überwunden werden. Dazu Wolfgang Burgdorf: „Reichsnationalismus" gegen „Territorialnationalismus". Phasen der Intensivierung des nationalen Bewußtseins in Deutschland seit dem Siebenjährigen Krieg, in: Dieter Langewiesche/Georg Schmidt (Hgg.): Föderative Nation. Deutschlandkonzepte von der Reformation bis zum Ersten Weltkrieg, München 2000, S. 157–189; Ute Planert: Wann beginnt der „moderne" deutsche Nationalismus? Plädoyer für eine nationale Sattelzeit, in: Jörg Echternkamp/Sven O. Müller (Hgg.): Die Politik der Nation. Deutscher Nationalismus in Krieg und Krisen, 1760–1960, München 2002, S. 25–59 (Beiträge zur Militärgeschichte 56).

[92] Durch den österreichisch-preußischen Dualismus spielte das Reich für die Großmächte eine wesentlich geringere Rolle als für die kleineren Reichsstände, die bis zum Ende des Alten Reiches ihre Stellung durch den Reichsverband zu sichern suchten. Daneben propagierten vor allem Reichspublizisten wie Friedrich Carl von Moser die Vorzüge des Reichspatriotismus. Dazu Michael Stolleis: Reichspublizistik und Reichspatriotismus vom 16. zum 18. Jahrhundert, in: Birtsch: Patriotismus, S. 7–23, hier: S. 17ff.; Anke Waldmann: Reichspatriotismus im letzten Drittel des 18. Jahrhunderts, in: Otto Dann/Miroslav Hroch/Johannes Koll (Hgg.): Patriotismus und Nationsbildung am Ende des Heiligen Römischen Reiches, Köln 2003, S. 19–61 (Kölner Beiträge zur Nationsforschung 9); Alexander Schmidt: Ein Vaterland ohne Patrioten? Die Krise des Reichspatriotismus im 18. Jahrhundert, in: Georg Schmidt (Hg.): Die deutsche Nation im frühneuzeitlichen Europa. Politische Ordnung und kulturelle Identität?, München 2010, S. 35–63 (Schriften des Historischen Kollegs 80).

[93] In Publizistik und Literatur hatte die patriotische Staatsdienerethik spätestens im letzten

in Österreich und Preußen entwickelte sich ein regelrechtes Beamtenethos, das im Geist der Aufklärung „die adeligen und bürgerlichen Administrationsangehörigen vereinte"[94]. 1783 forderte der Kameralwissenschaftler Georg Friedrich Lamprecht den Staatsbediensteten auf, dass er „mit edlem Eifer seine ganze Glückseligkeit darin setzt, in seinem Wirkungskreise die Pflichten seines Berufes zu erfüllen, und die Maße der allgemeinen Glückseligkeit zu vermehren". „Jede andere Pflicht hört auf, ihm Pflicht zu seyn, so sehr sein fühlendes Herz oft sich dagegen empören mag, sobald eine heiligere Pflicht ihn ruft, des Staats zu befördern".[95]

Man kann in diesem Zusammenhang geradezu von einem „Bürokratischen Patriotismus" sprechen, dessen Idealvorstellung nach der Staatsdiener sein gesamtes Handeln auf sein Amt auszurichten und seine Pflicht um jeden Preis zu erfüllen hatte.[96] So wandte sich beispielsweise Kaiser Joseph II. 1783 in seinem berühmten „Hirtenbrief" gegen den möglichen „Eigennuz" seiner Beamten und forderte, dass „jeder wahre diener des staats [...] nie auf sich zuruksehen, nach seinem persönlichen interesse" handeln dürfe. Explizit verlangte der Kaiser von seinen Beamten, ihr vordringlichstes Motiv solle nicht die Erlangung von Ehre, ihr „honorificum", sondern „die bedienung des staats" sein. Daher erwartete er von ihnen auch, dass sie ihr Amt nur solange ausführten, wie sie sich dazu im Stande sahen, und andernfalls zurücktraten.[97] Wie man am Fall Schulenburg sehen kann, konnte das Pflichtgefühl gegenüber dem Vaterland sogar in die Selbsttötung treiben.

Doch statt eines Versagens im Patriotismus führte das Totengespräch allein die persönliche Ehre als Motiv für suizidale Gedanken gefallener Staatsmänner ins Feld. Sie könnten es nicht ertragen, durch ihren Sturz ihre Stellung einzubüßen und somit hinter den „ärmsten und schlechtesten Edelmann" bei Hofe zurückzufallen. Deutlich ist daran zu sehen, wie sehr sich das Verständnis von den Aufgaben und Pflichten eines Ministers in der Aufklärung gewandelt hatte. Im Totengespräch aus den 1730er Jahren – und auch im Zedlerartikel zum Hof – findet sich keine Spur eines selbstlosen und uneigennützigen Staatsdiener-

Drittel des 18. Jahrhunderts eine enorme Konjunktur. Dazu MARTENS: Der patriotische Minister, S. 22f., 171–254.

94 HELLMUTH: Der Staat, S. 23.

95 Zitiert nach ebd.

96 So in Bezug auf Österreich Harm KLUETIN: „Bürokratischer Patriotismus". Aspekte des Patriotentums im theresianisch-josephinischen Österreich, in: BIRTSCH: Patriotismus, S. 37–52.

97 „Grundsätze" „für jeden diener des staats". („Hirtenbrief". 1783), in: Friedrich WALTER (Hg.): Die Österreichische Zentralverwaltung, 2. Abt. Von der Vereinigung der Österreichischen und Böhmischen Hofkanzlei bis zur Einrichtung der Ministerialverfassung (1749–1848), Bd. 4. Die Zeit Josephs II. und Leopolds II. (1780–1792). Aktenstücke, Wien 1950, S. 123–132. Zu dieser Anweisung Kaiser Josephs II. siehe MARTENS: Der patriotische Minister, S. 24ff.; KLUETIN: „Bürokratischer Patriotismus", S. 48ff.

ethos, wie es sich ab der Mitte des 18. Jahrhunderts immer stärker durchsetzte. Hier ging es allein darum, am Hof sein Glück zu machen und die persönliche Ehre zu vermehren.[98]

Zwar ist auch bei Schulenburg nicht auszuschließen, dass Ehre bei seinem Entschluss zur Selbsttötung eine gewisse Rolle gespielt hat. Denn immer stärker speiste sich im Verlauf der Frühen Neuzeit die adlige Ehre aus dem Fürstendienst.[99] Politischer Misserfolg musste dann im Umkehrschluss zwangsläufig zu einem Verlust an Ehre führen.[100] Dieses Motiv spielte allerdings weder in seiner Selbst- noch in der Fremdbeschreibung eine Rolle. Einzig das Versagen in seinem Patriotismus und das daraus resultierende „Elend“, das er auf sein Vaterland zukommen sah, erzwangen die Selbsttötung.

Dabei war Schulenburg in seinem Patriotismus noch ganz dem politischen Denken des *Aufgeklärten Absolutismus* verhaftet, wie es etwa auch Friedrich II. von Preußen geteilt hatte.[101] Denn sein Patriotismus bezog sich nicht auf einen abstrakten Staat, sondern ganz konkret auf den Fürsten als Repräsentanten und Bewahrer des Vaterlandes. Schulenburg verstand sich weniger als Staatsbeamter denn als persönlicher Diener seines Königs[102] – und noch in seinem letzten Augenblick bezeugte er seine Treue. Denn er habe, so berichtete Kiesewetter in einem seiner Briefe an Kant, sich „vor dem Bildnisse des verstorbenen Königs“ erschossen, „das auch ganz mit Blut u[nd] Gehirn besprützt war“.[103] Und auch Schulenburgs Witwe betonte in ihrem Schreiben, was für ein treuer Diener des Königs und des Staates Schulenburg gewesen war.[104]

[98] Zu diesem Umschwung im Denken siehe MARTENS: Der patriotische Minister, bes. S. 101–119.

[99] Ronald G. ASCH: Honour in all Parts of Europe will be ever like itself. Ehre, adlige Standeskultur und Staatsbildung in England und Frankreich im späten 16. und im 17. Jahrhundert: Disziplinierung oder Aushandeln von Statusansprüchen?, in: DERS./ Dagmar FREIST (Hgg.): Staatsbildung als kultureller Prozess. Strukturwandel und Legitimation von Herrschaft in der Frühen Neuzeit, Köln/Weimar/Wien 2005, S. 353–379; DERS.: Staatsbildung und adlige Führungsschichten; DERS.: Europäischer Adel in der Frühen Neuzeit, S. 34ff.; SIKORA: Der Adel in der Frühen Neuzeit, S. 52–61; WREDE: Vom Hochadel bis zum Halbadel; Hillard von THIESSEN: Diplomatie vom *type ancien*. Überlegungen zu einem Idealtypus des frühneuzeitlichen Gesandtschaftswesens, in: DERS./ Christian WINDLER (Hgg.): Akteure der Außenbeziehungen. Netzwerke und Interkulturalität im historischen Wandel, Köln/Weimar/Wien 2010, S. 471–503 (Externa 1), hier: S. 485.

[100] Siehe hierzu WREDE/CARL: Adel zwischen Schande und Ehre, S. 11.

[101] Vgl. hierzu Kap. III. 4.

[102] Damit war er auch Ende des 18. Jahrhunderts keineswegs eine Ausnahme. Vgl. MARTENS: Der patriotische Minister, S. 8.

[103] Kiesewetter an Kant, Berlin Mai 1790, in: KANT: Briefwechsel, Bd. 2, S. 160–164, hier: S. 163. Eine Antwort Kants ist nicht überliefert.

[104] GStA PK, I. HA, Rep 96, Nr. 223 E, Bl. 5, Elisabeth A.C. von der Schulenburg an Friedrich Wilhelm II., Berlin 16.5.1790.

Man kann also nicht davon sprechen, dass der Suizid in der Selbstdeutung Schulenburgs ein letztes Aufbäumen aristokratischer Autonomiebestrebungen bzw. die „letzte Bewährung persönlicher Freiheit“[105] war, die sich der Adel – wie beim Duell – trotz obrigkeitlicher Disziplinierungsversuche zu bewahren versuchte.[106] Motiv war nicht, sich einem als unstandesgemäß empfundenen obrigkeitlichen Zugriff durch eine Flucht in den Tod zu entziehen. Vielmehr zeigt sich, dass gerade das Scheitern im Staatsdienst Motiv für den Suizid eines Adligen sein konnte.[107] Deutlich ist daran zu erkennen, wie stark auch der Adel[108] selbst die Einbindung in den Staat internalisiert hatte und wie wenig sie als ein Disziplinierungsversuch durch den absoluten Fürsten wahrgenommen wurde.[109] Anders gewendet: Die Disziplinierung im Sinne einer absolutistischen Ethik war nahezu vollkommen zur Selbstdisziplin des adligen Staatsbeamten geworden – und damit der selbstlose Einsatz für den Staat zur fundamentalen Tugend.[110] Zunehmend legitimierte sich ein Großteil des Adels über seinen Nutzen für die Staatsmaschine.[111] „Das soziale Selbstverständnis

[105] So deutet Heinrich Popitz den Suizid: „Wer sich selbst tötet, entzieht sich aller Unterwerfung.“ Ders.: Gewalt, in: ders.: Phänomene der Macht, 2., stark erw. Aufl., Tübingen 1992, S. 43–78, hier: S. 59.

[106] Zu diesem Bedeutung des Duells als Ausdruck adliger Autonomie siehe Sikora: Der Adel in der Frühen Neuzeit, S. 138f.; Kiernan: The Duel in European History, S. 135; Manning: Swordsmen, S. 195; Dilcher: Der alteuropäische Adel, S. 67; Frevert: Ehrenmänner, S. 30ff.; Jeremy Horder: The Duel and the English Law of Homicide, in: Oxford Journal of Legal Studies 12, 1992, S. 419–430, hier: bes. S. 427ff.

[107] Vgl dazu auch MacDonald/Murphy: Sleepless Souls, S. 276f., 280f.

[108] Dazu ist zu sagen, dass es *den* preußischen Adel auch im 18. Jahrhundert nicht gab. Der Regionalismus des landsässigen Adels war zum Teil stark ausgeprägt, was eine Identifikation mit Preußen und dem Königshaus erschwerte. Wolfgang Neugebauer: Der Adel in Preußen im 18. Jahrhundert, in: Asch: Der europäische Adel im Ancien Régime, S. 49–76.

[109] Zu dieser Einbindung besonders in Preußen siehe Rudolf Vierhaus: Vom aufgeklärten Absolutismus zum monarchischen Konstitutionalismus. Der deutsche Adel im Spannungsfeld von Revolution, Reform und Restauration (1789–1848), in: ders.: Deutschland im 18. Jahrhundert, S. 235–248, hier: bes. S. 239ff. Für Österreich siehe Kluetin: „Bürokratischer Patriotismus“.

[110] Vgl. hierzu Schulze: Gerhard Oestreichs Begriff „Sozialdisziplinierung in der Frühen Neuzeit“, bes. S. 284–291.

[111] „Das Erfordernis einer funktionalen Legitimation unterwirft auch den Adel einer rationalen Verfügung im Dienste des Staatszwecks, die unter Umständen auf dessen überlieferte Rolle keine Rücksicht mehr nimmt. [… Ü]bernimmt der Adel keine neue Funktion im Staat, so trifft ihn das Verdikt, ein unnützes und damit schädliches Teil der Staatsmaschine zu sein.“ Stollberg-Rilinger: Der Staat als Maschine, S. 120. Zur Kritik an der *Unnützlichkeit* des Adels im 18. Jahrhundert außerdem Werner Conze: Adel, Aristokratie, in: Geschichtliche Grundbegriffe 1, 1972, S. 1–48, hier: S. 24; Klaus Bleeck/Jörn Garber: Adel und Revolution. Deutsche Adelstheorien im Zeichen der Französischen Revolution (1789–1815), in: Das achtzehnte Jahrhundert 13, 1989, S. 79–107; Endres: Adel in der frühen Neuzeit, S. 52–55.

solcher gebildeter Beamten-Eliten speiste sich nicht mehr aus der Zugehörigkeit zu einer ständischen Korporation, sondern aus der Nähe zur Staatsgewalt, als deren Instrument man sich empfand: als Diener am Gemeinwohl, jenseits aller Partikularinteressen", so hat dies Barbara Stollberg-Rilinger formuliert.[112]

Der Adel identifizierte sich in hohem Maße mit seiner Rolle in Militär und Verwaltung, und ein Scheitern in dieser Rolle wurde zu einem Scheitern des eigenen Selbstbildes. Auch Friedrich Wilhelm II. selbst sah sich offensichtlich nicht durch den Suizid seines Ministers in seiner Herrschergewalt angegriffen.[113] Anstatt die Tatsache des *Selbstmords* zur öffentlichen Diskreditierung zu nutzen, wie es Kurfürst Friedrich August II. nach dem Suizid Karl Heinrich von Hoyms 1736 getan hatte, suchte der preußische König sie zu verheimlichen und Schulenburg so zu schützen. Indem er in seiner Erklärung den „Diensteifer" des Ministers herausstellte, machte er deutlich, dass Schulenburg ganz im Sinne der patriotischen Staatsdienerethik gehandelt hatte.

4.5 Adel und Waffensuizid

In einem seiner Briefe berichtete Kiesewetter, Schulenburg habe sich seine Pistolen bereits fünf Wochen vor seiner Selbsttötung beschafft und sie die ganze Zeit über in seinem Schreibtisch aufbewahrt.[114] Offensichtlich lag ihm etwas daran, sich nicht irgendwie, sondern auf eine ganz bestimmte Art und Weise das Leben zu nehmen – nämlich mit einer Waffe. In der historischen Forschung wird davon ausgegangen, dass der Ehrenkodex dem Adel eine bestimmte „etiquette" für die Ausführung einer Selbsttötung vorgeschrieben habe. Nur wer diese „rites of honourable suicide" befolgte, habe seine Ehre retten können.[115] „Der Ehrenkodex für männliche Adlige akzeptierte nur den

[112] Stollberg-Rilinger: Die Aufklärung, S. 91.

[113] Es ist umstritten, ob die Obrigkeiten den Suizid von Untertanen überhaupt als „Negation ihres Herrschaftsanspruchs" und damit als „Majestätsverbrechen" ansahen, wie dies etwa Pfannkuchen annimmt. Ders.: Selbstmord und Sanktionen, S. 52ff. Ähnl. auch Lederer: Madness, Religion and the State, S. 249; Neumeyer: Anomalien, Autonomien und das Unbewusste, S. 132ff. Dagegen zum Beispiel Lind: Selbstmord in der Frühen Neuzeit, S. 271. Allgemein wird in der kriminalitätshistorischen Forschung jedenfalls davon ausgegangen, dass „ein Gesetzesbrecher mit seinem abweichenden Verhalten die verletzte Norm nicht grundsätzlich in Frage [stellte]". Schwerhoff: Aktenkundig und gerichtsnotorisch, S. 144.

[114] Kiesewetter an Kant, Berlin Mai 1790, in: Kant: Briefwechsel, Bd. 2, S. 160–164, hier: S. 163.

[115] MacDonald/Murphy: Sleepless Souls, S. 184ff. So auch Minois: Geschichte des Selbstmords, S. 274ff.; Edwards: Modelling Roman Suicide?, S. 216; Morrissey: Suicide and the Body Politic in Imperial Russia, S. 51ff.

Pistolenschuss (oder allenfalls einen Stich mit dem Degen) als standesgemäße Art, aus dem Leben zu scheiden", so fasst Vera Lind diese „Regeln eines ‚ehrenhaften' Selbstmords" zusammen.[116]

Im Verlauf dieser Arbeit konnte jedoch gezeigt werden, dass es einen heroischen Suizid im frühneuzeitlichen Adel nicht gab. Niemals tötete sich ein Adliger, um damit seine verlorene Ehre zurück zu gewinnen, und niemals wurde eine vollzogene Selbsttötung von den Standesgenossen als eine dem Ehrenkodex angemessene Handlung gewürdigt. Zugleich hat sich aber auch eine deutliche Affinität des Adels zum Waffensuizid gezeigt. In allen bisherigen – und allen kommenden – Fällen, Karl Heinrich von Hoym und Franz Anton Rabe von Pappenheim ausgenommen, tötete sich der adlige Suizident mit einer Schusswaffe. Und die Ausnahmen Hoym und Pappenheim lassen sich wiederum damit erklären, dass es sich bei den beiden um Inquisiten handelte, die im Gefängnis keinen Zugang zu einer Waffe hatten.[117] Hoym erhängte sich daher mit seinem Schnupftuch an einem Haken in der Wand, Pappenheim mit seinen Leinenstrümpfen an den Gitterstäben seines Zellenfensters. Doch auch bei Hoym wird eine Präferenz für den Waffensuizid deutlich. Fünf Monate vor seinem Suizid, als er auf seinem Gut Lichtenwalde unter Hausarrest stand, hatte er bereits ein erstes Mal versucht, sich das Leben zu nehmen. Damals verwendete er dazu eine Pistole, die er offenbar ständig geladen in seinem Zimmer bereit hielt.[118]

Adlige Waffensuizide lassen sich immer wieder nachweisen. So wurden etwa alle von Vera Lind recherchierten Selbsttötungen von Adligen in den Herzogtümern Schleswig und Holstein mit Waffen vollzogen.[119] Auch der kurbayerische Diplomat Graf Ferdinand Solar de Monasterol tötete sich im Jahr 1717 mit einer Schusswaffe.[120] Der preußische Premierleutnant von Diebitsch (1758),[121] der kursächsische Hauptmann Carl la Chapelle (1777)[122] und der mecklenburgi-

[116] Lind: Selbstmord in der Frühen Neuzeit, S. 318.

[117] In der für den Fall Pappenheim relevanten Gerichtsordnung für Hessen-Kassel aus dem Jahr 1748 wurde ausdrücklich festgelegt, dass alle Delinquenten auf mögliche Suizidwerkzeuge hin untersucht werden sollten. Peinliche Gerichts-Ordnung vom 23sten April 1748, S. 435.

[118] Dazu Pichon: Vie de Charles-Henry Comte de Hoym, Bd. 1, S. 123ff.

[119] Lind: Selbstmord in der Frühen Neuzeit, S. 325.

[120] Linda Frey/Marsha Frey: Solar, Comte de Monasterol (Solaro Conte di Monasterolo), Ferdinand, in: dies. (Hgg.): The Treaties of the War of the Spanish Succession. An Historical and Critical Dictionary, Westport 1995, S. 413f.

[121] GStA PK, I. HA, Rep 96, Nr. 98 H, Prinz Moritz von Anhalt-Dessau, Moritz von Anhalt-Dessau an Friedrich II., Friedland 25.3.1758.

[122] Chapelle hatte zuerst seiner Geliebten mit einem Messer die Kehle durchgeschnitten und anschließend sich selbst erschossen. Kästner: Tödliche Geschichte(n), S. 285f.

sche Hauptmann Johann Friedrich von Zehmen (1787)[123] setzten ihrem Leben alle mit einer Pistole ein Ende. Dasselbe gilt für drei kurhannoversche Offiziere, die sich mit ihren Regimentern in Diensten der Ostindischen Kompanie befanden:[124] Friedrich August von Berger erschoss sich 1787 im Fort St. George in Arcot, Anton Carl von Dachenhausen und Ernst von Dachenhausen erschossen sich in Madras (1785 bzw. 1789).[125] Schließlich töteten sich auch die drei Adligen, deren *Biographien* Johann Albrecht verfasste, alle mit Waffen.[126]

Im Sinne einer „materialistischen Anthropologie"[127] ließe sich argumentieren, die enge Verbindung von Adel und Waffensuizid resultiere aus der einfachen Tatsache, dass vor allem der Adel – etwa im Gegensatz zur ländlichen Gesellschaft – über den Zugang zu Waffen verfügte. Seine Bevorzugung für den Suizid mit der Waffe habe demnach keinen symbolischen, sondern einen rein „trivialen Charakter".[128] Dazu ist erst einmal zu sagen, dass Handlungen nie

[123] HStA Dresden, 10079, Loc. 30736, Vol. IV, Unglücks- und andere außerordentliche Vorfälle btr.

[124] Die Ostindische Kompanie hatte den Kurfürsten von Hannover und König von England Georg III. um Hilfe im Kampf gegen Frankreich in Vorderindien gebeten. 1781 wurden zwei Infanterieregimenter für acht Jahre auf die Ostindische Kompanie verpflichtet und nach Indien verlegt. Nachdem am 1. Januar 1783 in Versailles zwischen England und Frankreich Frieden geschlossen worden war, wurden die hannoverschen Regimenter weiter im Kampf gegen indische Fürsten eingesetzt. Erst 1792 kehrten die letzten Soldaten nach Europa zurück. Insgesamt überlebte nur rund ein Drittel aller Soldaten den Einsatz. Dazu Ernst Ritter: Hannoversche Regimenter in fremdem Sold, in: Norddeutsche Familienkunde 1, 1952, S. 53–55, 71–74, 99–101.

[125] Ebd., S. 99. Die Art ihres Todes wird im Feldkirchenbuch des Regiments genannt: HStA Hannover, Hann. 83 VI Nr. 171, Feldkirchenbuch des 15., ehemals 16. Infanterieregiments, Nr. 315 (Bl. 53), Nr. 411 (Bl. 51), Nr. 477 (Bl. 58). Über Ernst von Dachenhausen ist außerdem bekannt, dass er schon zuvor „einige Wochen leichtsinnig und schwermütig", an seinem Todestag „aber sehr unruhig gewesen" sei. Nachdem er einigen Freunden etwa eine Stunde beim Whist-Spielen zugesehen hatte, ging er in seine Stube und tötete sich mit einem Pistolenschuss in die Schläfe. HStA Hannover, Cal. Br. 15 Nr. 848, Protokoll über den zu Madras erfolgten Selbstmord des Leutnants Ernst von Dachenhausen vom 15. Regiment.

[126] Ein „Graf von A." stürzte sich in seinen Degen, ein „Lord Pisport" und ein „Herr von P." erschossen sich mit ihren Pistolen. Johann Friedrich Ernst Albrecht: Neue Biographien der Selbstmörder, 4 Bde., Neue Auflage, Leipzig/Frankfurt 1800, hier: Bd. 1, S. 21–39, 115–137.

[127] Dazu Wolfgang Reinhard: Manchmal ist eine Pfeife wirklich nur eine Pfeife. Plädoyer für eine materialistische Anthropologie, in: Saeculum 56, 2005, S. 1–16.

[128] Ebd., S. 1. Auch Reinhard würdigt die Beachtung symbolischen Verhaltens als eine der großen Errungenschaften in der Geschichtswissenschaft der letzten Jahrzehnte. Allerdings plädiert er für eine stärkere „Berücksichtigung der materiellen Dimension des menschlichen Lebens". Genauso ders.: Die Anthropologische Wende der Geschichtswissenschaft, in: Andreas Wagner (Hg.): Anthropologische Aufbrüche. Alttestamentliche und interdisziplinäre Zugänge zur historischen Anthropologie, Göttingen 2009, S. 77–102 (Forschungen zur Religion und Literatur des Alten und Neuen Testaments 232).

entweder instrumentell oder symbolisch sind, sondern jedes menschliche Handeln immer sowohl instrumentelle als auch symbolische Dimensionen aufweist – allerdings in zum Teil stark unterschiedlicher Gewichtung.[129] So kann beim Umgang mit Waffen ebenfalls die Symbolik nicht von der materiellen Basis, etwa den technischen Entwicklungen, getrennt werden.[130] Auch im Fall des Suizids mit Waffen im frühneuzeitlichen Adel ist die symbolische Bedeutung unverkennbar. Denn dass Waffen ein spezifisches Merkmal adliger Standesqualität waren, steht außer Frage. Die gesamte Frühe Neuzeit hindurch – und darüber hinaus – legitimierte sich ein Großteil des Adels über seine militärische Bedeutung. „Das Selbstbild als Kriegerstand zählte zum Kernbestand der kollektiven Identität des männlichen Adels", wie Michael Sikora pointiert schreibt.[131] Wie bereits erwähnt, gehörte es in vielen Territorien des Alten Reiches zu den Privilegien des Adels, bei der Verurteilung zum Tod nicht gehängt, sondern mit dem Schwert hingerichtet zu werden. Auch hier wurde der Tod durch eine Waffe als besonders ehrenvoll angesehen.[132] Genauso machte die Verwendung von Waffen ein Duell unter Adligen besonders ehrenhaft und hob es über die gewaltsamen Auseinandersetzungen *gemeiner Menschen*.[133]

So muss der Umstand, dass auch im Militär ab Mitte des 18. Jahrhunderts Waffensuizide häufiger vorkamen, nicht zwangsläufig materialistisch mit der dort vorherrschenden „potentielle[n] Verfügbarkeit von Schusswaffen" erklärt werden.[134] Auch im militärischen Bereich gab es einen besonderen Waffenkult und auch hier war das Tragen von Waffen ein symbolisches Distinktionsmerk-

[129] Zu diesem Verständnis von Symbolischer Kommunikation siehe grundlegend Barbara STOLLBERG-RILINGER: Symbolische Kommunikation in der Vormoderne. Begriffe – Thesen – Forschungsperspektiven, in: ZHF 31, 2004, S. 489–527, hier: bes. S. 497f.; sowie jüngst Matthias KÖHLER: Strategie und Symbolik. Verhandeln auf dem Kongress von Nimwegen, Köln/Weimar/Wien 2011 (Externa 3), bes. S. 30–36.

[130] Dazu vor allem für die Frühe Neuzeit Urte EVERT: „Gute Sach stärkt den Mann." Sachkundliche Überlegungen zu symbolischen Funktionen der frühneuzeitlichen Militärwaffen, in: Militär und Gesellschaft in der Frühen Neuzeit 13, 2009, S. 50–74 (Themenheft „Militär und materielle Kultur in der Frühen Neuzeit"); DIES.: Soldatenbraut und Mannesehre. Geschlechterspezifische Symbolisierungen und Zuordnungen militärischer Waffen, in: Klaus LATZEL/Franka MAUBACH/Silke SATJUKOW (Hgg.): Soldatinnen. Gewalt und Geschlecht im Krieg vom Mittelalter bis heute, Paderborn u. a. 2011, S. 65–94 (Krieg in der Geschichte 60).

[131] SIKORA: Der Adel in der Frühen Neuzeit, S. 55–58. Vgl. außerdem STORRS/SCOTT: The Military Revolution and the European Nobility, S. 28ff.; MANNING: Swordsmen; ENDRES: Adel in der frühen Neuzeit, S. 106–110; ASCH: Europäischer Adel in der Frühen Neuzeit, S. 193–234.

[132] Siehe mit weiterführender Literatur Kap. I. 3 und V. 5.

[133] Zur symbolischen Bedeutung von Waffen für das frühneuzeitliche Duell siehe Jennifer A. LOW: Manhood and the Duel. Masculinity in Early Modern Drama and Culture, New York 2003, bes. S. 19ff.; FREVERT: Ehrenmänner, S. 25; SHOEMAKER: The Taming of the Duel, S. 529; KIERNAN: The Duel in European History, S. 141ff.

[134] Nach dem Befund von Alexander KÄSTNER wurde zwischen 1754 und 1817 ca. die Hälf-

mal.[135] Darüber hinaus entstammte der soldatische Ehrbegriff der Welt des Adels und hatte sich mit dem Aufkommen der stehenden Heere auf den gesamten Soldatenstand übertragen.[136] Der Schlachtentod war nicht mehr nur für den Adligen ehrenvoll, sondern auch für jeden Soldaten, der für sein Vaterland starb.[137] Genauso war etwa auch die Ausbreitung des Duells unter bürgerlichen Studenten ein „Ausdruck aristokratischen Lebensstils".[138] Somit kann davon ausgegangen werden, dass der Waffensuizid auch im Militär einen eminent symbolischen Aspekt besaß.

Ebenfalls gegen eine rein materialistische Erklärung spricht, dass offensichtlich nicht alle Adligen von vornherein im Besitz einer Schusswaffe waren, sondern sich diese eigens für ihren Suizid beschaffen mussten – wie etwa auch Alexander Friedrich Georg von der Schulenburg. Dies war sogar beim Hauptmann der Dresdner Leibgrenadiergarde Gottlieb Georg Ernst von Arenswald der Fall, also immerhin einem Militärangehörigen. Nach seinem Suizid erklärte Arenswalds Bediensteter David Haendel, er wisse nicht, „woher sein Dienstherr die Pistolen" bekommen, weil „dergleichen er nicht gehabt" habe.[139] Allgemein herrschte in der Öffentlichkeit Verwunderung darüber, dass es Arenswald möglich gewesen war, sich die Pistolen zu beschaffen.[140] Angeblich hatte er sie am Tag vor seinem Suizid gekauft.[141]

Offensichtlich war es dem Adel in der Tat wichtig, sich mit einer Waffe das Leben zu nehmen. In der Antike galt der Waffensuizid als besonders ehrenvoll und war daher allein Adligen und Soldaten vorbehalten.[142] Sich zu erhängen war dagegen vor allem die Suizidmethode derjenigen, die über keine adlige Ehre verfügten: Frauen, Sklaven und Feiglinge.[143] Und auch in der Frühen Neuzeit hatte die adlige Selbsttötung eine ganz spezifische Form – und diese Form verwies in ihrer Symbolik auf das traditionelle Selbstverständnis des Adels als

te der Suizide der Militärangehörigen (17 von 32) mit einer Schusswaffe verübt. Ders.: „Desertionen in das Jenseits", S. 108f.

135 Mit weiterführender Literatur Evert: „Gute Sach stärkt den Mann.", S. 61–65.

136 Kaiser: Zwischen „ars moriendi" und „ars mortem evitandi", S. 336–338. Vgl. außerdem Nowosadtko/Möbius: Schule der Helden.

137 Vgl. hier etwa die Ausbildung der Patriotismusvorstellungen in Preußen. Dazu Kap. III. 2.

138 Bähr: Der Richter im Ich, S. 48.

139 HStA Dresden, 11326, Nr. 1748, Bl. 1–14^r, Bericht des Oberauditeurs Carl Christoph Friederici, Dresden 30.9.1781.

140 In einem von Dorothea Henriette von Runckel in ihrer „Sammlung freundschaftlicher Originalbriefe" herausgegebenen Schreiben hieß es: „Niemand weiß, wo er die Pistolen hergenommen, weil er niemals welche besessen hat." Dies.: Sammlung freundschaftlicher Originalbriefe, S. 165.

141 Anonym: Authentische Briefe, S. 56.

142 Anton J. L. van Hooff: From Autothanasia to Suicide. Self-Killing in Classical Antiquity, London/New York 1990, S. 47–54.

143 Ebd., S. 64–72.

eines herausgehobenen Standes. Charles Moore fasste diesen Umstand 1790 zusammen, indem er feststellte, „people of fortune, rank and consequence [...] preferring a more gentleman-like exit by means of the sword or pistol", wohingegen „suicide by hanging" in erster Linie bei Menschen „of low or middling rank" vorkomme.[144]

Weiterhin kolportierte Moore den Ausspruch eines englischen „gentleman", der, als er vom Suizid eines Standesgenossen durch Erhängen hörte, gesagt haben soll: „What a low-minded wretch to apply to the halter! Had he shot himself like a gentleman I could have forgiven him."[145] Folgt man diesem Zitat, so bot ein Waffensuizid Ende des 18. Jahrhunderts wirklich die Möglichkeit einer ehrenhaften Selbsttötung. Es ist daher auch nicht verwunderlich, dass die Forschung ihre These der heroischen Selbsttötung gerade auf diese Passage in Moores Werk stützt.[146] Um aber als Beleg gelten zu können, ist die Quelle zu unsicher. Moore selbst gab an, ihm sei die „story" über einen ihm unbekannten Adligen lediglich zu Ohren gekommen. Das Zitat belegt damit lediglich, dass der Topos *heroischer Suizid* verbreitet war, nicht aber, dass heroische Suizide auch in der kulturellen Praxis vorkamen – ein Befund, der damit nicht den bisherigen Ergebnissen widerspricht. Zwar gab es innerhalb des Adels eine spezifische Form, das eigene Leben zu beenden, allerdings war gleichzeitig die Selbsttötung nicht dazu geeignet, die Ehre zu retten. Auch der adlige Waffensuizid war eben nicht heroisch in dem Sinne, dass die Tat vor den Standesgenossen Achtung und Wertschätzung finden konnte.

Betrachtet man die konkrete Form des adligen Waffensuizids im 18. und beginnenden 19. Jahrhundert genauer, so fällt schließlich auf, dass es sich bei den verwendeten Waffen ausnahmslos um Schusswaffen, fast immer um Pistolen, handelte. Das ist deshalb bemerkenswert, weil eigentlich Blankwaffen als besonders ehrenvolle Attribute galten.[147] Die Vorrangstellung von Hieb- und Stichwaffen als Distinktionsmittel verlor jedoch im Laufe des 18. Jahrhunderts gegenüber Schusswaffen generell an Bedeutung, wie etwa auch beim Duell zu sehen ist.[148] Auch beim Suizid übernahmen Schusswaffen die symbo-

144 Moore: A full Inquiry into the Subject of Suicide, Bd. 1, S. 357.

145 Ebd.

146 MacDonald/Murphy: Sleepless Souls, S. 185; Minois: Geschichte des Selbstmords, S. 274

147 Evert: „Gute Sach stärkt den Mann.", S. 64f.; dies.: Soldatenbraut und Mannesehre, S. 73ff, 83f. Auch im Siebenjährigen Krieg, als Blankwaffen für die Kriegführung kaum noch eine Rolle spielten, galt der Kampf mit dem Bajonett als besonders ehrenvoll. Außerdem konnte eine „kollektiv[e] Schandstrafe" für ein Regiment etwa darin bestehen, dass alle Offiziere ihre Säbel abgeben mussten. Nowosadtko/Möbius: Schule der Helden, S. 164–167.

148 Kiernan: The Duel in European History, S. 142ff; Frevert: Ehrenmänner, S. 29f.; dies.: Duell, S. 1167.

lische Funktion als ständisches Distinktionsmerkmal und das bis weit ins 19. Jahrhundert hinein. Carl von Hohenhausen, der 1834 seinem Leben mit einer Pistole ein Ende setzte, bekannte: „Eine andere Todesart will ich nun einmal nicht, als durch Pulver und Blei. Auch konnte ich anfangs keine Kugeln bekommen, und mich mit Hagel, wie einen Hasen, zu schießen, hatte ich nicht die Lust."[149] In dieser Aussage kommt ebenfalls die symbolische Dimension des Waffensuizids deutlich zum Ausdruck. Obwohl auch Hohenhausen seine Selbsttötung nicht als ehrenvoll ansah, wollte er sich eben nur mit einem Hilfsmittel töten, dessen Zeichenhaftigkeit eindeutig positiv besetzt war. Ein Schrotgewehr, mit dem man sonst Hasen jagte, kam dazu nicht infrage.

Wie bei allen bisherigen Fällen so wurde auch die Selbsttötung des Grafen Alexander Friedrich Georg von der Schulenburg nicht als heroisch gedeutet. Weder er selbst noch seine Zeitgenossen wollten sie geehrt wissen. In seinem Abschiedsbrief bat er, Gott möge seiner armen Seele gnädig sein und seine „Missethat" nicht seiner Familie anlasten. Von einem Standesgenossen wurde er als ein „Verrückter" bezeichnet und der Königshof verheimlichte seine Tat, um seine Ehre und sein Andenken zu schützen. Zwar spielten möglicherweise Schulenburgs Ehrvorstellungen eine gewisse Rolle dafür, dass er sich gezwungen sah, seinem Leben ein Ende zu bereiten. Erfolgreich ein staatliches Amt auszufüllen, war Teil des adligen Selbstverständnisses – ein Scheitern konnte auch die adlige Ehre schädigen. Allerdings konnte ein Suizid nichts an einem solchen Ehrverlust ändern. Schulenburg sah das „Elend" zwangsläufig kommen und tötete sich, um diesem Elend nicht „beyzuwohnen". Falls bevorstehende Schande ein Motiv war, so traf sie ihn, ganz gleich ob er sich tötete oder nicht. Der einzige Unterschied bestand darin, dass er nach einem Suizid nicht gezwungen war, sein Unglück mitzuerleben. Ein heroischer oder besonders standesgemäßer Tod war die Selbsttötung damit auch für Alexander Friedrich Georg von der Schulenburg nicht.

Stattdessen wird deutlich, dass es sich beim Nützlichkeitsparadigma, wie es in der aufgeklärten Philosophie in Bezug auf den Suizid vertreten wurde, um keine abstrakte Position handelte. Schulenburg sah sich zum Suizid gezwungen, weil er seine Pflicht, einem höheren Ziel zu dienen, nicht hatte erfüllen können und der Gesellschaft schweren Schaden zugefügt hatte. Dass dieses höhere Ziel sein Vaterland, also der preußische Staat und dessen König war, lässt seinen Suizid als einen Ausdruck einer patriotischen Ethik erscheinen. Friedrich der Große hatte im Siebenjährigen Krieg das Bild der Selbsttötung fürs Vater-

149 Abschiedsbrief Hohenhausen an seine Kameraden (Nachschrift), Minden 26.3.1833, in: Elise von HOHENHAUSEN: Carl von Hohenhausen. Untergang eines Jünglings von achtzehn Jahren. Zur Beherzigung für Eltern, Erzieher, Religionslehrer und Aerzte, Braunschweig 1836, S. 159–163. Zum Suizid Carl von Hohenhausens siehe Kap. VII. 4.

land benutzt, um sich dem durch die Aufklärung gewandelten Herrscherideal gemäß zu inszenieren. Diskursiv befand er sich damit auf der Höhe der Zeit. Schulenburg hatte Ende des Jahrhunderts diese Ethik offensichtlich vollkommen internalisiert: Nicht sein persönlicher Ehrverlust, sondern sein Versagen als Minister für die Staatsmaschine ließen ihm die Selbsttötung notwendig erscheinen. Deutlich sind bei ihm also die in der Aufklärung gewandelten Vorstellungen in Bezug auf die Aufgaben eines adligen Staatsdieners zu erkennen. Statt fürstlicher Disziplinierung und verletzter adliger Autonomie war es sein bürokratischer Patriotismus, der ihn in den Suizid trieb.

5. Der mittelbare Selbstmord eines Patriziers: Johann Jakob von Welser

Am Abend des 28. Mai 1771 saß Johannes Rau gemeinsam mit zwei Freunden auf einer Bank vor dem Ulmer Schwörhaus, als plötzlich ein Schuss fiel. Die beiden Freunde erschraken und duckten sich, Rau aber blieb noch „ein halbs Vater Unser lang sizen". Als er dann aufstand, lief ihm Blut aus dem Mund. Er rief „Herr Jesus, was ist mit mir" und sagte noch „etliche Mal Herr Jesus". Nachdem er noch einige Schritte gegangen war, brach er auf der Straße zusammen.[1] Der Schütze des Schusses war schnell gefunden: Freiherr Johann Jakob von Welser begab sich anschließend auf die Ulmer Hauptwache, um sich zu stellen.[2]

5.1 Eine kriminelle Karriere[3]

Wie in allen Reichsstädten, so unterstand auch in Ulm der Stadtadel keinem gesonderten Gerichtsstand, sondern war den normalen städtischen Instanzen unterworfen.[4] Der Rat bestimmte daher auch im Fall Welser zwei Ratskonsulenten aus dem Juristenkolleg, die das Strafverfahren durchführen sollten.[5] Strafrechtliche Untersuchungen wurden bei schwereren Delikten in Ulm immer von juristisch gebildeten Fachleuten geführt.[6] Sie waren dafür zuständig,

[1] Aussagen von Johannes Mösch und Johannes Enderis in StadtA Ulm, A 4871, Nr. 2, Schreiben des Einungsamts an das Bürgermeisteramt, Ulm 29.5.1771.

[2] Ebd., Nr. 1, Bericht des Kriegsamts, Ulm 29.5.1771.

[3] Mit diesem Begriff wird in der modernen Kriminologie „das Begehen einer erheblichen Anzahl von Straftaten über einen längeren Zeitraum hinweg" durch dieselbe Person bezeichnet. Hans-Jörg ALBRECHT: Kriminelle Karrieren, in: Günther KAISER u. a. (Hgg.): Kleines Kriminologisches Wörterbuch, 3. Aufl., Heidelberg 1993, S. 301–308.

[4] Vgl. dazu Carl A. HOFFMANN: Delinquenz und Strafverfolgung städtischer Oberschichten im Augsburg des 16. Jahrhunderts, in: Mark HÄBERLEIN/Johannes BURKHARDT (Hgg.): Die Welser. Neue Forschungen zur Geschichte und Kultur des oberdeutschen Handelshauses, Berlin 2002, S. 347–381, hier: bes. S. 353ff.

[5] StadtA Ulm, A 4871, Nr. 5, Ratsbeschluss, Ulm 29.5.1771. Der Rat hatte zunächst die Aussagen aller Augenzeugen aufnehmen und von einem Mediziner bestätigen lassen, dass der Schuss verantwortlich für den Tod Johannes Raus war. Ebd., Nr. 2, Schreiben des Einungsamts an das Bürgermeisteramt, Ulm 29.5.1771. Die Eintrittswunde der Kugel befand sich unter dem linken Schlüsselbein, die Austrittswunde am Rückgrat. Der Schuss sei zweifellos „lethal" gewesen. Ebd., Nr. 3, Obduktionsprotokoll Johannes Rau, Ulm 29.5.1771.

[6] Zum Prozessgang bei Strafverfahren in Ulm siehe vor allem Gerhard GÄNSSLEN: Die Ratsadvokaten und Ratskonsulenten der Reichsstadt Ulm, Ulm 1966 (Forschungen zur

alle Fragen für die anstehenden Verhöre zu entwerfen, Gutachten zu verfassen und schließlich die Urteilssprüche anzufertigen. Außerdem war bei Verhören mit Angeklagten und Zeugen immer mindestens ein Ratskonsulent anwesend. Wenn die Ratskonsulenten auch nur Vorschläge erarbeiteten, die anschließend durch den Rat abgesegnet werden mussten, also formal keine eigene gerichtliche Entscheidungsgewalt besaßen, so lag die Urteilsfindung doch faktisch in ihren Händen.[7]

Zunächst bestimmte der Rat, die Leiche des Opfers „ehrlich" auf dem „bürgerlichen Gottesaker"[8] zu bestatten – auf Ersuchen der „in bitterster Armuth" lebenden Witwe wurden die Kosten hierfür „ex Publico" beglichen.[9] Außerdem wurden, um die äußeren Bedingungen der Tat aufzudecken, Tatort und Tatwaffe in Augenschein genommen.[10]

Einen entscheidenden Einfluss auf die Härte eines Urteils hatte im früh-

Geschichte der Stadt Ulm 6), hier: bes. S. 78ff. Zur Gliederung der Verwaltung in Ulm und den Kompetenzen der einzelnen Ämter siehe Hans Eugen SPECKER (Hg.): Die Bestände des Stadtarchivs Ulm. Kommentierte Gesamtübersicht, Stuttgart 2002 (Forschungen zur Geschichte der Stadt Ulm. Reihe Dokumentation 11); DERS.: Vergleich zwischen der Verfassungsstruktur der Reichsstadt Ulm und anderer oberdeutscher Reichsstädte mit der eidgenössischer Stadtrepubliken, in: Martin BIRCHER/Walter SPARN/Erdmann WEYRAUCH (Hgg.): Schweizerisch-deutsche Beziehungen im konfessionellen Zeitalter. Beiträge zur Kulturgeschichte 1580–1650, Wiesbaden 1984, S. 77–99 (Wolfenbütteler Arbeiten zur Barockforschung 12); Barbara FILTZINGER: Ulm, eine Stadt zwischen Reformation und Dreißigjährigem Krieg. Studien zur gesellschaftlichen, politischen, kulturellen und wirtschaftlichen Entwicklung, München 1993, hier: bes. 200–232; und zuletzt Susanne KREMMER: Ulm, in: DIES./Hans Eugen SPECKER (Hgg.): Repertorium der Policeyordnungen der Frühen Neuzeit, Bd. 8. Reichsstädte 3: Ulm, Frankfurt a. M. 2007, S. 1–34 (Studien zur europäischen Rechtsgeschichte 218).

7 Die sechs bis acht Ratskonsulenten in Ulm wurden vom Rat angestellt und besoldet. Gemeinsam bildeten sie das Juristenkolleg oder Collegium Juridicum, das jedoch nur eine Art Berufsgenossenschaft und keine Körperschaft war. Zu den Aufgaben der Ratskonsulenten siehe besonders GÄNSSLEN: Die Ratsadvokaten und Ratskonsulenten, zum Einfluss der Juristen auf die Urteilsfindung bes. S. 87–90; außerdem FILTZINGER: Ulm, S. 226–232.

8 Bis 1812 existierten in Ulm zwei verschiedene Bestattungsplätze, einer für die Bürgerlichen, einer für die Nichtbürgerlichen. Der zweite war ein Fremden- oder Hospitalfriedhof, zu dem auch das Siechen- oder Leprosenhaus einen Zugang hatte und auf dem sich ebenfalls der *locus maleficantium* befand. Dazu Hansmartin UNGERICHT: Der Alte Friedhof in Ulm. Bestattungsriten, Planungen und Grabmale, Stuttgart 1980 (Forschungen zur Geschichte der Stadt Ulm 3), S. 14f., 199ff.

9 StadtA Ulm, A 4871, Nr. 5, Ratsbeschluss, Ulm 29.5.1771; Ersuch der Witwe: ebd., Nr. 4, Schreiben des Einungsamts an den Rat, Ulm 29.5.1771.

10 Bei der Hausdurchsuchung wurden sechs Gewehre und ein Paar Pistolen gefunden. Die Tatwaffe wurde sichergestellt und der Tatort gemeinsam mit einigen Schützen besichtigt. Die Distanz des Schusses wurde dabei auf 68 Schritte beziffert. Ebd., Nr. 11, Inventar der bei Johann Jakob von Welser gefundenen Sachen, Ulm 30.5.1771; Nr. 19, Protokoll zur Beschlagnahmung der Waffe, Ulm 4.6.1771; Nr. 20, Protokoll zur Besichtigung des Tatorts, Ulm 5.6.1771. Bei der Untersuchung der Tatwaffe wurde festgestellt, dass sie „deütliche

neuzeitlichen Strafverfahren der Lebenswandel bzw. der Leumund eines Delinquenten. Ein gottgefälliges und moralisch einwandfreies Leben konnte zu einer milderen Bestrafung beitragen.[11] Auch im Fall Welser maß das Gericht dem Lebenswandel des Angeklagten eine besondere Bedeutung bei.

Johann Jakob von Welser[12] war am 19. September 1734 geboren worden und hatte früh einen militärischen Karriereweg eingeschlagen: Mit 16 Jahren wurde er Fähnrich bei der Ulmer Garnison,[13] drei Jahre später trat er in die von Ulm gestellte Leibkompanie des Kreisinfanterieregiments „Baden-Durlach" ein.[14] „Weil er in Württemberg sein Glück zu machen" gedachte, wie es im Ratsprotokoll vom 16. März 1757 hieß, verließ er dann jedoch die Ulmer Armee und trat in württembergische Dienste.[15]

Als Fähnrich eines Infanterieregiments nahm er am Siebenjährigen Krieg gegen Preußen teil. Als die Reichsarmee in der Schlacht bei Leuthen am 5. Dezember 1757 eine schwere Niederlage erlitt, wurde auch die württembergische Armee unter General von Spitznas stark dezimiert.[16] Welser geriet dabei in preußische Kriegsgefangenschaft.[17] Es ist nicht bekannt, wann er wieder frei kam, wohl jedoch nicht vor dem Frühjahr 1762, möglicherweise auch erst nach Ende des Krieges ein Jahr später.[18] Er kehrte zu seinem Regiment zurück und

Merkmahle" eines „geschehenen Schusses" aufweise. Ebd., Nr. 30, Bericht des Stadtschreibers, Ulm 5.6.1771.

11 Härter: Policey und Strafjustiz in Kurmainz, S. 433ff., 491f., 911. Eine weitere Motivation der Gerichte bestand darin, von möglichen weiteren früheren Verbrechen zu erfahren, um diese dem Delinquenten zusätzlich anzulasten.

12 Eine knappe Lebensskizze findet sich bei Johann Michael von Welser: Die Welser. Nachrichten über die Familie, 2 Bde., Nürnberg 1917, hier: Bd. 1, S. 780.

13 StadtA Ulm, A 4871, Abschlussgutachten der Ratskonsulenten Häckhel und Beger, Ulm 18.6.1771. Dieses Datum gab er auch bei seinem ersten Verhör an: ebd., Nr. 10, Verhörprotokoll des Einungsamts mit Johann Jakob von Welser, Ulm 31.5.1771.

14 Ulm als Stand des schwäbischen Kreises musste seit 1696 ein Kontingent für das schwäbische Kreistruppencorps unterhalten. Es bestand 1750 aus dem Infanterieregiment „Baden-Durlach" (140 Infanteristen) und dem Dragonerregiment „Dragoner Württemberg" (28 Dragoner). Heinrich Schmitt: Ulm und sein Militär, besonders 1757, in: Württembergische Vierteljahrshefte für Landesgeschichte, N.F. 4, 1895, S. 141–161.

15 Zitiert ebd., S. 158, siehe auch S. 142f.

16 Schon vorher war die Lage innerhalb der württembergischen Armee angespannt. Herzog Karl Eugen hatte nur unter größten Anstrengungen und durch Zwangsrekrutierungen ein Heer von annähernd 6 000 Soldaten zusammengebracht. In der Schlacht bei Leuthen fielen davon 134, 160 wurden verwundet und 124 gefangen genommen. Nachdem zusätzlich 1832 Soldaten desertierten und noch einmal 600 in den böhmischen Winterquartieren an verschiedenen Krankheiten starben, belief sich die Truppenstärke im Frühjahr 1758 nur noch auf ca. 2000 Mann. Dazu Jürgen Walter: Carl Eugen von Württemberg. Ein Herzog und seine Untertanen. Biographie, Mühlacker/Irdning 1987, S. 141–147.

17 Schmitt: Ulm und sein Militär, S. 158f.

18 Von 1759 bis zum Februar 1762 fanden keine Auswechselungen von Kriegsgefangenen zwischen Preußen und der Reichsarmee statt. Schrittweise wurden dann immer wieder

wurde dort 1763 zum Leutnant befördert.[19] Doch schon kurze Zeit später nahm seine Karriere ein abruptes Ende. Wie Johann Jakob in einem Verhör angab, war er im Jahr 1764 mit den Stabsoffizieren seines Regiments „in Zwistigkeiten gerathen".[20] Was genau vorgefallen war, ist nicht bekannt. In jedem Fall kam er jedoch für neun Monate auf die Festung Hohenasperg in „harten Arrest".[21] 1765, Johann Jakob war mittlerweile 30 Jahre alt, ging er dann „ohne wirkliche Dimission außer Dienst".[22]

Nach seiner Rückkehr aus württembergischen Diensten wurde ihm eine Stelle als Leutnant bei der Ulmer Garnison angeboten, die er jedoch ablehnte.[23] Stattdessen trieb er im Jahr 1766 in der Ulmer Landstadt Geislingen verschiedene „tolle Straiche": „Sauerbronnen Krüge zerschlagen, wegen dem Esel närrische Phantasien von einer Printzeßin gefablet, schwere Träume von nächtlichen teuffelischen Zusätzen und Beängstigungen geklaget, die er mit Pistohlen vertreiben" wollte. Außerdem hatte er auf eine Magd „gefährlich geschoßen", betrunken auf der Ulmer Amtsstube „gewütet", Fenster eingeschlagen und sich überhaupt sehr „irreligiös aufgeführet".[24] Seine Verwandten versuchten daraufhin, ihn im Ulmer Hospital lebenslänglich unter Aufsicht zu stellen, von wo aus er jedoch zunächst floh, dann aber zurückgebracht und später auf Befinden der Ärzte „wieder gantz als gescheid" entlassen wurde.

Mitte 1769 beschuldigte ihn außerdem die schwangere Magd Susanna Maria Bürgl, Vater ihres ungeborenen Kindes zu sein. Als man Welser wegen dieses Vorwurfs verhören wollte, wurde er so gewalttätig, dass er für kurze Zeit im Stadtgefängnis inhaftiert werden musste. Zwar stritt er wiederholt alle Vorwürfe ab, doch wurde er, nachdem die Magd ihre Aussage unter Eid wiederholt hatte, für schuldig befunden.[25] Neben Susanna Maria Bürgl gaben auch noch

Gruppen von Gefangenen freigelassen. Dies galt für Soldaten wie Offiziere gleichermaßen. Dazu Lutz VOIGTLÄNDER: Die preußischen Kriegsgefangenen der Reichsarmee 1760/1763, Duisburg 1995 (Duisburger Studien 22), S. 21–54, 236–241.

[19] StadtA Ulm, A 4871, Nr. 48, Abschlussgutachten der Ratskonsulenten Häckhel und Beger, Ulm 18.6.1771; Nr. 10, Verhörprotokoll des Einungsamts mit Johann Jakob von Welser, Ulm 31.5.1771.

[20] Ebd., Nr. 9 & 10, Fragenkatalog & Verhörprotokoll des Einungsamts mit Johann Jakob von Welser, Ulm 31.5.1771.

[21] StadtA Ulm, A 4871, Nr. 9 & 10, Fragenkatalog & Verhörprotokoll des Einungsamts mit Johann Jakob von Welser, Ulm 31.5.1771.

[22] Ebd., Nr. 48, Abschlussgutachten der Ratskonsulenten Häckhel und Beger, Ulm 18.6.1771.

[23] Ebd., Nr. 31, Verhörprotokoll des Kriegsamts mit Fähnrich von Strauß, Ulm 8.6.1771. Johann Jakob war diese Stelle wohl vor allem deshalb angeboten worden, weil der Rat der Stadt seinem Vater 1757, als er das Ulmer Militär verließ, versichert hatte, „[d]ero Sohn seiner Zeit wiederum vorzüglich zu placiren". SCHMITT: Ulm und sein Militär, S. 159.

[24] StadtA Ulm, A 4871, Nr. 48, Abschlussgutachten der Ratskonsulenten Häckhel und Beger, Ulm 18.6.1771.

[25] Bemerkenswerterweise, obwohl er durch keinen der befragten Zeugen belastet wurde. Das Gericht verurteilte ihn zur Einmalzahlung von 100 Gulden an die Almosenkasse der Stadt

die beiden Mägde Walburga Krebs und Anna Berg Welser als Vater ihrer Kinder an. Auch diese beiden Vaterschaften gab er kurz vor seinem Tod zu.[26]

Auffällig ist, dass das in extremer Weise deviante Verhalten Johann Jakob von Welsers erst nach seiner Rückkehr aus dem Siebenjährigen Krieg begann. Vorher scheint es keine Unregelmäßigkeiten gegeben zu haben. Ob dieser Persönlichkeitswandel mit dort gemachten Gewalterfahrungen zusammenhängt, ist schwer zu sagen. Die Zeit der Kriegsgefangenschaft war wohl eher nicht dafür verantwortlich. Zwar gab sein Onkel Felizian in einem Brief 1761 an, Johann Jakob habe „in denen 3 Jahren Vieles aus gestanden".[27] Allerdings ist allgemein zu sagen, dass gerade adlige Offiziere in allen europäischen Heeren in der Kriegsgefangenschaft besondere Privilegien genossen, die ihnen auch dort ein standesgemäßes Leben erlaubten.[28]

Dass der Lebenswandel Johann Jakob von Welsers von Grund auf unmoralisch und unchristlich war, stand für das Gericht schnell außer Zweifel: Permanent stand er mit dem Gesetz in Konflikt, war „der Völlerey und Schwelgerey sehr ergeben", trieb sich meist in „Spihl- und Weinhäusern" herum und zettelte Duelle an. Gleichzeitig beging er eine „hurische Befleckung mit jeder schlechten Dirne, die ihme Gehör gab".[29] Mildernde Umstände konnte ein solches Leben nicht liefern.

Ulm. Außerdem sollte er Susanna Maria Bürgl wöchentlich 20 Kreuzer an Alimenten für das Kind zahlen und bei seinem Beichtvater Buße tun. Ebd., A 4877, Die zwischen der ledigen Susanna Maria Bürglin und dem Herrn Johann Jacob Baron von Welser abgeschwebte Impaegnation und Paternitaets-Differenz.

[26] Ebd., A 4871, Nr. 34 & 35, Fragenkatalog & Verhörprotokoll des Einungsamts mit Johann Jakob von Welser, Ulm 8.6.1771.

[27] Felizian an Markus Christoph Welser, Ulm 26.7.1761. Sein Onkel könnte die schwere Gefangenschaft auch als Argument für die Hilfsbedürftigkeit Johann Jakobs angeführt haben. In mehreren Briefen wandte sich Felizian 1761 an den Verwalter der Welser'schen Familienstiftung in Augsburg Markus Christoph Welser, um zu erreichen, dass Johann Jakob als Agnat der Stiftung inkorporiert werde und man ihm nach seiner Rückkehr aus der Gefangenschaft das ihm zustehende Vermögen zuteile. Die Briefe sind vorhanden in FHA Welser, C.XV.

[28] So konnten sich Adlige etwa häufig relativ frei bewegen, wenn sie zuvor ihr *Ehrenwort* gegeben hatten, jegliche Fluchtversuche zu unterlassen. Außerdem wählten sie meist frei ihre Unterkunft, trugen sogar weiterhin ihre Seitenwaffen oder besaßen Bedienstete. Zu den Standesprivilegien für Offiziere in Kriegsgefangenschaft siehe VOIGTLÄNDER: Die preußischen Kriegsgefangenen, S. 215–256; Daniel HOHRATH: „In Cartellen wird der Werth eines Gefangenen bestimmt". Kriegsgefangenschaft als Teil der Kriegspraxis des Ancien Régime, in: Rüdiger OVERMANNS (Hg.): In der Hand des Feindes. Kriegsgefangenschaft von der Antike bis zum Zweiten Weltkrieg, Köln/Weimar/Wien 1999, S. 141–170, hier: S. 155–159.

[29] StadtA Ulm, A 4871, Nr. 48, Abschlussgutachten der Ratskonsulenten Häckhel und Beger, Ulm 18.6.1771.

5.2 Mord aus Lebensüberdruss

Um zu einem Urteil zu gelangen, war neben der Frage nach dem Lebenswandel vor allem das Motiv des Angeklagten von Bedeutung. Bei seinem ersten Verhör am 31. Mai 1771 gab Johann Jakob von Welser zu Protokoll, er habe den Mord begangen, um anschließend hingerichtet zu werden und so „sich das Leben zu verkürzen".[30] Bei dem Verbrechen handelte es sich also offensichtlich um einen „mittelbaren Selbstmord" oder einen „Mord aus Lebens-Überdruß", wie die zeitgenössischen Begriffe lauteten.[31] Dabei beging der Täter einen Mord an einem anderen Menschen mit dem Ziel, vom Gericht für seine Tat zum Tode verurteilt zu werden.

Im Gegensatz zur eigenen Tötung konnte die Tötung eines anderen Menschen und damit die Versündigung an Gott anschließend durch den Täter bereut werden. Die Buße war sogar fester Bestandteil der obrigkeitlichen Strafverfolgung: Mit Beichten der Sünden und gemeinsamem Beten wurde der Delinquent durch geistlichen Beistand im Vorhinein auf seine Hinrichtung vorbereitet. Die Hinrichtungen selbst waren dann ebenfalls von christlich-liturgischen Handlungen begleitet und können als regelrechte Gottesdienste angesehen werden. Auch hier wurde der verurteilte Verbrecher durch geistlichen Beistand und meist in einem „Armesünderzug", das heißt unter Gesang und Glockengeläut, bis zur Richtstätte begleitet. Dort angekommen, hatte er noch ein letztes Mal die Möglichkeit zu beten und zu beichten, eventuell auch

[30] Ebd., Nr. 9 & 10, Fragenkatalog & Verhörprotokoll des Einungsamts mit Johann Jakob von Welser, Ulm 31.5.1771.

[31] Zu diesem Phänomen siehe Hellmuth von WEBER: Selbstmord als Mordmotiv, in: Monatsschrift für Kriminalbiologie und Strafrechtsreform 28, 1937, S. 161–181; Arne JANSSON: From Swords to Sorrow. Homicide and Suicide in Early Modern Stockholm, Stockholm 1998, S. 49–70; Jürgen MARTSCHUKAT: Ein Freitod durch die Hand des Henkers. Erörterungen zur Komplementarität von Diskursen und Praktiken am Beispiel von „Mord aus Lebens-Überdruss" und Todesstrafe im 18. Jahrhundert, in: ZHF 27, 2000, S. 53–74; DERS.: Inszeniertes Töten, S. 85–90; BAUMANN: Vom Recht auf den eigenen Tod, S. 61f., 76–83; Kathy STUART: Suicide by Proxy. The Unintended Consequences of Public Executions in Eighteenth-Century Germany, in: Central European History 41, 2008, S. 413–445; DIES.: Melancholy Murderers: Suicide by Proxy and the Insanity Defense, in: Robin B. BARNES/ Marjorie Elizabeth PLUMMER (Hgg.): Ideas and Cultural Margins in Early Modern Germany. Essays in Honor of H.C. Erik Midelfort, Aldershot 2009, S. 63–77; Tyge KROGH: A Lutheran Plague. Murdering to Die in the Eighteenth Century, Leiden 2012 (Studies in Central European Histories 55).

Kommunion und Absolution zu empfangen.[32] Am Ende konnte der Verurteilte frei von Sünde in den Tod gehen.

Selbst Menschen, die nach allgemeiner Auffassung ein besonders sündiges und gottloses Leben geführt hatten und wegen eines schweren Verbrechens hingerichtet wurden, war die göttliche Gnade auf diese Weise garantiert. Es ließe sich sogar sagen, dass sie ihnen durch die optimale Sterbebegleitung sicherer war als den meisten anderen Menschen.[33] Aus theologischer Sicht, vor allem im lutherischen Pietismus, wurde die Bekehrung der Täter zum Beweis des Wirkens Gottes auf Erden. Mit der Hinwendung zu Gott überwanden sie die teuflischen Anfechtungen und wurden so als wahre Christen wiedergeboren.[34] Balladen und ausführliche Berichte, in denen der Weg vom Sünder zum Heiligen beschrieben wurde, hatten um die Mitte des 18. Jahrhunderts großen publizistischen Erfolg.[35] Aus Perspektive der weltlichen Obrigkeiten hatte die Gefangenenseelsorge vor der Hinrichtung neben der religiösen[36] noch eine

[32] Gustav RADBRUCH: Ars moriendi. Scharfrichter – Seelsorger – Armersünder – Volk, in: Schweizerische Zeitschrift für Strafrecht 59, 1945, S. 460–495; DÜLMEN: Theater des Schreckens, S. 102ff., 161–179; EVANS: Rituale der Vergeltung, S. 105–118; STUART: Unehrliche Berufe, S. 193–200.

[33] So KROGH: A Lutheran Plague, S. 133; ähnl. MARTSCHUKAT: Inszeniertes Töten, S. 85.

[34] Peter BRANDT: Die evangelische Strafgefangenenseelsorge. Geschichte – Theorie – Praxis, Göttingen 1985 (Arbeiten zur Pastoraltheologie 21); Heinz Dieter KITTSTEINER: Die Buße auf dem Schafott. Weltliches Urteil und göttliche Gnade im 18. Jahrhundert, in: Edith SAURER (Hg.): Die Religion der Geschlechter. Historische Aspekte religiöser Mentalitäten, Köln/Weimar/Wien 1995, S. 213–243; Uwe DANKER: Vom Malefikanten zum Zeugen Gottes. Zum christlichen Fest des staatlichen Staatsgewalt im frühen 18. Jahrhundert, in: Traverse 1, 1995, S. 83–98; Rainer LÄCHELE: „Maleficanten" und Pietisten auf dem Schafott, in: Zeitschrift für Kirchengeschichte 107, 1996, S. 179–200. Doch auch katholische *Galgenpater* stellten dem Delinquenten die ewige Seligkeit in Aussicht. Dazu Gerhard AMMERER: Das Ende für Schwert und Galgen? Legislativer Prozess und öffentlicher Diskurs zur Reduzierung der Todesstrafe im ordentlichen Verfahren unter Joseph II. (1781–1787), Wien 2010 (Mitteilungen des Österreichischen Staatsarchivs. Sonderbände 11), S. 226–229; DERS.: „... die Stunde hat geschlagen ..." Die letzten drei Tage im Leben des Raubmörders Severin von Jaroschinsky in den Aufzeichnungen des Zuchthausgeistlichen und „Galgenpaters" Philipp Jakob Münnich, in: Mitteilungen des Österreichischen Staatsarchivs 56, 2009, S. 153–198, hier: bes. S. 153–164.

[35] Im pietistischen Bereich entwickelte sich eine eigene literarische Gattung, die sogenannten Thanatographien. Vgl. hierzu etwa die beiden Beispiele in Manfred JAKUBOWSKI-TIESSEN: Bekehrung unterm Galgen. Malefikantenberichte, Leipzig 2011 (Edition Pietismustexte 3), siehe auch das Nachwort ebd., S. 143–154. Einen guten Überblick über Malefikantenberichte und -balladen bietet KROGH: A Lutheran Plague, S. 35–78. Doch auch in katholischen Gebieten wurden Berichte vertrieben, in denen die sündenbefreiende Funktion der Hinrichtungen beschrieben wurde. Dazu Gerhard AMMERER/Friedrich ADOMEIT: Armesünderblätter, in: HÄRTER/SÄLTER/WIEBEL: Repräsentationen von Kriminalität und öffentlicher Sicherheit, S. 271–307.

[36] Die Bestrafung eines Verbrechens hatte insofern aus Perspektive der Obrigkeiten eine religiöse Dimension, als sie sich für die Aufrechterhaltung der göttlichen Ordnung verant-

ganz andere Funktion: Indem sie dem Delinquenten die ewige Seligkeit in Aussicht stellten, beförderten sie, dass er seine Rolle im „Theater des Schreckens" perfekt spielte. „Einem Täter, der seine vertraglichen Abmachungen erfüllt und seine Rolle als Büßer gespielt hatte, durfte Versöhnung nicht verweigert werden."[37] Immer bestand auch die Gefahr, dass sich der Verurteilte als Märtyrer gerierte, und sich so der obrigkeitlichen Inszenierung und der damit verbundenen Deutungsmacht zu entziehen versuchte.[38]

Die *mittelbaren Selbstmörder* nutzten also die sündenbefreiende Funktion der Justiz und starben in ihren Augen einen christlichen Tod. „In brennender Begierde eine öfentliche Todesstrafe auszustehen", so Karl Ferdinand Hommel in seinem Beccaria-Kommentar, würden die mittelbaren Selbstmörder „mit kalten Blute" ihre Tat begehen. Diese „Mörder, deren Phantasie durch verkehrte Frömmigkeit entzündet ist", glaubten, auf diese Weise die Sünde des Selbstmords vermeiden und einen christlichen Tod sterben zu können.[39] Nach vereinzelten Fällen im 17. Jahrhundert häufte sich das Phänomen erst im Laufe des 18. Jahrhunderts – vor allem in lutherischen Gebieten Europas.[40] Es verwundert nicht, dass die „Paradoxalität des Strafsystems", wie sie sich an dieser Stelle zeigt – das christliche (Selbst-)Tötungsverbot führte zur Tötung anderer Menschen –, schon in der zeitgenössischen Rechtswissenschaft als

wortlich sahen. Nach einer Verletzung musste die Ordnung daher durch die Auslöschung des Vergehens wieder hergestellt werden. DÜLMEN: Theater des Schreckens, S. 176f.; EVANS: Rituale der Vergeltung, S. 120, 138f.; Jürgen MARTSCHUKAT: Die öffentliche Hinrichtung: Ein „Theater des Schreckens"?, in: Kriminologisches Journal 27, 1998, S. 186–208, hier: bes. 189–192.

37 Klaus SCHREINER: „Got is selve recht". Angewandte Theologie in Rechtsordnungen und Rechtsverfahren des späten Mittelalters, in: Hartmut BOOCKMANN (Hg.): Recht und Verfassung im Übergang vom Mittelalter zur Neuzeit, Bd. 2, Göttingen 2001, S. 335–368 (Abhandlungen der Akademie der Wissenschaften in Göttingen, Philologisch-Historische Klasse, Folge 3, Nr. 239), hier: S. 346. Dazu auch Peter SCHUSTER: Hinrichtungsrituale in der Frühen Neuzeit. Anfragen aus dem Mittelalter, in: RUDOLPH/SCHNABEL-SCHÜLE: Justiz = Justice = Justicia?, S. 213–233, hier: bes. S. 227ff.; DÜLMEN: Theater des Schreckens, bes. S. 88–91; MARTSCHUKAT: Inszeniertes Töten, bes. S. 37–41, 85.

38 Dazu vor allem BURSCHEL: Sterben und Unsterblichkeit, S. 36–50. Vgl. außerdem DÜLMEN: Theater des Schreckens, S. 59f.; EVANS: Rituale der Vergeltung, S. 118.

39 Siehe hierzu die wohl maßgebliche und in der Literatur immer zitierte Quelle Karl Ferdinand HOMMEL: Des Herren Marquis von Beccaria unsterbliches Werk von Verbrechen und Strafen. Auf das Neue selbst aus dem Italiänischen übersezet mit durchgängigen Anmerkungen des Ordinarius zu Leipzig Herren Hofrath Hommels, Breslau 1778, hier: Kommentar zu § 32 „Vom Selbstmorde", Anm. p, S. 179ff.; vgl. außerdem MOEHSEN: Betrachtungen über die Berlinischen Selbstmörder unter den Soldaten, S. 8ff.

40 So in Norddeutschland und Skandinavien sowie in lutherischen Reichsstädten. Ob dieser konfessionelle Unterschied auf ein Überlieferungsproblem (Kathy Stuart) oder auf die konfessionell unterschiedliche Heilsgewissheit zurückgeht (Tyge Krogh), ist schwer zu sagen. STUART: Suicide by Proxy, S. 426f.; KROGH: A Lutheran Plague.

großes Problem angesehen wurde.[41] Die Lösungsvorschläge zur Eindämmung *mittelbarer Selbstmorde* reichten vom völligen Verzicht auf die Todesstrafe bis zu besonders qualvollen Strafverschärfungen vor der Hinrichtung.[42]

War aber auch bei Johann Jakob von Welser die Tat darin begründet, dass er sich mit einem Suizid nicht gegen Gott versündigen wollte? Kurz nach seiner Verhaftung war Welser der Prediger des Ulmer Münsters und Professor am Gymnasium Johann Leonhard Ehemann als geistlicher Beistand zugeordnet worden.[43] Von seinem ersten Treffen mit dem Delinquenten berichtete Pfarrer Ehemann, Welser habe ihm gegenüber gestanden, sein Leben „ohne alle Religion" geführt zu haben. An verschiedenen Stellen ihres Gesprächs habe sich immer wieder herausgestellt, dass es Welser „gänzlich" an jeglichem Wissen über christliche Glaubensinhalte gefehlt habe. Allerdings habe er mittlerweile immerhin erkannt, so konnte Ehemann berichten, dass sich dies ändern müsse, wenn seine „Seele gerettet werden soll".[44]

Eine Woche später gab Ehemann an, es habe viel „Mühe, Eifer und Zeit erfordert, den Hern Baron zu überzeugen". Inzwischen scheine er jedoch „den Weg der Außsöhnung mit Gott durch einen Mediateur und Erlöser für den sichersten und einzig-seelenberuhigenden anerkannt" zu haben.[45] Wieder eine Woche später und einen Tag vor der Hinrichtung berichtete Ehemann, er habe Welser nun „die lebendige Kraft der heilsamen Wahrheiten [...] beygebracht", weshalb er „die bestgegründete Hoffnung von einer völligen Rettung" dieses Sünders hege.[46] Erst unmittelbar vor seiner Exekution war Johann Jakob von Welser demnach mit großer Mühe zu einem gläubigen Christen gemacht worden, der bereit war, seine Sünden zu bereuen.

Auch die Wahl seines Opfers Johannes Rau deutet darauf hin, dass Welsers Tat nicht durch religiöse Motive begründet war. In aller Regel wählten *mittelbare Selbstmörder* Kinder, da diese nach christlicher Lehre noch frei von Sünde waren und deshalb mit ihrem Tod direkt ins Paradies einzogen. Teilweise be-

41 Neumeyer: Anomalien, Autonomien und das Unbewusste, S. 9–20, Zitat: S. 13; Martschukat: Inszeniertes Töten, S. 89; ders.: Ein Freitod durch die Hand des Henkers, S. 73; Stuart: Melancholy Murderers, S. 65.

42 Weber: Selbstmord als Mordmotiv, S. 170f., 177f.; Jansson: From Swords to Sorrow, S. 67ff.; Stuart: Suicide by Proxy, S. 441; Krogh: A Lutheran Plague, S. 137–165.

43 StadtA Ulm, A 4871, Nr. 12, Gutachten der Ratskonsulenten Häckhel und Beger, Ulm 1.6.1771. Zur Person Ehemanns siehe mit weiterführender Literatur Bernhard Appenzeller: Die Münsterprediger bis zum Übergang Ulms an Württemberg 1810. Kurzbiographien und vollständiges Verzeichnis ihrer Schriften, Weißenhorn 1990 (Veröffentlichungen der Stadtbibliothek Ulm 13), S. 383–385.

44 StadtA Ulm, A 4871, Nr. 42, Bericht des Pfarrers Johann Leonhard Ehemann, Ulm 13.6.1771.

45 Ebd., Nr. 49, Bericht des Pfarrers Johann Leonhard Ehemann, Ulm 20.6.1771.

46 Ebd., Nr. 57, Bericht der Pfarrer Johann Leonhard Ehemann und Johann Michel Miller, Ulm 27.6.1771.

schrieben die Täter den Mord an den Kindern sogar als eine religiöse Opfergabe oder stilisierten sie zu Märtyrern.[47] Dies war bei Johann Jakob von Welser anders: Er gab an, aus dem Fenster seines Zimmers willkürlich auf denjenigen geschossen zu haben, der ihm „zu erst ins Gesicht gefallen": „Wann ein anderer da gesessen, so wäre es eben so gewesen." Sowohl an „Leib und Seele" als auch an die Hinterbliebenen seines Opfers habe er zu keiner Zeit gedacht. Allerdings habe er auch nicht mehr Menschen als diesen einen töten wollen, weshalb sein Gewehr nur mit einer einzigen Kugel geladen gewesen sei. Zudem habe er – und dies ist ein typischer Zug bei *mittelbaren Selbstmorden* – versucht, sein Opfer „nicht lange leyden" zu lassen. Es habe ihn sehr „gefreut, daß er den Man recht getroffen".[48] Schließlich gab Welser zu Protokoll, dass er seine Tat zwar inzwischen bereue, „aber zu selbiger Zeit wie es geschehen, nicht".[49]

Johann Jakob von Welser war in seinem Leben kein frommer und gottgefälliger Mensch gewesen, das stellte das Gericht an verschiedenen Stellen des Verfahrens fest. Als er etwa in einem Verhör gefragt wurde, ob er bei seiner Unzucht niemals um sein Seelenheil gefürchtet habe, antwortete er, er habe es schon „manchmal bedacht", allerdings: „nach seinen Jahren sey der Kampf zwischen Fleisch und Blut nicht so leicht abzuwenden".[50] Auch in dieser Hinsicht konnte er keine Straferleichterung erwarten. Zudem wird deutlich, dass Welser bei seinem *mittelbaren Selbstmord* nicht religiös motiviert war. Weder machte er sich Sorgen um sein eigenes Seelenheil noch um das seines Opfers. Sein Mord folgte daher auch nicht – wie in anderen Fällen – aus „verkehrte[r] Frömmigkeit". Er muss aber nichtsdestotrotz als *mittelbarer Selbstmord* angesehen werden, da Welser seine Hinrichtung als Motiv angab und damit das entscheidende Kriterium erfüllt.[51]

Wie die meisten *mittelbaren Selbstmörder* plagte sich Welser schon seit geraumer Zeit mit Suizidgedanken herum und hatte auch bereits mehrere fehlgeschlagene Selbsttötungsversuche hinter sich:[52] Schon „viele Jahre" empfinde

[47] Jansson: From Swords to Sorrow, S. 53; Lind: Selbstmord in der Frühen Neuzeit, S. 174ff., 336; Stuart: Suicide by Proxy, S. 433; dies.: Melancholy Murderers, S. 64f.

[48] StadtA Ulm, A 4871, Nr. 34 & 35, Fragenkatalog & Verhörprotokoll des Einungsamts mit Johann Jakob von Welser, Ulm 8.6.1771. Zur *Schonung* der Opfer siehe Weber: Selbstmord als Mordmotiv, S. 177.

[49] StadtA Ulm, A 4871, Nr. 38 & 39, Fragenkatalog & Verhörprotokoll des Einungsamts mit Johann Jakob von Welser, Ulm 12.6.1771. Ähnlich lautete seine Aussage auch bei seinem ersten Verhör am 31.5.1771 (Nr. 10).

[50] Ebd., Nr. 9 & 10, Fragenkatalog & Verhörprotokoll des Einungsamts mit Johann Jakob von Welser, Ulm 31.5.1771.

[51] Krogh: A Lutheran Plague, S. 15f.; Pfannkuchen: Selbstmord und Sanktionen, S. 17.

[52] Dies war für *mittelbare Selbstmörder* typisch. Weber: Selbstmord als Mordmotiv, S. 177; Stuart: Suicide by Proxy, S. 414, 432f.; Silke Göttsch: „Mörderin an ihrem unschuldigen Kinde aus Überdruß des Lebens". Ein Beitrag zum Thema „Gewalttätige Frauen im 18. Jahrhundert", in: Bayerisches Jahrbuch für Volkskunde 1996, S. 43–49, hier: S. 47f.

er, wie er bei seinen Verhören angab, immer wieder großen „Unmut", und auch schon verschiedene Male „hab er das Geschoß auch auf sich selber applicirt, es hab sich aber nie wollen schicken".[53] „Er hätte manchmal im Unmuth einen erschießen oder erstechen mögen, doch aber mit der Jagd hab er sich wider diese Gedancken aus dem Sinn geschlagen", so gab er zu Protokoll. Am Tag der Tat habe ihn „ein ganz besonderer Unmuth" überkommen, der zu groß gewesen sei, als dass sein Gewissen ihn habe „bemeistern" können. Schon mittags lud er das Gewehr, um „entweder sich selbsten, oder jemand andern tod zu schießen". Wieder richtete er die Waffe gegen sich selbst, konnte sich aber nicht zum Suizid durchringen. Er sei dann in der Hoffnung, „den Unmut sich wider zu vertreiben", spazieren gegangen, allerdings ohne Erfolg. Nachdem er „in gröste Rage" geraten sei, habe er sich „nimmer Mühe gegeben" sich zu beherrschen, „sondern sey recht freudig nach Hauß gegangen, das Werck zu vollziehen".

Welser beging sein Verbrechen nicht, um eine Versündigung an Gott zu vermeiden, sondern weil er es nicht fertig brachte, sich selbst das Leben zu nehmen. Er unterscheidet sich damit deutlich von den anderen Fällen seiner Zeit. Dennoch ist er mit seiner Tat nicht völlig singulär. Denn es lassen sich weitere *mittelbare Selbstmorde* finden, die ebenfalls nicht religiös motiviert waren – wenn auch in einem ganz anderen Kontext: So sind in den USA im 20. Jahrhundert einige solcher Morde vorgekommen und immer bestand hier das Motiv darin, dass es den Tätern unmöglich erschien, sich selbst zu töten, und sie ihre Tötung dem Staat überlassen wollten.[54]

5.3 Adlige Rollenerwartungen und ein unedles Leben

Üblicherweise konnten *mittelbare Selbstmörder* nur ganz allgemeine Gründe für ihre Tat nennen.[55] Johann Jakob von Welser führte bei seinen Vernehmungen den „Unmuth" ins Feld, der ihn schon viele Jahre plagte. Diesen „Unmuth" spezifizierte er während der Verhöre noch weiter: „In diesen Umständen wie er lebe, habe ihn das Leben nicht edel geschienen". Er habe es „verkürzen" wollen, „weil es ihm so fatal ergangen"; und er habe geglaubt, sich mit seinem Tod „in

[53] Dazu und zum Folgenden siehe die Fragenkataloge und Verhörprotokolle der Verhöre des Einungsamts vom 31.5. und vom 8.6.1771 (StadtA Ulm, A 4871, Nr. 9 & 10, 34 & 35).

[54] Katherine van Wormer und Chuk Odiah nennen 22 solcher Fälle im 20. Jahrhundert. Dies.: The Psychology of Suicide-Murder and the Death Penalty, in: Journal of Criminal Justice 27, 1999, S. 361–370.

[55] Krogh: A Lutheran Plague, S. 26.

andere Umstände zu versezen". Welser wollte sein Leben beenden, weil es ihm nicht „edel" erschien. Was war aber der Grund dafür?

Freiherr Johann Jakob von Welser entstammte einer der führenden Ulmer Patrizierfamilien. Vater wie Großvater hatten beide das Ulmer Bürgermeisteramt inne gehabt, außerdem weitere ehrenvolle Ämter, etwa das des Ratsälteren. Auch die beiden Brüder Johann Jakobs, Albrecht Ludwig und Markus Theodosius, bekleideten verschiedene städtische Ämter.[56] Er selbst hatte allerdings die letzten sechs Jahre seit seiner unrühmlichen Haftentlassung in Württemberg und der Rückkehr nach Ulm 1765 ein moralisch und religiös verwerfliches Leben geführt. Und dieses in extremer Weise deviante Verhalten widersprach von Grund auf den Erwartungen, die in ihn als Spross einer der führenden Ulmer Patrizierfamilien gesetzt wurden. Selbstverständlich hätte ein solcher Lebenswandel auch für jeden anderen Bürger als unangemessen gegolten. Doch noch stärker als der Adel dies ohnehin schon tat, inszenierte sich gerade der Stadtadel als besonders tugendhaft.[57] Unter anderem die Tugend war es, die ihn in seinem Selbstverständnis aus der übrigen Gesellschaft heraushob. In dieser Hinsicht war Adel also keine „Frage von Herkunft und Besitz [...], sondern eine Frage der ‚edlen' Gesinnung."[58] Da an den Adel bzw. das Stadtpatriziat außergewöhnlich hohe Maßstäbe angelegt wurden, war der Lebenswandel des Freiherrn Johann Jakob von Welser auch in besonderer Weise unwürdig.

In seinen letzten Jahren wohnte er ohne Anstellung in Ulm und vertrieb sich

56 Welser wurde als Sohn des Freiherrn Markus Theodosius von Welser und dessen Frau Helena Magdalena (geb. Schad) geboren worden. Sein Großvater Markus Christoph Welser war von Kaiser Karl VI. am 29. April 1713 mit allen seinen Nachkommen in den Freiherrenstand erhoben worden. Albrecht WEYERMANN: Neue historisch-biographisch-artistische Nachrichten von Gelehrten und Künstlern, auch alten und neuen adelichen und bürgerlichen Familien aus der vormaligen Reichsstadt Ulm, Ulm 1829, S. 591–599.

57 Zum Stadtpatriziat in der Frühen Neuzeit siehe grundlegend Ingrid BÁTORI: Das Patriziat der deutschen Stadt. Zu den Forschungsergebnissen über das Patriziat besonders der süddeutschen Städte, in: Zeitschrift für Stadtgeschichte, Stadtsoziologie und Denkmalpflege 2, 1975, S. 1–30; Rudolf ENDRES: Adel und Patriziat in Oberdeutschland, in: Winfried SCHULZE (Hg.): Ständische Gesellschaft und soziale Mobilität, München 1988, S. 221–238; Michael DIEFENBACHER: Stadt und Adel – Das Beispiel Nürnberg, in: Zeitschrift für die Geschichte des Oberrheins 141, 1993, S. 51–69. Zur Selbstdarstellung städtischer Oberschichten in der Frühen Neuzeit siehe außerdem Stefanie RÜTHER: Prestige und Herrschaft. Zur Repräsentation der Lübecker Ratsherren in Mittelalter und Früher Neuzeit, Köln/Weimar/Wien 2003 (Norm und Struktur 16).

58 OEXLE: Aspekte der Geschichte des Adels, S. 52. Zur Tugendhaftigkeit als Legitimationsargument des frühneuzeitlichen Adels siehe außerdem CONZE: Adel, Aristokratie, bes. S. 16; STOLLBERG-RILINGER: Nur ein bloßes „Gedankending"?, S. 17f.; Klaus GRAF: Adel als Leitbild – Zur Geschichte eines Grundwerts in Spätmittelalter und früher Neuzeit, in: Horst CARL/Sönke LORENZ (Hgg.): Gelungene Anpassung? Adelige Antworten auf gesellschaftliche Wandlungsvorgänge vom 14.–16. Jahrhundert, Ostfildern 2005, S. 67–81 (Schriften zur südwestdeutschen Landeskunde 53), hier: S. 75ff.

die Zeit „theils mit Jagen und theils mit Bücherlesen".[59] Zwar waren dies typisch adlige Beschäftigungen,[60] allerdings war eine solch ausschließlich konsumierende Lebensweise Ende des 18. Jahrhunderts nicht mehr mit dem gewandelten Selbstverständnis des Adels vereinbar.[61] Der Adel legitimierte seine Sonderstellung nun mit seinen herausragenden gesellschaftlichen Leistungen. Das hieß aber auch, dass der Einzelne in irgendeiner Form nützlich für das Gemeinwesen sein musste – in aller Regel auf den Feldern Politik oder Militär.[62] Wiederum besonders der Stadtadel definierte sich traditioneller Weise gerade über Verdienste für das Gemeinwesen. Johann Jakob von Welser jedoch hatte eine Wiederanstellung als Leutnant bei der Ulmer Garnison abgelehnt und damit die einzigartige Chance auf eine standesgemäße Betätigung ausgeschlagen. Wie er zu Protokoll gab, sei ihm auch sehr wohl bewusst gewesen, „daß er außer Diensten und [ohne] Gage nicht so standesmäßig habe leben können".[63]

Mit der „Gage" sprach er eine weitere Dimension seiner misslichen Lage an, denn auch seine wirtschaftliche Situation erlaubte ihm keine angemessene adlige Lebensführung. Nach seiner Rückkehr aus preußischer Kriegsgefangenschaft hatte Welser auf Betreiben seines Onkels Felizian als Agnat ein eigenes Vermögen aus der Familienstiftung erhalten.[64] Als er jedoch vier Jahre später, im April 1770, zur wöchentlichen Zahlung einer „Alimentation" von 20 Kreuzern an Susanna Maria Bürgl verurteilt wurde,[65] sah er sich dazu „ausser allem Stande". Inzwischen sei sein Vermögen „soweit verzehrt, daß er, wie gedacht davon kein halb Jahr mehr zu leben wisse".[66] Wie an der Reaktion der Stadtobrigkeit zu sehen ist, handelte es sich hierbei offensichtlich nicht um eine Schutzbehauptung, mit der er der Verpflichtung zu entgehen hoffte. Denn in seinem Gutachten urteilte das Juristenkolleg, der „vorgeschützte geringe Vermögenszustand" des Freiherrn von Welser sei „wohl glaublich" und regelmäßige

59 Dies antwortete er in seinem ersten Verhör auf die Frage, „Womit er seine Zeit zugebracht?".

60 Zur Jagd und zum Lesen als adlige *Freizeitbeschäftigung* par excellence siehe etwa SIKORA: Der Adel in der Frühen Neuzeit, S. 88ff.; PLETICHA: Adel und Buch.

61 Hierzu auch ASCH: Europäischer Adel in der Frühen Neuzeit, S. 132–162.

62 Vgl. auch Kap. IV. 4. Zu den beiden klassischen Betätigungsfeldern für den Adel, Hof und Militär (für katholische Adligen auch noch Kirchenpfründe), STOLLBERG-RILINGER: Die Aufklärung, S. 78f.; Endres: Adel in der frühen Neuzeit, S. 37–46; Asch: Europäischer Adel in der Frühen Neuzeit, S. 193–234; DERS.: Honour in all Parts of Europe, S. 357ff.; Marko KREUTZMANN: Zwischen ständischer und bürgerlicher Lebenswelt. Adel in Sachsen-Weimar-Eisenach 1770 bis 1830, Köln/Weimar/Wien 2008 (Veröffentlichungen der Historischen Kommission für Thüringen. Kleine Reihe 23), S. 189–290; Sikora: Der Adel in der Frühen Neuzeit, S. 52–67.

63 StadtA Ulm, A 4871, Nr. 9 & 10, Fragenkatalog & Verhörprotokoll des Einungsamts mit Johann Jakob von Welser, Ulm 31.5.1771.

64 Siehe dazu die Briefe in FHA Welser, C.XV.

65 StadtA Ulm, A 4877, Nr. 39, Ratsbeschluss, Ulm 2.4.1770.

66 Ebd., Nr. 47, Bericht des Stadtsekretärs Rabausch, Ulm 15.8.1770.

Unterhaltszahlungen würden ihn „in große Verlegenheit setzen". Auch sei keine „würkliche Hoffnung vorhanden, daß sich seine Umstände mit der Zeit wieder verbessern werden". Um die finanzielle Unterstützung von Mutter und Kind sollte sich daher das Pflegamt kümmern.[67] Wenn es Welser also nicht einmal möglich war, den relativ geringen Betrag von 20 Kreuzern pro Woche aufzubringen, dann konnte an ein standesgemäßes Leben wohl kaum zu denken sein.

Mehrere Faktoren führten demnach dazu, dass Johann Jakob von Welser sein Leben als „nicht edel" empfand. Ständig kam er mit dem Gesetz in Konflikt, auf eine standesgemäße Anstellung im Offiziersdienst hatte er verzichtet und seine finanziellen Mittel reichten kaum zum Überleben aus. Auf verschiedene Weise hatte er demnach seine adlige Ehre verloren, und es bestand keine Aussicht, dass sich dies ändern würde. Diese Ausweglosigkeit brachte ihn dazu, seinen Tod herbeiführen zu wollen und so seine elende Existenz zu beenden. Damit fügt sich der Fall in gewisser Weise in die bisher beschriebenen Fälle ein: Ein Weiterleben in Schande war unmöglich und die Selbsttötung – wenn auch die *mittelbare* – die einzige Alternative.

Wie jedoch zu sehen war, gaben sich die adligen Suizidenten Arenswald und Pforte – und auch Breitenbauch – nicht die Schuld für ihre Situation. Ihr Ehrverlust zwang sie zum Suizid, obwohl sie ihre Ehre durch das Handeln anderer verloren hatten. Entgegen der These Andreas Bährs töteten sie sich, obwohl sie aus ihrer Sicht nichts für ihre Ausweglosigkeit konnten und diese damit auch nicht *moralisch* war. Sie beendeten ihr Leben, obwohl ihr Schicksal aus einer äußeren Macht resultierte. Wie sah dies jedoch bei Johann Jakob von Welser aus?

Welser gab an, als er in einem Verhör nach seinen verschiedenen „Ausschweifungen" gefragt wurde, diese „seyen ihm im allzustarcken Grad nicht bewußt". Er werde „manchmal durch etwas hingerissen, welches er selber nicht determiniren könne". Dies habe ihn schon „zu allerhand fatalen Dingen gebracht".[68] Als ihm eine Stelle als Leutnant bei der Ulmer Garnison angeboten worden war, habe er „eine besondere Caprice gehabt", sie abzulehnen – obwohl ihm dies ein standesgemäßes Leben ermöglicht hätte. „Er wisse auch nicht warum" und habe es mittlerweile „auch schon gereut". Irgendetwas brachte ihn dazu, Dinge zu tun, die er sich anschließend nicht erklären konnte. Er habe „seinen gemachten üblen Umständen niemahls wiederstehen können" und es sei „daher alles einer Desperation zuzuschreiben". Allerdings fühlte er sich in letzter Konsequenz doch verantwortlich für sein Handeln. An keiner Stelle versuchte er, die Schuld auf eine äußere Macht zu schieben. „Er hab sich

[67] Ebd., Nr. 49, Gutachten des Collegium Juridicum, Ulm 1.9.1770.

[68] Dazu und zum Folgenden vgl. die Fragenkataloge und Protokolle der Verhöre des Einungsamts mit Johann Jakob von Welser vom 31.5. und vom 8.6.1771 (ebd., Nr. 9 & 10, 34 & 35).

allemal den grösten Schaden selbsten gethan", so betonte er gegenüber den Ulmer Amtleuten.

Welser gab sich also selbst die Schuld für seine Situation, auch wenn er sich sein Handeln nicht erklären konnte. Allerdings führte auch diese Schuldhaftigkeit nicht in eine moralische Ausweglosigkeit im Sinne Andreas Bährs. Nicht sein Gewissen trieb ihn in die (indirekte) Selbsttötung. Da er jenseits aller religiösen Deutungssysteme agierte, war die Frage von Schuld und Verantwortung für sein Handeln gegenüber Gott ohnehin ohne jede Bedeutung. Ohne die Ausrichtung auf das Seelenheil war es irrelevant, ob er durch eine äußere Macht zu etwas hingerissen worden war oder nicht.

In den bisherigen Fällen hatten die Adligen ihre Ehre verloren, obwohl sie sich zu Lebzeiten streng an den adligen Verhaltenskodex hielten und sich beharrlich bemühten, die adlige Rolle zu erfüllen. Im Gegensatz dazu folgte die Schande Welsers daraus, dass er selbst sich der adligen Lebensweise entzog. Er lehnte eine standesgemäße Stelle als Leutnant ab und verzichtete damit gleichzeitig auf ein geregeltes Einkommen, außerdem kam er permanent mit dem Gesetz in Konflikt. Auch wenn er dies nicht immer bewusst tat, verweigerte sich Welser selbst dem adligen Streben nach Tugendhaftigkeit, gesellschaftlicher Nützlichkeit und Anerkennung, also nach Eigenschaften, über die sich der Adel als ein privilegierter Stand legitimierte. Er versagte somit nicht im adligen *Kampf ums Obenbleiben*, so ließe sich formulieren, vielmehr beteiligte er sich erst gar nicht an diesem Kampf. Gleichzeitig litt er aber unter seiner unehrenhaften und unstandesgemäßen Existenz. Ihm war klar, welche Erwartungen an ihn gestellt wurden, aber auch, dass er diese Erwartungen nicht erfüllen konnte. Obwohl er sich selbst dafür verantwortlich fühlte, wollte auch Johann Jakob von Welser wie seine Zeitgenossen Arenswald und von der Pforte kein Leben in Schande führen. Er beschrieb daher seinen Schritt auch mit denselben Worten wie sie: Es „sey ihm viel angenehmer das Leben zu verlieren, als noch länger auf eine solche Arth zu leben."[69]

5.4 Perspektiven auf den Wahnsinn und die Anfänge der Psychiatrie

Johann Jakob von Welser hatte seinen Mord unmittelbar nach der Tat gestanden – das eigentlich mit Abstand wichtigste Beweismittel für eine Verurteilung war damit von Anfang an vorhanden. Wie beim *normalen* verminderte jedoch auch

[69] Ebd. Die anderen Zitate lauteten bei von der Pforte: „Beßer todt, als auf so eine Art leben" und bei Arenswald: „so ziehe ich entlich den Todt einem solchen Leben vor". Vgl. dazu das Fazit von Kap. II.

beim *mittelbaren Selbstmord* eine Geistesverwirrung die Schuldfähigkeit des Täters, eine Hinrichtung erfolgte nur bei kaltblütigem Vorsatz.[70] Dasselbe galt im Übrigen auch für andere Verbrechen, wie zum Beispiel die Kindstötung.[71] Um hingerichtet zu werden, musste Welser demnach das Gericht von seiner Zurechnungsfähigkeit überzeugen. Er versuchte also gerade nicht, den *Kopf aus der Schlinge* zu ziehen, sondern genau das Gegenteil.[72] Wiederholt verwies er in seinen Verhören daher auf den „Vorsatz" seiner „Frevelthat" und seine lange Planungszeit sowie darauf, dass er nicht unter Alkoholeinfluss gestanden habe. Auch betonte er, sein „Gewissen sey ganz ruhig gewesen". Gezielt habe er den Mord begangen, um seine elende und unstandesgemäße Existenz zu beenden – dem gängigen Deutungsmuster zufolge sprach dies für eine bewusst und vernunftgemäß vollzogene Tat.[73] Er wollte sich daher „weder entschuldigen noch rechtfertigen". In seiner Selbstzuschreibung war Johann Jakob von Welser voll schuldfähig und hatte demnach den Tod verdient.[74]

Allerdings galt in der zweiten Hälfte des 18. Jahrhunderts durch die immer stärker werdende Pathologisierung für den *mittelbaren Selbstmord* dasselbe wie für den *unmittelbaren*: Auch wenn die Täter sich selbst als zurechnungsfähig beschrieben und ihre Tat vorsätzlich ausgeführt wissen wollten, folgten die Außenstehenden dieser Selbstdiagnose keineswegs. Die Tat – und deren rationale Begründung – wurden häufig per se als Zeichen einer geistigen Krankheit angesehen, und genau wegen dieser Krankheit konnten sich die Täter ihres Handelns nicht bewusst sein und daher auch nicht vorsätzlich handeln.[75]

Genauso argumentierten die Juristen auch im Fall Welser. Obwohl er bei sei-

[70] STUART: Melancholy Murderers; LORENZ: Kriminelle Körper, S. 269–280; KROGH: A Lutheran Plague, S. 26.

[71] Auch bei Kindstötungen konnte den Täterinnen trotz eines Geständnisses die Zurechnungsfähigkeit für ihr Handeln abgesprochen werden. Außerdem ging man zum Ende des 18. Jahrhunderts hin ebenfalls meist generell von einem pathologischen psychischen Zustand aus. Gerhard AMMERER: Anatomische Sektion und Gerichtsmedizin. Zur Rolle der Ärzte in den Strafverfahren und den Diskursen um den Kindsmord im 18. Jahrhundert, in: Jürgen HELM/Karin STUKENBROCK (Hgg.): Anatomie. Sektionen einer medizinischen Wissenschaft im 18. Jahrhundert, Wiesbaden 2003, S. 241–268, hier: S. 254ff.

[72] Vgl. die wegweisende Studie von Natalie Zemon DAVIS, in der sie die Geschichten in französischen Bittschriften untersucht, in denen Mörder – häufig auch Mörderinnen – beim König um Gnade ersuchten. DIES.: Der Kopf in der Schlinge.

[73] Ein (Selbst-)Mord, der begangen wurde, um der Schande zu entgehen, wurde als bewusst und vernunftgemäß vollzogen eingestuft – das war bei Welser nicht anders als bei den anderen bisher untersuchten Fällen. Vgl. dazu Kap. II. 3 und 4.

[74] StadtA Ulm, A 4871, Nr. 9 & 10, , 34 & 35 Fragenkataloge & Verhörprotokolle des Einungsamts mit Johann Jakob von Welser, Ulm 31.5. & 8.6.1771.

[75] Vgl. STUART: Melancholy Murderers, S. 74; GÖTTSCH: Mörderin an ihrem unschuldigen Kinde, S. 48. Zu dieser Argumentation beim *normalen* Suizid siehe Kap. I. 2.

nen Vernehmungen immer „mit bester beobachteter Vernunfft" geantwortet[76] bzw. „vollkommen vernünfftige Antwort"[77] gegeben habe, reiche das Geständnis nicht für eine Verurteilung aus. Um das Urteil „mit möglichster Vorsicht" sprechen zu können, müsse die Frage nach der Zurechnungsfähigkeit noch eingehender untersucht werden.[78] Denn jemand, der eine „solche betrübte Thathandlung" begehe, könne wohl kaum als eine „persona sanae mentis" angesehen werden. Dass Welser schon früher verschiedene „tolle Handlungen" begangen habe, deute ebenfalls auf eine geistige Beeinträchtigung hin.[79] Auch noch nach seiner Inhaftierung hielt man ihn für suizidgefährdet. Das zuständige Kriegsamt sollte ihm das Essen, das ihm von seiner Mutter geliefert wurde, ohne Gabel und Messer reichen.[80] Später, als man ihn rasieren lassen wollte, ging man zwar davon aus, dass er mittlerweile die Sündhaftigkeit seiner Taten eingesehen habe und sich nun nicht noch schwerer werde versündigen wolle.[81] Allerdings sollte bei der Rasur eine Gefängniswache anwesend sein und der Barbier wurde angewiesen, „hierbei alle mögliche Vorsicht" walten zu lassen.[82]

Wie beim *unmittelbaren* so versuchten die Gerichte auch beim *mittelbaren Selbstmord* den Geisteszustand des Täters anhand von Zeugenbefragungen zu rekonstruieren.[83] Allgemein zeigt sich bei solchen Befragungen von Laien deutlich, dass auch jenseits gelehrter Diskurse in der Bevölkerung sehr konkrete Vorstellungen davon bestanden, wie sich Wahnsinn oder andere geistige Erkrankungen äußerten. Die Gerichte konnten diese Aussagen der Zeugen daher meist direkt verwerten und waren nicht gezwungen, sie erst noch in juristisch anschlussfähige Sprache zu übersetzen.[84]

Im Fall Welser befragte man zunächst das unmittelbare Umfeld. Sein Vermieterehepaar gab zu Protokoll, in den drei Jahren, in denen er ihr Mieter gewesen sei, hätten sie niemals einen „Unwillen an ihm gemerkt". Im Gegenteil, er sei stets ausgesprochen freundlich zu ihnen gewesen.[85] Die Magd der Mutter Welsers, Christina Kößler, gab an, er habe ihr niemals etwas „von verdrießlichen Sachen" gesagt, wobei sie ihm manchmal angesehen habe, dass er einen

[76] StadtA Ulm, A 4871, Nr. 9 & 10, Fragenkatalog & Verhörprotokoll des Einungsamts mit Johann Jakob von Welser, Ulm 31.5.1771.

[77] Ebd., Nr. 12, Gutachten der Ratskonsulenten Häckhel und Beger, Ulm 1.6.1771.

[78] Ebd.

[79] Ebd., Nr. 21, Gutachten der Ratskonsulenten Häckhel und Beger, Ulm 4.6.1771.

[80] Ebd., Nr. 5, Ratsbeschluss, Ulm 29.5.1771.

[81] Ebd., Nr. 50, Gutachten der Ratskonsulenten Häckhel und Beger, Ulm 20.6.1771.

[82] Ebd., Nr. 52, Ratsbeschluss, Ulm 21.6.1771.

[83] Vgl. Lorenz: Kriminelle Körper, S. 277.

[84] Zu Zeugenaussagen in Bezug auf Wahnsinn vor Gericht siehe Joel Peter Eigen: Witnessing Insanity. Madness and Mad-Doctors in the English Court, New Haven/London 1995, S. 82–107.

[85] StadtA Ulm, A 4871, Nr. 14 & 15, Fragenkatalog & Verhörprotokolle des Einungsamts mit dem Vermieterehepaar Herlinger sowie Johannes Mösch und Johannes Enderiß.

„Unwillen“ habe. Am Abend vor seiner Tat habe er auch „einen Verdruß gehabt“ und mit ihr gestritten, am Tag selbst jedoch sei er gut gelaunt wie immer gewesen.[86]

Den Amtleuten war außerdem zu Ohren gekommen, dass Welser vor einiger Zeit gegenüber einem gewissen Fähnrich von Strauß bereits einmal einen „von Desperation zeugenden Discours“[87] bzw. einen „auf vitae taedium [das heißt Lebensüberdruss, F. K.] abzihlenden Discours“[88] geführt habe. In einer Vernehmung gab dieser Fähnrich von Strauß an, Welser habe ungefähr zweieinhalb Jahre zuvor, als „derselbige zimlich betruncken gewesen“, mehrfach zu ihm gesagt, dass es ihm in der Welt sehr „fatal“ gehe. Niemand kümmere sich um ihn, und er habe „auch nichts mehr zu hoffen“. Danach habe Welser Strauß aufgefordert, ihn mit seiner Pistole zu erschießen, er aber habe sich geweigert. Strauß habe das Gerede auf den Alkohol geschoben und nichts weiter unternommen, und Welser habe später auch nie wieder „verdächtige oder melancholische Reden geführet“. Strauß habe daher gedacht, dass Welser „sein Glück schon noch ain mahl allhier finden“ würde.[89]

Schließlich versuchten die Ratskonsulenten, den Geisteszustand Johann Jakob von Welsers unmittelbar vor der Tat zu rekonstruieren. Bei seinem Spaziergang, mit dem er sich den „Unmuth“ vertreiben wollte, war Welser in ein Wirtshaus eingekehrt, dem Schützenwirt, wo er allein an einem Tisch gesessen und drei Schoppen Wein getrunken hatte. Der Wirt sowie dessen Töchter sagten bei der Befragung aus, Welser habe bei seinem Besuch mit ihnen gescherzt und sich freundlich mit den Worten verabschiedet, er werde in den folgenden Tagen wiederkommen, um einen Kaffee zu trinken. Zudem gaben sie alle unabhängig voneinander zu Protokoll, dass sie keine „Trunckenheit“ an ihm bemerkt hätten.[90]

Ein entscheidender Unterschied bei der gerichtlichen Feststellung des Geisteszustands beim *mittelbaren* – im Gegensatz zum *unmittelbaren* – Suizid bestand darin, dass die Gerichte nicht gezwungen waren, sich auf postmortale Rekonstruktionen zu beschränken. Da der Täter noch lebte, konnte seine Zurechnungsfähigkeit direkt an ihm festgestellt werden. Klassischerweise waren in der Frühen Neuzeit Geistliche die Experten für *geistesgestörte* Menschen. Zum großen Teil oblag ihnen etwa auch die Behandlung suizidgefährdeter und melancholischer Patienten.[91] Auch im Fall Johann Jakob von Welser zogen die

[86] Ebd., Nr. 16, 17 & 18, Fragenkataloge & Verhörprotokolle des Einungsamts mit Christina Kößler und der Wirtsfamilie Habfast.
[87] Ebd., Nr. 12, Gutachten der Ratskonsulenten Häckhel und Beger, Ulm 1.6.1771.
[88] Ebd., Nr. 23, Gutachten der Ratskonsulenten Häckhel und Beger, Ulm 5.6.1771.
[89] Ebd., Nr. 31, Verhörprotokoll des Kriegsamts mit Fähnrich von Strauß, Ulm 8.6.1771.
[90] Ebd., Nr. 16, 17 & 18, Fragenkataloge & Verhörprotokolle des Einungsamts mit Christina Kößler und der Wirtsfamilie Habfast.
[91] Vgl. Kästner: Experten für ein gutes Leben; ders.: Tödliche Geschichte(n), S. 74–77, 532;

Juristen das Urteil eines solchen Sachverständigen heran. Als Pfarrer Ehemann aufgefordert wurde, Welser bis zu seiner Hinrichtung geistlichen Beistand zu leisten, wurde ihm ebenfalls aufgetragen, regelmäßig über den „Seelen und Gemüths Zustand" des Delinquenten Auskunft zu geben.[92] Ehemann berichtete dann zwar zunächst vom „anständigen und gesezten Bezeugen" Welsers, allerdings wolle er ihn auch weiterhin täglich aufsuchen und so erfahren, ob er sich in seinem Verhalten nicht „verstellet" habe.[93]

In der zweiten Hälfte des 18. Jahrhunderts gewann im juristischen Strafverfahren dann zunehmend eine weitere Gruppe von Experten oder Sachverständigen für die Deutung des Geisteszustand von Menschen an Bedeutung: medizinische Gutachter.[94] Bereits im Mittelalter und die gesamte Frühe Neuzeit hindurch hatte es auch somatisch-physiologische Vorstellungen von Wahnsinn und Geisteskrankheit gegeben, die ebenfalls einen gewissen Einfluss auf die rechtliche Beurteilung der Schuldfähigkeit von Straftätern besaßen.[95] Dazu

Lind: Selbstmord in der Frühen Neuzeit, S. 406–420; Dietrich Rössler: Pfarrhaus und Medizin, in: Martin Greiffenhagen (Hg.): Das evangelische Pfarrhaus. Eine Kultur- und Sozialgeschichte, Stuttgart 1984, S. 231–246; Zu den theologischen Grundlagen im Protestantismus siehe Krause: Luthers Stellung zum Selbstmord; Koch: Die höchste Gabe in der Christenheit. Siehe auch Martin Schrenk: Über den Umgang mit Geisteskranken. Die Entwicklung der psychiatrischen Therapie vom „moralischen Regime" in England und Frankreich zu den „psychischen Curmethoden" in Deutschland, Berlin/Heidelberg/New York 1973 (Monographien aus dem Gesamtgebiete der Psychiatrie 10), S. 37–39.

92 StadtA Ulm, A 4871, Nr. 12, Gutachten der Ratskonsulenten Häckhel und Beger, Ulm 1.6.1771.

93 Ebd., Nr. 29, Bericht des Pfarrers Johann Leonhard Ehemann, Ulm 6.6.1771.

94 Esther Fischer-Homberger: Medizin vor Gericht. Zur Sozialgeschichte der Gerichtsmedizin, Darmstadt 1988; Maren Lorenz: „Er ließe doch nicht eher nach biß er was angefangen". Zu den Anfängen gerichtspsychiatrischer Gutachtung im 18. Jahrhundert, in: Richard van Dülmen/Erhard Chvojka/Vera Jung (Hgg.): Neue Blicke. Historische Anthropologie in der Praxis, Köln/Weimar/Wien 1997, S. 199–222; Geyer-Kordesch: Whose Enlightenment?; Härter: Policey und Strafjustiz in Kurmainz, S. 434f.; Stukenbrock: „Der zerstückte Cörper", S. 145ff.; Ammerer: Anatomische Sektion und Gerichtsmedizin. Diese Entwicklung ist ebenfalls in England deutlich festzustellen, wo aufgrund der Besonderheiten des Common-Law der medizinische Sachverständigenbeweis im frühneuzeitlichen Rechtsverfahren eigentlich eine eher untergeordnete Rolle spielte. Zum Bedeutungszuwachs medizinischer Gutachten bei Wahnsinnsdiagnosen in England siehe die hervorragende Studie Eigen: Witnessing Insanity. Zu den Unterschieden zwischen England und dem Kontinent bzw. zwischen Common Law und Römischem Recht in Bezug auf die Bedeutung medizinischer Fachgutachten im Strafverfahren siehe Catherine Crawford: Legalizing Medicine: Early Modern Legal Systems and the Growth of Medico-Legal Knowledge, in: Michael Clark/Catherine Crawford (Hgg.): Legal Medicine in History, Cambridge 1994, S. 89–116.

95 Darauf weist mit Nachdruck hin: Kutzer: Anatomie des Wahnsinns, hier: bes. S. 18f., 30, 86–111. Siehe außerdem Gschwend: Zur Geschichte der Lehre von der Zurechnungsfähigkeit; Jobe: Medical Theories of Melancholia; Richard Neugebauer: Treatment of the Mentally Ill in Medieval and Early Modern England: A Reappraisal, in: Journal of the

gehört etwa auch die aus der Antike übernommene Humoralpathologie.[96] Doch erst im Laufe des 18. Jahrhunderts musste sich die Jurisprudenz in ihrer Urteilsfindung immer stärker nach den Gerichtsmedizinern richten bzw. war selber gezwungen, naturkundlich zu argumentieren, um überzeugen zu können.[97]

Im Fall Welser forderten die Ratskonsulenten daher neben Pfarrer Ehemann zusätzlich das Collegium Medicum, die oberste Gesundheitsbehörde der Stadt,[98] auf, den Angeklagten zu untersuchen und ein Gutachten zu seinen „Leibes und Gemüths Umständen" anzufertigen.[99] Nachdem die Ärzte Welser eingehend befragt hatten, kamen sie zu einem eindeutigen Urteil: Am Tag der Tat habe Welser schon die ganze Zeit geplant, einen anderen Menschen zu erschießen und daher auch schon mittags das Gewehr geladen. Die Tat selbst habe er dann „bey guter Vernunfft" in dem Bewusstsein ausgeführt, dafür später hingerichtet zu werden. Überhaupt habe er während der Befragung einen sehr vernünftigen Eindruck gemacht und nicht „den geringsten Grad einer etwa vorhandenen Melancholie" zu erkennen gegeben.[100]

Obwohl es sich hierbei um ein Gutachten medizinischer Experten handelte, unterschied sich ihr Urteil semantisch kaum von der Einschätzung der Laien. Eine Untersuchung des Körpers wurde für die Rekonstruktion des Geisteszustands offenbar als nicht zweckdienlich angesehen – möglicherweise, weil Geisteskrankheit zwar an körperlichen Merkmalen festgemacht werden konnte, Gesundheit aber nicht.[101] Man ging davon aus, dass der Wahnsinn während

History of the Behavioral Sciences 14, 1978, S. 158–169. Zur Tradition „naturalistische[r] Erklärungen für weite Bereiche des Geisteslebens" von der Antike bis in die Gegenwart siehe Michael HAGNER: Homo cerebralis. Der Wandel vom Seelenorgan zum Gehirn, Frankfurt a. M. 2008, pointiert hier: S. 20.

96 Siehe dazu Kap. II. 4.

97 Vgl. FISCHER-HOMBERGER: Medizin vor Gericht, bes. S. 74–78; LORENZ: Kriminelle Körper, S. 443f.; DIES.: Gerichtsmedizin, in: EdN 4, 2006, Sp. 537–541; LIND: Selbstmord in der Frühen Neuzeit, S. 421–430; SCHREINER: Jenseits vom Glück, S. 39–47; Enno POPPEN: Die Geschichte des Sachverständigenbeweises im Strafprozess des deutschsprachigen Raumes, Göttingen/Zürich 1984 (Göttinger Studien zur Rechtsgeschichte 16), bes. S. 123–125.

98 Das Collegium Medicum bestand aus den in städtischen Diensten stehenden Ärzten, Ende des 18. Jahrhunderts waren dies insgesamt acht Mitglieder. FILTZINGER: Ulm, S. 233–247; SPECKER: Die Bestände des Stadtarchivs Ulm, S. 213; Hermann KLEMM: Die rechtliche und sociale Stellung der Ärzte in der Reichsstadt Ulm, in: Ulm und Oberschwaben 26, 1929, S. 3–23, hier: S. 20ff.

99 StadtA Ulm, A 4871, Nr. 21, Gutachten der Ratskonsulenten Häckhel und Beger, Ulm 4.6.1771.

100 Ebd., Nr. 28, Gutachten der Ärzte Dr. Haßfurth und Dr. Glockengießer, Ulm 6.6.1771.

101 Vgl. LORENZ: Zu den Anfängen gerichtspsychiatrischer Gutachtung, S. 205. Schon zeitgenössisch wurden medizinische Diagnosen, die sich allein auf Befragungen stützten, kritisiert. Diagnostizierten Mediziner im 18. Jahrhundert eine Geisteskrankheit bei einem

einer Befragung durch auffälliges und allgemein wahrnehmbares Verhalten offenbar würde.[102] Dabei scheinen nicht zuletzt auch ständische Rollenerwartungen die Benennung und Deutung von Symptomen maßgeblich geprägt zu haben. So galten, wie Maren Lorenz angibt, „Unruhe, Angst und Schüchternheit bei Männern von Stand als spezielle Symptome für Geistesschwäche".[103] Auch wenn Mediziner Ende des 18. Jahrhunderts eine außerordentliche Deutungsmacht besaßen, war man von der Verwissenschaftlichung einer forensischen Psychiatrie, die ihr Wissen am lebenden Patienten entwickelte, also noch weit entfernt.[104] Wahnsinnsdiagnosen wurden weniger an standardisierten wissenschaftlichen Kriterien festgemacht, als vielmehr am persönlichen intuitiven Eindruck der Ärzte. Die Urteile mussten dann in den medizinischen Gutachten auch nicht weiter begründet oder spezifiziert werden.[105]

Im Fall Welser wurde der Delinquent nach allen Nachforschungen noch ein letztes Mal verhört, wobei er weiterhin bekräftigte, „mit Vorsatz" gehandelt zu haben.[106] Nach den verschiedenen Zeugenverhören, dem Geständnis sowie dem medizinischen und dem theologischen Gutachten kamen die Ratskonsu-

Delinquenten, so argumentierten sie stets mit körperlichen Ursachen. Gab es keine äußeren Anzeichen einer Krankheit, mussten sie auf Befragungen ausweichen. Dabei bestand immer die Gefahr, dass der Delinquent die Geisteskrankheit nur vorspielte. Vgl. dazu Poppen: Die Geschichte des Sachverständigenbeweises, S. 195–200.

[102] Erst um 1800 wurde gewann die Vorstellung Konjunktur, dass wahnsinnige Menschen Zwischenzeiten hätten, in denen sie geistig gesund erscheinen. Dazu Jürgen Martschukat: Von Seelenkrankheiten und Gewaltverbrechen im frühen 19. Jahrhundert, in: Dülmen/Chvojka/Jung: Neue Blicke, S. 223–247.

[103] Lorenz: Kriminelle Körper, S. 368.

[104] Zur Institutionalisierung der Psychiatrie siehe ebd.; Doris Kaufmann: Psychiatrie und Strafjustiz im 19. Jahrhundert. Die gerichtsmedizinischen Gutachten der Medizinischen Fakultät der Universität Tübingen 1770–1860, in: Medizin, Gesellschaft und Geschichte 10, 1991, S. 23–39; dies.: Aufklärung, bürgerliche Selbsterfahrung und die „Erfindung" der Psychiatrie in Deutschland, 1770–1850, Göttingen 1995 (Veröffentlichungen des Max-Planck-Instituts für Geschichte 122); Dora B. Weiner: The Madman in the Light of Reason. Enlightenment Psychiatry: Part I. Custody, Therapy, Theory and the Need for Reform & Part II. Alienists, Treatises, and the Psychologic Approach in the Era of Pinel, in: Wallace/Gach: History of Psychiatry and Medical Psychology, S. 255–303; Burkhart Brückner: Moral, Freiheit und Natur – Die Ursprünge der europäischen Psychiatrie im Schnittpunkt von Aufklärung und Romantik, in: Sozialpsychiatrische Informationen 41/3, 2011, S. 8–12.

[105] So auch Eigen: Witnessing Insanity, S. 134ff.; Lorenz: Zu den Anfängen gerichtspsychiatrischer Gutachtung, bes. S. 204ff., 218ff. Zu den medizinischen Gutachten über suizidgefährdete Menschen Ende des 18. Jahrhunderts siehe dies.: Kriminelle Körper, S. 338–371.

[106] StadtA Ulm, A 4871, Nr. 34 & 35 Fragenkatalog & Verhörprotokoll des Einungsamts mit Johann Jakob von Welser, Ulm 8.6.1771.

lenten zu einer Entscheidung[107] und arbeiteten das endgültige Urteil aus:[108] Zwar sehe das Collegium Medicum in Berlin einen *mittelbaren Selbstmord* grundsätzlich als Ausdruck einer „delirae et desperatae mentis" an. Außerdem sei Welser schon früher „unter die Classe der Wahnsinnigen" gerechnet worden und auch die Zeugen berichteten in einer Semantik der Melancholie von seinem „Unwillen" und „Verdruß". In seinen Verhören vermittelte er jedoch keinen geisteskranken Eindruck – weder auf die juristischen, noch auf die theologischen, noch auf die medizinischen Experten. Das Gericht folgte daher der Selbstdeutung des Delinquenten, der mit dem Motiv, nicht länger ein Leben in Schande führen zu wollen, sein Handeln eindeutig als vorsätzlich beschrieb. „Weder Melancholie, noch sonst mercklichen Abmangel gesunder Vernunfft" konnte man Welser bescheinigen, so dass er als voll schuldfähig eingestuft wurde.

Johann Jakob von Welser wurde „ihme zur Straffe, und anderen zum schröcklichen Exempel" zum Tod durch Erschießen verurteilt.[109] Wie bei allen Leibes- und Lebensstrafen in Ulm üblich, musste das Urteil anschließend noch einmal vom ganzen Juristenkollegium und dann vom Rat bestätigt werden.[110] Am Freitag, den 28. Juni 1771 morgens um halb elf, wurde Welser das Urteil verkündet, das er „mit guter Attention" aufnahm.[111] Die folgenden beiden Tage, an denen er ständig von Pfarrer Ehemann und einem zweiten Prediger besucht wurde, verbrachte er „in der besten Verfassung" bzw. „in zimlicher Gelaßenheit". Auf dem Weg zur Hinrichtung, die am Morgen des 1. Juli im Innenhof des Neuen Baus unter Ausschluss der Öffentlichkeit stattfand, sang er das Lied „O Lamm Gottes". Dabei, so berichteten anschließend die Geistlichen, „gienge er sehr resolut und standhafft in seinen Tod". Er setzte sich „ganz courageus" auf den dafür vorgesehen Stuhl und unter dem Beten der Prediger wurden ihm die Augen verbunden. Die tödlichen Schüsse der sechs

[107] Johann Jakob von Welser sei „ein weder melancholischer, noch sonsten seines gesunden Verstandes beraubter, sondern bloßhin ein aus übertriebener Unzufriedenheit über seine selbst verdorbene Glücks Umstände desperat gewordener armer Sünder. Weil nicht alles nach seinem Kopff hinausgehen wollte, und er in anderer Leuthe sich zu schicken nicht lernen mocht, beredete ihn der böse Geist, daß ein schimpflicher Tod noch beßer als sein Leben seye." Ebd., Nr. 37, Gutachten der Ratskonsulenten Häckhel und Beger, Ulm 11.6.1771.

[108] Zum Folgenden ebd., Nr. 48, Abschlussgutachten der Ratskonsulenten Häckhel und Beger, Ulm 18.6.1771.

[109] StadtA Ulm, A 4871, Nr. 48, Abschlussgutachten der Ratskonsulenten Häckhel und Beger, Ulm 18.6.1771.

[110] Ebd., Nr. 54, Abschlussgutachten des Collegium Juridicum, Ulm 23.6.1771; Nr. 56, Urteil des Rates, Ulm 28.6.1771. Zum rechtlichen Verfahren an dieser Stelle des Verfahrens siehe GÄNSSLEN: Die Ratsadvokaten und Ratskonsulenten, S. 79.

[111] Der folgende Bericht stammt von den beiden beteiligten Predigern Leonhard Ehemann und Johann Michael Miller, Ulm 1.7.1771 (StadtA Ulm, A 4871, Nr. 62).

zur Exekution befohlenen Grenadiere fielen um fünf Minuten nach vier Uhr. Zwei Totengräber legten den Leichnam in einen Sarg und begruben ihn auf dem städtischen Friedhof nahe der Welser'schen Grablege. „Die Zuschauer bey Hinwegführung des Cadavers waren an der Zahl mittelmäßig".

5.5 Strafe als ständische Distinktionsmarkierung

Die bei Johann Jakob von Welser angewandte Hinrichtungsart des „Arquebusierens" war eher ungewöhnlich. In aller Regel wurden Exekutionen in Ulm im 18. Jahrhundert mit dem Schwert vollzogen[112] und auch das Rechtsgutachten des Juristenkollegs ließ keinen Zweifel daran, dass bei vorsätzlichen Mordtaten normativ die Enthauptung, bei mutwilligen sogar das Rad als Strafe stehen müsste.[113]

Welser selbst hatte in seinem dritten Verhör um die „sonderbare Gnad" gebeten, ihn auf dieselbe Weise zu töten, wie er Johannes Rau getötet hatte.[114] In einer Supplik versuchte anschließend auch seine Familie, Einfluss auf das Urteil zu nehmen.[115] Auch hier wurde wieder das zwingend erforderliche Argument der Melancholie ins Feld geführt. Zwar wolle man ebenfalls, dass Johann Jakob von Welser seine gerechte Strafe erhalte, allerdings zeige sich bei ihm „eine gewisse ohnglükliche Mischung eines Sanguineo-melancholischen Temperaments". Dieses resultiere zweifellos aus seinem „schweren Geblüt", das besonders „bey warmer Witterung um die Zeit des Vollmonnds einen Ansatz von Tollheit" hervorrufe.

Wie Welser selbst, so gingen auch seine Angehörigen davon aus, dass er zeitweise „zerstreut und betäubt" sei und zu bestimmten Handlungen „gerissen" werde, die er anschließend, wenn sein Geist sich wieder geklärt habe, bereue. Und ganz dem zeitgenössischen pathologisierenden Deutungsmuster folgend

[112] Von 15 zwischen 1700 und 1803 dokumentierten Hinrichtungen wurden 12 mit dem Schwert ausgeführt. Bettina Weiss: Kriminalfälle in Ulm im 18. Jahrhundert. Eine Auswertung der Akten des Ulmer Stadtarchivs aus medizinischer Sicht, Diss. med., Ulm 1990, S. 37; Ungericht: Der Alte Friedhof in Ulm, S. 229.

[113] Siehe hier das Abschlussgutachten der Ratskonsulenten Häckhel und Beger, Ulm 18.6.1771 (StadtA Ulm, A 4871, Nr. 48) sowie dessen Bestätigung durch das Collegium Juridicum, Ulm 23.6.1771 (Nr. 54).

[114] Ebd., Nr. 39, Verhörprotokoll des Einungsamts mit Johann Jakob von Welser, Ulm 12.6.1771.

[115] Unterzeichner waren die Mutter Helena Magdalena, die beiden Brüder Markus Theodosius und Albrecht Ludwig, der Onkel Felizian sowie die beiden Schwager Albrecht Konrad Besserer von Thalfingen und Albrecht Ludwig Seutter von Lötzen. Ebd., Nr. 46, Supplik der Familie Welsers an den Rat. Zwar ist im Schreiben kein Datum genannt, allerdings ist es dem Rat zwischen dem 17. und 19. Juni 1771 zur Kenntnis gelangt.

hielten sie allein schon die Tat für den besten Beweis dafür, dass Welser in diesem Moment „des Gebrauchs der Vernunft nicht fähig ware". All dies brachte die Familie zu der Bitte, von einer Hinrichtung abzusehen, bzw. falls dies nicht möglich sei, so doch wenigstens auf eine Todesstrafe zu entscheiden, die „nicht infamierend" sei. Andernfalls werde doch neben der ohnehin betrübten Mutter eine Familie getroffen, die sich Verdienste um das Gemeinwesen „jederzeit zum Augenmerk genommen [hat] und noch nimmt".[116] An dieser Stelle wird ein gewisser Unterschied zu den bisher untersuchten Fällen deutlich. Während Familien aus altem Adel in solchen Bittschreiben vor allem mit ihrer adligen Ehre argumentierten,[117] hob das Stadtpatriziat offenbar stärker auf seine Leistungen und Verdienste für die Stadtgemeinde ab. Dies verweist auf die unterschiedlichen Traditionen der Selbstlegitimation.

Über mehrere Jahre hinweg hatte Johann Jakob von Welser das Ansehen seiner Familie geschädigt. Wiederholt hatte er verschiedene „Tollheiten" begangen und war immer wieder mit dem Gesetz in Konflikt geraten. All dies fiel auf seine Angehörigen zurück, die gezwungen waren, auf irgendeine Art und Weise mit diesem schwarzen Schaf der Familie umzugehen. In ihrem Abschlussgutachten zeigten sich die Ratskonsulenten daher auch erstaunt darüber, dass „diesem ungerathenen Sohn, quasi re bene gesta" wegen seines bisherigen Lebenswandels weder von seiner Mutter noch von sonst jemandem „das mindeste Ressentiment" entgegen gebracht worden war.[118] Offenbar hatten seine Angehörigen nur selten versucht, Welser von seinem devianten Verhalten abzuhalten. Er selbst hatte, wie er später zu Protokoll gab, bei seinem Mord an eine Rufschädigung seiner Familie „gar nicht gedacht" und insofern nicht in dynastischem Bewusstsein gehandelt. Seine Familie hingegen bemühte sich nun, den kollektiven Ehrverlust so gering wie möglich ausfallen zu lassen und eine publikumswirksame Hinrichtungsinszenierung zu verhindern.

Bei der Konzeption des Urteils entsprachen die Ratskonsulenten der Bitte um eine nicht infamierende Strafe und ersparten der Familie eine öffentliche Hinrichtung, um ihr hohes „Ansehen" beim städtischen Publikum nicht zu gefährden. Außerdem gewährten sie dem Delinquenten „aus obrigkeitlicher Gnade und Milde" den Tod durch Erschießen, „wiewohl er härtere Straffe verschuldet hätte". Erstens, so ihre Begründung, entspreche dies dem Talionsprinzip, das heißt das Verbrechen des Erschießens werde mit einer gleichartigen Strafe gesühnt. Zweitens sei dies „in Betracht der vornehmen Anverwandtschafft" die einzig statthafte Entscheidung.[119] Welser habe daher,

[116] Ebd., Nr. 46, Supplik der Familie Welsers an den Rat, Ulm, 17./18.6.1771.
[117] Vgl. dazu die Suppliken im Fall Hoym (Kap. I. 3).
[118] StadtA Ulm, Nr. 48, Abschlussgutachten der Ratskonsulenten Häckhel und Beger, Ulm 18.6.1771.
[119] Ebd., Nr. 48, Abschlussgutachten der Ratskonsulenten Häckhel und Beger, Ulm 18.6.1771.

so die Urteilsbestätigung des Juristenkollegs, die „Arquebusade nach allen Rechten mehr als zu wohl verdienet".[120] Man verzichtete also auf eine unstandesgemäße „poena infamiae",[121] das heißt eine „Strafe, da jemand seiner Ehre, Standes und Würden entsetzet wird"[122].

Eine solche Bestrafung wurde dem Stadtadel nicht zugemutet, wie sich etwa auch bei einem anderen Mörder aus dem Ulmer Patriziat, dem Bürgermeister Albrecht Harsdörffer von Bernbach, im Jahr 1738 zeigt. Nachdem ihm wegen eines vorsätzlich begangenen Mordes zuerst auf dem Marktplatz die rechte Hand abgeschlagen werden sollte, sollte er anschließend mit dem Schwert hingerichtet werden. Das Urteil wurde jedoch sogleich wieder revidiert. Zwar betonte das Gericht, dass Adligkeit nicht grundsätzlich vor der Schwertstrafe bewahre („nec nobilitas a poena gladii excusat"). Allerdings sei es ebenfalls üblich, dass „die Rechte gegen einen Adeligen mit weniger Schärfe, als gegen einen Bürgerlichen, zu verfahren pflegen".[123] Die Juristen argumentierten hier bei der Strafmilderung also explizit mit Privilegierung des Adels vor dem Gesetz.

Trotz der rechtlichen Sonderbehandlung des Adels, sollten die adligen Familien jedoch keinen direkten Einfluss auf das Gericht ausüben können. Am Beginn des Untersuchungsverfahrens gegen Johann Jakob von Welser war der eigentlich amtierende Einunger Christoph Heinrich von Besserer „wegen naher Anverwandschafft", das heißt wegen persönlicher Befangenheit, von der strafrechtlichen Verfolgung des Falls abgezogen worden. An seiner Stelle ernannte der Rat Johann Konrad Krafft.[124] Die unmittelbare und unkontrollierte Einflussnahme durch familiäre Netzwerke, man könnte auch sagen soziales Kapital, widersprach dem juristischen Selbstverständnis der städtischen Obrigkeit, die einen gewissen Anspruch auf Autonomie und Objektivität zu wahren versuchte.[125] Andererseits wurde die Familie aus gut unterrichteter Quelle über die

120 Ebd., Nr. 54, Abschlussgutachten des Collegium Juridicum, Ulm 23.6.1771.

121 Ebd., Nr. 61, Gutachten des Collegium Juridicum, Um 28.6.1771; Nr. 61a, Ratsbeschluss, Ulm 1.7.1771. Gleichzeitig gewährte man der Familie zusätzlich eine sechswöchige „moderate Trauer".

122 So die Erklärung im Zedler: Poena Infamiae, in: Zedler: Grosses vollständiges Universallexicon, Bd. 28, Sp. 965.

123 Zitiert nach Georg Fischer: Geschichte der Stadt Ulm. Nach den Quellen erzählt, Ulm 1863, S. 457–469. Zu diesem Fall siehe auch Weiss: Kriminalfälle in Ulm im 18. Jahrhundert, bes. S. 39–44

124 StadtA Ulm, Nr. 5, Ratsbeschluss, Ulm 29.5.1771. Das Einungsamt war, wie nahezu alle Ämter in Ulm, durch einen Patrizier und einen Zunftangehörigen besetzt. Als oberste Untersuchungs- und Policeybehörde der Stadt Ulm führte es die Befragung von Tätern und Zeugen durch und hatte damit einen gewissen Einfluss auf das Verfahren. Filtzinger: Ulm, S. 205, 214–219; Specker: Die Bestände des Stadtarchivs Ulm, S. 98.

125 Vgl. hier Hoffmann: Delinquenz und Strafverfolgung städtischer Oberschichten, S. 356f.

neuesten Entwicklungen im Fall informiert[126] und konnte so auf dem gängigen Rechtsweg durch Supplizieren Einfluss ausüben. Die Familie konnte das Rechtsverfahren demnach nicht umgehen, sondern lediglich die Justiz gezielt nutzen.[127]

Dabei ließe sich fragen, warum das „Arquebusieren" im Gegensatz zum Enthaupten mit dem Schwert von den Beteiligten als eine „Gnade" angesehen wurde, war das Schwert doch gemeinhin das Symbol für einen privilegierten Status – gerade in den süddeutschen Reichsstädten des 18. Jahrhunderts.[128] Generell galt im Alten Reich die Schwertstrafe als eine besonders ehrenhafte und meist dem Adel vorbehaltene Hinrichtungsart.[129] Doch genau hier liegt wohl auch ein erster Hinweis auf die Antwort auf diese Frage. Denn wie erwähnt, war es in Ulm im 18. Jahrhundert allgemein üblich, Hinrichtungen mit dem Schwert zu vollziehen. Der Wunsch, nicht wie *gemeine Menschen* enthauptet, sondern erschossen zu werden, hatte seinen Grund daher möglicherweise im Streben des Ulmer Stadtadels nach weiterer Distinktion. Wenn alle Delinquenten gleichermaßen enthauptet wurden, dann hatte das Schwert seine Funktion als Marker für adlige Standesqualität verloren. Und bereits bei der symbolischen Bedeutung des Waffensuizids im Adel war die Aufwertung von Schuss- im Vergleich zu Blankwaffen im 18. Jahrhundert zu sehen.[130]

Von größerer Bedeutung war aber, dass das Arquebusieren durch Mitglieder des Ulmer Militärs durchgeführt wurde und nicht durch Angehörige der unehrlichen Berufe. Die Bitte der Familie, Welser „nicht infamierend" zu bestrafen, bedeutete daher, dass „er nicht unter Scharffrichters-Händen kommen möchte".[131] Offensichtlich hätte eine Berührung durch den Scharfrichter die Übertragung von Unehrlichkeit, das heißt eine rituelle Verunreinigung, nach sich gezogen.

Diese Vermutung steht allerdings im Widerspruch zu der Beobachtung,

126 Es ist nicht bekannt, wer der Verfasser der Briefe ist, deren Abschriften sich heute im Familienbesitz befinden. Ihnen ist lediglich zu entnehmen, dass es sich bei ihm um einen „nahen Anverwandten" von Albrecht Ludwig Seutter von Lötzen handelt, dem Ehemann von Johann Jakobs Schwester Sibylla Regina. FHA Welser, F 876, Personalakt Johann Jakob von Welser.

127 Vgl. hier Hoffmann: Delinquenz und Strafverfolgung städtischer Oberschichten, S. 364, 380f. Allgemein zum Phänomen der *Justiznutzung*, das auf Martin Dinges zurückgeht, siehe Schwerhoff: Aktenkundig und gerichtsnotorisch, S. 90f.; Eibach: Versprochene Gleichheit, S. 516ff.; Krischer: Neue Forschungen zur Kriminalitätsgeschichte, S. 400.

128 So sei das Tragen von Schwertern dort erst nach 1700 immer stärker auf die städtischen Oberschichten beschränkt und somit zu einem Distinktionssymbol geworden. Dazu B. Ann Tlusty: The Martial Ethic in Early Modern Germany. Civic Duty and the Right of Arms, Basingstoke 2011, bes. S. 161f.

129 Vgl. mit weiterführender Literatur Kap. I. 3.

130 Vgl. Kap. IV. 5.

131 So der unbekannte Verfasser im Schreiben vom 24.6.1771 (FHA Welser, F 876).

dass die Schwertstrafe in anderen Fällen häufig als ehrliche, ja sogar ehrenvolle Hinrichtungsart angesehen wurde. Jedoch konnte die Ehrlichkeit der Schwertstrafe einerseits daraus resultieren, dass der Scharfrichter bei der Enthauptung nur das Schwert führte und den zum Tode Verurteilten gar nicht berührte.[132] Ohne einen direkten physischen Kontakt fand dann auch keine rituelle Verunreinigung statt. Dies lässt sich beispielsweise in Hessen-Kassel beobachten, wo eine Berührung durch den Scharfrichter generell verunreinigend wirkte.[133] Nach einer Enthauptung sollten dort alle Delinquenten „ohne Unterscheid durch des Nachrichters Leute unter dem Gericht eingegraben“ werden. Die Leichname unter dem Schafott durch unehrliche Leute zu begraben, hätte sie – trotz Schwertstrafe – rituell verunreinigt. Um ehrlich hingerichtet zu werden, konnten die Angeklagten daher dazu begnadigt werden, „durch die Hirten, Nachtwächter und Fluhrschützen, oder diejenige Leute, so die Anverwandten derer Delinquenten, mittelst billigmäßiger Bezahlung, dazu bekommen können“ in der Stille auf dem gewöhnlichen Friedhof begraben zu werden.[134]

Andererseits ist zu sagen, dass Scharfrichter in der Frühen Neuzeit nicht grundsätzlich als unehrlich galten. Hier gab es zum Teil sogar auf geographisch engstem Raum ganz erhebliche Unterschiede. Ob der Scharfrichter einer Gemeinde unehrlich war oder nicht, hing von seiner Nähe zur Abdeckerei ab. Herrschte *Arbeitsteilung* zwischen Scharfrichtern und Abdeckern, das heißt erledigte der Abdecker alle rituell verunreinigenden Arbeiten, wie die Entsorgung von Aas und das Verscharren von Suizidenten- und Verbrecherleichnamen, und führte der Scharfrichter lediglich die Exekutionen durch, dann wurde er nicht als unehrlich angesehen.[135] Grob vereinfacht scheint eine solche Arbeitsteilung in Norddeutschland weiter verbreitet gewesen zu sein als in Süddeutschland, wo der Scharfrichter deswegen meist als unehrlich galt.[136]

132 Siehe hierzu auch Dülmen: Theater des Schreckens, S. 139.

133 Zur Unehrlichkeit bzw. den Berührungstabus des Scharfrichters in Hessen-Kassel siehe Pechaček: Scharfrichter und Wasenmeister in der Landgrafschaft Hessen-Kassel.

134 Verordnung, wie es mit Begrabung der ehrlichen und unehrlichen, auch anderer für anrüchig gehalten werdenden Personen zu halten. Vom 30ten April 1753, in: Kleinschmidt: Sammlung kurhessischer Landes-Ordnungen und Ausschreiben, Bd. 5, S. 74–76, hier: S. 74.

135 Darauf weist vor allem Gisela Wilbertz zu Recht immer wieder mit Nachdruck hin. So zum Beispiel dies.: „... daß ein jeder einem Abdecker geleistete Dienst Schande bringe ...“, S. 117ff., 171ff.; dies.: Der Abdecker – oder: Die Magie des toten Körpers, S. 94f.

136 Dazu Stuart: Unehrliche Berufe, S. 96ff. Zur Unehrlichkeit des Scharfrichters und dessen Nähe zur Abdeckerei in der mit Ulm benachbarten Reichsstadt Augsburg siehe ebd., für Bayern siehe Nowosadtko: Scharfrichter und Abdecker. Über Nordwestdeutschland sagt Gisela Wilbertz: „Strafvollzug und Abdeckerei waren sozial zwei verschiedene Welten, die einer Aufteilung in oben und unten entsprachen.“ Dies.: Scharfrichter und Abdecker im Hochstift Osnabrück. Untersuchungen zur Sozialgeschichte zweier „unehrlicher“ Berufe im nordwestdeutschen Raum vom 16. bis zum 19. Jahrhundert, Osnabrück

So stellte etwa auch der Ulmer Samuel Kiechel bei einer Reise nach Lübeck im Jahr 1585 erstaunt fest, dass der Scharfrichter dort „nicht von anderen Leuten abgesondert [werde], wie wohl bey uns beschieht". Er pflege gesellschaftlichen Kontakt zu „Bürgern und ehrlichen Leuthen", esse und trinke mit ihnen.[137] Rituelle Schranken, wie in seiner Heimat Ulm, suchte er vergebens.

Weil also der Scharfrichter in Ulm unehrlich war und eine von ihm vollzogene Exekution den Delinquenten rituell verunreinigt hätte, wurde bei Johann Jakob von Welser auf diese Art der Strafe verzichtet. Denn dies hätte sich wiederum negativ auf seine Ehre ausgewirkt. Stattdessen gewährte das Gericht ihm die „Gnade" eines Tods durch Erschießen. Wieder zeigt sich, dass der adlige Körper nicht per se durch seine Ehre vor einer rituellen Verunreinigung geschützt war, wohl aber, dass das Mehr an Ehre bzw. symbolischem Kapital den Adligen vor der Verurteilung zu einer Schand- und Ehrenstrafe bewahrte.[138]

Der gleiche Mechanismus wird bei der ehrlichen Bestattung Johann Jakob von Welsers auf dem bürgerlichen Friedhof deutlich. Eigentlich gab es auf dem nichtbürgerlichen Friedhof in Ulm einen eigenen „locus maleficantium", an dem der Scharfrichter die hingerichteten Verbrecher begrub.[139] Das Verscharren an einem solchen unehrlichen Ort durch eine unehrliche Person hätte jedoch die rituelle Verunreinigung des Verurteilten nach sich gezogen, weshalb das Gericht im Fall Welser auf diese Strafe verzichtete. Zwar ließ man seinen Körper still, das heißt ohne feierliches Leichenbegängnis, bestatten und verfügte insofern eine Behandlung, die sich mindernd auf seine ständische Ehre auswirkte. Allerdings verzichtete man gleichzeitig auf eine rituelle Verunreinigung als Folge eines unehrlichen Begräbnisses – vor dieser Bestrafung wurde der adlige Delinquent durch seine Ehre geschützt.

Trotz der Aufbietung ihres sozialen Kapitals wurde der adligen Familie also keine pompöse Begräbnisfeier zur Stiftung der Familienmemoria zugebilligt. Dieser Umstand hat sich schon bei den vorherigen Fällen immer wieder gezeigt, und er wird auch bei weiteren Suiziden aus dem Ulmer Patriziat sehr deutlich. Christoph Friedrich Besserer von Thalfingen (der Jüngere) hatte sich aus nicht geklärten Gründen im Jahr 1757 mit einem Pistolenschuss das Leben genommen.[140] Sein Umfeld und besonders sein Beichtvater bescheinigten ihm einhellig ein sehr gottesfürchtiges und frommes Leben. Außerdem stufte

1979 (Osnabrücker Geschichtsquellen und Forschungen 22), S. 292, siehe außerdem bes. S. 32ff., 305ff., 317f., 333f.

137 Zitiert nach Wilbertz: Scharfrichter und Abdecker im Hochstift Osnabrück, S. 333.

138 Vgl. zu diesem Argument vor allem Kap. I.

139 Ungericht: Der Alte Friedhof in Ulm, S. 14f., 199ff. Zum unehrlichen Begräbnis in Ulm siehe ebd., S. 221–234.

140 Über Christoph Friedrich selbst ist kaum etwas bekannt. Seine Schwester Juliane Besserer heiratete einige Jahre nach seinem Suizid den Bruder Johann Jakob von Welsers Markus Theodosius.

man seine Selbsttötung, nachdem man verschiedene Gutachten eingeholt hatte, als die Tat eines Melancholikers ein. Ein unehrliches Begräbnis stand demnach nicht zur Debatte. Als jedoch die „hochadelige Famille" um ein prächtiges Leichenbegängnis mit Kutsche, Gesang und Predigt sowie eine Bestattung in der Barfüßerkirche ersuchte, wurde dies vom Rat verweigert. Stattdessen wurde der Leichnam „zwar ehrlich zu Erden" gebracht, jedoch auf dem gewöhnlichen Wagen und ohne jegliche „Ceremonien" zum Friedhof transportiert. Immerhin gestand man der Familie „bey der Trauer einige mehrere Moderation, alß sonsten gewohnlich" zu.[141]

In die gleiche Richtung geht der Fall des Majors Ludwig Albrecht von Baldinger, der sich am Abend des 8. Mai 1792 in Ulm erschoss. Der Rat entsprach der Bitte seiner „hohe[n] Anverwandtschafft" nach einem ehrlichen Begräbnis, allerdings mit der Einschränkung „in aller Stille und bey spatester Nachzeit". Auch hier sollte der Leichnam auf dem gewöhnlichen Trauerwagen transportiert werden.[142]

Johann Jakob von Welser führte seinen eigenen Tod willentlich herbei und beging insofern im frühneuzeitlichen Verständnis einen *Selbstmord*.[143] Doch obwohl er – im Gegensatz zu gewöhnlichen Suizidenten – nach seiner Tat Auskunft geben konnte, sind seine Beweggründe schwer zu rekonstruieren. In gewisser Weise ähnelt seine Selbstdeutung einigen bisher untersuchten Suiziden von Adligen. Er führte ein unehrenhaftes Leben und hatte keine Aussicht, dass sich daran etwas ändern würde. Wie er selbst in seinem Verhör bekannte, wollte er lieber sterben, als noch weiter in Schande leben zu müssen. Dem Anspruch von Tugendhaftigkeit und Nützlichkeit, der an ihn als Spross einer der führenden Ulmer Patrizierfamilien gestellt wurde, konnte er seit Jahren nicht genügen, so dass ihm aus seiner Sicht nur noch der Tod als Ausweg blieb.

Allerdings, und das sah auch Johann Jakob von Welser so, war er allein durch eigenes Verschulden in seine schändliche Lage geraten. Zwar konnte er sich sein Handeln nicht immer erklären, weil er oft zu Dingen „hingerissen" wurde, die er „nicht determiniren" konnte. Er selbst hatte sich jedoch der adligen Lebensweise entzogen, hatte eine standesgemäße Anstellung und die damit verbundene finanzielle Absicherung ausgeschlagen und war permanent mit dem Gesetz in Konflikt geraten. Seine Ehre war ihm also nicht von außen genommen worden, sondern er hatte sie selber verspielt. Auch ihn zwang dieser Verlust jedoch zum Suizid.

141 StadtA Ulm, A 3530, Bd. 208, fol. 242v-244r, Ratsprotokoll vom 9.3.1757.
142 Ebd., Bd. 243, fol. 239v, Ratsprotokoll vom 9.5.1792.
143 „Für die Einordnung der Tat als ‚Selbstmord' war also weniger die eigenhändige Begehung, als vielmehr die innere Willensrichtung des Getöteten von entscheidender Bedeutung." PFANNKUCHEN: Selbstmord und Sanktionen, S. 17.

Die Juristen folgten schlussendlich dieser Deutung, indem sie angaben, Welser sei „aus übertriebener Unzufriedenheit über seine selbst verdorbene Glücks Umstände desperat geworde[n]" und habe daher gedacht, „daß ein schimpflicher Tod noch beßer als sein Leben seye".[144] Bevor sie zu dieser Diagnose gelangten, stellten sie jedoch in einem aufwendigen Verfahren den Geisteszustand des Angeklagten fest. Denn obwohl dieser mit Nachdruck auf dem Vorsatz seiner Handlung beharrte, hatte sich die pathologisierende Sichtweise schon soweit durchgesetzt, dass allein die Tat Anzeichen einer geistigen Erkrankung war. Bei Welser war die Sachlage allerdings äußerst kompliziert. Zeugenaussagen und Vorgeschichte wiesen auf eine Neigung zur Melancholie hin. Die theologischen und medizinischen Sachverständigen bestätigten hingegen den Eindruck der Ratskonsulenten, dass er zurechnungsfähig war. Dabei wird deutlich, dass die Mediziner, obwohl ihre Bedeutung für die Strafpraxis Ende des 18. Jahrhunderts weiter zunahm, noch keineswegs die Deutungshoheit über Geistesstörungen besaßen. Die ärztliche Diagnose diente eher zur Bestätigung und zusätzlichen Legitimierung eines Urteils als zu dessen Herleitung.[145]

Was entscheidend für die Urteilsfindung war, das haben alle Fälle aus dem Ulmer Patriziat deutlich gezeigt, war der Stand des Täters. Formal handelte es sich um reguläre Rechtsverfahren ohne Ansehen der Person, bei Johann Jakob von Welser wurde ein Verwandter sogar wegen Befangenheit von der Strafverfolgung des Falls abgezogen. Die adligen Familien waren daher auf die Möglichkeiten der gezielten Justiznutzung angewiesen. Dabei unterschied sich die Justiznutzung jedoch nicht grundsätzlich von der nichtadliger Familien. Worin sich aber die Behandlung des Adels vor Gericht unterschied, war der Schutz, der ihm sein Mehr an Ehre bot. Wie die Rechtsgelehrten im Fall Bernbach einräumten, verfahre das Recht insgesamt „mit weniger Schärfe" gegen den Adel. Seine Adligkeit bzw. seine adlige Ehre war es damit letztlich, die den Delinquenten vor einer unehrlichen Behandlung, das heißt vor einer rituellen Verunreinigung, bewahrte. Die adligen Familien konnten mit ihrem Sozialkapital nicht erreichen, dass ihre Verwandten begnadigt oder wenigstens mit großen Ehren bestattet wurden. Gleichzeitig wurden Patrizier in Ulm aber deswegen erschossen, weil sie bei einer Enthauptung mit einer unehrlichen Person in Kontakt gekommen und damit rituell verunreinigt worden wären. Nach frühneuzeitli-

144 StadtA Ulm, A 4871, Nr. 37, Gutachten der Ratskonsulenten Häckhel und Beger, Ulm 11.6.1771.

145 Zu diesem Mechanismus vgl. auch Eigen: Witnessing Insanity, S. 122–132, 134; Lorenz: Zu den Anfängen gerichtspsychiatrischer Gutachtung, S. 218ff. Noch Mitte des 19. Jahrhunderts hatten ärztliche Gutachten über die Zurechnungsfähigkeit von Angeklagten keine juristische Verbindlichkeit und es gab erbitterte Auseinandersetzungen zwischen Juristen und Medizinern über die Deutungshoheit. Kaufmann: Psychiatrie und Strafjustiz im 19. Jahrhundert.

chem Strafverständnis sollte dies jedoch dem Adel prinzipiell nicht zugemutet werden. Aus demselben Grund wurden sie auch auf dem bürgerlichen Friedhof beigesetzt.

Auch wenn die Medizin im Verlauf des 18. Jahrhunderts für die gesellschaftliche Bewertung und die strafrechtliche Verfolgung von Selbsttötungen immer stärker an Bedeutung gewann, verdrängte sie die religiös-moralischen Wahrnehmungsparadigmen keineswegs.[146] Stattdessen ergab sich eine komplizierte Gemengelage aus unterschiedlichen Deutungsmustern, die parallel nebeneinander existierten und sich jeweils wechselseitig beeinflussten. So konnten etwa auch medizinische Urteile gleichzeitig moralisch sein, wenn sie etwa die körperlichen Gebrechen auf den unlauteren oder ausschweifenden Lebenswandel des Betreffenden zurückführten.[147] Bei Johann Jakob von Welser kamen die Ratskonsulenten in einem aufwendigen Verfahren, in dem sie sich um die Berücksichtigung aller Deutungssysteme bemühten, zu einem juristischen Urteil. Dieses trat dann jedoch hinter den Stand und den Rang des Delinquenten zurück.

[146] Dazu etwa auch VANDERMEERSCH: The Victory of Psychiatry over Demonology.
[147] So zum Beispiel SCHREINER: Jenseits vom Glück, bes. S. 141ff., 155f., 256–265; BÄHR: Der Richter im Ich, bes. S. 76ff., 162ff.

6. Das Schicksal des Adels am Übergang zur Moderne: Franz Sales von Spreti

Als der Rentmeister von Straubing,[1] Graf Maximilian von Daun, am Abend des 24. Januar 1791 in die Stadt kam, erfuhr er von der Wache am Stadttor Unglaubliches: Der Regierungsrat Graf Franz Sales von Spreti habe sich erschossen, weil er ein Illuminat gewesen sei. Als Daun anschließend nach Hause kam, wusste seine Frau noch mehr: Unmittelbar vor seinem Tod habe Spreti einige geheime Schriften an den Viztum von Straubing,[2] Freiherrn Joseph Maria von Weichs, geschickt, der daraufhin eine Versammlung der Häupter des Ordens einberufen habe.[3] Viztum von Weichs sah sich daraufhin gezwungen, sich mit einer Erklärung an die Regierung in Straubing zu wenden: Er schwöre bei Gott, dass er nicht wisse, „ob Graf Spreti jemal diesem Orden einverleibet war oder nicht", glaube es aber nicht. Er selbst stehe auf jeden Fall in keiner Weise in Verbindung zum Illuminatenorden, sondern sei vielmehr ein „Feind von allen heimlichen Gesellschaften". Die Behauptung, er habe eine Versammlung der obersten Illuminaten einberufen, sei „albern, als hier gar keine existiren".[4]

Dennoch hielt sich das Gerücht hartnäckig. Wie der zuständige Pfarrer im Kirchenbuch notierte, glaubte sogar die überwiegende Mehrheit der Bevölke-

[1] Das Kurfürstentum Bayern war in die vier Amtsbezirke (die sogenannten Rentmeisterämter) München, Burghausen, Landshut und Straubing gegliedert, denen als höchste Instanz der Hofrat in München übergeordnet war. Den jeweiligen Rentmeistern oblag die Aufsicht über das Finanzwesen, die Verwaltung sowie die Rechtspflege. Außerdem waren sie für die Verbindung der Regierungen mit ihren Außenämtern und die Kontrolle der unteren Beamten zuständig. Dazu Gerhard Schwertl: Geschichte der Regierungen und Rentmeisterämter Landshut und Straubing 1507–1802, in: Verhandlungen des Historischen Vereins für Niederbayern 116/117, 1990/1991, S. 237–263; Annemarie Liebler: Die Entstehung der Regierung als Mittelstelle zwischen Zentralbehörde und Außenämtern in der Neuzeit, in: Dies.: Im Stammland von Raute und Panther. Geschichte der Regierung von Niederbayern, München 2008, S. 17–19.

[2] Der Viztum stand der jeweiligen Regierung eines Rentmeisteramts vor. Schwertl: Regierungen und Rentmeisterämter Landshut und Straubing; Pankraz Fried: Straubing als Herzogsstadt und Regierungsmittelpunkt (Vitztumsamt), in: Karl Bosl (Hg.): Straubing. Das neue und das alte Gesicht einer Stadt im altbayerischen Kernland. Festschrift aus Anlaß des 750. Gründungsjubiläums, Straubing 1968, S. 89–102.

[3] StA Landshut, Rep. 209, A 5566, Protokoll des Verhörs mit Rentmeister Daun, Straubing 31.1.1791.

[4] Zwar habe er nach dem Suizid des Grafen dessen Witwe Susanne von Spreti seine Hilfe angeboten, dies sei aber allein aus seiner „Pflicht als katholischer Christ" geschehen. Er versicherte daher, dass er alle seine Handlungen vor Gott und vor Kurfürst Karl Theodor verantworten könne. Ebd., Viztum Weichs an Regierung Straubing, Straubing 27.1.1791.

rung, „die Ursach [des Suizids] seye gewesen der Illuminatismus".[5] Doch wie konnte es dazu kommen, dass eine solche Verbindung zu den Illuminaten als Selbsttötungsmotiv Franz Sales von Spretis angenommen wurde?

6.1 Die Illuminaten und der *Selbstmord*

Im Jahr 1791, als Spreti sein Leben beendete, war die große Zeit der Illuminatenverfolgung in Bayern längst vorbei. Als eine unter vielen anderen Assoziationen, in denen sich in der zweiten Hälfte des 18. Jahrhunderts ein Großteil der gebildeten bürgerlich-adelige Elite zusammenschloss,[6] war der Illuminatenorden Mitte der 1770er Jahre an der Universität Ingolstadt entstanden. Ab 1784 allerdings ging Kurfürst Karl Theodor mit mehreren Mandaten und immer schärferen Strafandrohungen gegen ihn vor, wenn diese letztendlich auch nicht umgesetzt wurden.[7]

Der Vorwurf, der Illuminatenorden würde den *Selbstmord* rechtfertigen, wurde dabei von Anfang an erhoben.[8] In einer frühen Schrift äußerte ihn der

[5] BZAR, Kirchenbuch der Pfarrei Alburg, Bd. 6, S. 676–678, FN 103, hier: S. 676.

[6] Zu dieser Konjunktur des Assoziationswesens siehe allgemein DEMEL: Reich, Reformen und sozialer Wandel, S. 134–147.

[7] Der Illuminatenorden war aus dem Geheimbund der „Perfectibilisten" durch Adam Weishaupt, Ordinarius für kanonisches Recht an der Juristischen Fakultät, gegründet worden. Zur Geschichte der Illuminaten in Bayern siehe vor allem den sehr umfassenden Literaturbericht von Ludwig HAMMERMAYER: Entwicklungslinien, Ergebnisse und Perspektiven neuerer Illuminatenforschung, in: Katharina ACKERMANN/Alois SCHMID (Hgg.): Staat und Verwaltung in Bayern. Festschrift für Wilhelm Volkert zum 75. Geburtstag, München 2003, S. 421–463 (Schriftenreihe zur bayerischen Landesgeschichte 139). Siehe darüber hinaus Leopold ENGEL: Geschichte des Illuminaten-Ordens. Ein Beitrag zur Geschichte Bayerns. Vorgeschichte, Gründung (1776), Beziehung zur Freimaurerei, Verfolgung durch die Jesuiten, Fortentwicklung bis zur Jetztzeit, Berlin 1906; René LE FORESTIER: Les Illuminés de Bavière et la Franc-Maçonnerie Allemande, Genf 1974 [Nachdr. der Ausg. Paris 1914]; Manfred AGETHEN: Geheimbund und Utopie. Illuminaten, Freimaurer und deutsche Spätaufklärung, München 1984 (Ancien Régime. Aufklärung und Revolution 11), bes. S. 70–86; Ludwig HAMMERMAYER: Illuminaten in Bayern. Zu Geschichte, Fortwirken und Legende des Geheimbundes, in: Helmut REINALTER (Hg.): Der Illuminatenorden (1776–1785/87). Ein politischer Geheimbund der Aufklärungszeit, Frankfurt a. M. u. a. 1997, S. 21–77 (Schriftenreihe der Internationalen Forschungsstelle „Demokratische Bewegungen in Mitteleuropa 1770–1850" 24); Richard van DÜLMEN: Der Geheimbund der Illuminaten. Darstellung, Analyse, Dokumentation, Stuttgart-Bad Cannstatt 1975; Eberhard WEIS: Der Illuminatenorden in Bayern, 1776–1785 und die Frage seiner Fortwirkung in der späteren Zeit, in: Walter MÜLLER-SEIDEL (Hg.): Die Weimarer Klassik und ihre Geheimbünde, Würzburg 2003, S. 91–106.

[8] Bereits in einem Schreiben des französischen Gesandten am Münchner Hof und Illuminatengegners Louis Antoine Chalgrin vom 1. März 1784 wurde zusammen mit den anderen

Schriftsteller Joseph Marius von Babo 1784 zum ersten Mal öffentlich: Unter den Mitgliedern des Ordens sei der „Selbstmord" das von allen „gepriesene Hülfsmittel", „um sich mit einem male von allem loszumachen".[9] Gleichzeitig kursierten Gerüchte, die Illuminaten würden Gift mischen und *Sodomie* betreiben.[10] Die Gegner des Ordens führten demnach ein ganzes Bündel von angeblichen moralisch verwerflichen und kriminellen Handlungen zu seiner öffentlichen Diskreditierung an, unter denen der Suizid nur ein Argument neben anderen war. Auch in den Anklageschriften, die einige ehemalige Mitglieder der Münchner Loge im April bzw. September 1785 vorlegten, wurde der Vorwurf erhoben, die Illuminaten rechtfertigten den Suizid. So sei der „Selbstmord" innerhalb des Ordens als ein „leichtes, und in gewissen Fällen vortheilhaftes Mittel", ja sogar als eine „himmlische Wollust" gepriesen worden, ganz besonders dann, wenn es darum gegangen sei, den Orden zu schützen: „Der Illuminat müsse eher den Tod sich antun, als die Gesellschaft verrathen."[11]

klassischen Vorwürfen des Landesverrats, der Sittenlosigkeit und der Jugendverführung, behauptet: „Man predigt, dass der Selbstmord erlaubt sey, sobald man der Menschheit dadurch einen Dienst thuen kann." Beilage zum Bericht des französischen Gesandten in München Chalgrin vom 1.3.1784, abgedruckt bei DÜLMEN: Der Geheimbund der Illuminaten, S. 363–366; ENGEL: Geschichte des Illuminaten-Ordens, S. 183–187.

9 Die *Brüder* würden den Suizid immer dann für legitim halten, „wenn in ihren Augen sonst kein Ausweg ist", weshalb zu bezweifeln sei, dass es sich bei ihnen um „ehrliche Männer" handle. [Joseph Marius von BABO]: Ueber Freymaurer. Erste Warnung. Sammt 2 Beylagen, München 1784, S. 35, 48. Die Schrift hatte nur geringen Erfolg, vor allem weil die Vorwürfe ohne jeden Beweis blieben. Dazu Michael SCHAICH: Staat und Öffentlichkeit im Kurfürstentum Bayern der Spätaufklärung, München 2001 (Schriftenreihe zur bayerischen Landesgeschichte 136), S. 198.

10 Der Terminus *Sodomie* bezeichnete im damaligen Verständnis normalerweise homosexuelle Sexualpraktiken. Die Mitglieder der Münchner Loge „Theodor vom guten Rat" sahen sich im folgenden Jahr gezwungen, zu den Vorwürfen Stellung zu nehmen. In einem Memorial versuchten sie unter anderem der Anschuldigung zu begegnen, „die Mitglieder der Loge [würden] Gift mischen, den Selbstmord befördern und Sodomiten seyn". Niemals hätten sie sich für die „Verteidigung des Selbstmordes" ausgesprochen, außerdem sei es falsch, dass all jene, die sich in letzter Zeit getötet hätten, ihre „Mitbrüder" seien. Auch wenn Karl Theodor der Münchner Loge eine Audienz gewährte, weigerte sich der Kurfürst dort doch, das Verteidigungsschreiben anzunehmen. ENGEL: Geschichte des Illuminaten-Ordens, S. 283–290; zu den Äußerungen zum Suizid: S. 289.

11 Die Verfasser waren Priester und Professoren der Marianischen Akademie in München, die ihr patriotisches Selbstverständnis durch die österreichfreundliche Haltung vieler Illuminaten verletzt sahen und sich deshalb gegen den Orden wandten. Dazu brachten sie verschiedene Interna an die Öffentlichkeit. Sulpitius COSANDEY/Vitus RENNER/Joseph UTZSCHNEIDER: Drey merkwürdige Aussagen die innere Einrichtung des Illuminatenordens in Baiern betreffend, [München] 1786. Sie sind abgedruckt bei DÜLMEN: Der Geheimbund der Illuminaten, S. 379–389 (Aussagen 1 & 2), S. 393–400 (Aussage 3). Vgl. außerdem ebd., S. 84f.

Mit seiner Kampagne versuchte der Münchner Kurfürstenhof sein entschiedenes Vorgehen gegen die Illuminaten öffentlich zu legitimieren.[12] Höhepunkt war die Veröffentlichung der *Originalschriften* des Regierungsrats Franz Xaver von Zwack. Zwack war einer der Gründer des Ordens und maßgeblich an dessen Verbreitung beteiligt gewesen.[13] Als bei ihm 1785 eine Hausdurchsuchung durchgeführt wurde, fand man zwei Briefe, ein Testament und ein Essay, in denen er die Selbsttötung zu rechtfertigen versuchte.[14] Die Veröffentlichung hatte eine ganz beträchtliche Wirkung und schadete den Illuminaten nachhaltig.[15] Die intensive Verfolgung durch den Kurfürstenhof führte dazu, dass der Orden nach 1787 faktisch aufhörte zu existieren, wenn sicherlich auch weiterhin zahlreiche ehemalige Illuminaten in Geheimgesellschaften aktiv blieben.[16] Auch in der Folge wurden einzelne Personen als Illuminaten denunziert, vermehrt etwa, als im Zuge der Französischen Revolution in München die Angst vor *jakobini-*

[12] Vor allem im deutschsprachigen Raum war das Vorgehen der bayerischen Regierung in einem „publizistischen Dauerfeuer" als unverhältnismäßig hart und anti-aufklärerisch angegriffen worden, wobei Kritik häufig besonders aus den Reihen katholischer Aufklärer kam. Dazu Schaich: Staat und Öffentlichkeit im Kurfürstentum Bayern der Spätaufklärung, bes. S. 242–284; Christoph Hippchen: Zwischen Verschwörung und Verbot. Der Illuminatenorden im Spiegel deutscher Publizistik (1776–1800), Köln/Weimar/Wien 1998 (Kontext 4), bes. S. 76–111.

[13] Im Zuge der Verfolgungswelle von 1785 hatte er seine Ämter als Hofkammerrat und Fiskal in München verloren und war nach Landshut zur dortigen Regierung versetzt worden. Engel: Geschichte des Illuminaten-Ordens, S. 251ff.; Le Forestier: Les Illuminés de Bavière et la Franc-Maçonnerie Allemande, S. 37ff.; Dülmen: Der Geheimbund der Illuminaten, S. 29, 31ff.; Schaich: Staat und Öffentlichkeit im Kurfürstentum Bayern der Spätaufklärung, S. 223ff.

[14] Le Forestier: Les Illuminés de Bavière et la Franc-Maçonnerie Allemande, S. 497ff.; Schaich: Staat und Öffentlichkeit im Kurfürstentum Bayern der Spätaufklärung, S. 254ff. Das Protokoll dieser Durchsuchung ist abgedruckt bei Engel: Geschichte des Illuminaten-Ordens, S. 254–256.

[15] Einige Originalschriften des Illuminatenordens, S. 111–118. Die Dokumente wurden wohl wirklich exakt wiedergegeben, was die Regierung auch damit untermauerte, dass es jedermann gestattet war, die Originale im Geheimen Archiv in München einzusehen. Dazu Schaich: Staat und Öffentlichkeit im Kurfürstentum Bayern der Spätaufklärung, S. 260ff. Viele Mitglieder zeigten sich bestürzt über die Vorstellungen und Ziele ihres führenden *Bruders*, die von ihren eigenen teilweise doch ganz erheblich abwichen. Dülmen: Der Geheimbund der Illuminaten, S. 91f.; Schaich: Staat und Öffentlichkeit im Kurfürstentum Bayern der Spätaufklärung, S. 276; Le Forestier: Les Illuminés de Bavière et la Franc-Maçonnerie Allemande, S. 501.

[16] Dülmen spricht von einer „völlige[n] Säuberung aller bayerischen Behörden und Schulen von Aufklärern". Ders.: Der Geheimbund der Illuminaten, S. 93; siehe allgemein S. 83–91, 96ff.; Weis: Der Illuminatenorden in Bayern, 1776–1785; Ludwig Hammermayer: Der Geheimbund der Illuminaten und Regensburg, in: Verhandlungen des Historischen Vereins für Oberpfalz und Regensburg 110, 1970, S. 61–92.

schen Umtrieben aufkam. Dabei war gerade aus Straubing immer wieder über illuminatische Aktivitäten zu hören.[17]

Zur Zeit, als Franz Sales von Spretis seinem Leben ein Ende setzte, das heißt Anfang des Jahres 1791, bestand im öffentlichen Bewusstsein in Bayern demnach ein starker Konnex zwischen den Illuminaten und dem Thema Suizid. Die jahrelangen Versuche der Regierung, den Orden als unmoralisch und unchristlich zu diskreditieren, waren nicht ohne Folgen geblieben. Dass bei einem Suizid schnell der Verdacht aufkam, er sei aus *Illuminatismus* erfolgt, ist bei der Sensibilisierung der Öffentlichkeit für diesen Zusammenhang demnach nicht weiter verwunderlich. Dies gilt umso mehr, wenn – wie bei Spreti – Anlass zu der Vermutung bestehen konnte, dass der Verstorbene selbst Mitglied der Illuminaten gewesen war. Denn besonders der bayerische Amtsadel war eine bevorzugte Gruppe, aus der sich die Illuminaten rekrutierten.[18]

Graf Franz Sales von Spreti war am 13. Mai 1767 im bayerischen Straubing geboren worden.[19] Er entstammte einem alten italienischen Adelsgeschlecht – sein Großvater Franz Johann Hieronymus war zu Beginn des 18. Jahrhunderts an den Kurfürstenhof nach München gekommen und hatte die bayerische Linie der Familie begründet. Nachdem Spreti seine Ausbildung in der Münchner Pagerie mit Auszeichnung beendet hatte, begann er im Alter von 20 Jahren ein Jurastudium in Heidelberg. Nach kurzer Unterbrechung führte er sein Studium an der Universität Göttingen fort und schloss es Ende des Jahres 1789 ab. Zurückgekehrt zu seinen Eltern nach Neuburg an der Donau leistete er zunächst einen halbjährigen Vorbereitungsdienst beim Bezirksamt, bevor er im Sommer 1790 seine Probe bei der Regierungsstelle in Straubing erfolgreich bestand. Er wurde zum kurpfälzisch-bayerischen Kämmerer ernannt und trat am 17. Juli 1790 in Straubing eine Anstellung als Regierungsrat an. Drei Monate später vermählte er sich mit der aus dem englischen Adelsgeschlecht Jenison-Walworth stammenden Freiin Susanne. Weitere drei Monate später, am 24. Januar 1791, nahm sich Franz Sales von Spreti in einer Kapelle der Wallfahrtskirche Frauenbrünnl nahe Straubing mit einer Pistole das Leben.

17 Hammermayer: Illuminaten in Bayern, S. 30ff. Solche Denunziationen wurden häufig dazu genutzt, sich ungeliebter Konkurrenten, etwa im Streben um Regierungsämter, zu entledigen. Zum Ende des Illuminatenordens besonders in Bayern Hammermayer: Der Geheimbund der Illuminaten und Regensburg, S. 78; Dülmen: Der Geheimbund der Illuminaten, S. 98, 96ff.; Weis: Der Illuminatenorden in Bayern, 1776–1785, S. 105f.

18 Dülmen: Der Geheimbund der Illuminaten, S. 31ff.; Eberhard Weis: Der Illuminatenorden (1776–1786). Unter besonderer Berücksichtigung der Fragen seiner sozialen Zusammensetzung, seiner politischen Ziele und seiner Fortexistenz nach 1786, in: Reinalter: Der Illuminatenorden, S. 227–246, hier: S. 232–236.

19 Siehe zu ihm J. Benno Ortmann: Geschichte des altadelichen Spretischen Hauses. Ursprung und Fortblühte in Ravenna und Baiern, Nürnberg u. a. 1806, S. 120–122; Heinrich von Spreti: Die Spreti. Geschichte des altadeligen Hauses Spreti, Kapfing 1995, S. 116–118.

Abbildung 9: Franz Sales von Spreti.

Bei Franz Sales von Spreti lässt sich tatsächlich feststellen, dass er zumindest einige Jahre vor seinem Tod Mitglied des Illuminatenordens gewesen war. 1787, als er sich zur Ausbildung in der Pagerie in München aufhielt, pflegte er engen freundschaftlichen Kontakt zu dem berühmten lutherischen Theologen und Illuminaten Friedrich Münter.[20] Noch nach Münters Flucht nach Regensburg 1787[21] unterhielten die beiden Briefkontakt und Spreti berichtete ihm von der Angst, aber auch der Hoffnung auf Besserung, die unter den Münchner Illu-

[20] Dies geht aus verschiedenen Eintragungen Münters in sein Tagebuch hervor. Frederik MÜNTER: Et Mindeskrift, Bde. 2–4. Aus den Tagebüchern Friedrich Münters. Wander- und Lehrjahre eines dänischen Gelehrten, hrsg. von Øjvind Andreasen, Kopenhagen/Leipzig 1937, hier: Bd. 3, S. 356–371 (Einträge vom 9. bis 14. April 1787). Zu Friedrich Christian Karl Heinrich Münter siehe neben dem Artikel in der ADB 23, 1886, S. 35–37, vor allem die weiterführende Literatur in Hermann SCHÜTTLER: Die Mitglieder des Illuminatenordens 1776–1787/93, München 1991 (Deutsche Hochschuledition 18), S. 108.

[21] Münter hatte tatsächlich das kurfürstliche Angebot wahrgenommen und die Originale der *Originalschriften* im Geheimen Archiv in München eingesehen. Wohl vor allem erst dadurch war er in das Blickfeld der Illuminatenverfolgung gekommen. Dazu Edith ROSENSTRAUCH-KÖNIGSBERG: Freimaurer, Illuminat, Weltbürger. Friedrich Münters Reisen und Briefe in ihren europäischen Bezügen, Berlin 1984 (Brief und Briefwechsel im 18. und 19. Jahrhundert als Quellen der Kulturbeziehungsforschung 2), S. 101–116; SCHAICH: Staat und Öffentlichkeit im Kurfürstentum Bayern der Spätaufklärung, S. 264f.

minaten nach der erneuten Verfolgungswelle herrschte.[22] Inwieweit Spreti auch noch nach dieser Zeit, das heißt nach der fast vollständigen Zerschlagung des Ordens, illuminatisch aktiv war, ist nicht zu sagen. Sein späterer Studienaufenthalt in Göttingen hätte ihm dazu wohl beste Voraussetzungen bieten können.[23] Aus den Briefen aus dieser Zeit, die er an seinen Bruder und seine Eltern verfasste, gehen allerdings keine illuminatischen Verbindungen hervor.[24]

Bemerkenswerterweise äußerte sich ein Cousin Spretis, Johann Nepomuk von Pelkhoven, in einer Schrift über den Suizid seines Verwandten ebenfalls zu der Vermutung, dieser habe sich wegen Verbindungen zum Illuminatenorden das Leben genommen.[25] Dabei griff Pelkhoven die vom Kurfürstenhof verbreiteten anti-illuminatischen Motive auf: Spreti habe sich nur aus Illuminatismus

22 „[...] haben Sie Mitleiden mit unserem Schicksall – Nunc est hora vestra, potestas tenebrarum – nach Sturm kömmt Sonnenschein – Geduld und Muth, es ändert sich gewiß, es muss sich ändern, und die Schurken werden dann eben so sehr zittern, als wir unerschroken sind. Ihr Z." Spreti an Münter, München 20.4.1787, in: Frederik MÜNTER: Et Mindeskrift, Bde. 5–7. Aus dem Briefwechsel Friedrich Münters. Europäische Beziehungen eines dänischen Gelehrten. 1780–1830, hrsg. von Øjvind Andreasen, Kopenhagen/Leipzig 1944, hier: Bd. 6, S. 247.

23 Denn zumindest in der ersten Hälfte der 1780er Jahren war Göttingen – oder „Andrus" wie es in der Geheimsprache der Illuminaten hieß – eine Hochburg des Ordens außerhalb Bayerns. Martin MULSOW: „Steige also, wenn du kannst, höher und höher zu uns herauf." Adam Weishaupt als Philosoph, in: MÜLLER-SEIDEL: Die Weimarer Klassik und ihre Geheimbünde, S. 27–66, hier: bes. S. 33–44; Hermann SCHÜTTLER: Das Kommunikationsnetz der Illuminaten. Aspekte einer Rekonstruktion, in: Ulrich Johannes SCHNEIDER (Hg.): Kulturen des Wissens im 18. Jahrhundert, Berlin/New York 2008, S. 141–150, hier: S. 148f.

24 PA Spreti, Briefe des Franz Sales an Kajetan von Spreti (1787–1790); ebd., Korrespondenz zwischen Spreti und seinen Eltern (1789) [Transkr.]. Dieser Briefwechsel (und einige weitere Schriftstücke) ist leider nur noch in der Transkription erhalten, die Graf Franz von Spreti (1914–1990) angefertigt hat. Der Quellenwert dieser Transkriptionen kann jedoch als sehr hoch bewertet werden. Aus dem Vergleich mit anderen Abschriften, die von Franz von Spreti stammen und bei denen die Originale noch erhalten sind, ist zu erkennen, dass die Schreiben vollständig und wortgetreu wiedergegeben sind. Vgl. hier etwa die Reisebeschreibungen Kajetan von Spretis aus den Jahren 1789 bis 1791. Häufig übertrug Franz von Spreti die Briefe in die aktuelle Schreibweise. Bei einigen Schreiben allerdings vermerkte er explizit, dass er sich bemüht habe, sie „buchstabengerecht abzuschreiben". Statt „Gemütskrankheit" zum Beispiel transkribierte er dann etwa „Gemitskrangheit"; vgl. hier etwa den Brief Korrespondenz zwischen Spreti und seinen Eltern (1789), Sigmund von Spreti an Spreti, Neuburg 13.5.1789.

25 Der erste Teil dieser Handschrift ist undatiert, muss aber wegen der referierten Ereignisse am 27.1.1791 verfasst worden sein. Der zweite Teil datiert auf den 28.1. Sie befindet sich heute im Privatarchiv Heinrich von Spretis in München, PELKHOVEN, Johann Nepomuck von: Den Tod des Grafen Sales Sprety betreffend. Zu seiner Person siehe ANONYM: Johann Nepomuck, Frhr. v. Pelkhoven, in: Neuer Nekrolog der Deutschen 8, 1832, S. 574–580; Leonhard LENK: Bildungswesen, Aufklärung und Regierungspraxis in Straubing zwischen 1750 und 1830. Aus den Papieren des Regierungsrates J. N. Frh. von Pelkhoven, in: BOSL: Straubing, S. 221–258, hier: bes. S. 221–225.

töten können, wenn er entweder „an jener Gesellschaft eine Verrätherey begangen“ und nun ihrer Rache „zu entweichen die Absicht gehabt hätte“; oder wenn seine Mitgliedschaft bei der Regierung in München verraten worden wäre und er nun eine strafrechtliche Verfolgung hätte befürchten müssen. Allein, so schließt Pelkhoven, vorher müsste überhaupt erst einmal feststehen, „daß er mit einer geheimen Gesellschaft in Verbindung stand“. Pelkhoven stellte also Illuminatismus nicht grundsätzlich als Suizidmotiv infrage. Dass der Orden die Selbsttötung für eine legitime Handlung hielt, war nach der Veröffentlichung ordensinterner Dokumente argumentativ offenbar unwiderlegbar. Um seinen Cousin zu entschuldigen, zweifelte er daher lieber eine Verbindung Franz Sales' zum Orden an. Dies spricht jedoch nur begrenzt gegen die Mitgliedschaft Spretis zum Zeitpunkt seines Suizids. Auch Johann Nepomuk von Pelkhoven war Mitte der 1780er Jahre Mitglied des Illuminatenordens gewesen,[26] und auch er wurde in späteren Jahren erneut bezichtigt, immer noch aktiv zu sein.[27] Dass er eine Mitgliedschaft Spretis abstritt, konnte also ebenfalls dazu dienen, eigene Verbindungen zu verleugnen.

Obwohl eine Mitgliedschaft Spretis bei den Illuminaten zum Zeitpunkt seiner Selbsttötung ungewiss war und es den Orden praktisch nicht mehr gab, ging die Regierung in Straubing den Gerüchten zunächst nach. Graf Maximilian von Daun, der maßgeblich zu deren Verbreitung beigetragen hatte, wurde angewiesen, von seiner Frau zu erfragen, woher sie ihre Informationen habe. Als diese ihm dann jedoch berichtete, sie habe von ihrer Köchin erfahren, Spreti und Viztum von Weichs seien Freimaurer und hätten gemeinsam eine Versammlung einberufen,[28] war der Fall für die Regierung schnell erledigt. Weil es sich bei den Vorwürfen lediglich um „Geschwaz“ handle, das „bloß auf einer Weiber Sage“ beruhe, ging man ihnen nicht weiter nach.[29]

Der Zusammenhang von Illuminaten und Suizid ist neben dem Fall Spreti auch noch in anderer Hinsicht für die Frage nach adliger Selbsttötung von Bedeutung. Dazu ist es nötig, noch einmal ausführlicher auf die bei der Hausdurchsuchung bei Franz Xaver von Zwack gefundenen Schriften einzugehen, in denen zwei unterschiedliche Deutungen in Bezug auf den Suizid zum Ausdruck kommen. In seinem Essay, den Zwack größtenteils aus Goethes Briefroman *Die Leiden des Jungen Werthers* übernommen hatte, stellte er den Suizid in einem pathologisierenden Sinn als Folge einer „Krankheit zum Tode“ dar.

[26] Ihm wurde deswegen zunächst auch eine Anstellung im Staatsdienst verwehrt. Lenk: Bildungswesen, Aufklärung und Regierungspraxis in Straubing, S. 224. Vgl. außerdem Schüttler: Die Mitglieder des Illuminatenordens 1776–1787/93, S. 116f.

[27] Hammermayer: Illuminaten in Bayern, S. 64, Anm. 121.

[28] StA Landshut, Rep. 209, A 5566, Protokoll des Verhörs mit Rentmeister Daun, Straubing 31.1.1791.

[29] Ebd., Bericht der Ratssitzung vom 8.2.1791; ebd., Kurfürstliche Anordnung an Regierung Straubing, München 26.3.1791.

Aufgrund dieser Erkrankung sei ein *Selbstmörder* „aller ruhigen Sinneskraft beraubt". Verurteile man einen Suizidenten, so verkenne man „den Zustand des Unglücklichen" und verdamme einen für sein Handeln nicht Verantwortlichen.[30] Der bayerischen Regierung kam die Möglichkeit zur Veröffentlichung dieser Schrift wohl vor allem deswegen sehr gelegen, weil sich die so beabsichtigte Diskreditierung Zwacks nahtlos mit der allgemeinen anti-aufklärerischen Kritik an den angeblich verheerenden Folgen von Goethes Schrift für die Gesellschaft verband.[31] Wie beim Wertherfieber so habe demnach auch bei der Legitimierung von Suizidhandlungen durch die Illuminaten die grundsätzliche Gefahr von Nachahmungstaten bestanden.

Eine völlig andere Deutung nahm Zwack hingegen in seinen beiden Abschiedsbriefen vor.[32] Eine Begründung für den Entschluss zur Selbsttötung nannte er darin nicht – allein, so Zwack: „Mir ists besser, ich gehe".[33] Er entschuldigte daher die Selbsttötung auch nicht, sondern verwies stattdessen auf seine „Ehrlichkeit" bzw. seine „Ehre", die für ihn „das Heiligste" und „das einzige Glückselige" sei. Auch stellte er sein eigenes aufgeklärtes Selbstverständnis dem alten Aberglauben möglicher Kritiker gegenüber. Er war sich sicher, dass

[30] Einige Originalschriften des Illuminatenordens, S. 113f. In einem letzten Absatz wandte sich Zwack außerdem gegen die postmortale Bestrafungspraxis bei Selbsttötungen, die – da sie allein den Körper und nicht die Seele treffe – keinen Abschreckungseffekt habe (ebd., S. 114).

[31] Zu dieser anti-aufklärerischen Freigeisterkritik siehe Kap. II. 3.

[32] Die Briefe lauten:„München den 30. Octob. 1777.Bester Freund! Mir ists besser, ich gehe, lebe wohl, überzeuge dich von meiner Ehrlichkeit, überzeug auch andere davon. Vertheidige meinen Tod, bestärke die redlichen und bescheiden Denkende in ihrem guten Urtheile, daß sie davon haben werden; mit dem übrigen Theile der Kritiker habe Mitleid. Bleib rechtschaffen, erinner dich meiner, und erinnere auch meine wenige gute Freunde dessen. Bejammere mich nicht, leb wohl! auf ewig sag ich dirs, daß ich dein wahrer Freund Zwackh m.ppra.Berichte es an Behörde, ich danke für alle die guten Gesinnungen, die man mir bisher geäußert, du weißt, ob ich ihrer würdig war. Bestelle alles übrige noch Beygeschlossene. Der Ring ist ein kleines Andenken für dich." Einige Originalschriften des Illuminatenordens, S. 115.„Liebe Brüder! Auch euch, meine Brüder! grüße ich zum letztenmale. Ich danke für jede gute Gesinnung, die ihr für mich gehabt, und versichre euch bey meiner Ehre (das Heiligste, was ich glaube, und das einzige Glückselige, das ich besitze), daß ich jederzeit derselben würdig gewesen. Schenkt noch einiges Andenken meiner Asche, segnet mich, wenn der Aberglaube mir fluchet, belehrt ihn eines andern, suchet der Menschen Glück, schätzet, belohnet die Tugend, straft das Laster, seyd mitleidig gegen die Fehler der Menschheit, lebt für euch und für andre zufriedne Tage. Dieß wünscht und bittet euch noch am Rande des Grabes euer den Tod mit Bedacht, aus überzeugenden Vernunftschlüssen zu seiner Befriedigung erwählender ehrlicher Freund und Bruder Zwackh.Meiner Schuldigkeit gemäß übermache ich alle Schriften und andere Sachen, die unsern Orden betreffen. Ich wünsche, daß sie jedem so heilig zum Stillschweigen seyn, als sie mir es waren." Ebd., S. 117f.

[33] Bähr weist darauf hin, dass es sich hierbei wiederum um eine Adaption einer Aussage Werthers handelt. Ders.: Der Richter im Ich, S. 240.

das Urteil der Nachwelt über ihn positiv ausfallen werde. Doch entgegen der Argumentation aus seinem Essay von der Unverantwortlichkeit des Suizidenten für seine Handlung betonte Zwack in seinen Briefen mit Nachdruck, dass er „den Tod mit Bedacht, aus überzeugenden Vernunftschlüssen" wählen würde. Der Suizid war hier also nicht pathologisch im Sinne einer „Krankheit zum Tode", sondern eine autonome und bewusste Entscheidung – und vor allem eine Entscheidung, mit der die Ehre unter Beweis gestellt werden konnte.

Damit rekurrierte Franz Xaver von Zwack in seinen beiden Abschiedsbriefen auf die Vorstellung eines Ehrensuizids, wie sie dem Adel im 18. Jahrhundert zugeschrieben wurde. Doch wie bei den bisherigen Fällen, so war es auch bei Zwack keineswegs so, dass er seinen eigenen Suizid auf diese Weise rechtfertigen wollte. Denn seine Schreiben waren nur fiktive Abschiedsbriefe – sein Suizid kam wohl zu keinem Zeitpunkt infrage. Er hatte sie, falls das in ihnen angegebene Datum stimmt, 1777 im Alter von 21 Jahren geschrieben, neun Jahre bevor sie bei der Hausdurchsuchung bei ihm gefunden wurden. Nach ihrer Veröffentlichung lebte er noch fast 60 Jahre weiter, bis er eines natürlichen Todes starb.[34]

Wie König Friedrich II. von Preußen hatte Zwack somit den Topos *heroische adlige Selbsttötung* aufgegriffen und gewissermaßen als literarische Spielerei verarbeitet. Das ist deutlich auch daran zu erkennen, dass er zeitgleich in seinem fiktiven Testament das ganz anders gelagerte Motiv der *Krankheit zum Tode* aus dem Wertherroman literarisch verarbeitet hatte. Beide Motive besaßen im zeitgenössischen Diskurs eine gewisse Aktualität und fanden gleichermaßen in seinen Texten Verwendung. Und wie Friedrich diente auch Zwack der Topos des Ehrensuizids dazu, seine aristokratische Geisteshaltung unter Beweis zu stellen. Ritter Franz Xaver von Zwack auf Holzhausen war, obwohl aus keinem altadeligen Geschlecht stammend, offensichtlich kein Nobilitierter.[35] Mit dem Nachweis seiner stoischen Gesinnung versuchte er an antike Vorbilder anzuschließen und die Würdigkeit seines Standes zu untermauern. Nicht zufällig hatte er sich im Illuminatenorden den Decknamen „Cato" gegeben.[36]

Es wird aber auch deutlich, dass die bloße Suizidrhetorik kaum als solche verstanden wurde – weder bei Friedrich II. noch bei Franz Xaver von Zwack. Nur deshalb konnte der Kurfürstenhof die fiktiven Abschiedsbriefe in seine antiilluminatische Kampagne einbauen. Dabei entspricht der Vorwurf an den Or-

34 Vgl. Le Forestier: Les Illuminés de Bavière et la Franc-Maçonnerie Allemande, S. 38; Bähr: Der Richter im Ich, S. 241f.

35 Schon zu seiner Studienzeit 1774 bis 1776 wurde er in den Matrikeln der Universität Ingolstadt als Adliger geführt. Götz von Pölnitz (Hg.): Die Matrikel der Ludwig-Maximilians-Universität Ingolstadt-Landshut-München, Teil 1, 5 Bde., München 1937–1984, hier: Bd. 3/2, S. 1774. Vgl. außerdem Karl Heinrich von Lang: Adelsbuch des Königreichs Baiern, München 1815, S. 607.

36 Schüttler: Die Mitglieder des Illuminatenordens 1776–1787/93, S. 170.

den, er würde den *Selbstmord* als „himmlische Wollust" preisen, in gewisser Hinsicht der zeitgleichen Unterstellung des heroischen Suizids an den Adel, wie er etwa bei Gottlieb Georg Ernst von Arenswald erhoben wurde. In beiden Fällen diente der Vorwurf dazu, die moralische Integrität des Gegenübers infrage zu stellen, indem diesem Gegenüber unterstellt wurde, die althergebrachten christlichen Werte zu vernachlässigen und sich stattdessen neuen Geistesströmungen anzuschließen. Immer beschwor man zu diesem Zweck auch die Gefahr von Nachahmungstaten herauf. Im Fall der Illuminaten war dies gerade deshalb bedeutend, weil sich der Orden selbst als letzte Bastion christlicher Werte verstand.[37]

6.2 Die Obduktion der adligen Leiche

Der Letzte, der Franz Sales von Spreti noch lebend gesehen hatte, war der Schneider Mathias Hollauer, der in der Nähe der Wallfahrtskirche Frauenbrünnl wohnte. Er gab später zu Protokoll,[38] Spreti sei morgens um ungefähr halb zehn von Straubing aus zu Fuß nach Frauenbrünnl gekommen, habe vor dem Eingang der Kapelle einige Zeit gestanden, „dah öfters hin, und herr" geschaut und sei schließlich hinein gegangen. Um circa zehn Uhr habe seine Frau einen Schuss gehört, aber nichts weiter unternommen, da sie gedacht habe, jemand würde Wildgänse jagen. Nachmittags um zwei Uhr sei dann ein gewisser Graf von Seiboldsdorf gekommen, dessen Kutscher, nachdem er die Kirche betreten hatte, nach Hilfe gerufen habe. Hollauer und Seiboldsdorf seien daraufhin gemeinsam in die Kapelle gelaufen, wo sie den Grafen tot, an eine Wand gelehnt, gefunden hätten. Auch der Forstmeister von Bori sei hinzugekommen und nachdem sie sich beratschlagt hätten, sei ihm befohlen worden, den Toten zu bewachen, während der Kutscher nach Straubing geschickt wurde, um das zuständige Landgericht[39] zu informieren.

[37] Dazu Agethen: Geheimbund und Utopie, bes. S. 106–110, 242–248, 259–287.

[38] Zum Folgenden StA Landshut, Rep. 209, A 5566, Protokoll des Verhörs mit Mathias Hollauer, Straubing 1.2.1791.

[39] Der *Selbstmord* gehörte in Bayern seit der niederbayerischen Landesordnung von 1474 zu den besonders strafwürdigen Verbrechen, den sogenannten „Viztumshändeln". Seine strafrechtliche Untersuchung führte das zuständige Landgericht durch, das der jeweiligen Regierung Bericht erstattete. Diese fällte dann das Urteil nach Aktenlage. Nur in Ausnahmefällen wurde der Hofrat in München konsultiert. Reinhard Heydenreuter: Kriminalgeschichte Bayerns. Von den Anfängen bis ins 20. Jahrhundert, Regensburg 2003, S. 137; Wolfgang Behringer: Mörder, Diebe, Ehebrecher. Verbrechen und Strafen in Kurbayern vom 16. bis 18. Jahrhundert, in: Richard van Dülmen (Hg.): Verbrechen, Strafen und soziale Kontrolle, Frankfurt a. M. 1990, S. 85–132 (Studien zur historischen Kulturforschung 3), hier: bes. S. 88f.

Unmittelbar nachdem das Landgericht über den Vorfall in Kenntnis gesetzt worden war, begaben sich die Gerichtsbeamten zusammen mit dem Rentamtsarzt von Lengrießer und dem Rentamtschirurgen Heller „ad locum des Entleibten". Da bis zu diesem Zeitpunkt nicht bekannt war, um wen es sich bei dem Toten handelte, untersuchte man seine Taschen. Aufgrund einiger Schriftstücke konnte die Identität festgestellt werden. Allerdings hielt Regierungssekretär Haubenschmid diese zunächst geheim, wies aber den Rentamtsarzt an, dass er bei der bevorstehenden „Inspection" des Leichnams „genau fürschreitten, und daß Körper wohl untersuchen solle".[40] Eine Obduktion, die nach frühneuzeitlichem Verständnis gemeinhin als schändlich und deswegen auch als Ehrenstrafe angesehen wurde, wurde im Fall Spreti also durch den adligen Stand des Toten nicht verhindert, wie dies bei anderen Suiziden der Fall war.[41] Allerdings deutet die Anweisung des Gerichtsbeamten gleichzeitig darauf hin, dass man bei der Öffnung des Körpers eines Adligen offenbar doch vorsichtiger und gewissenhafter vorging als bei *gemeinen* Leichnamen.[42]

Die Sektion fand direkt vor Ort statt. Dazu wurde der Leichnam entkleidet und in der Kapelle auf eine Bank gelegt. Die Pistole, aus der der tödliche Schuss abgefeuert worden war, hatte Spreti mit einem Seidenband an seinem Körper fixiert. Bei der äußeren Begutachtung stellte das Landgericht eine Eintrittswunde an der Brust fest. Bei der anschließenden Obduktion untersuchte man – wie bei „postmortalen Gemütsdiagnosen" von Suizidenten üblich – die drei Höhlen des Körpers, also Schädel, Brust und Bauch.[43] Laut Protokoll des Landgerichts fand sich dabei „gar nichts Widernatirliches", außer eine „ungewohnlich dike Hirnschalle" und „daß der Entselte ausserordentlich blutreich war".[44] Anzeichen für eine physisch bedingte Ursache der Selbsttötung wie eine melancholische Erkrankung gab es also nicht.

[40] StA Landshut, Rep. 209, A 5566, Protokoll des Landgerichts Straubing, Straubing 24.1.1791.

[41] Vgl. auch Kap. II. 1. Maren Lorenz nimmt an, dass man bei Adligen eher auf eine Sektion verzichtete und andere Wege der Motivrekonstruktion wählte. Dies.: Kriminelle Körper, S. 318.

[42] Klagen über die Unfähigkeit und das unangemessene Benehmen von Ärzten bei Sektionen gab es häufiger. Dies lag vor allem daran, dass es keine speziellen Gerichtsmediziner gab und die universitäre Ausbildung von Ärzten nur bedingt etwas über ihre Qualifikation als Anatomen aussagte. Dazu ebd., bes. S. 44–53. Zu den mangelhaften Fähigkeiten mancher Ärzte bei Sektionen vgl. außerdem Poppen: Die Geschichte des Sachverständigenbeweises, S. 112f., 136ff.; Kästner: Tödliche Geschichte(n), S. 62f.; Ammerer: Anatomische Sektion und Gerichtsmedizin, S. 252f.

[43] Zur Sektion bei vermuteten Selbsttötungen siehe Lorenz: Kriminelle Körper, S. 318–326. Die Öffnung der drei Körperhöhlen löste seit Beginn des 18. Jahrhunderts zunehmend die Teilsektionen ab. Poppen: Die Geschichte des Sachverständigenbeweises, S. 154ff.

[44] StA Landshut, Rep. 209, A 5566, Protokoll des Landgerichts Straubing, Straubing 24.1.1791.

Am folgenden Tag allerdings verfasste der Rentamtsarzt Georg Nicolaus von Lengrießer ein medizinisches Gutachten, in dem er zu einem völlig anderen Befund kam. Er führte den Suizid nun sehr wohl auf körperliche Ursachen zurück. So sei beim Grafen Spreti durch die „ausserordentliche Vollblutigkeit“ und die „wiedernatirlich dicke Hirnschalle“ der freie Blutkreislauf gehemmt gewesen. Dies habe zur Folge gehabt, dass das „Sensorium commune“ gestört wurde, wodurch die „Vernunft zu einer furchtsamen Verrückung“ verkommen sei.[45] Mit dieser Diagnose verwies Lengrießer auf einen gut 150 Jahre alten Dauerbrenner der medizinischen Geisteskunde: das Seelenorgan. René Descartes hatte es in der ersten Hälfte des 17. Jahrhunderts als denjenigen Ort benannt, an dem die von ihm unterschiedene immaterielle Seele (res cogitans) mit dem materiellen Körper (res extensa) interagieren würde. Das Sensorium commune galt also nicht als Sitz der Seele, sondern lediglich als Kontaktorgan, das zwischen der inneren und der äußeren Welt vermittelte.[46]

In seinem Gutachten bewertete der Rentamtsarzt eine Störung dieses Sensorium commune als Vorbedingung für den Suizid („causa praedisponens“), zu der dann lediglich eine äußere Ursache als auslösender Faktor („causa excitans“) hatte hinzutreten müssen. Indem er als ein Beispiel für einen solchen Einfluss „die gegenwärtige anhaltende naß kalte Witterung“ benannte, lenkte er zusätzlich von jeglichem Selbstverschulden Spretis ab, denn auch ein unmoralischer Lebenswandel wäre durchaus infrage gekommen. Die entscheidende Ursache („causa proxima“), so betonte Lengrießer jedoch mit Nachdruck, habe zweifellos das erkrankte Sensorium commune dargestellt. So hätte etwa auch ein rechtzeitiger Aderlass den Erkrankten nur für kurze Zeit „zur gesunden Vernunft“ bringen können. Früher oder später sei er jedoch zwangsläufig „gar anhaltend wahnsinnig geworden“. Der Suizid war demnach in den Augen des Arztes pathologisch und nicht zu verhindern. Seine Diagnose lautete daher, dass Spreti unmöglich als ein „verzweifeltter Böswicht“ anzusehen sei. Auf ein Eselsbegräbnis müsse verzichtet und er auf christliche Weise bestattet werden.[47]

[45] Ebd., Medizinisches Gutachten (Parere medicum) des Rentamtsarzt von Lengrießer, Straubing 25.1.1791.

[46] Siehe dazu Kutzer: Anatomie des Wahnsinns, bes. S. 145–155, 215f.; Hagner: Homo cerebralis, bes. S. 10f., 25–61. Im Sensorium commune wurde der Sensus communis verortet, der im Gehirn als eine Art *sechster Sinn* oder *Meta-Sinn* die Eindrücke der restlichen fünf Sinne filterte und verarbeitete. Er wurde als Grundlage für alles moralische Urteilen und Handeln angesehen und stellte nach zeitgenössischem Verständnis „ein natürlich gegebenes und unmittelbar nicht erklärbares, aber gleichwohl untrügliches Gespür für das Richtige und Falsche“ dar. Astrid von der Lühe: Aisthesis – synaisthesis – sensus communis. Shaftesburys Entdeckung des moralischen Gefühls, in: Hans Adler/Ulrike Zeuch (Hgg.): Synästhesie. Interferenz – Transfer – Synthese der Sinne, Würzburg 2002, S. 185–203, hier: bes. S. 186f.; dies.: Sensus communis. Neuzeit, in: HWPh 9, 1995, Sp. 639–661.

[47] „Deßwegen ist der Unglickliche als ein vernünftig zudenken ausser stands gesetzter Mensch der gewöhnlich christlichen Beerdigung allerdings wirdig, und kann keineswegs

Wenn der medizinische Befund so eindeutig war, ist verwunderlich, warum die körperlichen Auffälligkeiten im anfänglichen Gerichtsprotokoll nur beiläufig erwähnt wurden. Auch im Bericht des Amtschirurgen, der ebenfalls bei der Obduktion anwesend war, ist davon nichts zu lesen. Der Chirurg gab lediglich an, durch den Schuss habe sich eine Menge Blut in der linken Brusthöhle angestaut, und führte dies als die wahrscheinliche Todesursache an. Die inneren Organe seien aber gesund gewesen. Bei der Öffnung des Schädels habe man „daß Gehirn alles in besten und guten Standt" gefunden.[48]

Mit seiner klaren Wahnsinnsdiagnose und der nachdrücklichen Forderung eines christlichen Begräbnisses versuchte Rentamtsarzt Lengrießer daher offensichtlich, den Verstorbenen zu schützen. Da er während der Sektion noch nicht wusste, um wen es sich bei der Leiche handelte, fanden die etwas dickere Hirnschale und der Blutreichtum lediglich eine beiläufige Erwähnung im Protokoll. Erst als er einen Tag später seinen Bericht verfasste, machte er diese beiden Auffälligkeiten zu den Ursachen einer geistigen Erkrankung und erklärte den Verstorbenen damit aus medizinischer Sicht für nicht schuldfähig. Der Suizid wurde also erst pathologisiert, nachdem die adlige Identität des Verstorbenen bekannt war.

Am Fall Johann Jakob von Welsers war bereits zu sehen, welche Bedeutung die im Laufe des 18. Jahrhundert immer stärker werdende medizinische Sichtweise für die gerichtliche Bewertung von *Geisteskrankheiten* besaß. Dies hatte ebenfalls Auswirkungen auf das strafrechtliche Suizidverfahren. Zwar war es schon seit Beginn der Frühen Neuzeit üblich, Mediziner bei Gewaltverbrechen als Sachverständige hinzuzuziehen. Allerdings bestand die Aufgabe der Wundärzte dann lediglich darin, die Todesursache festzustellen bzw. die Tödlichkeit von Wunden zu beurteilen.[49] Gleichzeitig gab es auch bereits im 16. und 17. Jahrhundert Gehirnsektionen, bei denen von den Befunden auf den Geisteszustand des Toten geschlossen wurde. So war etwa die Lokalisation der mentalen Seelenvermögen (facultates) in der Anatomie dieser Zeit ein viel diskutiertes Thema.[50] Hierbei handelte es sich jedoch um medizinische Fachdiskussionen, die Sektionen fanden zu allgemeinen Forschungs-, aber auch zu Ausbildungszwecken in den anatomischen Theatern der Universitäten

als ein verzweifeltter Böswicht ad Sepulturam Asiniam verdilget werden." StA Landshut, Rep. 209, A 5566, Medizinisches Gutachten (Parere medicum) des Rentamtsarzt von Lengrießer, Straubing 25.1.1791.

48 Ebd., Chirurgisches Gutachten (Parere chyrurgicum) des Rentamtschirurgen Heller, Straubing 25.1.1791.

49 Dies war 1532 in den Paragraphen 147 und 149 der *Constitutio Criminalis Carolina* festgelegt worden. Schroeder: Die Peinliche Gerichtsordnung Kaiser Karls V., S. 92f. Dazu siehe auch Lorenz: Kriminelle Körper, S. 318f.; Kästner: Tödliche Geschichte(n), S. 61f.; Gross: Die historische Entwicklung der äußeren und inneren Leichenschau, S. 18–25.

50 Kutzer: Anatomie des Wahnsinns, hier: bes. S. 53–71, 133–145, 169–171.

statt. Erst ungefähr seit der Mitte des 18. Jahrhunderts begann sich dann in der Gerichtspraxis die Vorstellung durchzusetzen, dass auch der Seelen- und Geisteszustand von Suizidenten durch die Untersuchung der Organe festgestellt werden müsse. Im Zuge dessen wurde dem Zustand des Gehirns eine immer größere Bedeutung beigemessen.[51] Der Stellenwert, den Obduktionen im Rahmen des Strafprozesses einnahmen, gestaltete sich allerdings regional sehr unterschiedlich. In vielen Gebieten, etwa Kursachsen oder den Herzogtümern Schleswig und Holstein, war es auch noch Ende des 18. Jahrhunderts relativ unüblich, den Geisteszustand von Suizidenten in Obduktionen anhand physischer Merkmale festzustellen. Hier wurden weiterhin Zeugen befragt und der Leichnam äußerlich begutachtet.[52]

Insgesamt wurde jedoch mit dem Bedeutungszuwachs medizinischer Argumente vor Gericht auch das Verfahren immer stärker formalisiert. Der subjektive Eindruck der Ärzte wurde nach und nach durch vorgegebene, standardisierte und damit reproduzierbare Verfahrensabläufe ersetzt. Die Diagnose sollte so auf Grundlage des schriftlichen Gutachtens auch später noch nachprüfbar sein.[53] In Bezug auf die ständische Ungleichbehandlung vor Gericht führte dies allmählich zum Abbau von Privilegien, indem nur noch objektiv sichtbare körperliche Merkmale über die Strafwürdigkeit eines Verbrechens entscheiden sollten und nicht mehr der Stand des Täters.

Die Überzeugungskraft medizinischer Aussagen konnte zwar durch die Verwissenschaftlichung[54] erhöht werden, allerdings waren die tatsächlichen physischen Kriterien für geistige Erkrankungen äußerst vage. Dies galt nicht zuletzt auch für Merkmale, an denen eine Neigung zur Selbsttötung festgemacht wurde. Im Prinzip war jede körperliche Unregelmäßigkeit im Stande, einen Suizid physiologisch zu erklären.[55] So führte ein Handbuch für die

[51] Schreiner: Jenseits vom Glück, S. 55ff.; Lorenz: Zu den Anfängen gerichtspsychiatrischer Gutachtung, S. 208f., 215.

[52] Lind: Selbstmord in der Frühen Neuzeit, S. 358; Kästner: Tödliche Geschichte(n), S. 62f., 369, 561f.

[53] Dazu Richard Toellner: Medizin in der Mitte des 18. Jahrhunderts, in: Rudolf Vierhaus (Hg.): Wissenschaften im Zeitalter der Aufklärung. Aus Anlaß des 250jährigen Bestehens des Verlages Vandenhoeck und Ruprecht, Göttingen 1985, S. 194–217, hier: bes. S. 205f.; Irmgard Müller/Heiner Fangerau: Protokolle des Unsichtbaren: Visa reperta in der gerichtsmedizinischen Praxis des 18. und 19. Jahrhunderts und ihre Rolle als Promotoren pathologisch-anatomischen Wissens, in: Medizinhistorisches Journal 45, 2010, S. 365–392, hier: bes. S. 268–271; Ammerer: Anatomische Sektion und Gerichtsmedizin, bes. S. 248; Martschukat: Von Seelenkrankheiten und Gewaltverbrechen.

[54] „Medizin war [vorher] nicht ein System allgemeiner, abstrakt formulierbarer Wahrheiten, nicht Wissenschaft. Sie war als Kunst ein auf den Einzelfall, den Spezialfall, den Ernstfall gerichtetes Handeln.“ Toellner: Medizin in der Mitte des 18. Jahrhunderts, S. 211, 210–216.

[55] So auch Lorenz: Kriminelle Körper, S. 322; Schreiner: Jenseits vom Glück, S. 42ff. Auch

Sektion von Suizidentenleichnamen am Ende des 18. Jahrhunderts ganz unterschiedliche Merkmale an.[56] Neben vielen anderen gehörten dazu auch diejenigen, die Rentamtsarzt Lengrießer bei Franz Sales von Spreti in seinem Gutachten angeführt hatte: Eine gestörte Durchblutung und eine Deformierung des Gehirns bzw. der Hirnschale galten als typische Hinweise dafür, „daß durch den Einfluß des Körpers die Seele im richtigen Gebrauch ihrer Kräfte gestört“ werde.[57] Gerade ein gestörtes Sensorium commune eignete sich besonders gut als Diagnose, weil es keinen medizinisch allgemein akzeptierten Ort im Gehirn besaß. Die noch von Descartes favorisierte Zirbeldrüse spielte im 18. Jahrhundert keine Rolle mehr, stattdessen gab es die unterschiedlichsten Lokalisationstheorien, bis die Erklärungen und Begrifflichkeiten zum Ende des Jahrhunderts immer unschärfer und beliebiger wurden.[58] Lengrießer benannte daher auch gar keinen anatomischen Befund im Gehirn, sondern schloss indirekt aus Blutkreislauf und deformierter Hirnschale auf ein gestörtes Sensorium commune.

Bezeichnenderweise beschränkte er sich außerdem nicht auf den medizinischen Befund, um seine Diagnose zu bekräftigen. Darüber hinaus führte er auch den tadellosen Leumund an, den das Gericht für Franz Sales von Spreti festgestellt hatte. Außerdem verwies er auf die Vorgeschichte des Toten:[59] Ein Dr. Schäffer, Leibarzt des Fürsten von Thurn und Taxis, gab in einem Attest an, dass Spreti bereits einige Wochen vor seinem Suizid „von solchen hefftigen hypochondrischen Zufällen befallen worden sey, die einen förmlichen Wahnsinn gleichen“. Schon damals habe man bei ihm „widernatürliche Verstopfungen des Unterleibes“ feststellen können.[60] Das Gutachten Doktor Lengrießers steht damit am Übergang einer sich verändernden medizinischen Beobachtungsweise. Es enthält sowohl Elemente traditioneller Gutachten, in denen der Obduktionsbefund in die Lebensgeschichte des Täters eingebettet wurde, wie auch Elemente einer neuartigen Fachgutachtenpraxis, die sich allein am Zustand der inneren Organe orientierte.[61]

Wahnsinn allgemein wurde an ganz verschiedenen Merkmalen festgemacht. Eigen: Witnessing Insanity, bes. S. 58–81.

56 Emanuel Gottlieb Elvert: Ueber den Selbstmord in Bezug auf gerichtliche Arzneykunde, Tübingen 1794.

57 Ebd., bes. S. 68–92.

58 Hagner: Homo cerebralis, S. 33–39, 58ff.; Kutzer: Anatomie des Wahnsinns, S. 153. Um 1800 verlor das Seelenorgan dann seine Bedeutung im medizinischen Diskurs.

59 StA Landshut, Rep. 209, A 5566, Medizinisches Gutachten (Parere medicum) des Rentamtsarzt von Lengrießer, Straubing 25.1.1791.

60 Ebd., Bezeugung der Hypochondrie Spretis durch Leibarzt Schäffer, Regensburg 24.1.1791. Es ist unklar, ob es sich hierbei um Johann Gottlieb Schäffer (1720–1795) oder dessen Sohn Jacob Christian Gottlieb Schäffer (1752–1826) handelte. Beide waren zu jener Zeit Leibärzte am Hof der Fürsten Thurn und Taxis. Vgl. dazu ADB 30, 1890, S. 532f.

61 Zu diesem Wandel vgl. Müller/Fangerau: Protokolle des Unsichtbaren, bes. S. 278–283.

Wie deutlich zu sehen ist, wurde somit die Nivellierung ständischer Vorrechte, wie sie in der Gerichtsmedizin angelegt war, in der Praxis noch lange Zeit unterlaufen. Entweder man verzichtete von vornherein bei Adligen auf die Obduktion, um erst gar nicht in die Verlegenheit eines unzweideutigen und möglicherweise unerwünschten Urteils zu kommen. Oder, wenn es doch zu einer Sektion kam, so musste zwingend eine Geisteskrankheit oder Melancholie diagnostiziert werden, sollte der Betreffende nicht des Verbrechens für schuldig befunden werden. Ob die Gerichtsmedizin also ein „hocheffizientes Instrument" war, „das gezielt im Sinne des aufgeklärten Rechtsdenkens eingesetzt werden konnte",[62] ist eher fraglich.

Darüber hinaus musste ein Arzt eine geistige Störung nicht einmal zwangsläufig an physischen Merkmalen festmachen.[63] Als beispielsweise der Berliner Stadtphysikus Johann Theodor Pyl im Jahr 1781 die Leiche des adligen „Herrn von S*" obduzierte, fiel ihm nichts Außergewöhnliches auf.[64] Er stellte lediglich fest, dass es sich bei dem Schuss in die Brust zweifelsfrei um die Todesursache handelte. Die weitergehende Frage, „[o]b er solches bey völligem Verstande und mit reiflicher Ueberlegung verrichtet", konnte er jedoch nicht anhand körperlicher Befunde beantworten. Bei Befragungen gaben verschiedene Zeugen zu Protokoll, Herr von S* sei schon immer „sehr tiefsinnig und kleinmüthig". Vor einiger Zeit aber, besonders nachdem er einen Prozess gegen seine Bauern verloren habe, sei er „gar sehr tiefsinnig und melancholisch" geworden. Schließlich sagte auch noch seine Köchin aus, sie habe ihren Herrn in den letzten vier Wochen „besonders sehr tiefsinnig und traurig, und oft allein auf den Knieen liegend und ängstlich betend gefunden". Doktor Pyl schloss aus alledem, dass der Tote sich seine tödliche Schusswunde „höchstwahrscheinlich in einem heftigen Anfall der Melancholie zugefügt habe". Trotz der zunehmenden Deutungshoheit der Gerichtsmedizin musste sich ein Arzt auch Ende des 18. Jahrhunderts nicht unbedingt auf körperliche Ursachen berufen, wollte er einen Suizidenten juristisch für schuldunfähig erklären. Wie seit Jahrhunder-

Die Autoren machen den Wandel jedoch an einem frühen (1728) und einem späten (1827) Beispiel fest und nehmen damit nicht die Übergangsphase selbst in Blick. Vgl. außerdem Lorenz: Zu den Anfängen gerichtspsychiatrischer Gutachtung.

62 So jedenfalls Ammerer: Anatomische Sektion und Gerichtsmedizin, S. 241.

63 Ein negativer Obduktionsbefund sprach nicht grundsätzlich gegen eine mentale Erkrankung, „weil der frühneuzeitliche Arzt von mannigfaltigen Substraten, Prozessen und Kräften im lebenden Organismus und Gehirn, dazu in dessen geistigen Funktionen, ausging, die im toten Körper nicht mehr sichtbar waren". Kutzer: Anatomie des Wahnsinns, S. 179ff.

64 Johann Theodor Pyl: Aufsätze und Beobachtungen aus der gerichtlichen Arzeneywissenschaft, 8 Bde., Berlin 1783–1793, hier: Bd. 2, S. 106–112 (Siebenzehnter Fall. Leichenöffnung eines Mannes, welcher an einer sich selbst zugefügten Schußwunde in der Brust verstorben). Zu Pyl siehe ADB 26, 1888, S. 783f.; Lorenz: Kriminelle Körper, S. 453f.

ten konnte er zur Klärung des Bewusstseinszustands des Toten dann auf die Befragung von Zeugen zurückgreifen.

Auch Herrn von S* hatte sein adliger Stand nicht vor einer Obduktion bewahren können. Dies lag wohl daran, dass der Assessor des Guts, auf dem er sich das Leben genommen hatte, und nicht wie sonst üblich eine gerichtliche Instanz um die anatomische Untersuchung durch einen Arzt und einen Chirurgen ersucht hatte.[65] Der Fall wäre sonst sicherlich gar nicht erst in das Blickfeld der Obrigkeit geraten, da die Selbsttötungen adliger Suizidenten aufgrund der rechtlichen Privilegierung meist überhaupt nicht strafrechtlich verfolgt wurden.[66] So war wohl auch Franz Sales von Spreti überhaupt nur deswegen obduziert worden, weil man seine Leiche zunächst nicht als die eines Adligen erkannt und deswegen das Landgericht eingeschaltet hatte. Da zumindest in Bayern Ende des 18. Jahrhunderts die ärztliche Meinung offensichtlich maßgeblichen Einfluss auf den Ausgang des Strafverfahrens hatte, hing nun alles von der Diagnose des zuständigen Arztes ab. Hätte er Spreti für zurechnungsfähig erklärt, hätte der Körper nach geltendem Recht unehrlich bestatten werden müssen. Ärzte besaßen zu dieser Zeit jedoch einen ganz erheblichen Spielraum bei der Interpretation der pysischen Befunde. Im Nachhinein deutete Doktor Lengrießer daher geringe körperliche Unregelmäßigkeiten als ursächlich für eine geistige Beeinträchtigung.[67]

6.3 Große Mücken verfangen sich nicht im Spinnennetz des Rechts

Neben dem unehrlichen Begräbnis war in Bayern bei einer „Fürsetzliche[n] Selbstentleibung" die Konfiskation eines Drittels des hinterlassenen Vermögens vorgesehen.[68] Hierbei handelte es sich um eine Besonderheit des bayerischen Rechts. In den meisten Territorien des Alten Reiches war die Güterkonfiskation

[65] Bei den andern Fällen in Pyls Werk (insgesamt 342) wird die Obduktion immer „auf Requisition" einer gerichtlichen Instanz aufgenommen (so sehr häufig auf der des „Criminalgerichts", manchmal aber auch des „Collegii Medici Provincialis", des „Stadtgerichts" oder eines bestimmten „Hof- und Cammergerichtsraths").

[66] Vgl. hier die in der Einleitung skizzierte Quellenproblematik.

[67] Die „Machtbasis", die die Mediziner im Laufe des 18. Jahrhunderts gewannen, beunruhigte sie zum Teil selbst, da sie sich ihrer Befunde auch nicht immer sicher waren. AMMERER: Anatomische Sektion und Gerichtsmedizin, S. 253f. Auch in der medizinischen Theorie wurde dem Scharfsinn und dem Genie des Arztes bei einer Diagnose eine grundlegende Bedeutung zugemessen. TOELLNER: Medizin in der Mitte des 18. Jahrhunderts, S. 213ff.

[68] „Fürsetzliche Selbstentleibung, wird mit Confiscation des dritten Theils der Erbschaft gestraft, und soll der todte Cörper durch den Scharfrichter unter dem Galgen vergraben

in aller Regel keine Strafe für den Suizid selbst, sondern wurde nur bei Haftinsassen als eine Bestrafung einer Vortat vollzogen.[69] Bestattungs- und Konfiskationsfrage waren also in Bayern beide an den Vorsatz des Suizidenten geknüpft, so dass in beiden Fragen nicht unterschiedlich geurteilt werden konnte. Vom Bewusstseinszustand Spretis während seiner Tat hing also auch finanziell einiges ab.

Rentamtsarzt Lengrießer war mit der Argumentation in seinem medizinischen Gutachten zunächst erfolgreich. Noch am selben Tag wurde der zuständige Pfarrer angewiesen, da Spreti „mit solch heftiger hypocontrischer Schwermuth behaftet ware, die manchmal in einen Wansinn ausgebrochen ist", dass der Leichnam dem „christkatolischen Gebrauch nach ordentlich begraben, und der Gottes Dienst gehalten werde".[70] Franz Sales wurde also nicht einmal still, sondern mit allen Ehren bestattet.

Die Wallfahrtskirche Frauenbrünnl, der Ort des Suizids, gehörte zum Pfarrsprengel der Gemeinde Alburg in Straubing, die damit zuständig für die Beerdigung Spretis war. Allerdings wurde der Leichnam dennoch auf dem Stadtfriedhof der Gemeinde St. Peter bestattet. Dies habe seinen Grund darin gehabt, wie der Stadtpfarrer von Straubing Franz Xaver Dosch erklärte, dass der Pfarrer von Alburg ihn „dringenst" darum gebeten habe, „die Beerdigung des Verblichenen wegen zubesorgenden Murrens seiner Pfarrkinder ihm nicht aufzuburden".[71]

Das Argument, das der Straubinger Stadtpfarrer hier für eine Verlegung der Leiche nach St. Peter anführte, lautete also, dass der Pfarrer von Alburg bei der Beerdigung eines Suizidenten den Unmut seiner Gemeinde befürchtete, die einen solchen unehrlichen Körper auf ihrem Friedhof nicht dulden würde. Mit dem Aberglauben der einfachen Leute zu argumentieren war im zeitgenössischen Elitendiskurs unmittelbar anschlussfähig, da die Obrigkeiten allgemein von einer hohen Magiegläubigkeit der Bevölkerung bei Selbsttötungen ausgingen.[72] So komme es, wie es in einem Kommentar zum bayerischen Suizidrecht heißt, nur deswegen bei den Begräbnissen von Suizidenten oft zu vielen „Difficultäten", weil die Bauern den Aberglauben pflegten, dass ein unehrlicher Leichnam den geweihten Boden verunreinige.[73]

werden." [Wigulaus Xaver Aloys von KREITTMAYR (Hg.)]: Codex Juris Bavarici Criminalis de Anno M.DCC.LI., 2. Aufl., München 1771, Erster Theil, Drittes Capitel, §. 25.

[69] Siehe dazu Kap. I. 2.

[70] StA Landshut, Rep. 209, A 5566, Konsistorium Regensburg an den Stadtpfarrer von Straubing Dosch, Regensburg 25.1.1791.

[71] Ebd., Bericht Stadtpfarrer von Straubing Dosch an die Regierung Straubing, Straubing 31.1.1791.

[72] Für Kursachsen siehe KÄSTNER: Tödliche Geschichte(n), S. 389.

[73] [Wigulaus Xaver Aloys von KREITTMAYR (Hg.)]: Anmerkungen über den Codicem Juris Bavarici Criminalis [...] von einem unbenannten Authore verfertiget [...], München 1774,

Um also das Ansehen der Regierung, „den Ruhm einer so hochen Familie, und die Ehre des bis auf diesen schaudervollen Augenblick [...] von Niedern, und Hochen geschäzten Grafen nicht verunglimpfen zulassen", so Dosch weiter, habe er den Leichnam auf dem Friedhof der Pfarrei St. Peter in Straubing bestattet.[74] Der Pfarrer führte demnach explizit die Adligkeit Spretis als Argument für die Verlegung der Leiche an. Unweit seiner Grabstätte, an der Wand der Ölbergkapelle, wurde eine Gedenktafel angebracht, die noch heute zu sehen ist und auf der der Suizid – wenn auch verklausuliert – vermerkt ist: „Spreti [...] legte durch ein vorzeitiges Schicksal den Überdruss des Lebens hier ab".[75]

Ob der Grund für die Verlegung des Begräbnisortes aber wirklich in einem zu befürchtenden Aufruhr der Pfarrgemeinde von Alburg bestand, kann bezweifelt werden. Betrachtet man nämlich den Eintrag des Pfarrers von Alburg, Valentin Wanner,[76] im dortigen Kirchenbuch, so stellt sich der Sachverhalt ganz anders dar: Nicht er habe die unreine Selbstmörderleiche loswerden wollen, nein, Stadtpfarrer Dosch aus Straubing habe ihn am Morgen des 26. Januar aufgesucht „und den Leichnam nacher St. Peter begraben zu derfen sich ausgebethen". Diese Gefälligkeit habe er Dosch auch „erlaubt", sich allerdings im Gegenzug zusagen lassen, dass in Zukunft, wenn eines seiner eigenen Pfarrkinder auf städtischem Gebiet sterben sollte, der Leichnam zur Beerdigung nach Alburg ausgeliefert werde.[77] Davon, dass der Pfarrer den toten Körper Spretis nicht auf seinem Friedhof begraben wollte, ist hier nichts zu lesen. Ganz im Gegenteil war es offenbar vielmehr Stadtpfarrer Dosch, der den Ort der Bestattung nach St. Peter verlegen wollte und der anschließend zur Rechtfertigung vor der Landesregierung Tumulte abergläubischer Untertanen heraufbeschwor.[78]

Erster Theil, Drittes Capitel, e. „Mit der Begräbniß setzt es oft viele Difficultäten, denn die Bauern haben den alten Aberglauben, daß der Schauer in selbigem Jahre, wo dergleichen Körper in ein geweiht Erdreich kommt, die Feldfrüchte treffe, und wollen also die Sepultur nicht gestatten."

74 StA Landshut, Rep. 209, A 5566, Bericht Stadtpfarrer von Straubing Dosch an Regierung Straubing, Straubing 31.1.1791.

75 Die Inschrift lautet: Salesius S.R.I. Com. de Spretj a. Kapfing Smi. Elect. Bav. palat. Camerarius Postquam ingenio et industria et Candore morum tum in Scolis patriis, tum exteris superavit plurimos, aequavit omnes et modo Solatia parentum Spes Patriae implere Coepit Consiliarii Regim. Straub. Munus immatura Suscipiens Sorte Vitae taedia hic deposuit, 24. jan. ao 1791, aetat. 24.

76 Valentin Wanner war zwischen 1788 und 1794 Pfarrer in Alburg. Michael Wellenhofer: Die nachweisbaren Pfarrer von Alburg und wissenswerte Nachrichten über sie, in: Ders.: Die Ortsgeschichte und Hofgeschichte von Alburg, Straubing 1977, S. 91–105, hier: S. 100.

77 BZAR, Kirchenbuch der Pfarrei Alburg, Bd. 6, S. 676–678, FN 103.

78 Solche Tumulte kamen im gesamten Alten Reich relativ häufig vor, auch für Bayern sind sie gut belegt. In aller Regel traten sie immer dann auf, wenn der Leichnam eines Suizidenten laut Urteil ehrlich bestattet werden sollte, die Gemeinde sich aber dagegen wehrte. Dazu Schär: Seelennöte der Untertanen, S. 67–70; Karin Schmidt-Kohberg: ... und hat „sich selbsten ... an ein Strickhalfter hingehenckt ...". Selbstmord im Herzogtum Württemberg

Abbildung 10: Gedenktafel für Franz Sales von Spreti auf dem Friedhof von St. Peter in Straubing.

Die Glaubwürdigkeit, die er mit dieser Argumentation beanspruchen konnte, deutet aber erneut darauf hin, dass ein adliger Suizident zumindest potentiell unehrlich werden und den heiligen Boden verunreinigen konnte.[79] Ständische Ehre schützte eben nicht vor ritueller Unreinheit.

Es ist nicht klar, warum der Straubinger Stadtpfarrer Franz Xaver Dosch den Leichnam des Grafen von Spreti unbedingt auf den Stadtfriedhof nach St. Peter verlegen wollte. Ebenfalls unklar ist, warum er seine wahren Motive vor der Regierung mit einer erfundenen Geschichte zu verschleiern versuchte. Nur so viel ist bekannt: Dosch und Franz Sales von Spreti kannten sich zu Lebzeiten

im 17. und 18. Jahrhundert, in: Johannes DILLINGER (Hg.): Zauberer, Selbstmörder, Schatzsucher. Magische Kultur und behördliche Kontrolle im frühneuzeitlichen Württemberg, Trier 2003, S. 113–220, hier: S. 149–159; KÄSTNER: Tödliche Geschichte(n), S. 270–275. Speziell für Bayern siehe LEDERER: Aufruhr auf dem Friedhof, bes. S. 191ff.; DERS.: Madness, Religion and the State, S. 244–249.

79 Zur Furcht vor der Verunreinigung des Friedhofs durch unehrliche Tote siehe ZANDER: Von ‚Schinderkuhlen' und ‚Elendenecken', bes. S. 117ff.; WILBERTZ: „... daß ein jeder einem Abdecker geleistete Dienst Schande bringe ...", S. 144f.; Dieter SCHELER: In ungeweihter Erde: Die Verweigerung des Begräbnisses im Mittelalter, in: Linda-Marie GÜNTHER/Michael OBERWEIS (Hgg.): Inszenierungen des Todes. Hinrichtung, Martyrium, Schändung, Berlin u. a. 2006, S. 157–167 (Sources of Europe 4), hier: S. 161.

persönlich – Spreti gehörte immerhin zu den Mitgliedern seiner Gemeinde. Außerdem hatte er in seinem letzten Willen ein von Dosch gekauftes Schreibpult erwähnt.[80] Darüber hinaus pflegten die beiden wohl auch in einem anderen Zusammenhang gesellschaftlichen Umgang: Als 1795, also über vier Jahre nach dem Suizid Spretis, einige angesehene Straubinger Persönlichkeiten des *Illuminatismus* bezichtigt wurden, war unter ihnen unter anderem auch Stadtpfarrer Dosch.[81] Zwar verliefen die Vorwürfe im Sande, doch auch bei Dosch steht außer Frage, dass er zur Hochzeit der Illuminaten Mitglied des Ordens gewesen ist.[82] Möglicherweise hatte sein Bemühen um eine Bestattung des Leichnams auf dem eigenen Friedhof also etwas mit der Verbindung zweier ehemaliger Ordensbrüder zu tun.

Neben der Schilderung zur Verlegung der Leiche entsprach der Eintrag des Pfarrers von Alburg im Kirchenbuch noch in einem weiteren Punkt nicht der offiziellen Deutung. Denn Pfarrer Wanner gab an, Graf Spreti habe sich „wohl bedagt und überlegter Weis“ in der Kapelle in Frauenbrünndl mit einer Pistole erschossen. Nicht aufgrund einer körperbedingten geistigen Erkrankung, wie sie durch den Arzt diagnostiziert worden war, habe er sich damit das Leben genommen, sondern in vollem Bewusstsein und unter Vorsatz. Neben Wanner gab es weitere Zweifler an der Wahnsinnsdiagnose: Noch am Tag des Begräbnisses meldete sich der Fiskal in Straubing bei der dortigen Regierung wegen des Falls. Er sei am Suizid Spretis „nomine fisci interessiert“ und erbitte daher Einblick die Akten. Noch während er das Schreiben abfasste, erreichte ihn allerdings der Befehl, „daß die ganze Sache auf sich beruhen solle“. Dennoch bat er zu seiner „Legitimation“ um Akteneinsicht.[83] Dabei stellte er fest, dass die Regierung den Suizid „für keinen wahren Selbstmord (in Sensu juridico) gehalten habe“. Dies aber überzeugte ihn keineswegs. Er fragte daher noch einmal beim Kurfürstenhof in München nach, ob man sich wirklich damit zufrieden gebe, oder ob man stattdessen den Hintergründen nicht „genauer nachforschen lassen“ wolle.[84] Immerhin war der Tote unter Anderem Besitzer des Guts Kapfing, so dass es bei der Konfiskationsfrage um viel Geld ging.

Die Hofkammer in München ließ sich durch dieses Nachhaken des Straubinger Fiskals verunsichern und forderte die Akten des Falls an.[85] Nach deren

80 PA Spreti, Franz Sales von Spretis letzter Wille, Straubing 24.1.1991 [Transkr.].

81 Hammermayer: Illuminaten in Bayern, S. 64, Anm. 121.

82 Schüttler: Die Mitglieder des Illuminatenordens 1776–1787/93, S. 42.

83 StA Landshut, Rep. 209, A 5566, Fiskalamt Straubing an Regierung Straubing, Straubing 26.1.1791. Dieses Schreiben ist ohne den Zusatz („unterthäniges P.S.“) über den gerade eingegangenen Befehl auch noch vorhanden in ebd., Rep. 212, A 302.

84 Ebd., Rep. 212, A 302, Fiskalamt Straubing an kurfürstliche Hofkammer, Straubing 4.5.1791.

85 Ebd., Rep. 209, A 5566, Kurfürstliche Hofkammer an Regierung Straubing, München 15.5.1791.

eingehender Begutachtung wandte sich der zuständige Hofbeamte in einem Schreiben direkt an den Kurfürsten, um sich für eine Konfiskation des Vermögens stark zu machen: So würden die Akten deutlich zeigen, „daß dieser Selbstmord so vorsätzlich und wohlbedächtlich geschehen als je ein Todschlag geschehen kann". Vor allem die Umsicht, mit der Spreti die Tat ausgeführt habe, aber auch die Abschiedsbriefe, die er hinterließ, seien „der gröste Gegenbeweiß des Wahnsinnes". Allein um „den Vorwurf zu vermeiden, daß das Gesetz ein Spinngeweb seyn, worinn nur die kleine Mücken hängen bleiben, und die grosse durchreissen, können wir diesen Fall unmöglich stillschweigend beruhen lassen". Dazu bestehe vor allem deswegen die Gefahr, weil das Gesetz bisher „bey den ärmsten Bauers- und Bürgersfamillen nicht selten auf das Schärfste exequirt worden ist". Eine fiskalische Klage könne im vorliegenden Fall aber nur erhoben werden, wenn der Kurfürst seine Zustimmung gebe, weil mit ihr eine „ansehnliche [...] adeliche Familie" getroffen werde.[86]

Wie am Einwand der Fiskale in Straubing und München klar zu sehen ist, war die Wahnsinnsdiagnose der Ärzte keineswegs so überzeugend, wie es auf den ersten Blick scheint. Allein der adlige Stand Spretis führte in ihren Augen dazu, dass er sich nicht im „Spinngeweb" des Gesetzes verfing und seine angebliche geistige Erkrankung ihn – im Gegensatz zu den „ärmsten Bauers- und Bürgersfamillen" – ohne weitere rechtliche Prüfung vor einer Bestrafung bewahrte. Dass diese Praxis den Widerspruch der Öffentlichkeit hervorrufen würde, wie der Münchener Fiskal befürchtete, lag durchaus im Bereich des Möglichen, da die rechtliche Privilegierung des Adels seit Mitte des 18. Jahrhunderts immer heftiger kritisiert wurde.[87] Ein Jahr vor der Selbsttötung Spretis hatte sich etwa der Arzt Christian Gottfried Gruner öffentlich gegen die standesungleiche Bestrafung von Suiziden ausgesprochen:

> „[S]o hat der Niedere im Volk gleiche Ansprüche auf unsere Nachsicht, auf unsere Barmherzigkeit und Schonung. Der Körper eines Lords und Bettlers müssen dann auf einerlei Art behandelt werden, oder wir werden, wie immer, gegen die Niedern ungerecht, die weder Geburt, noch Ansehen und Reichtum für der Willkür des Mächtigeren schützt."[88]

Insgesamt widersprach die rechtliche Ungleichbehandlung der Menschen den Idealen der Aufklärung.[89] So konnte ein Herrscher wie Kaiser Joseph II., der

[86] HStA München, Personenselekt, Cart. 418 Spreti (1678–1804), Kurfürstliche Hofkammer an Kurfürst Karl Theodor, München 12.7.1791.

[87] KESPER-BIERMANN: (Un)gleichheit im Kriminalrecht, bes. S. 607–613; REULECKE: Gleichheit und Strafrecht; Otto DANN: Gleichheit und Gleichberechtigung. Das Gleichheitspostulat in der alteuropäischen Tradition und in Deutschland bis zum ausgehenden 19. Jahrhundert, Berlin 1980 (Historische Forschungen 16), bes. S. 126ff., 153–164; Barbara FRENZ: Gleichheit, in: HRG 2, 2. Aufl, 2009, Sp. 398–402; Diethelm KLIPPEL/Rebekka ÜBLER: Gerechtigkeit, in: EdN 4, 2006, Sp. 511–513.

[88] GRUNER: Unehrlichkeit und unehrliches Begräbnis, S. 114.

[89] Vgl. hierzu Gernot KOCHER: Der aufgeklärte Gesetzgeber und sein Menschenbild, in: Ger-

sich als besonders aufgeklärt verstand, diesem Selbstverständnis ultimativen Ausdruck verleihen, indem er Adlige entgegen der gängigen Praxis mit ehrverletzenden Strafen belegte – und erfuhr selbstverständlich mit diesem Verhalten heftige Kritik.[90] Auch König Friedrich II. von Preußen versuchte durch seinen persönlichen Einsatz, ständische Ungleichbehandlungen vor dem Gesetz zurückzudrängen.[91] Doch dies waren Ausnahmen. Denn mit Recht ging Franz Sales von Spreti von vornherein davon aus, dass sein Leichnam nach seinem Suizid aufgrund der rechtlichen Privilegierung des Adels nicht der obrigkeitlichen Strafvollstreckung zugeführt werden würde. In seinem letzten Willen, den er noch am Morgen seines Todes in seiner Wohnung verfasst hatte, sprach er den Wunsch aus, auf einem Hügel seines Guts Kapfing begraben zu werden.[92]

Es ist nicht ganz klar, wie häufig das Vermögen von Suizidenten in Bayern im 18. Jahrhundert überhaupt eingezogen wurde.[93] Im Fall der Selbsttötung Franz Sales von Spretis entschied Kurfürst Karl Theodor jedoch, „aus besonderer Gnade" in diesem speziellen Fall auf ein Konfiskationsverfahren zu verzichten.[94] Wieder tritt die Sonderbehandlung des adligen Suizidenten vor Gericht

hard Ammerer/Hans Haas (Hgg.): Ambivalenzen der Aufklärung. Festschrift für Ernst Wangermann, Wien/München 1997, S. 93–100; Stollberg-Rilinger: Die Aufklärung, S. 69.

90 Eva Macho: Joseph II. – Die „Condemnatio ad poenas extraordinarias". Schiffziehen und Gassenkehren, Frankfurt a. M. 1999 (Beiträge zur neueren Geschichte Österreichs 9), bes. S. 19f., 29–33; vgl. außerdem Kleinheyer: Aspekte der Gleichheit, S. 14f.; Reulecke: Gleichheit und Strafrecht, S. 1ff.

91 Demel: Reich, Reformen und sozialer Wandel, S. 232f.

92 PA Spreti, Franz Sales von Spretis letzter Wille, Straubing 24.1.1991 [Transkr.]. Außerdem sollten dort ein Baum gepflanzt und jährlich 50 Gulden an die Armen verteilt werden. Daneben vermachte Franz Sales in seinem Testament verschiedenen Personen aus seinem Umfeld seine persönlichen Sachen.

93 Für das 17. Jahrhundert geht David Lederer davon aus, dass solche Güterkonfiskationen sehr selten vorkamen (in weniger als 10 % der Fälle). Allerdings war die Rechtslage zu dieser Zeit noch eine andere: Nach den Landesfreiheitserklärungen von 1508/1514/1516 wurde das Vermögen nur von solchen Suizidenten eingezogen, die ihr Leben in Haft beendet hatten und deren Vortat mit einer Konfiskation hätte bestraft werden müssen. Dies sah auch § 135 der *Constitutio Criminalis Carolina* von 1532 vor. Erst der *Codex Juris Bavarici Criminalis* schrieb 1751 die Konfiskation eines Drittels des Vermögens als Strafe für den vorsätzlichen Suizid fest. Ders: Madness, Religion and the State, S. 249ff.; ders.: Selbstmord von Untersuchungsgefangenen, S. 177ff.; Heydenreuter: Kriminalgeschichte Bayerns, S. 137. Heydenreuter nimmt jedoch an, dass in der bayerischen Rechtspraxis generell alle Güter von Suizidenten konfisziert wurden, ohne dafür allerdings Belege zu nennen.

94 HStA München, Personenselekt, Cart. 418 Spreti (1678–1804), Kurfürstliche Anordnung an die Hofkammer, München 13.8.1791. Die Akten wurden daher „ad registraturam" wieder nach Straubing zurückgesandt. Ebd., Kurfürstliche Hofkammer an Regierung Straubing, München 30.8.1791; Kurfürstliche Hofkammer an Fiskalamt Straubing, München 30.8.1791. Das Schreiben ist ebenfalls vorhanden in StA Landshut, Rep. 212.

deutlich zu Tage. Zu der sonst üblichen ehrlichen Bestattung trat aufgrund der Besonderheit des bayerischen Suizidrechts im Fall Spreti der Verzicht auf die Konfiskation des Vermögens. Die Stimmen, die eine Behandlung des Falls ohne Ansehen des Standes gefordert hatten, hatten sich nicht durchsetzen können. Zu tief war noch der Grundsatz des ständisch gegliederten Rechts in der Gesellschaft verwurzelt. Ständische Privilegien vor Gericht waren in der gesellschaftlichen Praxis immer noch selbstverständlich – und darüber hinaus im bayerischen Strafrecht auch noch in vielen Aspekten formal fixiert.[95]

6.4 Der Ruf des Schicksals

Bei der Bestattung Franz Sales von Spretis führte die Diagnose einer körperlich bedingten Geisteskrankheit dazu, dass sein Leichnam in Ehren begraben wurde. Dagegen war der Fiskal in München etwa der Meinung, dieser „Selbstmord" sei „so vorsätzlich und wohlbedächtlich" wie nur möglich, was er vor allem mit den hinterlassenen Abschiedsbriefen begründete. Was aber stand in diesen Briefen, das ihn zu dieser Überzeugung gelangen ließ? Leider sind die vier Originale, die Franz Sales kurz vor seinem Tod an seine Frau, seine Eltern, seine Geschwister und seinen Schwager Graf von Westerholt[96] geschrieben hat, heute nicht mehr erhalten. Wie alle anderen persönlichen Dinge, die Spreti in Frauenbrünnl bei sich gehabt hatte, waren sie von den Angestellten des Landgerichts beschlagnahmt worden.[97] Später händigte man sie der Witwe „in originali" aus.[98]

[95] So wurde bei Adligen etwa generell auf eine Bestrafung der Ehre verzichtet. Die ehrenrührige Hinrichtung durch den Strang sollte in die ehrenvollere Enthauptung mit dem Schwert umgewandelt werden. Statt Leib- und Schandstrafen sollten die Gerichte Geld- oder Arreststrafen verhängen. KREITTMAYR: Codex Juris Bavarici Criminalis de Anno M.DCC.LI., München 1771, Erster Theil, Erstes Capitel, §. 25. Vgl. hierzu vor allem auch Walter DEMEL: Preußisches und bayerisches Adelsrecht in der zweiten Hälfte des 18. Jahrhunderts, in: Maximiliane KRIECHBAUM (Hg.): Festschrift für Sten Gagnér zum 3. März 1996, Ebelsbach 1996, S. 151–180.

[96] Graf Alexander Ferdinand von Westerholt war mit der Schwester von Franz Sales' Ehefrau Susanne, der Freiin Winfriede von Jenison-Walworth, verheiratet. Er war zunächst Hofrat, ab 1788 dann Regierungsvizepräsident am Hof der Fürsten von Thurn und Taxis in Regensburg. Zu seinem Leben ausführlich Thomas BARTH: „Wir sind unnütze Knechte". Die Familie Westerholt in Regensburg und ihr Beitrag zur bayerischen Kulturgeschichte, Regensburg 2008 (Regensburger Studien und Quellen zur Kulturgeschichte 17), S. 33–181.

[97] Sie werden im Bericht des Landgerichts einzeln aufgelistet. StA Landshut, Rep. 209, A 5566, Protokoll des Landgerichts Straubing, Straubing 24.1.1791.

[98] Da diese Briefe „wirklich der armen Wittwe wichtig" waren, hatte sie schon kurz nach dem Tod ihres Mannes bei der Regierung um die Herausgabe ersuchen lassen. Ihr Schwager Westerholt wandte sich deswegen an den Viztum von Straubing, Jospeph Maria von

Obwohl die Originalabschiedsbriefe nicht erhalten sind, werden sie auszugsweise in der bereits erwähnten Schrift wiedergegeben, die der Cousin Spretis, Johann Nepomuk von Pelkhoven, unmittelbar nach dem Suizid verfasst hatte.[99] Die beiden Cousins waren zur selben Zeit Regierungsräte in Straubing, außerdem wohnte Spreti mit seiner Frau Susanne im Haus der gemeinsamen Tante Walburga von Pelkhoven.[100] Diese familiäre und freundschaftliche Nähe sowie das sehr detaillierte Wissen, das aus der gesamten Schrift Pelkhovens spricht, lassen darauf schließen, dass er die Briefe sehr genau kannte. Gleichzeitig wird deutlich, dass Pelkhoven seinen Cousin argumentativ zu schützen versuchte. So führte er ebenfalls die medizinische Erklärung an, die Selbsttötung sei infolge einer „übermächtig gewordenen Melancholie" geschehen, in der durch einen kleinen äußeren Einfluss „alle Besinnungskraft [...] übertäubt" worden wäre und so der „Entschluß zum Sterben zur Wirklichkeit" gekommen sei.[101] Auch in seinem eigenen Tagebuch hatte Pelkhoven vermutet, die „Vernunft" habe bei Franz Sales eine „solche Erschütterung" erlitten, dass sie unfähig geworden wäre, „ihre Function zu verrichten".[102] Schließlich sei er „seinen in Verwirrung gerathenen Ideen" erlegen.[103]

Wie Pelkhoven berichtet, sei in der Kapelle Frauenbrünnl eine Stelle gefunden worden, an welcher der Staub weggewischt gewesen sei, weshalb man annehme, dass Spreti die Briefe dort unmittelbar vor seinem Suizid verfasst habe.

„Die Ausdrücke deren er sich bediente, waren ungefähr folgende:[104]

An meine gnädigen besten Aeltern.[105]
‚Mein Schicksal ruft mich, ich gehorche. Fluchen Sie mir nicht, messen Sie auch meiner innigst geliebten Gattinn nicht die geringste Schuld bey: bey Gott! sie ist unschuldig! Ich werde Sie wieder sehen, beste Aeltern; und fluchen Sie nicht ihrem unglücklichen Sohne, sondern bedauern Sie ihren Franz Sales.'

Weichs (ebd., Westerholt an Viztum Weichs, Regensburg 26.1.1791), der sich wiederum an die Regierung in Straubing wandte (ebd., Viztum Weichs an Regierung Straubing, Straubing 27.1.1791). Eine Woche später fragte Viztum Weichs erneut bei der Regierung nach (Viztum Weichs an Regierung Straubing, Straubing 3.2.1791). Die Kanzlei vermerkte auf diesem Schreiben, dass der Witwe die Briefe ausgehändigt werden sollten.

99 PA Spreti, Pelkhoven: Den Tod des Grafen Sales Sprety betreffend.

100 Dies ist sowohl aus der Schrift Pelkhovens zu ersehen, wie auch aus einem Brief Franz Sales' an seinen Bruder Kajetan. Ebd., Briefe des Franz Sales an Kajetan von Spreti (1787–1790), Regensburg 21.11.1790.

101 Ebd., Pelkhoven: Den Tod des Grafen Sales Sprety betreffend.

102 StA Landshut, Rep. 161/Kapfi, Nr. 1802, Tagebücher und philosophisch-weltanschauliche Notizen des Johann Nepomuk Freiherrn von Pelkofen (1763–1803), königlicher Kämmerer und Regierungsrat, Mitglied des Illuminaten-Ordens, Eintrag vom 24.1.1791.

103 Ebd., Eintrag vom 26.1.1791.

104 PA Spreti, Pelkhoven: Den Tod des Grafen Sales Sprety betreffend.

105 Laut Bericht des Landgerichts (StA Landshut, Rep. 209, A 5566, Straubing 24.1.1791): „Meinen g[nä]dig besten Eltern in Neuburg".

An meine innigst geliebte Gattinn.[106]
‚In wenigen Augenblicken bin ich nicht mehr. Mein Schicksal will es, ich muß. Lebe wohl beste, ewig angebethete Suky; – denk an die letzte Nacht, und wenn du Mutter bist, oder wirst, schonne[107] deines Kindes. Tröste Dich, Suky, wir werden uns wieder sehen, In gewiß, wir werden uns wiedersehen. Leb noch mal wohl, ewiggeliebte, Unvergleichliche! Bedauere, aber fluche nicht deinem Sales. – O Gott, oh Suky! –‘

An meine lieben Geschwisterte.[108]
‚Lebt wohl meine lieben Brüder meine besten Schwestern, ich scheide von Euch: Mit Bruderliebe umarmet euch zum letztenmal euer etc. Sales.‘[109]

An meinen Schwager Westerhold.[110]
‚Ich verlasse diese Welt; mein Schicksal bringt es so mit sich. Sorgen Sie für meine beste, ewig geliebte Gattinn. Fluchen Sie mir nicht; auch die Aeltern meiner besten Suky sollen mir nicht fluchen. Empfehlen Sie mich ihrem Andenken, trösten Sie meine Suky, wie auch die gute Mimi. –‘“

Inwieweit diese Auszüge aus den Briefen Franz Sales’ korrekt wiedergegeben sind, ist nicht abschließend zu beantworten. Offensichtlich hat Pelkhoven sie jedoch an einigen Stellen gekürzt. Denn beim Brief Spretis an seine Geschwister ist zum Beispiel die in den anderen Briefen vorkommenden Aussage „mein Schicksal will es. Fluchet nicht sondern bedauert euren armen Bruder“ wieder gestrichen worden. Offenbar glaubte Pelkhoven, sie nicht noch einmal wiederholen zu müssen.

Ein konkretes Motiv für die Selbsttötung wird in den kurzen Auszügen nicht genannt. Mit Nachdruck bat Spreti darum, ihn aufgrund der von ihm begangenen Sünde nicht zu verfluchen und ihn stattdessen für sein unglückliches Ende zu bedauern. Offensichtlich war es ihm aber vor allem wichtig, die Ausweglosigkeit seiner Situation und die Zwangsläufigkeit seiner Handlung herauszustellen. Er sprach davon, dass das Schicksal ihn rufe und er gehorche, weil er müsse. Wie Gottlieb Georg Ernst von Arenswald so empfand auch Spreti das Schicksal nicht als innere Kraft, sondern eine äußere Notwendigkeit, die außerhalb seiner Verfügungsgewalt lag.[111] Die Deutung Spretis widerspricht damit ebenfalls der These Andreas Bährs.[112] Das Schicksal *brachte* Spretis Tod *mit sich* – er

[106] Laut Bericht des Landgerichts (ebd.): „Meiner inigst geliebten Gattin Grafin Spreti in Straubing“.
[107] Hier ist gestrichen: „wenn Du Mutter bist, oder seyn wirst, so sorge für“.
[108] Laut Bericht des Landgerichts (ebd.): „Meinen lieben Geschwisterten“.
[109] Hier ist gestrichen: „mein Schicksal will es. Fluchet nicht[,] sondern bedauert euren armen Bruder.“
[110] Laut Bericht des Landgerichts (ebd.): „Meinem besten Schwager Grafen von Westerholt“.
[111] Zum Schicksalsbegriff in der Philosophie sowie zum Gegensatz von innerem und äußerem Schicksal vgl. Margarita Kranz: Schicksal, in: HWPh 8, 1992, Sp. 1275–1289.
[112] Wie bereits erwähnt, geht Bähr davon aus, dass das Schicksal erst dann übermächtig werden und zur Ausweglosigkeit führen konnte, wenn „es in die Person eingriff“, das heißt wenn sich die betreffende Person selbst verantwortlich dafür machte. Dazu ders.: Der

gab an, lediglich den Befehlen des Schicksals zu *gehorchen*. Spreti und Arenswald fühlten sich beide nicht verantwortlich für ihre Situation. Mit Kant könnte man sogar sagen, dass sie mit der Berufung auf ein äußeres Schicksal gar keinen *Selbstmord*, also eine verdammenswerte Selbsttötung, begingen. Denn, so Kant: „Es muß ein Unterschied gemacht werden zwischen einem Selbstmörder und zwischen einem, der sein Leben durch das Schicksal verlohren hat. [...] Er intendirte doch nicht sich zu töten. Es ist kein vorsetzlicher Tod.“[113]

In jedem Fall führte die Passivität der Handlung bei Spreti und Arenswald dazu, dass sie sich aus ihrer Sicht nicht an Gott versündigten und also auch ihr Seelenheil nicht in Gefahr sahen. Sowohl seinen Eltern wie seiner Frau versicherte Spreti, ein Wiedersehen im Jenseits sei „gewiß“ – genau wie Gottlieb Georg Ernst von Arenswald. Dass Spreti und Arenswald dieselbe Sicht auf das Schicksal hatten und für beide die Selbsttötung übereinstimmende Konsequenzen für das Seelenheil besaß, ist aus einem Grund besonders bemerkenswert: Spreti war Katholik, Arenswald Lutheraner. Von einer konfessionsspezifischen Deutung ihrer Tat ist jedoch nichts zu sehen. Beide bezogen sich gleichermaßen auf einen christlichen Gott,[114] aber beide nutzten auch das Konzept eines äußeren Schicksals, um die Notwendigkeit und die Zwangsläufigkeit ihres Handelns mit säkularem Vokabular zu begründen.[115] Sie sahen sich beide gezwungen, sich vor Gott für ihren Suizid zu verantworten, was für sie jedoch offensichtlich aufgrund der Passivität ihrer Handlung möglich war. Allerdings begriffen sie das Schicksal nicht als göttliche Vorsehung oder göttlichen Willen.[116] Mit „Schicksal“ versuchten sie, die äußere Kraft, die sie zur Selbsttötung trieb, auf einen konkreten Begriff zu bringen, ohne dass sich dahinter ein philosophisches Konzept verborgen hätte.[117]

Allerdings zeigt sich auch ein gewisser Unterschied zwischen den beiden Fällen Spreti und Arenswald. Anders als bei Arenswald wurde bei Franz Sales von Spreti dessen Selbstdeutung als zwangsläufige und nicht-autonome Handlung

Richter im Ich, S. 162ff., 174f. Auch der Fall Arenswald (und auch Breitenbauch) widerspricht dieser These. Dazu Kap. II. 5 und 7.

113 Kant: Vom Selbstmord, S. 371. Zum *Selbstmord* bei Kant siehe Kap. IV. 2.

114 Zur überkonfessionellen Bedeutung des Wiedersehens in der Ewigkeit siehe Wilhelm-Schaffer: Gottes Beamter und Spielmann des Teufels, S. 89, 142.

115 Zu dieser Bedeutung der Schicksalsidee vgl. Gerrit Walther: Schicksal, in: EdN 11, 2011, Sp. 709–712, hier: bes. Sp. 709.

116 Zur Konzeption des Schicksals als göttliche Vorsehung in der christlichen Theologie bzw. zur Ablehnung des Schicksalsgedankens aus theologischer Sicht siehe Kranz: Schicksal, Sp. 1280; Stefan Volkmann: Schicksal. III. Dogmatisch, in: Religion in Geschichte und Gegenwart 7, 4. Aufl., 2004, Sp. 887–889.

117 Nach Kranz spielte der Schicksalsbegriff in der Philosophie der Aufklärung kaum eine Rolle. Ende des 18. Jahrhunderts sei er sogar explizit als untauglich abgelehnt worden, so etwa von Kant. Dies.: Schicksal, Sp. 1281f. Dagegen spricht das soeben angeführte Zitat Kants, nach dem ein durch das Schicksal erfolgter Tod kein *Selbstmord* sei.

von vielen Beteiligten übernommen – wenn auch nicht der Verweis auf das übermächtige Schicksal. Doch ganz der pathologisierenden Sichtweise folgend wurde der Suizid auf eine physisch bedingte geistige Erkrankung zurückgeführt. Allein die Tat war Ausdruck der Krankheit. Nur vereinzelt regten sich Stimmen, die seinen Suizid als „wohl bedagt und überlegter Weis“ bzw. als „vorsätzlich und wohlbedächtlich“ ausgeführt sehen wollten. Arenswald hingegen gestand man das vernunftgemäße Handeln zu – wenn man ihm auch gegen seine Selbstdeutung durchweg unterstellte, er habe mit kühler Berechnung einen heroischen Selbstmord begehen wollen, um seine Ehre zu retten. Diese Unterscheide liegen wohl nicht zuletzt an den verschiedenen Bewertungsebenen: Während beim Grafen von Spreti dessen Unschuld an dem Verbrechen bekräftigt werden sollte, wollten die Herausgeber bei Arenswald den Ehrensuizid anhand seiner Briefe „in seiner entehrenden schimpflichen Gestalt“[118] darstellen.

Franz Sales von Spreti sah sich also offenbar vom Schicksal in die Selbsttötung getrieben. Doch warum? Sein Vater Sigmund äußerte in seinen *Lebensbeschreibungen* die Vermutung, die „Grund Uhrsach“ für den Suizid des Sohnes sei neben einer melancholischen Erkrankung „eine an seiner Frau vermergte Kaltblüdtigkeit“ gewesen. Durch diese habe Spreti alle seine Hoffnung auf eine vergnügte Ehe enttäuscht gesehen und sei in stillen „Vertrus“ geraten. Schließlich sei er zu dem „melankolische[n] Endschlus“ verfallen, „meine Frau wird bey ihren Dengkungs Ard meinen Tod leicht verschmerzen“ und „eine Kugel durch das Herz endet in dieser Weld alle Leiden, und mein Tod bringt niemand Schaden“.[119] Neben dieser Mutmaßung des Vaters kursierten in Straubing weitere Gerüchte, in denen Susanne von Spreti für den Suizid ihres Mannes verantwortlich gemacht wurde. Im Kirchenbuch von Alburg vermerkte Pfarrer Wanner, einige Leute würden behaupten, „die Ursach dieses grausamen Selbstmord seyn gewesen die Eyfersucht gegen seine Frau“.[120]

Franz Sales lernte Susanne von Jenison-Walworth wohl in Heidelberg

[118] Runckel: Sammlung freundschaftlicher Originalbriefe, S. 167; ähnl. die Argumentation Anonym: Authentische Briefe, S. 4f., 28ff.

[119] PA Spreti, Verzeichnung des Grafen Sigmund von Spreti [ohne Dat.]. Im Vergleich zum Rest dieser Lebensbeschreibung fällt auf, wie viele Streichungen und Änderungen Sigmund in dieser Passage vorgenommen hat. Dies deutet darauf hin, dass es ihm nicht leicht gefallen ist, sie zu verfassen und er außerdem um äußerste Korrektheit bemüht war.

[120] BZAR, Kirchenbuch der Pfarrei Alburg, Bd. 6, S. 676–678, FN 103, hier: S. 676.

kennen,[121] wo er sich im Winter 1787 an der Universität immatrikulierte.[122] Obwohl standesgemäß, hatten offensichtlich beide Familien etwas gegen die Verbindung des jungen Paares einzuwenden, weshalb Spreti bereits im darauf folgenden Herbst zu einem Studienortwechsel nach Ingolstadt gedrängt wurde und gegenüber der Familie Jenison in einem „Schreiben aller künfftigg Verknüpfungen feyerlich entsage[n]" musste.[123] Doch keine 40 Stunden, nachdem er sich in Ingolstadt immatrikuliert hatte,[124] verließ er die Stadt am 27. September 1788 wieder unter dem Vorwand, noch vor Vorlesungsbeginn ein „Lustreyse" machen zu wollen.[125] Dass er tatsächlich wieder zurück nach Heidelberg zu Susanne reiste, vermuteten seine Eltern zwar, sichere Nachricht erhielten sie aber erst zehn Tage später in einem Brief von ihm.[126] Es kam zu einem heftigen Streit zwischen Eltern und Sohn, wohl nicht zuletzt, weil Spreti sein Jurastudium Hals über Kopf abgebrochen hatte und damit die für ihn vorgesehene Karriere im Staatsdienst gefährdete. Doch bereits zu Beginn des folgenden Jahres hatten sie sich wieder „gänzlich [...] ausgesöhnt" und vereinbart, dass Spreti seine Ausbildung zunächst an der Universität in Göttingen fortsetzen und anschließend einen Dienst in der kurbayerischen Verwaltung anstreben werde. Falls seine „Gesinungen" gegenüber Susanne dann immer noch bestünden, seien seine Eltern einer „Verbindung nicht mehr entgegen".[127]

Während der nun folgenden Zeit – vor allem in den sechs Monaten seines Studienaufenthalts in Göttingen[128] – war er nur noch auf die baldige Heirat fixiert. In nahezu allen Briefen sprach er von seiner überschwänglichen roman-

[121] Nach ihrer Emigration aus England waren die Jenison-Walworths 1775 nach Heidelberg gezogen. Dass Spreti in Heidelberg Kontakt zur Familie hatte, ist aus seinen Briefen dieser Zeit an seinen Bruder zu erkennen: PA Spreti, Briefe des Franz Sales an Kajetan von Spreti (1787–1790). Vgl. außerdem Patrick Heinstein: Die Grafen von Jenison-Walworth. Aspekte zur Sozialgeschichte des Adels im 18. und 19. Jahrhundert, in: Heidelberg. Jahrbuch zur Geschichte der Stadt 12, 2008, S. 45–67, hier: bes. S. 49.

[122] Gustav Toepke (Hg.): Die Matrikel der Universität Heidelberg, 7 Teile, Heidelberg 1884–1916, hier: 4. Teil, S. 349.

[123] PA Spreti, Concepte verschiedener Briefe u. Jahre, Clementine von Spreti an eine Heidelberger Kammerrätin, Neuburg 5.10.1788.

[124] Pölnitz: Die Matrikel der Ludwig-Maximilians-Universität, S. 225.

[125] PA Spreti, Concepte verschiedener Briefe u. Jahre, Clementine von Spreti an eine Heidelberger Kammerrätin, Neuburg 5.10.1788.

[126] Seine Mutter hatte zunächst eine Kammerrätin in Heidelberg beauftragt nach ihrem Sohn Ausschau zu halten (ebd.). Von der Nachricht vom Aufenthaltsort Spretis berichtete sie gegenüber ihrem anderen Sohn Kajetan. Ebd., Neuburg 15.10.1788.

[127] So schrieb er hoffnungsvoll an seinen Bruder Kajetan. Ebd., Briefe des Franz Sales an Kajetan von Spreti (1787–1790), Heidelberg 13.1.1789.

[128] Spreti hatte sich am 29. April 1789 in Göttingen immatrikuliert. Götz von Selle (Hg.): Die Matrikel der Georg-August-Universität zu Göttingen 1734–1837, Hildesheim/Leipzig 1937 (Veröffentlichungen der Historischen Kommission für Hannover, Oldenburg, Braunschweig, Schaumburg-Lippe und Bremen 9/3), S. 314.

tischen Liebe zu Susanne.[129] Anfang 1790, zurück bei seinen Eltern, sah er sich seinem „Zwek", „[s]eine geliebte Susanne bald glüklich zu machen", schon ganz nah.[130] „O Bruder! wie glüklich werde ich an der Seite meiner holden sanften Gattinn […] sein!"[131] Nur noch auf diese Idee war er fixiert, nur auf dieses Ziel arbeitete er hin. Die kirchliche Trauung fand schließlich am 16. Oktober 1790 in Heidelberg statt.[132] Gut einen Monat später schrieb der frisch Vermählte an seinen Bruder und berichtete von seinem „Glüke". Endlich habe er sein lang ersehntes Ziel erreicht: „Suky ist seit dem 16 October mein – auf ewig mein."[133] Dies sollte der letzte Brief an seinen Bruder sein – zwei Monate später nahm er sich das Leben.

Spreti hatte offensichtlich vorausgesehen, dass es nach seiner Selbsttötung zur üblen Nachrede gegenüber seiner Frau kommen würde. Ausdrücklich versicherte er daher in seinen Abschiedsbriefen, dass Susanne keine Schuld treffe. Er bat seine Eltern, ihr nicht die „geringste Schuld" an seinem elenden Tod zu geben und betonte mit Nachdruck „bey Gott! Sie ist unschuldig!". In einer Notiz, die wohl ebenfalls von Spretis Cousin Johann Nepomuk von Pelkhoven stammt,[134] wird eine längere Passage aus einem Abschiedsbrief Spretis wörtlich zitiert, in der sich Spreti zum Grund für die von ihm empfundene Ausweglosigkeit äußert:

> „Ich habe mir vorgestellt, auf dieser Erde so viel Glückseligkeit zu finden, und täglich sehe ich mich in meiner Vorstellung getäuscht: selbst mein bestes Weib kann mich nicht so glücklich machen, als ich mir vorgestellt: meine Wünsche sind Träume, und die Welt ein Ort der Leiden: Nie wird es anderst werden; überall ist Alles unter meiner Erwartung; überall nur Dornen, die lange noch verwunden, wenn die Rose verblühet hat: Ich kann meine Vorstellungsart nicht ablegen, und bey dieser bin ich ein ewiger Martyrer auf dieser Welt: also zwingt mich mein Schicksal, zu sterben: es ruft mich, und meine einzige Zuflucht ist, ihm zu gehorchen: mein Schicksal bringt es mit sich."

Offensichtlich war Franz Sales von Spreti fest davon ausgegangen, dass sich durch die Ehe mit Susanne alles in seinem Leben zum Positiven ändern würde. Seine ganze Studienzeit hindurch war er auf diese Idee fixiert gewesen. Als seine Eltern dann schließlich einer Heirat zugestimmt hatten, schrieb er glückerfüllt

[129] Siehe dazu die Briefe PA Spreti, Briefe des Franz Sales an Kajetan von Spreti (1787–1790). Außerdem ebd., Korrespondenz zwischen Spreti und seinen Eltern (1789) [Transkr.].

[130] Ebd., Briefe des Franz Sales an Kajetan von Spreti (1787–1790), Neuburg 1.1.1790.

[131] Ebd., Weilbach 30.6.1790.

[132] Neben Spreti selbst nahm daran nur noch sein Vater Sigmund teil. So Sigmund gegenüber seiner Frau in mehreren Briefen. Ebd., Gräflich Spretische Correspondenz, Briefe Sigismund Spreti an seine Frau Clementine, Heidelberg 12.–17.10.1790.

[133] Ebd., Briefe des Franz Sales an Kajetan von Spreti (1787–1790), Regensburg 21.11.1790.

[134] Die Notiz datiert auf den 31.1. Zwar ist der Verfasser nicht genannt, allerdings handelt es sich mit Sicherheit um dieselbe Handschrift, wie die der Aufzeichnungen Pelkhovens. Sie befindet sich im PA Spreti, Verschiedene Dokumente zu Franz Sales Graf von Spreti.

an seinen Bruder: „Endlich habe ich nach so vielem Leiden gesiegt."[135] Doch dieser Sieg über sein „Leiden" war kein endgültiger. Er musste feststellen, dass er sich „in [s]einer Vorstellung getäuscht" sah und durch die Hochzeit keine Änderung seiner Situation eintrat. Die Ehe konnte an der Welt als einem „Ort der Leiden" nichts ändern – was auch immer das für Leiden waren. Vor allem aber, und da war er sich nun sicher: „Nie wird es anderst werden." Wie in den anderen von Pelkhoven wiedergegebenen Abschnitten so beschrieb Spreti auch in dieser Passage den Suizid eindeutig als nicht-autonome Handlung, zu der er sich gezwungen sah. Wieder ist es das „Schicksal", das ihn „ruft" und dem er „gehorchen" muss; und wieder „bringt" das Schicksal seinen Tod „mit sich". Da eine Besserung seiner Leiden nun – nachdem auch sein letzter Ausweg ohne Erfolgsaussichten blieb – völlig ausgeschlossen schien, war die Selbsttötung alternativlos geworden und mithin seine „einzige Zuflucht".

Im Gegensatz zum Vater Spretis, der die Melancholie seines Sohns der Kaltblütigkeit seiner Schwiegertochter zuschrieb, folgte Freiherr von Pelkhoven der Deutung seines Cousins. Als Suizidursache gab er in seiner Notiz ebenfalls an, Spreti habe sich in allen „seinen Erwartungen getäuscht" gefunden – unter anderem in den Erwartungen an seine Ehe: „nicht aus Schuld seiner edeldenkenden Gattinn, sondern weil er seine Erwartungen übertrieben hatte. Dieß gab nun vielleicht meinem armen Freunde den letzten Stoß: er war auch nach seiner Verheurathung nicht halb mehr so munter als im Brautstande."[136]

Von dem im Kirchenbuch vermerkten Motiv der „Eyfersucht gegen seine Frau" bleibt nach dieser Analyse nichts übrig.[137] Vielmehr hatte Spreti Susanne noch ausdrücklich in Schutz genommen und ihr seine ewige Liebe versichert. Auch in seinem Testament bat er seinen Schwager Westerholt, sich um seine „einzig und ewig geliebte Suky" zu kümmern.[138] Freiherr von Pechmann, ein Bekannter der Familie, war überzeugt, dass es in diesem „für einander geschaffene[n]" Ehepaar „keinerley haüslichen Zwist" gegeben habe. Susanne habe die Nachricht vom Tod ihres Mannes verzweifelt aufgenommen und sei noch „bis zur Stunde fast wahnsinnig".[139] Freiherr von Pelkhoven gab an, Spreti sei am

[135] Ebd., Briefe des Franz Sales an Kajetan von Spreti (1787–1790), Neuburg 4.3.1790.

[136] Ebd., Verschiedene Dokumente zu Franz Sales Graf von Spreti, Notiz [Johann Nepomuk von Pelkhovens], 31.1.[1791].

[137] Für die in der Literatur geäußerte Spekulation, Susanne habe ein Verhältnis mit Lord William Robert Spencer (ihrem zweiten Ehemann) gehabt, fehlen jegliche Hinweise. Diese Spekulationen finden sich etwa bei Dorothey Howell-Thomas: Lord Melbourne's Susan, Old Woking 1978, S. 12f.; Carola Hicks: Improper Pursuits. The Scandalous Life of Lady Di Beauclerk, London 2001, S. 324f.; Spreti: Die Spreti, S. 117; Heinstein: Die Grafen von Jenison-Walworth, S. 49.

[138] PA Spreti, Franz Sales von Spretis letzter Wille, Straubing 24.1.1991 [Transkr.].

[139] Ebd., Verschiedene Dokumente zu Franz Sales Graf von Spreti, Brief Freiherr von Pechmann, Straubing 24.1.1791. Adressat ist wahrscheinlich Graf Johann Maximilian von

Morgen seines Todestags, bevor er das Haus verließ, in das Zimmer seiner Ehefrau gegangen und habe sie „zärtlich“ geküsst. Als sie nachmittags die Nachricht von seinem Tod erhalten habe, sei sie auf die Knie gesunken und habe sich in „endlosem Jamer“ gewunden. Man könne „den Schmerz der jungen Gattinn nicht beschreiben.“[140]

Offensichtlich sah sich Franz Sales von Spreti nicht aufgrund einer unglücklichen Liebe zum Suizid gezwungen. Doch hatte seine Ehe mit Susanne auch nicht das bewirkt, was er sich von ihr erhofft hatte. Sie war nicht im Stande, seine Leiden zu lindern. Nachdem sich diese Erwartung, als der einzige Ausweg aus seinem Elend, nicht erfüllte, sah er zu seiner Selbsttötung offenbar keine Alternative mehr. Damit wird auch verständlich, warum Spreti, wie sein Vater in seinen *Lebensbeschreibungen* berichtete, nach seiner Hochzeit von einer „schwermüttige[n] Krangheidt“ heimgesucht wurde, die bis zu seinem Lebensende auch „nicht volstandig geheillet“ wurde.[141]

6.5 Spreti und die adlige Rolle

Franz Sales von Spreti tötete sich, weil für ihn „die Welt ein Ort der Leiden“ war und er keine Aussicht auf Linderung mehr sah. Worin seine „Leiden“ aber konkret bestanden, geht aus den überlieferten Passagen seiner Abschiedsbriefe nicht hervor. Und auch ein Blick in die Korrespondenz seiner letzten Jahre lässt nur Vermutungen zu. Offensichtlich stellte das Zerwürfnis mit seinen Eltern im Leben Spretis einen tiefen Einschnitt dar. An seinen Bruder Kajetan schrieb er im Sommer 1788, er habe in den vergangenen Wochen „sehr Vieles ausgestanden an Leib und Seele“. Die körperlichen „Leiden“ seien bereits überwunden und die seelischen würden sicherlich ebenfalls bald überstanden seien. Der Himmel habe ihm „Kraft und Stärke zum Kampf“ verliehen. Insgesamt aber habe er sich „nichts vorzuwerfen“.[142] Bei dem Streit jedoch wurden nicht nur Spreti selbst, sondern auch seine Eltern seelisch „tief [..] verwunde[t]“, wie seine Mutter ihm später in einem Brief über ihren „Kummer, [ihre] Sorgen und Schmerzen“ schrieb.[143] Auch nachdem sich Eltern und Sohn wieder „gänzlich [...] ausgesöhnt“ und einen Studienortwechsel nach Göttingen vereinbart hat-

Preysing-Hohenaschau. Dies geht aus dem Bericht Pelkhovens hervor, in dem diese „Staffete“ erwähnt wird.

140 Ebd., Pelkhoven: Den Tod des Grafen Sales Sprety betreffend.

141 Ebd., Verzeichnung des Grafen Sigmund von Spreti.

142 Ebd., Briefe des Franz Sales an Kajetan von Spreti (1787–1790), Heidelberg 29.7.1788.

143 Ebd., Korrespondenz zwischen Spreti und seinen Eltern (1789), Clementine von Spreti an Spreti, Neuburg 12.6.1789 [Transkr.].

ten, machte sich der Vater Sigmund Sorgen, dass die „Gemitskrangheit“ Spretis weiter andauere.[144]

Spreti wollte Susanne von Jenison-Walworth offenbar umgehend heiraten – und dafür wohl sein Jurastudium in Heidelberg abbrechen. Möglicherweise konnte er sich eine Zukunft im Staats- und Verwaltungsdienst ohnehin nicht mehr vorstellen. Denn auch aus seinen späteren Briefen geht eine Abneigung gegen eine solche Laufbahn hervor. Der Hoffnung seines Vaters auf eine Assessorenstelle am Reichskammergericht erteilte er im Sommer 1789 eine Absage.[145] Einige Monate später bekannte er, er wolle „dem Staat eher als Cultivator, als als Senator dienen“. Um welche Tätigkeit es sich dabei handle, sei ihm egal, solange sie „nur weit vom Hof und der Residenzstadt entfernt“ liege. Am liebsten würde er mit seiner zukünftigen Frau Susanne auf einem „Landgute in stiller Zufriedenheit selige Tage“ verbringen.[146]

Eine politische Karriere, wie sie seine Eltern für ihn vorsahen, wollte Franz Sales von Spreti offenbar nicht einschlagen. Er ging damit auf Distanz zu einem der traditionellen Betätigungsfelder des frühneuzeitlichen Adels. Beeindruckt von der Französischen Revolution,[147] wollte er sich nicht in die althergebrachten Beschränkungen und Pflichten seines Standes einbinden lassen. Stattdessen zogen ihn die durch die Ideale der Aufklärung vertretenen *bürgerlichen* Werte an.[148] So schrieb er an seinen Vater, er fühle „ganz das Glück Mensch zu sein“. Schon früh hatte er sich auch dem anderen klassischen Aufgabenfeld, dem Militär, verweigert und auch hier war das Motiv, sich aus der eigenen Unmündigkeit heraus zu begeben und „endlich einmal frey zu sein“.[149] Der traditionelle adlige Lebensstil übte auf Franz Sales von Spreti keinen Reiz aus. Weder hatte er etwa etwas für die Jagd,[150] noch für Duelle übrig.[151] Stattdessen empfand er die ihm

144 Ebd., Sigmund von Spreti an Spreti, Neuburg 13.5.1789 [Transkr.].

145 Ebd., Spreti an seine Eltern (Göttingen 18.7.1789) und die Antwort seines Vaters (Weilbach 20.8.1789) [Transkr.].

146 Ebd., Spreti an Sigmund von Spreti, Göttingen 25.10.1789 [Transkr.].

147 Wie er an seinen Vater schrieb, habe man sich von der Revolution „viel Gutes zu versprechen“. Ebd., Spreti an Sigmund von Spreti, Göttingen 6.9.1789 [Transkr.].

148 Zum Zusammenhang von aufklärerischen Ideen und Französischer Revolution siehe Helmut Reinalter: Aufklärung und Französische Revolution, in: Konstantin Broese u. a. (Hgg.): Vernunft der Aufklärung – Aufklärung der Vernunft, Berlin 2006, S. 77–90.

149 PA Spreti, Briefe des Franz Sales an Kajetan von Spreti (1787–1790), München 25.8.1787.

150 Gegenüber seinem Bruder kritisierte er einmal, dass bei einer „figurirte[n] Jagd“ „die armen Bauern im Frohndienste und Schaarwerk schon vier Wochen hindurch Anstalt machen“ mussten. Ebd., Heidelberg 4.7.1788.

151 Als sich am 18. Dezember 1789 zwei seiner „besten Freunde“ duellieren wollten, war ihm „bei der ganzen Sache nicht wohl zu Muthe“. Um nicht als Sekundant aufgefordert zu werden oder vor das Universitätstribunal zu kommen, machte er sich „zum Glük zuvor aus dem Staube“. Ebd., Neuburg 4.3.1790.

zugedachte Rolle als lästigen überholten Ballast, der ihn in seinem Menschsein beschränkte.

Mehrmals machte Spreti einige Wanderreisen „als ein Quidam", „machte ungestört [s]eine Beobachtungen und lernte Menschen von allen Gattungen und Ständen ohne Larve kennen". Als er dann aber einmal „als Graf mit Wagen und Bedienten" reiste, musste er „oft die schönste Zeit dummen Assemblen, Dinées und Soupées aufopfern, mancher vorteilhaften Gelegenheit entsagen, [s]ich nach anderen Köpfen richten und in Gesellschaft manche Bequemlichkeit mitmachen".[152] Geradezu paradigmatisch steht der adligen Kutschfahrt hier die standesnegierende Fußreise gegenüber: Wandern, „diese, in Teutschland für einen Mann von Stande ungewöhnliche Art zu reisen", wie Freiherr von Knigge es nannte,[153] kam Ende des 18. Jahrhunderts als eine bürgerliche Freizeitbeschäftigung auf. Eigentlich ein Merkmal sozial niedergestellter Bevölkerungsgruppen, galt die Fortbewegung zu Fuß immer mehr Menschen als symbolisches Bekenntnis zu den Idealen der Aufklärung und der Französischen Revolution:[154] „Selbstständig, ohne fremde Hilfe, aufrecht in Gang und Charakter, demokratisch, das heißt egalitär im Verhalten gegenüber unteren Schichten, rational und aufgeklärt in der Beobachtung der natürlichen und

[152] Ebd., Korrespondenz zwischen Spreti und seinen Eltern (1789), Spreti an Sigmund von Spreti, Göttingen 25.10.1798 [Transkr.].

[153] „Allein eine zweyte Unbequemlichkeit besteht darinn, daß diese, in Teutschland für einen Mann von Stande ungewöhnliche Art zu reisen, zu viel Aufmerksamkeit erregt, und daß die Gasthalter nicht eigentlich wissen, wie sie uns behandeln sollen. Ist man nähmlich besser gekleidet, als gewöhnliche Fußgänger; so hält man uns entweder für verdächtige Menschen, für Abendtheurer, oder für Geizhälse; man wird beobachtet, ausgefragt und, mit Einem Worte! man passt nicht in den Tarif, nach welchem die Wirthe ihre Fremden zu taxiren pflegen. Ist man aber schlecht gekleidet; so wird man, wie ein reisender Handwerkspursche, in Dachstübchen und schmutzige Betten einquartiert, oder man muß jedesmal weitläufig erzählen: wer man ist, und warum man nicht mit Kutschen und Pferden erscheint?" Adolph KNIGGE: Ueber den Umgang mit Menschen, hrsg. von Michael Rüppel, Göttingen 2010 (Werke 2), S. 287f. (2. Theil, 12. Capitel: Ueber das Betragen bey verschiedenen Vorfällen im menschlichen Leben).

[154] Nach Bernd Jürgen WARNEKEN wurde der „Aufklärungsdiskurs teilweise als Gehdiskurs formuliert" so etwa bei Kant. Das Gehen sei „zum Vorbild und Vorspiel einer Gesellschaft ohne ständische Vorrechte" geworden. DERS.: Bürgerliche Gehkultur in der Epoche der Französischen Revolution, in: ZfVK 85, 1989, S. 177–187. In dieselbe Richtung argumentiert Wolfgang KASCHUBA: Die Fußreise. Von der Arbeitswanderung zur bürgerlichen Bildungsbewegung, in: Herrmann BAUSINGER/Klaus BEYRER/Gottfried KORFF (Hgg.): Reisekultur. Von der Pilgerfahrt zum modernen Tourismus, München 1991, S. 165–173.

sozialen Umwelt.“[155] Auch in Spretis Wanderlust kommt also seine Distanz zur adligen Lebensweise zum Ausdruck.

Auf diese Art auf Abstand zu den klassischen Rollenerwartungen zu gehen und Kritik an den überholten Privilegien zu üben war für einen Adligen Ende des 18. Jahrhunderts nicht völlig ungewöhnlich. Zunehmend kam Kritik an adligen Lebensformen und Privilegien auch aus den Reihen des Adels selbst. Gerade die Ideen der Aufklärung fanden bei einem beträchtlichen Teil des Adels große Unterstützung und auch die Französische Revolution übte oft eine ganz erhebliche Faszination aus.[156] So ähneln die Aussagen Spretis etwa überraschend denen seines Zeitgenossen Ludwig Freiherr von Vincke. Vincke[157] war seit Juni 1789 schon während seiner Schulzeit mit den Ideen der Aufklärung in Kontakt gekommen, und auch bei ihm entwickelte sich dadurch eine spürbare Distanz gegenüber althergebrachten adligen Rollenbildern.[158] Wie Spreti schrieb Vincke während seines Studiums an seinen Vater, dass er sich von lästigen standesgemäßen Zusammenkünften am Hof fernzuhalten gedenke, weil er sonst seine wertvollen Abende für diese „opfern“ müsse.[159] Die Reaktion der Väter war in beiden Fällen die gleiche: Beide rieten ihren Söhnen, sich weiterhin in adligen Kreisen zu bewegen, um die nötigen Repräsentationsformen für eine spätere Karriere zu verinnerlichen.[160] Doch im Gegensatz zu Spreti kam es zwischen Vincke und seinen Eltern nicht zum

[155] Hans-Joachim Althaus: Bürgerliche Wanderlust. Anmerkungen zur Entstehung eines Kultur- und Bewegungsmusters, in: Wolfgang Albrecht/Hans-Joachim Kertscher (Hgg.): Wanderzwang – Wanderlust. Formen der Raum- und Sozialerfahrung zwischen Aufklärung und Frühindustrialisierung, Tübingen 1999, S. 25–43 (Hallesche Beiträge zur Europäischen Aufklärung 11), Zitat: S. 35.

[156] Vgl. hierzu Bleeck/Garber: Adel und Revolution; Dewald: The European Nobility, S. 183f.; Horst Möller: Aufklärung und Adel, in: Elisabeth Fehrenbach (Hg.): Adel und Bürgertum in Deutschland 1770–1848, München 1994, S. 1–9 (Schriften des Historischen Kollegs – Kolloquien 31). Mit weiterführender Literatur siehe außerdem Heuvel: Der Verlust sozialer Sicherheit.

[157] Friedrich Ludwig Wilhelm Philipp von Vincke entstammte einem alten westfälischen Adelsgeschlecht und wurde am 1774 in Minden geboren. Zu seiner Person ADB 39, 1895, S. 736–743.

[158] Dazu Olga Weckenbrock: „...der Universität wegen und nicht des Hofes“. Die Wahrnehmung der sozialen Umwelt von Vater und Sohn von Vincke in der zweiten Hälfte des 18. Jahrhunderts, in: Düselder/Weckenbrock/Westphal: Adel und Umwelt, S. 313–338, hier: bes. S. 326ff.

[159] Ebd., S. 332f.

[160] Zu Vincke Ebd. Sigmund von Spreti schrieb an seinen Sohn: „Zur Abwexlung warr es dir doch nicht unniz aich einmall eine Reise als Delman gemacht zu haben, um auch von Aßemblen, Dinées und Supeen, dan Bälle und teatr sprechen zu können, welches in manchen Cercell angenehmer als von anderen nützlichen Beobachtungen.“ PA Spreti, Korrespondenz zwischen Spreti und seinen Eltern (1789), Siegmund von Spreti an Spreti München 27.11.1789 [Transkr.].

Konflikt, weil er sich mit großem Eifer auf sein Studium konzentrierte und eine spätere Karriere im Staatsdienst anstrebte.[161]

Kritik am Hofleben hatte zwar eine lange Tradition,[162] in der zweiten Hälfte des 18. Jahrhunderts wurden die Äußerungen dann jedoch immer massiver. Leicht ließen sich die klassischen Vorwürfe etwa mit den politischen Forderungen der Französischen Revolution nach der Gleichheit der Bürger verbinden.[163] An den Höfen wurde insofern auf diesen politischen Diskurs reagiert, als ihr Sinn – ganz im Geist der Aufklärung – mit dem Dienst an der Allgemeinheit begründet wurde.[164] Ein Rückzug ins Landleben konnte einem Adligen so schnell als Nichterfüllung seiner Staatsdienerpflicht und somit als unpatriotisch ausgelegt werden.[165] Auch Franz Sales von Spreti war es wichtig, in diesem Punkt kein falsches Bild zu vermitteln. Wenn er sich auch auf sein Landgut zurückzuziehen gedenke, wie er an seinen Vater schrieb, so würde er „deswegen nicht aufhören, [s]ich durch Vermehrung [s]einer Kenntnisse zum nützlichen, brauchbaren Bürger des Staates zu bilden und im Falle, daß man [s]einer Dienste bedürfe, keinen Augenblick zögern, zurückzukehren".[166] Keinen Zweifel wollte er daran lassen, dass er „dem Staat die besten Vorteile" wünsche.[167]

Es kann hier nur vermutet werden, ob es diese Unzufriedenheit mit den klassischen adligen Lebensentwürfen war, die die „Leiden" von Franz Sales von

161 Weckenbrock: Die Wahrnehmung der sozialen Umwelt, S. 334. Sein Bemühen hatte Erfolg. Nach dem Wiener Kongress war Vincke fast 30 Jahre Oberpräsident der preußischen Provinz Westfalen. Er starb 1844 in Münster.

162 Das Motiv der Zeitverschwendung am Hof und des alternativen Rückzugs ins Landleben existierte bereits in der Antike, wurde im 15. Jahrhundert verstärkt aufgenommen und war auch die gesamte Frühe Neuzeit hindurch präsent. Allerdings wurde hierbei nie die Institution Hof grundsätzlich infrage gestellt, vielmehr waren es die moralischen Verirrungen, die angeklagt wurden. Siehe hierzu vor allem Kiesel: „Bei Hof, bei Höll". Außerdem Martens: Der patriotische Minister, S. 50f., 67f., 96ff., 110; Anke-Marie Lohmeier: Das Lob des adligen Landlebens in der deutschen Literatur des 17. Jahrhunderts, in: Dieter Lohmeier (Hg.): Arte et Marte. Studien zur Adelskultur des Barockzeitalters in Schweden, Dänemark und Schleswig-Holstein, Neumünster 1978, S. 173–192 (Kieler Studien zur deutschen Literaturgeschichte 13); Rainer A. Müller: Der Fürstenhof in der frühen Neuzeit, München 1995 (EdG 33), S. 86–88.

163 „Der traditionsreiche Hof-Land-Gegensatz war damit auf eine Formel gebracht, die der Revolution als Aufruf zum Kampf gegen Hof und Aristokratie dienen konnte." Kiesel: „Bei Hof, bei Höll", S. 269f., 231, 263. Zur schärfer werdenden Hofkritik auch Ronald G. Asch: Hof, in: EdN 5, 2007, Sp. 564–574, hier: Sp. 571–574.

164 Stollberg-Rilinger: Die Aufklärung, S. 81–85; Ute Daniel: Höfe und Aufklärung in Deutschland – Plädoyer für eine Begegnung der dritten Art, in: Marcus Ventzke (Hg.): Hofkultur und aufklärerische Reformen in Thüringen. Die Bedeutung des Hofes im späten 18. Jahrhundert, Köln/Weimar/Wien 2002, S. 11–31.

165 Martens: Der patriotische Minister, S. 110f., 115–118.

166 PA Spreti, Korrespondenz zwischen Spreti und seinen Eltern (1789), Spreti an Sigmund von Spreti Göttingen 25.10.1789 [Transkr.].

167 Ebd., Spreti an Sigmund von Spreti, Göttingen 10.12.1789 [Transkr.].

Spreti ausmachten. Immerhin wurde er von seinen Eltern gezwungen, gegen seinen Willen einen Lebensweg einzuschlagen, der seiner Überzeugung widersprach. Eine – möglicherweise damit in Zusammenhang stehende – Gemütskrankheit verfolgte ihn bis zu seinem Tod. Als er nach seinem Studium eine Stelle als Regierungsrat in Straubing antrat, war sein Traum von einem Leben fernab von gesellschaftlichen Zwängen geplatzt. Entgegen seinen „Erwartungen" änderte an seinem emfundenen Elend auch die Hochzeit mit Susanne von Jenison-Walworth nichts. Als er erkannte, dass die Welt für ihn „ein Ort der Leiden" bleiben würde, wählte er den eigenen Tod als „einzige Zuflucht".

Warum hatte Franz Sales von Spreti sich das Leben genommen? Wie immer kann es hier eine objektive Antwort jenseits der historischen Deutungsversuche nicht geben. Am weitesten verbreitet war die Vermutung, er habe sein Leben wegen *Illuminatismus* beendet. Die publizistische Kampgange der bayerischen Obrigkeit gegen den Illuminatenorden hatte offenbar großen Erfolg gehabt. Tötete sich jemand, bei dem eine gewisse Nähe zum Orden vermutet werden konnte, so entstand augenblicklich der Verdacht eines kausalen Zusammenhangs. Nicht zuletzt die Veröffentlichung der fiktiven Abschiedsbriefe Franz Xaver von Zwacks, in denen dieser explizit an die antiken Vorstellungen des stoischen Ehrensuizids angeknüpft hatte, hatten zu einem starken Konnex zwischen Selbsttötung und *Illuminatismus* in der Öffentlichkeit geführt.

Aus offiziell medizinischer Sicht war Spreti ein geistig Kranker, der an einer körperlichen Dysfunktion gelitten und deswegen seine Waffe gegen sich selbst gerichtet hatte. Laut Gutachten des beurteilenden Amtsarztes war dies die *causa proxima*, die seiner Handlung zugrunde lag und für die es nur noch eines geringen Auslösers bedurfte. Da Spretis Handeln damit pathologisch war, konnte er auch nicht für ein Verbrechen verantwortlich gemacht werden. Als rechtliche Konsequenz aus diesem Urteil wurde sein Leichnam ehrlich bestattet und man verzichtete auf eine Konfiskation seiner Güter.

Allerdings war diese Sicht keineswegs so eindeutig, wie es auf den ersten Blick den Anschein hat. Immerhin urteilte hier ein Standesgenosse über das Gemütsbefinden des Grafen von Spreti – auch wenn Rentamtsarzt Georg Nicolaus von Lengrießer erst knapp ein halbes Jahr adlig war.[168] Wie sich gezeigt hat, vereindeutigte der Arzt, erst nachdem ihm die adlige Identität Spretis bekannt geworden war, eigentlich eher unbedeutend erscheinende körperliche Merkmale für seine Diagnose. Den zuständigen Fiskal in München konnte er damit nicht überzeugen. Denn dieser vermutete eine rechtliche Sonderbehandlung Spretis aufgrund seines adligen Stands. Mit seiner aufklärerischen Forderung, Adlige vor dem Recht genauso wie die „ärmsten Bauers- und Bürgersfamil-

[168] Kurfürst Karl Theodor hatte ihm das Adels- und Ritterdiplom am 19. August 1790 verliehen. LANG: Adelsbuch des Königreichs Baiern, S. 428.

len“ zu behandeln, fand er beim Kurfürsten allerdings kein Gehör. Die Ende des 18. Jahrhunderts immer lauter werdenden Forderungen nach Rechtsgleichheit schafften es nur langsam, die jahrhundertehalte rechtliche Privilegierung des Adels aufzubrechen. Doch auch die die ständische Gesellschaft delegitimierenden Entwicklungen, wie sie die Biologisierung der Gerichtsmedizin mit sich brachte, hatten zunächst nur begrenzten Erfolg. Urteile in Bezug auf den Geisteszustand wurden nun zwar immer häufiger auf körperliche Merkmale zurückgeführt, allerdings wurde längst nicht jeder Körper untersucht. Weiterhin spielte der Stand des Täters eine entscheidende Rolle. Kam es doch zu einer Obduktion, so hatte der zuständige Arzt immer noch einen beträchtlichen Interpretationsspielraum. Obwohl die Mediziner zunehmend die Deutungshoheit über die Frage nach dem Geisteszustand erlangten, war die Verwissenschaftlichung der Seelen- und Gemütskunde nur wenig fortgeschritten. Standardisierte Vorgaben, die zu intersubjektiv nachvollziehbaren Diagnosen führten, gab es nur in Ansätzen – viel wichtiger war der persönliche Eindruck des Arztes. So musste auch das Fehlen physischer Krankheitsmerkmale nicht zwangsläufig dazu führen, den Betroffenen für sein Handeln haftbar zu machen. Vielmehr griff man in solchen Fällen einfach auf das althergebrachte Mittel der Zeugenbefragung zurück und band Leumund und Vorgeschichte in den medizinischen Befund ein.

Aussagen zur Selbstdeutung Franz Sales von Spretis sind aufgrund der sehr schwierigen Quellenlage nur mit einiger Vorsicht zu treffen. Folgt man den Hinweisen, die es gibt, so war für ihn die Welt ein Ort der Leiden, von dem es kein Entrinnen gab. Möglicherweise hingen diese Leiden damit zusammen, dass er die in ihn als Adligen gesetzten Erwartungen nicht erfüllen wollte und stattdessen auf Distanz zur klassischen adligen Lebensweise ging. Die jahrelange Hoffnung, eine Heirat mit Susanne von Jenison-Walworth würde an seinem Zustand etwas ändern, zerschlug sich mit dem Eintreten dieses Ereignisses. Anscheinend konnte die Ehe ihn nicht von seinen Leiden erlösen, so wie er es sich vorgestellt hatte. Susanne gab er allerdings keine Schuld an diesen Umstand – er selbst glaubte, seine Erwartungen seien zu hoch gewesen. Weil er schließlich davon ausging, dass auch in Zukunft sein Leiden anhalten würde, gehorchte er dem Schicksal und tötete sich.

7. Zwischen Ehre und Selbstvervollkommnung: Heinrich von Kleist

Nicht zuletzt aufgrund seines spektakulären Endes ist Heinrich von Kleist weltberühmt geworden:[1] Am Nachmittag des 21. November 1811 erschoss Kleist zunächst seine Bekannte Henriette Vogel und anschließend sich selbst mit einer Pistole. Beide hatten tags zuvor zwei Zimmer im Gasthaus Stimmings Krug an der Hauptstraße zwischen Berlin und Potsdam bezogen und dort einige Briefe verfasst – weitere waren bereits einige Wochen vorher entstanden.[2] An ihrem Todestag ließen sie sich, obwohl es sich um einen „kalten Wintertage" handelte, von den Wirtsleuten Kaffee, Stühle und einen Tisch an das Ufer des nahegelegenen Kleinen Wannsees bringen, „wo beide umhersprangen, und Steine in das Wasser warfen". Auf einer kleinen Anhöhe setzten sie sich einander gegenüber in eine Grube. Kleist richtete die Pistole zuerst gegen Henriette Vogel, anschließend gegen sich selbst.[3]

Elf Tage vor seinem Suizid hatte Heinrich von Kleist seiner engsten Vertrauten, seiner Cousine Marie von Kleist,[4] seine Beweggründe dargelegt – sie erhielt den Brief allerdings erst nach seinem Tod.[5]

„[E]s ist mir ganz unmöglich länger zu leben; meine Seele ist so wund, dass mir, ich mögte fast sagen, wen ich die Nase aus dem Fenster stecke, das Tageslicht wehe thut, das mir darauf schimmert. Das wird mancher für Krankheit und überspant halten; nicht aber Du, die fähig ist die Welt auch aus andern Standpuncten zu betrachten als aus dem Deinigen. Dadurch, daß ich mit Schönheit und Sitte, seit meiner frühesten Jugend an, in meinen Gedancken und Schreibereien, unaufhörlichen Umgang geflogen bin ich so empfindlich geworden, daß mich

[1] So etwa Marcel Reich-Ranicki: Karin Reschke oder Der Doppelselbstmord am Kleinen Wannsee (1983), in: ders.: Lauter Lobreden, München 1985, S. 163–172, hier: S. 163.

[2] Diese Briefe sind, wie auch alle übrigen von ihm noch erhaltenen Briefe, im zweiten Band folgender kürzlich erschienenen Gesamtausgabe abgedruckt: Roland Reuss/Peter Staengle (Hgg.): Heinrich von Kleist. Sämtliche Werke und Briefe. Münchner Ausgabe. Auf der Grundlage der Brandenburger Ausgabe, 3 Bde., München/Frankfurt a. M. 2010.

[3] Die Ereignisse können aus den Vernehmungsprotokollen der Untersuchungskommission rekonstruiert werden. Diese sind ebenfalls abgedruckt in ebd., Bd. 3, S. 796–809.

[4] Marie von Kleist, geborene Gualtieri, stammte aus einer Hugenottenfamilie und war mit dem Cousin Kleists, dem Stabskapitän Friedrich Wilhelm Christian von Kleist, verheiratet.

[5] Zusammen mit anderen Abschiedsbriefen aus der zweiten Novemberwoche hatte Kleist den Brief wahrscheinlich in einem Koffer Henriette Vogels hinterlegt. Dazu und zu den Datierungsproblemen der Briefe siehe Klaus Müller-Salget: Heinrich, Marie und Ulrike von Kleist. Zur Datierung und Deutung der Briefe vom Herbst 1811, in: ZdtPhil 113, 1994, S. 543–553.

die kleinsten Angriffe, denen das Gefühl jedes Menschen nach dem Lauf der Dinge hiniden ausgesetzt ist, doppelt und dreifach schmerzen."[6]

Kleist wandte sich explizit gegen eine Erklärung seiner Selbsttötung als Folge einer „Krankheit". Mit einigem Recht konnte er davon ausgehen, dass die zum Ende des 18. Jahrhunderts hin immer stärker werdende Pathologisierung des Suizids eine solche Deutung der Tat nahelegte. Er appellierte an Marie, dass sie es besser wisse und daher auch den von ihm angegebenen Gründen Glauben schenken würde. Kleist wollte sich in seinen Briefen erklären und er wollte, dass man diesen Erklärungen folgte und sie nicht als Hirngespinste eines Geisteskranken abqualifizierte.[7] Dabei formulierte er seine Erklärung sehr abstrakt: Seine Seele sei „so wund" bzw. er selbst sei „so empfindlich", dass schon die „kleinsten Angriffe" ihn überaus schwer träfen und ihm ein Weiterleben unmöglich machten.

7.1 Eine wunde Seele

Als Bernd Heinrich Wilhelm von Kleist am 18. Oktober 1777 in Frankfurt an der Oder geboren wurde, standen alle Zeichen auf eine militärische Karriere.[8] Zwischen 1640 und 1892 hatte das alte pommersche Adelsgeschlecht Kleist 23 Generäle hervorgebracht. Im Jahr 1806 standen etwa 50 Offiziere der Familie in preußischen Diensten. Auch Heinrich selbst schlug zunächst den klassischen adligen Lebensweg ein: Im Jahr 1792, im Alter von 15 Jahren, wurde er Gefreitenkorporal beim Potsdamer Garde-Regiment Nr. 15, mit dem er am ersten Koalitionskrieg gegen Frankreich teilnahm. Er wurde zum Fähnrich befördert und verbrachte nach dem Austritt Preußens aus der Koalition noch einige Jahre in der Potsdamer Garnison. Anfang des Jahres 1799 verließ er dann die Armee, um ein Universitätsstudium in Frankfurt an der Oder aufzunehmen.

In einem Brief an seinen früheren Lehrer Christian Ernst Martini erläuter-

[6] Kleist an Marie von Kleist, Berlin 10.11.1811, in: Reuss/Staengle: Werke und Briefe, Bd. 2, S. 991–993.

[7] Vgl. hierzu Günter Blamberger: Ökonomie des Opfers. Kleists Todes-Briefe, in: Detlev Schöttker (Hg.): Adressat: Nachwelt. Briefkultur und Ruhmbildung, München 2008, S. 145–160, hier: bes. S. 151–156.

[8] Im *Kleist-Jahr* 2011 sind einige neue Biographien zu seiner Person entstanden. Daher hier nur eine Auswahl: Rudolf Loch: Kleist. Eine Biographie, Göttingen 2003; Gerhard Schulz: Kleist. Eine Biographie, aktual. Sonderausg., München 2011; Jens Bisky: Kleist. Eine Biographie, Berlin 2007; Günter Blamberger: Heinrich von Kleist. Biographie, Frankfurt a. M. 2011; Peter Michalzik: Kleist. Dichter, Krieger, Seelensucher. Biographie, Berlin 2011.

te Kleist seinen „neuen Lebensplan“:[9] Der Soldatenstand sei ihm inzwischen „so verhaßt“, dass er keine andere Wahl habe, als ihn zu verlassen. Ja, seine „moralische Ausbildung“ zwinge ihn geradezu zu diesem Schritt. Denn als Offizier in einem Regiment werde von ihm verlangt, Befehlen zu gehorchen und gegen seine Überzeugungen zu handeln, wodurch er sich selbst moralisch strafbar mache.[10] Daher wollte er sich stattdessen der Wissenschaft zuwenden, weil er sich dort die „goldne Unabhängigkeit“ von allen äußeren Zwängen erhoffte. Mit den aufklärerischen Grundbegriffen vom persönlichen Glück, von Tugend und Vernunft begründete er das Streben nach einem höheren Ziel und nach Selbstverantwortung.[11] Euphorisch und in „Gewissheit einer fröhlichen und glücklichen Zukunft“ fragte er seinen Lehrer Martini zum Schluss: „[W]o kann der Blitz des Schicksals mich Glücklichen treffen, wenn ich es fest im Innersten meiner Seele bewahre?“

Kleist war sich zu diesem Zeitpunkt sicher, sein Schicksal in der Hand zu haben. An seine Halbschwester Ulrike schrieb er, jeder freidenkende Mensch könne „sich über das Schicksaal erheben“ und es sogar selbst „leiten“, wenn er sein Ziel nur mit ganzer Kraft und „nach sicher aufgestellten Grundsätzen“ verfolge. Wenn man allerdings gezwungen sei, eine Existenz „am Drathe des Schicksaals“ zu führen, dann sei der Tod einem solchen Leben vorzuziehen.[12] Als Mittel, diese Loslösung vom Schicksal zu erreichen, sah er die eigene Vervollkommnung durch die Bildung in den Wissenschaften an.[13]

[9] Kleist an Christian Ernst Martini, Potsdam 18./19.3.1799, in: Reuss/Staengle: Werke und Briefe, Bd. 2, S. 542–556.

[10] „Ich war oft gezwungen, zu strafen, wo ich gern verziehen hätte, oder verzieh, wo ich hätte strafen sollen; und in beiden Fällen hielt ich mich selbst für strafbar. In solchen Augenblicken mußte natürlich der Wunsch in mir entstehen, einen Stand zu verlassen, in welchem ich von zwei durchaus entgegengesetzten Prinzipien unaufhörlich gemartert wurde, immer zweifelhaft war, ob ich als Mensch oder als Offizier handeln mußte; denn die Pflichten Beider zu vereinen, halte ich bei dem jetzigen Zustande der Armeen für unmöglich.“ Ebd., S. 549.

[11] „Wenn man also nur seiner eigenen Überzeugung folgen darf und kann, so müßte man eigentlich Niemand um Rath fragen, als sich selbst, als die Vernunft; denn Niemand kann besser wissen, was zu meinem Glücke dient, als ich selbst; Niemand kann so gut wissen, wie ich, welcher Weg des Lebens unter den Bedingungen meiner physischen und moralischen Beschaffenheit für mich einzuschlagen am besten sei; eben weil dies Niemand so genau kennt, Niemand sie so genau ergründen kann, wie ich.“ (Ebd., S. 543f.) „Es ist kein besserer Sporn zur Tugend möglich, als die Aussicht auf ein nahes Glück, und kein schönerer und edlerer Weg, als der Weg der Tugend.“ Ebd., S. 545. Zur „aufklärerischen Konvention“ dieser Gedanken siehe Bohrer: Der romantische Brief, S. 52f.; Gerhard Fricke: Gefühl und Schicksal bei Heinrich von Kleist. Studien über den inneren Vorgang im Leben und Schaffen des Dichters, Berlin 1929 (Neue Forschung 3), S. 10f.

[12] Kleist an Ulrike von Kleist, Frankfurt a. d. O. Mai 1799, in: Reuss/Staengle: Werke und Briefe, Bd. 2, S. 557–564.

[13] Zum Schicksalsverständnis Kleists zu diesem Zeitpunkt vgl. Werner Psaar: Schicksalsbe-

Eine solche Abkehr von der militärischen und die Hinwendung zur akademischen Welt war Ende des 18. Jahrhunderts für einen Adligen keineswegs die Ausnahme. Vielen bot der Lebensweg als Offizier keine erstrebenswerte Zukunftsaussicht, weil er dem gewandelten Menschenbild widersprach.[14] Schon vorher hatte es an den Universitäten auch einen nicht unbeträchtlichen Teil adliger Studenten gegeben,[15] doch Ende des 18. Jahrhunderts entwickelte sich ein neues Verständnis von Wissenschaft: Universitäre Bildung sollte dieser Sichtweise zufolge nicht mehr zur Vorbereitung auf den anschließenden Staats- und Verwaltungsdienst dienen, sondern wurde zum Selbstzweck. Ziel war die „Selbstkultivierung", war die „zweckfreie Menschenbildung und nicht die Ausbildung zum Beruf".[16] Nicht wenige Adlige folgten dieser adelskritischen Bildungsidee[17] und wandten sich wissenschaftlichen und künstlerischen Feldern zu.[18] Intensiv studierte Heinrich von Kleist drei Semester lang an der Viadrina, las eifrig die einflussreichen Denker seiner Zeit und belegte Übungen und Vorlesungen in verschiedenen Wissenschaften.[19]

Im Frühjahr 1801, genau zwei Jahre nach Kleists Brief an Martini, kam es

griff und Tragik bei Schiller und Kleist, Berlin 1940 (Germanische Studien 228), S. 34f., 37.

[14] Rudolf Vierhaus: Heinrich von Kleist und die Krise des preußischen Staates um 1800, in: KJb 1980, S. 9–33; Frie: Ziegel, Bajonett und spitze Feder, S. 87–89; Jochen Strobel: Eine Kulturpoetik des Adels in der Romantik. Verhandlungen zwischen „Adeligkeit" und Literatur um 1800, Berlin/New York 2010 (Quellen und Forschungen zur Literatur- und Kulturgeschichte 66), S. 11. Vgl. außerdem zur veränderten Sichtweise auf das Militär in Preußen zu dieser Zeit Thomas Nipperdey: Deutsche Geschichte 1800–1866. Bürgerwelt und starker Staat, 4. Aufl., München 1987, S. 50–56.

[15] Lange stand für den Adel beim Universitätsbesuch „die Einübung eines standesgemäßen Lebensstils und Habitus" im Vordergrund, „um das für die Herrschaftselite notwendige kulturelle Kapital zu erwerben" – etwa durch Reit- und Fechtunterricht oder das Erlernen von Sprachen. Häufig kam es zu Konflikten mit nicht-adligen Universitätsangehörigen, weil der Adel auch innerhalb der Universität seine ständischen Geltungsansprüche durchzusetzen versuchte und dadurch mit der innerakademischen Hierarchie in Konkurrenz trat. Dazu Marian Füssel: Gelehrtenkultur als symbolische Praxis. Rang, Ritual und Konflikt an der Universität der frühen Neuzeit, Darmstadt 2006, S. 253–277, Zitat: S. 254.

[16] Dazu Nipperdey: Deutsche Geschichte 1800–1866, S. 57–61.

[17] „Und die neue Bildungsidee zielte auf eine neue Gesellschaft. Sie richtete sich gegen die alte Welt der Stände und der Aristokratie: nicht Geburt, sondern Talent und Leistung sollten den sozialen Status des Menschen bestimmen;" edb., S. 60. Vgl. hierzu auch Frie: Ziegel, Bajonett und spitze Feder, S. 88; Kreutzmann: Zwischen ständischer und bürgerlicher Lebenswelt, S. 116–137; Katrin Keller: Standesbildung, in: EdN 12, 2010, Sp. 887–894.

[18] Gleichzeitig behielten viele Adlige aber auch die traditionelle adlige Sichtweise auf die Universität bei. Dazu Joseph Matzerath: Was bildet den Adel? Gruppentypische Ausbildungswege und Bindekräfte, in: Ivo Cerman/Luboš Velek (Hgg.): Adelige Ausbildung. Die Herausforderung der Aufklärung und die Folgen, München 2006, S. 83-93 (Studien zum mitteleuropäischen Adel 1); ders.: Adelsprobe an der Moderne, S. 179–183.

[19] Dazu Michalzik: Kleist, S. 86ff., 134ff.

dann jedoch zu dem, was in der Forschung als Kantkrise bezeichnet wird.[20] Aufgewühlt schrieb Kleist einen Brief an Wilhelmine von Zenge, mit der er mittlerweile verlobt war, einen zweiten, an vielen Stellen wortgleichen, an seine Halbschwester Ulrike.[21] Von klein auf habe er geglaubt, „daß die Vervollkommnung der Zweck der Schöpfung wäre“ und dass diese Vervollkommnung mithilfe von wissenschaftlicher Bildung zu erreichen sei: „Bildung schien mir das einzige Ziel, das des Bestrebens, Wahrheit der einzige Reichthum, der des Besitzes würdig ist.“ Doch seit er vor kurzem „mit der neueren sogenannten Kantischen Philosophie“ in Kontakt gekommen sei, zweifle er stark an seinen ursprünglichen Grundsätzen. Denn nun beginne er zu glauben, dass der Mensch die Wahrheit nicht erkennen könne bzw. dass er nicht wissen könne, ob das, was er für die Wahrheit halte, auch wirklich die Wahrheit sei.[22] Dieses Bewusstsein der Beschränktheit der menschlichen Erkenntnis hatte Kleist – dessen einziges Ziel es war, zur eigenen Vervollkommnung nach absoluter Wahrheit zu streben – „tief in seinem heiligsten Innern [...] verwundet“: „Mein einziges, mein höchstes Ziel ist gesunken, und ich habe nun keines mehr“. Sein gesamtes Lebensprojekt war gescheitert. Die Euphorie, mit der er zwei Jahre zuvor die Armee verlassen und sich den Wissenschaften zugewandt hatte, wandelte sich in eine tiefe Niedergeschlagenheit: „[E]in innerlicher Eckel überwältigte meinen Willen.“

In der Forschung ist umstritten, welcher Text Kants Heinrich von Kleist so in seinen Glaubensgrundsätzen erschüttert hat. Es ist nicht einmal sicher, ob Kleist überhaupt wirklich Kant gelesen, und wenn doch, ob er ihn dann im Sinne des Autors verstanden hat.[23] Allerdings kann man ohnehin davon ausgehen,

[20] Einen aktuellen Überblick bietet die Projektskizze von Kristina WIETHAUP: Die ‚Kantkrise‘ – ein altes Problem aus neuer Sicht. Kants Philosophie und Kleists Dichtung im Spannungsfeld ihrer Zeit, in: Berichte und Forschungen 16, 2008, S. 251–259; siehe außerdem Tim MEHIGAN: Kleist, Kant und die Aufklärung, in: DERS. (Hg.): Heinrich von Kleist und die Aufklärung, Rochester 2000, S. 3–21.

[21] Kleist an Wilhelmine von Zenge, Berlin 22.3.1801, & an Ulrike von Kleist, Berlin 23.3.1801, in: REUSS/STAENGLE: Werke und Briefe, Bd. 2, S. 708–714 & 714–716. Die folgenden Zitate stammen aus dem Brief an Wilhelmine von Zenge.

[22] Dazu sein berühmtes Bild: „Wenn alle Menschen statt der Augen grüne Gläser hätten, so würden sie urtheilen müssen, die Gegenstände, welche sie dadurch erblicken, sind grün [...]. So ist es mit dem Verstande. Wir können nicht entscheiden, ob das, was wir Wahrheit nennen, wahrhaft Wahrheit ist, oder ob es uns nur so scheint.“ Ebd., S. 712.

[23] Als Texte von Kant kommen die „Kritik der reinen Vernunft“ (1781) und die „Kritik der Urteilskraft“ (1790) infrage, wobei die Forschung eher von der zweiten ausgeht. Mit dem Verweis auf weitere Literatur siehe BÄHR: Der Richter im Ich, S. 331. Dagegen hat Michael MANDELARTZ kürzlich eine These Ernst Cassierers wieder aufgegriffen, nach der Kleists *Krise* durch seine Lektüre von Fichte ausgelöst worden sei. Mit der von ihm selbst angegebenen „neueren sogenannten Kantischen Philosophie“ habe er lediglich eine Chiffre bzw. „den terminus technicus für Fichtes Wissenschaftslehre“ verwendet. „Er wies sich mit dieser Formulierung einfach gegenüber Wilhelmine als Insider im gelehrten Berliner Diskurs

dass Kleist schon vorher von Zweifeln geplagt wurde, die dann durch die Philosophielektüre weiter angefacht wurden.[24] Dabei handelt es sich neben einer allgemein bei ihm aufkommenden Wissenschaftsskepsis[25] vor allem um seine am Beginn des Jahres 1801 erstmals formulierte „Einsicht in die Unmöglichkeit zwischenmenschlichen Verstehens":[26] Die menschliche Sprache sei, so Kleist, nicht dazu in der Lage, einem anderen Menschen das eigene Seelenleben mitzuteilen. Immer würden nur „zerrissene Bruchstücke" übermittelt:[27] „Ach, es giebt kein Mittel, sich Andern ganz verständlich zu machen u[nd] der Mensch hat von Natur keinen andren Vertrauten, als sich selbst."[28]

Damit einher ging eine veränderte Sichtweise auf das Schicksal. Zwei Jahre zuvor noch wollte er sich über sein Schicksal erheben und es selber leiten. Mitte des Jahres 1801 schrieb er dann allerdings: „[D]as Schicksal zwingt uns, so zu sein, wie die, die wir verachten".[29] Sein Lebensplan als „Instrument der Schicksalsmeisterung" schien gescheitert.[30] Zur selben Zeit versicherte er seiner Verlobten jedoch, er werde nicht gegen seine inneren Überzeugungen

aus." Ders.: Von der Tugendlehre zur Lasterschule. Die sogenannte ‚Kantkrise' und Fichtes ‚Wissenschaftslehre', in: KJb 2006, S. 120–136, Zitate: S. 126, 136.

24 Dazu Fricke: Gefühl und Schicksal bei Heinrich von Kleist, S. 28; Bohrer: Der romantische Brief, S. 88; Mehigan: Kleist, Kant und die Aufklärung, S. 9ff. Jochen Schmidt hält die Kantkrise Kleists lediglich für eine „inszenierte Scheinkrise", mit der er den „aus ganz anderen Motiven gefaßten Entschluß [aus dem Militär auszutreten] durch Berufung auf eine anerkannte Autorität zu legitimieren" versuchte. Ders.: Heinrich von Kleist. Die Dramen und Erzählungen in ihrer Epoche, Darmstadt 2003, S. 12–16.

25 „Mir ist keine Wissenschaft lieber als die andere, und wenn ich eine vorziehe, so ist es nur wie einem Vater immer derjenige von seinen Söhnen der liebste ist, den er eben bei sich sieht. – Aber soll ich immer von einer Wissenschaft zur andern gehen, u. immer nur auf ihrer Oberfläche schwimmen u. bei keiner in die Tiefe gehen?" Kleist an Ulrike von Kleist, Berlin 5.2.1801, in: Reuss/Staengle: Werke und Briefe, Bd. 2, S. 703–708, hier: S. 707f.

26 So die Formulierung von Bähr: Der Richter im Ich, S. 331, 340–345. Vgl. auch Bohrer: Der romantische Brief, S. 55ff.

27 „O gewiß! Und gern möchte ich Dir Alles mittheilen, wenn es möglich wäre. Aber es ist nicht möglich, u. wenn es auch kein weiteres Hinderniß gäbe, als dieses, daß es uns an einem Mittel zur Mittheilung fehlt. Selbst das einzige, das wir besitzen, die Sprache taugt nicht dazu, sie kann die Seele nicht mahlen u. was sie uns giebt sind nur zerrissene Bruchstücke. Daher habe ich jedesmal eine Empfindung, wie ein Grauen, wenn ich jemandem mein Innerstes aufdecken soll; nicht eben weil es sich vor der Blöße scheit, aber weil ich ihm nicht Alles zeigen kann, nicht kann, u. daher fürchten muß, aus den Bruchstücken falsch verstanden zu werden." Kleist an Ulrike von Kleist, Berlin 5.2.1801, in: Reuss/Staengle: Werke und Briefe, Bd. 2, S. 703–708, hier: S. 704.

28 Ebd., S. 705.

29 Kleist an Adolphine von Werdeck, Paris 28./29.7.1801, in: ebd., S 751–760.

30 Fricke: Gefühl und Schicksal bei Heinrich von Kleist, S. 8. Ähnlich Psaar: Schicksalsbegriff und Tragik bei Schiller und Kleist, S. 47: „Nach dem Zusammenbruch der Gedanken ‚Wahrheit' und ‚Bildung' besteht aber keine Möglichkeit mehr, sich dem Eingriff des Schicksals zu entziehen".

handeln, auch „wenn das Schicksal noch so sehr drängte".[31] Doch die Auseinandersetzung mit dem Schicksal blieb für Kleist auch in seinem weiteren Leben bestimmend. Er empfand es als entwürdigend, dass das Schicksal „ein so hülfloses Ding, wie der Mensch ist, bei der Nase herum" führen könne.[32] Seinen Freund Ernst von Pfuel warnte er Anfang 1805: „Wirf dich dem Schicksal nicht unter die Füße, es ist ungroßmüthig, und zertrit dich."[33]

Doch obwohl sich Kleist standhaft zu wehren versuchte, wurde das Schicksal für ihn immer übermächtiger. Dies lag nicht zuletzt daran, dass er feststellen musste, auch wirtschaftlich nicht frei von äußeren Zwängen leben und sich deshalb nicht nach seinem Willen vervollkommnen zu können. Ein Amt bei der Technischen Deputation des Königlichen Manufaktur-Kollegiums in Berlin hatte er bereits nach kurzer Zeit im Frühjahr 1801 wieder aufgegeben, weil er auch hier, wie zuvor in der Armee, seine persönliche Freiheit eingeschränkt sah.[34] Besonders seit er dann spätestens 1802 seine kleine Erbschaft aufgebraucht hatte, wurde er von Geldsorgen geplagt und musste von seiner Familie finanziell unterstützt werden.[35] Immer wieder sah er sich gezwungen, sich um eine Anstellung im Staatsdienst zu bemühen, wozu nicht zuletzt seine Verwandten ihn drängten. Doch keine der Möglichkeiten erschien ihm dazu geeignet, sein Leben nach seinen Vorstellungen zu führen.[36]

Ab 1805 erhielt Kleist eine kleine Pension, die allerdings im Herbst 1810 mit dem Tod Königin Luises eingestellt wurde.[37] Anschließend gründete er

[31] Kleist an Wilhelmine von Zenge, Paris 10.10.1801, in: Reuss/Staengle: Werke und Briefe, Bd. 2, S. 772–777.

[32] Kleist an Ulrike von Kleist, Genf 5.10.1803, in: ebd., S. 817f.

[33] Kleist an Ernst von Pfuel, Berlin 7.1.1805, in: ebd., S. 831–833.

[34] Loch: Kleist, S. 364–381, S. 81ff.

[35] Zur finanziellen Situation bei Kleist siehe Michalzik: Kleist, S. 290–293; Meike-Marie Thiele: „Meine Casse ist leer." Kleist und das Geld, in: Günter Blamberger/Stefan Iglhaut (Hgg.): Kleist. Krise und Experiment. Die Doppelausstellung im Kleist-Jahr 2011, Berlin und Frankfurt (Oder), Bielefeld/Leipzig/Berlin 2011, S. 394–405.

[36] So spielte Kleist mehrmals mit dem Gedanken, in französische Dienste einzutreten und damit Preußen für immer den Rücken zu kehren. Im Oktober 1803 wollte er als Offizier in die französische Armee eintreten, im Dezember sogar als einfacher Soldat. In Koblenz überlegte er, ein französisches Verwaltungsamt zu übernehmen. Er kehrte aber doch im April 1804 nach Preußen zurück. Ende desselben Jahres war er dann im preußischen Generaldirektorium tätig, im Frühjahr 1805 wurde er nach Königsberg versetzt. Auch sein Amt dort gab er jedoch nach ungefähr eineinhalb Jahren wieder auf.

[37] Das Geld stammte in Wirklichkeit von Kleists Cousine Marie, die es aber als eine Pensionszahlung der Königin etikettierte, wohl um Kleist nicht in Verlegenheit zu bringen. Als Louise am 19. Juli 1810 starb, konnte die Zahlung daher auch nicht mehr weiterlaufen. Dazu Loch: Kleist, S. 29f.; Blamberger: Heinrich von Kleist, S. 40. Marie hatte diese Konstruktion Kleist wohl vor allem deswegen problemlos verkaufen können, weil Königin Louise allgemein das Bild einer treusorgenden Landesmutter anhaftete. Ihr Tod wurde in der Bevölkerung daher auch als äußerst schwerer Verlust empfunden. Dazu Bernd von

die Tageszeitung *Berliner Abendblätter*, deren Herausgeberschaft ihm endlich die erhoffte Möglichkeit bieten sollte, seinen Lebensunterhalt mit schriftstellerischer Tätigkeit zu verdienen.[38] Mit großem Eifer widmete sich Kleist diesem Projekt, redigierte Artikel und schrieb weite Teile selbst. Doch bereits nach einem halben Jahr wurde die Zeitung auf Betreiben der königlichen Staatskanzlei wieder eingestellt.[39] Einige Zeit noch versuchte er die Zeitung zu retten, musste aber feststellen, dass dies aussichtslos war.

Wie viele Literaten seiner Zeit stand Kleist vor dem Problem, sich nicht von der freien Schriftstellerei allein finanzieren zu können. Normalerweise war es immer noch üblich, ein Amt im Staats- und Verwaltungsdienst auszuüben und das Schreiben als eine Art Nebenbeschäftigung zu betreiben.[40] Johann Wolfgang von Goethe etwa widmete sich mit großem Engagement seinen administrativen Aufgaben in Weimar, wodurch er die Schriftstellerei hintanstellen musste.[41] Doch viele der sich als aufgeklärt verstehenden Literaten, neben Kleist etwa auch Lessing oder Schiller, verachteten zutiefst eine solche Anstellung, die sie von der Gunst eines Fürsten abhängig machte und die ihnen die Zeit für ihre eigentliche Berufung stahl.[42] Eine berufliche Tätigkeit hätte in ihren Augen ihre schriftstellerische Befähigung korrumpiert. Kleist wandte sich daher nach dem Aus der *Berliner Abendblätter* an das Könighaus mit der Bitte um eine mit seinen „litterarischen Zwecken vereinbare, Anstellung im Königl. Civildienst" oder aber, falls das nicht möglich sei, wenigstens um ein

Münchow-Pohl: Zwischen Reform und Krieg. Untersuchungen zur Bewußtseinslage in Preußen 1809–1812, Göttingen 1987 (Veröffentlichungen des Max-Planck-Instituts für Geschichte 87), S. 207f.

38 Vgl. hierzu Rudolf Vierhaus: „Man muss sich mit seinem ganzen Gewicht in die Waage der Zeit werfen". Die Zeit, der Dichter und die Tat, in: KJb 1990, S. 71–85; Schulz: Kleist, S. 460–481; Loch: Kleist, S. 364–381.

39 Die Abendblätter wurden unter immer stärkere Zensur gestellt, weil in ihnen die politischen Reformen in Preußen zu offen diskutiert worden waren. Loch: Kleist, S. 374ff. Zur Zensurpraxis dieser Zeit in Preußen siehe Karen Hagemann: „Mannlicher Muth und Teutsche Ehre". Nation, Militär und Geschlecht zur Zeit der Antinapoleonischen Kriege Preußens, Paderborn u. a. 2002 (Krieg in der Geschichte 8), S. 117–119.

40 Vgl. Hans J. Haferkorn: Zur Entstehung der bürgerlich-literarischen Intelligenz und des Schriftstellers in Deutschland zwischen 1750–1800, in: Bernd Lutz (Hg.): Deutsches Bürgertum und literarische Intelligenz 1750–1800, Stuttgart 1974, S. 113–275 (Literaturwissenschaft und Sozialwissenschaften 3), hier: bes. S. 177ff., 215–222; Helmuth Kiesel/Paul Münch: Gesellschaft und Literatur im 18. Jahrhundert. Voraussetzungen und Entstehung des literarischen Markts in Deutschland, München 1977, S. 77–104; Peter Michelsen: Der unruhige Bürger. Studien zu Lessing und zur Literatur des achtzehnten Jahrhunderts, Würzburg 1990.

41 Martens: Der patriotische Minister, S. 316–328.

42 Haferkorn: Zur Entstehung der bürgerlich-literarischen Intelligenz und des Schriftstellers, S. 227f.; Kiesel/Münch: Gesellschaft und Literatur im 18. Jahrhundert, S. 86ff.; Kiesel: „Bei Hof, bei Höll", S. 220ff., 247ff.

„Wartegeld".[43] Minister von Hardenberg entgegnete ihm daraufhin, dass er zwar problemlos in königliche Dienste genommen werden könne, allerdings nur, wenn er sich „den allgemeinen gesetzlichen Bedingungen unterwerfen" würde.[44] Konkret bedeutete dies, dass er ein Amt auch ausüben musste, wenn er es annahm. Eine mäzenatische Förderung, wie Kleist sie sich erhoffte, kam für den König offenbar nicht infrage.

Heinrich von Kleist war früh in seinem Leben auf Distanz zu den beiden traditionellen adligen Betätigungsfeldern des Militärs und der Politik gegangen – und diese Distanz behielt er bis an sein Lebensende bei. Wie schon bei Franz Sales von Spreti deutlich zu sehen war, stellte er damit jedoch keineswegs eine Ausnahme im Adel um 1800 dar.[45] Nicht mehr das perfekte Funktionieren als Rad in der *Staatsmaschine* wurde von vielen Adligen als höchstes Ziel angesehen, sondern das Streben nach möglichst uneingeschränkter Selbstvervollkommnung. Auch Kleist empfand die althergebrachten adligen Habitusformen als überholten Ballast, der ihn in seinem Menschsein einschränkte. So schrieb er an seine Verlobte Wilhelmine, er „entsage dem ganzen prächtigen Bettel von Adel u[nd] Stand u[nd] Ehre u[nd] Reichthum" und sei „sehr fest entschlossen, den ganzen Adel [...] abzuwerfen".[46]

Kleists Distanz zur adligen Lebensweise kam ebenfalls in vielen Aspekten seines Lebens zum Ausdruck. Wie Franz Sales von Spreti hatte auch er zeitweise den Plan, sich mit seiner Verlobten in ein idyllisches Leben auf dem Land zurückzuziehen.[47] Doch bezeichnenderweise unterschied sich bei Kleist dieser Wunsch deutlich von der klassischen Vorstellung adligen Landlebens als Besitzer eines Ritterguts.[48] Kleist wollte „im eigentlichsten Verstande ein Bauer werden" und als ein solcher „selbst arbeite[n]".[49] In dieser zeittypischen Ideali-

[43] REUSS/STAENGLE: Werke und Briefe, Bd. 2, S. 970–975; ähnl. im Brief an König Friedrich Wilhelm III., Berlin 17.6.1811, in: ebd., S. 977–979.

[44] Karl August von Hardenberg an Kleist, Berlin 18.4.1811, in: ebd., S. 965f.

[45] Vgl. Kap. VI. 5. Außerdem LOCH: Kleist, S. 81ff.; VIERHAUS: Heinrich von Kleist und die Krise des preußischen Staates, S. 12, 23.

[46] Kleist an Wilhelmine von Zenge, Berlin 13.11.1800, in: REUSS/STAENGLE: Werke und Briefe, Bd. 2, S. 660–667.

[47] In den Jahren 1801 und 1802 hielt sich Kleist längere Zeit in der Schweiz auf und suchte dort nach einem geeigneten Gut, auf das er und Wilhelmine von Zenge nach ihrer Hochzeit hätten ziehen können. Zu dieser Zeit siehe LOCH: Kleist, 130ff., 144ff.; BLAMBERGER: Heinrich von Kleist, S. 154–158.

[48] Vgl. hierzu etwa KREUTZMANN: Zwischen ständischer und bürgerlicher Lebenswelt, S. 291–326.

[49] Kleist an Wilhelmine von Zenge, Paris 10.10.1801, in: REUSS/STAENGLE: Werke und Briefe, Bd. 2, S. 772–777. Siehe dazu auch Philipp BURKARD/Anett LÜTTEKEN (Hgg.): „Ich will im eigentlichsten Verstande ein Bauer werden". Heinrich von Kleist in der Schweiz. Eine Ausstellungsdokumentation, Göttingen 2011.

sierung der bäuerlichen Lebensweise „schwingt die Kritik am Adel mit".[50] Auch bei der Konzeption seiner Liebe zu Wilhelmine von Zenge ging es ihm darum, „das aristokratische Modell einer auf Vernunft gegründeten Standesehe in eine bürgerliche Neigungspartnerschaft zu verwandeln".[51] Und schließlich äußerte sich bei Kleist – wie bei Spreti – die Ablehnung der adligen Lebensweise ebenfalls in seinem bürgerlichen Wandern. Auch sein Reisen war keine Bildungsreise oder adlige Kavalierstour, sondern zivilisationsferne Naturerfahrung zur Selbst- bzw. Seelenvervollkommnung.[52]

Im Herbst 1811 dann aber war Heinrich von Kleist in allen seinen Hoffnungen enttäuscht. Sein Lebensprojekt, eine Existenz frei und unabhängig von äußeren gesellschaftlichen und finanziellen Zwängen zu führen, war ohne Aussicht auf Erfolg. Seine aufklärerischen Ideale, nach persönlichem Glück, nach Wahrheit und nach Selbstvervollkommnung zu streben, waren durch die Einsicht in die Beschränktheit der menschlichen Erkenntnisfähigkeit zunichte gemacht worden. Er litt unter dem Wissen, sich keinem anderen Menschen vollkommen mitteilen zu können. Andreas Bähr hat dies als „Verwirrung (an) der aufklärerischen Vernunft an sich" bezeichnet.[53] Es sei daher nicht „ein einziger Lichtpunct in der Zukunft, auf den ich mich mit einiger Freudigkeit und Hoffnung hinaussähe", schrieb Kleist verzweifelt an seine Vertraute Marie. „Wirklich, es ist sonderbar, wie mir in dieser Zeit Alles, was ich unternehme, zu Grunde geht; wie sich mir immer, wenn ich mich einmal entschließen kann,

[50] So NIPPERDEY in Bezug auf die Neubewertung des Bauern um 1800. DERS.: Deutsche Geschichte 1800–1866, S. 41.

[51] Günter BLAMBERGER: Über Nähe und Ferne – Kleists Brautbriefe, in: DERS./IGLHAUT: Kleist. Krise und Experiment, S. 192–203. Allgemein zum sich wandelnden Eheverständnis im Adel um 1800 siehe Michael MAURER: Der Adel und die Revolution. Sozialstatus und Wertewandel, in: Michael KESSLER/Helmut KOOPMANN (Hgg.): Eichendorffs Modernität. Akten des internationalen, interdisziplinären Eichendorff-Symposium 6.–8. Oktober 1988, Akademie der Diözese Rottenburg-Stuttgart, Tübingen 1989, S. 97–120 (Stauffenburg Colloquium 9), hier: S. 112.

[52] Dies wird besonders deutlich, wenn man die Reisen mit seinen Freunden durch Deutschland mit der Reise nach Frankreich mit seiner Schwester Ulrike vergleicht. Mit seinen Freunden wanderte er meist zu Fuß inkognito als Musikant oder Student, kehrte in gewöhnlichen Gasthäusern ein und hatte Kontakt zur Landbevölkerung, die er außerdem wegen ihrer vermeintlichen Ursprünglichkeit als moralisch unverdorben idealisierte. Mit seiner Schwester hingegen fuhr er standesgemäß mit eigenem Wagen und Diener und bewegte sich außerdem die ganze Zeit über in adligen Netzwerken. Er sprach daher auch von einer „einsamen Reise". Siehe dazu Gonthier-Louis FINK: Zwischen Frankfurt an der Oder und Paris. Variationen des Deutschland- und Frankreichbildes des jungen Kleist, in: KJb 1997, S. 97–125. Zu Kleists Hinwendung und Idealisierung der Natur während seiner Würzburgreise vgl. außerdem FRICKE: Gefühl und Schicksal bei Heinrich von Kleist, S. 29.; LOCH: Kleist, S. 73ff. Zum bürgerlichen Wandern vgl. Kap. VI. 5.

[53] BÄHR: Der Richter im Ich, S. 337.

einen festen Schritt zu thun, der Boden unter den Fußen entzieht."[54] Alle seine Grundsätze, an die er sich jemals geklammert hatte, drohten endgültig verloren zu gehen bzw. waren schon längst verloren gegangen.

Einen Ausweg hatte Kleist lange darin gesehen, sich der Literatur zuzuwenden und so mit der literarischen Sprache den „Verlust begrifflicher Sprache" zu überwinden.[55] Doch wie er in seinem Abschiedsbrief schrieb, hatten diese „Gedancken und Schreibereien" ihm im Laufe der Jahre seine Seele „so wund" gerieben, hatten ihn „so empfindlich" gemacht, dass schon unbedeutende „Angriffe" ihn im Grunde seines Daseins verletzten.[56] Nur deshalb leide er so stark unter den „widerwärtigen Verhältniße[n]", in denen er lebe, so schrieb er an Marie. Von außen betrachtet, sei seine Lage eigentlich gar nicht so schlimm und ließe sich wohl auch „ganz leicht harmonisch auflösen".[57] Doch wegen seiner Empfindlichkeit gelang ihm das nicht.

7.2 Angriffe

Was waren das aber für Angriffe, die Kleists wunde Seele „doppelt und dreifach schmerz[t]en"? In seinem Brief an seine Cousine Marie von Kleist nannte er drei Gründe, die ihn zur Selbsttötung brachten: Erstens hätten ihn seine Schwestern bei ihrem letzten gemeinsamen Treffen für seinen bisherigen Lebenswandel mit unverhohlener Missachtung gestraft; zweitens sehe er im Bündnis Preußens mit Napoleon eine Schmach seines Vaterlands und drittens habe er mit Henriette Vogel endlich einen seelenverwandten Menschen gefunden, mit dem er sein Leben beenden könne.[58]

Zum letzten Grund zuerst: Heinrich von Kleist hatte Henriette Vogel unge-

[54] Kleist an Marie von Kleist, Berlin Anfang Oktober 1811, in: Reuss/Staengle: Werke und Briefe, Bd. 2, S. 988–990.

[55] Auf diese Aporie, d. h. den Versuch, mit Hilfe von Literatur „vom Unaussprechlichen zu sprechen", weisen vor allem Andreas Bähr und Ralf Konersmann hin. Kleist wandte sich demnach der Literatur zu, weil er diese als einzige Möglichkeit ansah, seine innersten Gedanken mitzuteilen. Bähr: Der Richter im Ich, S. 334ff., 354f.; Ralf Konersmann: Das Versprechen der Wörter. Kleists erste und letzte Dichtung, in: Heinz Ludwig Arnold (Hg.): Heinrich von Kleist, München 1993, S. 100–124. Vgl. ebenfalls Bohrer: Der romantische Brief, S. 92; Jost Hermand: Kleists Schreibintentionen, in: Dirk Grathoff (Hg.): Heinrich von Kleist. Studien zu Werk und Wirkung, Opladen 1988, S. 40–55, hier: S. 41; Mehigan: Kleist, Kant und die Aufklärung, S. 3f.; ähnl. auch schon Fricke: Gefühl und Schicksal bei Heinrich von Kleist, S. 44.

[56] Kleist an Marie von Kleist, Berlin 10.11.1811, in: Reuss/Staengle: Werke und Briefe, Bd. 2, S. 991–993.

[57] Kleist an Marie von Kleist, Berlin Mai 1811, in: ebd., S. 969f.

[58] Kleist an Marie von Kleist, Berlin 10.11.1811, in: ebd., S. 991–993.

fähr ein Jahr vor dem gemeinsamen Suizid kennen gelernt und seitdem häufig Zeit mir ihr verbracht.[59] Offensichtlich hatte er in den Wochen vor seinem Suizid auch seiner Vertrauten Marie einen *Selbstmordpakt* angeboten, die jedoch nicht bereit war, darauf einzugehen.[60] Dennoch fühlte sich Kleist offenbar gezwungen, sich bei ihr dafür zu rechtfertigen, dass er nun mit einer anderen Frau in den Tod ging.[61] Was Kleist an Henriette Vogel so tief bewegt hatte, war ihre Seelenverwandtheit. Wie Kleist gegenüber Marie bekannte, war Henriette Vogel für ihn der einzige Mensch auf der Welt, der seine „Traurigkeit als eine höhere, festgewurzelte und unheilbare" begriff.[62] Das heißt, sie verstand sein Dilemma, sich anderen Menschen nicht vollkommen mitteilen zu können. Und paradoxerweise verstanden sich damit ihre beiden Seelen gerade in der Unmöglichkeit zwischenmenschlichen Verstehens.[63] Aufgrund dieser Seelenverwandtheit, so Kleist, könnten sich nun beide Seelen, „wie zwei fröhlige Luftschiffer, über die Welt erheben" und „mit langen Flügeln an den Schultern umher wandeln".[64]

Als einen schmerzhaften Angriff, dem sich Kleist unmittelbar vor seinem Tod ausgesetzt sah, gab er die Unterwerfung Preußens unter Napoleon an. Im Laufe des Jahres 1810 hatten sich die Spannungen in Europa noch einmal verschärft – vor allem zwischen Frankreich und Russland, das die Kontinentalsperre gegen England Ende des Jahres nicht länger unterstützte. Große Teile der gesellschaftspolitischen Elite in Preußen drängten auf ein Bündnis mit Russland, doch Friedrich Wilhelm III. schreckte vor einem erneuten Krieg gegen Frankreich zurück.[65] Wie Kleist in seinem Abschiedsbrief schrieb, sei es diese

[59] Kleist verkehrte regelmäßig im Haus von Henriette und Friedrich Ludwig Vogel, einem preußischen Finanzbeamten. Vor allem das gemeinsame Musizieren scheint die beiden verbunden zu haben. Dazu SCHULZ: Kleist, S. 521ff.; MICHALZIK: Kleist, S. 547f.

[60] „[E]rinerst Du dich wohl daß ich Dich mehrmals gefragt habe, ob Du mit mir sterben willst? – Aber Du sagtest immer nein". Kleist an Marie von Kleist, Berlin 12.11.1811, in: REUSS/STAENGLE: Werke und Briefe, Bd. 2, S. 993f.

[61] Siehe dazu seine beiden Briefe an Marie von Kleist vom 10. und vom 12. November 1811, in: ebd., S. 991–994.

[62] Ebd.; Henriettes Seele sei wie ein junger fliegender Adler, weshalb sie ihn mit einer „unaussprechlichen und unwiederstehlichen Gewalt an ihre Brust" gezogen habe. Und seine eigene Seele sei „durch die Berührung mit der ihrigen, zum Tode ganz reif geworden".

[63] Vgl. dazu BÄHR: Der Richter im Ich, S. 331f.

[64] So im Brief Kleist an Sophie Müller, Berlin 20.11.1811, in: REUSS/STAENGLE: Werke und Briefe, Bd. 2, S. 994f.

[65] Während mit der Aufrüstung der preußischen Armee begonnen wurde, wurden geheime Verhandlungen mit Russland geführt. Die dabei ausgehandelte Militärkonvention (17.10.1811) wurde von Friedrich Wilhelm III. jedoch als zu unsicher verworfen. Der König schloss daraufhin am 24. Februar 1812 das von Napoleon geforderte Militärbündnis ab, das man „mit Fug und Recht als einen Unterwerfungsvertrag bezeichnen kann", denn es kam „einer totalen Kapitulation Preußens gleich". Ilja MIECK: Preußen von 1807 bis 1850. Reformen, Restauration und Revolution, in: Otto BÜSCH (Hg.): Handbuch der preußischen Geschichte, Bd. 2. Das 19. Jahrhundert und große Themen der Geschichte Preußens, Ber-

„Allianz", die nicht gerade dazu beitrage, ihn „im Leben festzuhalten": „Was soll man doch, wen der König diese Allianz abschließt, länger bey ihm machen?" Mittlerweile sei es sogar soweit gekommen, dass man „wegen der Treue gegen ihn, der Aufopferung und Standhaftigkeit und aller bürgerlichen Tugenden, von ihm selbst gerichtet, an den Galgen kommen kan".[66]

Kurz vor Kleists Suizid hatte Marie von Kleist ihre persönlichen Beziehungen zum Königshaus genutzt, um für ihren Cousin eine erneute Aufnahme in die Armee zu erbitten. Der König war dann auch sehr erfreut über soviel „guten Willen" und versprach, Kleist aufzunehmen, sobald seine Hilfe benötigt werde, d. h. im Fall eines Krieges gegen Frankreich.[67] Kleist hatte daraufhin offensichtlich wirklich die Absicht, Adjutant direkt beim König zu werden oder selber eine Kompanie zu übernehmen.[68] Durch das Bündnis zwischen Preußen und Frankreich wurde diese Hoffnung allerdings wieder zerstört. Man könnte also auch über Heinrich von Kleist sagen, dass ein Motiv für seine Selbsttötung in seinem Patriotismus gelegen hat. Doch handelte es sich dabei nicht um denselben Patriotismus, wie er 21 Jahre zuvor den preußischen Minister Alexander Friedrich Georg von der Schulenburg in den Suizid trieb. Schulenburg hatte sich getötet, weil er glaubte, in seinem Patriotismus versagt und dem Staat geschadet zu haben. Kleist sah zwar auch großes Unglück auf sein Vaterland zukommen, hatte dieses jedoch nicht selbst verursacht bzw. hatte sich sogar bewusst dem Staatsdienst entzogen. Während Schulenburg sich tötete, weil er seinen König enttäuscht hatte, tötete sich Kleist, weil sein König ihn enttäuscht hatte.

Dieser Unterschied dürfte wesentlich auch damit zusammenhängen, dass der Bezugsrahmen Kleists ein anderer war als der Schulenburgs: Schulenburgs Patriotismus erstreckte sich auf Preußen und dessen Dynastie; es handelte sich somit um den Landes- oder Staatspatriotismus, wie er im Aufgeklärten Absolutismus vorherrschend war.[69] Kleist hingegen sah nicht nur Preußen, sondern das ganze deutsche *Volk* durch Frankreich in Gefahr – sein Patriotismus könnte daher auch als Nationalismus bezeichnet werden. Auch wenn man alle Kontinuitäten einer „nationalen Sattelzeit" in Rechnung stellt,[70] gelten die militäri-

lin/New York 1992, S. 3–292, hier: S. 36ff. Vgl. außerdem Nipperdey: Deutsche Geschichte 1800–1866, S. 26f.

66 Kleist an Marie von Kleist, Berlin 10.11.1811, in: Reuss/Staengle: Werke und Briefe, Bd. 2, S. 991–993.

67 Königliche Kabinettsordre an Kleist, Berlin 11.9.1811, in: ebd., S. 984f. Dies schrieb der König auch an Marie von Kleist, allerdings mit der Einschränkung, „daß dieser Fall noch keinesweges so nahe zu seyn scheint als mehrere" (18.9.1811), in: ebd., Bd. 3, S. 785.

68 So schrieb er an seine Schwester Ulrike, Ende September 1811, in: ebd., Bd. 2, S. 987f. Er hatte auch schon um einen Vorschuss ersucht, um die nötige „Equipage" bezahlen zu können. Kleist an Karl August von Hardenberg, Berlin 19.9.1811, in: ebd., S. 986f.

69 Siehe hierzu Kap. IV. 4.

70 Ute Planert plädiert mit Nachdruck für eine „nationale Sattelzeit" als eigene „Epoche", die von der Mitte des 18. Jahrhunderts bis in 1820er Jahre reicht. Damit soll die häufige

schen Auseinandersetzungen mit Frankreich zu Beginn des 19. Jahrhunderts zu Recht nach wie vor als wichtiger Motor für die Entwicklung eines deutschen Nationalismus.[71] Vor allem die gebildete adlig-bürgerliche Elite Preußens verbreitete im Rahmen der antinapoleonischen Propaganda massiv nationales Gedankengut[72] – das ist nicht zuletzt an Kleist deutlich zu sehen.

Seit seiner Rückkehr aus Frankreich 1804 bewegte er sich in einem Kreis liberaler und zukunftsorientierter Adliger, deren Ziel es war, Preußen zu reformieren und die politischen und wirtschaftlichen Strukturen den neuen Gegebenheiten anzupassen.[73] Ab ungefähr 1808 setzte er sich dann publizistisch

Unterscheidung der Forschung zwischen einem *guten* Patriotismus und einem *bösen* Nationalismus überwunden werden. Denn bereits im Patriotismus des 18. Jahrhunderts seien „alle Faktoren vorhanden [gewesen], die in der neueren Forschung als konstitutiv für einen ‚modernen' Nationalismus angesehen werden". Dies.: Wann beginnt der „moderne" deutsche Nationalismus?, Zitat: S. 53. Vgl. hierzu außerdem Blitz: Aus Liebe zum Vaterland; Hans Peter Herrmann: Nationalismus im 18. Jahrhundert? Historische und aktuelle Aspekte einer These, in: Maria Katarzyna Lasatowicz/Jürgen Joachimsthaler (Hgg.): Nationale Identität aus germanistischer Perspektive, Opole 1998, S. 163–177; Christian Jansen/Henning Borggräfe: Nation – Nationalität – Nationalismus, Frankfurt a. M./New York 2007 (Historische Einführungen 1), bes. S. 17f., 33f.

[71] Vgl. aus der Fülle der Literatur hier Horst Carl: Der Mythos des Befreiungskrieges. Die „martialische Nation" im Zeitalter der Revolutions- und Befreiungskriege 1792–1815, in: Langewiesche/Schmidt: Föderative Nation, S. 62–83; Hagemann: „Mannlicher Muth und Teutsche Ehre"; dies.: ‚Desperation to the Utmost': The Defeat of 1806 and the French Occupation in Prussian Experience and Perception, in: Alan Forrest/Peter H. Wilson (Hgg.): The Bee and the Eagle. Napoleonic France and the End of the Holy Roman Empire, 1806, Basingstoke/New York 2009, S. 191–213, hier: bes. S. 200ff.; Jörg Echternkamp: „Wo jeder Franzmann heißet Feind ..."? Nationale Propaganda und sozialer Protest im napoleonischen Deutschland, in: Veit Veltzke (Hg.): Napoleon. Trikolore und Kaiseradler über Rhein und Weser, Köln/Weimar/Wien 2007, S. 411–428; Jansen/Borggräfe: Nation – Nationalität – Nationalismus, S. 43–50.

[72] In der Forschung wird betont, dass die Wirkung dieser Propaganda der politisch-intellektuellen Elite auf die breite Bevölkerung äußerst begrenzt war und sich Nationalismusvorstellungen erst im Laufe des 19. Jahrhunderts allgemein festsetzten. Nipperdey: Deutsche Geschichte 1800–1866, S. 21–31; Hagemann: „Mannlicher Muth und Teutsche Ehre", S. 156–203; Planert: Wann beginnt der „moderne" deutsche Nationalismus?, S. 54–58; Münchow-Pohl: Zwischen Reform und Krieg, S. 31–93. Zur Bedeutung der Literaten und der Intellektuellen bei der Propagierung eines deutschen Nationalgefühls siehe Helmut Scheuer: Die Dichter und ihre Nation – Ein historischer Aufriss, in: Der Deutschunterricht 42/4, 1990, S. 4–46, hier: bes. S. 16–22; Sven Haase: Der patriotische Ernstfall und seine Literarisierung. Berliner Professoren und Studenten in den Befreiungskriegen, in: Matthias Berg (Hg.): Mit Feder und Schwert. Militär und Wissenschaft. Wissenschaftler und Krieg, Stuttgart 2009, S. 75–93 (Wissenschaft, Politik und Gesellschaft 7).

[73] Loch: Kleist, bes. S. 208–272. Gerade am Ende seiner Königsberger Zeit war sich Kleist der Notwendigkeit von Reformen sicher. Ebd., S. 256f.; Michalzik: Kleist, bes. S. 266–280. Auch in seiner Zeit in Dresden zwischen dem Herbst 1807 und dem Frühjahr 1809 hatte Kleist engen Kontakt zu jungen reformfreudigen Adligen, die ein ausgeprägtes Nationalgefühl kultivierten. Dazu Walter Schmitz: „... eine neue Ordnung der Dinge". Heinrich von

massiv für die Befreiung von der napoleonischen Besatzung und die nationale Sache ein.[74] Sehr deutlich lässt sich dieses Engagement etwa an seinem Drama *Die Herrmannsschlacht* nachvollziehen. Kleist griff darin den historischen Arminiusstoff auf und verband ihn mit der politischen Lage seiner Zeit. Dem antiken Widerstandskampf der Germanen gegen die Römer sollte der erhoffte Aufstand ganz Deutschlands gegen die französische Besatzung entsprechen.[75] Dabei ließ er keinen Zweifel daran, dass die „Freiheit" – das zentrale Schlagwort in seinem Text – nur gewaltsam zu erlangen und dafür jedes Mittel recht sei.[76] Wenn auch der Stoff schon vorher von verschiedenen Schriftstellern literarisch verarbeitet worden war, so hatte Kleist die Aussage doch noch einmal erheblich radikalisiert.[77]

Es lässt sich somit feststellen, dass zu der Zeit, als Kleist sein Leben beendete, in weiten Kreisen des reformwilligen und patriotisch gesinnten Adels tiefe

Kleists Dresdner Aufenthalt, in: Lothar JORDAN (Hg.): Kleist als Dramatiker. Aufführungsgeschichte und Aufführungspraxis. Kleist und Dresden. Werk, Kontext und Umgebung, Würzburg 2009, S. 81–104 (Beiträge zur Kleist-Forschung 21, 2007/2008), hier: S. 99ff. Zu den Reformbestrebungen in Preußen siehe NIPPERDEY: Deutsche Geschichte 1800–1866, S. 31–69; MIECK: Preußen von 1807 bis 1850, S. 19–31; MÜNCHOW-POHL: Zwischen Reform und Krieg, S. 63–76.

74 Zum Patriotismus Kleists – besonders seit seiner Zeit in Dresden – siehe LOCH: Kleist, S. 310–340; SCHULZ: Kleist, S. 407–437; MICHALZIK: Kleist, S. 342ff.; SCHMIDT: Heinrich von Kleist, S. 37–39, 143–154, 215–234.

75 Allerdings übertrug Kleist die Verhältnisse keineswegs eins zu eins auf die historische Vorlage und versuchte stattdessen, die generelle politische Aussage im Stück zu verdeutlichen. Vgl. Richard SAMUEL: Kleists ‚Herrmannschlacht' und der Freiherr vom Stein, in: Jahrbuch der deutschen Schillergesellschaft 5, 1961, S. 64–101; Hans Joachim KREUTZER: Die Utopie vom Vaterland. Kleists politische Dramen, in: Oxford German Studies 20/21, 1991/92, S. 69–84; Hans Peter HERRMANN: „Ich bin fürs Vaterland zu sterben auch bereit". Patriotismus oder Nationalismus im 18. Jahrhundert? Lesenotizen zu den deutschen Arminiusdramen 1740–1808, in: DERS./BLITZ/MOSSMANN: Machtphantasie Deutschland, S. 32–65.

76 Herrmann, der Anführer der Cherusker, rief beispielsweise an einer Stelle aus:
„Die ganze Brut, die in den Leib Germaniens
Sich eingefilzt, wie ein Insektenschwarm,
Muß durch das Schwerdt der Rache jetzo sterben."
Heinrich von KLEIST: Die Herrmannsschlacht. Ein Drama, in: REUSS/STAENGLE: Werke und Briefe, Bd. 1, S. 629–744, hier: S. 701 (4. Akt, 9. Auftritt). An anderer Stelle wandte sich Herrmann an den gefangenen Römer Septimus Nerva, der mit Bezug auf das allgemeine Kriegsrecht forderte, dass sein Leben verschont werde:
„Du weißt was Recht ist, Du verfluchter Bube,
Und kamst nach Deutschland, unbeleidigt,
Um uns zu unterdrücken?
Nehmt eine Keule doppelten Gewichts,
Und schlagt ihn todt!"
Ebd., S. 724f. (5. Akt, 13. Auftritt).

77 Dazu HERRMANN: „Ich bin fürs Vaterland zu sterben auch bereit".

Enttäuschung über das Verhalten der preußischen Regierung vorherrschte.[78] Einige hundert Offiziere verließen die Armee, um auf Seiten Russlands gegen Napoleon und für ihr Vaterland zu kämpfen.[79] Der bedeutendste Publizist nationaler Ideologie dieser Zeit, Ernst Moritz Arndt, formulierte in diesem Zusammenhang:

> „Gegen sein Vaterland und gegen sein Volk hat der Mensch frühere und unverbrüchlichere Pflichten, als gegen die Fürsten. [...] Wenn Fürsten also thun und gebieten, was gegen das Vaterland ist, oder wenn sie sich gebärden, als müßten sie solches thun, so sind die Unterthanen von ihrem Eide gelöst."[80]

Diese Forderung bezog gerade auch den Adel mit ein, wodurch ein verändertes Verhältnis zum Monarchen deutlich wird: Viele Adlige fühlten sich nicht mehr in erster Linie ihrem König, sondern ihrer Nation verpflichtet, auch wenn etwa Marie bei ihrer Bitte um Wiederaufnahme Kleists in die Armee das alte Ethos bemühte und angab, Kleists „ganzer, sein einziger Wunsch, ist für seinen König zu sterben".[81] Heinrich von Kleist mit seinem bürgerlichen Patriotismus und der damit verbundenen Aufkündigung des Treueverhältnisses zu seinem König war also geradezu typisch für einen Teil des Adels am beginnenden 19. Jahrhundert.[82] Die Adligkeit Kleists zeigt sich somit förmlich in seiner Abkehr von traditionellen adligen Rollenbildern.

Als ersten Grund für seine Selbsttötung gab Heinrich von Kleist an, „lieber zehnmal den Tod [zu] erleiden, als noch einmal wieder [zu] erleben, was ich das leztemal in Frankfurt an der Mittagstafel zwischen meinen beiden Schwestern [...] empfunden habe". Offenbar war der Gegenstand des Gesprächs wieder

[78] Diesem Reformadel gehörten vor allem jüngere Offiziere und Staatsbeamte an. Das Gros des Gutsbesitzeradels wehrte sich massiv gegen alle Reformbestrebungen. Vgl. hierzu Münchow-Pohl: Zwischen Reform und Krieg, S. 282–312; Hagemann: „Mannlicher Muth und Teutsche Ehre", S. 31f., 191.

[79] Die genaue Zahl ist unbekannt. Nipperdey spricht von 500, d. h. einem Viertel des Offizierskorps, Hagemann geht von weniger als 300 aus. Nipperdey: Deutsche Geschichte 1800–1866, S. 27; Hagemann: „Mannlicher Muth und Teutsche Ehre", S. 191f. Vgl. außerdem dies.: Desperation to the Utmost', bes. S. 198ff.; Mieck: Preußen von 1807 bis 1850, S. 38f.

[80] Ernst Moritz Arndt: Zwei Worte über die Entstehung und Bestimmung der Teutschen Legion, [Dresden] 1813, S. 18.

[81] Marie von Kleist an König Friedrich Wilhelm III., Berlin 9.9.1811, in: Reuss/Staengle: Werke und Briefe, Bd. 3, S. 783f.

[82] Hier erneut Vierhaus: Heinrich von Kleist und die Krise des preußischen Staates. Vgl. außerdem Nipperdey: Deutsche Geschichte 1800–1866, S. 56; Maurer: Der Adel und die Revolution, S. 108f.; Hagemann: „Mannlicher Muth und Teutsche Ehre", S. 191; Frie: Adelige Lebensweise in entsicherter Ständegesellschaft, bes. S. 281–283; ders.: 1806 – Das Unglück des Adels in Preußen, in: Wrede/Carl: Zwischen Schande und Ehre, S. 335–350, hier: bes. S. 345f. Auch in anderen Gebieten Deutschlands war der Adel eine wesentliche Trägerschicht nationalen Gedankenguts. Dazu Kreutzmann: Zwischen ständischer und bürgerlicher Lebenswelt, S. 395–420.

einmal sein Lebenswandel gewesen. Besonders Ulrike hatte ihren Bruder über viele Jahre hinweg finanziell unterstützt und ihn wiederholt zur Annahme einer wie auch immer gearteten Anstellung zu überreden versucht. Nun wurden anscheinend drastischere Worte als sonst gewählt. Seine Schwestern, so berichtet Kleist, hätten ihn bei ihrem Gespräch „als ein ganz nichtsnütziges Glied der menschlichen Gesellschafft, das keiner Theilnahme mehr werth sey betrachtet". Sie hatten ihm also angeblich vorgeworfen, nichts zum Wohl der Gesellschaft beizutragen und ihm damit auch das Recht auf eine Teilhabe an der Gesellschaft streitig gemacht – ganz im Sinne des aufklärerischen Nützlichkeitsethos.

Beim preußischen Minister Alexander Friedrich Georg von der Schulenburg war bereits deutlich zu sehen, wie das Empfinden eigener Unnützlichkeit einen Menschen in den Suizid treiben konnte. Andreas Bähr vermutet nun, auch Kleist habe dieser Vorwurf seiner Schwestern in den eigenen Tod getrieben, weil „Kleist – in seiner Sittlichkeit – wusste, dass dieses Urteil berechtigt war". So habe er sich getötet, nicht weil er sich von seinen Schwestern ungerecht behandelt fühlte, sondern weil er erkannte, dass sie Recht hatten und er selbst „kein nützliches Glied der menschlichen Gesellschaft war".[83] Weil Kleist gerade an seiner „Unfähigkeit zur Tugend" zerbrach, so Bährs Fazit, habe auch er „seine Ausweglosigkeit aus dem argumentativen Arsenal einer aufklärerischen Moral" begründet.[84] Bähr sieht damit seine Kernthese bestätigt, dass ein übermächtiges Schicksal einen Menschen der Aufklärung – und als solchen sieht er Kleist – nur dann zur Selbsttötung zwingen konnte, wenn er dieses Schicksal selbst verschuldet hatte und also seine Ausweglosigkeit moralisch war.

In den bereits untersuchten Fällen der drei Offiziere Arenswald, Pforte und Breitenbauch sowie des Grafen von Spreti ist allerdings deutlich zu sehen gewesen, dass keineswegs immer nur selbstverschuldete Ausweglosigkeit in die Selbsttötung führen konnte. Und auch bei Heinrich von Kleist sind Zweifel angebracht. So gab er in seinem Abschiedsbrief an, seine Schwestern würden ihn als unnütz ansehen, weil sie „das Verdienst, das ich doch zuletzt, es sey nun groß oder klein, habe, gar nicht anerkant" hätten. Dies widerspricht grundlegend der These Bährs. Offensichtlich hatte Kleist sich seiner Meinung nach sehr wohl ein „Verdienst" um die menschliche Gesellschaft erworben und war daher in seiner Selbstdeutung auch kein nichtsnutziges Glied, wie es ihm seine Schwestern vorgeworfen hatten. Demnach empfand er ihr Urteil also sehr wohl als unberechtigt.

Schon die Konzeption des Schicksals bei Kleist zeigt, dass für ihn das Schicksal immer übermächtiger wurde – und zwar ohne sein eigenes Verschulden. Es *zwang* und *drängte* den Menschen, es *führte ihn an der Nase herum* und schließlich *zertrat* es ihn, wenn er sich nicht vorsah. „Wenn uns das Schicksal

[83] Bähr: Der Richter im Ich, S. 344f.
[84] Ebd., S. 346, 355.

so unerbittlich grimmig auf der Ferse folgt, so haben wir alle Besinnung nöthig, um uns nur vor seinen Schlägen einigermaßen zu retten", schrieb er 1804.[85] Kleist empfand das Schicksal als permanente Bedrohung, der er sich zeitlebens zu entziehen versuchte. Er tötete sich schließlich, als er sah, dass es keine Chance geben würde, sich weiter zu widersetzen, weil das Schicksal zu übermächtig geworden war. Hätte Kleist weitergelebt, hätte er sich zwangsläufig zu einem Sklaven des Schicksals machen müssen und dies ließ ihm den „Tod bei weitem wünschenswerther" als das Leben erscheinen.[86] Andreas Bähr ist daher zuzustimmen, dass Kleists Selbsttötung für ihn „die letzte Möglichkeit war, die moralische Selbstachtung zu wahren",[87] auch wenn er seine Lage nicht selbst verschuldet hatte.

Wenn nun aber Heinrich von Kleist das Urteil seiner Schwestern, ein „nichtsnützziges Glied der menschlichen Gesellschafft" zu sein, nicht teilte, so stellt sich im Gegenzug die Frage, warum ihn dieses Urteil dann so schwer traf. Eine Dimension, die hier eine wichtige Rolle spielte, war die von Ruhm und Ehre. Kleist gab in seinem Abschiedsbrief an, es sei immer einer seiner „herzlichsten und innigsten Wünsche" gewesen, seinen Schwestern „einmal, durch [s]eine Arbeiten und Wercke, recht viel Freude und Ehre" zu machen. In diesem Streben Kleists, mit seinem literarischen Schaffen Ehre für sich selbst und seine Familie zu erlangen, ist seine tief verwurzelte adlige Denkweise deutlich zu erkennen.[88] Kleist hatte sich zwar zeitlebens von den klassischen adligen Betätigungsfeldern Politik und Militär distanziert. Seine Hinwendung zunächst zu den Wissenschaften, dann zur Literatur war jedoch, wie gesagt, keineswegs unadlig. Gerade der Anspruch, ein Leben frei von finanziellen Zwängen führen zu wollen und sich ausschließlich persönlichen Interessen zu widmen, entsprach vollkommen adligen Denkmustern. Das Gleiche gilt für sein Streben nach Ruhm und Ehre durch seine Literatur.

Im selben Brief, in dem sich Kleist 1801 gegenüber seiner Verlobten Wilhelmine von Zenge vom ganzen Adel lossagte, gab er als sein Lebensziel an,

85 Kleist an Henriette von Schlieben, Berlin 30.7.1804, in: Reuss/Staengle: Werke und Briefe, Bd. 2, S. 826–828.

86 „[E]ine Puppe am Drathe des Schicksaals – dieser unwürdige Zustand scheint mir so verächtlich, und würde mich so unglücklich machen, daß mir der Tod bei weitem wünschenswerther wäre", Kleist an Ulrike von Kleist, Frankfurt a. d. O. Mai 1799, in: ebd., S. 557–564.

87 Bähr: Der Richter im Ich, S. 347.

88 Hierzu Jochen Strobel: Adel und Autorschaft um 1800. Heinrich von Kleist und sein Schauspiel „Prinz Friedrich von Homburg", in: Schulz/Denzel: Deutscher Adel im 19. und 20. Jahrhundert, S. 95–138, hier: bes. S. 110; ders.: Adel auf dem Prüfstand. Kleists ‚Prinz Friedrich von Homburg', in: KJb 2005, S. 216–232; Vierhaus: Heinrich von Kleist und die Krise des preußischen Staates, S. 26.

die „Bewunderung der Nachwelt“ zu erlangen.[89] Wenn sich Kleist also auch vom militärischen oder politischen Ruhm auf den Dichterruhm als Selbstlegitimation verlegte, so entsprang seine Grundmotivation weiterhin einem „spezifischen aristokratischen Kodex“.[90] „In aristokratischer Manier verpflichtete er sich auf Ruhm und Ehre. [...] Das Motiv der Standesehre schreibt sich in Leben und Werk Kleists fort, ebenso wie andere aristokratische Verhaltensmuster“, so Günter Blamberger.[91] Gleichzeitig bewertete er diese neue Form von Ruhm aus der Perspektive eines aufgeklärten Intellektuellen höher als die überkommenen Werte seines Standes. So schrieb er im Jahr 1800 an seine Verlobte: „Wenn Dir auch die eine Art von Ehre entgeht, so wird Dir doch vielleicht einst eine andere zu Theil werden, die höher ist – Wilhelmine, warte zehen Jahre u[nd] Du wirst mich nicht ohne Stolz umarmen.“[92] Kurze Zeit später schrieb er, er wolle ein Mann werden, „den edle Menschen ehren“.[93]

Kleist wurde demnach vom Urteil seiner Schwestern so hart getroffen, weil mit dem Vorwurf der Nutzlosigkeit klar wurde, dass sein grundlegendes Lebensziel verfehlt war. Wie er gegenüber Ulrike früh versichert hatte, bestand dieses Ziel darin, „zu so vielen Kränzen noch einen auf unsere Familie herabzubringen“.[94] Da er sein „Verdienst“ jedoch nicht auf klassisch adliger Bühne errungen hatte, wurde es von seinen Schwestern nicht anerkannt. Sein Streben nach Ruhm und Ehre für sich und die eigene Familie war damit nicht nur gescheitert, nein, als schwarzes Schaf der Familie hatte er sogar Schande über seine Angehörigen gebracht. Als Adliger war er eben nicht nur für sein eigenes Handeln und Ansehen verantwortlich, immer repräsentierte er zugleich den gesamten Familienverband. Trotz aller Bemühungen um Distanz zur adligen Rolle war und blieb Kleist in dieser Denktradition verhaftet. Auch zu Beginn des 19. Jahrhunderts galt für den Adel das, was Friedrich Schlegel im Todesjahr Kleists festgestellt hat:

[89] Kleist an Wilhelmine von Zenge, Berlin 22.3.1801, in: Reuss/Staengle: Werke und Briefe, Bd. 2, S. 660–667.

[90] Bohrer: Der romantische Brief, S. 56; zum Ruhmstreben bei Kleist siehe ebd., S. 154ff.; Hermand: Kleists Schreibintentionen.

[91] Blamberger: Heinrich von Kleist, S. 49; ähnl. Schulz: Kleist, S. 49f. Vgl. hierzu auch die Tagung „Adel und Autorschaft“, die am 18./19. Mai 2011 in Berlin stattgefunden hat. URL: http://www.heinrich-von-kleist.org/en/kleist-year-2011/kleist-tagungen/adel-und-autorschaft/.

[92] Kleist an Wilhelmine von Zenge, Berlin 22.3.1801, in: Reuss/Staengle: Werke und Briefe, Bd. 2, S. 660–667.

[93] Kleist an Wilhelmine von Zenge, Berlin 22.3.1801, in: ebd., S. 708–714.

[94] Kleist an Ulrike von Kleist, Genf 5.10.1803, in: ebd., S. 817f.

„Das Wesen d.[es] *Adels* ist die *Ehre* [...] Das Umfassende des Princips d.[er] *Ehre* liegt auch darin, daß es die vergangenen und künftigen Geschlechter umfaßt. *Seinen Ahnen keine Schande zu machen und noch von der Nachwelt geehrt zu werden.*“[95]

Mit seinem Scheitern hatte Heinrich von Kleist diejenigen enttäuscht, deren Ehre er eigentlich hatte mehren wollen. Die Vorhaltungen über diese Enttäuschungen wogen deshalb besonders schwer.

Die beiden „Angriffe“, die Heinrich von Kleist in seinem Abschiedsbrief als so äußerst schmerzhaft nannte, sein enttäuschter Patriotismus und vor allem die Missachtung seiner Familie, verweisen in vielerlei Hinsicht auf typische Probleme des Adels am Ende des Ancien Régime. Jahrhunderte alte Habitusformen und soziale Privilegierungen büßten zunehmend ihre Bedeutung ein. Im *Kampf ums Obenbleiben* war der Adel gezwungen, sich den veränderten ökonomischen und politischen Rahmenbedingungen anzupassen und neue Existenzformen auszubilden.[96] Der deutsche Adel befand sich um 1800 damit gewissermaßen in einer „Anpassungskrise“[97]: „Es änderten sich die Regeln des Kampfes, die Spielfelder, und die Kämpfer.“[98] Dass diese „Entsicherung der ständischen Gesellschaft“ und die damit verbundene „Lockerung traditioneller Verankerungen“ bei einigen Beteiligten zu Zweifeln und Ungewissheit führten, ist dabei wenig verwunderlich.[99]

Sicherlich ist Kleist in der Radikalität, mit der er sich von den traditionellen Standeserwartungen distanzierte, ein extremes Beispiel dieser Entwicklung.[100] Er gab die Sicherheit einer vorgezeichneten adligen Laufbahn auf und wandte sich einem neuen, durch die Ideale der Aufklärung propagierten Lebensweg

[95] Friedrich SCHLEGEL: Zur Geschichte und Politik. 1811 und 1812 bis December, in: DERS.: Fragmente zur Geschichte und Politik, 1. Teil, Darmstadt 1995, S. 289–333 (Kritische Friedrich-Schlegel-Ausgabe 20), hier: S. 293 (Hervorhebungen im Original). Auf diese Äußerung Schlegels und allgemein auf die Bedeutung der Ehre für adlige Autoren um 1800 weist hin STROBEL: Eine Kulturpoetik des Adels in der Romantik, S. 242ff.

[96] Siehe grundlegend BRAUN: Konzeptionelle Bemerkungen zum Obenbleiben.

[97] STOLLBERG-RILINGER: Nur ein bloßes „Gedankending“?

[98] Ewald FRIE: Adel um 1800. Oben bleiben?, in: Zeitenblicke 4/3, 13.12.2005 [URL: http://www.zeitenblicke.de/2005/3/Frie/index_html; URN: urn:nbn:de:0009-9-2457], Abschnitt 19.

[99] Dazu Ewald FRIE: Friedrich August Ludwig von der Marwitz. 1777–1837. Biographien eines Preußen, Paderborn u. a. 2001, bes. S. 27–39; DERS.: Ziegel, Bajonett und spitze Feder, S. 92f.; siehe außerdem die aufgeführte Literatur bei HEUVEL: Der Verlust sozialer Sicherheit, bes. S. 384ff.

[100] Wie Ewald FRIE jedoch betont, ist Kleist dennoch ein typisches Beispiel seiner Zeit: „Die Figur des romantischen Intellektuellen, des Künstlers auch, der sich an den neuen Möglichkeiten und Gefahren der menschlichen Existenz abarbeitete, konnte nun entstehen.“ DERS.: Friedrich August Ludwig von der Marwitz, S. 30. Vgl. auch STROBEL: Eine Kulturpoetik des Adels in der Romantik, S. 372f.

zu.[101] Da er aber in seinem Selbstverständnis zutiefst von seiner adligen Herkunft geprägt war, hatte er an diese Lebensweise ganz bestimmte Ansprüche. Sie sollte frei von äußeren – gerade auch finanziellen – Zwängen sein, die persönliche Selbstverwirklichung ermöglichen und ihm dazu noch Ruhm und Ehre einbringen. Eine solche Existenz entsprach jedoch nicht den zeitgenössischen Erwartungen und wurde daher von den Zeitgenossen auch als unnütz angesehen.[102] Es ist das intensive Erleben dieser „Umbruchsphase"[103] zwischen ständischer Gesellschaft und Moderne, das Kleists gesamtes Leben bestimmte.[104] Einerseits strebte er, ganz aufklärerisch, nach individueller und von gesellschaftlichen Zwängen unabhängiger Vervollkommnung. Andererseits sehnte er sich nach gesellschaftlicher Anerkennung und besaß ein ausgeprägtes Ehrgefühl. Nach eigener Aussage war er ein „Mann von Ehre" und als ein solcher etwa auch dazu bereit, „Verletzungen [s]einer Ehre" in Duellen entgegen zu treten[105] – auch dies war durchaus typisch für einen Adligen seiner Zeit.[106] Als er mit seinem Leben als Literat scheiterte, brachte er Schande über sich und seine Familie. Und wenn man seine Abschiedsbriefe ernst nimmt,[107] dann traf

[101] Er „entschied sich für das vagabundierende Leben eines Intellektuellen". FRIE: Ziegel, Bajonett und spitze Feder, bes. S. 86.

[102] HERMAND: Kleists Schreibintentionen, S. 41. Dies war mitunter auch bei bürgerlichen Literaten so: „Von seiner Feder zu leben, brachte eben in dieser Übergangszeit – gelegentlich auch noch später – nicht immer Ehre ein und galt keineswegs als standesgemäß." HAFERKORN: Zur Entstehung der bürgerlich-literarischen Intelligenz und des Schriftstellers, S. 227.

[103] „[F]ür den Adel als Stand [war] die Zeit um 1800 eine Umbruchsphase, in der die Vergangenheit als abgelebt und die Zukunft als unberechenbar erschien". FRIE: Adel um 1800, Abschnitt 14.

[104] Vgl. hierzu BLAMBERGER: Heinrich von Kleist, S. 48ff.; STROBEL: Adel und Autorschaft um 1800; DERS.: Adel auf dem Prüfstand; DERS.: Eine Kulturpoetik des Adels in der Romantik, bes. S. 174f., 371–382.

[105] So in einem Brief an den Regierungsrat Friedrich von Raumer, in dem Kleist diesen zu einem Duell forderte, falls er sich nicht bei ihm entschuldigen würde. Kleist an Friedrich von Raumer, Berlin 22.2.1811, in: REUSS/STAENGLE: Werke und Briefe, Bd. 2, S. 959. Kleist bezeichnete sich später wiederholt als ein „Mann von Ehre", so etwa im Brief an Friedrich de la Motte Fouqué, Berlin 25.4.1811, in: ebd., S. 966–968 und im Brief an Prinz Wilhelm von Preußen, Berlin 20.5.1811, in: ebd., S. 970–975. Auch seinen früheren Freund Adam Müller und selbst Johann Wolfgang von Goethe wollte Kleist zum Duell fordern. Kleist machte Goethe für das Misslingen der Premiere des *Zerbrochenen Krugs* in Weimar verantwortlich. Dazu LOCH: Kleist, S. 304f., 308; MICHALZIK: Kleist, S. 319f., 336f.

[106] Dies zeigt sich etwa auch bei Joseph von Eichendorff oder den beiden Brüdern Alexander und Ludwig von der Marwitz, die ebenfalls in vielen Bereichen – Kleist sehr ähnlich – auf Distanz zur klassischen adligen Lebensweise gingen, aber dennoch in zahlreiche gewaltsame Auseinandersetzungen um ihre Ehre beteiligt waren. MAURER: Der Adel und die Revolution, S. 111f.; FRIE: Adelige Lebensweise in entsicherter Ständegesellschaft, S. 281.

[107] Dagegen vertritt Bohrer die These, bei den von Kleist in seinen Abschiedsbriefen angegebenen Gründen habe es sich um „relativ konventionelle, wenn auch ausdrucksvolle Benennungen der adligen Adressatin gegenüber" gehandelt, die in Wirklichkeit nicht in

ihn dieser Ehrverlust äußerst hart. Kleist – und möglicherweise auch Spreti – scheiterten also daran, dass es jenseits der adligen Rolle, die sie ablehnten, kaum standesgemäße Alternativen für einen Adligen gab.

Mit seiner Selbsttötung hoffte Kleist, sich von der irdischen Welt zu lösen – aber offenbar ohne Furcht. In einem seiner Abschiedsbriefe gab er an, er sei nie ein besonders gläubiger Mensch gewesen. Nun aber, mit der Aussicht sein elendes Dasein zu beenden, sei er durch das Vertrauen auf Gott „ganz seelig" geworden: „Morgens und Abens knie ich nieder, was ich nie gekont habe, und bete zu Gott."[108] Obwohl sich Kleist in seinen Abschiedsbriefen nur wenig mit religiösen Fragen auseinander setzte, wird seine grundlegende Verwurzelung im christlichen Glauben dennoch an verschiedenen Stellen deutlich – was an die Abschiedsbriefe Gottlieb Georg Ernst von Arenswalds und Franz Sales von Spretis erinnert. Heinrich von Kleist ging ebenfalls davon aus, seine Liebsten im Jenseits wieder zu sehen[109] – auch er bemühte also dieses wichtigste christliche Trostmotiv. Und wie Arenswald und Spreti sah Kleist sein Seelenheil nicht durch die Sünde *Selbstmord* gefährdet, weil er das Schicksal ebenfalls „als eine anonyme, vernichtende Macht"[110] empfand. Kleist erwartete daher den Eintritt in eine „bessere Welt", in der man „vergnügt und glücklich" sei und für das im Diesseits erlittene Leid „vergütigt" werde. Auch wenn Kleist also der Meinung war, sein Leben sei „das allerqualvolste" gewesen, „daß je ein Mensch geführt hat", so war er Gott im Angesicht des Todes doch dankbar dafür.[111] Die Aussicht in das Reich Gottes einzugehen führte schließlich dazu, dass er seinem Tod mit „unaussprechlicher Heiterkeit" bzw. „zufrieden und heiter" entgegen blickte.[112]

seine Selbsttötung hätten führen können. Stattdessen habe sein Suizid ein „teleologisches Projekt" dargestellt, das aus seiner „ästhetischen Subjektivität" resultiert sei: „Der Tod als Vollendung der zu sich selbst kommenden Seele". BOHRER: Der romantische Brief, bes. S. 135–164; ähnl. DERS.: Kleists Selbstmord, in: Merkur 32, 1978, S. 1089–1103.

108 Kleist an Marie von Kleist, Berlin 12.11.1811, in: REUSS/STAENGLE: Werke und Briefe, Bd. 2, S. 993f.

109 So gegenüber Marie in den Briefen vom 9. und 12. November 1811. REUSS/STAENGLE: Werke und Briefe, Bd. 2, S. 990f., 993f.

110 Darauf, dass das Schicksal auf diese Weise auch noch im 19. Jahrhundert empfunden werden konnte, weist Gerrit WALTHER hin. DERS.: Schicksal, Sp. 711. Zu Arenswald und Spreti siehe Kap. VI. 4.

111 Die Zitate entstammen ebenfalls den beiden Briefen an Marie (ebd.).

112 Kleist an Ulrike von Kleist, Stimmings Krug bei Potsdam 21.11.1811, in: ebd., S. 996.

7.3 Ein mystischer Schwärmer

Heinrich von Kleist befürchtete in einem seiner Abschiedsbriefe, dass man seine Selbstdeutung missverstehen und als Ausdruck einer Krankheit ansehen werde. Er appellierte daher an seine Cousine, seine Gründe ernst zu nehmen. Doch wie, so lässt sich fragen, wurde sein Suizid von seinen Zeitgenossen gedeutet? Die Tagelöhnerin Dorothee Luise Riebisch war als erste am Tatort. Sie informierte umgehend ihren Mann und ihre Arbeitgeberin, die Wirtin Friederike Stimming. Gemeinsam mit einer größeren Gruppe von Personen nahmen sie daraufhin die Leichen in Augenschein.[113] Der Tagelöhner Johann Friedrich Riebisch durchsuchte auf Anweisung der Wirtin Stimming die Taschen des Toten und richtete außerdem den Körper auf, damit er „in dieser Stellung nicht steif werden, und dadurch die Grablegung erschweren mögte". Furcht, eine Suizidentenleiche zu berühren, hatte er offensichtlich nicht. Auch als man die drei Pistolen in Sicherheit brachte, wurden diese von verschiedenen Personen wie ganz selbstverständlich berührt.[114]

Der Tatort befand sich auf dem Gebiet des Amts Heinersdorf, weshalb sich der zuständige Justiziar Felgentreu am nächsten Tag zusammen mit dem Hofmedicus Sternemann und dem Stadtchirurgen Greif dorthin begab.[115] Sie inspizierten zuerst die Leichen und brachten sie dann für die Obduktion in ein Haus der Wirtsleute Stimming.[116] Zunächst wurde der Leichnam Heinrich von Kleists obduziert. Wie üblich wurden auch hier wieder die *drei Höhlen* Brust, Unterleib und Kopf geöffnet. Laut Protokoll befand sich der Körper dabei „in einem ganz natürlichen Zustande".[117] Lediglich die Leber „war sehr groß, jedoch natürlich, die Gallenblase enthielt etwas viel Galle", war aber ebenso wie die anderen Organe „im Normal Zustande". Das Gleiche galt für das Gehirn.

Körperliche Anzeichen, die auf eine geistige Beeinträchtigung oder Melancholie hätten hindeuten können, wurden von den Ärzten also nicht festgestellt. Physisch war Heinrich von Kleist vollkommen gesund. Gut drei Wochen später allerdings fertigten die Doktoren Sternemann und Greif ihren endgültigen ärztlichen Untersuchungsbericht an, in dem sie zu einem völlig anderen Urteil gelangten.[118] So sei die Leber Kleists „widernatürlich groß" gewesen und beim

[113] Henriette Vogel und Heinrich von Kleist saßen sich in einer kleinen Grube einander gegenüber. Sie war „rückwäarts über gefallen", er „saß in einer fast knienden Stelllung vor ihr". Aussage von Dorothee Luise Riebisch, 22.11.1811, in: ebd., Bd. 3, S. 801–803.

[114] Aussage von Johann Friedrich Riebisch, 2.12.1811, in: ebd., S. 803–805.

[115] Die betreffenden Akten sind ediert ebd., S. 789–819.

[116] Seit Einführung der Criminalordnung von 1805 war die Obduktion von Suizidentenleichen in Preußen obligatorisch. Dazu Baumann: Vom Recht auf den eigenen Tod, S. 90ff.

[117] Obduktionsprotokoll Heinrich von Kleist, 22.11.1811, in: Reuss/Staengle: Werke und Briefe, Bd. 3, S. 789–792.

[118] Ärztlicher Untersuchungsbericht Heinrich von Kleist, 11.12.1811, in: ebd., S. 811–814.

Zerschneiden „viel schwarzes dickes Blut“ heraus geflossen. „Vorzüglich groß war auch die Gallenblase, sie enthielt viel verdikte Galle.“ Auch das Gehirn sei „mit Blut beschweret“ gewesen und die Konsistenz „viel fester wie gewöhnlich“. Aus all diesen Merkmalen ergebe sich „ganz evident“, dass Kleist

> „dem Temperamente nach ein Sanguino cholericus in Summo gradu gewesen, und gewiß harte hypochondrische Anfälle oft habe dulden müssen, wie einige Herrn Dienst Cameraden mir den Physicus selbst, solches versichert haben. Wenn sich nun zu diesem excentrischen Gemüthszustand eine gemeinschaftliche Religionsschwärmerey gesellte, so läßt sich hieraus auf einen kranken Gemüthszustand des Denati von Kleist mit Recht schließen.“[119]

In ihrer Diagnose griffen die Ärzte auf die auch noch im 18. Jahrhundert weitverbreitete humorale Temperamentenlehre zurück und erklärten Kleist aufgrund seines Übermaßes an verdickter Gallenflüssigkeit mit einer Beimischung von Blut für einen krankhaften Choleriker.[120] Diese Schwächung des Körpers habe ihn besonders anfällig für einen äußeren Einfluss werden lassen – und auch mit der Religionsschwärmerei führten sie ein zu dieser Zeit äußerst populäres Deutungskonzept an.[121]

Als die beiden Ärzte diese Diagnose stellten, war Heinrich von Kleist schon lange beerdigt. Wie er und Henriette Vogel selbst gebeten hatten,[122] waren beide noch am Abend nach der Obduktion „auf der Stelle wo der Mord und Selbstmord geschah, in zwei Särge gelegt und in ein Grab gelegt worden“, so

119 Ebd.

120 Bereits in der Antike wurde aus der Humoralpathologie die Temperamentenlehre abgeleitet, der zufolge sich der Charakter eines Menschen daraus ergab, welcher der vier Säfte bei ihm dominierte. So unterschied man sanguinisches (Blut), phlegmatisches (Schleim), melancholisches (schwarze Galle) und cholerisches (gelbe Galle) Temperament. Hierbei handelte es sich jedoch lediglich um Grundtypen, die verschiedenen Formen geistiger Erkrankungen wurden in der Medizin dann mit einem unterschiedlichen Mischungsverhältnis der Säfte erklärt. Dabei spielte immer auch die Beimischung und Qualität des Blutes eine erhebliche Rolle. Siehe hierzu Kutzer: Anatomie des Wahnsinns, S. 71–81; Klaus-Dietrich Fischer: Vom Säfteschema der hippokratischen Medizin, in: Peter Kemper (Hg.): Die Geheimnisse der Gesundheit. Medizin zwischen Heilkunde und Heiltechnik, Frankfurt a. M./Leipzig 1994, S. 76–94, hier: bes. S. 89ff.; Klibansky/Panofsky/Saxl: Saturn und Melancholie, S. 110–124, 165–199. Zur Aktualität der Temperamentenlehre im 18. Jahrhundert siehe ebd., S. 196ff.; Schings: Melancholie und Aufklärung, S. 41–58.

121 Besonders in der Spätaufklärung wurde eine regelrechte „Schwärmerwelle“ wahrgenommen, gegen die sich die Vertreter einer aufgeklärten Vernunftreligion wandten. Schings: Melancholie und Aufklärung, bes. S. 143–150. Vgl. außerdem Baumann: Vom Recht auf den Eigenen Tod, S. 60f. sowie Kap. II. 4.

122 In einem Brief hatten sie den gemeinsamen Freund Ernst Friedrich Peguilhen unter anderem darum gebeten, sich um die Bestattung zu kümmern, was dieser auch tat. Henriette Vogel und Kleist an Ernst Friedrich Peguilhen, Stimmings Krug bei Potsdam 21.11.1811, in: Reuss/Staengle: Werke und Briefe, Bd. 2, S. 997–999.

das Kirchenbuch.[123] Schon seit Mitte des 18. Jahrhunderts wurden in Preußen alle Suizidenten gleichermaßen still bestattet – eine Regelung, die explizit den Adel mit einbezog.[124] Eine unehrliche Bestattung zu verhindern konnte daher auch kein Grund für die nachträgliche Melancholiediagnose der Ärzte gewesen sein. Dies unterscheidet den Fall von der Situation bei Franz Sales von Spreti. Bei Spreti war für eine ehrliche Bestattung zwingend ein physischer Nachweis seiner Unzurechnungsfähigkeit notwendig gewesen.[125] Erst nachdem seine Identität und damit seine Standesqualität bekannt waren, stellte der zuständige Arzt Melancholiesymptome fest. Bei Kleist wussten die Ärzte dagegen von Anfang an, um wen es sich bei dem Toten handelte[126] – und dennoch erfanden sie im Nachhinein eine physisch bedingte Melancholie hinzu.

Betrachtet man diesen Umstand lediglich aus juristischer Perspektive, wird er nicht verständlich, da die Melancholiediagnose keine rechtlichen Konsequenzen hatte. Doch auch wenn das medizinische Urteil Heinrich von Kleist nicht juristisch entschuldigen musste, so sprach es ihn andererseits doch moralisch von jeder Schuld frei. Denn wie die gesamte Frühe Neuzeit hindurch hing die gesellschaftliche Bewertung einer Selbsttötung auch noch lange nach 1800 davon ab, in welchem Geisteszustand der Täter sich befunden hatte. Ein vorsätzlich begangener Suizid blieb eine verdammenswerte Sünde. Da zudem eine vorsätzliche Selbsttötung fast überall sonst im Alten Reich bis zum Ende des 18. Jahrhunderts noch eine Straftat blieb, beschreibt der Begriff der *Entkriminalisierung* die Situation nur sehr unzureichend.[127] Die Zahl der Verurteilungen nahm vor allem deshalb ab, weil im Zuge der Pathologisierung immer häufiger von einer geistigen Erkrankung des Täters ausgegangen wurde bzw. die Tat selber schon als Ausdruck einer Geisteskrankheit angesehen wurde.

Mit einer nachträglich angestellten Melancholiediagnose wurde Heinrich von Kleist also vor allem moralisch entschuldet und seine Familie damit

123 Eintrag im Stahnsdorf-Machnower Kirchenbuch, in: ebd., Bd. 3, S. 809.

124 1751 hatte Friedrich II. ein entsprechendes „Rescript" erlassen. Das *Allgemeinen Landrecht für die Preußischen Staaten* von 1794 bestätigte diese Bestimmung indem es festlegte, dass „Selbstmörder" fortan zwar nicht mehr „beschimpft werden; aber doch alles dessen, womit sonst das Absterben und Andenken andrer Leute von ihrem Stande oder Range geehrt zu werden pflegt, verlustig seyn" sollten. Hans HATTENHAUER (Hg.): Allgemeines Landrecht für die Preußischen Staaten von 1794, 3. Aufl., Neuwied u. a. 1996, Zweiter Theil, Zwanzigster Titel, § 803. Zu diesen Regelungen siehe außerdem PFANNKUCHEN: Selbstmord und Sanktionen, S. 176ff., 202f.

125 Kap. VI. 2.

126 Wie im Obduktionsprotokoll vermerkt war, war „vor der Obduction" bekannt, dass es sich um den „ehemalige[n] Lieutenant v. Kleist" handelte. REUSS/STAENGLE: Werke und Briefe, Bd. 3, S. 791.

127 So das grundlegende Anliegen von KÄSTNER: Tödliche Geschichte(n), siehe bes. das Fazit S. 555–564. Vgl. auch LUEF: … boshaftig den entsetzlichen selbstmord angethann, S. 186.

gleichzeitig geschützt. Ob der Königshof aktiv Einfluss auf die Änderung der Diagnose nahm, ist unbekannt. Möglicherweise sah man die Notwendigkeit, die gesellschaftliche Deutung der Tat zu vereinheitlichen und in eine bestimmte Richtung zu lenken. Denn zunächst wurde in den zahlreichen Zeitungsberichten nach Bekanntwerden des Doppelsuizids nicht von einer geistigen Krankheit Kleists ausgegangen. Stattdessen führte man meist ein unglückliches Liebesverhältnis oder den Einfluss zeitgenössischer Literatur als Ursachen ins Feld.[128] Den Plan des mit Heinrich von Kleist und Henriette Vogel befreundeten Ernst Friedrich Peguilhen, die Beweggründe der Verstorbenen öffentlich zu machen, unterband Friedrich Wilhelm III. per Dekret.[129] Vielleicht fürchtete der König, dass man ihm und seiner Frankreichpolitik eine Mitschuld an der Selbsttötung Kleists hätte geben können. Wie Kleist waren viele seiner Zeitgenossen überaus enttäuscht über die Kapitulation Preußens, so dass sein Patriotismusmotiv sicherlich auf fruchtbaren Boden gefallen wäre und leicht zur Herrscherkritik hätte genutzt werden können. Bemerkenswerterweise wurde dieses Motiv von der Presse auch an keiner Stelle genannt.[130]

Besonders einflussreich für die Deutung von Kleists Suizid als krankhaft war dann der Ende des Jahres 1811 veröffentlichte *Schmähartikel* von Friedrich Christoph Weisser im *Morgenblatt für gebildete Stände*, in dem dieser die „Öffentliche Seligsprechung und Vergötterung des Mords und Selbstmords in Deutschland. Im Jahr 1811“ anprangerte: „Armes Deutschland! Wenn deine wahnsinnigen Schriftsteller ihre Tollheit bis zum Morde treiben, welche Nation wird der Mörder mehr zählen, als du?“ Weissers Meinung nach war Kleist ein „unheilbar Kranker“.[131] Er verband seine Kritik mit einem generellen Schlag gegen die aufkommende romantische Literatur.[132] Damit reihte er sich in

[128] Die Zeitungsartikel sind gesammelt herausgegeben in Helmut SEMBDNER (Hg.): Heinrich von Kleists Nachruhm. Eine Wirkungsgeschichte in Dokumenten, 4. erw. Neuaufl., München 1996, S. 17–29.

[129] Diesen Plan hatte Peguilhen in den beiden wichtigsten Berliner Zeitungen, der Vossischen und Spenerschen, am 26. und am 28. November 1811 angekündigt. Bereits am 27. November erging die Königliche Order, die Veröffentlichung zu unterbinden. Zeitungsberichte und Königliche Order sind abgedruckt in REUSS/STAENGLE: Werke und Briefe, Bd. 3, S. 810f.

[130] So Hermann F. WEISS: Neuentdeckte zeitgenössische Reaktionen auf Heinrich von Kleists Selbstmord, in: Jahrbuch Preußischer Kulturbesitz 30, 1993, S. 379–406, hier: S. 380. Allerdings ist fraglich, ob Kleist mit der „Inszenierung“ seiner Selbsttötung und der Wahl des Ortes explizit den König angreifen und sich ins preußische Gedächtnis einschreiben wollte. So jedenfalls LOCH: Kleist, S. 503f.

[131] Weissers Schmäh-Artikel, Morgenblatt 27.12.1811, in: SEMBDNER: Heinrich von Kleists Nachruhm, S. 48–50, hier: S. 48.

[132] „Unsere Literatur ist ein verpesteter Sumpf, der beinahe nichts als Basilisken ausbrütet. Eine Rotte unwissender, selbstsüchtiger und wahnsinniger Knaben, mit und ohne Bart, predigt öffentlich und in allen möglichen Formen den Aberglauben der finstersten Zeiten“ (ebd., S. 49).

die Gruppe derjenigen ein, die Kleist den Mystikern zurechneten und seinen Suizid als eine Folge dieser „Geistesverwirrung“ ansahen.[133] Dazu gehörte auch Friedrich Benjamin Osiander, der Kleist 1813 in seinem Suizidbuch einen „unglücklichen Verrückten“ und einen „mystischen Schwärmer“ nannte, der „aus der berüchtigten romantisch-mystischen und neu-ästhetischen Schule“ stamme.[134] Kleist galt fortan im gesellschaftlichen Bewusstsein als geisteskranker und melancholischer *Selbstmörder*, und das blieb bis ins 20. Jahrhundert so – auch wenn dieses Urteil teilweise ein ästhetisches war und sich dann vor allem auf sein Werk bezog.[135]

Da Heinrich von Kleist also als unheilbar Kranker angesehen wurde, waren seine von ihm selbst angegebenen Motive auch nicht weiter von Interesse. Wie eingangs erwähnt, hatte er diese Entwicklung vorausgesehen und daher seine Vertraute Marie mit Nachdruck aufgefordert, die von ihm genannten Gründe ernst zu nehmen. Inwieweit sie dies getan hat, ist aus Mangel entsprechender Quellen schwer zu sagen. Immerhin ging auch sie davon aus, die Beschäftigung mit philosophischem Gedankengut sei für die Tat verantwortlich gewesen. Allerdings glaubte sie im Gegensatz zu Kleist, dass die Philosophielektüre nicht seiner Seele, sondern seinem „schwachen Körper” geschadet und damit physiologische Auswirkungen gehabt hätte.[136] Ob sie außerdem wirklich Henriette Vogel, diesem „weiblichen Teufel“, wie sie sie in einem Brief an Friedrich Wilhelm III. nannte, die Hauptschuld am Suizid ihres Cousins gab[137] oder ob sie hier nicht doch Kleist beim König entschuldigen wollte, bleibt offen.

Hart hätte Kleist in jedem Fall ihr abschließendes Urteil über seine Selbsttötung getroffen. In seinen Augen setzte Kleist seinem Leben ein Ende, weil ihn das Schicksal zu zertreten drohte. Er versuchte so, seine moralische Integrität zu bewahren. Wie Marie jedoch beklagte, sei er mit diesem Schritt ganz und gar

[133] Dazu Weiss: Neuentdeckte zeitgenössische Reaktionen, S. 381ff. In einem Artikel in der Zeitschrift „Der Zuschauer“ vom 26.12.1811 hieß es etwa: „die Geistesverwirrung der Neu-Mystiker ist wirklich von der Art, daß man vor Lachen nicht zum Weinen kommen kann“. Sembdner: Heinrich von Kleists Nachruhm, S. 27.

[134] Friedrich Benjamin Osiander: Über den Selbstmord, seine Ursachen, Arten, medicinisch-gerichtliche Untersuchung und die Mittel gegen denselben, Hannover 1813, S. 298ff.

[135] Walter Müller-Seidel: Kleists ‚Hypochondrie‘. Zu seinem Verständnis in klassischer und moderner Ästhetik, in: John L. Hibberd/Hugh Barr Nisbet (Hgg.): Texte, Motive und Gestalten der Goethezeit. Festschrift für Hans Reiss, Tübingen 1989, S. 225–250. Vgl. außerdem Günter Blamberger: „Nur was nicht aufhört, weh zu thun, bleibt im Gedächtnis“. Kleists Nachruhm und die Aktualität eines Moralisten in postheroischer Zeit, in: ders./Iglhaut: Kleist. Krise und Experiment, S. 130–148.

[136] So Marie in einem Brief an ihren Sohn, Groß-Gievitz 10.12.1811: „Französische Literatur, Umgang mit Freigeistern hatten leider Zweifel in ihm gebracht. Er rang, um sie los zu werden, er kämpfte nach Überzeugung. Das griff seinen schwachen Körper an”, in: Sembdner: Heinrich von Kleists Nachruhm, S. 106f.

[137] Marie von Kleist an Friedrich Wilhelm III., Groß-Gievitz 26.12.1811, in: ebd., S. 108f.

„nichtsnutzig" bzw. auf vollkommen „nichtsnutzige Art" gestorben.[138] Auch in seiner letzten Handlung wurde Heinrich von Kleist also von der einzigen Person verkannt, „an deren Gefühl und Meinung" ihm etwas lag.[139] Und ausgerechnet diese Person fällte mit dem Vorwurf der Unnützlichkeit dasselbe Urteil wie seine Schwestern, das ihn so sehr geschmerzt und ihm ein Weiterleben unmöglich gemacht hatte.

7.4 „ein elender Sklav des Schicksals" – Carl von Hohenhausen

Kleists Elend – und mit Wahrscheinlichkeit auch das Spretis – resultierte ganz wesentlich daraus, dass sie jenseits der althergebrachten Rolle des Adels, die sie ablehnten, kein alternatives Lebensmodell fanden. Ihre Situation war damit eine Folge der „Entsicherung der ständischen Gesellschaft" (Frie) am Übergang zur Moderne. Dabei wäre es interessant, auch für die Folgezeit Selbsttötungen von Adligen zu betrachten. Da das im Rahmen dieser Arbeit nicht möglich ist, sollen hier nur einige Überlegungen am Fall der Selbsttötung des Freiherrn Carl von Hohenhausen angestellt werden. Hohenhausen hatte sich in der Nacht vom 4. auf den 5. April 1834, im Alter von 18 Jahren, mit einem Pistolenschuss getötet.[140]

Eine erste auffällige Parallele, die Carl von Hohenhausen mit Heinrich von Kleist teilte, war der Glaube an die Wissenschaft als Königsweg zum Erkennen von Wahrheit. Wie Kleist wandte sich Hohenhausen zunächst „mit aller In-

[138] Briefe an ihren Sohn und König Friedrich Wilhelm III., Groß-Gievitz 10. & 26.12.1811, in: ebd., S. 106–109.

[139] Im Abschiedsbrief vom 9.11.1811 schrieb Kleist an Marie, sie sei die einzige, „an deren Gefühl und Meinung mir etwas gelegen ist; alles Andere auf Erden, das Ganze und Einzelne, habe ich völlig in meinen Hertzen überwunden." Kleist an Marie von Kleist, Berlin 9.11.1811, in: Reuss/Staengle: Werke und Briefe, Bd. 2, S. 990f.

[140] Carl von Hohenhausen war am 17. Januar 1816 in Münster geboren worden und entstammte einer uradligen Familie. Er war zum Teil in Berlin, zum Teil in Minden aufgewachsen. Im Mai 1833 immatrikulierte er sich an der Rechtswissenschaftlichen Fakultät in Bonn, wo er sich gut ein Jahr später das Leben nahm. Ab 1830 hatte er regelmäßig Tagebuch geführt und bereits ein Jahr vor seinem Suizid damit begonnen, erste Abschiedsbrief zu schreiben: an seinen Vater, an seine Lehrer, an seine Freunde und seine Verwandten. Zwei Jahre nach seinem Tod gab seine Mutter Elise von Hohenhausen diese und weitere Dokumente in pädagogischer Absicht als Buch heraus. Zu seiner Biographie siehe Markus Hänsel: Selbstmord im Biedermeier. Geistliche Restauration und Junges Deutschland in Dokumentation und Rezeption des Freitodes Carls von Hohenhausen, Frankfurt a. M. 1985; Hohenhausen: Carl von Hohenhausen, bes. S. 1–44. Zur Familie Hohenhausen Zedlitz-Neukirch: Neues preussisches Adels-Lexicon, Bd. 2, S. 408f.

Abbildung 11: Carl von Hohenhausen im Grab. Kupferstich aus dem Buch, das seine Mutter zwei Jahre nach seinem Tod herausgegeben hat.

brunst“ der Wissenschaft zu.[141] Doch ebenfalls wie Kleist musste er enttäuscht feststellen, dass es sich dabei lediglich um ein „ein leeres Trugbild” handelte[142] und er dort „umsonst nach einem Zweck [s]eines Strebens“ gesucht hatte.[143] Bemerkenswerterweise wurde Hohenhausen daraufhin genau wie Kleist von der Unmöglichkeit zwischenmenschlichen Verstehens in seinem Selbstverständnis tief erschüttert: „Man versteht mich nicht, und ich kann mich nicht ausdrücken, wenn ich auch wollte. Bin ich mir doch selbst und der ganzen Welt entfremdet.“[144] Für beide hatte diese Erkenntnis vergleichbare Folgen für ih-

[141] Abschiedsbrief Hohenhausen an den Vater, Minden 18.3.1833, in: Hohenhausen: Carl von Hohenhausen, S. 127–139, hier: S. 130.

[142] Ebd.

[143] „Es war eine Zeit, wo ich hoffte, nachdem mir die Frische des Lebens geraubt war, in der Urne der Wissenschaft und des Studiums Trost und Ersatz zu finden; aber sie gewährt mir keinen Trost. Zerrissen im Innern, in meiner Ansicht von Gott und Göttlichem, zerfallen mit der Welt, frage ich umsonst nach einem Zweck meines Strebens.“ Tagebucheintrag Hohenhausens vom Januar 1832, in: ebd., S. 67f.

[144] Tagebucheintrag Hohenhausens vom 20.11.1832, in: ebd., S. 92.

re Selbstwahrnehmung: Der wunden Seele Kleists entsprach eine „verlassen[e] Seele“ bzw. ein „wundes Herz“ bei Hohenhausen.[145]

Heinrich von Kleist hatte für sich einen Ausweg aus seiner Lage darin gesehen, sich in der Literatur selbst zu verwirklichen und damit wenigstens über eine längere Zeitspanne hinweg ein Ziel vor Augen gehabt, auf das er hinarbeiten konnte – auch wenn er letztlich daran scheiterte. Bei Carl von Hohenhausen war das anders, denn er litt massiv unter einem fehlenden „Zwecke des Lebens“: „Mancher weiß, was er will, niemand was er soll“.[146] Diese Sinnsuche ließ seine Orientierungslosigkeit nahezu vollkommen werden. Verzweifelt suchte er „nach einem rettenden Ankerplatze im Sturme trostloser Zweifel“ – doch „vergebens“:[147] „[I]ch hatte nirgends eine Stelle, wo ich hätte Fuß fassen können“.[148]

Als Kleist feststellte, dass er seine Ziele nicht erreichen würde, tötete er sich, um nicht gegen seine Überzeugungen handeln zu müssen und so seine moralische Integrität bewahren zu können. Er tötete sich, bevor das übermächtige Schicksal ihn zertreten konnte. Dieselbe Deutung findet sich bei Hohenhausen. Auch er rang lange mit dem Schicksal, „aber vergebens“.[149] Er musste feststellen, dass „das Schicksal stärker ist, als der Mensch“:[150] „Ich habe gesehen, das Schicksal ist übermächtig, ich überlasse mich ihm.“[151] Dass sich Carl von Hohenhausen dem Schicksal hilflos ausgeliefert fühlte, führte auch bei ihm dazu, dass er sich nicht selbst die Schuld an seiner Situation gab: „[M]ein Elend ist unverschuldet“.[152] Und wie Kleist tötete sich Hohenhausen, um sich moralisch nicht strafbar machen zu müssen, d. h. in dem Moment, in dem das Schicksal ihm die „Kraft zur Tugend“ geraubt hatte:[153] „Ja, ich war ein elender Sklav des Schicksals; aber ich habe mich erwürgt mit seinen Ketten, um nicht auch sein Narr zu werden!“[154] Mit seiner Selbsttötung war es Hohenhausen also möglich,

[145] Abschiedsbrief Hohenhausens an den Vater, Minden 18.3.1833, in: ebd., S. 127–139, hier: S. 130, 138.

[146] Tagebucheintrag Hohenhausens vom April 1832, in: ebd., S. 68–86, hier: S. 76f.

[147] Ebd., S. 74.

[148] Abschiedsbrief Hohenhausens an den Vater, Minden 18.3.1833, in: ebd., S. 127–139, hier: S. 133.

[149] Ebd., S. 131.

[150] Ebd., S. 139.

[151] Tagebucheintrag Hohenhausens vom 2.1.1833, in: ebd., S. 103–105, hier: S. 103.

[152] Abschiedsbrief Hohenhausens an die Verwandten in Bayern, Bonn 29.12.1833, in: ebd., S. 180–183, hier: S. 181.

[153] „Dass Du mir die Kraft zur Tugend geraubt hast Schicksal, darum schmähe ich Dich!“ Abschiedsbrief Hohenhausens an die Kameraden, Minden 18.3.1833, in: ebd., S. 140–148, hier: S. 142.

[154] Abschiedsbrief Hohenhausens an die Universitätsfreunde, ohne Ort & Dat., in: ebd., S. 173–179, hier: S. 177.

seine „Würde“ zu bewahren.[155] Er hielt seinen Suizid daher auch „für keine Sünde, sondern für eine Rettung der Menschenehre“.[156]

Was aber war es, mit dem Carl von Hohenhausen sich vom „Schicksal betrog[en]“ fühlte?[157] Hohenhausen glaubte schon seit frühster Jugend, an sich körperliche Verfallserscheinungen festzustellen. Wie besessen war er von der Idee, diese könnten sich immer weiter auswachsen und ihn schließlich vollkommen beherrschen.[158] Er bemerkte an sich ein „schwach[es]“ Gedächtnis, „wie das eines Greises“, und einen „abgestumpft[en]“ Geist. Darüber hinaus fürchtete er, in Zukunft „wahnsinnig [zu] werden“.[159] Selbst dass ihn seine Ärzte für völlig gesund erklärten, konnte ihn nicht von diesen Gedanken abbringen.[160] Hohenhausens Selbsttötung war somit eine „vorausschauende Handlung“, die sein künftiges Versagen verhindern sollte.[161] Doch fürchtete er weniger „moralisches Versagen“,[162] als vielmehr den in ihn gesetzten Erwartungen nicht gerecht werden zu können. Denn aufgrund seiner Schwäche glaubte er, niemals eine berufliche Anstellung erlangen zu können, „die über das Gewöhnliche erhaben wäre“.[163]

Seinem Vater, Leopold von Hohenhausen, war nach Ende des Königreichs Westphalen nur eine bescheidene Karriere in der preußischen Verwaltung als

155 „Carl! Fasse deinen Muth! Das Einzige, was noch Würde giebt in der Schmach deines Lebens ist die Verzweiflung. Sie zeigt, daß du erkanntest, du warst in der nichtigen Welt eine Null, – zeigt, daß in deinem innersten Herzen ein poetischer, edler, idealisirter, sehnsüchtiger Grundton schwirrte.“ Tagebucheintrag Hohenhausens vom 8.2.1833, S. 110–126, hier: S. 122.

156 Abschiedsbrief Hohenhausens an den Vater, Minden 18.3.1833, in: ebd., S. 127–139, hier: S. 129f.

157 Abschiedsbrief Hohenhausens an die Kameraden, Minden 18.3.1833, in: ebd., S. 140–148, hier: S. 144.

158 So glaubte er etwa „einen Bruch zu haben und zwei verborgene Krebse“, Tagebucheintrag Hohenhausens vom Juli 1830, in: ebd., S. 51ff.

159 Tagebucheitrag Hohenhausens vom April 1832, in: ebd., S. 69ff.

160 Abschiedsbrief Hohenhausens an die Universitätsfreunde, ohne Ort & Dat., in: ebd., S. 173–179, hier: S. 176.

161 Vgl. dazu die Argumentation bei Bähr: Der Richter im Ich, S. 274–288; ders.: Die Paradoxie moralischer Ausweglosigkeit, S. 56ff.

162 In der Argumentation der von Bähr untersuchten Schriften zum *freiwilligen Tod* zwingt künftiger Wahnsinn – dem aufgeklärten Nützlichkeitsparadigma folgend – zur Selbsttötung, weil moralisches Handeln dann nicht mehr möglich ist: „Der ‚freiwillige Tod‘ war Pflicht, weil der Verfasser im unvermeidlich sich abzeichnenden Wahnsinn seine Moralität verlieren musste.“ Ebd., S. 283. Die „Ausweglosigkeit entstand im Wissen, in der bevorstehenden vollständigen Verstandeszerrüttung seine Pflichten nicht mehr erfüllen zu können“. Es war somit die Pflicht, „der Unfähigkeit zur Pflichterfüllung zuvorzukommen“. Ebd., S. 307f.

163 Tagebucheitrag Hohenhausens vom April 1831, in: Hohenhausen: Carl von Hohenhausen, S. 59. Ähnl. auch: „Was könnte ich meiner Familie sein, wenn ich nicht unaussprechlich elend wäre!“. Tagebucheintrag vom März 1832, in: ebd., S. 68.

Regierungsrat in Münster beschieden, weshalb er große Hoffnungen in Carl setzte. Als dieser in der Schule nicht die erhofften Leistungen erbrachte, machte der Vater ihm schwere Vorhaltungen.[164] Die Sorgen des Vaters lagen darin begründet, dass „die entstehende bürgerliche Leistungsgesellschaft" zu Beginn des 19. Jahrhunderts bereits „eng mit einer Schichtung nach Bildung und Bildungsabschlüssen gekoppelt war, Entscheidungen über Karrieren und Lebensstatus vorwiegend früh und in der Ausbildungsphase fielen".[165] Carl begann dann auch offenbar, sich der Schule mit ganzem Einsatz zu widmen, um später Karriere machen zu können – mit Erfolg: Er bestand das Abitur mit Bestnote. Wie seine Mutter jedoch im Nachhinein urteilte, sei die damals in Carl angefachte „verzehrende Flamme des Ehrgeizes" „gleichsam das Todesurtheil" gewesen.[166] Denn offenbar glaubte Hohenhausen, trotz seiner Leistungen den Erwartungen seiner Eltern nicht gerecht werden zu können. Immer ging er davon aus, seine körperlichen Schwächen würden in Zukunft seinen Intellekt so beeinträchtigen, dass ihm der berufliche Karriereweg versagt bliebe. Er selbst nannte seine Eltern daher in einem Abschiedsbrief „die ersten Urheber [s]eines Unglücks", weil sie immer „so redlich gestrebt [hätten], [s]ein Glück zu gründen". Und: „Ohne Euch Eltern wäre ich kein Selbstmörder geworden!"[167]

Anders als Kleist und Spreti distanzierte sich Freiherr Carl von Hohenhausen nicht von der klassischen adligen Rolle. Diese war aber für ihn nicht mehr ansatzweise so präsent wie für die beiden anderen. Bei der Rückkehr von Berlin nach Minden 1824 fand die Familie kaum Aufnahme in der Mindener Gesellschaft und verfügte zudem durch die einfache Anstellung des Vaters nur über begrenzte finanzielle Mittel.[168] An ein standesgemäßes adliges Leben im frühneuzeitlichen Sinne – von Reisen mit Bediensteten und Wagen, von „dummen Assemblen, Dinées und Soupées" wie bei Spreti – war bei ihm nicht zu denken. Zwar brachte dem Adel sein symbolisches Kapital auch in der nachständischen Gesellschaft auf verschiedenen Feldern entscheidende Vorteile gegenüber der bürgerlichen Konkurrenz[169] – aber eben nur, wenn er über solches Kapital bzw.

164 Tagebucheintrag Hohenhausens vom April 1831, in: ebd., S. 58ff.

165 So NIPPERDEY: Deutsche Geschichte 1800–1866, S. 262.

166 HOHENHAUSEN: Carl von Hohenhausen, S. 22.

167 Abschiedsbrief Hohenhausens an den Vater, Minden 18.3.1833, in: ebd., S. 127–139, hier: S. 136.

168 HÄNSEL: Selbstmord im Biedermeier, S. 18.

169 Darauf weist Josef MATZERATH mit Nachdruck hin, weshalb er es ablehnt, den Adel im 19. Jahrhundert als „Leistungselite" anzusehen. Weil das Selbstverständnis erfolgreicher Adlige ganz wesentlich von der Berufung auf Herkunft und Familientradition geprägt war, fasst Matzerath den Adel stattdessen als „Erinnerungsgruppe" auf. DERS.: Adelsprobe an der Moderne, bes. S. 254–457, pointiert hier: S. 256. Vgl. auch MARBURG/MATZERATH: Vom Stand zur Erinnerungsgruppe, S. 14: „Seine Strategie obenzubleiben bestand darin, Symbole zu nutzen, die die (neuen) konkurrierenden Eliten nicht durch Leistung erringen konnten."

die entsprechenden Symbole verfügte. War das nicht der Fall, so war ein Adliger bzw. die adlige Familie gezwungen, den Zugang zur gesellschaftlichen Elite über persönliche Leistung zu erkämpfen. Dies hatte zur Folge, dass der Lebensweg eines Adligen weniger stark vorgezeichnet war als noch in der Frühen Neuzeit.[170]

Doch auch wenn sich Carl von Hohenhausen nicht explizit gegen einen vorgezeichneten adligen Lebensweg entschied wie Spreti und Kleist – ja, dies aufgrund seiner Situation gar nicht konnte –, so führte auch bei ihm die entstandene Ungewissheit zu extremer Orientierungslosigkeit und Verzweiflung. Erstaunlicherweise hatte seine Selbstdeutung auf semantischer Ebene wiederum außerordentliche Ähnlichkeit mit der Heinrich von Kleists. Auch die Selbsttötung des Freiherrn Carl von Hohenhausen weist damit auf typische Probleme des Adels am Beginn des 19. Jahrhunderts. Im Zuge der gesellschaftlichen Umbrüche in den Jahren um 1800 hatte die altadelige Familie Hohenhausen ihre ursprüngliche soziale Stellung eingebüßt – ein Schicksal, das viele Familien in dieser Zeit ereilte. Der *Kampf ums Obenbleiben* im Übergang zur Moderne wurde gerade auch auf Ebene der adligen Familie, das heißt als „Familienstrategie“, geführt.[171] Die Familien versuchten daher mit großem Aufwand, den beruflichen Erfolg ihrer männlichen Nachkommen sicherzustellen und so das eigene Fortbestehen zu gewährleisten.[172] So ruhten alle Hoffnungen der Familie Hohenhausen, dem Familiennamen wieder zu altem Glanz zu verhelfen, auf dem Stammhalter Carl.[173] Weil er jedoch fürchtete, die nötige berufliche Leistung nicht erbringen zu können, beendete dieser dann sein Leben.

170 Die (ältere) Forschung bezeichnet den Adel im 19. Jahrhundert daher auch als „Leistungselite“: „Der Adelige mußte sich fortan als Landwirt, als Offizier, als Beamter der bürgerlichen Konkurrenz stellen, mußte sich dem bürgerlichen Leistungs- und Ausbildungsforderungen unterwerfen.“ Nipperdey: Deutsche Geschichte 1800–1866, S. 255f.; außerdem Bleeck/Garber: Adel und Revolution, S. 89; Braun: Konzeptionelle Bemerkungen zum Obenbleiben, S. 90. Vgl. auch Marko Kreutzmann: Ständische Identität in der Krise? Zum Wandel sozialen Selbstverständnisses im Adel des (Groß)Herzogtums Sachsen-Weimar-Eisenach um 1800, in: Clemens/König/Meriggi: Hochkultur als Herrschaftselement, S. 305-325, hier: bes. S. 316ff.

171 Dazu Marburg/Matzerath: Vom Stand zur Erinnerungsgruppe, S. 13f.; Matzerath: Adelsprobe an der Moderne, S. 255.

172 Ewald Frie: Oben bleiben? Armer preußischer Adel im 19. Jahrhundert, in: Clemens/König/Meriggi: Hochkultur als Herrschaftselement, S. 327–340, hier: S. 335f.

173 So auch Hänsel: Selbstmord im Biedermeier, S. 18.

8. Fazit

„Ich appelliere an Ihre Ehre: Früher wusste der Adel, was an so einer Stelle zu tun ist!“

Diesen Appell richtete der Abgeordnete der Linkspartei Dietmar Bartsch am 23. Februar 2011 in einer Rede im Deutschen Bundestag an den damaligen Verteidigungsminister Karl-Theodor Freiherr zu Guttenberg mit Blick auf dessen Plagiats-Affäre.[1] Guttenberg sollte – so die Forderung – sich entsprechend dem seit Jahrhunderten gültigen adligen Ehrenkodex verhalten. Er hatte, folgt man der Logik dieses Arguments, seine Ehre verloren, weil bekannt geworden war, dass er den überwiegenden Teil seiner Doktorarbeit plagiiert hatte.[2] Bartsch zielte darauf ab, dass Guttenberg aufgrund seiner Adligkeit den Gesetzen der Ehre in besonderer Weise unterliege und deshalb die Pflicht habe, die Konsequenzen aus seinem Ehrverlust zu ziehen. Ob er damit – wenn auch scherzhaft – eine Selbsttötung meinte, ist unklar. Zumindest in verschiedenen Tageszeitungen wurde der Appell so verstanden.[3]

Eine Verbindung von Selbsttötung und adligem Ehrenkodex wurde schon im 18. Jahrhundert angenommen. Dem Adel wurde unterstellt, in geradezu krankhafter Weise auf seine Ehre fixiert zu sein und im Falle eines Ehrverlusts lieber das eigene Leben beenden, als weiter leben zu wollen. Darüber hinaus wurde sogar vermutet, der Adel habe die christliche Todsünde *Selbstmord* in einem antiken Sinne umgedeutet, so dass sich ihm die Möglichkeit geboten habe, verlorene Ehre wieder herzustellen. Er habe „aus seiner Niederlage wohl noch ein Verdienst machen, und den Selbstmord als Heroismus einer starken Seele bewundert wissen wollen“, wie die Zeitgenossen Gottlieb Georg Ernst von Arenswald unterstellten, dem Prototyp eines angeblich heroischen Selbstmörders. Die ehrenhafte Selbsttötung habe also gewissermaßen als ein Distinktionsritual gedient, mit dem ein wahrer Adliger den Makel der Schande auslöschen konnte.

[1] Die komplette Rede ist einsehbar unter der URL http://www.linksfraktion.de/reden/luegen-duerfen-nicht-ministrabel-werden/.

[2] Zu den Ereignissen siehe Markus MÖSTL: Korrekter Umgang mit Plagiatsvorwürfen. Eine Zwischenbilanz aus Anlass des Falls „zu Guttenberg“, in: Publicus 2011.6, S. 5–7 [URL: http://www.publicus-boorberg.de/sixcms/media.php/boorberg01.a.1282.de/boorberg01.c.143745.de] sowie den Sammelband Oliver LEPSIUS/Reinhart MEYER-KALKUS (Hgg.): Inszenierung als Beruf. Der Fall Guttenberg, Berlin 2011.

[3] So z. B. von Henryk M. BRODER: Die Partei hat immer Recht, in: Die Welt, 28.2.2011, S. 23 (Feuilleton); Berthold KOHLER: Das Urteil, in: Frankfurter Allgemeine Zeitung, 24.2.2011 (Nr. 46), S. 10 (Zeitgeschehen); Werner KOLHOFF: Eine Übung in Demut, in: Pforzheimer Zeitung, 24.2.2011 (Nr. 45), S. 3 (Blickpunkte).

Betrachtet man jedoch die Selbstdeutungen derjenigen Adligen, die ihrem Leben im 18. Jahrhundert ein Ende setzten, so zeigt sich, dass sie selbst nie von einer Wiederherstellung ihrer Ehre ausgingen. Auch für sie stand außer Frage, dass ein *Selbstmord* nichts anderes als eine verabscheuenswürdige Sünde sein konnte. Genauso wurde der Suizid eines Adligen zu keiner Zeit von seinen Standesgenossen in irgendeiner Weise geachtet oder sozial gefordert. Immer galt ihnen ein solcher Tod als ein Verbrechen gegen Gott und die Gesellschaft – und insofern als ein schändliches und unstandesgemäßes Ende. Bei den zeitgenössischen Zuschreibungen, die gegen die Selbstdeutung der Adligen von einer Heroisierung des Suizids ausgingen, handelte es sich vielmehr um Adelskritik, die die althergebrachten christlichen Werte in Gefahr sah.

Trotzdem konnte das Suizidmotiv Ehrenrettung von einzelnen Adligen gezielt zur Selbstinszenierung genutzt werden. Das Bild der heroischen Selbsttötung mit all seinen Konnotationen war aus der Antike entlehnt, die weitverbreitete Chiffre war der Name Cato. Friedrich II. von Preußen diente der Topos dazu, sich rhetorisch seinem Herrschaftsverständnis gemäß zu inszenieren. Mit dem Cato-Motiv rekurrierte er in seinem Sprechen über den Suizid auf die klassischen adligen Werte von Ruhm und Ehre, und stilisierte sich damit als besonders würdiger Herrscher. Friedrich gab vor, jederzeit bereit zu sein, einen Ehrensuizid zu begehen, und stellte sich so in eine Reihe mit den Herrschern der Antike. Ganz ähnlich verwendete der berühmte Illuminat Franz Xaver von Zwack in seinen beiden Abschiedsbriefen das Bild der heroischen Selbsttötung, um an antike Vorbilder anzuschließen und eine edle Geisteshaltung zu demonstrieren. Für beide war ein Beenden des Lebens jedoch keine Handlungsoption – und konnte es auch gar nicht sein –, weil verlorene Ehre nicht mit einer Selbsttötung zurückzugewinnen war.

Der *heroische Suizid* existierte allein auf der Ebene von Zuschreibungen: negativ auf Seiten der Kritiker, die dem Adel damit entgegen dessen Selbstdeutung Irreligiosität und eine krankhafte Ehrfixierung vorwarfen; positiv bei Friedrich und Zwack, die diesen Topos zur Selbstinszenierung nutzten. In keinem einzigen Fall allerdings begründete ein Adliger, der seinem Leben tatsächlich ein Ende setzte, diesen Schritt damit, seine Ehre retten zu wollen. In der geschichtswissenschaftlichen Forschung wurden die historischen Zuschreibungen dann jedoch nicht als solche erkannt und stattdessen relativ unkritisch fortgeschrieben. Wie die Zeitgenossen unterstellte man dem frühneuzeitlichen Adel dann auch aus moderner Sicht – gegen dessen Selbstdeutung – einen heroischen Suizid. Und nicht zuletzt an der Anspielung Dietmar Bartschs bzw. deren Interpretation ist deutlich zu sehen, wie stark diese Vorstellung auch jenseits wissenschaftlicher Diskurse verbreitet ist.

Auch wenn also Selbsttötungen in der kulturellen Praxis nicht als ehrenhaft angesehen wurden, so spielte die Ehre der Beteiligten trotzdem eine grundlegende Rolle. Denn verlorene Ehre konnte einen Adligen sehr wohl in den Suizid treiben. Für einen solchen Ehrverlust waren ganz unterschiedliche Gründe verantwortlich. Gottlieb Georg Ernst von Arenswald sah seine Ehre aufgrund seiner Überschuldung verloren, Johann Wilhelm von der Pforte aufgrund seiner schändlichen Inhaftierung und Franz Ludwig Heinrich von Breitenbauch, weil ihm eine unstandesgemäße Schlägerei nachgesagt wurde. Auch Johann Jakob von Welser hatte durch seine zahlreichen Verbrechen und sein auch sonst extrem deviantes Verhalten seine Ehre verloren. Ein unstandesgemäßes Weiterleben in Schande erschien auch ihm unerträglich. Mit einem *mittelbaren Selbstmord* beendete er daher sein Leben. Dabei ist bei ihm noch offensichtlicher als bei den übrigen Selbsttötungen, dass die Handlung nicht dazu geeignet war, den Ehrverlust rückgängig zu machen. Der Suizid war aus Sicht der Betroffenen notwendig geworden, weil sie ihre Ehre unwiederbringlich verloren hatten. Alle wussten sich ihrer „Ehre auf immer beraubt", wie Breitenbauch aussagte, und nahmen sich deshalb das Leben.

Allerdings musste ein Ehrverlust nicht zwangsläufig zum Suizid führen. Nur in Ausnahmefällen töteten sich Adlige, wenn sie ihre Ehre verloren zu haben glaubten. Die meisten von ihnen lebten trotz des Ehrverlusts weiter. Der adlige Ehrenkodex erzwang also nicht die Selbsttötung, wie dies in der bisherigen Forschung durchklingt. Für eine solch eindeutige Kausalität war die Ehre in der Frühen Neuzeit zu komplex, zu uneindeutig und auch zu unverbindlich. Daher wurde die Selbsttötung bei einem Ehrverlust auch niemals von einem Adligen gefordert – obwohl das Suizidmotiv Ehrverlust allgemein nachvollzogen werden konnte und insofern kommunikativ unmittelbar anschlussfähig war. Falls Dietmar Bartsch mit seinem Appell an Karl Theodor zu Guttenberg auf eine Selbsttötung anspielen wollte, so hatte er also nicht ganz Recht. *Der Adel* bewertete den Suizid niemals als angemessene Handlung. Allerdings hatte Bartsch insofern Recht, als sich einzelne Adlige durch einen Ehrverlust zum Suizid gezwungen sehen konnten.

Entgegen der These Andreas Bährs war es jedoch nicht so, dass nur eine moralische – das heißt selbstverschuldete – Ausweglosigkeit zu einer Selbsttötung führen konnte. Lediglich Schulenburg gab sich selbst die Verantwortung für sein Elend und tötete sich im Bewusstsein der eigenen Schuldhaftigkeit. Breitenbauch und Pforte sahen sich hingegen durch Ungerechtigkeiten anderer in den Suizid getrieben. Arenswald deutete seinen Suizid sogar als einen an ihm begangenen Mord. Spreti und Kleist sahen sich der Übermacht eines äußeren Schicksals hilflos ausgeliefert und damit zur Selbsttötung gezwungen. Ihre Passivität war auch der Grund dafür, dass sich die Adligen, soweit dies zu sagen ist, keine Sorgen um ihr Seelenheil machten. Indem sie ein abstraktes Schicksal für ihren Suizid verantwortlich machten, entschuldeten sie ihre Tat vor Gott. Sie konnten ihre Angehörigen daher auf ein Wiedersehen im Jenseits vertrösten. Das Schicksal diente konfessionsübergreifend als Medium, mit dem die äußere Macht, die zum Suizid zwang, auf einen säkularen Begriff gebracht wurde.

Die Ehre spielte im Zusammenhang mit Selbsttötungen im Adel noch in einer ganz anderen Hinsicht eine bedeutende Rolle. Denn auch wenn dies an keiner Stelle formal fixiert war, so waren die Körper adliger Suizidenten in der Rechtspraxis prinzipiell von einer unehrlichen Behandlung, wie einem Hunde- oder Eselsbegräbnis, ausgenommen. Stattdessen wurden sie in aller Regel still, aber dennoch ehrlich begraben. Wie bei anderen Schand- und Ehrenstrafen bewahrte das Mehr an Ehre den Adel davor, an seiner Ehre gestraft zu werden, da nach frühneuzeitlichem Verständnis eine solche Strafe einen Adligen ungleich härter getroffen hätte als einen Menschen *gemeinen Stands.* Die Standesqualität als Ursache für die rechtliche Sonderbehandlung wurde daher auch explizit genannt. Mit allem nur „möglichem Menagement seines Standes“ wurde Arenswald bestattet und genauso bat Pforte „aus Regardt [s]eines adlichen Standtes“ um ein ehrliches Begräbnis.

Zwar ist in der Forschung wiederholt festgestellt worden, dass Selbsttötungen allgemein im Laufe des 18. Jahrhunderts immer seltener bestraft wurden. Immer häufiger wurden die Täter als geistig unzurechnungsfähig eingestuft und damit juristisch entschuldigt. Beim Adel lag der Fall allerdings insofern anders, als ihm in aller Regel ein bewusster Suizid, wie etwa der aus verlorener Ehre, unterstellt wurde. Ein Esels- oder Hundebegräbnis hätte nahezu überall im Alten Reich auch noch im 18. Jahrhundert die Folge sein müssen. Doch entweder man verzichtete von Anfang an auf eine strafrechtliche Untersuchung oder das geltende Recht wurde durch Begnadigungen abgemildert. Selbst bei besonders verwerflichen Selbsttötungen, denen im Gefängnis aus *Furcht vor Strafe*, erfolgte keine postmortale Bestrafung. Obwohl die Rechtslage hier absolut eindeutig war, ging man bei den beiden Inquisiten Karl Heinrich von Hoym und Franz Anton von Pappenheim von vornherein von einem stillen Begräbnis aus und ließ ihre Leichen zwei Wochen bzw. zehn Tage am Strick hängen, bis die Landesherren das Begräbnis bestätigt hatten. Und obwohl Johann Jakob von Welser nach Ansicht der Juristen einen kaltblütigen Mord aus niederen Beweggründen begangen und daher nach geltendem Recht eine *poena infamiae* verdient hatte, wurde auch sein Urteil in einen ehrenhaften Tod durch Erschießen mit anschließendem stillen Begräbnis umgewandelt.

Im Zuge der Aufklärung geriet die Sonderbehandlung des Adels vor dem Gesetz dann immer stärker in die Kritik. Der Arzt Christian Gottfried Gruner forderte Ende des 18. Jahrhunderts öffentlich, endlich alle Suizidentenleichname standesunabhängig ehrlich zu bestatten. Im Fall Spreti warnte der Fiskal in München seinen Kurfürsten davor, dass, wenn man den Grafen anders als die „ärmsten Bauers- und Bürgersfamillen“ bestrafe, der Vorwurf erhoben werden könnte, „daß das Gesetz ein Spinngeweb seyn, worinn nur die kleine Mücken hängen bleiben, und die grosse durchreissen“. Im Rahmen dieser Entwicklung erlangte auch die Gerichtsmedizin eine immer wichtigere Bedeutung, da nur noch der objektiv feststellbare körperliche Zustand eines Menschen – und nicht sein Stand – über seine strafrechtliche Behandlung entscheiden sollte.

In der Praxis wurden diese aufgeklärten Ideale jedoch noch lange unterlaufen. Auch nachdem die medizinische Sichtweise einen wesentlichen Einfluss auf die strafrechtliche Bewertung von Suiziden erlangt hatte, war dies nur eine Perspektive neben anderen. Moralische, religiöse und soziale Deutungsmuster behielten ihre Bedeutung für die Beurteilung der Täter noch lange bei. Am Fall des Ulmer Patriziers Johann Jakob von Welser war zu sehen, wie die zuständigen Juristen aus einer komplexen Gemengelage von Deutungen zu einer Einschätzung seiner Schuldfähigkeit kamen. Beim abschließenden Endurteil trat diese dann allerdings hinter seinen Stand zurück. Eine weitere Möglichkeit, den medizinischen Befund zu umgehen, bestand darin, bei Adligen von vornherein auf eine Obduktion zu verzichten. So musste es erst gar nicht zu einer ungünstigen Diagnose kommen. Wurde aber doch eine Obduktion im Zuge eines Strafverfahrens vorgenommen, fußte das medizinische Urteil keineswegs auf objektiven Kriterien. Denn obwohl die psychiatrische Begutachtung durch Mediziner im Laufe des 18. Jahrhunderts für die Strafverfolgung immer stärker an Bedeutung gewann, war sie nur wenig standardisiert. Eine Diagnose hing weniger von normierten Vorgaben als vielmehr vom subjektiven Eindruck des jeweiligen Arztes ab. Dieser besaß damit eine ganz erhebliche Deutungsmacht. Bei Franz Sales von Spreti wurden zunächst keine physischen Anzeichen einer Melancholie festgestellt. Nachdem allerdings die adlige Identität des Toten bekannt geworden war, revidierte der Arzt sein erstes Urteil und erklärte den Suizid nun doch pathologisch. Ähnlich wurde auch bei Heinrich von Kleist im Nachhinein eine körperlich bedingte Melancholie hinzu erfunden. Der Suizid war jedoch zu diesem Zeitpunkt in Preußen generell nicht mehr mit strafbar, so dass Kleist mit dieser Diagnose nicht juristisch, sondern moralisch entlastet werden sollte.

Da die ständische Ehre den Adel vor einer Bestrafung bewahrte, wurde der adlige Suizident aus juristischer Perspektive nicht unehrlich. Parallel dazu existierten jedoch Vorstellungen, nach denen ein Mensch schon allein dadurch, dass er sich das Leben nahm, unehrlich werden konnte. Dieses Phänomen kann als eine rituelle Verunreinigung im Sinne von Mary Douglas angesehen werden. Sie resultierte aus der Vorstellung, dass ein Suizident einen fehlerhaften Tod gestorben und daher sein Übergang ins Jenseits misslungen war. Die ständische Ehre hatte auf eine solche rituelle Verunreinigung keinen Einfluss, weshalb Adlige ebenfalls mit ihrem Suizid rituell unrein werden konnten. Auch von ihren Körpern ging in diesen Fällen Gefahr aus. Die Ehre schützte Adlige also nicht vor einer Unehrlichkeit in diesem Sinne. Dies ist bei den Selbsttötungen des Grafen von Hoym und des Freiherrn von Pappenheim deutlich zu sehen. Nur mit großem Aufwand war es bei Hoym möglich, jemanden zu finden, der bereit war, seinen Körper zu berühren und zu begraben. Im Fall Pappenheim stand von Beginn an außer Frage, dass für diese Tätigkeit nur die unehrlichen Gefangenen infrage kamen, das heißt diejenigen, die im Zuge ihrer Bestrafung selbst durch den Kontakt mit dem Scharfrichter rituell verunreinigt worden waren. Beide Suizidenten wurden jedoch anschließend ebenfalls ehrlich bestattet.

Diese Paradoxie, die mit der Formulierung der *ehrlichen Bestattungen von Unehrlichen* auf den Punkt gebracht werden kann, ist ein klassischer Fall von kultureller Ambiguität bzw. von Normenkonkurrenz. Rituelle Unreinheit und sozialer Ehrverlust standen als zwei unterschiedliche Deutungssysteme nebeneinander, die beide Geltung beanspruchten. Lange wurden diese konkurrierenden Wahrheitsansprüche wie ganz selbstverständlich akzeptiert – die Menschen wiesen ein hohes Maß an Ambiguitätstoleranz auf. Die nach Eindeutigkeit und Rationalität strebende Aufklärung wandte sich dann jedoch vehement gegen die widersprüchlichen Normen. Vorstellungen von Unehrlichkeit wurden im Zuge dessen als Aberglaube abqualifiziert. Bezeichnenderweise verlief die Frontlinie dieses Kampfes jedoch weniger entlang sozialer Gruppen – etwa zwischen gebildeter Elite und abergläubischem Volk – als vielmehr quer durch die Köpfe der Menschen selbst.

Die gesellschaftlichen Wandlungsprozesse, die sich im Laufe des 18. Jahrhunderts vollzogen und die in den tiefgreifenden Umbrüchen um 1800 gipfelten, setzten den Adel in seinem althergebrachten Selbstverständnis massiv unter Druck. Dabei zeigt sich, dass es häufig die Adligen selbst waren, die die sozialen Transformationsprozesse im Übergang zur Moderne mittrugen. Bei Graf Alexander von der Schulenburg ist deutlich zu sehen, wie wenig er die Einbindung in den frühmodernen Staat als unstandesgemäß oder aufgezwungene Disziplinierung wahrnahm. Er hatte die absolutistische Ethik vollkommen internalisiert, so dass nicht der Verlust seiner Ehre, sondern sein Versagen als Rad in der Staatsmaschine ihn in die Selbsttötung trieb. Auf theoretischer Ebene war die Selbsttötung zu einem höheren Ziel – aus Nützlichkeit für die Gesellschaft – in der aufgeklärten Philosophie schon früh gefordert worden. Bei Schulenburg zeigt sie sich auch in der sozialen Praxis: Weil er sein Vaterland mit seinem politischen Scheitern in Gefahr gebracht hatte, sah er sich in der Pflicht, sein Leben beenden zu müssen.

In den letzten Jahren wurde in der Forschung vor allem die erfolgreiche Anpassung *des Adels* an die veränderten gesellschaftlichen Bedingungen am Ende des Ancien Régime betont und damit die alte These von einem Bedeutungsverlust bzw. einer *Krise des Adels* relativiert. Dies ist wohl auch für den Adel als Ganzes nicht von der Hand zu weisen, da die Sozialformation Adel noch bis ins 20. Jahrhundert in vielen Bereichen ihren Führungsanspruch bewahren konnte. Geht man allerdings auf die Ebene einzelner Adliger, so zeigt sich, dass sich einige Adlige am *Kampf ums Obenbleiben* nicht beteiligen wollten – und auffälligerweise stammten diejenigen Adligen, die sich das Leben nahmen, genau aus diesem Kreis. Offensichtlich bot der Kampf ums Obenbleiben, selbst wenn er von Einzelnen verloren wurde, einen ausreichenden Lebenssinn. Immerhin handelte es sich dabei um ein jahrhundertealtes Merkmal des Adels und gehörte insofern zur adligen Identität. Dem Kampf hingegen zu entsagen und nach anderen, bürgerlichen Alternativen zu streben, konnte einen Adligen aber offensichtlich an der Welt verzweifeln lassen. Dies lag nicht zuletzt daran, dass dieses Streben von den Standesgenossen häufig nicht als standesgemäß akzeptiert wurde.

Das heißt: Adlige töteten sich am Ende der Frühen Neuzeit nicht, weil sie ihr eigener Bedeutungsverlust im Rahmen der Krise des Adels verzweifeln ließ, und auch nicht, weil sie im Kampf ums Obenbleiben versagten. Diejenigen Adligen, die sich um 1800 besonders auf ihre adlige Ehre besannen, zerbrachen gerade nicht. Die althergebrachten Werte boten ihnen immer noch eine ausreichende Orientierung – auch wenn diese Werte zunehmend kritisiert wurden. Stattdessen töteten sich Adlige, die selbst die adlige Rolle infrage stellten, wie Franz Sales von Spreti oder Heinrich von Kleist. Sie zweifelten an der Adligkeit als bester aller Lebensformen. Doch gleichzeitig scheiterten sie bei der Suche nach Alternativen, mit denen sie den Erwartungen ihres sozialen Umfeldes hätten gerecht werden können. Und so zeigen ihre Motive, was Selbsttötungen für den Adel am Übergang zur Moderne waren: Kein ehrenhafter Abgang als letztes Aufflackern adliger Autonomie, sondern die Kapitulation vor den gewandelten eigenen Ansprüchen.

Anhang

Abbildungen

Abkürzungsverzeichnis

ADB	Allgemeine Deutsche Biographie
AKathKR	Archiv für katholisches Kirchenrecht
EdN	Enzyklopädie der Neuzeit
GG	Geschichte und Gesellschaft
HA	Historische Anthropologie
HJ	The Historical Journal
HJb	Historisches Jahrbuch
HRG	Handwörterbuch zur deutschen Rechtsgeschichte
HWDA	Handwörterbuch des deutschen Aberglaubens
HWPh	Historisches Wörterbuch der Philosophie
HZ	Historische Zeitschrift
KJb	Kleist-Jahrbuch
NASG	Neues Archiv für sächsische Geschichte
NDB	Neue Deutsche Biographie
P&P	Past and Present
ZdtPhil	Zeitschrift für deutsche Philologie
ZfVK	Zeitschrift für Volkskunde
ZHF	Zeitschrift für Historische Forschung

Quellen- und Literaturverzeichnis

Ungedruckte Quellen

Hauptstaatsarchiv Dresden (HStA Dresden)

Geheimer Rat (Geheimes Archiv), Bestandssignatur 10024

Loc. 7190/11, „Die Begünstigungen des Grafen Carl Heinrich von Hoym und dessen Entleibung".

Loc. 7190/12, „Paket, des zu Königstein arretiert gewesenen Grafen Carl Heinrich von Hoym Selbstmord (aus dem Nachlass des Geheimen Rates von Zech)".

Loc. 7190/13, „Zirkularschreiben an die auswärtigen Gesandten, den Tod des Grafen Carl Heinrich von Hoym betreffend".

Loc. 7190/14, „Des vormaligen Ministers Graf von Hoym Güterkonfiskation".

Loc. 7190/15, „Die Affigierung des selbstentleibten Carl Heinrich Grafen von Hoym betreffendes Mandat auf jedem der hoymischen Güter und Konfiskation dessen Allodialvermögens".

Loc. 9703/37, „Acta commissionis, die von dem sich selbst entleibten Grafen von Hoym während seines Arrests auf der Festung Königstein geführte heimliche Korrespondenz auf die dabei mit implizierten Personen, und was dem allenthalben mehr anhangig".

Geheimes Kabinett, Bestandssignatur 10026

Loc. 955/6, „Die Selbstentleibung des auf der Festung detinierten Grafen von Hoym betreffend".

Loc. 955/7, „Das wegen des Grafen von Hoym begangener Verbrechen und Selbstmords, auch Konfiskation seines Allodialvermögens, ins Land publizierte Mandat betreffend".

Loc. 955/8, „Die bei dem Grafen von Hoym aufgefundenen Schriften".

Loc. 955/9, „Das über einige Punkte wegen des sich selbst entleibten Grafen von Hoym (...) erforderte und erstattete Gutachten".

Loc. 956/2, „Die wider Herrn Karl Heinrich Graf von Hoym verschiedentlich allergnädigst angeordneten Expeditionen, besonders aber dessen Selbstmord betreffend; Anno 1731–1736".

Loc. 956/3, „Die wider Herrn Karl Henrich Graf von Hoym nach dem erfolgten Selbstmord allergnädigst angeordnete Expeditionen betreffend".

Loc. 956/8, „Die Selbstentleibung des auf der Festung Königstein arrestierten Grafens von Hoym".

Loc. 957/1, „Des arrestierten Karl Heinrich Graf von Hoym und der mitimplizierten Personen Vernehmung, auch des Erstern erfolgter Selbstmord".

Loc. 957/2, „Die Konfiszierung des auf der Festung Königstein sich selbst entleibten Grafens von Hoym Vermögens und die von Ihrer Königlichen Majestät [August II.] der Kommission deshalb vorgelegten fünf Punkte".

Loc. 957/3, „Die über einige Punkte wegen des sich selbst entleibten Grafens von Hoym von dem Geheimen Konsilium, der Landesregierung, dem Appellationsgericht und den Geheimen Referendarien viritim zu erstatten anbefohlene und eingereichte eigenhändige Bedenken".

Amt Dresden, Bestandssignatur 10047

3915–3916, „Untersuchungen des Selbstmordes und der verbotenen Korrespondenz des auf der Festung Königstein inhaftierten Kabinettsministers Carl Heinrich von Hoym".

Landesregierung, Bestandssignatur 10079

Loc. 30736, Vol. IV, „Unglücks- und andere außerordentliche Vorfälle btr.".

Generalkriegsgericht, Bestandsignatur 11321

Nr. 11870, „Den Selbstmord des Unterleutnants Johann Wilhelm von der Pfordte betr. (1729)".

Kriegsgerichte der Infanterieformationen bis 1867, Bestandssignatur 11326

Nr. 635, „Untersuchung einiger wider den Capitain Carl Ludolf Zanthier und den Premierleutnant Gottfried von Brzesky angegebener Exzesse, 1729–1730".

Nr. 1748, „Verlassenschaft des Kapitäns Gottlieb Georg Ernst von Arenswald, 1781–1783".

Nr. 1756, „Schulden des Kapitäns Gottlieb Georg Ernst von Arenswald, 1781".

Hauptstaatsarchiv Hannover (HStA Hannover)

Konsistorium zu Hannover, Bestandssignatur Hann. 83

VI Nr. 171, „Feldkirchenbuch des 15., ehemals 16. Infanterieregiments".

Fürstentum Calenberg, Privatsachen, Bestandssignatur Cal. Br. 15

Nr. 848, „Protokoll über den zu Madras erfolgten Selbstmord des Leutnants Ernst von Dachenhausen vom 15. Regiment, 1789/1790".

Hauptstaatsarchiv München (HStA München)

Personenselekt: Cart. 418 Spreti (1678–1804).

Geheimes Staatsarchiv Preußischer Kulturbesitz (GStA PK)

Alte und Neue Reposituren, Bestandssignatur I. HA Rep 96

Nr. 98 H, „Prinz Moritz von Anhalt-Dessau".

Nr. 223 E, „Personalien des Ministers Grafen Alexander Friedrich Georg von der Schulenburg. 1786–1790".

Sammlung Personen, Ansichten und Ereignisse, Bestandssignatur IX. HA

SPAE, VII, Nr. 1868, Schulenburg, Brustbild in Dreiviertelansicht, im Oval.

Staatsarchiv Landshut (StA Landshut)

Schlossarchiv Kapfing, Bestandssignatur Rep. 161/Kapfi

Nr. 1802, „Tagebücher und philosophisch-weltanschauliche Notizen des Johann Nepomuk Freiherrn von Pelkofen (1763–1803), königlicher Kämmerer und Regierungsrat, Mitglied des Illuminaten-Ordens".

Regierung Landshut, Bestandssignatur Rep. 199

A 17284, „Tod und Verlassenschaft des Franz Sales Grafen v. Spreti, Regierungsrats zu Straubing, und die Obsignation des Gutes Kapfing 1791".

Regierung Straubing, Bestandssignatur Rep. 209

A 5566, „Der Selbstmord des Franz Sales Grafen v. Spreti, Regierungsrats zu Straubing, und dessen Verlassenschaft, 1791".

Fiskalamt Straubing, Bestandssignatur Rep. 212

A 302, „Der Selbstmord des Grafen v. Spreti, Regierungsrats zu Straubing, 1790–1791".

Staatsarchiv Marburg (StA Marburg)

Truppenteile, Garnisonen, Festungen, Bestandssignatur 15

Nr. 596, „Angelegenheiten des 1. Bataillons Garde".

Landgräflich Hessische Regierung Kassel: Familienrepositur, von Pappenheim, Bestandssignatur 17d

Nr. 15, „Freitod des Franz Anton von Pappenheim im Zuchthaus in Kassel, 1750".

Strafvollzugsbehörde Kassel, Bestandssignatur 251

Nr. 41, „Protokoll-Buch über eingelieferte und wieder entlassene Züchtlinge, 1749–1797".

Stadtarchiv Ulm (StadtA Ulm)

Reichsstadt (bis 1802) und bayerische Übergangszeit (1802 bis 1810), Bestandssignatur A

4871, „Den wegen eines an Johannes Rauen verübten Homicidii dolosi in Verhafft gerathenen allhiesigen Herrn Johann Jacob Baron v. Welser, geweßten Württemberg. Lieutenant betr., 1771".

4877, „Die zwischen der ledigen Susanna Maria Bürglin und dem Herrn Johann Jacob Baron von Welser abgeschwebte Impraegnation und Paternitaets-Differenz".

Stadtarchiv Stralsund (StadtA Stralsund)

Stralsund in den Landständen, Bestandssignatur Rep. 13, 01.05.05
Nr. 0278, „Selbstmord des Jakob Zitzewitz, Hofrat und Hauptmann des Herzogs Johann Friedrich von Pommern (1542 bis 1600)".

Evangelisches Landeskirchliches Archiv Berlin (ELAB)

Nr. 8927, Gesamtkirchenbuch Blumberg und Eiche, Kkr. Weißensee, 1779–1804.

Evangelisches Landeskirchliches Archiv Karlsruhe (ELAK)

F 716, Mischbuch Haslach 1738–1808.

Bischöfliches Zentralarchiv Regensburg (BZA Regensburg)

Kirchenbuch der Pfarrei Alburg, Bd. 6, S. 676–678, FN 103.

Familien- und Handelsarchiv der Freiherren von Welser (FHA Welser)

Allgemeine Augsburg-Nürnbergerische Welsersche Familienstiftung, Bestandssignatur C XV, Marx Christoph und Paul Carl Welser
Personalakte, Bestandssignatur F
876, Personalakt Johann Jakob von Welser.

Privatarchiv Heinrich von Spreti, München (PA Spreti)

„Verzeichnung des Grafen Sigmund von Spreti".
„Concepte verschiedener Briefe u. Jahre".
„Gräflich Spretische Correspondenz, Briefe Sigismund Spretis an seine Frau Clementine".
„Verschiedene Dokumente zu Franz Sales Graf von Spreti".
„Briefe des Franz Sales an Kajetan von Spreti (1787–1790)".
„Korrespondenz zwischen Spreti und seinen Eltern (1789) [Transkr.]".
„Franz Sales von Spretis letzter Wille, Straubing 24.1.1991 [Transkr.]".
„Pelkhoven, Johann Nepomuck von: Den Tod des Grafen Sales Sprety betreffend".

Gedruckte Quellen

Albrecht, Johann Friedrich Ernst: Neue Biographien der Selbstmörder, 4 Bde., Neue Auflage, Leipzig/Frankfurt 1800.

Anonym: A Remarkable Act of Suicide, in: Edward W.R. Pitcher/D. Sean Hartigan (Hg.): Sensationalist Literature and Popular Culture in the Early American Republic. An Anthology of Exotic Nonfiction, Wonder Tales and Whoppers, Lewiston/Queenston/Lampeter 2000 (Studies in British and American Magazines 10), S. 152f.

Anonym: Authentische Briefe des Hauptmanns von Arenswald der sich am 29sten Septembr. 1781. erschoß, nebst der Geschichte seines Todes, mit Anmerkungen herausgegeben, Frankfurt/Leipzig 1782.

Anonym: Carolus Henricus, Graf von Hoym, in: Genealogisch=historische Nachrichten von den Allerneuesten Begebenheiten, welche sich an den Europäischen Höfen zugetragen, worinn zugleich Vieler Standes=Personen und anderer Berühmter Leute Lebens=Beschreibungen vorkommen, als eine Fortsetzung des Genealog. Hist. Archivarii., VIII Theil, Leipzig 1740, S. 691f.

Anonym: Merckwürdige Staats=Assemblée in dem Reiche derer Todten, zwischen einem gantz besondern Klee=Blat; oder Dreyen unartigen Staats=Ministern, Nemlich: Dem Duc De Ripperda, dem Grafen von Hoymb und dem Juden Süß=Oppenheimer, Amsterdam 1738.

Anonym: Nachricht von dem Hochgräfl. Hoymischen Geschlechte, und denen jüngst daraus verstorbenen dreyen Grafen, in: Der Genealogisch-Historische Archivarius, Welcher alles, was sich unter den ietztlebenden Hohen Personen in der Welt an Geburten, Vermählungen, Avancements und Todes-Fällen veränderliches zuträgt, Mit Einrückung vieler Lebens-Beschreibungen, sorgfältig anmercket 8, 1738, S. 107–129.

Anonym: Original Letters of Captain Von Arenswald, who killed himself the 29th of Sept. 1781; with an Account of the Manner of his Death and Remarks; in German, Frankfurt/Leipzig 1782, in: Henry Maty (Hg.): A New Review; with Literary Curiosities, and Literary intelligence, for the Year 1783, Vol. IV, London 1783, S. 276–287.

Anonym: Rationalist, Duelling and Suicide Repugnant to Revelation, Reason and Common Sense, London 1774.

Arndt, Ernst Moritz: Zwei Worte über die Entstehung und Bestimmung der Teutschen Legion, [Dresden] 1813.

[Babo, Joseph Marius von]: Ueber Freymaurer. Erste Warnung. Sammt 2 Beylagen, München 1784.

Bachenschwanz, Ludwig: Allerneuester Zustand der Churfürstlich Saechsischen Armée auf das Jahr 1781, Starnberg 1986 [Neudr. der Ausgabe Dresden 1802].

Bayreuth, Wilhelmine von: Memoiren einer preußischen Königstochter. Übersetzung, Anmerkungen und Nachwort von Günter Berger, Bayreuth 2007.

Besterman, Theodore u. a. (Hg.): The Complete Works of Voltaire – Les Oeuvres Completès de Voltaire, über 200 Bde., Genf/Oxford 1968–2018.

Bischof, Karl August: Versuch über den freywilligen Tod, Nürnberg 1797.

Catt, Heinrich de: Unterhaltungen mit Friedrich dem Großen. Memoiren und Tagebücher, hrsg. von Reinhold Koser, Leipzig 1884 (Publikationen aus den königlich-preußischen Staatsarchiven 22).

Coccejus, Samuel von (Hg.): Novum Corpus Constitutionum Prussico-Brandenburgensium Praecipue Marchicarum, 12 Bde., Berlin 1753–1822.

Cosandey, Sulpitius/Renner, Vitus/Utzschneider, Joseph: Drey merkwürdige Aussagen die innere Einrichtung des Illuminatenordens in Baiern betreffend, [München] 1786.

Einige Originalschriften des Illuminatenordens, welche bey dem gewesenen Regierungsrath Zwack durch vorgenommene Hausvisitation zu Landshut den 11. und 12. Oktob. 1786 vorgefunden worden, München 1787.

Elvert, Emanuel Gottlieb: Ueber den Selbstmord in Bezug auf gerichtliche Arzneykunde, Tübingen 1794.

Friedeborn, Paul: Historische Beschreibung der Stadt Alten Stettin in Pommern/ Sampt Einem Memorial vnnd Außzuge etlicher denckwürdigen Geschichten/ Handlungen vnd Verträgen …/ So dann auch Eine General Beschreibung des gantzen Pommerlandes: Fürstliche Stammlini der Hertzogen von Pommern/ … Beschrieben vnd in drey Bücher verfasset, Stettin 1613.

Gruner, Christian Gottfried: Unehrlichkeit und unehrliches Begräbnis, in: Almanach für Aerzte und Nichtaerzte auf das Jahr 1790, Jena 1790, S. 96–121.

Hattenhauer, Hans (Hg.): Allgemeines Landrecht für die Preußischen Staaten von 1794, 3. Aufl., Neuwied u. a. 1996.

Henckel von Donnersmarck, Viktor Amadeus: Militärischer Nachlaß, 1. Teil, 2. Abt. Enthaltend die Feldzüge von 1756 und 1757, hrsg. von Karl Zabeler, Zerbst 1846.

Hinrichs, Carl (Hg.): Der Kronprinzenprozeß. Friedrich und Katte, Hamburg 1936.

Hohenhausen, Elise von: Carl von Hohenhausen. Untergang eines Jünglings von achtzehn Jahren. Zur Beherzigung für Eltern, Erzieher, Religionslehrer und Aerzte, Braunschweig 1836.

Hommel, Karl Ferdinand: Des Herren Marquis von Beccaria unsterbliches Werk von Verbrechen und Strafen. Auf das Neue selbst aus dem Italiänischen übersezet mit durchgängigen Anmerkungen des Ordinarius zu Leipzig Herren Hofrath Hommels, Breslau 1778.

Hume, David: On Suicide, in: ders.: Essays on Suicide, and the Immortality of the Soul, Ascribed to the Late David Hume, Esq. Never Before Published, London 1783, S. 1–22.

Ihro Königl. Majestät in Pohlen und Chur=Fürstl. Durchl. zu Sachsen etc. allergnädigst approbirtes Dienst=Reglement im Lande und im Felde, vor Dero Infanterie-Regimenter, Dresden 1753.

Jakubowski-Tiessen, Manfred: Bekehrung unterm Galgen. Malefikantenberichte, Leipzig 2011 (Edition Pietismustexte 3).

Kant, Immanuel: Briefwechsel, hrsg. von der Königlich Preußischen Akademie der Wissenschaften, 4 Bde., Berlin 1900–1922 (Kant's gesammelte Schriften 10–13).

Kant, Immanuel: Die Metaphysik der Sitten, Berlin 1968 (Kants Werke. Akademie-Textausgabe 6).

Kant, Immanuel: Anthropologie in pragmatischer Hinsicht, Berlin 1968 (Kants Werke. Akademie-Textausgabe 7).

Kant, Immanuel: Vorlesungen, Bd. 4. Vorlesungen über Moralphilosophie, hrsg. von der Akademie der Wissenschaften zu Göttingen, Berlin 1974 (Kant's gesammelte Schriften 27).

Kleinschmidt, Christoph Ludwig (Hg.): Sammlung kurhessischer Landes=Ordnungen und Ausschreiben nebst dahin gehörigen Erläuterungs= und anderen Rescripten, Resolutionen, Abschieden, gemeinen Bescheiden und dergleichen, 8 Bde., Kassel 1767–1816.

Knigge, Adolph: Ueber den Umgang mit Menschen, hrsg. von Michael Rüppel, Göttingen 2010 (Werke 2).

Koser, Reinhold u. a. (Hg.): Politische Correspondenz Friedrich's des Großen, 47 Bde., Berlin 1879–1939.

Koser, Reinhold (Hg.): Briefwechsel Friedrichs des Großen mit Grumbkow und Maupertuis (1731–1759), Leipzig 1898 (Publicationen aus den königlich-preußischen Staatsarchiven 72).

[Kreittmayr, Wigulaus Xaver Aloys von (Hg.)]: Codex Juris Bavarici Criminalis de Anno M.DCC.LI., 2. Aufl., München 1771.

[Kreittmayr, Wigulaus Xaver Aloys von (Hg.)]: Anmerkungen über den Codicem Juris Bavarici Criminalis [...] von einem unbenannten Authore verfertiget [...], München 1774.

Küster, Carl Daniel: Die Lebensrettungen Friedrichs des Zweyten im siebenjährigen Kriege und besonders der Hochverrath des Barons von Warkotsch, Berlin 1792.

Kulenkamp, Elard Johannes (Hg.): Neue Sammlung der Landes=Ordnungen, Ausschreiben und anderer allgemeinen Verfügungen, welche bis zum Ende des Oktobers 1806 für die älteren Gebietstheile Kurhessens ergangen sind, 4 Bde., Kassel 1828–1893.

Lang, Karl Heinrich von: Adelsbuch des Königreichs Baiern, München 1815.

Loen, Johann Michael von: Der Soldat oder der Kriegsstand, betrachtet als der Stand der Ehre, Frankfurt/Leipzig 1744.

Lüning, Johann Christian: Codex Augusteus Oder Neuvermehrtes Corpus Juris Saxonici..., Leipzig 1724.

Luther, Martin: Tischreden, 6 Bde., Weimar 1912–1921 (Martin Luthers Werke. Kritische Gesamtausgabe, Abt. 2).

Lyncker, Carl Wilhelm Heinrich von: Ich diente am Weimarer Hof. Aufzeichnungen aus der Goethezeit, hrsg. von Jürgen Lauchner, Köln/Weimar/Wien 1997.

Martin, Gabriel: Catalogus librorum bibliothecae illustrissimi viri Caroli Henrici Comitis de Hoym. Olim regis Poloniae Augusti II. apud regem Christianissimum legati extraordinarii, Paris 1738.

Meister, Georg Jacob Friedrich: Abhandlung, über den Einfluß, welcher der Stand des Verbrechers auf die Strafen und das Verfahren in Strafsachen hat; nach den Grundsätzen des allgemeinen Criminalrechts verfasset, und aus dem Römisch=Teutschen Criminalrechte erläutert, Göttingen 1784.

Miltitz, Alexander von: Ihrer Königl. Maj. in Pohlen, u. als Chur=Fürstens zu Sachßen, u. u. Mandat, Carl Heinrichs, Grafens von Hoym, begangene Verbrechen auch Selbst=Mord, ingleichen Die Confiscation seines sämmtlichen Allodial=Vermögens, und was dem anhängig, betreffend, Ergangen De Dato Dreßden, den 23sten Februarii Ann. 1737.

Moehsen, Johann Carl Wilhelm: Betrachtungen über die Berlinischen Selbstmörder unter den Soldaten. Nach dem Manuskript aus den Materialien der Berliner Mittwochsgesellschaft herausgegeben von Hans-Uwe Lammel, Hannover-Laatzen 2004.

Moore, Charles: A Full Inquiry Into the Subject of Suicide. To Which Are Added (as Being Closely Connected with the Subject) Two Treatises on Duelling and Gaming, Bd. 2, London 1790.

Münter, Frederik: Et Mindeskrift, Bde. 2–4. Aus den Tagebüchern Friedrich Münters. Wander- und Lehrjahre eines dänischen Gelehrten, hrsg. von Øjvind Andreasen, Kopenhagen/Leipzig 1937.

Münter, Frederik: Et Mindeskrift, Bde. 5–7. Aus dem Briefwechsel Friedrich Münters. Europäische Beziehungen eines dänischen Gelehrten. 1780–1830, hrsg. von Øjvind Andreasen, Kopenhagen/Leipzig 1944.

Nietzsche, Friedrich: Morgenröte. Gedanken über die moralischen Vorurteile, München 1960 [orig. 1881].

Osiander, Friedrich Benjamin: Über den Selbstmord, seine Ursachen, Arten, medicinisch=gerichtliche Untersuchung und die Mittel gegen denselben, Hannover 1813.

Pölnitz, Götz von (Hg.): Die Matrikel der Ludwig-Maximilians-Universität Ingolstadt-Landshut-München, Teil 1, 5 Bde., München 1937–1984.

Preuss, Johann David Erdmann (Hg.): Oeuvres de Frédéric le Grand, 31 Bde., Berlin 1846–1857.

Pyl, Johann Theodor: Aufsätze und Beobachtungen aus der gerichtlichen Arzeneywissenschaft, 8 Bde., Berlin 1783–1793.

Quevedo, Don: A particular Account of Cardinal Fleury's Journey to the other World, and his Tryal at the Tribunal of Minos. Wherein several Secret Transactions Relating to the Affairs of Europe, During his Administration, Are brought to Light, and canvased. With a Curious Description of the Infernal Regions and their Inhabitants, London 1743.

Reimann, Angelika/Steiger, Robert: Goethes Leben von Tag zu Tag. Eine dokumentarische Chronik, 8 Bde., Zürich/München 1982–1996.

Retzow, Friedrich August von: Charakteristik der wichtigsten Ereignisse des siebenjährigen Krieges, in Rücksicht auf Ursachen und Wirkungen, 2 Bde., Berlin 1802.

Reuss, Roland/Staengle, Peter (Hg.): Heinrich von Kleist. Sämtliche Werke und Briefe. Münchner Ausgabe. Auf der Grundlage der Brandenburger Ausgabe, 3 Bde., München/Frankfurt a. M. 2010.

Runckel, Dorothea Henriette von (Hg.): Sammlung freundschaftlicher Originalbriefe, zur Bildung des Geschmacks für Frauenzimmer, 3. Teil, Stendal 1782.

Schaible, Joseph: Ueber Selbstmord, und die grössere Hinneigung unserer Zeit zu demselben. Eine medizinisch-polizeiliche und philantropische (sic!) Rhapsodie, in: Annalen der Staatsarzneikunde 3, 1838, S. 137–163.

Schlegel, Friedrich: Zur Geschichte und Politik. 1811 und 1812 bis December, in: ders.: Fragmente zur Geschichte und Politik, 1. Teil, Darmstadt 1995, S. 289–333 (Kritische Friedrich-Schlegel-Ausgabe 20).

Schroeder, Friedrich-Christian (Hg.): Die Peinliche Gerichtsordnung Kaiser Karls V. und des Heiligen Römischen Reichs von 1532 (Carolina), Stuttgart 2000.

Seaver, Paul u. a. (Hg.): The History of Suicide in England, 1650–1850, Part I, 4 Bde., London u. a. 2012.

Seiffert, Hans Werner u. a. (Hg.): Wielands Briefwechsel, 20 Bde., Berlin 1963–2007.

Selle, Götz von (Hg.): Die Matrikel der Georg-August-Universität zu Göttingen 1734–1837, Hildesheim/Leipzig 1937 (Veröffentlichungen der Historischen Kommission für Hannover, Oldenburg, Braunschweig, Schaumburg-Lippe und Bremen 9/3).

Sembdner, Helmut (Hg.): Heinrich von Kleists Nachruhm. Eine Wirkungsgeschichte in Dokumenten, 4. erw. Neuaufl., München 1996.

Shakespeare, William: Hamlet, hrsg. von George Richard Hibbard, Oxford 1987.

Toepke, Gustav (Hg.): Die Matrikel der Universität Heidelberg, 7 Teile, Heidelberg 1884–1916.

Tzschirner, Heinrich Gottlieb: Selbstmord, veranlaßt durch aufopfernde Freundschaft und bewirkt durch Furcht vor Schande, in: ders. (Hg.): Leben und Ende merkwürdiger Selbstmörder. Nebst einigen den Selbstmord betreffenden Abhandlungen, Weißenfels/Leipzig 1805, S. 75–81.

Unna, Yvonne (Hg.): Vorbereitungen eines Unglücklichen zum freywilligen Tode. Aus des Verfassers Papieren hrsg. von Bernhard Georg, Hildesheim/Zürich/New York 2000 [Nachdr. der Ausg. Königsberg 1800] (Studien und Materialien zur Geschichte der Philosophie 55).

Volz, Gustav Berthold (Hg.): Friedrich der Große im Spiegel seiner Zeit, Bd. 1. Jugend und Schlesische Kriege bis 1756, Berlin 1926/27.

Volz, Gustav Berthold (Hg.): Friedrich der Große und Wilhelmine von Bayreuth, Bd. 2. Briefe der Königszeit 1740–1758, Berlin/Leipzig 1926.

Walch, Johann Georg: Philosophisches Lexicon, Darinnen Die in allen Theilen der Philosophie … fürkommenden Materien und Kunst=Wörter erkläret und aus der Historie erläutert; … und alles nach Alphabetischer Ordnung vorgestellt werden, Leipzig 1726.

Walter, Friedrich (Hg.): Die Österreichische Zentralverwaltung, 2. Abt. Von der Vereinigung der Österreichischen und Böhmischen Hofkanzlei bis zur Einrichtung der Ministerialverfassung (1749–1848), Bd. 4. Die Zeit Josephs II. und Leopolds II. (1780–1792). Aktenstücke, Wien 1950.

Weiss, Hermann F.: Neuentdeckte zeitgenössische Reaktionen auf Heinrich von Kleists Selbstmord, in: Jahrbuch Preußischer Kulturbesitz 30, 1993, S. 379–406.

Weissenborn, Birgit (Hg.): „Ich sende Dir ein zärtliches Pfand". Die Briefe der Karoline von Günderrode, Frankfurt a. M./Leipzig 1992.

Zedler, Johann Heinrich (Hg.): Grosses vollständiges Universallexicon aller Wissenschaften und Künste, 64 Bde. und 4 Supplementbände, Leipzig/Halle 1732–1754.

Literatur

Alle Online-Ressourcen wurden vor Drucklegung im April 2013 überprüft. Auf die Nennung eines Einsichtdatums wird daher im Folgenden verzichtet.

Agethen, Manfred: Geheimbund und Utopie. Illuminaten, Freimaurer und deutsche Spätaufklärung, München 1984 (Ancien Régime. Aufklärung und Revolution 11).

Albrecht, Hans-Jörg: Kriminelle Karrieren, in: Günther Kaiser u. a. (Hg.): Kleines Kriminologisches Wörterbuch, 3. Aufl., Heidelberg 1993, S. 301–308.

Alff, Wilhelm: Voltaires Kommentar zu Beccarias Buch über Verbrechen und Strafen, in: Gerhard Deimling (Hg.): Cesare Beccaria. Die Anfänge moderner Strafrechtspflege in Europa, Heidelberg 1989, S. 79–97 (Kriminologische Schriftenreihe der Deutschen Kriminologischen Gesellschaft e. V. 100).

Althaus, Hans-Joachim: Bürgerliche Wanderlust. Anmerkungen zur Entstehung eines Kultur- und Bewegungsmusters, in: Wolfgang Albrecht/Hans-Joachim Kertscher (Hg.): Wanderzwang – Wanderlust. Formen der Raum- und Sozialerfahrung zwischen Aufklärung und Frühindustrialisierung, Tübingen 1999, S. 25–43 (Hallesche Beiträge zur Europäischen Aufklärung 11).

Ammerer, Gerhard: Anatomische Sektion und Gerichtsmedizin. Zur Rolle der Ärzte in den Strafverfahren und den Diskursen um den Kindsmord im 18. Jahrhundert, in: Jürgen Helm/Karin Stukenbrock (Hg.): Anatomie. Sektionen einer medizinischen Wissenschaft im 18. Jahrhundert, Wiesbaden 2003, S. 241–268.

Ammerer, Gerhard: „… die Stunde hat geschlagen …" Die letzten drei Tage im Leben des Raubmörders Severin von Jaroschinsky in den Aufzeichnungen des Zuchthausgeistlichen und „Galgenpaters" Philipp Jakob Münnich, in: Mitteilungen des Österreichischen Staatsarchivs 56, 2009, S. 153–198.

Ammerer, Gerhard: Das Ende für Schwert und Galgen? Legislativer Prozess und öffentlicher Diskurs zur Reduzierung der Todesstrafe im ordentlichen Verfahren unter Joseph II. (1781–1787), Wien 2010 (Mitteilungen des Österreichischen Staatsarchivs. Sonderbände 11).

Ammerer, Gerhard/Adomeit, Friedrich: Armesünderblätter, in: Karl Härter/Gerhard Sälter/Eva Wiebel (Hg.): Repräsentationen von Kriminalität und öffentlicher Sicherheit. Bilder, Vorstellungen und Diskurse vom 16. bis zum 20. Jahrhundert, Frankfurt a. M. 2010, S. 271–307.

Amthor, Wiebke: Der Tod als Zitat. Eine motivische Betrachtung zum Selbstmord Karoline von Günderrodes, in: Internationales Jahrbuch der Bettina-von-Arnim-Gesellschaft 10, 1998, S. 49–72.

Andree, Martin: Wenn Texte töten. Über Werther, Medienwirkung und Mediengewalt, Paderborn 2006.

Andrew, Donna T.: The Code of Honour and its Critics: The Opposition to Duelling in England, 1700–1850, in: Social History 5, 1980, S. 409–434.

Andrew, Donna T.: Debate. The Secularization of Suicide in England 1660–1800, in: P&P 119, 1988, S. 158–165.

Anonym: Johann Nepomuck, Frhr. v. Pelkhoven, in: Neuer Nekrolog der Deutschen 8, 1832, S. 574–580.

Anton, Annette C.: Authentizität als Fiktion. Briefkultur im 18. und 19. Jahrhundert, Stuttgart 1995.

Appenzeller, Bernhard: Die Münsterprediger bis zum Übergang Ulms an Württemberg 1810. Kurzbiographien und vollständiges Verzeichnis ihrer Schriften, Weißenhorn 1990 (Veröffentlichungen der Stadtbibliothek Ulm 13).

Asch, Ronald G. (Hg.): Der europäische Adel im Ancien Régime. Von der Krise der ständischen Monarchien bis zur Revolution (ca. 1600–1789), Köln/Weimar/Wien 2001.

Asch, Ronald G.: Ständische Stellung und Selbstverständnis des Adels im 17. und 18. Jahrhundert, in: ders.: Der europäische Adel im Ancien Régime, S. 3–46.

Asch, Ronald G.: Rearistokratisierung statt Krise der Aristokratie? Neuere Forschungen zur Geschichte des Adels im 16. und 17. Jahrhundert, in: GG 30, 2004, S. 144–154.

Asch, Ronald G.: Zwischen defensiver Legitimation und kultureller Hegemonie: Strategien adliger Selbstbehauptung in der frühen Neuzeit, in: Zeitenblicke 4/2, 28.6.2005 [URL: http://www.zeitenblicke.de/2005/2/Asch; URN: urn:nbn:de:0009-9-1219].

Asch, Ronald G.: Honour in all Parts of Europe will be ever like itself. Ehre, adlige Standeskultur und Staatsbildung in England und Frankreich im späten 16. und im 17. Jahrhundert: Disziplinierung oder Aushandeln von Statusansprüchen?, in: ders./Dagmar Freist (Hg.): Staatsbildung als kultureller Prozess. Strukturwandel und Legitimation von Herrschaft in der Frühen Neuzeit, Köln/Weimar/Wien 2005, S. 353–379.

Asch, Ronald G.: Religiöse Selbstinszenierung im Zeitalter der Glaubenskriege. Adel und Konfession in Westeuropa, in: HJb 125, 2005, S. 67–100.

Asch, Ronald G.: Einführung: Adel in der Neuzeit, in: GG 33, 2007, S. 317–325.

Asch, Ronald G.: Staatsbildung und adlige Führungsschichten in der Frühen Neuzeit. Auf dem Weg zur Auflösung der ständischen Identität des Adels?, in: GG 33, 2007, S. 375–397.

Asch, Ronald G.: Hof, in: EdN 5, 2007, Sp. 564–574.

Asch, Ronald G.: Europäischer Adel in der Frühen Neuzeit. Eine Einführung, Köln/Weimar/Wien 2008.

Bähr, Andreas: Der Richter im Ich. Die Semantik der Selbsttötung in der Aufklärung, Göttingen 2002 (Veröffentlichungen des Max-Planck-Instituts für Geschichte 180).

Bähr, Andreas: Selbsttötung und Selbsterhaltung. Die Semantik moralischer Ausweglosigkeit in der Aufklärung, in: Das achtzehnte Jahrhundert 28, 2004, S. 65–82.

Bähr, Andreas: Zur Einführung: Selbsttötung und (Geschichts-)Wissenschaft, in: ders./Hans Medick (Hg.): Sterben von eigener Hand. Selbsttötung als kulturelle Praxis, Köln/Weimar/Wien 2005, S. 1–19.

Bähr, Andreas: Die Paradoxie moralischer Ausweglosigkeit und die (Un-)Verfügbarkeit des eigenen Körpers, in: ders. (Hg.): Grenzen der Aufklärung. Körperkonstruktionen und die Tötung des Körpers im Übergang zur Moderne, Hannover 2005, S. 47–69 (Aufklärung und Moderne 7).

Baibl, Lorenz: Zwischen dynastischer Einheit und konfessioneller Spaltung. Reichsgrafen in der Frühen Neuzeit, Diss. phil., Münster (wird in Kürze vorgelegt).

Barth, Hans Martin: Atheismus und Orthodoxie. Analyse und Modelle christlicher Apologetik im 17. Jahrhundert, Göttingen 1971 (Forschungen zur systematischen und ökumenischen Theologie 26).

Barth, Thomas: „Wir sind unnütze Knechte". Die Familie Westerholt in Regensburg und ihr Beitrag zur bayerischen Kulturgeschichte, Regensburg 2008 (Regensburger Studien und Quellen zur Kulturgeschichte 17).

Bátori, Ingrid: Das Patriziat der deutschen Stadt. Zu den Forschungsergebnissen über das Patriziat besonders der süddeutschen Städte, in: Zeitschrift für Stadtgeschichte, Stadtsoziologie und Denkmalpflege 2, 1975, S. 1–30.

Bauer, Thomas: Die Kultur der Ambiguität. Eine andere Geschichte des Islams, Berlin 2011.

Baumann, Ursula: Überlegungen zur Geschichte des Suizids (letztes Drittel 18. Jahrhundert bis erste Hälfte 20. Jahrhundert), in: Signori: Trauer, Verzweiflung und Anfechtung, S. 311–340.

Baumann, Ursula: Vom Recht auf den eigenen Tod. Die Geschichte des Suizids vom 18. bis zum 20. Jahrhundert, Weimar 2001.

Baumgart, Peter: Kronprinzenopposition. Zum Verhältnis Friedrichs zu seinem Vater Friedrich Wilhelm I., in: Heinz Duchardt (Hg.): Friedrich der Große, Franken und das Reich, Köln/Wien 1986, S. 5–23 (Bayreuther Historische Kolloquien 1).

Bausinger, Hermann: Aufklärung und Aberglaube, in: Deutsche Vierteljahrsschrift für Literaturwissenschaft und Geistesgeschichte 37, 1963, S. 345–362.

Beauchamp, Tom L.: An Analysis of Hume's Essay „On Suicide", in: The Review of Metaphysics 30, 1976, S. 73–95.

Beauchamp, Tom L.: Suicide in the Age of Reason, in: Baruch A. Brody (Hg.): Suicide and Euthanasia. Historical and Contemporary Themes, Dordrecht/Boston/London 1989, S. 183–219 (Philosophy and Medicine 35).

Becker-Cantarino, Barbara: Schriftstellerinnen der Romantik. Epoche – Werke – Wirkung, München 2000.

Begemann, Christian: Furcht und Angst im Prozeß der Aufklärung. Zu Literatur und Bewußtseinsgeschichte des 18. Jahrhunderts, Frankfurt a. M. 1987.

Behringer, Wolfgang: Mörder, Diebe, Ehebrecher. Verbrechen und Strafen in Kurbayern vom 16. bis 18. Jahrhundert, in: Richard van Dülmen (Hg.): Verbrechen, Strafen und soziale Kontrolle, Frankfurt a. M. 1990, S. 85–132 (Studien zur historischen Kulturforschung 3).

Behringer, Wolfgang: Selbstzeugnisse, in: EdN 11, 2010, Sp. 1082–1086.

Bell, Richard: The Double Guilt of Dueling. The Stain of Suicide in Anti-Dueling Rhetoric in the Early Republic, in: Journal of the Early Republic 29, 2009, S. 383–410.

Bendikowski, Tillmann: Friedrich der Große, München 2011.

Beschorner, Hans: Das Zeithainer Lager von 1730, in: Neues Archiv für sächsische Geschichte und Altertumskunde 28, 1907, S. 50–113, 200–252.

Beyrich, Rudolf: Kursachsen und die polnische Thronfolge 1733–1736, Leipzig 1913.

Billacois, François: Le duel dans la société française des XVIe–XVIIe siècles. Essai de psychosociologie historique, Paris 1986 (Civilisations et sociétés 73).

Birtsch, Günter: Der Idealtyp des aufgeklärten Herrschers. Friedrich der Große, Karl Friedrich von Baden und Joseph II. im Vergleich, in: ders. (Hg.): Der Idealtyp des aufgeklärten Herrschers, Hamburg 1987, S. 9–47 (Aufklärung 2/1).

Birtsch, Günter: Erscheinungsformen des Patriotismus, in: ders. (Hg.): Patriotismus, Hamburg 1989, S. 3–5 (Aufklärung 4/2).

Bisky, Jens: Kleist. Eine Biographie, Berlin 2007.

Blamberger, Günter: Ökonomie des Opfers. Kleists Todes-Briefe, in: Detlev Schöttker (Hg.): Adressat: Nachwelt. Briefkultur und Ruhmbildung, München 2008, S. 145–160.

Blamberger, Günter: Heinrich von Kleist. Biographie, Frankfurt a. M. 2011.

Blamberger, Günter/Iglhaut, Stefan (Hg.): Kleist. Krise und Experiment. Die Doppelausstellung im Kleist-Jahr 2011, Berlin und Frankfurt (Oder), Bielefeld/Leipzig/Berlin 2011.

Blamberger, Günter: „Nur was nicht aufhört, weh zu thun, bleibt im Gedächtnis". Kleists Nachruhm und die Aktualität eines Moralisten in postheroischer Zeit, in: ders./Iglhaut: Kleist. Krise und Experiment, S. 130–148.

Blamberger, Günter: Über Nähe und Ferne – Kleists Brautbriefe, in: ders./Iglhaut: Kleist. Krise und Experiment, S. 192–203.

Bleeck, Klaus/Garber, Jörn: Adel und Revolution. Deutsche Adelstheorien im Zeichen der Französischen Revolution (1789–1815), in: Das achtzehnte Jahrhundert 13, 1989, S. 79–107.

Blitz, Hans-Martin: Aus Liebe zum Vaterland. Die deutsche Nation im 18. Jahrhundert, Hamburg 2000.

Böttiger, Karl Wilhelm: Geschichte des Kurstaates und Königreiches Sachsen, Bd. 2, 2. Aufl., Gotha 1870.

Bogen, Cornelia: Die Zone der Unbestimmtheit. Melancholiediskurs zwischen Wissen und Nichtwissen, in: Hans Adler/Rainer Godel (Hg.): Formen des Nichtwissens der Aufklärung, Paderborn 2010, S. 293–309 (Laboratorium Aufklärung 4).

Bohnen, Klaus: Von den Anfängen des „Nationalsinns". Zur literarischen Patriotismus-Debatte im Umfeld des Siebenjährigen Kriegs, in: Helmut Scheuer (Hg.): Dichter und ihre Nation, Frankfurt a. M. 1993, S. 121–137.

Bohrer, Karl Heinz: Kleists Selbstmord, in: Merkur 32, 1978, S. 1089–1103.

Bohrer, Karl Heinz: Der romantische Brief. Die Entstehung ästhetischer Subjektivität, München/Wien 1989.

Borgstedt, Angela: Das Zeitalter der Aufklärung, Darmstadt 2004.

Boroviczény, Aladár von: Die preußische Gegenaktionen – Die Verhaftung Graf Hoyms, in: ders.: Graf von Brühl. Der Medici, Richelieu und Rothschild seiner Zeit, Zürich/Leipzig/Wien 1930, S. 183–188.

Bosse, Heinrich: Patriotismus und Öffentlichkeit, in: Ulrich Herrmann (Hg.): Volk – Nation – Vaterland, Hamburg 1996, S. 67–88 (Studien zum 18. Jahrhundert 18).

Bourdieu, Pierre: Sozialer Raum und „Klassen", in: ders.: Sozialer Raum und „Klassen". Leçon sur la leçon. Zwei Vorlesungen, Frankfurt a. M. 1985, S. 9–46.

Bourdieu, Pierre: Das symbolische Kapital, in: ders.: Sozialer Sinn. Kritik der theoretischen Vernunft, Frankfurt a. M. 1993, S. 205–221.

Bourdieu, Pierre: Ökonomisches Kapital – Kulturelles Kapital – Soziales Kapital, in: ders.: Die verborgenen Mechanismen der Macht, Hamburg 1997, S. 49–79 (Schriften zu Politik und Kultur 1).

Bourdieu, Pierre: Für einen anderen Begriff von Ökonomie, in: ders.: Der Tote packt die Lebenden, Hamburg 1997, S. 79–100 (Schriften zu Politik und Kultur 2).

Brandt, Peter: Die evangelische Strafgefangenenseelsorge. Geschichte – Theorie – Praxis, Göttingen 1985 (Arbeiten zur Pastoraltheologie 21).

Braun, Rudolf: Konzeptionelle Bemerkungen zum Obenbleiben. Adel im 19. Jahrhundert, in: Wehler: Europäischer Adel 1750–1950, S. 87–95.

Bretschneider, Falk: Gefangene Gesellschaft. Eine Geschichte der Einsperrung in Sachsen im 18. und 19. Jahrhundert, Konstanz 2008 (Konflikte und Kultur 15).

Brewer, John: Sentimental Murder. Love and Madness in the Eighteenth Century, London 2004.

Bringmann, Wilhelm: Preußen unter Friedrich Wilhelm II. (1786–1797), Frankfurt a. M. u. a. 2001.

Bringmann, Wilhelm: Friedrich der Große. Ein Porträt, München 2006.

Brückner, Burkhart: Moral, Freiheit und Natur – Die Ursprünge der europäischen Psychiatrie im Schnittpunkt von Aufklärung und Romantik, in: Sozialpsychiatrische Informationen 41/3, 2011, S. 8–12.

Brückner, Wolfgang: Leichenbestrafung, in: HRG 2, 1978, Sp. 1810–1814.

Buck, August: Das heroische und das sentimentale Antike-Bild in der französischen Literatur des 18. Jahrhunderts, in: Germanisch-Romanische Monatsschrift 44 (N.F. 13), 1963, S. 164–179.

Bülau, Friedrich: Die Grafen von Hoym, in: ders.: Geheime und Rätselhafte Menschen. Sammlung verborgener oder vergessener Merkwürdigkeiten, Bd. 2, Leipzig 1850, S. 324–332.

Buhr, Heiko: „Sprich, soll denn die Natur der Tugend Eintrag tun?". Studien zum Freitod im 17. und 18. Jahrhundert, Würzburg 1998 (Epistemata. Reihe Literaturwissenschaft 249).

Burgdorf, Wolfgang: „Reichsnationalismus" gegen „Territorialnationalismus". Phasen der Intensivierung des nationalen Bewußtseins in Deutschland seit dem Siebenjährigen Krieg, in: Dieter Langewiesche/Georg Schmidt (Hg.): Föderative Nation. Deutschlandkonzepte von der Reformation bis zum Ersten Weltkrieg, München 2000, S. 157–189.

Burgdorf, Wolfgang: Friedrich der Große. Ein biographisches Portrait, Freiburg i. Br. 2011.

Burghartz, Susanna: Zeiten der Reinheit – Orte der Unzucht. Ehe und Sexualität in Basel während der frühen Neuzeit, Paderborn 1999.

Burkard, Philipp/Lütteken, Anett (Hg.): „Ich will im eigentlichsten Verstande ein Bauer werden". Heinrich von Kleist in der Schweiz. Eine Ausstellungsdokumentation, Göttingen 2011.

Burkhardt, Johannes: Vollendung und Neuorientierung des frühmodernen Reiches 1648–1793, Stuttgart 2006 (Gebhardt. Handbuch der deutschen Geschichte 11).

Burschel, Peter: Das Eigene und das Fremde. Zur anthropologischen Entzifferung diplomatischer Texte, in: Alexander Koller (Hg.): Kurie und Politik. Stand und Perspektiven der Nuntiaturberichtsforschung, Tübingen 1998, S. 260–271 (Bibliothek des Deutschen Historischen Instituts in Rom 87).

Burschel, Peter: Männliche Tode – weibliche Tode. Zur Anthropologie des Martyriums in der frühen Neuzeit, in: Saeculum 50, 1999, S. 75–97.

Burschel, Peter: Sterben und Unsterblichkeit. Zur Kultur des Martyriums in der frühen Neuzeit, München 2004 (Ancien Régime. Aufklärung und Revolution 35).

Burschel, Peter: Wie Menschen möglich sind. 20 Jahrgänge „Historische Anthropologie", in: HA 20, 2012, S. 152–161.

Buttlar-Elberberg, Rudolf von: Stammbuch der Althessischen Ritterschaft, enthaltend die Stammtafeln der im ehemaligen Kurfürstenthum Hessen ansässigen zur Althessischen Ritterschaft gehörigen Geschlechter, Kassel 1888.

Carl, Horst: Der Mythos des Befreiungskrieges. Die „martialische Nation" im Zeitalter der Revolutions- und Befreiungskriege 1792–1815, in: Dieter Langewiesche/Georg Schmidt (Hg.): Föderative Nation. Deutschlandkonzepte von der Reformation bis zum Ersten Weltkrieg, München 2000, S. 62–83.

Cassidy-Geiger, Maureen: Zurück zur „Hoym, Lemaire und Meissen", in: Keramos 146, 1994, S. 3–8.

Clemens, Gabriele B./König, Malte/Meriggi, Marco (Hg.): Hochkultur als Herrschaftselement. Italienischer und deutscher Adel im langen 19. Jahrhundert, Berlin 2011 (Reihe der Villa Vigoni 25).

Coing, Helmut: Die Bedeutung des Rechts in der neueren Geschichte Europas, in: Wolfgang Fikentscher/Herber Franke/Oskar Köhler (Hg.): Entstehung und Wandel rechtlicher Traditionen, Freiburg i. Br./München 1980, S. 755–783 (Veröffentlichungen des Instituts für Historische Anthropologie e. V. 2).

Colt, Howe George: November of the Soul. The Enigma of Suicide, 2. Aufl., New York u. a. 2006.

Conze, Eckart/Wienfort, Monika: Einleitung. Themen und Perspektiven historischer Adelsforschung zum 19. und 20. Jahrhundert, in: dies. (Hg.): Adel und Moderne. Deutschland im europäischen Vergleich im 19. und 20. Jahrhundert, Köln/Weimar/Wien 2004, S. 1–16.

Conze, Werner: Adel, Aristokratie, in: Geschichtliche Grundbegriffe 1, 1972, S. 1–48.

Cooley, D. R.: Crimina Carnis and Morally Obligatory Suicide, in: Ethical Theory and Moral Practice 9, 2006, S. 327–357.

Crawford, Catherine: Legalizing Medicine: Early Modern Legal Systems and the Growth of Medico-Legal Knowledge, in: Michael Clark/Catherine Crawford (Hg.): Legal Medicine in History, Cambridge 1994, S. 89–116.

Crocker, Lester: The Discussion of Suicide in the Eighteenth Century, in: Journal of the History of Ideas 13, 1952, S. 47–59.

Dainat, Holger: Räuber im Oktavformat: Über die printmediale Aufbereitung von Kriminalität im 18. Jahrhundert, in: Rebekka Habermas/Gerd Schwerhoff (Hg.): Verbrechen im Blick. Perspektiven der neuzeitlichen Kriminalitätsgeschichte, Frankfurt a. M. 2009, S. 339–366.

Dainat, Holger: Gespräche im Reiche der Toten unter den Spitzbuben. Literarische Bilder krimineller Karrieren im frühen 18. Jahrhundert, in: Karl Härter/Gerhard Sälter/Eva Wiebel

(Hg.): Repräsentationen von Kriminalität und öffentlicher Sicherheit. Bilder, Vorstellungen und Diskurse vom 16. bis zum 20. Jahrhundert, Frankfurt a. M. 2010, S. 309–340.

Danckert, Werner: Unehrliche Leute. Die verfemten Berufe, Bern/München 1963.

Daniel, Ute: Höfe und Aufklärung in Deutschland – Plädoyer für eine Begegnung der dritten Art, in: Marcus Ventzke (Hg.): Hofkultur und aufklärerische Reformen in Thüringen. Die Bedeutung des Hofes im späten 18. Jahrhundert, Köln/Weimar/Wien 2002, S. 11–31.

Danker, Uwe: Vom Malefikanten zum Zeugen Gottes. Zum christlichen Fest des staatlichen Staatsgewalt im frühen 18. Jahrhundert, in: Traverse 1, 1995, S. 83–98

Dann, Otto: Gleichheit und Gleichberechtigung. Das Gleichheitspostulat in der alteuropäischen Tradition und in Deutschland bis zum ausgehenden 19. Jahrhundert, Berlin 1980 (Historische Forschungen 16).

Danneil, Johann Friedrich: Das Geschlecht von der Schulenburg, Bd. 2, Salzwedel 1847.

Daube, David: The Linguistics of Suicide, in: Philosophy and Public Affairs 1, 1972, S. 387–437.

Davis, Natalie Zemon: Bindung und Freiheit. Die Grenzen des Selbst im Frankreich des sechzehnten Jahrhunderts, in: dies.: Frauen und Gesellschaft am Beginn der Neuzeit. Studien über Familie, Religion und die Wandlungsfähigkeit des sozialen Körpers, Berlin 1986, S. 7–18.

Davis, Natalie Zemon: Die Geister der Verstorbenen, Verwandtschaftsgrade und die Sorge um die Nachkommen. Veränderungen des Familienlebens in der frühen Neuzeit, in: dies.: Frauen und Gesellschaft am Beginn der Neuzeit. Studien über Familie, Religion und die Wandlungsfähigkeit des sozialen Körpers, Berlin 1986, S. 19–51.

Davis, Natalie Zemon: Der Kopf in der Schlinge. Gnadengesuche und ihre Erzähler, Frankfurt a. M. 1991.

Degele, Nina/Dries, Christian: Modernisierungstheorie, München 2005.

Delumeau, Jean: Die Gespenster, in: ders.: Angst im Abendland. Die Geschichte kollektiver Ängste im Europa des 14. bis 18. Jahrhunderts, Bd. 1, Reinbek bei Hamburg 1985, S. 108–125.

DeMause, Lloyd: Evolution der Kindheit, in: ders. (Hg.): Hört ihr die Kinder weinen. Eine psychogenetische Geschichte der Kindheit, Frankfurt a. M. 1989, S. 12–111.

Demel, Walter: Preußisches und bayerisches Adelsrecht in der zweiten Hälfte des 18. Jahrhunderts, in: Maximiliane Kriechbaum (Hg.): Festschrift für Sten Gagnér zum 3. März 1996, Ebelsbach 1996, S. 151–180.

Demel, Walter: Der europäische Adel vor der Revolution: Sieben Thesen, in: Asch: Der europäische Adel im Ancien Régime, S. 409–433.

Demel, Walter: Reich, Reformen und sozialer Wandel 1763–1806, Stuttgart 2005 (Gebhardt. Handbuch der deutschen Geschichte 12).

Demel, Walter: Die Spezifika des europäischen Adels. Erste Überlegungen zu einem globalhistorischen Thema, in: Zeitenblicke 4/3, 13.12.2005 [URL: http://www.zeitenblicke.de/2005/3/Demel/index_html; URN: urn:nbn:de:0009-9-2440].

Demel, Walter: Landespatriotismus und Nationalbewusstsein im Zeitalter der Aufklärung und Reformen, in: Archivalische Zeitschrift 88, 2006, S. 79–97.

Dewald, Jonathan: The European Nobility, 1400–1800, Cambridge u. a. 1996 (New Approaches to European History 9).

Diefenbacher, Michael: Stadt und Adel – Das Beispiel Nürnberg, in: Zeitschrift für die Geschichte des Oberrheins 141, 1993, S. 51–69.

Dieselhorst, Jürgen: Die Bestrafung der Selbstmörder im Territorium der Reichsstadt Nürnberg, in: Mitteilungen des Vereins für Geschichte der Stadt Nürnberg 44, 1953, S. 58–230.

Dietzsch, Steffen: Die Aufnahme des Kantianismus in Berlin, in: Wolfgang Förster (Hg.): Aufklärung in Berlin, Berlin 1989, S. 363–375.

Dilcher, Gerhard: Der alteuropäische Adel – ein verfassungsgeschichtlicher Typus?, in: Wehler: Europäischer Adel 1750–1950, S. 57–86.

Dinges, Martin: Die Ehre als Thema der Historischen Anthropologie. Bemerkungen zur Wissenschaftsgeschichte und zur Konzeptualisierung, in: Klaus Schreiner/Gerd Schwerhoff (Hg.): Verletzte Ehre. Ehrkonflikte in Gesellschaften des Mittelalters und der Frühen Neuzeit, Köln/Weimar/Wien 1995, S. 29–62 (Norm und Struktur 5).

Dinges, Martin: Ehre und Geschlecht in der Frühen Neuzeit, in: Sibylle Backmann u. a. (Hg.): Ehrkonzepte in der Frühen Neuzeit. Identitäten und Abgrenzungen, Berlin 1998, S. 123–147 (Colloquia Augustana 8).

Dinges, Martin: Ehre ist ambivalenter, als sie bei der Wiederentdeckung erscheint, in: Ethik und Sozialwissenschaften 10, 1999, S. 345–347.

Dipper, Christof: Übergangsgesellschaft. Die ländliche Sozialordnung in Mitteleuropa um 1800, in: ZHF 23, 1996, S. 57–87.

Döring, Heinrich: Die gelehrten Theologen Deutschlands im achtzehnten und neunzehnten Jahrhunderte nach ihrem Leben und Wirken, 4 Bde., Neustadt a. d. Orla 1831–1835.

Donaldson, Ian: The Rapes of Lucretia. A Myth and its Transformations, Oxford 1982.

Dormann, Helga: Die Karoline von Günderrode-Forschung 1945–1995. Ein Bericht, in: Athenäum 6, 1996, S. 227–248.

Douglas, Mary: Reinheit und Gefährdung. Eine Studie zu Vorstellungen von Verunreinigung und Tabu, Berlin 1985 [orig. 1966].

Douglas, Mary: Ritual, Tabu und Körpersymbolik. Sozialanthropologische Studien in Industriegesellschaft und Stammeskultur, 4. Aufl., Frankfurt a. M. 2004 [orig. 1970].

Duchhardt, Heinz: Kontinuitäten oder revolutionärer Bruch? Eliten im Übergang vom Ancien Régime zur Moderne (1750–1850), Mainz 2000.

Duchhardt, Heinz: Barock und Aufklärung, 4. Aufl., München 2007 (Oldenbourg-Grundriss der Geschichte 11).

Dülmen, Richard van: Der Geheimbund der Illuminaten. Darstellung, Analyse, Dokumentation, Stuttgart-Bad Cannstatt 1975.

Dülmen, Richard van: Theater des Schreckens. Gerichtspraxis und Strafrituale in der frühen Neuzeit, 4. Aufl., München 1995.

Düselder, Heike: Ars moriendi, in: EdN 1, 2005, Sp. 678–681.

Dumont, Louis M.: Gesellschaft in Indien. Die Soziologie des Kastenwesens, Wien 1976.

Durkheim, Emile: Der Selbstmord, Frankfurt a. M. 1983 [orig. 1897].

Ebrecht, Angelika/Nörtemann, Regina/Schwarz, Herta (Hg.): Brieftheorie des 18. Jahrhunderts. Texte, Kommentare, Essays, Stuttgart 1990.

Echternkamp, Jörg: „Wo jeder Franzmann heißet Feind …“? Nationale Propaganda und sozialer Protest im napoleonischen Deutschland, in: Veit Veltzke (Hg.): Napoleon. Trikolore und Kaiseradler über Rhein und Weser, Köln/Weimar/Wien 2007, S. 411–428.

Eckart, Wolfgang Uwe/Jütte, Robert: Medikalisierung, in: dies. (Hg.): Medizingeschichte. Eine Einführung, Köln/Weimar/Wien 2007, S. 312–318.

Eckart, Wolfgang Uwe: Geschichte der Medizin. Fakten, Konzepte, Haltungen, 6., völlig neu bearb. Aufl., Heidelberg 2009.

Eckert, Georg/Sommer, Andreas Urs: Utilitarismus, in: EdN 13, 2011, Sp. 1154–1160.

Eckhardt, Nils: Arzt, Medizin und Tod im Spiegel der von David Faßmann (1683–1744) in den Jahren 1718 bis 1739 herausgegebenen Zeitschrift „Gespräche in dem Reiche derer Todten", Düsseldorf 1987.

Edwards, Catharine: Modelling Roman Suicide? The Afterlife of Cato, in: Economy and Society 34, 2005, S. 200–222.

Eibach, Joachim: Versprochene Gleichheit – verhandelte Ungleichheit. Zum sozialen Aspekt in der Strafjustiz der Frühen Neuzeit, in: GG 35, 2009, S. 488–533.

Eigen, Joel Peter: Witnessing Insanity. Madness and Mad-Doctors in the English Court, New Haven/London 1995.

Endres, Rudolf: Adel in der frühen Neuzeit, München 1993 (EdG 18).

Endres, Rudolf: Adel und Patriziat in Oberdeutschland, in: Winfried Schulze (Hg.): Ständische Gesellschaft und soziale Mobilität, München 1988, S. 221–238.

Engel, Leopold: Geschichte des Illuminaten-Ordens. Ein Beitrag zur Geschichte Bayerns. Vorgeschichte, Gründung (1776), Beziehung zur Freimaurerei, Verfolgung durch die Jesuiten, Fortentwicklung bis zur Jetztzeit, Berlin 1906.

Engelhardt, Ulrich: Zum Begriff der Glückseligkeit in der kameralistischen Staatslehre des 18. Jahrhunderts (J. H. G. v. Justi), in: ZHF 8, 1981, S. 37–79.

Eude, Michel: Le "suicide héroique" d'un Montagnard en prairial an III. Jacques-Philippe Rühl (1737–1795), in: Gilbert Romme (1750–1795) et son temps. Actes du colloque tenu à Riom et Clermont, les 10 et 11 juin 1965, Paris 1966, S. 183–186 (Publications de l'Institut d'Études du Massif Central 1).

Evans, Richard J.: Rituale der Vergeltung. Die Todesstrafe in der deutschen Geschichte, 1532–1987, Berlin 2001.

Evert, Urte: „Gute Sach stärkt den Mann." Sachkundliche Überlegungen zu symbolischen Funktionen der frühneuzeitlichen Militärwaffen, in: Militär und Gesellschaft in der Frühen Neuzeit 13, 2009, S. 50–74.

Evert, Urte: Soldatenbraut und Mannesehre. Geschlechterspezifische Symbolisierungen und Zuordnungen militärischer Waffen, in: Klaus Latzel/Franka Maubach/Silke Satjukow (Hgg.): Soldatinnen. Gewalt und Geschlecht im Krieg vom Mittelalter bis heute, Paderborn u. a. 2011, S. 65–94 (Krieg in der Geschichte 60).

Fedden, Henry R.: Suicide. A Social and Historical Study, New York 1972 [orig. 1938].

Ferngren, Gary B.: The Ethics of Suicide in the Renaissance and Reformation, in: Baruch A. Brody (Hg.): Suicide and Euthanasia. Historical and Contemporary Themes, Dordrecht/Boston/London 1989, S. 155–181 (Philosophy and Medicine 35).

Filtzinger, Barbara: Ulm, eine Stadt zwischen Reformation und Dreißigjährigem Krieg. Studien zur gesellschaftlichen, politischen, kulturellen und wirtschaftlichen Entwicklung, München 1993.

Fink, Gonthier-Louis: Zwischen Frankfurt an der Oder und Paris. Variationen des Deutschland- und Frankreichbildes des jungen Kleist, in: KJb 1997, S. 97–125.

Fischer, Georg: Geschichte der Stadt Ulm. Nach den Quellen erzählt, Ulm 1863.

Fischer, Klaus-Dietrich: Vom Säfteschema der hippokratischen Medizin, in: Peter Kemper

(Hg.): Die Geheimnisse der Gesundheit. Medizin zwischen Heilkunde und Heiltechnik, Frankfurt a. M./Leipzig 1994, S. 76–94.

Fischer-Homberger, Esther: Hypochondrie. Melancholie bis Neurose. Krankheiten und Zustandsbilder, Bern/Stuttgart/Wien 1970.

Fischer-Homberger, Esther: Medizin vor Gericht. Zur Sozialgeschichte der Gerichtsmedizin, Darmstadt 1988.

Flaig, Egon: Den Kaiser herausfordern. Die Usurpation im Römischen Reich, Frankfurt a. M. u. a. 1992 (Historische Studien 7).

Fontius, Martin: Der Ort des „Roi philosophe" in der Aufklärung, in: ders. (Hg.): Friedrich II. und die europäische Aufklärung, Berlin 1999, S. 9–27 (Forschungen zur brandenburgischen und preußischen Geschichte. Beihefte 4).

Frank, Michael: Die fehlende Geduld Hiobs. Suizid und Gesellschaft in der Grafschaft Lippe (1600–1800), in: Signori: Trauer, Verzweiflung und Anfechtung, S. 152–188.

Frenken, Ralph: „Da fing ich an zu erinnern …". Die Psychohistorie der Eltern-Kind-Beziehung in den frühesten deutschen Autobiographien (1200–1700), Gießen 2003.

Frenz, Barbara: Gleichheit, in: HRG 2, 2. Aufl, 2009, Sp. 398–402.

Frevert, Ute: Ehrenmänner. Das Duell in der bürgerlichen Gesellschaft, München 1991.

Frevert, Ute: Duell, in: EdN 2, 2005, Sp. 1165–1168.

Frevert, Ute: „Herr über die Herzen"? Friedrich II. im Zeitalter der Empfindsamkeit, in: Sösemann/Vogt-Spira: Friedrich der Große in Europa, Bd. 1, S. 36–51.

Frey, Linda/Frey, Marsha: Solar, Comte de Monasterol (Solaro Conte di Monasterolo), Ferdinand, in: dies. (Hg.): The Treaties of the War of the Spanish Succession. An Historical and Critical Dictionary, Westport 1995, S. 413f.

Fricke, Gerhard: Gefühl und Schicksal bei Heinrich von Kleist. Studien über den inneren Vorgang im Leben und Schaffen des Dichters, Berlin 1929 (Neue Forschung 3).

Frie, Ewald: Friedrich August Ludwig von der Marwitz. 1777–1837. Biographien eines Preußen, Paderborn u. a. 2001.

Frie, Ewald: Adelige Lebensweise in entsicherter Ständegesellschaft. Erfahrungen der Brüder Alexander und Ludwig v. d. Marwitz, in: Eckart Conze/Monika Wienfort (Hg.): Adel und Moderne. Deutschland im europäischen Vergleich im 19. und 20. Jahrhundert, Köln/Weimar/Wien 2004, S. 273–288.

Frie, Ewald: Ziegel, Bajonett und spitze Feder. Adelskultur in Brandenburg 1790–1830, in: Günther Schulz/Markus A. Denzel (Hg.): Deutscher Adel im 19. und 20. Jahrhundert. Büdinger Forschungen zur Sozialgeschichte 2002 und 2003, St. Katharinen 2004, S. 83–94 (Deutsche Führungsschichten in der Neuzeit 26).

Frie, Ewald: Adel und bürgerliche Werte, in: Hans-Werner Hahn/Dieter Hein (Hg.): Bürgerliche Werte um 1800. Entwurf – Vermittlung – Rezeption, Köln/Weimar/Wien 2005, S. 393–414.

Frie, Ewald: Adel um 1800. Oben bleiben?, in: Zeitenblicke 4/3, 13.12.2005 [URL: http://www.zeitenblicke.de/2005/3/Frie/index_html; URN: urn:nbn:de:0009-9-2457].

Frie, Ewald: Adelsgeschichte des 19. Jahrhunderts? Eine Skizze, in: GG 33, 2007, S. 398–415.

Frie, Ewald: 1806 – Das Unglück des Adels in Preußen, in: Wrede/Carl: Zwischen Schande und Ehre, S. 335–350

Frie, Ewald: Oben bleiben? Armer preußischer Adel im 19. Jahrhundert, in: Clemens/König/Meriggi: Hochkultur als Herrschaftselement, S. 327–340.

Frie, Ewald: Friedrich II., Reinbeck bei Hamburg 2012.

Fried, Pankraz: Straubing als Herzogsstadt und Regierungsmittelpunkt (Vitztumsamt), in: Karl Bosl (Hg.): Straubing. Das neue und das alte Gesicht einer Stadt im altbayerischen Kernland. Festschrift aus Anlaß des 750. Gründungsjubiläums, Straubing 1968, S. 89–102.

Friedeburg, Robert von: Lebenswelt und Kultur der unterständischen Schichten in der Frühen Neuzeit, München 2002 (EdG 62).

Fuchs, Ralf-Peter: Um die Ehre. Westfälische Beleidigungsprozesse vor dem Reichskammergericht 1525–1805, Paderborn 1999 (Forschungen zur Regionalgeschichte 28).

Füssel, Marian: Gelehrtenkultur als symbolische Praxis. Rang, Ritual und Konflikt an der Universität der frühen Neuzeit, Darmstadt 2006, S. 253–277.

Füssel, Marian: Der Siebenjährige Krieg. Ein Weltkrieg im 18. Jahrhundert, München 2010.

Füssel, Marian: Die feinen Unterschiede in der Ständegesellschaft. Der praxeologische Ansatz Pierre Bourdieus, in: Zeitsprünge 15, 2011, S. 24–46.

Füssel, Marian: Der „roi connétable" und die Öffentlichkeit, in: Sösemann/Vogt-Spira: Friedrich der Große in Europa, Bd. 2, S. 199–215.

Fuhrmann, Martin/Klippel, Diethelm: Der Staat und die Staatstheorie des aufgeklärten Absolutismus, in: Helmut Reinalter/Harm Klueting (Hg.): Der aufgeklärte Absolutismus im europäischen Vergleich, Köln/Weimar/Wien 2002, S. 223–243.

Gänsslen, Gerhard: Die Ratsadvokaten und Ratskonsulenten der Reichsstadt Ulm, Ulm 1966 (Forschungen zur Geschichte der Stadt Ulm 6).

Gall, Lothar: Von der ständischen zur bürgerlichen Gesellschaft, 2. Aufl., München 2012 (EdG 25).

Gay, Peter: Freud für Historiker, Tübingen 1994 (Forum Psychohistorie 2).

Geertz, Clifford: „Deep Play": Bemerkungen zum balinesischen Hahnenkampf, in: ders.: Dichte Beschreibung. Beiträge zum Verstehen kultureller Systeme, Frankfurt a. M. 1987 [orig. 1973], S. 202–260.

Geertz, Clifford: Dichte Beschreibung. Bemerkungen zu einer deutenden Theorie der Kultur, in: ders.: Dichte Beschreibung. Beiträge zum Verstehen kultureller Systeme, Frankfurt a. M. 1987 [orig. 1973], S. 7–43.

Geertz, Clifford: Kulturbegriff und Menschenbild, in: Rebekka Habermas/Niels Minkmar (Hg.): Das Schwein des Häuptlings. Sechs Aufsätze zur Historischen Anthropologie, Berlin 1992 [orig. 1973], S. 56–82.

Gehrke, Hans-Joachim: Klassische Studien. Paradoxien zwischen Antike und Aufklärung, in: Sösemann/Vogt-Spira: Friedrich der Große in Europa, Bd. 1, S. 112–127.

Geiger, August Karl: Der Selbstmord im Kirchenrecht, in: AKathKR 61, 1889, S. 225–232.

Geiger, August Karl: Der Selbstmord im französischen Recht, in: AKathKR 62, 1889, S. 385–399.

Geiger, Karl August: Der Selbstmord im deutschen Recht, in: AKathKR 65, 1891, S. 3–36.

Geiger, Paul: Die Behandlung der Selbstmörder im deutschen Brauch, in: Schweizerisches Archiv für Volkskunde 26, 1926, S. 145–169.

Geiger, Paul: Selbstmörder, in: HWDA 7, 1935/36, Sp. 1627–1633.

Geiger, Paul: Wiedergänger, in: HWDA 9, 1938–41, Sp. 570–578.

Gennep, Arnold van: Übergangsriten, Frankfurt a. M./New York 2005 [orig. 1909].

Gerlach, Karlheinz: Die Freimaurer im Alten Preußen 1738–1806. Die Logen zwischen mittlerer Oder und Niederrhein, Innsbruck/Wien/Bozen 2007 (Quellen und Darstellungen zur europäischen Freimaurerei 8).

Gersdorff, Dagmar von: „Die Erde ist mir Heimat nicht geworden". Das Leben der Karoline von Günderrode, Frankfurt a. M./Leipzig 2006.

Gersmann, Gudrun: Aufbruch in die Moderne?! Der rheinische Adel in der Sattelzeit. Überlegungen zu einem deutsch-französischen Forschungsprojekt, in: Rheinische Vierteljahrsblätter 73, 2009, S. 244–251.

Gersmann, Gudrun: Gewinner und Verlierer. Der rheinische Adel in der „Sattelzeit" (1750–1850), Forschungsskizze der Fritz Thyssen Stiftung [URL: http://www.fritz-thyssen-stiftung.de/foerderung/gefoerderte-vorhaben/projekt/p/274/].

Geyer-Kordesch, Johanna: Whose Enlightenment? Medicine, Witchcraft, Melancholia, and Pathology, in: Roy Porter (Hg.): Medicine in the Enlightenment, Amsterdam/Atlanta 1995, S. 113–127 (Clio Medica 29).

Ginzburg, Carlo: Der Käse und die Würmer. Die Welt eines Müllers um 1600, Frankfurt a. M. 1983.

Ginzburg, Carlo/Carlo Poni: Was ist Mikrogeschichte?, in: Geschichtswerkstatt 6, 1985, S. 48–52.

Ginzburg, Carlo: Mikro-Historie. Zwei oder drei Dinge, die ich von ihr weiß, in: HA 1, 1993, S. 169–192.

Girouard, Mark: The Return to Camelot. Chivalry and the English Gentleman, New Haven/London 1981.

Göttsch, Silke: „Mörderin an ihrem unschuldigen Kinde aus Überdruß des Lebens". Ein Beitrag zum Thema „Gewalttätige Frauen im 18. Jahrhundert", in: Bayerisches Jahrbuch für Volkskunde 1996, S. 43–49.

Gowland, Angus: The Problem of Early Modern Melancholy, in: P&P 191, 2006, S. 77–120.

Graf, Klaus: Adel als Leitbild – Zur Geschichte eines Grundwerts in Spätmittelalter und früher Neuzeit, in: Horst Carl/Sönke Lorenz (Hg.): Gelungene Anpassung? Adelige Antworten auf gesellschaftliche Wandlungsvorgänge vom 14.–16. Jahrhundert, Ostfildern 2005, S. 67–81 (Schriften zur südwestdeutschen Landeskunde 53).

Grendi, Eduardo: Micro-analisi e storia sociale, in: Quaderni Storici 35, 1977, S. 506–520.

Greyerz, Kaspar von: Religion und Kultur. Europa 1500–1800, Göttingen 2000.

Greyerz, Kaspar von: Der Tod, in: ders.: Passagen und Stationen. Lebensstufen zwischen Mittelalter und Moderne, Göttingen 2010, S. 213–230.

Greyerz, Kaspar von: Ego-Documents: The Last Word?, in: German History 28, 2010, S. 273–282.

Gross, Dominik: Die historische Entwicklung der äußeren und inneren Leichenschau in Deutschland unter Berücksichtigung ethischer Fragen, Diss. med., Ulm 2001.

Gross, Dominik /Schäfer, Gereon: Die klinische Sektion und ihre gesellschaftliche Wahrnehmung. Die medizinhistorische Perspektive, in: Dominik Gross u. a. (Hg.): Tod und toter Körper. Der Umgang mit dem Tod und der menschlichen Leiche am Beispiel der klinischen Obduktion, Kassel 2007, S. 59–82.

Gschwend, Lukas: Zur Geschichte der Lehre von der Zurechnungsfähigkeit. Ein Beitrag insbesondere zur Regelung im Schweizerischen Strafrecht, Zürich 1996.

Gussone, Monika: Standesdenken, in: EdN 12, 2010, Sp. 894–903.

Guttandin, Friedhelm: Das paradoxe Schicksal der Ehre. Zum Wandel der adeligen Ehre und zur Bedeutung von Duell und Ehre für den monarchischen Zentralstaat, Berlin 1993 (Schriften zur Kultursoziologie 13).

Gwinner, Heinrich: Der Einfluss des Standes im gemeinen Strafrecht, Breslau-Neukirch 1934 (Strafrechtliche Abhandlungen 345).

Haase, Sven: Der patriotische Ernstfall und seine Literarisierung. Berliner Professoren und Studenten in den Befreiungskriegen, in: Matthias Berg (Hg.): Mit Feder und Schwert. Militär und Wissenschaft. Wissenschaftler und Krieg, Stuttgart 2009, S. 75–93 (Wissenschaft, Politik und Gesellschaft 7).

Hänsel, Markus: Selbstmord im Biedermeier. Geistliche Restauration und Junges Deutschland in Dokumentation und Rezeption des Freitodes Carls von Hohenhausen, Frankfurt a. M. 1985.

Härter, Karl: Zum Verhältnis von „Rechtsquellen" und territorialen Rahmenbedingungen in der Strafgerichtsbarkeit des 18. Jahrhunderts. Vagabondage und Diebstahl in der Entscheidungspraxis der Kurmainzer Landesregierung, in: Harriet Rudolph/Helga Schnabel-Schüle (Hg.): Justiz = Justice = Justicia? Rahmenbedingungen von Strafjustiz im frühneuzeitlichen Europa, Trier 2003, S. 433–465 (Trierer Historische Forschungen 48).

Härter, Karl: Policey und Strafjustiz in Kurmainz. Gesetzgebung, Normdurchsetzung und Sozialkontrolle im frühneuzeitlichen Territorialstaat, Frankfurt a. M. 2005 (Studien zur europäischen Rechtsgeschichte 190).

Haferkorn, Hans J.: Zur Entstehung der bürgerlich-literarischen Intelligenz und des Schriftstellers in Deutschland zwischen 1750–1800, in: Bernd Lutz (Hg.): Deutsches Bürgertum und literarische Intelligenz 1750–1800, Stuttgart 1974, S. 113–275 (Literaturwissenschaft und Sozialwissenschaften 3).

Hagemann, Karen: „Mannlicher Muth und Teutsche Ehre". Nation, Militär und Geschlecht zur Zeit der Antinapoleonischen Kriege Preußens, Paderborn u. a. 2002 (Krieg in der Geschichte 8).

Hagemann, Karen: ‚Desperation to the Utmost': The Defeat of 1806 and the French Occupation in Prussian Experience and Perception, in: Alan Forrest/Peter H. Wilson (Hg.): The Bee and the Eagle. Napoleonic France and the End of the Holy Roman Empire, 1806, Basingstoke/New York 2009, S. 191–213.

Hagner, Michael: Homo cerebralis. Der Wandel vom Seelenorgan zum Gehirn, Frankfurt a. M. 2008.

Hammermayer, Ludwig: Der Geheimbund der Illuminaten und Regensburg, in: Verhandlungen des Historischen Vereins für Oberpfalz und Regensburg 110, 1970, S. 61–92.

Hammermayer, Ludwig: Illuminaten in Bayern. Zu Geschichte, Fortwirken und Legende des Geheimbundes, in: Helmut Reinalter (Hg.): Der Illuminatenorden (1776–1785/87). Ein politischer Geheimbund der Aufklärungszeit, Frankfurt a. M. u. a. 1997, S. 21–77 (Schriftenreihe der Internationalen Forschungsstelle „Demokratische Bewegungen in Mitteleuropa 1770–1850" 24).

Hammermayer, Ludwig: Entwicklungslinien, Ergebnisse und Perspektiven neuerer Illuminatenforschung, in: Katharina Ackermann/Alois Schmid (Hg.): Staat und Verwaltung in Bayern.

Festschrift für Wilhelm Volkert zum 75. Geburtstag, München 2003, S. 421–463 (Schriftenreihe zur bayerischen Landesgeschichte 139).

Harter, Thomas D.: Reconsidering Kant on Suicide, in: The Philosophical Forum 42, 2011, S. 167–185.

Hartung, Gerald: Über den Selbstmord. Eine Grenzbestimmung des anthropologischen Diskurses im 18. Jahrhundert, in: Hans-Jürgen Schings (Hg.): Der ganze Mensch. Anthropologie und Literatur im 18. Jahrhundert, Stuttgart/Weimar 1994, S. 33–53 (Berichtsbände/ Germanistische Symposien 15).

Hartung, Wolfgang: Gesellschaftliche Randgruppen im Spätmittelalter. Phänomen und Begriff, in: Bernhard Kirchgässner/Fritz Reuter (Hg.): Städtische Randgruppen und Minderheiten. 23. Arbeitstagung in Worms, 16.–18. November 1984, Sigmaringen 1986, S. 49–116 (Stadt in der Geschichte 13).

Healy, Róisín: Suicide in Early Modern and Modern Europe, in: HJ 49, 2006, S. 903–919.

Hebekus, Uwe: „Practicus Indecori". Die Zeichen der Melancholie in Aufklärung und Empfindsamkeit, in: Deutsche Vierteljahrsschrift für Literaturwissenschaft und Geistesgeschichte 72, 1998, S. 56–80.

Heinstein, Patrick: Die Grafen von Jenison-Walworth. Aspekte zur Sozialgeschichte des Adels im 18. und 19. Jahrhundert, in: Heidelberg. Jahrbuch zur Geschichte der Stadt 12, 2008, S. 45–67.

Hellmuth, Eckhart: Die „Wiedergeburt" Friedrichs des Großen und der „Tod fürs Vaterland". Zum patriotischen Selbstverständnis in Preußen in der zweiten Hälfte des 18. Jahrhunderts, in: ders./Reinhard Stauber (Hg.): Nationalismus vor dem Nationalismus?, Hamburg 1998, S. 23–54 (Aufklärung 10/2).

Hellmuth, Eckhart: Der Staat – Starker Leviathan oder Koloss auf tönernen Füßen?, in: Sösemann/Vogt-Spira: Friedrich der Große in Europa, Bd. 2, S. 20–32.

Henning, Herzeleide/Henning, Eckart: Bibliographie Friedrich der Große. 1786–1986. Das Schrifttum des deutschen Sprachraums und die Übersetzungen aus Fremdsprachen, Berlin u. a. 1988.

Hermand, Jost: Kleists Schreibintentionen, in: Dirk Grathoff (Hg.): Heinrich von Kleist. Studien zu Werk und Wirkung, Opladen 1988, S. 40–55.

Herrmann, Hans Peter: „Ich bin fürs Vaterland zu sterben auch bereit". Patriotismus oder Nationalismus im 18. Jahrhundert? Lesenotizen zu den deutschen Arminiusdramen 1740–1808, in: ders./Hans-Martin Blitz/Susanna Mossmann: Machtphantasie Deutschland. Nationalismus, Männlichkeit und Fremdenhaß im Vaterlandsdiskurs deutscher Schriftsteller des 18. Jahrhunderts, Frankfurt a. M. 1996, S. 32–65.

Herrmann, Hans Peter: Individuum und Staatsmacht. Preußisch-deutscher Nationalismus in Texten zum Siebenjährigen Krieg, in: ders./Hans-Martin Blitz/Susanna Mossmann: Machtphantasie Deutschland. Nationalismus, Männlichkeit und Fremdenhaß im Vaterlandsdiskurs deutscher Schriftsteller des 18. Jahrhunderts, Frankfurt a. M. 1996, S. 66–79.

Herrmann, Hans Peter: Nationalismus im 18. Jahrhundert? Historische und aktuelle Aspekte einer These, in: Maria Katarzyna Lasatowicz/Jürgen Joachimsthaler (Hg.): Nationale Identität aus germanistischer Perspektive, Opole 1998, S. 163–177.

Hessbrüggen-Walter, Stefan: Die Seele und ihre Vermögen. Kants Metaphysik des Mentalen in der „Kritik der reinen Vernunft", Paderborn 2004.

Heuvel, Gerd van den: Der Verlust sozialer Sicherheit. Umbruchserfahrungen des niedersächsischen Adels im Zeitalter der Französischen Revolution, in: Heike Düselder/Olga

Weckenbrock/Siegrid Westphal (Hg.): Adel und Umwelt. Horizonte adliger Existenz in der Frühen Neuzeit, Köln/Weimar/Wien 2008, S. 383–402.

Heydenreuter, Reinhard: Kriminalgeschichte Bayerns. Von den Anfängen bis ins 20. Jahrhundert, Regensburg 2003.

Hicks, Carola: Improper Pursuits. The Scandalous Life of Lady Di Beauclerk, London 2001.

Higonnet, Patrice: Joint Suicide in Eighteenth-Century French Literature and Revolutionary Politics, in: Bernadette Fort (Hg.): Fictions of the French Revolution, Evanston 1991, S. 87–110.

Hill, Thomas E.: Self-Regarding Suicide: A Modified Kantian View, in: Suicide and Life-Threatening Behavior 13, 1983, S. 254–275.

Hille, Markus: Karoline von Günderrode, Reinbek bei Hamburg 1999.

Hippchen, Christoph: Zwischen Verschwörung und Verbot. Der Illuminatenorden im Spiegel deutscher Publizistik (1776–1800), Köln/Weimar/Wien 1998 (Kontext 4).

Höffe, Otfried: Nutzen/ Nützlichkeit, in: HWPh 6, 1984, Sp. 992–1008.

Hölscher, Lucian: Geschichte der protestantischen Frömmigkeit in Deutschland, München 2005.

Hoffmann, Carl A.: Delinquenz und Strafverfolgung städtischer Oberschichten im Augsburg des 16. Jahrhunderts, in: Mark Häberlein/Johannes Burkhardt (Hg.): Die Welser. Neue Forschungen zur Geschichte und Kultur des oberdeutschen Handelshauses, Berlin 2002, S. 347–381.

Hofmann, Dagmar: Suizid in der Spätantike. Seine Bewertung in der lateinischen Literatur, Stuttgart 2007 (Altertumswissenschaftliches Kolloquium 18).

Hohrath, Daniel: „In Cartellen wird der Werth eines Gefangenen bestimmt". Kriegsgefangenschaft als Teil der Kriegspraxis des Ancien Régime, in: Rüdiger Overmanns (Hg.): In der Hand des Feindes. Kriegsgefangenschaft von der Antike bis zum Zweiten Weltkrieg, Köln/Weimar/Wien 1999, S. 141–170.

Holden, Thomas: Religion and Moral Prohibition in Hume's "Of Suicide", in: Hume Studies 31, 2005, S. 189–210.

Holzmann, Michael/Bohatta, Hanns: Deutsches Anonymen-Lexikon, 7 Bde., Hildesheim 1961 [Nachdr. der Ausg. Weimar 1902].

Hooff, Anton J. L. van: From Autothanasia to Suicide. Self-Killing in Classical Antiquity, London/New York 1990.

Hopp, Doris: Karoline von Günderrode, Frankfurt a. M. 2006.

Horder, Jeremy: The Duel and the English Law of Homicide, in: Oxford Journal of Legal Studies 12, 1992, S. 419–430.

Horn, Norbert: Utilitarismus im aufgeklärten Naturrecht von Thomasius und Wolff. Historische und aktuelle Aspekte, in: Hans-Peter Haferkamp (Hg.): Usus modernus pandectarum. Römisches Recht, Deutsches Recht und Naturrecht in der Frühen Neuzeit. Klaus Luig zum 70. Geburtstag, Köln/Weimar/Wien 2007, S. 45–62 (Rechtsgeschichtliche Schriften 24).

Horowski, Leonhard: Historische Adelsforschung zur Frühen Neuzeit, in: Discussions 2, 2009, 11.06.2010 [URL: http://www.perspectivia.net/content/publikationen/discussions/2-2009/horowski_adelsforschung].

Houston, Robert A.: Punishing the Dead? Suicide, Lordship, and Community in Britain, 1500–1830, Oxford 2010.

Howell-Thomas, Dorothey: Lord Melbourne's Susan, Old Woking 1978.

Hülle, Werner: Militärstrafverfahren, in: HRG 3, 1984, Sp. 562–566.

Hults, Linda C.: Durer's „Lucretia“: Speaking the Silence of Women, in: Signs 16, 1991, S. 205–233.

Jackson, Stanley W.: Melancholia and Depression. From Hippocratic Times to Modern Times, New Haven/London 1986.

Jackson, Stanley W.: A History of Melancholia and Depression, in: Edwin R. Wallace/John Gach (Hg.): History of Psychiatry and Medical Psychology. With an Epilogue on Psychiatry and the Mind-Body Relation, New York 2008, S. 443–460.

Jäger, Christine: Lucretia – der Tod einer Tugendheldin? Zu den Selbstmorddarstellungen in der Sächsischen Weltchronik, in: Signori: Trauer, Verzweiflung und Anfechtung, S. 91–112.

James, David N.: Suicide and Stoic Ethics in the Doctrine of Virtue, in: Kant-Studien 90, 1999, S. 40–58.

Jancke, Gabriele/Ulbrich, Claudia: Vom Individuum zur Person. Neue Konzepte im Spannungsfeld von Autobiographietheorie und Selbstzeugnisforschung, in: dies. (Hg.): Vom Individuum zur Person. Neue Konzepte im Spannungsfeld von Autobiographietheorie und Selbstzeugnisforschung, Göttingen 2005, S. 7–27.

Jansen, Christian/Borggräfe, Henning: Nation – Nationalität – Nationalismus, Frankfurt a. M./New York 2007 (Historische Einführungen 1).

Jansson, Arne: From Swords to Sorrow. Homicide and Suicide in Early Modern Stockholm, Stockholm 1998.

Jany, Curt: Geschichte der Preußischen Armee vom 15. Jahrhundert bis 1914, Bd. 3. 1763–1807, Osnabrück 1967.

Jobe, Thomas H.: Medical Theories of Melancholia in the Seventeenth and Early Eighteenth Centuries, in: Clio Medica 11, 1976, S. 217–231.

Jördens, Karl Heinrich: Karl Gottfried Küttner, in: ders.: Lexikon deutscher Dichter und Prosaisten, Bd. 6. Supplemente, Leipzig 1811, S. 454–456.

Johnson, James W.: The Formation of English Neoclassical Thought, Princeton 1967.

Kästner, Alexander: Verlorene Seelen? Überlebende von Suizidversuchen in Kursachsen Ende des 18. Jahrhunderts, in: NASG 77, 2006, S. 67–96.

Kästner, Alexander: „Desertionen in das Jenseits“. Ansätze und Desiderate einer militärhistorischen Suizidforschung für die Frühe Neuzeit, in: Militär und Gesellschaft in der Frühen Neuzeit 11, 2007, S. 85–112.

Kästner, Alexander: Experten für ein gutes Leben. Zur Rolle von lutherischen Pfarrern in Untersuchungsverfahren nach Selbsttötungen (Kursachsen 1700–1815), in: ders./Sylvia Kesper-Biermann (Hg.): Experten und Expertenwissen in der Strafjustiz von der Frühen Neuzeit bis zur Moderne, Leipzig 2008, S. 85–98 (Editionen + Dokumentationen 1).

Kästner, Alexander/Kühnel, Florian: Am Leben scheitern. ‚Selbstmörder‘ als Verlierer und Verlorene der frühneuzeitlichen Gesellschaft?, in: Marian Nebelin/Sabine Graul (Hg.): Verlierer der Geschichte. Von der Antike bis zur Moderne, Berlin 2008, S. 229–258 (Chemnitzer Beiträge zur Politik und Geschichte 4).

Kästner, Alexander: „Weder kann noch brauche ich zu urteilen“. Zur Bewertung von Selbsttötungen in theologischen Gutachten des 16. und 17. Jahrhunderts, in: Traverse 15, 2008, S. 75–86.

Kästner, Alexander: Tödliche Geschichte(n). Selbsttötungen in Kursachsen im Spannungsfeld von Normen und Praktiken (1547–1815), Konstanz 2012 (Konflikte und Kultur 24).

Kalckreuth, Albert Philipp Wilhelm von: Historisch-Genealogische Beiträge zur Geschichte der Herren, Freiherren und Grafen von Kalckreuth nach Urkunden zusammengestellt, Potsdam 1904.

Kaiser, Michael: Zwischen „ars moriendi" und „ars mortem evitandi". Der Soldat und der Tod in der Frühen Neuzeit, in: ders./Stefan Kroll (Hg.): Militär und Religiosität in der Frühen Neuzeit, Münster 2004, S. 323–343 (Herrschaft und soziale Systeme in der frühen Neuzeit 4).

Kaschmieder, Käthe: David Faßmanns „Gespräche im Reiche der Todten" (1718–1740). Ein Beitrag zur deutschen Geistes- und Kulturgeschichte des achtzehnten Jahrhunderts, Breslau 1934.

Kaschuba, Wolfgang: Die Fußreise. Von der Arbeitswanderung zur bürgerlichen Bildungsbewegung, in: Herrmann Bausinger/Klaus Beyrer/Gottfried Korff (Hg.): Reisekultur. Von der Pilgerfahrt zum modernen Tourismus, München 1991, S. 165–173.

Kaufmann, Doris: Psychiatrie und Strafjustiz im 19. Jahrhundert. Die gerichtsmedizinischen Gutachten der Medizinischen Fakultät der Universität Tübingen 1770–1860, in: Medizin, Gesellschaft und Geschichte 10, 1991, S. 23–39.

Kaufmann, Doris: Aufklärung, bürgerliche Selbsterfahrung und die „Erfindung" der Psychiatrie in Deutschland, 1770–1850, Göttingen 1995 (Veröffentlichungen des Max-Planck-Instituts für Geschichte 122)

Kautsky, John H.: Funktionen und Werte des Adels, in: Peter Uwe Hohendahl/Paul Michael Lützeler (Hg.): Legitimationskrisen des deutschen Adels 1200–1900, Stuttgart 1979, S. 1–16 (Literaturwissenschaft und Sozialwissenschaften 11).

Kautsky, John H.: The Politics of Aristocratic Empires, New Brunswick, NJ 1997.

Keller, Katrin: Standesbildung, in: EdN 12, 2010, Sp. 887–894.

Kesper-Biermann, Sylvia: „Nothwendige Gleichheit bei Strafen bey aller Verschiedenheit der Stände im Staat"? (Un)gleichheit im Kriminalrecht der ersten Hälfte des 19. Jahrhunderts, in: GG 35, 2009, S. 603–628.

Kiernan, Victor G.: The Duel in European History. Honour and the Reign of Aristocracy, Oxford u. a. 1988.

Kiesel, Helmuth/Münch, Paul: Gesellschaft und Literatur im 18. Jahrhundert. Voraussetzungen und Entstehung des literarischen Markts in Deutschland, München 1977.

Kiesel, Helmuth: „Bei Hof, bei Höll". Untersuchungen zur literarischen Hofkritik von Sebastian Brant bis Friedrich Schiller, Tübingen 1979 (Studien zur deutschen Literatur 60).

Kittsteiner, Heinz Dieter: Die Buße auf dem Schafott. Weltliches Urteil und göttliche Gnade im 18. Jahrhundert, in: Edith Saurer (Hg.): Die Religion der Geschlechter. Historische Aspekte religiöser Mentalitäten, Köln/Weimar/Wien 1995, S. 213–243.

Kleinheyer, Gerd: Aspekte der Gleichheit in den Aufklärungskodifikationen und den Konstitutionen des Vormärz, in: Helmut Quaritsch (Hg.): Von der ständischen Gesellschaft zur bürgerlichen Gleichheit, Berlin 1980, S. 7–31 (Der Staat. Beihefte 4).

Klemm, Hermann: Die rechtliche und sociale Stellung der Ärzte in der Reichsstadt Ulm, in: Ulm und Oberschwaben 26, 1929, S. 3–23.

Klibansky, Raymond/Panofsky, Erwin/Saxl, Fritz: Saturn und Melancholie. Studien zur Geschichte der Naturphilosophie und Medizin, der Religion und der Kunst, Frankfurt a. M. 1990 [orig. 1964].

Klippel, Diethelm: Von der Aufklärung der Herrscher zur Herrschaft der Aufklärung, in: ZHF 17, 1990, S. 193–210.

Klippel, Diethelm/Übler, Rebekka: Gerechtigkeit, in: EdN 4, 2006, Sp. 511–513.

Kloosterhuis, Jürgen: Katte. Ordre und Kriegsartikel. Aktenanalytische und militärhistorische Aspekte einer „facheusen" Geschichte, Berlin 2006.

Kluetin, Harm: „Bürokratischer Patriotismus". Aspekte des Patriotentums im theresianisch-josephinischen Österreich, in: Günter Birtsch (Hg.): Patriotismus, Hamburg 1989, S. 37–52 (Aufklärung 4/2).

Kneschke, Ernst Heinrich: Neues allgemeines Deutsches Adels-Lexicon, 9 Bde., Leipzig 1859–1870.

Koch, Ernst: Die höchste Gabe in der Christenheit. Der Umgang mit Schwermut in der geistlich-seelsorgerischen Literatur des Luthertums im 16. und 17. Jahrhundert, in: Monika Hagenmaier/Sabine Holtz (Hg.): Krisenbewusstsein und Krisenbewältigung in der Frühen Neuzeit, Frankfurt a. M. 1992, S. 231–243.

Kocher, Gernot: Der aufgeklärte Gesetzgeber und sein Menschenbild, in: Gerhard Ammerer/Hans Haas (Hg.): Ambivalenzen der Aufklärung. Festschrift für Ernst Wangermann, Wien/München 1997, S. 93–100.

Köhler, Matthias: Strategie und Symbolik. Verhandeln auf dem Kongress von Nimwegen, Köln/Weimar/Wien 2011 (Externa 3).

Kohl, Katrin: Publizistische Inszenierung von Größe: Friedrichs Schriften als Medium des Ruhms, in: Friedrich300 – Colloquien, Friedrich und die historische Größe, 12.11.2012 [URL: http://www.perspectivia.net/content/publikationen/friedrich300-colloquien/friedrich-grosse/kohl_inszenierung].

Konersmann, Ralf: Das Versprechen der Wörter. Kleists erste und letzte Dichtung, in: Heinz Ludwig Arnold (Hg.): Heinrich von Kleist, München 1993, S. 100–124.

Koopmans, Joop W.: Die politische Haltung von Johan Willem Ripperda (1682–1737), in: Dick E. H. de Boer/Gudrun Gleba/Rudolf Holbach (Hg.): „... in guete freuntlichen nachbarlichen verwantnus und hantierung ...". Wanderung von Personen, Verbreitung von Ideen, Austausch von Waren in den niederländischen und deutschen Küstenregionen vom 13.–18. Jahrhundert, Oldenburg 2001, S. 163–204 (Oldenburger Schriften zur Geschichtswissenschaft 6).

Koselleck, Reinhard: Einleitung, in: Geschichtliche Grundbegriffe 1, 1972, S. XV-XXVII.

Koselleck, Reinhart: Patriotismus. Gründe und Grenzen eines neuzeitlichen Begriffs, in: Robert von Friedeburg (Hg.): ‚Patria' und ‚Patrioten' vor dem Patriotismus. Pflichten, Rechte, Glauben und die Rekonfigurierung europäischer Gemeinwesen im 17. Jahrhundert, Wiesbaden 2005, S. 535–552 (Wolfenbütteler Arbeiten zur Barockforschung 41).

Koser, Reinhold: Geschichte Friedrichs des Grossen, 4 Bde., Darmstadt 1963 [Nachdr. der 6. und 7. Aufl., Stuttgart/Berlin 1921].

Kramer, Karl-Sigismund: Fortleben nach dem Tode, in: HRG 1, 1970, Sp. 1181–1183.

Kranz, Margarita: Schicksal, in: HWPh 8, 1992, Sp. 1275–1289.

Krause, Gerhard: Luthers Stellung zum Selbstmord. Ein Kapitel seiner Lehre und Praxis der Seelsorge, in: Luther 36, 1965, S. 50–71.

Krauze, Justyna M.: David Fassmanns Gespräche im Reiche derer Todten. Kultur- und literaturgeschichtliche Form und Wirkung, in: Studia Niemcoznawcze 22, 2001, S. 259–275.

Kremmer, Susanne: Ulm, in: dies./Hans Eugen Specker (Hg.): Repertorium der Policeyordnungen der Frühen Neuzeit, Bd. 8. Reichsstädte 3: Ulm, Frankfurt a. M. 2007, S. 1–34 (Studien zur europäischen Rechtsgeschichte 218).

Kreutzer, Hans Joachim: Die Utopie vom Vaterland. Kleists politische Dramen, in: Oxford German Studies 20/21, 1991/92, S. 69–84.

Kreutzmann, Marko: Ständische Identität in der Krise? Zum Wandel sozialen Selbstverständnisses im Adel des (Groß)Herzogtums Sachsen-Weimar-Eisenach um 1800, in: Clemens/König/Meriggi: Hochkultur als Herrschaftselement, S. 305-325.

Kreutzmann, Marko: Zwischen ständischer und bürgerlicher Lebenswelt. Adel in Sachsen-Weimar-Eisenach 1770 bis 1830, Köln/Weimar/Wien 2008 (Veröffentlichungen der Historischen Kommission für Thüringen. Kleine Reihe 23).

Krischer, André: Neue Forschungen zur Kriminalitätsgeschichte, in: ZHF 33, 2006, S. 387–415.

Krogh, Tyge: A Lutheran Plague. Murdering to Die in the Eighteenth Century, Leiden 2012 (Studies in Central European Histories 55).

Kroll, Stefan: Soldaten im 18. Jahrhundert zwischen Friedensalltag und Kriegserfahrung. Lebenswelten und Kultur in der kursächsischen Armee 1728–1796, Paderborn 2006 (Krieg in der Geschichte 26).

Krusenstjern, Benigna von: Was sind Selbstzeugnisse? Begriffskritische und quellenkundliche Überlegungen anhand von Beispielen aus dem 17. Jahrhundert, in: HA 3, 1994, S. 462–471.

Krusenstjern, Benigna von: Seliges Sterben und böser Tod. Tod und Sterben in der Zeit des Dreißigjährigen Krieges, in: dies./Hans Medick (Hg.): Zwischen Alltag und Katastrophe. Der Dreißigjährige Krieg aus der Nähe, Göttingen 1999, S. 469–496 (Veröffentlichungen des Max-Planck-Instituts für Geschichte 148).

Kühl, Kristian: Der Tod des Beschuldigten oder Angeklagten im laufenden Strafverfahren, in: Albin Eser u. a. (Hg.): Strafverfahrensrecht in Theorie und Praxis. Festschrift für Lutz Meyer-Gossner zum 65. Geburtstag, München 2001, S. 715–731.

Kühnel, Florian: Selbsttötung in der ‚Öffentlichkeit'. Das Programm des sächsischen Kurfürsten gegen den Grafen Karl Heinrich von Hoym, in: NASG 80, 2009, S. 179–204.

Kühnel, Florian: Die Ehre der Unehrlichen. Rituelle Verunreinigung und Ehrverlust in der Frühen Neuzeit, in: Peter Burschel/Christoph Marx (Hg.): Reinheit, Köln/Weimar/Wien 2011, S. 271–301 (Veröffentlichungen des Instituts für Historische Anthropologie e. V. 12).

Kühnel, Harry: „… da erstach sich mit willn selbst…". Zum Selbstmord im Spätmittelalter und in der frühen Neuzeit, in: Karl Hauck u. a. (Hg.): Sprache und Recht. Beiträge zur Kulturgeschichte des Mittelalters. Festschrift für Ruth Schmidt-Wiegand zum 60. Geburtstag, Bd. 1, Berlin/New York 1986, S. 474–489.

Kunisch, Johannes: La guerre – c'est moi! Zum Problem der Staatenkonflikte im Zeitalter des Absolutismus, in: ders.: Fürst, Gesellschaft, Krieg. Studien zur bellizistischen Disposition des absoluten Fürstenstaates, Köln/Weimar/Wien 1992, S. 1–41.

Kunisch, Johannes: Henri de Catt, Vorleser und Gesprächspartner Friedrich des Großen. Versuch einer Typologie, in: Eckhart Hellmuth/Immo Meenken/Michael Trauth (Hg.): Zeitenwende? Preußen um 1800, Stuttgart 1999, S. 229–250.

Kunisch, Johannes: Friedrich der Große. Der König und seine Zeit, München 2009.

Kutzer, Michael: Anatomie des Wahnsinns. Geisteskrankheit im medizinischen Denken der frühen Neuzeit und die Anfänge der pathologischen Anatomie, Hürtgenwald 1998 (Schriften zur Wissenschaftsgeschichte 16).

Kutzer, Michael: Tradition, Anatomie und Psychiatrie: Die mentalen Vermögen und ihre Gehirnlokalisation in der frühen Neuzeit, in: Medizinhistorisches Journal 28, 1993, S. 199–228.

Lächele, Rainer: „Maleficanten" und Pietisten auf dem Schafott, in: Zeitschrift für Kirchengeschichte 107, 1996, S. 179–200.

Lambrecht, Roland: Melancholie. Vom Leiden an der Welt und den Schmerzen der Reflexion, Reinbek bei Hamburg 1994.

Lammel, Hans-Uwe: Philosophen, Leibärzte, Charlatane. Von königlichen Hämorrhoiden und anderen Malaisen, in: Sösemann/Vogt-Spira: Friedrich der Große in Europa, Bd. 1, S. 52–67.

Langley, Eric: Narcissism and Suicide in Shakespeare and his Contemporaries, Oxford 2009.

Latzel, Klaus: Vom Sterben im Krieg. Wandlungen in der Einstellung zum Soldatentod vom Siebenjährigen Krieg bis zum II. Weltkrieg, Warendorf 1988, S. 20–30.

Lazarowicz, Margarete: Karoline von Günderrode, Portrait einer Fremden, Frankfurt a. M. u. a. 1986 (Europäische Hochschulschriften 1/923).

Lecouteux, Claude: Wiedergänger, in: Lexikon des Mittelalters 9, 1998, Sp. 79f.

Lederer, David L.: Aufruhr auf dem Friedhof. Pfarrer, Gemeinde und Selbstmord im frühneuzeitlichen Bayern, in: Signori: Trauer, Verzweiflung und Anfechtung, S. 189–209.

Lederer, David L.: Living with the Dead. Ghosts in Early Modern Bavaria, in: Kathryn A. Edwards (Hg.): Werewolves, Witches, and Wandering Spirits. Traditional Belief and Folklore in Early Modern Europe, Kirksville 2002, S. 25–53 (Sixteenth Century Essays & Studies 62).

Lederer, David L.: „... welches die Oberkeit bey Gott zuverantworten hat ...". Selbstmord von Untersuchungsgefangenen im Kerker während der frühen Neuzeit, in: Gerhard Ammerer/Falk Bretschneider/Alfred Stefan Weiss (Hg.): Gefängnis und Gesellschaft. Zur (Vor-)Geschichte der strafenden Einsperrung, Leipzig 2003, S. 177–188 (Comparativ 13/5).

Lederer, David L.: Suicide in Early Modern Central Europe. A Historiographical Review, in: Bulletin of the German Historical Institute London 28/2, 2006, S. 33–46.

Lederer, David L.: Madness, Religion and the State in Early Modern Europe. A Bavarian Beacon, Cambridge u. a. 2006.

Le Forestier, René: Les Illuminés de Bavière et la Franc-Maçonnerie Allemande, Genf 1974 [Nachdr. der Ausg. Paris 1914].

Lenk, Leonhard: Bildungswesen, Aufklärung und Regierungspraxis in Straubing zwischen 1750 und 1830. Aus den Papieren des Regierungsrates J. N. Frh. von Pelkhoven, in: Karl Bosl (Hg.): Straubing. Das neue und das alte Gesicht einer Stadt im altbayerischen Kernland. Festschrift aus Anlaß des 750. Gründungsjubiläums, Straubing 1968, S. 221–258.

Lepenies, Wolf: Melancholie und Gesellschaft, Frankfurt a. M. 1969.

Lepsius, Oliver/Meyer-Kalkus, Reinhart (Hg.): Inszenierung als Beruf. Der Fall Guttenberg, Berlin 2011.

Leutert, Sebastian: Geschichten vom Tod. Tod und Sterben in Deutschschweizer und oberdeutschen Selbstzeugnissen des 16. und 17. Jahrhunderts, Basel 2007 (Basler Beiträge zur Geschichtswissenschaft 178).

Leven, Karl-Heinz: Krankheiten: Historische Deutung versus retrospektive Diagnose, in: Norbert Paul/Thomas Schlich (Hg.): Medizingeschichte: Aufgaben, Probleme, Perspektiven, Frankfurt a. M./New York 1998, S. 153–185.

Leven, Karl-Heinz: Zur Problematik moderner Deutungsversuche historischer

Krankheitsschilderungen, in: ders.: Die Geschichte der Infektionskrankheiten. Von der Antike bis ins 20. Jahrhundert, Landsberg 1997, S. 13–15 (Fortschritte in der Präventiv- und Arbeitsmedizin 6).

Leven, Karl-Heinz: Von Ratten und Menschen – Pest, Geschichte und das Problem der retrospektiven Diagnose, in: Mischa Meier (Hg.): Pest. Die Geschichte eines Menschheitstraumas, Stuttgart 2005, S. 11–32.

Leven, Karl-Heinz: Krankheiten im Wandel, in: Damals 43/7, 2011, S. 40–44.

Levi, Giovanni: On Microhistory, in: Peter Burke (Hg.): New Perspectives on Historical Writing, Cambridge 1991, S. 93–113.

Lewy, Ernst: Die Verwandlung Friedrichs des Großen. Eine psychoanalytische Untersuchung, in: Psyche 49, 1995, S. 727–804 [orig. 1967].

Licher, Lucia Maria: Mein Leben in einer bleibenden Form aussprechen. Umrisse einer Ästhetik im Werk Karoline von Günderrodes (1780–1806), Heidelberg 1996 (Beiträge zur neueren Literaturgeschichte. Dritte Folge 150).

Lidman, Satu: Zum Spektakel und Abscheu. Schand- und Ehrenstrafen als Mittel öffentlicher Disziplinierung in München um 1600, Frankfurt a. M. 2008 (Strafrecht und Rechtsphilosophie in Geschichte und Gegenwart 4).

Lieberwirth, Rolf: Crimen laesae maiestatis (Majestätsverbrechen), in: HRG 1, 1971, Sp. 648–651.

Liebler, Annemarie: Die Entstehung der Regierung als Mittelstelle zwischen Zentralbehörde und Außenämtern in der Neuzeit, in: dies.: Im Stammland von Raute und Panther. Geschichte der Regierung von Niederbayern, München 2008, S. 17–19.

Lind, Vera: Selbstmord in der Frühen Neuzeit. Diskurs, Lebenswelt und kultureller Wandel am Beispiel der Herzogtümer Schleswig und Holstein, Göttingen 1999 (Veröffentlichungen des Max-Planck-Instituts für Geschichte 146).

Lindemann, Mary: Armen- und Eselbegräbnis in der europäischen Frühneuzeit, eine Methode sozialer Kontrolle, in: Paul Richard Blum (Hg.): Studien zur Thematik des Todes im 16. Jahrhundert, Wolfenbüttel 1983, S. 125–139 (Wolfenbütteler Forschungen 22).

Lindemann, Mary: Medicine and Society in Early Modern Europe, 2. Aufl., Cambridge 2010.

Lindenberg, Ludwig: Leben und Schriften David Fassmanns (1683–1766) mit besonderer Berücksichtigung seiner Totengespräche, Berlin 1937 (Historische Abhandlungen 8).

Loch, Rudolf: Kleist. Eine Biographie, Göttingen 2003.

Lohmeier, Anke-Marie: Das Lob des adligen Landlebens in der deutschen Literatur des 17. Jahrhunderts, in: Dieter Lohmeier (Hg.): Arte et Marte. Studien zur Adelskultur des Barockzeitalters in Schweden, Dänemark und Schleswig-Holstein, Neumünster 1978, S. 173–192 (Kieler Studien zur deutschen Literaturgeschichte 13).

Lorenz, Maren: „Er ließe doch nicht eher nach biß er was angefangen". Zu den Anfängen gerichtspsychiatrischer Gutachtung im 18. Jahrhundert, in: Richard van Dülmen/Erhard Chvojka/Vera Jung (Hg.): Neue Blicke. Historische Anthropologie in der Praxis, Köln/Weimar/Wien 1997, S. 199–222.

Lorenz, Maren: Kriminelle Körper – Gestörte Gemüter. Die Normierung des Individuums in Gerichtsmedizin und Psychiatrie der Aufklärung, Hamburg 1999.

Lorenz, Maren: Gerichtsmedizin, in: EdN 4, 2006, Sp. 537–541.

Lorenz, Maren: Das Rad der Gewalt. Militär und Zivilbevölkerung in Norddeutschland nach dem Dreißigjährigen Krieg (1650–1700), Köln/Weimar/Wien 2007.

Low, Jennifer A.: Manhood and the Duel. Masculinity in Early Modern Drama and Culture, New York 2003.

Luef, Evelyne: ... boshaftig den entsetzlichen selbstmord angethann. Selbsttötungen als strafrechtliches Delikt im frühneuzeitlichen Österreich, in: Andrea Griesebner/Georg Tschannett (Hg.): Ermitteln, Fahnden und Strafen. Kriminalitätshistorische Studien vom 16. bis zum 19. Jahrhundert, Wien 2010, S. 165–190.

Lühe, Astrid von der: Sensus communis. Neuzeit, in: HWPh 9, 1995, Sp. 639–661.

Lühe, Astrid von der: Aisthesis – synaisthesis – sensus communis. Shaftesburys Entdeckung des moralischen Gefühls, in: Hans Adler/Ulrike Zeuch (Hg.): Synästhesie. Interferenz – Transfer – Synthese der Sinne, Würzburg 2002, S. 185–203.

Lürssen, Ernst: Reinszenierung eines massiven Traumas. Leitmotive im Leben Friedrichs des Großen, in: Jutta Gutwinski-Jeggle/Johann Michael Rotmann (Hg.): „Die klugen Sinne pflegend". Psychoanalytische und kulturkritische Beiträge, Tübingen 1993, S. 414–433.

Ludwig, Ulrike: Das Herz der Justitia. Gestaltungspotentiale territorialer Herrschaft in der Strafrechts- und Gnadenpraxis am Beispiel Kursachsens 1548–1648, Konstanz 2008 (Konflikte und Kultur – Historische Perspektiven 16).

Luh, Jürgen: Kriegskunst in Europa 1650–1800, Köln/Weimar/Wien 2004.

Luh, Jürgen: Der Große. Friedrich II. von Preußen, München 2011.

Luhmann, Niklas: Die Gesellschaft der Gesellschaft, Frankfurt a. M. 1998.

MacDonald, Michael/Murphy, Terence R.: Sleepless Souls. Suicide in Early Modern England, Oxford 1990.

Macho, Eva: Joseph II. – Die „Condemnatio ad poenas extraordinarias". Schiffziehen und Gassenkehren, Frankfurt a. M. 1999 (Beiträge zur neueren Geschichte Österreichs 9).

Mandelartz, Michael: Von der Tugendlehre zur Lasterschule. Die sogenannte ‚Kantkrise' und Fichtes ‚Wissenschaftslehre', in: KJb 2006, S. 120–136.

Manning, Roger B.: Swordsmen. The Martial Ethos in the three Kingdoms, Oxford u. a. 2003.

Marburg, Silke/Matzerath, Josef: Vom Stand zur Erinnerungsgruppe. Zur Adelsgeschichte des 18. und 19. Jahrhunderts, in: dies. (Hg.): Der Schritt in die Moderne. Sächsischer Adel zwischen 1763 und 1918, Köln/Weimar/Wien 2001, S. 5–15.

Martens, Wolfgang: Der patriotische Minister. Fürstendiener in der Literatur der Aufklärungszeit, Köln/Weimar/Wien 1996 (Kontext 1).

Martin, Jochen: Der Wandel des Beständigen. Überlegungen zu einer historischen Anthropologie, in: Freiburger Universitätsblätter 126, 1994, S. 35–46.

Martschukat, Jürgen: Die öffentliche Hinrichtung: Ein „Theater des Schreckens"?, in: Kriminologisches Journal 27, 1998, S. 186–208.

Martschukat, Jürgen: Inszeniertes Töten. Eine Geschichte der Todesstrafe vom 17. bis zum 19. Jahrhundert, Köln/Weimar/Wien 2000.

Martschukat, Jürgen: Ein Freitod durch die Hand des Henkers. Erörterungen zur Komplementarität von Diskursen und Praktiken am Beispiel von „Mord aus Lebens-Überdruss" und Todesstrafe im 18. Jahrhundert, in: ZHF 27, 2000, S. 53–74.

Martschukat, Jürgen: Von Seelenkrankheiten und Gewaltverbrechen im frühen 19. Jahrhundert, in: Richard van Dülmen/Erhard Chvojka/Vera Jung (Hg.): Neue Blicke. Historische Anthropologie in der Praxis, Köln/Weimar/Wien 1997, S. 223–247.

Mat'a, Petr: Ständegesellschaft, in: EdN 12, 2010, Sp. 865–872.

Matzerath, Josef: Adelsprobe an der Moderne. Sächsischer Adel 1763 bis 1866. Entkonkretisierung einer traditionalen Sozialformation, Stuttgart 2006 (Vierteljahrschrift für Sozial- und Wirtschaftsgeschichte. Beihefte 183).

Matzerath, Joseph: Was bildet den Adel? Gruppentypische Ausbildungswege und Bindekräfte, in: Ivo Cerman/Luboš Velek (Hg.): Adelige Ausbildung. Die Herausforderung der Aufklärung und die Folgen, München 2006, S. 83-93 (Studien zum mitteleuropäischen Adel 1).

Matzke, Judith: Wackerbarth-Salmour, Joseph Anton Gabaleon Graf von, in: Sächsische Biografie Online, 20.3.2006 [URL: http://saebi.isgv.de/biografie/Joseph_Anton_Gabaleon_von_Wackerbarth-Salmour_(1685-1761)].

Maurer, Michael: Der Adel und die Revolution. Sozialstatus und Wertewandel, in: Michael Kessler/Helmut Koopmann (Hg.): Eichendorffs Modernität. Akten des internationalen, interdisziplinären Eichendorff-Symposium 6.–8. Oktober 1988, Akademie der Diözese Rottenburg-Stuttgart, Tübingen 1989, S. 97–120 (Stauffenburg Colloquium 9).

Mauser, Wolfram: Melancholieforschung des 18. Jahrhunderts zwischen Ikonographie und Ideologiekritik. Auseinandersetzung mit den bisherigen Ergebnissen und Thesen zu einem Neuansatz, in: Lessing Yearbook 13, 1981, S. 253–277.

McManners, John: Death and the Enlightenment. Changing Attitudes to Death Among Christians and Unbelievers in Eighteenth-Century France, Oxford 1981.

Medick, Hans: „Missionare im Ruderboot"? Ethnologische Erkenntnisweisen als Herausforderung an die Sozialgeschichte, in: Alf Lüdtke (Hg.): Alltagsgeschichte. Zur Rekonstruktion historischer Erfahrungen und Lebensweisen, Frankfurt a. M. 1989, S. 48–84.

Medick, Hans: Mikro-Historie, in: Winfried Schulze (Hg.): Sozialgeschichte, Alltagsgeschichte, Mikro-Historie. Eine Diskussion, Göttingen 1994, S. 40–53.

Medick, Hans: Entlegene Geschichte? Sozialgeschichte und Mikro-Historie im Blickfeld der Kulturanthropologie, in: Berliner Geschichtswerkstatt (Hg.): Alltagskultur, Subjektivität und Geschichte. Zur Theorie und Praxis von Alltagsgeschichte, Münster 1994, S. 94–109.

Medick, Hans: Historische Anthropologie, in: Stefan Jordan (Hg.): Lexikon Geschichtswissenschaft. Hundert Grundbegriffe, Stuttgart 2002, S. 157–161.

Mehigan, Tim: Kleist, Kant und die Aufklärung, in: ders. (Hg.): Heinrich von Kleist und die Aufklärung, Rochester 2000, S. 3–21.

Meier, Brigitte: Friedrich Wilhelm II. König von Preußen (1744–1797). Ein Leben zwischen Rokoko und Revolution, Regensburg 2007.

Mergel, Thomas: Modernisierung, in: Europäische Geschichte Online (EGO), hg. vom Institut für Europäische Geschichte (IEG), 27.4.2011 [URL: http://www.ieg-ego.eu/mergelt-2011-de].

Merrill, Kenneth R.: Hume on Suicide, in: History of Philosophy Quarterly 16, 1999, S. 395–412.

Merten, Detlef: Der Katte-Prozeß. Vortrag gehalten vor der Berliner Juristischen Gesellschaft am 14. Februar 1979, Berlin/New York 1980 (Schriftenreihe der Juristischen Gesellschaft e. V. 62).

Meumann, Markus: Militärische Revolution, in: EdN 8, 2008, Sp. 506–510.

Meusel, Johann Georg: Küttner (Karl Gottfried), in: ders.: Lexikon der vom Jahr 1750 bis 1800 verstorbenen teutschen Schriftsteller, Bd. 7, Leipzig 1808.

Michalzik, Peter: Kleist. Dichter, Krieger, Seelensucher. Biographie, Berlin 2011.

Michelsen, Peter: Der unruhige Bürger. Studien zu Lessing und zur Literatur des achtzehnten Jahrhunderts, Würzburg 1990.

Midelfort, H.C. Erik: The Devil and the German People. Reflections on the Popularity of Demon Possession in Sixteenth-Century Germany, in: Steven E. Ozment (Hg.): Religion and Culture in the Renaissance and Reformation, Kirksville 1989, S. 99–119 (Sixteenth Century Essays & Studies 11).

Midelfort, H.C. Erik: Selbstmord im Urteil von Reformation und Gegenreformation, in: Wolfgang Reinhard/Heinz Schilling (Hg.): Die katholische Konfessionalisierung. Wissenschaftliches Symposion der Gesellschaft zur Herausgabe des Corpus Catholicorum und des Vereins für Reformationsgeschichte 1993, Gütersloh 1995, S. 296–310 (Schriften des Vereins für Reformationsgeschichte 198).

Midelfort, H.C. Erik: Verrückte Hoheit. Wahn und Kummer in deutschen Herrscherhäusern, Stuttgart 1996.

Mieck, Ilja: Preußen von 1807 bis 1850. Reformen, Restauration und Revolution, in: Otto Büsch (Hg.): Handbuch der preußischen Geschichte, Bd. 2. Das 19. Jahrhundert und große Themen der Geschichte Preußens, Berlin/New York 1992, S. 3–292.

Miller, Jon: Stoics and Spinoza on Suicide, in: Gábor Boros (Hg.): Der Einfluss des Hellenismus auf die Philosophie der Frühen Neuzeit, Wiesbaden 2005, S. 107–135 (Wolfenbütteler Forschungen 108).

Minois, Georges: Geschichte des Selbstmords, Düsseldorf/Zürich 1996.

Minois, Georges: Geschichte des Atheismus. Von den Anfängen bis zur Gegenwart, Köln/Weimar/Wien 2000.

Möbius, Sascha: Mehr Angst vor dem Offizier als vor dem Feind? Eine mentalitätsgeschichtliche Studie zur preußischen Taktik im Siebenjährigen Krieg, Saarbrücken 2007.

Möller, Horst: Aufklärung und Adel, in: Elisabeth Fehrenbach (Hg.): Adel und Bürgertum in Deutschland 1770–1848, München 1994, S. 1–9 (Schriften des Historischen Kollegs – Kolloquien 31).

Mösgen, Peter: Das Phänomen des Suizides aus christlich-philosophischer Sicht, Eichstätt 1999.

Möstl, Markus: Korrekter Umgang mit Plagiatsvorwürfen. Eine Zwischenbilanz aus Anlass des Falls „zu Guttenberg“, in: Publicus 2011.6, S. 5–7 [URL: http://www.publicus-boorberg.de/sixcms/media.php/boorberg01.a.1282.de/boorberg01.c.143745.de].

Mohr, Rudolf: Protestantische Theologie und Frömmigkeit im Angesicht des Todes während des Barockzeitalters. Hauptsächlich auf Grund hessischer Leichenpredigten, Marburg 1962.

Mohr, Rudolf: Der unverhoffte Tod. Theologie- und kulturgeschichtliche Untersuchungen zu außergewöhnlichen Todesfällen in Leichenpredigten, Marburg 1982 (Marburger Personalschriften-Forschungen 5).

Morrissey, Susan: Suicide and the Body Politic in Imperial Russia, Cambridge 2007 (Cambridge Social and Cultural Histories 9).

Mousnier, Roland: Social Hierarchies. 1450 to the Present, London 1973.

Müller, Irmgard/Fangerau, Heiner: Protokolle des Unsichtbaren: Visa reperta in der gerichtsmedizinischen Praxis des 18. und 19. Jahrhunderts und ihre Rolle als Promotoren pathologisch-anatomischen Wissens, in: Medizinhistorisches Journal 45, 2010, S. 365–392.

Müller, Rainer A.: Der Fürstenhof in der frühen Neuzeit, München 1995 (EdG 33).

Müller-Lindenberg, Ruth: Melancholie, Suizid und Herrschaft. Quellen und Kontexte zu einigen Libretti der Wilhelmine von Bayreuth, in: Günter Berger (Hg.): Wilhelmine von Bayreuth heute. Das kulturelle Erbe der Markgräfin, Bayreuth 2009, S. 173–185 (Archiv für Geschichte von Oberfranken. Sonderband 2009).

Müller-Salget, Klaus: Heinrich, Marie und Ulrike von Kleist. Zur Datierung und Deutung der Briefe vom Herbst 1811, in: ZdtPhil 113, 1994, S. 543–553.

Müller-Seidel, Walter: Kleists ‚Hypochondrie'. Zu seinem Verständnis in klassischer und moderner Ästhetik, in: John L. Hibberd/Hugh Barr Nisbet (Hg.): Texte, Motive und Gestalten der Goethezeit. Festschrift für Hans Reiss, Tübingen 1989, S. 225–250.

Münch, Paul: Lebensformen in der frühen Neuzeit, Frankfurt a. M. 1992.

Münchow-Pohl, Bernd von: Zwischen Reform und Krieg. Untersuchungen zur Bewußtseinslage in Preußen 1809–1812, Göttingen 1987 (Veröffentlichungen des Max-Planck-Instituts für Geschichte 87).

Mulsow, Martin: „Steige also, wenn du kannst, höher und höher zu uns herauf." Adam Weishaupt als Philosoph, in: Walter Müller-Seidel (Hg.): Die Weimarer Klassik und ihre Geheimbünde, Würzburg 2003, S. 27–66.

Murray, Alexander: Suicide in the Middle Ages, 2 Bde., Oxford 1998 & 2000.

Neuber, Wolfgang: Die Theologie der Geister in der Frühen Neuzeit, in: Moritz Bassler/Bettina Gruber/Martina Wagner-Egelhaaf (Hg.): Gespenster. Erscheinungen – Medien – Theorien, Würzburg 2005, S. 25–37.

Neugebauer, Richard: Treatment of the Mentally Ill in Medieval and Early Modern England: A Reappraisal, in: Journal of the History of the Behavioral Sciences 14, 1978, S. 158–169.

Neugebauer, Wolfgang: Der Adel in Preußen im 18. Jahrhundert, in: Asch: Der europäische Adel im Ancien Régime, S. 49–76.

Neumeyer, Harald: Anomalien, Autonomien und das Unbewusste. Selbstmord in Wissenschaft und Literatur von 1700 bis 1800, Göttingen 2009.

Nipperdey, Thomas: Bemerkungen zum Problem einer historischen Anthropologie, in: Ernst Oldemeyer (Hg.): Die Philosophie und die Wissenschaft. Festschrift für Simon Moser zum 65. Geburtstag, Meisenheim am Glan 1967, S. 350–370.

Nipperdey, Thomas: Nationalidee und Nationaldenkmal in Deutschland im 19. Jahrhundert, in: HZ 206, 1968, S. 529–585.

Nipperdey, Thomas: Die anthropologische Dimension der Geschichtswissenschaft, in: Gerhard Schulz (Hg.): Geschichte heute. Positionen, Tendenzen und Probleme, Göttingen 1973, S. 225–255.

Nipperdey, Thomas: Deutsche Geschichte 1800–1866. Bürgerwelt und starker Staat, 4. Aufl., München 1987.

Nitschke, August: Die Voraussetzungen für eine Historische Psychologie, in: Gerd Jüttemann (Hg.): Die Geschichtlichkeit des Seelischen. Der historische Zugang zum Gegenstand der Psyche, Weinheim 1986, S. 31–45.

Nowosadtko, Jutta: Die Ehre, die Unehre und das Staatsinteresse. Konzepte und Funktionen von „Unehrlichkeit" im historischen Wandel am Beispiel des Kurfürstentums Bayern, in: Geschichte in Wissenschaft und Unterricht 44, 1993, S. 362–381.

Nowosadtko, Jutta: Scharfrichter und Abdecker. Der Alltag zweier „unehrlicher Berufe" in der Frühen Neuzeit, Paderborn u. a. 1994.

Nowosadtko, Jutta: Betrachtungen über den Erwerb von Unehre. Vom Widerspruch ‚moderner' und ‚traditionaler' Ehren- und Unehrenkonzepte in der frühneuzeitlichen Ständegesellschaft, in: Vogt/Zingerle: Ehre, S. 230–248

Nowosadtko, Jutta: Umstrittene Standesgrenzen. Ehre und Unehrlichkeit der bayerischen Schergen, in: Klaus Schreiner/Gerd Schwerhoff (Hg.): Verletzte Ehre. Ehrkonflikte in Gesellschaften des Mittelalters und der Frühen Neuzeit, Köln/Weimar/Wien 1995, S. 166–182 (Norm und Struktur 5).

Nowosadtko, Jutta: Militärjustiz im 17. und 18. Jahrhundert am Beispiel des Fürstbistums Münster, in: Sylvia Kesper-Biermann/Diethelm Kippel (Hg.): Kriminalität in Mittelalter und Früher Neuzeit. Soziale, rechtliche, philosophische und literarische Aspekte, Wiesbaden 2007, S. 115–140 (Wolfenbütteler Forschungen 114).

Nowosadtko, Jutta/Möbius, Sascha: Schule der Helden. Ehrvorstellungen adliger Offiziere des Regiments Alt-Anhalt in der Zeit des Siegenjährigen Krieges, in: Eva Labouvie (Hg.): Adel in Sachsen-Anhalt. Höfische Kultur zwischen Repräsentation, Unternehmertum und Familie, Köln/Weimar/Wien 2007, S. 155–177.

Nowosadtko, Jutta: Stehendes Heer im Ständestaat. Das Zusammenleben von Militär- und Zivilbevölkerung im Fürstbistum Münster 1650–1803, Paderborn 2011 (Forschungen zur Regionalgeschichte 59).

Oexle, Otto Gerhard: Aspekte der Geschichte des Adels im Mittelalter und in der Frühen Neuzeit, in: Wehler: Europäischer Adel 1750–1950, S. 19–56.

Ortmann, J. Benno: Geschichte des altadelichen Spretischen Hauses. Ursprung und Fortblühte in Ravenna und Baiern, Nürnberg u. a. 1806.

Oster, Uwe A.: Sein Leben war das traurigste der Welt. Friedrich II. und der Kampf mit seinem Vater, München 2011.

Osterhammel, Jürgen: Die europäische Übergangsgesellschaft im globalen Zusammenhang, in: Lutz Raphael/Ute Schneider (Hg.): Dimensionen der Moderne. Festschrift für Christof Dipper, Frankfurt a. M. 2008, S. 707–723.

Ott, Michael: Das ungeschriebene Gesetz. Ehre und Geschlechterdifferenz in der deutschen Literatur um 1800, Freiburg i. Br. 2001 (Rombach Wissenschaften. Reihe Litterae 81).

Outram, Dorinda: The Body and the French Revolution. Sex, Class and Political Culture, New Haven/London 1989.

Owzar, Armin: Menschen im Wandel. Historische Anthropologie, in: Silke Meyer/Armin Owzar (Hg.): Disziplinen der Anthropologie, Münster 2011, S. 229–256.

Pečar, Andreas: Friedrich der Große als Roi Philosophe. Rom und Paris als Bezugspunkte für das königliche Herrscherbild, in: Friedrich300 – Colloquien, Friedrich der Große: Politik und Kulturtransfer im europäischen Kontext, 14.02.2012 [URL: http://www.perspectivia.net/content/publikationen/friedrich300-colloquien/friedrich-kulturtransfer/pecar_roi-philosophe].

Pečar, Andreas: Friedrich der Große als Autor. Plädoyer für eine adressatenorientierte Lektüre seiner Schriften, in: Friedrich300 – Colloquien, Friedrich der Große – eine perspektivische Bestandsaufnahme, 15.02.2012 [URL: http://www.perspectivia.net/content/publikationen/friedrich300-colloquien/friedrich-bestandsaufnahme/pecar_autor].

Pechaček, Petra: Scharfrichter und Wasenmeister in der Landgrafschaft Hessen-Kassel in der Frühen Neuzeit, Frankfurt a. M. 2004 (Europäische Hochschulschriften, Reihe 3. Geschichte und ihre Hilfswissenschaften 953).

Pedlow, Gregory W.: The Survival of the Hessian Nobility, 1770–1870, Princeton 1988.

Pfannkuchen, Karsten: Selbstmord und Sanktionen. Eine rechtshistorische Betrachtung unter besonderer Berücksichtigung ostpreußischer Bestimmungen, Berlin 2008.

Philippson, Martin: Geschichte des Preußischen Staatswesens vom Tode Friedrich des Großen bis zu den Freiheitskriegen, Bd. 1, Leipzig 1880.

Pichon, Jérôme de: Vie de Charles-Henry Comte de Hoym. Ambassadeur de Saxe-Pologne en France et célèbre amateur de Livres, 1694–1736, 2 Bde., Paris 1880.

Piirimäe, Eva: Thomas Abbt's Vom Tode für das Vaterland (1761) and the French Debates on Monarchical Patriotism, in: Trames 9, 2005, S. 326–347.

Piirimäe, Eva: Dying for the Fatherland: Thomas Abbt's Theory of Aesthetic Patriotism, in: History of European Ideas 35, 2009, S. 194–208.

Piller, Gudrun: Private Körper. Spuren des Leibes in Selbstzeugnissen des 18. Jahrhunderts, Köln/Weimar/Wien 2007 (Selbstzeugnisse der Neuzeit 17).

Planert, Ute: Wann beginnt der „moderne" deutsche Nationalismus? Plädoyer für eine nationale Sattelzeit, in: Jörg Echternkamp/Sven O. Müller (Hg.): Die Politik der Nation. Deutscher Nationalismus in Krieg und Krisen, 1760–1960, München 2002, S. 25–59 (Beiträge zur Militärgeschichte 56).

Pleticha, Eva: Adel und Buch. Studien zur Geisteswelt des fränkischen Adels am Beispiel seiner Bibliotheken vom 15. bis zum 18. Jahrhundert, Neustadt a.d. Aisch 1983 (Veröffentlichungen der Gesellschaft für fränkische Geschichte Reihe 9. Darstellungen aus der fränkischen Geschichte 33).

Popitz, Heinrich: Gewalt, in: ders.: Phänomene der Macht, 2., stark erw. Aufl., Tübingen 1992, S. 43–78.

Poppen, Enno: Die Geschichte des Sachverständigenbeweises im Strafprozess des deutschsprachigen Raumes, Göttingen/Zürich 1984 (Göttinger Studien zur Rechtsgeschichte 16).

Pott, Martin: Aufklärung und Aberglaube. Die deutsche Frühaufklärung im Spiegel ihrer Aberglaubenskritik, Tübingen 1992.

Prignitz, Christoph: Vaterlandsliebe und Freiheit. Deutscher Patriotismus von 1750 bis 1850, Wiesbaden 1981.

Prignitz, Christoph: Patriotismus, Nationalgefühl, in: Reinalter: Lexikon zum Aufgeklärten Absolutismus, S. 462–468.

Psaar, Werner: Schicksalsbegriff und Tragik bei Schiller und Kleist, Berlin 1940 (Germanische Studien 228).

Puff, Helmut: Sodomie und Herrschaft – eine Problemskizze: Das Verfahren Pappenheim contra Pappenheim (1649–1651), in: Ingrid Bauer/Christa Hämmerle/Gabriella Hauch (Hg.): Liebe und Widerstand. Ambivalenzen historischer Geschlechterbeziehungen, Köln/Weimar/Wien 2005, S. 175–193 (L'homme Schriften 10).

Radbruch, Gustav: Ars moriendi. Scharfrichter – Seelsorger – Armersünder – Volk, in: Schweizerische Zeitschrift für Strafrecht 59, 1945, S. 460–495.

Regge, Jürgen: Kabinettsjustiz in Brandenburg-Preußen. Eine Studie zur Geschichte des landesherrlichen Bestätigungsrechts in der Strafrechtspflege des 17. und 18. Jahrhunderts, Berlin 1977 (Strafrechtliche Abhandlungen, N.F. 30).

Rehbach, Bernd: Bemerkungen zur Geschichte der Selbstmordbestrafung. Einige rechtshistorische Aspekte der Sterbehilfe, in: Deutsche Richterzeitung 64, 1986, S. 241–247.

Rehm, Walther: Römisch-französischer Barockheroismus und seine Umgestaltung in Deutschland, in: ders.: Götterstille und Göttertrauer. Aufsätze zur deutsch-antiken Begegnung, München 1951, S. 11–61.

Rehse, Birgit: Die Supplikations- und Gnadenpraxis in Brandenburg-Preußen. Eine Untersuchung am Beispiel der Kurmark unter Friedrich Wilhelm II. (1786–1797), Berlin 2008 (Quellen und Forschungen zur Brandenburgischen und Preußischen Geschichte 35).

Reich-Ranicki, Marcel: Karin Reschke oder Der Doppelselbstmord am Kleinen Wannsee (1983), in: ders.: Lauter Lobreden, München 1985, S. 163–172.

Reinalter, Helmut (Hg.): Lexikon zum Aufgeklärten Absolutismus in Europa. Herrscher – Denker – Sachbegriffe, Köln/Weimar/Wien 2005.

Reinalter, Helmut: Aufklärung und Französische Revolution, in: Konstantin Broese u. a. (Hg.): Vernunft der Aufklärung – Aufklärung der Vernunft, Berlin 2006, S. 77–90.

Reinalter, Helmut: Herrscherverständnis, in: ders.: Lexikon zum Aufgeklärten Absolutismus, S. 303f..

Reinalter, Helmut: Staat, Staatstheorien, in: ders.: Lexikon zum Aufgeklärten Absolutismus, S. 586–589.

Reif, Heinz: Adel im 19. und 20. Jahrhundert, München 1999 (EdG 55).

Reif, Heinz: Einleitung, in: ders. (Hg.): Adel und Bürgertum in Deutschland, Bd. 1. Entwicklungslinien und Wendepunkte im 19. Jahrhundert, 2. Aufl., Berlin 2008, S. 7–27 (Elitenwandel in der Moderne 1).

Reif, Heinz: Der Adel im „langen 19. Jahrhundert". Alte und neue Wege der Adelsforschung, in: Clemens/König/Meriggi: Hochkultur als Herrschaftselement, S. 19–37.

Reinhard, Wolfgang: Probleme deutscher Geschichte 1495–1806/Reichsreform und Reformation 1495–1555, Stuttgart 2001 (Gebhardt. Handbuch der deutschen Geschichte 9).

Reinhard, Wolfgang: Lebensformen Europas. Eine historische Kulturanthropologie, München 2004.

Reinhard, Wolfgang: Manchmal ist eine Pfeife wirklich nur eine Pfeife. Plädoyer für eine materialistische Anthropologie, in: Saeculum 56, 2005, S. 1–16.

Reinhard, Wolfgang: Die Anthropologische Wende der Geschichtswissenschaft, in: Andreas Wagner (Hg.): Anthropologische Aufbrüche. Alttestamentliche und interdisziplinäre Zugänge zur historischen Anthropologie, Göttingen 2009, S. 77–102 (Forschungen zur Religion und Literatur des Alten und Neuen Testaments 232).

Reyfman, Irina: Ritualized Violence Russian Style. The Duel in Russian Culture and Literature, Stanford 1999.

Reulecke, Martin: Gleichheit und Strafrecht im deutschen Naturrecht des 18. und 19. Jahrhunderts, Tübingen 2007 (Grundlagen der Rechtswissenschaft 9).

Rexroth, Frank: Der rechte und der unrechte Tod: Über die gesellschaftliche Deutung von Gewaltverbrechen in London, 1276–1340, in: Markus J. Wenninger (Hg.): du guoter tôt. Sterben im Mittelalter – Ideal und Realität, Klagenfurt 1998, S. 51–80 (Schriftenreihe der Akademie Friesach 3).

Richter, Gottfried Lebrecht: Küttner, M. Karl Gottfried, in: ders.: Allgemeines Biographisches Lexikon alter und neuer geistlicher Liederdichter, Leipzig 1804, S. 181–183.

Ricke, Gabriele: Schwarze Phantasie und trauriges Wissen. Beobachtungen über Melancholie und Denken im 18. Jahrhundert, Hildesheim 1981.

Rieger, Miriam: Der Teufel im Pfarrhaus. Gespenster, Geisterglaube und Besessenheit im Luthertum der Frühen Neuzeit, Stuttgart 2011 (Friedenstein-Forschungen 9).

Ries, Rotraud: Individualisierung im Spannungsfeld differenter Kulturen. Positionsbestimmungen und experimentelle Neudefinitionen in der jüdischen Minderheit, in: Kaspar von

Greyerz (Hg.): Selbstzeugnisse in der Frühen Neuzeit. Individualisierungsweisen in interdisziplinärer Perspektive, München 2007, S. 79–112.

Ritter, Ernst: Hannoversche Regimenter in fremdem Sold, in: Norddeutsche Familienkunde 1, 1952, S. 53–55, 71–74, 99–101.

Rössler, Dietrich: Pfarrhaus und Medizin, in: Martin Greiffenhagen (Hg.): Das evangelische Pfarrhaus. Eine Kultur- und Sozialgeschichte, Stuttgart 1984, S. 231–246.

Rössner-Richarz, Maria: Selbstzeugnisse als Quellen adliger Lebenswelten in der Sattelzeit. Eine Bestandsaufnahme, in: Zeitenblicke 9/1, 10.6.2010 [URL: http://www.zeitenblicke.de/2010/1/roessner-richarz/index_html, URN: urn:nbn:de:0009-9-21027].

Roper, Lyndal: Männlichkeit und männliche Ehre, in: Karin Hausen/Heide Wunder (Hg.): Frauengeschichte – Geschlechtergeschichte, Frankfurt a. M./New York 1992, S. 154–172 (Reihe Geschichte und Geschlechter 1).

Rosenstrauch-Königsberg, Edith: Freimaurer, Illuminat, Weltbürger. Friedrich Münters Reisen und Briefe in ihren europäischen Bezügen, Berlin 1984 (Brief und Briefwechsel im 18. und 19. Jahrhundert als Quellen der Kulturbeziehungsforschung 2).

Roth, Andreas: Unzurechnungsfähigkeit, in: HRG 5, 1998, Sp. 551–554.

Rüther, Stefanie: Prestige und Herrschaft. Zur Repräsentation der Lübecker Ratsherren in Mittelalter und Früher Neuzeit, Köln/Weimar/Wien 2003 (Norm und Struktur 16).

Ruppel, Edith: Das Generaldirektorium unter der Regierung Friedrich Wilhelms II. Mit Berücksichtigung der interimistischen Instruktion von 1789, Würzburg 1937 (Berliner Studien zur neueren Geschichte 2).

Rutledge, John: The Dialogue of the Dead in Eighteenth-Century Germany, Bern/Frankfurt a. M. 1974.

Sachse, Ullrich: Cäsar in Sanssouci. Die Politik Friedrichs des Großen und die Antike, München 2008.

Sachse, Ullrich: Groß im Tod sein. Friedrichs des Großen erste Verfügung zur Inszenierung seines Nachlebens, in: Friedrich300 – Colloquien, Friedrich und die historische Größe, 14.12.2012 [URL: http://www.perspectivia.net/content/publikationen/friedrich300-colloquien/friedrich-groesse/sachse_tod].

Sahrer von Sahr, Carl: Ueber den Cabinets=Minister Grafen Carl Heinrich von Hoym, in: Archiv für die Sächsische Geschichte 3, 1865, S. 340–343.

Sahrer von Sahr, Carl: Aus den Überresten eines Lausitzer Gutsarchivs, in: Archiv für die Sächsische Geschichte 7, 1869, S. 249–263.

Samuel, Richard: Kleists ‚Herrmannschlacht' und der Freiherr vom Stein, in: Jahrbuch der deutschen Schillergesellschaft 5, 1961, S. 64–101.

Schär, Markus: Seelennöte der Untertanen. Selbstmord, Melancholie und Religion im Alten Zürich 1500–1800, Zürich 1985.

Schaich, Michael: Staat und Öffentlichkeit im Kurfürstentum Bayern der Spätaufklärung, München 2001 (Schriftenreihe zur bayerischen Landesgeschichte 136).

Scheler, Dieter: In ungeweihter Erde: Die Verweigerung des Begräbnisses im Mittelalter, in: Linda-Marie Günther/Michael Oberweis (Hg.): Inszenierungen des Todes. Hinrichtung, Martyrium, Schändung, Berlin u. a. 2006, S. 157–167 (Sources of Europe 4).

Schelle, Hansjörg: Totengespräch, in: Klaus Kanzog (Hg.): Reallexikon der deutschen Literaturgeschichte, Bd.4, Berlin/New York 1984, S. 475–513.

Scheuer, Helmut: Die Dichter und ihre Nation – Ein historischer Aufriss, in: Der Deutschunterricht 42/4, 1990, S. 4–46.

Scheuner, Ulrich: Die Staatszwecke und die Entwicklung der Verwaltung im deutschen Staat des 18. Jahrhunderts, in: Gerd Kleinheyer/Paul Mikat (Hg.): Beiträge zur Rechtsgeschichte. Gedächtnisschrift für Herrmann Conrad, Paderborn u. a. 1979, S. 467–489 (Rechts- und Staatswissenschaftliche Veröffentlichungen der Görres-Gesellschaft, N.F. 34).

Schieder, Theodor: Friedrich der Große. Ein Königtum der Widersprüche, Frankfurt a. M./ Berlin/Wien 1983.

Schindler, Norbert: Für eine Geschichte realer Möglichkeiten. Nachwort zur deutschen Ausgabe der Aufsätze von Natalie Zemon Davis, in: Natalie Zemon Davis: Humanismus, Narrenherrschaft und die Riten der Gewalt. Gesellschaft und Kultur im frühneuzeitlichen Frankreich, Frankfurt a. M. 1987, S. 328–349.

Schings, Hans-Jürgen: Melancholie und Aufklärung. Melancholiker und ihre Kritiker in der Erfahrungsseelenkunde und Literatur des 18. Jahrhunderts, Stuttgart 1977.

Schlögl, Rudolf: Politik beobachten. Öffentlichkeit und Medien in der Frühen Neuzeit, in: ZHF 35, 2008, S. 581–616.

Schmidt, Alexander: Ein Vaterland ohne Patrioten? Die Krise des Reichspatriotismus im 18. Jahrhundert, in: Georg Schmidt (Hg.): Die deutsche Nation im frühneuzeitlichen Europa. Politische Ordnung und kulturelle Identität?, München 2010, S. 35–63 (Schriften des Historischen Kollegs 80).

Schmidt, Georg: Das Geschlecht von der Schulenburg, Bd. 2, Beetzendorf/Berlin 1899.

Schmidt, Georg: Geschichte des alten Reiches. Staat und Nation in der Frühen Neuzeit. 1495–1806, München 1999.

Schmidt, Jeremy: Melancholy and the Care of the Soul. Religion, Moral Philosophy and Madness in Early Modern England, Aldershot 2007.

Schmidt, Jochen: Heinrich von Kleist. Die Dramen und Erzählungen in ihrer Epoche, Darmstadt 2003.

Schmidt-Kohberg, Karin: … und hat „sich selbsten … an ein Strickhalfter hingehenckt …“. Selbstmord im Herzogtum Württemberg im 17. und 18. Jahrhundert, in: Johannes Dillinger (Hg.): Zauberer, Selbstmörder, Schatzsucher. Magische Kultur und behördliche Kontrolle im frühneuzeitlichen Württemberg, Trier 2003, S. 113–220.

Schmitt, Heinrich: Ulm und sein Militär, besonders 1757, in: Württembergische Vierteljahrshefte für Landesgeschichte, N.F. 4, 1895, S. 141–161.

Schmitt, Jean-Claude: Bilder als Erinnerung und Vorstellung. Die Erscheinungen der Toten im Mittelalter, in: HA 1, 1993, S. 347–358.

Schmitt, Jean-Claude: Die Wiederkehr der Toten. Geistergeschichten im Mittelalter, Stuttgart 1995.

Schmitt-Sasse, Joachim: J. M. v. Loen und Adolph Freiherr von Knigge. Bürgerliche Ideale in den Schriften deutscher Adliger, in: ZdtPhil 106, 1987, S. 169–183.

Schmitz, Walter: „… eine neue Ordnung der Dinge“. Heinrich von Kleists Dresdner Aufenthalt, in: Lothar Jordan (Hg.): Kleist als Dramatiker. Aufführungsgeschichte und Aufführungspraxis. Kleist und Dresden. Werk, Kontext und Umgebung, Würzburg 2009, S. 81–104 (Beiträge zur Kleist-Forschung 21, 2007/2008).

Schnabel-Schüle, Helga: Das Majestätsverbrechen als Herrschaftsschutz und Herrschaftskritik, in: Dietmar Willoweit (Hg.): Staatsschutz, Hamburg 1994, S. 29–47 (Aufklärung 7/2).

Schreiner, Julia: Zwischen Aufgeklärtheit und Moral, Zweckmäßigkeit und Pathologie. Wie preußische Juristen über den Selbstmord urteilten, in: Eckhart Hellmuth/Immo Meenken/Michael Trauth (Hg.): Zeitenwende? Preußen um 1800, Stuttgart 1999, S. 207–228.

Schreiner, Julia: Jenseits vom Glück. Suizid, Melancholie und Hypochondrie in deutschsprachigen Texten des späten 18. Jahrhunderts, München 2003 (Ancien Régime. Aufklärung und Revolution 34).

Schreiner, Klaus: „Got is selve recht". Angewandte Theologie in Rechtsordnungen und Rechtsverfahren des späten Mittelalters, in: Hartmut Boockmann (Hg.): Recht und Verfassung im Übergang vom Mittelalter zur Neuzeit, Bd. 2, Göttingen 2001, S. 335–368 (Abhandlungen der Akademie der Wissenschaften in Göttingen, Philologisch-Historische Klasse, Folge 3, Nr. 239).

Schreiner, Klaus/Schwerhoff, Gerd: Verletzte Ehre. Überlegungen zu einem Forschungskonzept, in: dies. (Hg.): Verletzte Ehre. Ehrkonflikte in Gesellschaften des Mittelalters und der Frühen Neuzeit, Köln/Weimar/Wien 1995, S. 1–28 (Norm und Struktur 5).

Schrenk, Martin: Über den Umgang mit Geisteskranken. Die Entwicklung der psychiatrischen Therapie vom „moralischen Regime" in England und Frankreich zu den „psychischen Curmethoden" in Deutschland, Berlin/Heidelberg/New York 1973 (Monographien aus dem Gesamtgebiete der Psychiatrie 10).

Schröder, Winfried: Ursprünge des Atheismus. Untersuchungen zur Metaphysik- und Religionskritik des 17. und 18. Jahrhunderts, Stuttgart, Bad Cannstatt 1998 (Questiones 11)..

Schröder, Winfried: Aporien des theologischen Liberalismus. Johann Lorenz Schmidts Plädoyer für „eine allgemeine Religions- und Gewissensfreyheit", in: Lothar Kreimendahl (Hg.): Aufklärung und Skepsis. Studien zur Philosophie- und Geistesgeschichte des 17. und 18. Jahrhunderts, Stuttgart, Bad Cannstatt 1995, S. 221–237 (Quaestiones 8).

Schubert, Ernst: Räuber, Henker, arme Sünder. Verbrechen und Strafe im Mittelalter, Darmstadt 2007.

Schüttler, Hermann: Die Mitglieder des Illuminatenordens 1776–1787/93, München 1991 (Deutsche Hochschuledition 18).

Schüttler, Hermann: Das Kommunikationsnetz der Illuminaten. Aspekte einer Rekonstruktion, in: Ulrich Johannes Schneider (Hg.): Kulturen des Wissens im 18. Jahrhundert, Berlin/New York 2008, S. 141–150.

Schulenburg, Dietrich Werner von der/Wätjen, Hans: Geschichte des Geschlechts von der Schulenburg 1237 bis 1983, Wolfsburg 1984.

Schulz, Gerhard: Kleist. Eine Biographie, aktual. Sonderausg., München 2011.

Schulze, Winfried: Gerhard Oestreichs Begriff „Sozialdisziplinierung in der Frühen Neuzeit", in: ZHF 14, 1984, S. 265–302.

Schuster, Peter: Hinrichtungsrituale in der Frühen Neuzeit. Anfragen aus dem Mittelalter, in: Harriet Rudolph/Helga Schnabel-Schüle (Hg.): Justiz = Justice = Justicia? Rahmenbedingungen von Strafjustiz im frühneuzeitlichen Europa, Trier 2003, S. 213–233 (Trierer Historische Forschungen 48).

Schwarz, Karl: Günderrode (Karoline Friederike Louise Maximiliane von), in: Allgemeine Encyclopädie der Wissenschaften und Künste 1. Section, 97. Theil, 1878, S. 167–231.

Schwerhoff, Gerd: Devianz in der alteuropäischen Gesellschaft. Umrisse einer historischen Kriminalitätsforschung, in: ZHF 19, 1992, S. 385–414.

Schwerhoff, Gerd: Verordnete Schande? Spätmittelalterliche und frühneuzeitliche Ehrenstrafen zwischen Rechtsakt und sozialer Sanktion, in: Andreas Blauert/Gerd Schwerhoff (Hg.): Mit den Waffen der Justiz. Zur Kriminalitätsgeschichte des späten Mittelalters und der Frühen Neuzeit, Frankfurt a. M. 1993, S. 158–188.

Schwerhoff, Gerd: Aktenkundig und gerichtsnotorisch. Einführung in die Historische Kriminalitätsforschung, Tübingen 1999 (Historische Einführungen 3), S. 92–95.

Schwerhoff, Gerd: Zungen wie Schwerter. Blasphemie in alteuropäischen Gesellschaften 1200–1650, Konstanz 2005 (Konflikte und Kultur 12).

Schwerhoff, Gerd: Historische Kriminalitätsforschung, Frankfurt a. M./New York 2011 (Historische Einführungen 9).

Schwertl, Gerhard: Geschichte der Regierungen und Rentmeisterämter Landshut und Straubing 1507–1802, in: Verhandlungen des Historischen Vereins für Niederbayern 116/117, 1990/1991, S. 237–263

Scribner, Robert W.: Symbolising Boundaries: Defining Social Space in the Daily Life of Early Modern Germany, in: Gertrud Blaschitz u. a. (Hg.): Symbole des Alltags, Alltag der Symbole. Festschrift für Harry Kühnel zum 65. Geburtstag, Graz 1992, S. 821–841.

Scribner, Robert W.: Wie wird man Außenseiter? Ein- und Ausgrenzung im frühneuzeitlichen Deutschland, in: Norbert Fischer/Marion Kobelt-Groch (Hg.): Außenseiter zwischen Mittelalter und Neuzeit. Festschrift für Hans-Jürgen Goertz zum 60. Geburtstag, Leiden/New York/ Köln 1997, S. 21–46 (Studies in Medieval and Reformation Thought 61).

Seidler, Michael J.: Kant and the Stoics on Suicide, in: The Journal of the History of Ideas 44, 1983, S. 429–453.

Sellin, Volker: Friedrich der Große und der aufgeklärte Absolutismus. Ein Beitrag zur Klärung eines umstrittenen Begriffs, in: Ulrich Engelhardt/Volker Sellin/Horst Stuke (Hg.): Soziale Bewegungen und politische Verfassung. Beiträge zur Geschichte der modernen Welt. Werner Conze zum 65. Geburtstag, Stuttgart 1976, S. 83–112.

Shoemaker, Robert B.: The Taming of the Duel: Masculinity, Honour and Ritual Violence in London, 1660–1800, in: HJ 45, 2002, S. 525–545.

Sievers, Kai Detlev: Prügelstrafe als Zeichen ständischer Ungleichheit, in: ders./Konrad Köstlin (Hg.): Das Recht der kleinen Leute. Beiträge zur Rechtlichen Volkskunde. Festschrift für Karl-Sigismund Kramer zum 60. Geburtstag, Berlin 1976, S. 195–206.

Signori, Gabriela (Hg.): Trauer, Verzweiflung und Anfechtung. Selbstmord und Selbstmordversuche in mittelalterlichen und frühneuzeitlichen Gesellschaften, Tübingen 1994 (Forum Psychohistorie 3).

Signori, Gabriela: Rechtskonstruktionen und religiöse Fiktionen. Bemerkungen zur Selbstmordfrage im Mittelalter, in: dies.: Trauer, Verzweiflung und Anfechtung, S. 9–54.

Sikora, Michael: Disziplin und Desertion. Strukturprobleme militärischer Organisation im 18. Jahrhundert, Berlin 1996 (Historische Forschungen 57).

Sikora, Michael: Über den Umgang mit Ungleichheit. Bewältigungsstrategien für Mesalliancen im deutschen Hochadel der Frühen Neuzeit – das Haus Anhalt als Beispiel, in: Wrede/ Carl: Zwischen Schande und Ehre, S. 97–124.

Sikora, Michael: Der Adel in der Frühen Neuzeit, Darmstadt 2009.

Sikora, Michael: Massenhaft Soldaten, in: Sösemann/Vogt-Spira: Friedrich der Große in Europa, Bd. 2, S. 216–232.

Snyder, Terri L.: What Historians Talk About When They Talk About Suicide: The View from Early Modern British North America, in: History Compass 5, 2007, S. 658–674.

Sösemann, Bernd/Vogt-Spira, Gregor (Hg.): Friedrich der Große in Europa. Geschichte einer wechselvollen Beziehung, 2 Bde., Stuttgart 2012.

Sokol, Petr: Suicide, Vampire and Delinquent. Burial Practice as a Form of Social Exclusion, in: Jost Auler (Hg.): Richtstättenarchäologie 2, Dormagen 2010, S. 148–170.

Specker, Hans Eugen: Vergleich zwischen der Verfassungsstruktur der Reichsstadt Ulm und anderer oberdeutscher Reichsstädte mit der eidgenössischer Stadtrepubliken, in: Martin Bircher/Walter Sparn/Erdmann Weyrauch (Hg.): Schweizerisch-deutsche Beziehungen im konfessionellen Zeitalter. Beiträge zur Kulturgeschichte 1580–1650, Wiesbaden 1984, S. 77–99 (Wolfenbütteler Arbeiten zur Barockforschung 12).

Specker, Hans Eugen (Hg.): Die Bestände des Stadtarchivs Ulm. Kommentierte Gesamtübersicht, Stuttgart 2002 (Forschungen zur Geschichte der Stadt Ulm. Reihe Dokumentation 11).

Spenlé, Virginie: Karl Heinrich Graf von Hoym und die Gemäldegalerie Alte Meister, in: Dresdener Kunstblätter 45, 2001, S. 88–95.

Spenlé, Virginie: Karl Heinrich von Hoym, ambassadeur de Saxe à Paris et amateur d'art, in: Dresde ou le rêve des Princes. La Galerie de peintures au XVIIIe siècle, Musée des Beaux-Arts de Dijon 16 juin-1er octobre 2001, Paris 2001, S. 143–148.

Spenlé, Virginie: Hoym, Karl Heinrich Graf von, in: Sächsische Biografie Online, 15.5.2006 [URL: http://saebi.isgv.de/biografie/Karl_Heinrich_von_Hoym_(1694-1736)].

Spenlé, Virginie: Sächsische Gesandte als Kunstagenten in der ersten Hälfte des 18. Jahrhunderts, in: Neues Archiv für sächsische Geschichte 82, 2011, S. 255–264.

Sprangler, Eduard: Der Philosoph von Sanssouci, Heidelberg 1962.

Spreti, Heinrich von: Die Spreti. Geschichte des altadeligen Hauses Spreti, Kapfing 1995.

Sprung, Lothar & Helga: Eine kurze Geschichte der Psychologie und ihrer Methoden, München/Wien 2010.

Stadler, Ulrich: Gespenst und Gespenster-Diskurs im 18. Jahrhundert, in: Moritz Bassler/Bettina Gruber/Martina Wagner-Egelhaaf (Hg.): Gespenster. Erscheinungen – Medien – Theorien, Würzburg 2005, S. 127–139.

Stagl, Justin: Die Ehre des Wissenschaftlers, in: Ludgera Vogt/Arnold Zingerle (Hg.): Ehre. Archaische Momente in der Moderne, Frankfurt a. M. 1994, S. 35–56.

Stollberg-Rilinger, Barbara: Der Staat als Maschine. Zur politischen Metaphorik des absoluten Fürstenstaats, Berlin 1986 (Historische Forschungen 30).

Stollberg-Rilinger, Barbara: Symbolische Kommunikation in der Vormoderne. Begriffe – Thesen – Forschungsperspektiven, in: ZHF 31, 2004, S. 489–527.

Stollberg-Rilinger, Barbara: Nur ein bloßes „Gedankending"? Der deutsche Adel in der Anpassungskrise um 1800, in: Werner Frese (Hg.): Zwischen Revolution und Reform. Der westfälische Adel um 1800, Münster 2005, S. 9–24 (Westfälische Quellen und Archivpublikationen 24).

Stollberg-Rilinger, Barbara: Die Aufklärung. Europa im 18. Jahrhundert, 2. Aufl., Stuttgart 2011.

Stolleis, Michael: Reichspublizistik und Reichspatriotismus vom 16. zum 18. Jahrhundert, in: Günter Birtsch (Hg.): Patriotismus, Hamburg 1989, S. 7–23 (Aufklärung 4/2).

Stone, Lawrence: The Crisis of the Aristocracy. 1558–1641, Oxford 1965.

Storrs, Christopher/Scott, H.M.: The Military Revolution and the European Nobility, c. 1600–1800, in: War in History 3, 1996, S. 1–41.

Straubel, Rolf: Biographisches Handbuch der preußischen Verwaltungs- und Justizbeamten 1740–1806/15, München 2009 (Einzelveröffentlichungen der Historischen Kommission zu Berlin 85/Einzelveröffentlichung des Brandenburgischen Landeshauptarchivs 7).

Strieter, Claudia: Metzger, in: EdN 8, 2008, Sp. 472–474.

Strobel, Jochen: Adel und Autorschaft um 1800. Heinrich von Kleist und sein Schauspiel „Prinz Friedrich von Homburg", in: Günther Schulz/Markus A. Denzel (Hg.): Deutscher Adel im 19. und 20. Jahrhundert. Büdinger Forschungen zur Sozialgeschichte 2002 und 2003, St. Katharinen 2004, S. 95–138 (Deutsche Führungsschichten in der Neuzeit 26).

Strobel, Jochen: Adel auf dem Prüfstand. Kleists ‚Prinz Friedrich von Homburg', in: KJb 2005, S. 216–232.

Strobel, Jochen: Eine Kulturpoetik des Adels in der Romantik. Verhandlungen zwischen „Adeligkeit" und Literatur um 1800, Berlin/New York 2010 (Quellen und Forschungen zur Literatur- und Kulturgeschichte 66).

Stuart, Kathy: Unehrliche Berufe. Status und Stigma in der Frühen Neuzeit am Beispiel Augsburgs, Augsburg 2008 (Veröffentlichungen der Schwäbischen Forschungsgemeinschaft 1/Studien zur Geschichte des bayerischen Schwaben 36).

Stuart, Kathy: Suicide by Proxy. The Unintended Consequences of Public Executions in Eighteenth-Century Germany, in: Central European History 41, 2008, S. 413–445.

Stuart, Kathy: Melancholy Murderers: Suicide by Proxy and the Insanity Defense, in: Robin B. Barnes/Marjorie Elizabeth Plummer (Hg.): Ideas and Cultural Margins in Early Modern Germany. Essays in Honor of H.C. Erik Midelfort, Aldershot 2009, S. 63–77.

Stukenbrock, Karin: Der sezierte Leichnam als Objekt der (Körper-)Erfahrung in der Frühen Neuzeit, in: Paul Münch (Hg.): „Erfahrung" als Kategorie der Frühneuzeitgeschichte, München 2001, S. 73–88 (Historische Zeitschrift. Beihefte, N.F. 31).

Stukenbrock, Karin: „Der zerstückte Cörper". Zur Sozialgeschichte der anatomischen Sektionen in der frühen Neuzeit (1650–1800), Stuttgart 2001 (Medizin, Gesellschaft und Geschichte. Beiheft 16).

Tanner, Jakob: Historische Anthropologie zur Einführung, Hamburg 2004.

Tanner, Jakob: Historische Anthropologie, in: Eike Bohlken/Christian Thies (Hg.): Handbuch Anthropologie. Der Mensch zwischen Natur, Kultur und Technik, Stuttgart 2009, S. 147–156.

Thiele, Meike-Marie: „Meine Casse ist leer." Kleist und das Geld, in: Blamberger/Iglhaut: Kleist. Krise und Experiment, S. 394–405.

Thiessen, Hillard von: Diplomatie vom type ancien. Überlegungen zu einem Idealtypus des frühneuzeitlichen Gesandtschaftswesens, in: ders./Christian Windler (Hg.): Akteure der Außenbeziehungen. Netzwerke und Interkulturalität im historischen Wandel, Köln/Weimar/Wien 2010, S. 471–503 (Externa 1).

Thiessen, Hillard von: Das Sterbebett als normative Schwelle. Der Mensch in der Frühen Neuzeit zwischen irdischer Normenkonkurrenz und göttlichem Gericht, in: HZ 295, 2012, S. 625-659.

Thum, Walter: Die Rekrutierung der sächsischen Armee unter August dem Starken (1694–1733), Leipzig 1912.

Tietz, Klaus: Perduellio und Maiestas. Eine rechtshistorische Untersuchung unter besonderer Berücksichtigung des Lebens und Wirkens Benedikt Carpzovs, Breslau 1936.

Timmons, Jeffrey W.: A „Fatal Remedy": Melancholy and Self-Murder in Eighteenth-Century England, in: The Age of Johnson 10, 1999, S. 259–284.

Tinková, Daniela: The Suicide, his Body and his Soul in the Age of Reason. Remarks on the Transformation of the Conception of "Crime" and on the Process of "Depenalization", in: Václav Bůžek/Dana Štefanová (Hg.): Menschen – Handlungen – Strukturen. Historisch-anthropologische Zugangsweisen in den Geschichtswissenschaften, České Budejovice 2001, S. 295–324 (Opera Historica 9).

Tlusty, B. Ann: The Martial Ethic in Early Modern Germany. Civic Duty and the Right of Arms, Basingstoke 2011.

Toellner, Richard: Medizin in der Mitte des 18. Jahrhunderts, in: Rudolf Vierhaus (Hg.): Wissenschaften im Zeitalter der Aufklärung. Aus Anlaß des 250jährigen Bestehens des Verlages Vandenhoeck und Ruprecht, Göttingen 1985, S. 194–217.

Treusch-Dieter, Gerburg: Metamorphose und Struktur. Die Seele bei Platon und Aristoteles, in: Gerd Jüttemann/Michael Sonntag/Christoph Wulf (Hg.): Die Seele. Ihre Geschichte im Abendland, Weinheim 1991, S. 16–42.

Trossbach, Werner: „Klee-Skrupel". Melancholie und Ökonomie in der deutschen Spätaufklärung, in: Karl Eibl (Hg.): Die Kehrseite des Schönen, Hamburg 1994, S. 91–120 (Aufklärung 8/1).

Turner, Victor W.: Betwixt and Between: The Liminal Period in the Rites de Passage, in: June Helm (Hg.): Symposium on New Approaches to the Study of Religion. Proceedings of the 1964 Annual Spring Meeting of the American Ethnological Society, 2. Aufl., Seattle/London 1971, S. 4–20.

Turner, Victor W.: Das Ritual. Struktur und Anti-Struktur, Frankfurt a. M. 2005 [orig. 1969].

Uechtritz, August Wilhelm Bernhardt von: Diplomatische Nachrichten adelicher Familien, 7 Bde., Leipzig 1790–1795.

Ulbrich, Claudia/Sabean, David: Personenkonzepte in der frühen Neuzeit, in: Claudia von Braunmühl (Hg.): Etablierte Wissenschaft und feministische Theorie im Dialog, Berlin 2003, S. 99–111.

Ulbrich, Claudia/Medick, Hans/Schaser, Angelika: Selbstzeugnis und Person. Transkulturelle Perspektiven, in: dies. (Hg.): Selbstzeugnis und Person. Transkulturelle Perspektiven, Köln/Weimar/Wien 2012, S. 1–19.

Ulbricht, Otto: Mikrogeschichte. Menschen und Konflikte in der Frühen Neuzeit, Frankfurt a. M. 2009, S. 48–60.

Ullrich, Wolfgang: Grundrisse einer philosophischen Begriffsgeschichte von Ambiguität, in: Archiv für Begriffsgeschichte 32, 1989, S. 121–169.

Ungericht, Hansmartin: Der Alte Friedhof in Ulm. Bestattungsriten, Planungen und Grabmale, Stuttgart 1980 (Forschungen zur Geschichte der Stadt Ulm 3).

Unna, Yvonne: Kant's Answers to the Casuistical Questions Concerning Self-Disembodiment, in: Kant-Studien 94, 2003, S. 454–473.

Vandermeersch, Patrick: The Victory of Psychiatry over Demonology. The Origin of the Nineteenth Century Myth, in: History of Psychiatry 2, 1991, S. 351–363.

Vanja, Christina: Institutionen aufgeklärter Wohlfahrt und mittelalterlicher Karitas, in: Heide Wunder/Christina Vanja/Karl-Hermann Wegner (Hg.): Kassel im 18. Jahrhundert. Residenz und Stadt, Kassel 2000, S. 104–142.

Verlohren, Heinrich August: Stammregister und Chronik der Kur- und Königlich Sächsischen Armee. Von 1670 bis zum Beginn des zwanzigsten Jahrhunderts, Neustadt a.d. Aisch 1983 [Nachdr. der Ausg. Leipzig 1910] (Bibliothek familiengeschichtlicher Quellen 28).

Vierhaus, Rudolf: Heinrich von Kleist und die Krise des preußischen Staates um 1800, in: KJb 1980, S. 9–33.

Vierhaus, Rudolf: „Patriotismus" – Begriff und Realität einer moralisch-politischen Haltung, in: ders.: Deutschland im 18. Jahrhundert. Politische Verfassung, soziales Gefüge, geistige Bewegung, Göttingen 1987, S. 96–109.

Vierhaus, Rudolf: Vom aufgeklärten Absolutismus zum monarchischen Konstitutionalismus. Der deutsche Adel im Spannungsfeld von Revolution, Reform und Restauration (1789–1848), in: ders.: Deutschland im 18. Jahrhundert. Politische Verfassung, soziales Gefüge, geistige Bewegung, Göttingen 1987, S. 235–248.

Vierhaus, Rudolf: „Man muss sich mit seinem ganzen Gewicht in die Waage der Zeit werfen". Die Zeit, der Dichter und die Tat, in: KJb 1990, S. 71–85.

Vierhaus, Rudolf: Die Rekonstruktion historischer Lebenswelten. Probleme moderner Kulturgeschichtsschreibung, in: Hartmut Lehmann (Hg.): Wege zu einer neuen Kulturgeschichte, Göttingen 1995, S. 7–28 (Göttinger Gespräche zur Geschichtswissenschaft 1).

Vogt, Ludgera/Zingerle, Arnold (Hg.): Ehre. Archaische Momente in der Moderne, Frankfurt a. M. 1994.

Vogt, Ludgera/Zingerle, Arnold: Einleitung: Zur Aktualität des Themas Ehre und zu seinem Stellenwert in der Theorie, in: dies.: Ehre, S. 9–34.

Vogt, Ludgera: Ehre in traditionalen und modernen Gesellschaften. Eine soziologische Analyse des „Imaginären" am Beispiel zweier literarischer Texte, in: dies./Zingerle: Ehre, S. 291–314.

Vogt-Spira, Gregor: Das antike Rom im geistigen Haushalt eines Königs, in: Sösemann/Vogt-Spira: Friedrich der Große in Europa, Bd. 1, S. 128–143.

Voigt, Christopher: Freigeistiges Publikum und protestantische Apologetik im 18. Jahrhundert, in: Hans-Edwin Friedrich/Wilhelm Haefs/Christian Soboth (Hg.): Literatur und Theologie im 18. Jahrhundert. Konfrontationen – Kontroversen – Konkurrenzen, Berlin u. a. 2011, S. 161–175 (Hallesche Beiträge zur Europäischen Aufklärung 41).

Voigt, Friedrich Albert: Die Besitzer der Herrschaft Droyßig vom Anfang des 15. bis zu Ausgang des 19. Jahrhunderts. Die Familie von Hoym, in: Vierteljahrsschrift für Wappen-, Siegel- und Familienkunde 21, 1893, S. 378–422.

Voigtländer, Lutz: Die preußischen Kriegsgefangenen der Reichsarmee 1760/1763, Duisburg 1995 (Duisburger Studien 22).

Volkmann, Stefan: Schicksal. III. Dogmatisch, in: Religion in Geschichte und Gegenwart 7, 4. Aufl., 2004, Sp. 887–889.

Volz, Gustav Berthold: Die Giftpillen Friedrichs des Großen, in: Mitteilungen des Vereins für die Geschichte Berlins 46, 1929, S. 67–70..

Vovelle, Michel: Serielle Geschichte oder ‚case studies': ein wirkliches oder nur ein Schein-Dilemma?, in: Ulrich Raulff (Hg.): Mentalitäten-Geschichte. Zur historischen Rekonstruktion geistiger Prozesse, Berlin 1987, S. 114–127.

Wagner, Harald (Hg.): Ars moriendi. Erwägungen zur Kunst des Sterbens, Freiburg i. Br. 1989 (Quaestiones disputatae 118).

Wagner-Egelhaaf, Martina: Die Melancholie der Literatur. Diskursgeschichte und Textfiguration, Stuttgart/Weimar 1997.

Wagnitz, Heinrich Balthasar: Zuchthaus in Cassel, in: ders.: Historische Nachrichten und Bemerkungen über die merkwürdigsten Zuchthäuser in Deutschland, Bd. 2.1, Halle 1792, S. 59–67.

Waldmann, Anke: Reichspatriotismus im letzten Drittel des 18. Jahrhunderts, in: Otto Dann/Miroslav Hroch/Johannes Koll (Hg.): Patriotismus und Nationsbildung am Ende des Heiligen Römischen Reiches, Köln 2003, S. 19–61 (Kölner Beiträge zur Nationsforschung 9).

Wallmann, Johannes: Der Pietismus, 2. Aufl., Göttingen 2005.

Walter, Jürgen: Carl Eugen von Württemberg. Ein Herzog und seine Untertanen. Biographie, Mühlacker/Irdning 1987.

Walther, Gerrit: Adel und Antike. Zur politischen Bedeutung gelehrter Kultur für die Führungselite der Frühen Neuzeit, in: HZ 266, 1998, S. 359–385.

Walther, Gerrit: Schicksal, in: EdN 11, 2011, Sp. 709–712.

Warneken, Bernd Jürgen: Bürgerliche Gehkultur in der Epoche der Französischen Revolution, in: ZfVK 85, 1989, S. 177–187.

Watson, Curtis Brown: Shakespeare and the Renaissance Concept of Honor, Princeton 1960.

Watt, Jeffrey R.: Calvin on Suicide, in: Church History 66, 1997, S. 463–476.

Watt, Jeffrey R.: Choosing Death. Suicide and Calvinism in Early Modern Geneve, Kirksville, MD 2001.

Watt, Jeffrey R.: Introduction: Toward a History of Suicide in Early Modern Europe, in: ders. (Hg.): From Sin to Insanity. Suicide in Early Modern Europe, Ithaca, NY 2004, S. 1–8.

Weaver, John/Wright, David: Introduction, in: dies. (Hg.): Histories of Suicide. International Perspectives on Self-Destruction in the Modern World, Toronto/Buffalo/London 2008, S. 2–18.

Weber, Hellmuth von: Selbstmord als Mordmotiv, in: Monatsschrift für Kriminalbiologie und Strafrechtsreform 28, 1937, S. 161–181.

Weber, Max: Wirtschaft und Gesellschaft, Tübingen 1972.

Weber, Max: Gesammelte Aufsätze zur Religionssoziologie, Bd. 2. Hinduismus und Buddhismus, 6. Aufl., Tübingen 1978.

Weber, Max: Die „Objektivität" sozialwissenschaftlicher und sozialpolitischer Erkenntnis, in: ders.: Gesammelte Aufsätze zur Wissenschaftslehre, hrsg. von Johannes Winckelmann, 7. Aufl., Tübingen 1988 [orig. 1904], S. 146–214.

Weber, Wolfgang: Im Kampf mit Saturn. Zur Bedeutung der Melancholie im anthropologischen Modernisierungsprozeß des 16. und 17. Jahrhunderts, in: ZHF 17, 1990, S. 155–192.

Weckenbrock, Olga: „... der Universität wegen und nicht des Hofes". Die Wahrnehmung der sozialen Umwelt von Vater und Sohn von Vincke in der zweiten Hälfte des 18. Jahrhunderts, in: Heike Düselder/Olga Weckenbrock/Siegrid Westphal (Hg.): Adel und Umwelt. Horizonte adliger Existenz in der Frühen Neuzeit, Köln/Weimar/Wien 2008, S. 313–338.

Wehler, Hans-Ulrich (Hg.): Europäischer Adel 1750–1950, Göttingen 1990 (Geschichte und Gesellschaft. Sonderhefte 13).

Weiner, Dora B.: The Madman in the Light of Reason. Enlightenment Psychiatry: Part I. Custody, Therapy, Theory and the Need for Reform & Part II. Alienists, Treatises, and the Psychologic Approach in the Era of Pinel, in: Edwin R. Wallace/John Gach (Hg.): History of Psychiatry and Medical Psychology. With an Epilogue on Psychiatry and the Mind-Body Relation, New York 2008, S. 255–303.

Weis, Eberhard: Der Illuminatenorden in Bayern, 1776–1785 und die Frage seiner Fortwirkung in der späteren Zeit, in: Walter Müller-Seidel (Hg.): Die Weimarer Klassik und ihre Geheimbünde, Würzburg 2003, S. 91–106.

Weis, Eberhard: Der Illuminatenorden (1776–1786). Unter besonderer Berücksichtigung der Fragen seiner sozialen Zusammensetzung, seiner politischen Ziele und seiner Fortexistenz nach 1786, in: Helmut Reinalter (Hg.): Der Illuminatenorden (1776–1785/87). Ein politischer Geheimbund der Aufklärungszeit, Frankfurt a. M. u. a. 1997, S. 227–246 (Schriftenreihe der Internationalen Forschungsstelle „Demokratische Bewegungen in Mitteleuropa 1770–1850" 24).

Weiss, Bettina: Kriminalfälle in Ulm im 18. Jahrhundert. Eine Auswertung der Akten des Ulmer Stadtarchivs aus medizinischer Sicht, Diss. med., Ulm 1990.

Wellenhofer, Michael: Die nachweisbaren Pfarrer von Alburg und wissenswerte Nachrichten über sie, in: ders.: Die Ortsgeschichte und Hofgeschichte von Alburg, Straubing 1977, S. 91–105.

Weller, Thomas: Soziale Ungleichheit und ständische Gesellschaft. Stand und Perspektiven der Forschung, in: Zeitsprünge 15, 2011, S. 3–23.

Welser, Johann Michael von: Die Welser. Nachrichten über die Familie, 2 Bde., Nürnberg 1917.

Wessel, Helga: Zweckmäßigkeit als Handlungsprinzip in der deutschen Regierungs- und Verwaltungslehre der frühen Neuzeit, Berlin 1978 (Schriften zur Verfassungsgeschichte 28).

Weyermann, Albrecht: Neue historisch=biographisch=artistische Nachrichten von Gelehrten und Künstlern, auch alten und neuen adelichen und bürgerlichen Familien aus der vormaligen Reichsstadt Ulm, Ulm 1829.

Wiegelmann, Günter: Der lebende Leichnam im Volksbrauch, in: ZfVK 62, 1966, S. 161–183.

Wiethaup, Kristina: Die ‚Kantkrise' – ein altes Problem aus neuer Sicht. Kants Philosophie und Kleists Dichtung im Spannungsfeld ihrer Zeit, in: Berichte und Forschungen 16, 2008, S. 251–259.

Wilbertz, Gisela: Scharfrichter und Abdecker im Hochstift Osnabrück. Untersuchungen zur Sozialgeschichte zweier „unehrlicher" Berufe im nordwestdeutschen Raum vom 16. bis zum 19. Jahrhundert, Osnabrück 1979 (Osnabrücker Geschichtsquellen und Forschungen 22).

Wilbertz, Gisela: Der Abdecker – oder: Die Magie des toten Körpers. Ein Beruf im Umgang mit Tier- und Menschenleichnamen, in: Markwart Herzog/Norbert Fischer (Hg.): Totenfürsorge. Berufsgruppen zwischen Tabu und Faszination, Stuttgart 2003, S. 89–120.

Wilbertz, Gisela: „… daß ein jeder einem Abdecker geleistete Dienst Schande bringe …". Reinheitsvorstellungen, Körperkonzepte und die Unehre der Wrasemeister, in: Sabine Klocke-Daffa (Hg.): Tabu. Verdrängte Probleme und erlittene Wirklichkeit. Themen aus der lippischen Sozialgeschichte, Lemgo 2006, S. 117–191.

Wilhelm-Schaffer, Irmgard: Gottes Beamter und Spielmann des Teufels. Der Tod im Spätmittelalter und Früher Neuzeit, Köln/Weimar/Wien 1999.

Wilson, Peter H.: The Nobility of the Early Modern Reich, 1495–1806, in: Hamish M. Scott (Hg.): The European Nobilities in the Seventeenth and Eighteenth Centuries, Bd. 2. Northern, Central and Eastern Europe, Basingstoke 2007, S. 74–117.

Winkelbauer, Thomas: Karrieristen oder fromme Männer? Adelige Konvertiten in den böhmischen und österreichischen Ländern um 1600, in: Frühneuzeit-Info 10, 1999, S. 9–20.

Winkler, Heinrich August: Der lange Weg nach Westen, Bd. 1, München 2000.

Winterling, Aloys: Begriffe, Ansätze und Aussichten Historischer Anthropologie, in: ders. (Hg.): Historische Anthropologie, Stuttgart 2006, S. 9–29 (Basistexte 1).

Winterling, Aloys: Probleme historischer Biographie am Beispiel des Kaisers Caligula, in: HA 20, 2012, S. 186–199.

Wilkes, Johannes: Mitschuldig am Suizid? Bewältigung von Trauer und Schuld durch Johann Wolfgang von Goethe, in: Psychotherapie, Psychosomatik, Medizinische Psychologie 48, 1998, S. 139–141.

Wittwer, Hector: Über Kants Verbot der Selbsttötung, in: Kant-Studien 92, 2001, S. 180–209.

Wojtucki, Daniel: Bestattungen von Hingerichteten und Selbstmördern in Schlesien und in der Oberlausitz vom 16. bis zum 18. Jahrhundert, in: Jost Auler (Hg.): Richtstättenarchäologie, Dormagen 2008, S. 532–547.

Wolf, Bernhard: Skizzen von der ehemaligen kursächsischen Armee, in: Archiv für Kulturgeschichte 4, 1906, S. 403–434 & 5, 1907, S. 83–112, 187–215.

Wolloch, Nathaniel: Cato the Younger in the Enlightenment, in: Modern Philology 106, 2009, S. 60–82.

Wormer, Katherine van/Odiah, Chuk: The Psychology of Suicide-Murder and the Death Penalty, in: Journal of Criminal Justice 27, 1999, S. 361–370.

Wrede, Martin: Code, Konzept und Konjunkturen des Rittertums in der französischen Hofkultur des 17. Jahrhunderts, in: GG 33, 2007, S. 350–374.

Wrede, Martin/Carl, Horst (Hg.): Zwischen Schande und Ehre. Erinnerungsbrüche und die Kontinuität des Hauses in der europäischen Adelskultur der frühen Neuzeit, Mainz 2007 (Veröffentlichungen des Instituts für Europäische Geschichte Mainz. Beihefte 73).

Wrede, Martin/Carl, Horst: Einleitung: Adel zwischen Schande und Ehre, Tradition und Traditionsbruch, Erinnerung und Vergessen, in: Dies.: Zwischen Schande und Ehre, S. 1–24.

Wrede, Martin: Vom Hochadel bis zum Halbadel. Formen adeliger Existenz in Deutschland und Europa im 18. Jahrhundert zwischen Ehre und Ökonomie, Fürstenstaat und Revolution, in: HJb 129, 2009, S. 351–385.

Wrede, Martin: Ritter, Rittertum, in: EdN 10, 2010, Sp. 283–286.

Wrede, Martin: Ohne Furcht und Tadel – Für König und Vaterland. Frühneuzeitlicher Hochadel zwischen Familienehre, Ritterideal und Fürstendienst, Ostfildern 2012 (Beihefte der Francia 75).

Wurzbach, Constantin von: Biographisches Lexikon des Kaiserthums Österreich. Enthaltend die Lebensskizzen der denkwürdigen Personen, welche 1750 bis 1850 im Kaiserstaate und in seinen Kronländern gelebt haben, 60 Bde., Wien 1856–1891.

Zander, Sylvina: Von ‚Schinderkuhlen' und ‚Elendenecken'. Das unehrliche Begräbnis vom 16. bis ins 19. Jahrhundert, in: Markwart Herzog/Norbert Fischer (Hg.): Nekropolis. Der Friedhof als Ort der Toten und der Lebenden, Stuttgart 2005, S. 109–124 (Irseer Dialoge 10).

Zander, Sylvina: „Durch die Hand geschändet". Der Körper als Grenze zwischen Ehrlichkeit und Unehrlichkeit, in: Martin Rheinheimer (Hg.): Grenzen in der Geschichte Schleswig-Holsteins und Dänemarks, Neumünster 2006, S. 219–235 (Studien zur Wirtschafts- und Sozialgeschichte Schleswig-Holsteins 42).

Zedlitz-Neukirch, Leopold von: Neues preussisches Adels-Lexicon, 4 Bde., Leipzig 1836–1837.

Ziechmann, Jürgen: Friedrich II. (der Große) von Preußen, in: Reinalter: Lexikon zum Aufgeklärten Absolutismus, S. 242–246.

Zunkel, Friedrich: Ehre, Reputation, in: Geschichtliche Grundbegriffe 2, 1975, S. 1–63.

Register

Sachregister

Personenregister